U0957961

手稿一开始有老师所写《说文的同源字述》，在这篇短文里，老师说明《说文解字》中有很多形体并不是字，不过是“造字零件”，其实相当于现在所说的笔画或笔画组。这些形体或是某些成字的省简，或是比附部内之形的妄说。老师说明，这些在文献里无徵之字，在《〈说文解字〉同源字新证》里是“略而不论”的。这篇短文看似说了一些取材的具体问题，其实可以看作全书的条例，它隐含了几个很重要的思想：第一，同源字必须形音义俱全，也就是说，它不止是“字”，还必须是记录过语言的“词”；第二，既然同源字也同时是同源词，对每个字的考证必须征引古代文献，书证就是成词的根据；第三，汉字汉语的同源分化在周秦时代的典籍中反映最为集中，所以采用《说文》的字形和季刚先生上古音 28 部 19 纽系统，正是适应那个时代的。

短文之后为逐条考证，自《说文解字》的“一部”起至“亥部”终，非常完整。从“手稿”的引文看，除《说文解字》本书和太炎《文始》外，颖民师在清代《说文解字》四大家之外，主要采用了钱坫《说文斠诠》的一些说法。太炎的几部语言文字代表作《小学答问》《新方言》等，都是他精心对照过的。80 年代能够见到的季刚先生的各种典籍的手批本，以及整理进《黄侃论学杂著》的通论，老师无一不细细研读过。这应当是对太炎先生《文始》和他开创的上古汉语词源学最全面的补充和阐发了。

在章黄学派 20 世纪重要的继承人中，颖民师是继承章黄“小学”特别是《说文解字》学最重要的学者。20 世纪初是中国社会的大变革时代，太炎先生深入探究中国社会的种种问题，在对中外历史和现实的近观远望之中，在对古今中外学术高峰的论著综览里，潜心寻找一种激励民族自信心和凝聚力的有效途径。他的学术恢宏博大，涉及面非常广泛。他博通经史，占领着人文社会科学诸多领域的前沿，在论及近现代学术史的诸多学科时，都免不了要提到他的名字。但是，太炎先生学术最基础的根底，是国学中的“小学”，而他的“小学”，又是以《说文》学为基础的。在吸收西学一些科学方法的同时，他清醒地认识到语言文字具有独特的民族性，他说：“中国之小学及历史，此二者，中国独有之学，非共同之学。”他又说：“凡在心在物之学，体自周圆，无间方国，独于言文、历史，其体自方，自以己国为典型，而不能取之域外。”（《菿汉雅言札记》）基于语言文字和历史独特的民族性，他主张用语言文字和历史来激发民族自信心和凝聚力，从而提出“用国粹激动种性，增进爱国的热肠”的主张。为此，他连续发表了以语言文字“寻根”为至高目标的三大代表作。他说：“余以寡昧，属兹衰乱，悼古义之沦丧，愍民言之未理，故作《文始》以明语原，次《小学答问》以见本字，述《新方言》以一萌俗。”（《国故论衡·小学略说》）几句话言简而意赅，体会太炎先生的意思：衰乱的世道需要有一种

序

王 宁

先师陆颖民（宗达）《〈说文解字〉同源字新证》的手稿，终得在学苑出版社影印出版。看到这部手稿的影印件，阅读中又看到颖民师命我补充古文献材料的那几页，20世纪80年代跟从老师学习、工作的那些往事涌上心头，老师的学术理念也更清晰、更深刻地再现，感到有责任尽我所能向今天的读者介绍这部珍贵手稿的来龙去脉。

手稿的最后一页，有颖民师亲手写下的跋文："自一九八三年元月至一九八四年六月廿六日而规识毕矣。"这一年半的时间，是非常值得纪念的。

1979年，传统语言文字学开始复苏，老师和俞敏先生、萧璋先生分别招收了研究生。颖民师招生的方向是传统训诂学，读《说文解字》和太炎先生的《文始》是这届研究生的重头课。《说文解字》是先生亲自讲授，《文始》难读，老师又经常引用，正值我在北师大跟从先生进修，先生即命我给他的研究生辅导《文始》——解答问题并顺带讲解同源字的原理。这期间，我与老师的几位79级研究生共同编写的"《文始》《说文》对照索引"，就是配合老师《说文解字》课的。1982年，这届研究生毕业，下一届再招生已到1985年，1983—1984年正是一个间歇时期。1981年底，黄耀先（焯）先生整理的《说文笺识四种》送至上海古籍出版社，尚未正式出版（这部书出版发行已到1983年）。耀老将这部书的手稿寄给了颖民师，老师得以提前看到从季刚先生《手批说文解字》中整理出的《说文同文》和《字通》。这成为颖民师《〈说文解字〉同源字新证》最重要的参考。那时老师每天早上4点起床，为了写这部书稿，桌上摊满了书，辛勤、严谨、认真的态度，令人难忘。

这部手稿，是老师在80年代继承章黄之学、发展中国传统语言文字学十分重要的论著，对训诂学和词源学的研究，具有非常重要的价值。

图书在版编目（CIP）数据

《说文解字》同源字新证 / 陆宗达著 . — 北京：
学苑出版社，2019.6
ISBN 978-7-5077-5707-1

Ⅰ.①说… Ⅱ.①陆… Ⅲ.①《说文》—研究 Ⅳ.
①H161

中国版本图书馆CIP数据核字（2019）第101734号

出 版 人：孟 白
责任编辑：陈 佳
封面设计：齐立娟
出版发行：学苑出版社
社 址：北京市丰台区南方庄 2 号院 1 号楼
邮政编码：100079
网 址：www.book001.com
电子信箱：xueyuanpress@163.com
联系电话：010-67601101（营销部）、010-67603091（总编室）
印 刷 厂：北京建宏印刷有限公司
开本尺寸：787 × 1094mm 1/16
印 张：77
字 数：530 千字
版 次：2019 年 8 月第 1 版
印 次：2019 年 8 月第 1 次印刷
定 价：800.00 元

『说文解字』同源字新证

上部

陆宗达 著

學苑出版社

民族凝聚力，这首先要从语言文字做起。追溯语言文字的历史，梳理语言文字的方言分化，是产生民族凝聚力的最基础的工作。《文始》是系连汉语同源字的，通过《文始》能找到汉语词汇的根。《小学答问》以审音为前提找出通假字的本字，可以在汉字运用的纷乱中清理出写法不一的同一个词最初的书写方式。《新方言》是探求方言本字的，可以看到中国境内纷繁复杂的方言词汇，其实是古代词语的层级分化，找出它们的原字，可以在纷乱中见其根本。这三部代表作，都是以《说文解字》作为思想基础和主要资源的。太炎先生是“有学问的革命家”，这种用语言文字来凝聚民心的思考，是有语言文字科学做后盾的；太炎又是具有革命情怀的学问家，他研究语言文字的眼光和境界深邃广远，是从唤起民众、解救贫弱的中国大业出发的。

了解了太炎的语言文字三部代表作，才能理解《文始》一书的价值。《文始》是中国语源学的滥觞之作。这部书设计了“语根”的概念，订立了“孳乳”“变异”两大条例，以声音为线索，其目的是想寻求积聚在表层平面上、由汉字负载的词语深层的历史发展脉络。太炎认为，梳理了这个语词发展的脉络，就可看到语言文字从古代发生的事实，激发人们同源同心，共图民族解放之大业。就语言文字学而言，《文始》吸收了历史上的“声训”“右文说”“右音说”“音近义通说”“意象说”等诸多研究成果，吸收了古希腊的逻辑学、语义学，古印度的梵文研究理念，特别是继承了清代乾嘉学者“因声求义”的理论方法，加上太炎对中国古代典籍和《说文》学的稔熟，以及非常强大的理论建构能力，他为汉语词源学创建的这个独特的科学体系，是天才的，也是求实的。《文始》为传统“小学”向现代历史语言学的发展，开拓出一条崭新的道路，也为《说文》学走向现代迈出了极有意义的一步。

太炎建构《文始》的科学系统，是在积累的深度和广度基础上的一种智慧的爆发，因而，在术语的运用和微观材料的选取上存在一些疏漏在所难免。黄季刚先生是太炎语言文字学最重要、也最有成就的一位传承者，他在新的时代，具有“明其理，得其法”的学术研究追求，具有读书破万卷的丰厚学术根柢。他与太炎志气相随、智识相通，彼此之间有着深厚的理解。太炎在语言文字研究开创的多个学术领域、许多未尽的课题，季刚先生都做了深化、细化和明了化的补充、延伸和发展。季刚先生沿着《文始》的思路，在《手批说文解字》中，将《文始》未及收入的《说文》同源字，一一用旁批的形式加以标引。这批资料，是对《文始》微观材料的重要补充，其中也含有对汉语词源学理论方法的进一步完善。耀老的《说文笺识四种》中的“说文同文”和“字通”的一部分，就是对这些同源词的旁批加以整理和抄录。颖民师将它们与《文始》综合在一起，加上自己的研究心得和见解，分条贯释，写成了这部手稿。可以说，《〈说文解字〉同源字新证》综合了章太炎—黄季刚—黄耀老和颖民师三代章黄学人的学术思想，基本完善了《说文解字》同源字的考证，这些第一手的材料，是章黄学人研究汉语词源学独特的理论方法的实证，也是后代学人研究《说文》学和汉语词源学的导引。明白了这个过程，手稿出版的价值，尽在不言之中。

《〈说文解字〉同源字新证》是一部专业性很强的学术专著，一般人很难读懂这部手稿，但却是能够理解和吸取手稿研究精神的。章黄学派之所以能够在20—21世纪不断传衍，首先是由于学派的开创者章太炎先生立足自主创新、建立民族文化自信的先进思想，同时也由于他继承中华优秀传统文化的正确态度。我们曾把太炎传承民族文化的立场总结为两句话：“师古而不复古，坚守而不保守。”太炎承袭古文经学，他提倡以“小学”通经治史，批判公羊学的种种主张，表面看来似乎与清代乾嘉学者崇尚汉唐的治学特点一脉相承；但是全面研究他的学术可以看到，他与乾嘉学者有着完全不同的立场，那就是他完全跳出了作为封建时代思想规范的经学宗旨，以现代史学与逻辑学来治经学。他想在此基础上建立一种理论的、科学的历史学，利用五经的史实和思想精华来梳理史籍，并以史为鉴，寻求解救贫弱中国的自我发展道路。他从清末至民国时期的社会现实里逐步认识到，被压迫民族完全追随西方现代化的道路是不可行的，必须走出一条自己的道路。他与全盘西化派截然不同的是：他不是只把民族的希望寄托在物质的丰富、科技的发达和生活的富足上，而思考更多的，是如何锻造一种使国家强盛的民族精神。这种思考带有强烈的民族意识和现代意识，重要的不是那些具体的设想，而是其中显示出的对中国文化自信和自强的理想光芒。

颖民师和太炎先生、季刚先生一样，有着追求革命与追求国学交织在一起的传奇人生。在一般人看来，革命和国学似乎是背道而驰的两件事；但是，在19、20世纪之交的那些志在挽救民族危亡的正直学者心里，二者融洽地统一在一个目标下。做颖民师助手后，我有幸为老师代笔写过两次自传和14篇书序，这些工作，使我有机会聆听先生有关自己生平和交往的自述，章、黄、陆三代师生虽然生活在不同的时代，但他们革命与国学交织在一起的人生经历却有极多相似之处。

1926年李大钊同志牺牲后，颖民师受同宿舍同学胡廷芳等人的影响加入共产党，当时北京地下党执行瞿秋白“左倾”路线，用飞行集会等许多危险工作考验党员，他都抱着理想多次经历；也是在这一年，他通过林损、吴检斋等人认识黄季刚先生，登堂入室拜师。这两件事，从此奠定了老师追随革命和探究国学的一生。1927年10月，与颖民师单线联系的北京大学党总支书记彭树群被捕牺牲，颖民师因此中断了与党的联系。同时，季刚先生不再受聘北京大学的教职，师生二人同去东北大学，之后又同时去了南京。这段时间，直至 1935 年季刚先生去世，是颖民师受教于季刚先生并深刻领会章黄学术思想的重要时期。抗日战争中，颖民师不愿给日本人占领的学校教书，而专门任职辅仁大学和中国大学。他接受地下党的安排，并未恢复党籍，但在进步势力十分强大的中国大学担任了训导长的职务，以保护地下党和外围组织成员的安全。1947 年后，颖民师先后将四个子女送到解放区，他前清厂的家成为地下党的联络地点，直通另处隐蔽的后门，成为革命者躲避追捕的通道。他多次遇到危险而毫不动摇，最危险的一次是 1948 年，组织送颖民师和吴晗同志去石家庄开华北人民代表大会，绕道静海县，遇见中国大学的特务，他被认出，为了确保大会的安全，他历经险境，中途返回。

颖民师经受革命考验的坚定，与他在学术上追寻国学的执着，同样出于一种相信国家民族终会走向发展与进步的信念。老师在高等学校任教半个世纪有余，出于为中国传统语言文字学培养继承者的高度责任心，他始终信守季刚先生“刻苦为人，殷勤传学”的劝勉，憎恶“无耻的钻营、善于诈伪、空言不实”的恶习。他在 20 世纪 50 年代振衰起弊，奋臂倡始《说文》学与训诂学，80 年代学坛复苏后，更是承继师说，贯通古今，为中国语言文字学的自主创新不懈努力。将他的《〈说文解字〉同源字新证》手稿同他的教学笔记、讲课录音、随笔手笺以及正式出版和发表的书文相对照，可以看出他对《说文》同源词的研究始终没有停止过，并且力求考证精准、取舍严谨。有了这部手稿，后来的学者对上古汉语同源词的继续研究，方向会更为明确，方法也会更加自觉。

作为章黄之学的继承者，学习这部珍贵的手稿，进一步整理和阐释手稿的学术内涵，从中体会前辈学者恢弘的思想，学习他们对待遗产正确的态度，应当是我们几代人需要继续做出的努力。

2017 年 12 月 20 日于北京师范大学

编辑说明

《〈说文解字〉同源字新证》为作者手稿影印，其基本体例是：条目空一格起写，引《说文》原文空二格起写，作者的疏证顶格撰写。

此次整理依照原手稿体例，新编了目录，目录中仅将空一格起写的字头依次编入。个别条目后，有作者对条目次序调整的小字注脚，由于此目录仅为查检手稿原文，故不依调整，仍按原字头排列。目录中，对引述字词用双引号标出，并保留繁体。

手稿中有极少数脱漏和手误，按《黄侃手批说文解字》与《说文同文》《字通》做了修订和补充，并附录在书后《条目改校说明》里，以供读者参阅。

手稿中个别楷书异体字，在不影响理解的情况下，目录采用了通行字排录，以便一般读者查找。

目 录

上 部

第一卷下

第二卷上

第二卷下

第三卷上

第三卷下

第四卷上

第四卷下

第五卷上

第五卷下

第六卷上

第六卷下

第七卷上

第七卷下

下　部

第八卷上

第八卷下

第九卷上

第九卷下

第十卷上

第十卷下

第十一卷上

第十一卷下

第十二卷上

第十二卷下

第十三卷上

第十三卷下

第十四卷上

第十四卷下

说文的同源字述

《说文》所收字形，未必尽属文字。《说文·九上·文部》"文，错画也。象交文。"此言文非简单点撇，一般也是笔画交错。但《说文》不废省形，且音读亦备，文训较繁。并有从之得声之字。如《十二下·厂部》厂，抴也。明也。虒字从此。"紫弟"从厂声。《诗经·齐风·载驱》"齐子岂弟"。而《古文尚书·洪范篇》作"圛"。《说文·六下·囗部》"圛，回行也。商书曰圛。圛，升云半有半无。读若驿。"《齐风》郑[illegible]"古文尚书'弟'为'圛'。"圛从厂声，此可证厂即圛字，即夏天的晴云，佛经所说的"光明云"。以其状言之，则训抴；从其质言之，则训明。是"云"象雨云之形，"厂"为晴云之象。由此知"厂"为"云"之省。又《十二下·乀部》乀，流也。读若移。"部内有"也"字。说解曰，女阴也。象形。乀声（从段本）。此秦刻石文。"案：乀即流滴义。案阴物有流下滴义，乀实即也之省形。《八下·尾部》有"尿"字，训人小便。则从"氺"与从"乀"同。"乀"即水之省形。厂与乀

北京市电车公司印刷厂出品 八一·八

虽非错，亦应属于文字之科。至于有的部首多牵强列为文字如"丨""丶""丿"等等，~~其音义~~或比附部内之形，或妄说其音义，施之文献，豪无证佐。此数形体仅能视为造字的构件，不能算作文字。本篇泛论《说文同根词》，对于造形零件既非文字则略而不论。

第一卷上

元与兀同

《说文》元，始也。从一，兀声（锴云俗本有声字）。

《说文、八下、儿部》"兀，高而上平也。从一在人上。读若夐。茂陵兀桑里。

由"兀"字形上看指人之最高处（不平则尚有高），即人之首。其字从儿，一指事。"元"字亦人首。一与二皆指事，正如《二上、正部》"正，古文作𤴓"同。契文鼎彝亦或从一，或从二标志其事。此例至多不胜枚举。兀元音读亦相通。《九上、髟部》"髡，从髟，兀声。髨，或从元（声）。"《论语》"大车无軏"《说文、十四上车部》作"𨊻"，"读若夐"者，古音亦入寒。《韩诗》"于嗟夐兮"

北京市电车公司印刷厂出品 八一·八
(1549) 20×20=400

至其训诂"兀""元"皆以首为本义。礼有"元服"谓冠冕也。《左传·僖公卅三年》"狄人归其元"杜解"元，首也。"

元兀又同遠又同邍

《说文·二下·辵部》"遠，遼也。从辵，袁声。"《九下·长部》长下说解曰"兀者，高远意也。"自下而上谓之高，自内而外谓之远，高远义通。兀元亦即古远字。章太炎先生《文始》曰：入，内也。象从上俱下也。内，入也（见《说文·五下·入部》内下文云。从冂。自外而入也。）……"入"、"兀"即古"内""外"字，"外"即通"遠"。"（兩从入声）

~~兀读寡的义与邍通~~

象高而上平之义，施之于土地，则有"邍"。《周礼·夏官》有"邍师"。郑玄注曰："邍，地之广平者。"《说文·二下·辵部》"邍，高平之野人所登。从辵，备，彔。阙。"（《地官·大司徒》郑注作"高平曰原"原即邍之声借。）高地之平者。《释名·释地》曰"广平曰原。原，元也。"故以原代邍。皆应训为高平，训广平者误。

又契文金鼎彝皆与《说文》同

北京市电车公司印刷厂出品 八一·八
（1549）20×20=400

天同"囟""颠""顶""题"

《一部》天，颠也。至高无上，从一大。

《十下·囟部》囟，头会脑盖也。象形。𦞤，或从肉、宰。𡿺，古文囟字。

《九上·页部》"颠，顶也。""顶，颠也。""题，额也。"

章太炎先生《文始》自注曰："知天训颠，以门问、户护之例（段玉裁说："天，颠也。此以同部叠韵为训也。凡门，闻也；户，护也；皆此类。"故章君效之。）者，《易》'其人天且劓'，马融以为黥凿其额曰天。颠额通言，颠题声转。天本颠凿之亦曰天。犹首称曰元，膑曰髌也。又《山海经》有'刑天'。刑天无首。刑彼黥额之刑也。以颠释天犹以髌释膑焉。《律书》已有是训。刘向就苍苍者说。又言'至高无上'，人顶于身，亦至高无上，苍苍者于万物亦至高无上。本当言'从大'，大，人也。从一在其上，指事也。与夫同意。《说文》言从一大，则略也。"

又《小学答问》说："天即颠尔。颠为顶亦为额。《释畜》"的颡白颠"。《周南》'麟之定'传曰，

北京市电车公司印刷厂出品 八一·八
（1549）20×20=400

'定，题也。'一本题作'颠'。(颠、顶、定、题古皆双声。段以颠为误，非也。)明'题''颠'得称颠矣。去耳曰刵；去鼻曰劓；去而曰耏；去涿曰斀，皆从其声类造文。去髌直曰髌．黥颠直曰颠，不造它文，直由本义引而申之。又《刑法志》说，"秦刑有凿。"…盖被凿颠之刑，彼颠则直顶尔。"

黄季刚先生曰，"天之训为颠，则古者直以天为首。在大宇中则以天为最高；在人身中则首为最高，故以一言天而可表二物也。然与天同语者有'囟'，声精变矣。由囟与天而有'颠'。此之造字，纯乎变易也。颠语转而有'顶'有'题'，义无大殊也。假使用一字数音之例，而云天又音囟，音颠，音顶，音题，又有何不可？是故'囟''颠''顶''题'皆天之变易字也。(见《说文略说》)

案章黄二师之说皆极精辟。殷之"契文""罍彝"无不吻合．由古声言"天""囟"皆先韵。"天"字在《诗经》中与"人""信""身""渊"等字谐韵，在《周易》中，天字又与"生""形""成""平"等

北京市电车公司印刷厂出品·八一·八
(1549) 20×20=400

字皆训。是天可读"顶"之证。"题"与颠相对转。则天字数音规律皎然可寻。至天字形体与契文、金文无不吻合，释者亦以人首释之。《魏三体石经》天字古文作"𠑹"。大为人身更为显著。

丕与不同又同嚭

《说文》丕，大也。从一，不声。

《十二上·不部》不，鸟飞上翔，不下来也。从一，一犹天也。象形。（锴本）

《五上·喜部》嚭，大也。从喜，否声。春秋传，吴有太宰嚭。

丕字《古鉨》作"丕"，古匋丕亦作"丕"。不字《[illegible]康敦》作"丕"相似。尚书石经作"丕"。《左传·昭三年》"谗鼎之铭曰昧旦丕显。"杜注："丕，大也。"《吴录》"曹丕以戚步及任。阚泽曰'不及十年，丕其死矣。'孙权问，'何以知之？'泽曰，'以字言之，不十为丕。'"可知丕不从一，与《古匋》《[illegible]康敦》《说文》谓从一误矣。

案"不"训鸟飞上翔至天，言极高也。所云不下来者依《周易》衍其说。章太炎先生说：

易卦下天上地为泰，泰者滑也。水走而下，象天之下地也。上天下地为否。否即不字。天在上位不肯下来。故泰曰小往大来。否曰大往小来。"

丕有高义，高与大义通。故在"嘉"皆训大，故三字相通。

吏理寺相同

《说文》吏，治人者也。从一，从史，史亦声。

《一上·玉部》理，治玉也。

《三下·寸部》寺，廷也。有法度者也。从寸，㞢声。

案"吏"即治乱本字，"理"即治玉本字，故有條理、文理义。"寺"即法治本字，故引申为为法院，汉官掌法律之官叫"廷尉"，说文所以寺训廷。后世言"法庭"。又补充之言"有法度者"。

以上由一部所收之字，无作数目之义。到字说解中，如在下云"一犹天也"，至下云"一犹地"。其他"本""末""朱"从一标识位置，"正""[illegible]"与"寺"从一字標誌其形象。是一非数目字，又非

北京市电车公司印刷厂出品 八一·八
(1549) 20×20=400

文，仅为了标识的符号，故不算文字。

旁同溥、博、誧

《说文》旁，溥也。从二，阙。方声。[illegible]古文旁。[illegible]亦古文旁。[illegible]亦古文旁。[illegible]籀文。

《十一上·水部》溥，大也。从水，尃声。

《三上·十部》博，大通也。从十，从尃。尃，布也。亦声（依段本）

《三上·言部》誧，大也。一曰，相助也。从言，甫声。读若逋。

案旁溥双声连绵词（韵亦对转），又作"旁魄"（见《荀子·性恶》《汉书·司马相如传》）"旁礴"（见《庄子·逍遥游》）"彭魄"（见《太玄注》）。旁侧旁边之旁，则应以"丙"为正字。

《礼记·中庸》"溥博渊泉"溥博亦连绵词。《玉篇》"博，广也。通也。"广与大同，通与广亦相引申。

《尔雅·释诂》"甫，大也"即誧字。钱坫曰"人相助，今之辅字也。"

亦同奏，又同覕、覭。

北京市电车公司印刷厂出品 八一·八

（1549）20×20=400

《说文》示，天垂象。见吉凶。所以示人也。从二。三垂，日月星也。观乎天文，以察时变。示神事也。𡿨，古文示。

《说文·七下·晶部》曟，日月合宿为曟。从晶，从辰，辰亦声。

《说文·八下·见部》視，瞻也。从見示声。眎，古文視。眡，亦古文視。

又 觀，諦視也。从見，雚声。

示以"天垂象"为本义。从二古文从一，二一皆谓天也（一犹天也）。川为垂象，指日月星也。日月星古称三辰。《左传·桓公二年》"三辰旂旗，昭其明也。"杜解："三辰，日月星也。"案三辰之正字应作"示"。案示与辰声音相通《诗小雅》曰"瞻彼中原，其祁孔有。"郑笺："祁读为麎"。是辰声示声可以通读。又"視"古文作"眎""眡"而《虫部》"蚳"或作"䖣"亦可证明"示""氏""辰"声母互换，亦同音也。而三辰之辰《说文》中作"曟"。

恩格斯在《反杜林论》中说："数学是从人的需要而产生的，是从丈量土地和测量容积，从计算时间和制造器物产生的。"谓伴随着农业的兴起而发展了天文、历法、数学。《国语·鲁语上》"帝喾能序三辰以固民"

天文曆法數学首先是根据日月星的运转来推算的。《莊子·说劍篇》曰"上法圆天，以順三光"。"三光"亦即"三辰"。《史记·天官书》是讲天文曆法的专著，亦依三光以定時序。宋注曰"三光，日月星也"

天垂象有垂示义，垂示义与瞻視义同词。此训诂中所谓"施受同辭"，即黑格尔所说的"思辨精神"。《国语·鲁语上》"天之三辰，民所瞻仰也"。由是而知"視"与"示"义相会通。

《汉书·地理志》代郡有"狋氏"。孟康云，狋音权（橎）。氏音精。①此地名方音，可证明古读，示声亦可读"觀"。《尔雅·释言》"觀，示也。"觀亦具有示視两义。

禠同"禎"又同禔

《说文》"禠，福也。"

又"禎，祥也。"

又"禔，安，福也。"

古代洪水为患，人民以"度居"为主。所谓度居正字作"宅"。《说文·七下·宀部》"宅，所託居也。"《尚书·尧典》今文皆作度，古文皆作宅。宅由於度。所谓"相宅度宇"。故"禔"下云，安。

（注）①黄师说，氏有丕音。故《说文》抵训）例去《集韵》以坻为抵之重文。

北京市电车公司印刷厂出品 八一·八

福也。有宅则安，故训为福。

褫可读去音，故"虒""褫""𧙢"等字从其声。褫去音同"偍"，《周礼》有"贞卜"，贞即今俗语所谓"叮问"，故贞有贞问义。"褫"与"褫"双声，并齐音韵转。是"褫""祯""禔"三字声义皆同。

祝同祷禂又同"福""䛆""譸""詶""诅"。

《说文》"祝，祭主赞词者。从示，从人、口。一曰从兑省。易曰兑为口，为巫。

又"祷，告事求福也。从示，寿声。

又"禂，祷牲马祭也。从示，周声。诗曰既祃既禂。𩦺，从马，寿省声。

祭主谓主祭之人。《周易·震卦》彖曰，可以守宗庙社稷以为祭主也。"《尚书·洛诰》"逸祝册"。郑玄注"使逸读所作册祝之书告神。"祝即祷告，祝与"祷"音义皆同。《礼记·乐记》"封帝尧之后"郑注"祝或作铸。"《淮南子·俶真训》"冶工之铸器。"高诱注"铸读如祝"。是祝与祷同音之證。《礼记·檀弓》"君子谓之善颂善祷"。郑注，"祷，求也。"《周礼·春官·甸祝》"禂牲禂马"。杜子春曰，"禂，祷也。为马祷无疾，为田祷多

北京市电车公司印刷厂出品 八一·八
(1549) 20×20=400

獲禽牲。"此三字音义皆同。

《詩經·小雅·干旄》"素絲祝之"。祝当为"紬"之声借。

《說文》"䄘，祝䄘也。从示，畱声。"

《三上·言部》"䛆，詶也。（从言由声）"又"譸，詶也。从言寿声。读若醻。周书曰无或譸张为幻。"又"詶，譸也。从言，州声。"又"詛，詶也。"

《释名》"祝，屬也。以善恶之词相屬著也。"《玉篇》祝重文作"呪"，今作"咒"。《玉篇》"袾，呪，詛也。"

《素問·移精變氣論》岐伯曰"毒药不能治其内，鍼石不能治其外，故可移精祝由而已。"祝由即祝䄘。《玉篇》作"祝袖"。案祝䄘即咒詛治病（王冰注诀）。马王堆出土的帛书方《五十二病方》其中載咒語甚多。是以祝䄘病治的一种方法。

譸"、"䛆"、"詶"、"詛"皆相互为训，音義相通相近。《周礼·春官》有"詛祝"，鄭玄注曰"祝謂祝之使詛敗也。"秦有《詛楚文》。皆今詛咒义。是知"祝"相反义，此郭璞所謂"美惡不嫌同名。"

譸下引周书，見《無逸篇》，譸作"侜張"（毛詩陳凤、仿方諸缘笺）或作"侏张"（見文選）此引伸明假借。《尔雅·释训》"侜张，诳也。"依《说文》侜张之正字作"伥"。《八上·人部》"伥，诳也。

神同䰠又同伸。

《说文》神，天神，引出万物者也。从示，申声。

《八上·人部》伸，神也。从人，申声。

《九上·鬼部》䰠，神也。从鬼，申声。

金器"神"字作"[illegible]"。与《说文》申字同形。《十三上·虫部》虹的籀文作"[illegible]"说解曰"籀文虹从申。申電也。"《周易》曰，"万物生於震"。《礼记·孔子闲居》曰"地載神气。神气风霆。风霆流行，庶物露生。"所以古代原始社会，看到万物生长，认为神事。故曰天神引出万物者也。施之人類懷胎生子，亦以为神事。故"伸"训神。施之宗教则有鬼神，因有鬼䰠之说。

禋同昚

《说文》禋，絜祀也。一曰精意以享为禋。从示垔声。𥛓籀文从宀。

《十下·心部》慎，謹也。昚古文。

章太炎《文始》"禋本祀昊天。"又注云"禋字训谨训诚，义犹禘。古文作[illegible]，从屮，从火，从日。燓字从之。恐本即禋字。"按章说极精审。《礼记·郊特牲》"大报天而主日也"。可見祭昊天以日为主。郑玄说"周人尚臭，其祭以烟。"则火焚烟，故从火而屮与燓从屮同。契文作"米"恐亦禋字，以为燓者非是。

二条应移"社"字条前、

社之后出字作"騇"

《说文》"社，地主也。从示，土（声）。春秋传曰：共工之子句龙为社神。周礼：二十五家为社，各树其土所宜之木。𥘸，古文社。"

又《女部》"姐，蜀谓母为姐。淮南谓之社。"

《尔雅·释畜》牝曰騇。

案"社"本训土地之神，而《淮南子·说山训》"社何爱速死，吾必悲哭社。"高诱注"江淮谓母为社"。以土地之神作母亲的称谓，在西欧语言也有这类情形。如拉丁文的Terra是土地，引申的专名Terre（阴性）、Tellus（阴性），则为地神，亦即汉语的"社"。她也有别名叫Magna Mater，可译作"伟大母亲"可見人類都认为土地是生

北京市电车公司印刷厂出品 八一·八
（1549）20×20=400

长一切物质的，因以土神为母祇的称号。汉语中牲畜有生殖能力的马或牛叫"騇"，騇与社音同。盖騇即社之后出字。

礿　后出字作"禴"

《说文》礿，夏祭也。从示，勺声。

~~《尔雅·释天》禴，祭也。《释文》"字又作礿"。~~

《周易·萃卦》《诗经·天保》《周礼·大宗伯》皆作"禴"。《尔雅·释天》孙炎注曰新菜可汋（郭注同）。《说文·十一上·水部》"汋，激水声也。井一有一无水谓之瀱汋。"皆非新菜可汋之义。汋正当作"鬻"《说文·三下·鬻部》"鬻，内肉及菜汤中薄出之。"鬻即北京土话汆鸡子之汆。

鬻　又通"燅"

《说文·十下·炎部》"燅，于汤中爚肉。从炎，从热省声（错本）。錴，或从炙。"音"徐盐切"。

黄季刚先生曰："《大集》曰藏分音文字》引《通俗文》'以汤去毛曰燅'字画多谓杀禽兽已，纳之沸汤去毛曰燅毛。或书作'撏'，去四草亦曰燅。或书作'𢭏'。字正同《广韵》，而当从《说文》本训

北京市电车公司印刷厂出品　八一·八
(1549)　20×20=400

稍有不合。北京話謂薄切鱼鸟羞兽肉，以箸寘沸湯中，略动摇即熟可食曰涮锅子（或纳羊肉及菜）读所晏切（shuàn）此燅字之音变，一也。四川以东，谓[编]切鱼鸟兽禽肉以与药（即作料）和之，候汤沸倾入，俄顷盛出，曰汆汤，读仓含切。此燅字之音变，二也。“燅”与爓亦单复音转也。

祼与盥同即灌之正字。

《说文》“祼，灌祭也。从示，果声”（古玩切）

《五上·皿部》“盥，澡手也。从臼，水，临皿。春秋传曰奉匜沃盥。（古玩切）

《十一上·水部》“灌，水出庐江雩娄，北入淮。从水，雚声。（古玩切）

今经典凡“灌注”“灌输”“灌溉”字皆应作“祼”。

祈同覬·欽·歀。又近求。

《说文》“祈，求福也。从示，斤声。”

《八下·见部》“覬，钦幸也。从見，豈声。”（几利切）

《八下·欠部》“歀，意有所欲也。从欠，款省。欵，或从柰。（苦管切）

北京市电车公司印刷厂出品 八一·八

《同上》“𣢑，幸也。从欠，气声。一曰口不便言。”（起乞切）

《八上·裘部》“裘，皮衣也。从衣，求声。一曰象形。与衰同意。求，古文省衣。”（巨鸠切）

案“幸”与“欲”义相会通。款本训“意有所欲”，能得其欲则为幸。（款识之款亦当作“契”。契，刻也。）“款求”今不同字，而《诗经》裘属咍韵，求入萧韵，亦不同音。《尔雅·释言》“祈，叫也”，则祈亦由请求义引申，然则求之初作“叫”，亦得为“告”。则“告事求福”是告求之近。与祈字双声。

三与“集”同，亦即集之古语。

《说文》三，天地人之道也。从三数。

《四上·雔部》“集，群鸟在木上也。

三为虚数，表多数。清汪中《释三九》说极精湛，从《说文》书中考之，凡三画或三体重叠皆反映多数。其“又”下说解曰“手之列多，略不过三也”。此许君以三为多数的明文。众集之集古属合韵，三属覃韵。古为同音。

瑛即映字

《说文》"瑛，玉光也。从玉，英声。"

《七上·日部》新附字有"映"，明也。

案玉光日光皆白色。《诗经·小雅·白华》"英英白云"。毛传："英英，白云貌。"《释文》"韩诗作泱泱。"映即"瑛"之后出字，作"英"者瑛之声借。又《诗经·小雅·六月》"白旆英英。"同。

瑞同卩亦同"质""赘"后出字作"璲"

《说文》瑞，以玉为信也。从玉，耑声（锴本）

《九上·卩部》"卩，瑞信也。守国者用玉卩，守都鄙者用角卩，使山邦者用虎卩，土邦者用人卩，泽邦者用龙卩，门关者用符卩，货贿者用玺卩，道路用旌卩。象相合之形。"

《六下·贝部》"赘，以物质钱。从敖、贝。敖者犹放，贝当复取之也。""质，以物相赘"

案瑞節为同字。《周礼·春官·叙官》郑注曰"瑞節，信也。"是瑞卩连文成词之证。又郑注《典瑞》，执以见曰瑞。礼神曰器。瑞，符信也。"《周礼·掌节》凡通达于天下者必有

北京市电车公司印刷厂出品 八一·八
(1549) 20×20=400

线，则不达。”《春秋公羊传》“陈乞与阳生示節而走之。”是瑞与節皆为信物。“发”与“质”亦取信义。后出字作“璲”

瑱后出字作“钿”。

《说文》“瑱，以玉充耳也。从玉，真声。诗曰：玉之瑱兮。䪴，或从耳。

“钿”见新附字训“金华”

《诗经·著》充耳以素乎而，尚之以琼华”。毛传：“素，象瑱。琼华，美石。士之服也。”郑笺：“素谓所以悬瑱者。或名为紞。织之。尚犹饰也。饰之以琼华者，谓悬紞之末，所谓瑱也。”古代男女皆有笄饰和瑱。后代女子有“钿”即瑱字。庾肩吾诗曰：“雉花去金钿。”后又以贝壳饰器物。《唐书·王琪传》以宝为钿并轓。”今俗名“螺钿”。

瑬即冕流、旗流字。与“斿”“旒”“流”同

《说文》“瑬，垂玉也。冕饰。从玉，流声。

《七上·㫃部》旞，旌旗之流也。从㫃，攸声。”

“游，旌旗之流也。从㫃，汓声。”𨑢古文游。”

北京市电车公司印刷厂出品 八一·八
(1549) 20×20=400

《十一下·㳅（流部）》㳅，水行也。流，篆文从水。古经典皆借"斿"为之。㳅与斿同。"游""旋""流"义皆相通。

瓃与櫑同又与"⿰畾力""輪"相通

《说文》"瓃，玉器也。从玉，畾声"

《六上·木部》"櫑，龟目酒尊。刻木作云雷象。象施不穷也。从木，畾声。罍，櫑或从缶。㽌，櫑或从皿。𦉪，籀文櫑。

《十三下·力部》"⿰畾力，推也。

《十四上·車部》輪，有辐曰輪，无辐曰辁。从車，侖声。

《十一下·雨部》靁，阴阳薄动，靁雨生物者也。

《六下·口部》"回，转也。从口，中象回转形。㘝，古文。

钱大昕说"韩诗说罍，天子以玉。是瓃为天子酒尊。"古玉器为鹿录转旋的形状，回转象也。与"櫑"同器，⿰畾力力部：滚木⿰畾力石之⿰畾力，亦由上旋转而下。輪亦以回转推行于地上，故"⿰畾力""輪"与"瓃""櫑"义通、"靁"亦象回转形。"回"也象旋转之形。

瑳即玼之或体

《说文》"玼，玉色鲜也。从玉，此声。诗曰新台有玼。""瑳，玉色鲜白也。从玉，差声。"今诗作"泚"。韩诗作"瑳"。

玼与泚相通与漼同

《十一上、水部》泚，清也。从水，此声。"

"漼，新也。从水，皋声。(七皇切)"

《说文》"新"训取木。《大学》汤之盘铭"苟日新。日日新。又日新。"新已借为"洗""洒"。以洗洒，故无垢。为新鲜之义。知新洗洒有新义，与泚义相通。

璱即"瑟"之后出字，"栉"亦瑟之后出字

《说文》"璱，玉英华相带如瑟弦。从玉，瑟声。诗曰瑟彼玉瓒。"

《六上·木部》栉，梳比之总名也。从木，节声。

《十二下、琴部》瑟，庖牺所作弦乐也。从珡，必声。𤨍古文瑟。

案璱玉之得名由瑟来。栉为梳比之总名。盖亦以横纹如瑟得名。《周礼·考工记》作"栉"。《释

北京市电车公司印刷厂出品 八一·八
(1549) 20×20=400

文》"椰本或作梆"。古代玉、石、骨、角、木皆可为椰。《明堂位》有"刮楹"。注云"刮，刮磨也"。《考工记》椰人亦取义于瑑。

瑩与"熒""烱""熲""炫"为同根词。瑩训治磨乃"研"之借字。

《说文》"瑩，玉色。从玉，熒省声。一曰石之次玉者。逸论语曰，如玉之瑩。"

《十上、焱部》"熒，屋下鐙燭之光也。从焱，冂。"

《十上、火部》"烱，光也。从火，冋声。""熲，火光也。从火，頃声。""炫，燗燿也。从火，玄声。"

以上五字音义皆近。黄季刚先生说"案《倉頡篇》曰，'瑩，治也。'《释鸟》郭注'瑩刀'。《释文》'瑩，摩瑩也。'《周书、苏绰传》'夫良玉未剖，与瓦石相类。及其剖而瑩之，玉石始分。'皆'研'之借。"案黄说极精。章太炎谓"瑩"为"研"之孳乳字，未谛。《说文、九下、石部》"研，䃺也。"（瑩研双声）

琢与"鏤""琱""彫"同

《说文》"琢，治玉也。从玉，豖声。""琱，治石也。一石似玉。”

《十四上、金部》“镂，刚铁可以刻镂。从金娄声。夏书曰梁州贡镂。一曰镂釜也。

《九上、彡部》“彫，琢文也。从彡周声”

《周礼、追师》注曰，“追，治玉之名。”实追即琢借音。

玩与“翫”同，与“掼”“遦”“券”同。皆由毌来，与“宦”亦通

《说文》“玩，弄也。貦或从貝。”

《四上、習部》“翫，习厌也。从習元声。春秋传曰翫岁而愒日。

《二下、辵部》遦，习也。从辵，贯声。

《十二上》“掼，习也。从手，贯声。春秋传曰掼渎鬼神。

《十三下、力部》“券，劳也。从力，卷省声”

《七上、毌部》“毌，穿物持之也。从一，横贯象宝货之形。读若冠。

《七上、宀部》“宦，仕也。”

玩与翫同《楚辞、哀时命》“唯可玩此遗芳”。注玩，习也。“掼”“遦”“券”皆毌字孳乳。毌亦作

"串"（患字从之）。《尔雅·释诂》"串，习也"。盖毋本训持，引申训习。

宦亦与毋义通。宦训仕，仕者学也。学习同意。

珉同玟

《说文》"珉，石之美者。从玉民声"，"玟，火齐玫瑰也。一曰，石之美者。从玉，文声。"

二字声义同。案玫瑰即今红宝石，火齐北金刚石。章太炎说钜为金刚石亦未谛。

玓瓅非勺藥。

《说文》"玓，玓瓅，明珠色。从玉，勺声。""瓅，玓瓅。从玉，樂声。"

勺藥本出于通俗，今名"作料""佐料"指食物言，语出于"秝"。玓珠指明珠色。玓同"的""皪"，瓅同纅。《十三下·糸部》"纅，丝色。从糸，樂声。"然则玓瓅犹言"照了""照燎"。语出于"燎"。

靈通櫺𨏍

《说文》靈巫，以玉事神。从玉，霝声。靈，靈或从巫。

《六上·木部》"櫺，楯间子。从木，霝声。"

《十四上·車部》軨，車轖间横木。从車，令声"

北京市电车公司印刷厂出品 八一·八

䡼　軨或从霝。司马相如说。

案古者尊灵巫为神圣。《楚语》曰"民之精爽不携贰者而又能齐肃衷正。其知能上下比义，其圣能光远宣朗，其明能光照之，其聪能听彻之。如是则明神降之，在男曰觋，在女曰巫。"《广雅·释诂》"灵子，巫也。"又《诗》之"灵台"，《庄子》之灵府（注谓心也）《礼运》之四灵。皆尊美之意，为称灵同。《离骚》"灵脩"注训神，《东京赋》"灵主"注训明。司马彪《庄子注》训昭。皆本义也。故灵与"櫺"为同根词（段说"阑楯为方格，又於横直交处为圜子如绮文玲珑故曰櫺。）櫺之为灵犹囱为聪也。

䡼櫺又与"轜"同（正篆作軨）《左传·定公九年》"载葱灵"。贾逵注曰"衣车也。有葱有灵。"案即囱櫺也。

班同分，又与"𢍰""别""八"通为同根词

《说文》班，分瑞玉。从珏，从刀。

《二上·八部》"八，别也。象分别相背形。"

"分，别也。从八，从刀。刀以分别物也。"

《三上·菐部》"𢍰，赋事也。从菐，从八。八，分

北京市电车公司印刷厂出品　八一·八
(1549) 20×20=400

分之也。八，亦声。读若颁。一曰读若非（布还切）

《五上、冎部》别，分解也。

《尚书、尧典》"班瑞于群后"又《左传、襄公二十六年》"班荆相食"就是分开荆草共同吃食。亦分之义。颁训为分布。《广雅》"班，布也。"是班即颁字。别训分解《广成颂》"㸬牸班禽"㸬即《周礼、春官、大宗伯》故书之羁皐之羁字。八为分之别文。

𨏈与"箙""掤""櫜"同

《说文》"𨏈，车笭间皮箧，古者使奉玉以藏之。从車、珏。读与服同

《五上、竹部》箙，弩矢箙也。从竹，服声。

《十二上、手部》"掤，所以覆矢也。从手，朋声。

《六下、橐部》櫜，櫜张大皃。

《东京赋》"𨏈弩重旃"可证"𨏈"即"箙"字。《诗经》作"服"。是箙即弩弓之服。"掤"训覆，"覆"亦有包藏义。"櫜"训櫜，亦与皮箧义同

士同"记""进""史"

《说文》士，事也。数始於一终於十。从一

北京市电车公司印刷厂出品 八一·八

(1549) 20×20=400

孔子曰，推十合一为士。

《三上、言部》記，疏也。从言，己声。

《五上、丌部》近，古之遒人以木铎记詩言。从辵，从丌，丌亦声。读与記同。

《三下、史部》史，記事者也。从又持中。中，正也。

孔子曰出於《太平经》，此道家之说也（见拙著《说文通论》）

《周颂传》"士，事也。《郑风》"岂无他士"毛传"士，事也。《論语》執鞭之士。《盐铁论》作"执鞭之士）是"士""事"一语之转。在有文字之前，结绳以记事，即以数记事。事亦識字。商承祚先生曰："字从十一，即記数之义也。"又曰，"刑官称士師。狱讼之始，无过辨约剂而已。故书契作而百官治。"史"为记事之官。士与"記""近"同语。

壻同"倩""甥"

《说文》壻，夫也。从士，胥声。詩曰女也不爽，士貳其行。士者夫也。读与细同。婿，壻或从女。

《八上、人部》"倩，人字。从人，青声。東齊壻谓之倩"。（倉見切）

《十三下・男部》"謂我舅者，吾謂之甥。从男，生声。"

皆借方音异读。谓我舅者吾谓之甥，故女子之夫亦曰甥。《尔雅・释亲》"男子谓姊妹之子为出。"出与甥生皆训進。其义亦通。

壮同"驵""奘"

《说文》"壮，大也。从士，爿声。"

《十上・马部》"驵，壮马也。从马，且声。一曰马蹲驵也。"

《十上・犬部》"奘，妄强犬也。从犬，壮声

《尔雅・释言》郭璞注曰，"今江东呼大为驵，驵犹麤。"案今"壮"字亦有两义：训大者读（zhuàng），训粗的读（zhuǎng），以平声及上声区别其义。

犷即"犹"的同字，或后出字

第一卷下

屮同"枝""莛""茎""𡈼"

《说文》屮，艸木初生也。象丨有枝茎也。

古文或以为艸字。读若彻。

《六上·木部》"枝，木别生条也。从木，支声。"

《一下·艸部》"茎，枝柱也。从艸，巠声。"

"莛，茎也。从艸，廷声。"

《八上·𡈼部》"𡈼，善也。从人、士。士，事也。

一曰，象物出地挺生也。"

屮象艸木已出地上，生有枝茎之形。故肯出皆取其象。读若彻者《说文·三下·攴部》"徹，通也。从彳，从攴，从育。𢕍，古文徹。"案徹古属"曷"部（据诗经韵读）古文作"𢕍"当从鬲声，则入锡韵。一字不只一音。育训养子。屮训艸木生，即"由"与出同字之例。《说文·十三下·力部》有"勶"训发，发即生长义。

"古文或以为艸字"《荀子·富国》"刺屮殖谷。"以屮为艸。《尚书·洪范》"庶艸蕃庑"古文尚书本作"庶屮"。《汉书》亦以屮为艸，如《礼乐志》"屮木零落"《地理志》"屮繇木条"《董仲舒传》

北京市电车公司印刷厂出品 八一·八
（1549）20×20=400

象屮生"《叙传》'天造屮昧'此一字数音，亦明古文多通借。

从声义言，与枝同。齐方对转故亦与"生""茎""莛"亦为同字（从屮声者有"出""韃"皆读若骋）。

芬同"皀""馝""苾"棻"芬"

《说文》芬，艸初生，其香分布。从屮，从分，分亦声。芬 芬或从艸

《五下·皀部》"皀，谷之馨香也。象嘉谷在裹中之形。匕所以扱之。或说，皀，一粒也。又读若香（皮及切）。

《五下·食部》"馝，食之香也。从食，必声。诗曰，有馝其香。

《一下·艸部》"苾，馨香也。从艸，必声。

《六上·木部》棻，香木也。从木，芬声。

以上五字声义皆同。然皀有两读一读bi，一读xiāng是香芳义相通。皀本嘉谷。"黍曰芗合，粱曰芗萁"（见礼记）。皆取名于香。

萁同秸

《说文》"萁，豆茎也。从艸，其声。

《七上、禾部》"稭，禾稾去其皮，祭天以为席。从禾，皆声。"

案《七下、麻部》"黀，麻䕸也。"䕸即稭之后出字。《说文》不录。今俗所谓"秫䕸""麻䕸杆"皆指去皮之茎。

荅通"尗"，回答之答应作"合"

《说文》荅，小尗也。从艸，合声。

《七下、尗部》"尗，豆也。象尗豆生之形。"

汉以后始呼"尗"为"豆"。案《左传、宣公二年》"华元逃归，立于门外，告而入。见叔牂，曰，子之马然也。对曰，非马也。其人也。既合而来奔。"杜解："合犹荅也。"近山东出土银雀山竹简的孙膑兵书，荅曰皆作合曰。是合为对荅的正字。

芓同萁"蕉""枲"

《说文》"芓，麻母也。从艸，子声。一曰芓即枲也。""萁，芓也。从艸，異声。""蕉，生枲也。从艸，焦声。"

《七下、朩部》"枲，麻也。从朩，台声。𣏟籀文枲。从林，辝声。"

案"枲"为麻之专名。"枲""萁""芓"三字本同音。如《食部》"飴"籀文作"𩚬"从異省声。"巳""子"同字。

北京市电车公司印刷厂出品 八一·八
（1549） 20×20=400

《说文》祀重文作禩。如"枲""萁""芓"同音同义。麻之茎皮可沤治成缕，纺织为布。其茎皮名黂。《淮南子·说林训》"黂不类布而可以为布。"又《说山训》"見黂而求为布"是黂指沤治之麻皮。"枲""芓""萁"皆指未沤治之麻。又有"蕉"字训生麻[枲]。蕉与枲等三字皆双声，亦音近义同之同字。

薇与《尔雅》"䔀"字同。

《说文》"薇，菜也。似藿。从艸，微声。𦳢

音（无非切）

《尔雅·释草》"䔀，春草。"

《诗经·采薇》"采薇采薇，薇亦作止"则薇为孟春之草。《仪礼·公食大夫礼》"铏芼：牛藿，羊苦，豕薇。"毛传说"薇，菜也。"菜即草。䔀与薇双声，䔀即薇的别体字。

苹同洴"萍"

《说文》"苹，萍也。无根。浮水而生者。从艸，平声。"

~~《十一上·水部》~~"洴，苹也。从水，荓声。"

《十一上·水部》"萍，水草也。从水，苹声。"

《诗经·小雅·鹿鸣》"呦呦鹿鸣，食野之苹。"毛

北京市电车公司印刷厂出品 八一·八
（1549）20×20=400

传云"苹，蓱也。"郑笺云"苹，藾萧也。"《尔雅·释草》两义兼收。许君从毛义。

又"萍"乃"苹""蓱"之后出。《鹿鸣释文》云"蓱本又作萍。"

荑后出字作"苐"。

《说文》"荑，草也。"

《玉篇》苐，草也。《类篇》苐，草木初生。

苐即荑的俗体。

茅与蓩同

《说文》"茅，菅也。从草，矛声。""蓩，细草丛生也。从草，敄声。"

案茅~~草~~覆地之草，野生蔓延。《仪礼·士相见礼》"在野曰草茅之臣。"引申为蒙昧义。《释名》"雾，冒也。气蒙冒覆地之物也。"故"茅""敄""雾"皆阴同义。《尔雅·释言》"茅，明也。"此相反为训。

菩后出字作蔀

钱坫说："《易》'丰其蔀'（丰卦六二爻辞）而郑本作"菩"。云，'小席也。是以草作席。"《说文》无"蔀"字。然蔀引申义为天文学的"天部""天保"的正字。

茜与綪通 后出字有"蒨"与"輤"

《说文》"茜，茅蒐也。从艸，西声。"

《十三下·糸部》"綪，赤缯也。从糸，青声。"

~~玄应《一切~~《本草图经》"茜根染绯草也。许慎《说文解字》以为人血所生（见茅蒐说解）。"《通志》"茜可以染绯，故曰地血。亦曰茹藘，曰茅蒐。齐人谓之茜。叶苍晨灑而根红。"

郭璞《尔雅注》"今之蒨也。可以染绛。"韦昭《国语注》"茅蒐绛草，即今之蒨也。"是蒨为茜之后出字。

《礼记·杂记》"其輤有裧"郑注"輤取名于榇与蒨，蒨染赤色者也。"是"輤"亦茜之后出。

苞同丰蓁芃葆。近樸。

《说文》"苞，艸也。南阳以为粗履。从艸，包声。"

《六下·生部》"丰，艸盛丰丰也。从生，上下达也。"

《艸部》"蓁，艸盛。从艸，秦声。""芃，艸盛也。从艸，凡声。""葆，艸盛皃。从艸，保声。"

苞本训丛生密积的艸木。例如《尚书·禹贡》"艸木渐苞"伪孔传"丛生也。"《诗经·小雅·行苇》"方苞方体"毛传"苞，茂也。"《鸨羽》"集于苞栩。"传"苞，稹也。"《尔雅·释木》"如竹箭曰苞。"《释文》"凡木如竹箭丛生者曰苞。"《诗·下泉》"浸彼苞稂"传曰"苞，本也。"此本字为苯蓴之苯。《玉篇》"苯蓴，艸丛生也。"（本末引申本训大，末训小。）

"丰""丵""蓁""芃""蓧"与"苞"或双声或同韵，实为同字。

《尔雅·释木》"樸，枹。"《方言》樸，聚也。亦与"苞"声义相近。

至于以苞为"苞苴""包裹"义，应为"包""勹"之借

~~又后出字作"对""鸠"~~

策同"莿""朿"又与"刺"（"策"）通亦通"鞭""膌"。

《说文》"策，莿也。（从艸，刺声。）""莿，策也。从艸，刺声。"

《七上·朿部》"朿，木芒也。象形。读若刺。"

《四下·刀部》"刺，君杀大夫曰刺。刺，直伤也。从刀，从朿，朿亦声。"

北京市电车公司印刷厂出品 八一·八
（1549）20×20=400

《七上·竹部》"策，马箠也。从竹，朿声。"

《朿部》"小枣丛生者。从並朿。"

《四下·肉部》"膌，瘦也。从肉，脊声。𤸁，籀文膌。从疒，从朿，朿亦声。"

《方言》"凡草木刺人，北燕、朝鲜之间谓之茦，自关而西谓之刺，江湘之间谓之棘。"

又策训马箠，然在箠下释"箠"字曰"箬箴其耑，长半分"，是策即刺马之工具，即刺之引申。朿为木芒，其形尖细，故引申训瘦。段玉裁《说文解字注》𤸁下曰"朿，木芒也。木芒是老瘦之状，故从朿。《吕览》曰，'凡耕之大方，棘者欲肥，肥者欲棘。'高注云：'棘，羸也。'《诗》'棘之栾栾'言羸瘠也。土亦有瘠。按棘並朿，故高云尔。"

以上数字"朿""茦""莿"是同字，刺朿之动作，策为刺之工具，引申义则有棘有瘠。

蔹音转变作"茦"

《说文》"蔹，白蔹也。从艸，佥声。蘞，蔹或从敛。"

《诗经·唐风·葛生》"蔹蔓于野"《本草》谓之

北京市电车公司印刷厂出品 八一·八
(1549) 20×20=400

白蔹。以别有赤蔹、黑蔹也。

钱坫曰："《尔雅》'萰，菟荄。'郭璞未详。按《本艸》白蔹一名'菟核'，与'菟荄'同，是萰即蔹之异文。"案黄说甚谛。

蒹与"薕""芀"同。

《说文》"蒹，雚(段作雚)之未秀者。从艸，兼声。""薕，蒹也。从艸，廉声。""芀，葦华也。"

案三字皆同，芀家韵与"蒹""薕"对转。"蒹""薕"本同音系，自《尔雅·释艸》分为二字，《说文》因之。(雚即葦)葦颖锐如刀锥。颜师古《汉书注》有蒹名薕锥。故"蒹""薕"得名于"鎌"。有刃者谓之刀，鎌亦有刃，故鎌亦名"鎌刀"。

菡同"荷""茄"。

《说文》"菡，菡蕳也。从艸，函声。""蕳，菡蕳，芙蓉。华未发为菡蕳，已发为芙蓉。从艸，閻声。""荷，芙蓉叶。从艸，何声。""茄，芙蓉茎。"

二字皆双声。分言有别，总言无分。盖一物也。

萌同"芒""萝"。

《说文》"萌，艸芽也。从艸，明声。""芒，艸耑。从艸，亡声。""萝，雚渝。从艸

[illegible]夢声讀若萌。

《礼记、月令》"句者毕出，萌者毕达。"郑注："句若屈生者。芒而直曰萌。"《周易、序卦》"蒙者蒙也。"郑注："齐人谓萌为蒙。"《字林》"芒，禾秒也。"《七下、禾部》"秒，禾芒也。"

又案[illegible]训灌渝，灌渝即《尔雅、释诂》之"權輿"。孫星衍说"權輿者艸木之始。《大戴礼记、诰志篇》"孟春百草权舆。"杨雄赋"万物权舆于内，徂落于外。"《十二下、弓部》有"[illegible]弝"说解曰"[illegible]，弓曲也。""弝，弓弩耑弦所居也。"是"灌渝""权舆""[illegible]弝""[illegible]"皆同，亦有屈曲义，与句萌同。

芛即蕣字

《说文》"芛，艸之皇荣也。从艸，尹声。""蕣，木堇，朝华暮落者。从艸，䑞声。诗曰，颜如蕣华。"

芛训皇華。案皇華之皇正作"[illegible]"。《五下、舜部》"[illegible]，華荣也。从舜，生声。读若皇。《尔雅》曰[illegible]，華也。葟，[illegible]或从艸皇。"芛古音读皇，与蕣音义皆同。

北京市电车公司印刷厂出品 八一·八
（1540） 20×20＝400

𦶜即葳蕤字

《说文》"𦶜，黄华。从艸，黊声。读若坏（乎瓦切）。""蕤，艸木華垂皃。从艸，甤声。"

案葳蕤艸名。《述异记》"葳蕤艸一名丽艸。又呼为女草。江浙呼娃草。"𦶜读乎瓦切，与娃同音。《楚辞·初放》"上葳蕤而防露兮"亦萎蕤字。马融《广成颂》曰"萑扈𦶜荣"字又作"蘳"。

英同"𢎘""𠌶""華""䔁""甬"

《说文》"英，艸荣而不实者。一曰黄英。从艸央声。"

《六下·𠂹部》"𠌶，艸木华也。从𠂹，亏声。"

《華部》"華，荣也。从艸，𠌶声。"

《五下·舜部》"䔁，華荣也。从舜，生声。读若皇。《尔雅》曰䔁，華也。葟，䔁，或从艸、皇。

《七上·𢎘部》𢎘，嘾也。艸木之華未发函然。象形。读若含。""甬，艸木華甬甬然也。从𢎘，用声。"

以上六字或双声，或同韵，皆为同字。

蕤同甤

北京市电车公司印刷厂出品 八一·八

(1549) 20×20=400

《说文》"䔟，艸萎䔟。从艸，移声。"

《七上·禾部》"移，禾相倚移也。从禾，多声。一曰，禾名。"

凡華穗皆微有下垂之状，𠂹，禾从𠂹（或𠂹省）。飘因而随风流动。"萎䔟""萎随""倚移""旖施""檹施"皆同语。

茁同出

《说文》"艸木初生出地皃。从艸，出声。"

《六下·出部》"出，進也。象艸木益滋，上出達也。"

《毛传》"茁，出也。"此茁出同语之证。茁引申训茁壮。

荺今俗作筠

《说文》"荺，茇也。茅根也。从艸，均声。"

篆隶书偏旁"竹"与"艸"相混，故荺作筠

茇同本

《说文》"茇，艸根也。从艸，犮声。春艸根枯，引之而发土为撥，故谓之茇。一曰艸之白華为茇。"

《六上·木部》"本，木下曰本。从木，一在其

北京市电车公司印刷厂出品 八一·八
（1549）20×20＝400

下。𣎵 古文。

本根部与木末同语。茇又引申训“拔”训“拨”训“伐”。

兹同之

《说文》兹，艸木多益。从艸，丝省声。

《六下·之部》之，出也。象艸过屮枝茎益大有所之。一者地也。

按兹引申训艸席（不编制的）。《周礼·夏官·圉师》曰，圉师掌教圉人养马。春除蓐，衅厩。”郑玄注“蓐，马兹也。”此谓以兹艸铺地。《尔雅·释器》“蓐谓之兹”。郭注：“《公羊传》曰，属负兹。兹者蓐席也。”郝懿行云，“兹者席蓐之名。”兹者艸也。《素问·五脏生成篇》“色见青如艸兹者死。”《史记·周本纪》“卫康叔封，布兹。”《集解》徐广曰“兹者籍席之名，诸侯病曰负兹。”《荀子·正论》杨倞注“龙兹即今之龙须艸。”盖马在厩中，则以兹艸荐之，使避湿潮。依此义则兹与籍同。《艸部》藉，祭藉也。一曰“艸不编狼藉。”兹藉双声。

其次“之”“兹”皆训此，一以表时间，则兹即

北京市电车公司印刷厂出品 八一·八

载字《左传》"今兹鲁多大丧，明年齐有乱。"《孟子》"今兹未能，以待来年。"《吕氏春秋》"今兹美禾，明兹美麦。"盖草木生长与时间关系极密，故之引申为时字。兹既训此，时亦训是。

蔇同穊荟

《说文》"蔇，草多皃。从草，既声。"~~"薋，草多皃。从草~~

"荟，草多皃。从草，会声。诗曰荟兮蔚兮。"

《七上·禾部》"穊，稠也。从禾，周声。"

《左传·隐公六年》"善郑以劝来者犹惧不蔇。"杜解：蔇，至。至亦稠密之义。段玉裁说"禾部穊稠也，音义同。《诗传·曹风·候人》"荟兮蔚兮"，毛传荟蔚，云兴皃。"亦多义。

薋与蓁同。又蓁同"稹""薮"同。

《说文》薋，草多皃。从草，资声。"蓁，草盛皃。从草，秦声。"

《离骚》"薋菉葹以盈室"，王逸注"薋，蒺藜。"是以薋为草名。段玉裁说"薋非草名。《禾部》穧，积禾也。音义同。"与'蓁'亦音义相近。

章太炎先生说："《诗传》蓁蓁，至盛皃。蓁字《说文》但训草盛皃，《诗传》必言至盛者以其音同臻，声义得之于至也。此毛义训之精。"又同"稹"。诗笺曰"稹者相迫近稠致也。"稹对转为"蓛"《说文》"蓛，草大也。"即稠致义。章太炎先曰"说文菿字训草木倒。崔譔引庄子草木倒植记之。司马彪云，'锄拔反之更生者曰倒植也。'此自言古义如此。菿因倒之草乱也。段氏以《释诂》菿，大也。《韩诗》言菿彼圃田。据《尔雅释文》《广韵四觉》改菿训草大而删蓛字。《说文》当有'一曰草大也'五字。今本脱之。然其声义实由蓛转。犹至转为到尔。至引申亦训大。故郅亦训大。《释诂》作晊。以对转清，则草乱为戡大也。而晊训大矣，蓛训草大，皆受义于至，若删蓛篆，虽菿训大，亦无所因。此段氏之执也。"

又同稠。《禾部》"稠，多也。"稠稹亦双声。

芮同𦺒

《说文》"芮，芮芮，草生皃。从草，内声。读若汭。""𦺒，草之小者。从草，𠟭声。𠟭，古文锐字。读若芮。"

《文选·西征赋》注引《说文》"芮，小皃"以𦺒读若苗例之莠薊同字。

苗同穆

《说文》苗，"艸生於田中者。从艸，从田。"

《七上、禾部》穆，禾也。从禾，㣎声。

段玉裁说："按苗之故训禾也。禾者今之小米。《诗》诞降嘉穀，维秬维秠，维穈维芑。"《尔雅》《毛传》《说文》皆曰穈，赤苗；芑，白苗。《诗经、魏风、硕鼠》"无食我苗。"毛曰，苗，嘉穀也。何休曰，苗者禾也。生曰苗，秀曰禾。"苗与穆音义同。

穆義字当作"㣎"或作"𥢑"亦即今妙字

《尔雅、释艸》"莁荑，蔱蔷。"案"莁"即苗之变。

苗又训艸名。

薉同丯。变作穢

《说文》"薉，芜也。从艸，歲声。"

《四下、丯部》"丯，艸蔡也。象艸生之散乱也。读若介。"

《荀子》"涂薉则塞。"艸乱则塞涂，故丯生于涂亦是塞。俗作"穢"。丯与"蔡"亦同。"蔡，艸也。"本为艸乱，亦即为艸。

蘀同箨又同落

《说文》"蘀，艸木皮葉落陊地为蘀。从艸，

北京市电车公司印刷厂出品 八一·八

檡声。诗曰，十月陨蘀。"落，凡艸曰零，木曰落。从艸，洛声。"

《五上、竹部》箬，楚谓竹皮曰箬。从竹，若声。

橐蘀为艸木皮，箬为竹皮。当艸木初出土时，外有孚甲，竹笋出于地上时，外皮叫作"箨"。皆似幼之胎衣，在艸木发芽成长后，其外衣折裂，然后生长其茎枝。此《周易》所谓"甲乇"，言孚甲伸舒乇裂也。乇即今之坼字，所谓脱落坼裂。及艸木死之时，亦皮叶落陊。由皮叶落陊义则"蘀""箨""落"音义皆同。从外皮言"蘀""箬"为同字。

茷与朮同。又同"孛""茀""㝈""蕃"。

《说文》茷，艸叶多。从艸，伐声。春秋传曰晋籴茷。"茀，道多艸，不可行。从艸，弗声。""蕃，艸茂也。从艸，番声。"

《六下、朮部》"朮，艸木盛朮朮然。象形。八声。读若辈。""孛，㝈也。从朮，人色也。从子。论语曰色孛如也。""㝈，艸木㝈孛之皃。从朮，畀声。"

段玉裁说，"《诗》~~艸叶多~~。白旆央央，本又作"茷"《泮水》之其旂茷茷，即《出车》之旟旐旆旆，《采菽》之其旂淠淠也。然则《小弁》萑苇淠淠亦当与萑苇茷茷。本言艸叶之多而引申之状旌旗"由段说可明音同通借之体例。故"旆"字训艸盛，引申训羽旆；"蕃"训艸茂而借为蕃胡，（蕃旆声近以原文也）并由此可证"茷""沛""孛""葧""蕃""茀"皆音近义通。

蒪即《周易·说卦》"震为旉"的旉字

《说文》蒪，芊菜布也。从艸，傳声。读若傅。

案《说文》无"旉"字

苑同駉

《说文》"苑，所以养禽兽也。从艸，夗声。"

《十上·马部》駉，牧马苑也。从马，冋声。诗曰"在駉之野"。

冋声读夗，犹叟为远字。

菑同畴

《说文》菑，不耕田也。从艸，甾（声）。易曰不菑畬。

甾或省艸。

《十三下·田部》"畴，耕治之田也。从田，象

北京市电车公司印刷厂出品 八一·八
（1549）20×20=400

屈之形。𠃬，畴或省。”

清人邵晋涵、陈鳣皆云“不当作才”。才耕田谓始耕田。《尔雅·释地》“田一岁曰菑。”谓初耕田，与畴同。

藥同㾏

《说文》“藥，治病艸。从艸，樂声。”

《七下·疒部》“㾏，治也。从疒，樂声。療，或从尞。”

藥㾏虽名动有别，实系同语。

蓆同（席）藉”“䔷”。“䔷席”之䔷当作藉。

《说文》“蓆，广多也。从艸，席声。”“藉，祭藉也。一曰艸不编狼藉。从艸，耤声。”

“䔷，茅藉也。从艸，租声。封诸侯以土，䔷以白茅。”

《七下·巾部》席，礼。天子诸侯有黼绣纯饰。从巾，庶省。㕖，古文席从石省。

《尔雅·释诂》《诗毛传》“蓆，大也。”蓆与席同字，犹“苞”训艸木多，又训为荐同例。藉与席同音。《禾部》稭下云“禾稾去其皮。祭天以为席。”《周礼·地官·乡师》“茅䔷”注，“郑大夫读䔷为藉。”《春官·司巫》“祭祀共蒩馆”注云“蒩读

北京市电车公司印刷厂出品 八一·八
（1549）20×20=400

为粗。粗，藉也。玄谓蒩之言藉也。”是藉蒩同字之证。

《韩非子·十过篇》“缦帛为茵，蒋席颇缘。”案蒋，菰也（依段改）。是蔬菜名，或说今之茭白。蒋席之蒋则为“藉”字，蒋藉对转，又双声。

茨同[古文次]。

《说文》茨，以茅苇盖屋。从艸，次声。

《八下·欠部》次，不前不精也。从欠，二声。[古文次] 古文次。

案《周礼·天官》有“掌次”。《广雅·释诂》“次，舍也。”即《左传》所谓“一宿为舍，再宿为信，过信为次。”之次。孙诒让说：“凡於内外以帷幕别为舍息之处並谓之次。”则“[古文次]”为象形字。《春秋穀梁传》曰“次，止也。”止亦有居舍义。“茨”《释名》曰“茨，次也。次艸为之也。”以帷幕或次艸都属于不精致的建设。止则不前，次艸则不精。故二字古义皆同。

盖同“苫”“簦”

《说文》“盖，苫也。从艸，盍声”“苫，盖也。从艸占声。”

《五上·竹部》簦，笠盖也。

北京市电车公司印刷厂出品 八一·八
(1549) 20×20=400

按蓋苫同韵，苫蔽双声。二字音近义同。

藩同"楙"同"庰""屏"

《说文》"藩，屏也。从艸，潘声。"

《九下、广部》"庰，蔽也。从广，并声。"

《八上、尸部》"屏，屏蔽也。从尸，并声。"

《三下、爻部》"楙，藩也。从爻，从林。诗曰营营青蝇，止于楙。"

《广雅、释宫》"藩，篱也。"《左传、昭公十三年》"乃藩为营"杜解："藩，篱也。"《周礼注》作"藩罗"《周礼、夏官、土方氏》"王巡守，则树王舍。"郑玄注"为之藩罗。"罗篱同音。《国语、楚语》曰"为之关籥藩篱"。韦注："藩篱，壁落也。"是古代於王所住的宫外墙垣间，植木材以为遮阻行人。贾公彦疏说"谓若掌舍设梐枑之时，则此官（土方氏）亦为王於周帀树藩罗"案"楙"正象藩篱之象。是藩楙同字耳。

藩训屏则有屏蔽义，故藩与"屏""庰"亦双声同源。藩屏庰皆双声。

[illegible]同叕餟綴

《说文》"[illegible]，以艸補缺。从艸，[illegible]声。读若

陕（铉本作陸）或以为缀。一曰，约空也。"

《十四下·叕部》"叕，缀联也。象形。""缀，合箸也。从叕，从糸。"

《十三上·糸部》"𦃇，续也。从糸，𢇍声。"

茵有联缀义，即"茵""缀""叕"音义同。钱坫说："此补茵之茵，故训为补缺而读曰缀。凡续诸联缀之字皆当用此。约空者，今俗语有空处，以物填塞之曰茵。读如寨。"联缀与填补同义，两者转义则同𦃇。

莜同㔷櫌

《说文》"莜，芸田器（段改）。从艸，條省声。论语曰以杖荷莜。

《十二下·匚部》"㔷，田器也。从匚，攸声。"

《六上·木部》"櫌，摩田器。从木，憂声。论语曰櫌而不辍。"

段玉裁说"莜与㔷盖同器也。二字音义同。""櫌"又作"耰"。《齐民要术》"耕荒毕，以铁齿𨱓楱再遍杷之。"《国语·齐语》"深耕而疾耰之，以待时雨。"韦注"耰，摩平也。"案"莜""㔷""櫌"皆为耘田除草平整土地的操作，故皆音同。

芻同棷，棷又同茭

《说文》"芻，刈艸也。象包束艸之形。""茭，乾芻。从艸，交声。一曰牛蕲艸。"

《六上》"棷，木薪也。从木，取声。"

刈艸为芻，言所刈之草名芻也。据《说文·牛部》又有"犓"字谓以芻茎养牛也。今经典废犓字，只言"芻豢"如《国语·楚语》"芻豢几何"是其类。棷为木薪亦刈其乾枝。《尚书·柴誓》"峙乃芻茭"郑玄曰"乾艸也。""牛蕲艸"本《尔雅·释艸》。《本艸》名"马芹子"。

苗同曲。

《说文》"苗，蠶薄也。从艸，曲声。"

《十二下·曲部》曲象器曲受物之形。或说，曲蠶薄也。𠃊古文曲。

今本《说文》作"[illegible]"误。

薪同柴，同新

《说文》"薪，荛也。从艸，新声。"

《六上·木部》柴，小木散材。从木，此声。"

《十四上·斤部》"新，取木也。从斤，亲声。"

案《六上·木部》亲，果实，如小栗。从木，辛声。"

北京市电车公司印刷厂出品 八一·八

(1549) 20×20=400

此说误。应以甲骨、金文说其形上从▽下从木正斫木之形。应为新之古文。《礼记·月令》"收秩薪柴"郑注"大者可析谓之薪，小者合束谓之柴"盖古以薪柴取火，仅有大小粗细之分。薪柴双声，亦对转，实同词耳。

蒸同"菆""黀"

《说文》"蒸，析（依段改）麻中干也。从艸，烝声。茏　或省火。""菆，麻蒸也。从艸，取声。"

《说文·麻部》"黀，麻蒸也。从麻，取声。"

亦艸以麻茎为最直。《荀子·劝学篇》"蓬生麻中，不扶自直"。麻茎有皮与干，茎皮可沤治为缕，中干可以作烛。干又名黀，俗所谓麻秸秆。其干名"蒸"名"菆"名"黀"三字声近义同。《仪礼·既夕礼》郑玄曰"烛同蒸"《管子·弟子职》曰"蒸间容蒸，然者处下"。《文选·潘岳西征赋》"感市闾之菆井。"李善注"菆井即谓卖麻蒸之处也。"东方朔《七谏》"菎蕗杂於黀蒸。"王逸注"枲翮曰黀。"《集韵》有"𪎱"字，云"麻干也"此即"黀"之别体。

芔同（当5）丰同

北京市电车公司印刷厂出品 八一·八

《说文》"芔，艸之总名也。从艸、屮。"(许伟切)

芔《诗经·小雅·出车》"卉木萋萋"。芔与卉同。

莎声转字变作"蘚"。

《说文》"莎，镐侯也。从艸，沙声。"

蘚，音蘚（见广韵）

《尔雅·释艸》"薃侯，莎。其实媞。"莎与蘚歌寒对转，实同字也。

蓳即木堇、木槿字。

《说文》"蓳，艸也。根如荠，叶如细柳，蒸食之甘。从艸，堇声。"

《诗经·大雅·绵》"堇荼如饴。"传曰"堇，菜也。"

《礼记·月令》"木堇荣。"字亦作木槿。

葭即蘆葦之蘆字

《说文》"蘆，蘆菔也。一曰薺根。从艸盧声。""葭，葦之未秀者。从艸叚声。"

黄季刚先生曰"蘆葦之字，竟莫知其本字。本字即'葭'。长言之曰葭蘆。书亦作觚蘆，略称曰蘆。故蘆葭字为之。或曰說文葭后次以萊。萊，蔓華也，与葭同类。段以自来书之葦，借蘆为萊葦，犹借萊为蘆菔矣（见《世书广胜录》）

蓐与農同义同"苹""蒹""葭""苇"义近薦

"蓐，陈草复生也。从艸，辱声。一曰蔟也。"

《三上・晨部》"農，耕也。从晨，囟声。𨐌 籀文農从林。𨑃 古文農。𨑋 亦古農。"
《三上・丵部》"丵，叢生艸也。象丵嶽相並出也。讀若浞。""叢，聚也。从丵，取声。"
《一下・艸部》"茸，艸茸茸皃。从艸，聰省声。""叢，艸叢生皃。从艸，叢声。""蔟，行蠶蓐。从艸，族声。"

蓐为田间除艸，耕田以除艸为首务，然后平土下种，此农事之工序。除艸为蓐，去蓐为耕，是農蓐本为同字。農从囟声，囟即𡿺字，"𡿺"从囟倒之。亦可证猥从农声之𥁒与读奴力切，農蓐同细双声。

囟文读"息进切"故与"丵""叢""叢""蔟"又双声义近。"茸"与农亦双声，以除艸义同言之。

莫同"夕""夜"同"冥"。

《说文》"莫，日且冥也。从日在茻中。"
《七上・夕部》"夕，莫也。从月半见。""夜，舍也。天下休舍，从夕，亦省声。"
《七上・冥部》"冥，幽也。从日，从六，冖声。日数十，十六日而月始亏幽也。"

夕夜同言而莫冥转为联词，故夕夜可与冥声通

北京市电车公司印刷厂出品 八一・八
(1549) 20×20=400

"莫""冥"又皆双声，故夕夜可与莫冥声通。

北京市电车公司印刷厂出品 八一·八
（1549）20×20＝400

第二卷上

尐　即疋雛字

《说文》"尐，小也。从小，乀声。读若輟。"《孟子·告子》"力不能胜一匹雛。"赵岐章句："力不能胜一小雛。"丁本作"疋"。案隸"匹"作"疋"与尐相近而讹。《方言》"尐，小也。"音節。又《广雅·释诂》《玉篇·小部》《广韵·十六屑》皆与《说文》同。可证《孟子》之"匹雛""疋雛"匹疋皆尐之误字也。

八同"仌""必""分""攽""副""𠨘"

《说文》"八，别也。象分别相背之形。""分，别也。从八，从刀。刀以分别物也。""仌，分也。从重八。八，别也，亦声。孝经说曰：故上下有别。""必，分极也。从八弋，弋亦声。"

（《二下·攴部》）"攽，分也。从攴，分声。周书曰：乃惟孺子攽。亦读与彬同。"

（《四下刀部》）"副，判也。从刀，畐声。周礼曰：副辜祭。疈，籀文副"

（《九上·卪部》）"𠨘，宰之也。从卪，必声。"

柬下云"从八，八分别也。"平、㒸下云，"八分也"

公下云"八犹背也"，兆下曰从八亦相背之。

由八字说解可知"八""别""分""背"皆同根词。《说文·十一上·水部》引《尔雅》"西至于汃国"。今《尔雅》作"西至于邠国"。八分声通，古音分亦如邠。又"副"与八分双声音转。段玉裁曰，《毛诗·大雅》曰，不坼不副。《曲礼》为天子削瓜者副之。《匡谬正俗》曰副贰之字本为福，从衣畐声。俗呼一袭为一福衣是也。书史假借，遂以副代之。副本音普力反，义训剖劈。学者不知有福字，以副贰为正体，诗不坼不副乃以朱点发副之。'按颜说未尽然也。副之则一物成二，因仍谓之二。因之凡分而复合者，皆谓之副。训诂中如此者致多。"

必或即毕字。《史记·天官书》"毕为弋猎。"古毕字祇作弋。必从弋即弋隹射之弋。《说文·十二下·弓部》"彈，射也。"《楚辞》"羿焉彈日，乌焉落羽。"谓射日中之乌。《释名》"发，拨也。拨使开也。"是拨亦取八别之义。

尚即"尋常""平常"之字。

《说文》"尚，曾也。庶几也。从八，向声。"

北京市电车公司印刷厂出品 八一·八
(1549) 20×20=400

《七下，巾部》"常，下帬也。从巾，尚声。裳，常或从衣。"

《诗经、鲁颂，閟宫》"保彼东方，鲁邦是常。不亏不崩，不震不腾。"郑笺曰"保，安；常，守也。"《荀子、天论》"天行有常，不为尧存，不为桀亡。"皆有经常义，尊尚义，引申为"寻常""平常"。尚训望者"曾，高也"空间的积累谓之增，谓之尚。时间和行动积累，谓之積续。故有"寻常""平常"之义。

㒸同"述""循""遵"义同随，义同顺。

《说文》"㒸，从意也。从八，豕声。"

《二下、辵部》"述，循也。从辵，术声。遂籀文从秫。"

"遵，循也。从辵，尊声。""随，从也。从辵，𡐦省声。"

《二下、彳部》"循，行顺也。从彳，盾声。"

《九上、页部》"顺，理也。从页，从川。"

㒸本语词"遂"字，凡接联发生的事用㒸。如《左传、隐公元年》"庄公寤生，惊姜氏，故名曰寤生，遂恶之。"此用遂字有前后密切接联之意，故训从。"述""循""遵"皆行动之依从。《礼记、学记》"术有序"郑玄曰"术当为遂。"又《春秋》"西乞

北京市电车公司印刷厂出品 八一·八

術"《公羊传》作"西乞遂"。術字今文作"術"。《诗经、邶风》报我不述。《释文》述本亦作術。《仪礼、士丧礼》筮人许诺不述命"郑注"古文述皆作"術"。则遂与述同音，犹遂与述韵对转。顺亦痕韵，随家双声。

詹同"聶""嵒""讘""讇""詌"。詹古此字作"諂"

《说文》"詹，多言也。从言，从八，从厃(声)。

《十二上、耳部》附耳私小语也。从三耳。

《二下、品部》多言也。从品相连。春秋传曰，次于嵒北。读与聶同。

《三上、言部》"讘，多言也。河东有狐讘县。"詌，詌詌多语也。从言，冄声。乐浪有詌邯县"。

"讇，諛也。从言，閻声。諂，讇或省。"

段玉裁说，"此当作厃声(指詹字)。浅人所改也。《厂部》曰屋梠：秦谓之楣，齐谓之厃。《木部》曰屋櫋联：秦谓之楣，齐谓之檐，楚谓之梠。厃与檐同字同音。"案段厃檐同音甚确，谓厃檐同字则非。厃为瞻望之古字，故从人在山上(厂即山字以崖从厂声知之)。《庄子齐物论》大言炎炎，小言詹詹"李颐注"小辩之貌。

北京市电车公司印刷厂出品 八一·八

多言奉承叫作"谄"。此数字以多言小语为核心，而皆古读谈帖韵。

《集韵》"譫"，多言也。或作"讇"。此詹之右出

介同"门""界""畫"。介胄字当作甲。鳞介同。

《说文》"介，畫也。从八，从人。"

《五下冂部》"邑外谓之郊，郊外谓之野，野外谓之林，林外谓之冂。象远界也。同，从冂，象国邑。坰，同或从土。"

《三下畫部》"畫，界也。象田四界，聿所以畫之。𤱪，古文畫省。劃，亦古文畫。"

冂与介同，冂介双声，犹耿介为双声联语。介训畫而畫训界，则介界为同字矣。农业初兴以画界为始，故疆界古作畕，而略从田训画。《史记·赵世家》"主父所以入秦者，欲自略地形"。是略即绘画义。《墨子·小取篇》"摹略万物之然，论群言之比"。摹略就是模画。又"经略"一词亦以画界为义。

又"介"从人者，人体是画界标识。所"尺寸寻常仞等都用人体为准。

翁即公之借字。公同雄。

《说文》"公，平分也。八犹背也。韩非曰背厶为公。"

《四上·隹部》"雄，鸟父也。从隹，厷声。"

《韩非子·五蠹》"苍颉之作书，自环者谓之厶，背厶者谓之公。"此以哲学意义解释字形，甚谬。据《三体石经》公字古文作"□"，彝铭作"□"，契文作"□"，皆非背厶。《广雅·释亲》"公，父也。"疑公字为男子生殖器之象。以为男子的标识，公与雄为同根词。《战国策》"陈轸将行，其子陈应止其公之行。"引申之凡有父道者皆曰公。或以翁字代之。《孙子算经》"今有三鸡共啄粟一千一粒，雏啄一，母啄二，翁啄四。"张丘建《算经》"今有鸡翁一，值钱五。鸡母一值钱三，鸡雏三值钱一。"此用翁为公也。

釆同番

《说文》"釆，辨别也。象兽指爪分别也。读若辨。□，古文釆。""番，兽足谓之番。从釆，田象其掌。蹞，番或从足从烦（声）。□，古文番。"

釆古文辨字。《三上・収部》𢍜字下说解曰"釆，古文辨字。"《周易・剥卦》"剥床以辨"。郑玄曰"足下称辨。"虞翻曰"指间称辨。"皆可证辨即用釆，而今经传中皆通辨。段玉裁说："仓颉见鸟兽蹏迒之迹，知文理之可相别异也，初造书契。釆字取兽指爪分别之形。"盖古代初民以猎狩为生，若兽潜鸟藏，则追踪无由。所以狩猎之人必以辨识鸟兽蹏迒之迹为基本条件。其踪所遗不过是点画纵横。因而人们也用其纵横造出文字，以辨各体事物，所谓"百工以乂，万品以察。"因此以指爪形象为分辨之义。釆辨同语，有由来矣。

又古文"𠂼"《尚书》谓"平"（《五上・亏部》"平"古文作"𠀒"）隶书易混。《尚书・尧典》"平章百姓"，《后汉书・刘恺传》"职在辩章百姓。"李贤注引郑玄曰"辩，别也。"以是知郑本作"辩"。又"辩秩东作"今本亦谓作"平"。《史记》作"便程东作"《周礼・冯相氏》郑玄注引作"辨秩东作"。釋下云"釆取其分别物也。"

《十四下・禸部》厹下引尔雅曰"狐狸獾貉丑，其足蹞，其迹厹。"今《尔雅》作"蹯"。蹯即番之

北京市电车公司印刷厂出品 八一・八
(1549) 20×20=400

后出字。由宷字篆文作"審"，知釆番同字。

宷同罙

《说文》"宷 悉也，知宷谛也。从宀、釆。

審 篆文从番

《七下·穴部》"罙，深也。一曰竈突。从穴从火从求省。

读若礼三年导服之导。"

段玉裁说，"此以今字释古字也。'罙''深'古今字。隶作'罙''深'《水部》深下但云水名，不言浅之反。是知古深浅字作罙。深行而罙废矣。有穴而后有浅深。故字从穴。《毛诗》'罙入其阻'。传曰，'罙，深也。'此罙字见于经者。毛公以今字释古字而许从之，此罙字之字义源流。"宷训说悉谛，凡深入了解谓之宷，故宷深字义同。

悉同尽

《说文》悉，详尽也。从心，从釆。 古文悉

《五上·皿部》盡，器中空也。从皿，㶳声。

《尔雅·释诂》"悉，尽也。"是悉尽双声互训。《周易·系辞》书不尽言，言不尽意。此尽即悉字。亦训备，详尽的备。《北史·叙传》"略谓详尽。"墨子论"知"，章太炎引以"悉"字训义。《说文

北京市电车公司印刷厂出品 八一·八
(1549) 20×20=400

引墨经曰："知、闻、說、親。"《说》曰："身观焉，親也。"并谓親与悉同。古文悉从囟（㥁）。从囟所謂身观焉。墨经所谓知通过"闻"即感觉，"说"即论、分析條理，最后通过实践，才能达到真正的详今。此亦"悉"的一种解释。

釋同"捨""斁"。

《说文》釋，解也。从采，采取其分别物也。从睪声。

《十二上手部》"捨，釋也。从手，舍声。"

《三下支部》"斁，解也。"

《广韵》"释，捨也。"三字皆同音互训。段玉裁说："《考工记》以泽为释，《史记》以泽为释。皆同声假借也。"

即下云"舍车解马"，《诗经》"舍拔则获""舍矢如破"，舍即捨字。

斁解有舒适义，其后出字作"懌"有快樂义。

~~牛由件来件即犍字。犍与'筋''犍'通。~~

胖后出字作"頖"

《說文》"胖，半体肉。一曰广肉。从半，从肉，半亦声。"《周礼·天官·腊人》注曰，胖读为判。杜子春读胖为版。郑玄曰，"礼家以胖为半体，玄谓股胖皆夹脊肉。胖之言判也。析肉意也。”后出字作“頖”。《礼记·王制》“诸侯曰頖宫”。郑注“頖之言班也。”《孔疏》“頖是分别之义。

件为牛之后出字

《说文》牛，大牲也。牛，件也。件事理也。象角头三，封、尾之形。

《说文》无件字，惟见此注，后人于《人部》补“件”字。案件即“健”之俗字。从人，从牛。牛于六畜中力最大。牛训件与马训武同意。其件又训事理，与牛为大物，而物从牛。种类相似，惟犬为甚，故而类从犬同意。《八上·人部》“健，伉也。从人，建声。”伉训人名。其训“强健”“壮健”者，别有“筋”“笕”。《四下·筋部》筋，肉之力也。从力，从肉，从竹。竹，物之多筋者。”笕，筋之本也。从筋，夗省声。腱，笕或从肉、建。”俗云一件，犹古云一事，一条耳。件之训事理者以此。

犡同[牛寽]

《说文》犡，牛白脊也。从牛，厲声。“[牛寽]，牛白脊也。从牛，寽声。”

北京市电车公司印刷厂出品 八一·八
(1549) 20×20=400

犡将二字声韵皆同，皆以白脊得名。二字应属重文。

犝同犅

《说文》"犝，牛长脊也。从牛童声。""犅，特牛也。从牛，岡声。"

案《公羊文公十二年传》曰："鲁祭周公何以为牲？周公用白牡，鲁公用骍犅，群公不毛。"何休注："骍犅，赤脊。"是"犅"与"犝"皆以长脊得名，牛负重用脊，故犅训特牛，特牛是壮牛，其脊长，故犝犅同字。山之脊亦称"岡"，《山部》"岡，山脊也。"吕亦训脊骨，篆文作膂。"膂力"谓能负重之力。犅又有古音读梁，~~吕犅即~~俗叫脊梁，然则吕梁山之得名或由长脊而来。

牵玄之后出

《说文》"牵，引前也。从牛，象引牛之縻也，玄声。"

《四下·玄部》"玄，幽远也。黑而有赤色者为玄。象幽而入覆之也。𢆯，古文玄。"

案玄字当以古文为正体，象绳索之形，故与古文申同形异用，如以申为古绅字，又以申束义释之，则申亦绳子。玄为绳索其用在悬引。《释名》曰，天又谓之玄。玄，县也。如县物在上也。又，玄孙，玄，县也。上县于高祖最下者也。"牵字亦从玄声，亦兼取牵之义。章太炎先生说"案《说文》畜，田畜也。淮南王曰玄田为畜。鲁郊礼作𠭥从兹田。兹益也。世多疑玄田之说为谬。然古文字多或，彼自从兹，此自从玄。玄即牵也。《周礼》言牲牵、牵傍，皆谓牛牲为牵。（牲牵见《周礼·天官·大宰》郑众注，牲傍见《地官·牛人》）汉孝景帝诏曰"郡国或硗陋，无所农桑毄畜。毄即今之系字（周易系辞古本作毄）亦牵之借，犹系縻，牵离一谊也。"是玄即古牵字。

犕同絥

《说文》"犕 易曰犕牛乘马。从牛，葡声"

《十三上·糸部》"絥，车絥也。从糸，伏声。茯 车絥，或从艸。鞴 絥或从革，葡声。

犕者牛驾大车一切装备。絥或作"鞴"，与犕同音。《史记·郊祀志》"雍五畤，路车各一乘，驾被具。西畤、畦畤禺车各一乘，禺马四匹，驾被具。"师古注曰"驾车被马之饰皆具"。段玉裁说"驾车

北京市电车公司印刷厂出品 八二·三

之饰，此所谓纨也。被马之饰，革部所谓鞁也。
案《三下·革部》鞁，车驾具也。

牴同[氐失]

《说文》"牴，觸也。从牛，氐声。"

《十二下·氐部》[氐失]，觸也。从氐，失声。

《汉书·扬雄传》"犀兕之牴觸"。《广韵》"牴，角觸"。[氐失]与牴双声同义。

[衛牛]同"躗""趃""駃"

《说文》"[衛牛]，牛踶[衛牛]也。从牛，衛声。"

《二下·足部》"躗，衛也。从足，衛声。"

《二上·走部》"趃，踶也。从走，決省声。"

《十上·马部》"駃，駃騠，马父蠃子也。从马，夬声。"

《玉篇》"[衛牛]，牛踶也。"《广韵》踶[衛牛]，牛展足。"蹩踢"（踶今俗作踢）。趃今或作"蹶"，今所谓"摔蹶子"。"駃騠"段玉裁说"谓马父之骡也（蠃即今骡字）。言马父者以别于驴父之骡也。今人谓马父驴母者为马骡，谓驴父马母者驴骡。不言驴母者，疑夺。盖当作'马父驴母蠃也'六字。"吕庆曰："駃騠生七日而超其母。"

掔同"艮""很""詪"

《说文》犟，牛很不从牵也。从牛·臤，臤亦声。一曰大皃。读若贤。

《八上·匕部》艮（艮），很也。从匕·目。匕目犹目相比不相下也。易曰艮其限。匕目为艮，匕目为真也。

《二下·彳部》很，不听从也。一曰行难也。一曰盭也。从彳，艮声。

案臤训牵，从又训以手牵之而不行所"犟"故从臤得义之字有"緊""堅""賢""鋻"皆训刚戾。别义别义钱坫说"《考工记》大车谓之臤，即此字。《易传》曰"艮，止也。"《方言》"艮，坚也。"《释名》"艮，限也。"皆坚义通。"目相比"谓怒目相视也。很训不听从，与"犟""艮"字同。~~怒目相视是~~不听从表态是怒目相视，不听从是其内心。盭即戾字，乖戾即不顺从。

物同"實""脹"

《说文》"物，满（从段说）从牛，勿声。诗曰鱼物鱼跃。

《七下·宀部》"實，富也。从宀，从贯。贯货贝也。"

《说文·贝部》："赈，富也。从贝，辰声"。《广雅》："充物，满也。"司马相如《子虚赋》"充物其中"。苏林曰："充物，喻多也。"如淳曰："物，满也。""实""赈"皆训富，富畐皆谓粮充满于仓廪。草木结果为实，亦充物义的引申。《匡谬正俗》："振给、赈字皆作振。振，举救也。俗作赈，非。"

物与勿同

《说文》："物，万物也。牛为大物。天地之数起于牵牛。故从牛，勿声。"

《说文·勿部》："勿，州里所建旗。象其柄，有三游。杂帛，幅半异。所以趣民，故遽称勿勿。㫚，勿或从㫃。"

旗帜作为标识，古今皆然。勿用杂帛异色，是最鲜明的标志。《左传·桓公二年》曰："五色比象，昭其物也。"故物引申为毛物。《诗经·小雅·六月》"比物四骊。"毛传曰："物，毛物也。"《无羊》"三十维物，尔牲则具。"毛传曰："异毛色者三十也。"毛物即毛色，汉世通言"毛物""物色"。《周礼·犬人》"用牷物"，郑众注曰："物，色也。"《夏官·保章氏》"以五云之物"，郑玄曰："物，

北京市电车公司印刷厂出品 八二·三

（1553） 20×20＝400

郑云曰物，色也。《春官·鸡人》"辨其物。"郑云曰"物，毛色也。"案物字古只当作"勿"。犹之"方形""方色"耳。

犧古字只作献

《说文》"犧，宗庙之牲也。从牛，羲声。贾侍中说，此非古字。"

钱坫说："云非古字者，盖古字有'献'无'犧'也。《礼记·礼器》'犧尊'。注：'犧《周礼》作献。'《周礼·司尊彝》'献尊'。注：'献读为犧。'贾逵以《周礼》故云尔。或以羲为古文之犧，非也。"

告同"诰""谕"。又同叫。

俞樾《儿笘篇》曰：樾谓《周易》告字屡见，《蒙彖辞》曰'初筮告'。《夬彖辞》'告自邑'。《泰上六》曰'自邑告命'。《益六三》曰'中行告公用圭'。《六四》'中行告公从'，此皆当为本字也。《大畜六四》曰'童牛之牿'，此牿之段字也。《释文》出牿字曰九家易作"告"，则其余皆作牿矣。许君以此为告之本义，殆非也。今案告者，诰之古文也。《礼记·缁衣篇》郑注曰'告，古文诰'，此其明证矣。告，谕也。与谕互相训。'案告诰同声系与

《说文》告，牛触人，角著横木，所以告人也。从口从牛。易曰僮牛之告。《说文·言部》诰，告也。从言，告声。[illegible]谕，告也。从言，俞声。《说文·口部》叫，嘑也。

北京市电车公司印刷厂出品 八一·三

谕義疾字转，其为同语，多属置疑。

又与叫同，如"举门""尨门"举即告字之借。

噭同"口"，同"嚣""訆""叫"。又同"㰶""譥"。

《说文》"噭，口也。(依段改) 从口，敫声。

一曰噭，呼也。""口，人所以言食也。象形。"

《三上·㗊部》"嚣，声也。气出头上，从㗊，从

页。页，首也。嚣，嚣或省。"

《三上·言部》"訆，大呼也。从言，丩声。春秋

传曰或訆于宋大庙。"

叫见"告"下。

《言部》"譥，痛呼也。从言，敫声。"

《八下·欠部》"㰶，㰶所，歌也。从欠，噭省声。

读若叫呼之叫。"

"噭"二徐本皆训吼。段玉裁说"史汉货殖传皆云，马蹄噭千。徐广曰'噭，马八髎也。'小颜云'噭，口也。蹄与口共千，则为马二百也。'按以口释噭此必本《说文》"如史汉说，则噭与口应为同字。口噭双声。

从别一义说之，则噭与"嚣""訆""叫"为同字。

噭又为悲痛之声，故与譥同。㰶为"㰶所"歌所

北京市电车公司印刷厂出品 八二·三
(1553) 20×20=400

即"敫楚"如斷讀若楚之比，邀逮楚之歌也。敫讀若叫，此通言名別之例。徐鍇曰"《史记》噭咷楚歌"

噣同咮

《说文》"噣，喙也。从口，蜀声。""咮，~~喙~~鸟口也。从口，朱声。"段玉裁说"《曹风》'不濡其咮'毛曰'咮，喙也。'《玉篇》引'不濡其噣'。咮噣二同，朱声蜀声同部也。"

喉同"亢""胡""項""脰""嚨""翁"

《说文》"喉，咽也。从口，侯声。""嚨，喉也。从口，龍声。"

《四下、肉部》"脰，項也。从肉，豆声。""胡，牛顧垂也。从肉，古声。"

《九上、頁部》"項，頭後也。从頁，工声。"

《四上、羽部》"翁，頸毛也。从羽，公声。"

《十下、亢部》"亢，人頸也。从大省，象頸脈之形。

頏 或从頁。

~~《詩經·狼跋》"有狼其胡"~~章太炎先生曰，"尋《詩》有'狼跋其胡'《封禅书》有'龍胡髯'《金日磾傳》有'捽胡投莽何罗殿下'。則胡不必係牛，於《爾雅》以'亢'為鳥嚨，亢不必係鳥也。晋灼曰'胡，頸也'。蘇林曰'亢，頸大脈，俗所謂胡脈也'。固人物之通名矣。…張晏曰，'亢，喉嚨也。'（亢胡模唐對轉，喉胡双声）《广雅·释親》"亢，項也。"喉於同韵變易為脰。"《公羊解诂》"脰，颈也。"'项'於同韵变易又为'嚨'。《尔雅·释鸟》曰'亢，鸟嚨'。嚨古音如童，与'脰'文双声对转矣。凡'胡''喉''项''颃''脰''嚨'六字分言则有内外前后，通言则一，皆亢所变易也"案章君从声韵训诂上说明六字同源，條分缕析细举目张，可谓精辟之至。

嗌同"咽""颈""领"

《说文》"嗌，咽也。从口，益声。䔲籀文嗌字上象口，下象颈脉理也。""咽，嗌也。从口，因声。"《九上·页部》"颈，头茎也。从页，巠声。""领，项也。从页，令声。"徐锴曰"按《尔雅》'麋鹿曰齸'注云'今江东呼咽曰嗌'。"咽嗌同音（咽先韵 嗌锡韵）《穀梁昭公十九年传》"嗌不容粒"《释文》"嗌，喉也。"《素问·至真要大论》"嗌塞而咳"。注："谓喉之下，接连胸中肺两叶之间者也。"自人体言之，咽嗌通食道之要道。自地形言咽喉要道为阨隘。咽嗌与领颈亦同。"领""颈"本同字，若听之变为聆，先青韵亦互通也。

啾即嘈字

《说文》"啾，小儿声也。从口，秋声。"

《正字通》众口嘈杂也。

《仓颉篇》"啾啾众声也。"后出字作"嘈"。《文选·王延寿赋》"耳嘈嘈以失听"。《抱朴子·刺骄》"或曲宴密集，管弦嘈杂。"

喤同呱呱

《说文》"喤，小儿声。从口，皇声。诗曰其泣喤喤"

"呱，小儿嗁声也。从口，瓜声。诗曰后稷呱矣。"此象声词。呱喤模唐对转，实同字耳。

啐后出字作嘬

《说文》"啐，小饮也。从口，率声。读若叔。《礼记·曲礼》："毋嘬炙"，郑玄注："嘬谓一举尽脔。"（当一口吃下去讲）"嘬"即《说文》的"啐"。"嘬"今文引申为"吋"、"咬"。《孟子·滕文公上》："蝇蚋姑嘬之。"今又引申为贪吃硬吃。并有吸吮义，如今日"嘬奶"。

此与小晚字相反。

欧阳修诗："近诗尤古硬，咀嚼苦难嘬。"亦此义。

嗛同"含""嗿"

《说文》"嗛，口有所衔也。从口，兼声。""嗿，含深也。""含，嗛也。从口，今声。"

《大戴礼记·夏小正》"田鼠者，嗛鼠也。"此嗛字《说文》作"鼸"。"含""嗛"古同音之证。

以衔训嗛；《说文》"衔，马勒口中也"，而汉世多衔嗛字。《汉书·外戚传》"景帝恚，心衔之而未发"（《史记·外戚世家》作"嗛之"）。《国策》"含怒日久"。《左传》"国君含垢"，是古作含，汉世作衔。

吮同酳

《说文》"吮，欶也。从口，允声。"

《十四下·酉部》"酳，醉酱也。从酉，匀声。"（香[illegible]切）

《释名·释饮食》曰："吮，循也。不绝口，稍引滋汋循，稍引滋酳，循咽而下也。"《史记·吴起列传》"卒有病疽者，起为吮之。"《汉书·佞幸传》"文帝病痈，邓通为嗽吮之。"《史记》作"为上唶吮。"段玉裁说："依《尚书释文》订，《书》作酳"。《周礼·司救》注亦有"酳酱"。酣饮曰酳，少滋酳曰吮，其义相同。允从㠯声则允有喉音，与酳皆喉声。

嚵后出字作馋

《说文》"嚵，小啐也。从口，毚声。一曰，喙也。"《集韵》引《广雅》"嚵，尝也。"古口食~~至用为~~偏旁互通

啗同"[illegible]""嚵""[illegible]""噍""[illegible]""[illegible]"。

《说文》"啗，食也。从口，臽声。读与含同。"[illegible]

北京市电车公司印刷厂出品 八二·三
（1553）20×20=400

噍啖也。从口，炎声。一曰，噉。”“噍，齧也。从口，焦声。嚼，噍或从爵。”“[口集]，噍也。从口，集声。读若集。”

《二下、齿部》䶢，齧也。

《四下、肉部》“肴，啖也。从肉，肴声。”

《史记、项羽本纪》“樊哙覆其盾於地，加彘肩上，拔剑，切而啗之。”《汉书、霍光传》“与从官饮啗。”颜注，“啗，食也。”啖同啗。《汉书、王吉传》“吉妇取枣以啗吉。”《广韵》“啖与啗同。啖训噍韵亦对转。《礼记、少仪》“侍食于君子。小饭而亟之，数噍。”《汉书、高帝纪》“襄城无噍类。”如淳曰，“无復有活而噍食者也。”噍与啗同韵。钱坫说：“今吴人谓饮食贪饕，反言咋多。詈之曰[口集]噍。”䶢与啖同韵。肴同噍与啗对转，故以上数字同。

嚛逸周书以爒借嚛。

《说文》“嚛，食辛嚛也。从口，樂声。（洛萧切）

《十上、火部》爒，炙也。从火，寮声。逸周书曰味辛而不爒。

《玉篇》“大啜曰嚛。”又引《伊尹》曰，“酸而不嚛。”今本《吕氏春秋、本味篇》作“酸而不酷”非

北京市电车公司印刷厂出品 八二·三

（1553）20×20=400

是。酸亦作"辛"。醋亦作"焟"。

⿰口尃同⿰齿尃

《说文》"⿰口尃，噍皃。从口，尃声。"

《说文·齿部》"⿰齿尃，噍坚也。从齿，博省声。"段玉裁说释玄应书三引《说文》皆云"⿰口尃⿰口尃，噍皃。"《广韵》十九铎、廿六缉皆云"⿰口尃嗼噍皃。"玄应《一切经音义》卷十六引作"⿰口尃嗼，噍声也"。⿰口尃与齿部"⿰齿尃"同。亦或作"噍坚声"。

嘽同喘

《说文》"嘽，喘息也。一曰，喜也。从口，單声。诗曰，'嘽嘽骆马。'""喘，疾息也。从口，耑声。"

《方言》"南楚江湘之间，凡怒而噎噫谓之'嘽咺'。"也是喘息的意思。《礼记·乐记》"其乐心感者其声嘽以缓。"此则喜悦的意思。《诗经·小雅·四牡》"嘽嘽骆马"毛传"嘽嘽，喘息之皃。"《大雅》"徒御嘽嘽"毛传曰，"嘽嘽，喜乐也。"又《疒部》"瘅，马病也。诗曰瘅瘅骆马。"（丁可切）此《四牡诗》之异文。歆案对照此《采芑释文》音"嘽"为吐丹反又音佗。

吸同"呷""歙"

《说文》"吸，内息也。从口，及声。""呷，吸呷也。从口，甲声。"

《八下·欠部》"歙，缩鼻也。从欠，翕声。丹阳有歙县。（许及反）"

内息谓纳其气於内。司马相如《子虚赋》"翕呷萃蔡。"翕与吸同，"翕呷""吸呷"皆叠韵联绵词。张揖说"翕呷，衣起张也"此引申义。

《诗经·小雅·大东》"载翕其舌。"《玉篇》引作"载吸其舌"。故"歙"训缩鼻，呼气以口，内息以鼻。

嘘同歔

《说文》"嘘，吹也。从口，虚声。"

《八下·欠部》"歔，欷也。从欠，虚声。一曰出气也。"

《庄子·齐物论》"仰天而嘘"。向注："嘘，息也"。郭璞《江赋》"嘘吸百川"，李善注"犹吹吸也。《声类》"出气急曰吹，缓曰嘘。嘘与歔同。犹嘯籀文作歗。

名同命。命又同令（同）

《说文》"名，自命也。从口，从夕。夕者冥也。冥不相见，故以口自名。""命，

北京市电车公司印刷厂出品 八二·三
（1553）20×20=400

使也。从口，从令。

《九上·卪部》"令，发號也。从亼、卪。"

名与命声通。《广雅》"命，名也。"案《左传·桓公二年》"師服曰：异哉！君之名子也。夫名以制义，嘉耦曰妃，怨耦曰仇。古之命也。今君命太子曰仇，弟曰成師，始兆亂矣。"這里名命互用，~~客体事物在~~都是人類對客体事物的称谓，所以荀子叫作"名"，郑玄说"古曰名，今曰字。"命本有命令义，由語音言之，不令读命，也是古代複辅音之遗迹（bling）。

命令亦有数使用义，欤后出字有"俜"，读"普丁切"古音与命同。

章太炎先生之據《尔雅·释训》"目上为名"递训，徵引《靈枢·根结篇》曰"太陽根于至陰，结于命门。命门者目也。"《衛气篇》曰"足太陽之本在跟以上五寸中，標在两络命门中。命门者目也。"太炎亦認目上为名，名即命也欤。惟章君谓为"瞑"之借字恐未安。案《释名》"名，明也。名实使分明也也。"是汉人命名亦可读唐韵，明即目也。

咨春秋作"踏"

北京市电车公司印刷厂出品 八二·三

(1553) 20×20=400

《说文》咨，谋事曰咨。从口，次声

案《左传·襄公四年》"必谘于周"。《桓公六年》纪来谘谋齐难也"。谘即咨之别体

君同尹

《说文》君，尊也。从尹，发号故从口。𠮾古文。象君坐形。

《三下·又部》尹，治也。从又丿，握事者也。𦘴古文尹。章太炎先生曰《春秋》君氏，亦作尹氏。《荀子》君畴，《新序》作尹寿。则尹君一也。"

~~召与同邵~~

《说文》召，评也。从口，刀声。

~~《三下·卜部》，邵，卜问也。从卜，召声。~~(市沼切)

唱即昌之后出

《说文》唱，导也。从口，昌声

《七上·日部》"昌，美言也。从日，从曰。一曰日光也。诗曰东方昌矣。"

《诗经·郑风·萚兮》"唱予和女"或作倡。《周礼·春官·乐师》凡军大献教恺歌，遂倡之。"郑司农曰，乐师主倡也。"贾疏"倡，导。《左传·昭公十二年》"外内倡和为忠"《国语·吴语》"大夫种倡谋。"凡此诸倡字正

北京市电车公司印刷厂出品 八二·三
(1553) 20×20=400

当作"唱"（《人部》倡，乐也"）。昌训美言乃~~导唱之唱~~音律美妙之歌，即唱之古字。

唏别义同欷

《说文》唏，笑也。从口，稀省声。一曰哀痛不泣曰唏。

《八下·欠部》欷，歔也。从欠，稀省声。

唏之同欷，犹嘘之与歔之例。《方言》卷一："凡哀泣而不止曰咺，哀而不泣曰唏。於方则楚言哀曰唏。"

听同"訢"（听）"欣""忻"

《说文》笑皃。从口，斤声。

《三上·言部》訢，喜也。从言，斤声。

《八下·欠部》欣，笑喜也。从欠，斤声。

《十下·心部》忻，闿也。司马法曰，善者忻民之善，闭民之恶。

司马相如《上林赋》亡是公，听然而笑。"消戏笑也。《后汉书·梁冀传》注引《风俗通》曰，~~龋齿~~笑。龋齿笑者，若齿痛不忻忻。上"忻"当"听"。訢与"欣"音义皆同《史记·万石君传》"僮仆訢訢如也。"集解引许慎曰"訢，古欣字。"盖以忻拾《说

北京市电车公司印刷厂出品 八二·三
（1553）20×20＝400

文》放下有䜣云古文欣字。阐犹言开心。"䜣民之善"开导人民为善。开心即快乐。

呭同"沓""譶""詍"亦借"泄"后出作"洩"

《说文》"呭，多言也。从口，世声。诗曰：无然呭呭。"

《五上·曰部》沓 語多沓沓也。从水，从曰。辽东有沓县。（徒合切）

《三上言部》"譶，疾言也。从三言。读若沓。""詍，多言也。从言，世声。诗曰，无然詍詍。"

此数字声义皆同。引诗或作"呭"或作"詍"此相同之证。今《诗经·大雅·板》作"泄"（《孟子》"泄泄犹沓沓也"亦作"泄"）《说文》泄训水名，泄其声借也。俗字有"洩"字，是泄之别体。

唉同"应""许"

《说文》唉，應也。从口，矣声。读若埃。（校全本）

《十下·心部》"應，当也。从心，䧹声。"

《三上·言部》"许，聽也。从言，午声。"

慧琳《一切经音义》"唉下"引《说文》"应声也。"三字古皆双声。

噂同僔

《说文》"噂，聚也。从口，尊声。诗曰，噂沓背憎。"

《八上·人部》僔，聚也。从人，尊声。诗曰僔沓背憎。

此引《诗经·小雅·十月之交》之文，可明噂与僔经典之异文，犹引江之汜；又作江之洍之类。

咠與品之后出

《说文》咠，聂语也。从口，从耳。诗曰咠咠幡幡。

《二上·品部》品，众口也。读若戢。又读若呶。

今诗经、小雅巷伯》作"缉缉幡幡。"毛传"缉缉，口舌声。"《玉篇》亦云"咠咠，口舌声。"品一字数音之例，读戢，则为古咠字。读呶，即古鬧字。黄焯说，"俗作鬧，仿鬥字为之。

嘒同䜟

《说文》"嘒，小声也。从口，彗声。诗曰嘒彼小星。"嚖，或从慧。

《三上·言部》"䜟，声也。从言，歲声。诗曰有䜟其声。

王筠《说文释例》云"嘒，小声也。引诗嘒彼小星。《言部》"識，声也。谓即《云汉》有識其声星"然则"嘒""識"一字也。

又云，"嘒下云小声；引诗嘒彼小星，此两义也。疑本作"嘒嘒小声也。凡诗之'鸣蜩嘒嘒'（毛传声也。'鸾声嘒嘒'（毛传，中节也）'嘒嘒管声'（毛传，和也）皆说之矣。惟《有嘒其星》（毛传众皃）不是说之，故又引此，与小意有关与声无关也。"

嗔同謓

《说文》嗔，盛气也。从口，真声。诗曰振旅嗔嗔。

《言部》謓，恚也。从言，真声。贾侍中说，謓笑。一曰，读若振。

案《門部》有"闐"字训盛皃。《诗经·小雅·采芑》今本作"振旅闐闐"。《说文》引作"嗔"。《尔雅·释天》郭注，"闐闐，群行声。"此门庭若市之盛，故训群行声。又《孟子》"填然鼓之"。赵岐注"填然，鼓声。"

嗔謓同字。段玉裁曰今人用'嗔'去用'謓'"。

嘌同"暴""赴""⿱兔⿰兔兔""猋""慓""僄""嫖""⿺走票"

《说文》嘌，疾也。从口，票声。詩曰"匪车嘌兮。"

《十下·夲部》"暴，疾有所趣也。从日出夲収之。"

《二下·走部》"赴，趨也。从走，仆省声。"

《十上·兔部》⿱兔⿰兔兔，疾也。从三兔。闕。

《十上 犬部》猋，犬走皃。从三犬。

《十下 心部》慓，疾也。从心，票声。

《八上·人部》僄，轻也。从人，票声。

《十二下·女部》嫖，轻也。从女，票声。

《二上 走部》⿺走票，轻行也。从走，票声。

"嘌"字许君引《詩经·桧风·匪风》嘌字训疾。毛传训"嘌嘌，无節度也。"案毛同前章"匪车偈兮"训"偈偈，疾驱。非有道之车。"次章"嘌嘌"本训亦应为"疾"义，但文章的训诂，以"无節度"说。季剛師云"獨立之训诂与隶屬之训诂。说文之训诂，乃独立之训诂…每与文章所用不相应者也。如许君注《淮南子》文义字义多与说文不相应。可知许君对独立训诂与隶屬训诂有别也"毛传主要阐述詩意，可以涉及词义。

北京市电车公司印刷厂出品 八二 三
（1553）20×20=400

"疾有所趋"以粗暴之形象，概括无余。尤突出粗暴义以核是"疾"。许君说解之精确，每每如是。既有概括性，又具形象性。

《礼记·少仪》"毋拔来。毋报往。"郑玄曰"报读为赴疾之赴。拔、赴皆疾也。人来往所之，皆有宿渐，不可卒也。"汉人赴疾連用。赴与暴双声，韵亦相转，有所趋与赴义亦同

"𪋻""猋"皆群行疾足之兽，王逸《楚辞章句》曰"猋猋，去疾皃""暴""赴""𪋻""猋"亦与爆票义近。故与从票声之"嘌""慓""僄""嫖"皆同音义。训轻者轻亦疾也。

嘻同台""喜""僖""憙""媐""嬹""怡""喜"

《说文》"咥，喜也。从口，至声。""台，说也。从口，㠯声（与之切）"

《五上·喜部》喜，乐也。从壴，从口。歖，古文喜从欠。""憙，说也。从心，从喜，喜亦声。"

《八上·人部》僖，乐也。从人，喜声

《十二下·女部》媐，说乐也。从女，巸声。""嬹，说也。从女，興声。"

《十下·心部》"怡，和也。从心，台声。"憙

也。一曰千百曰意。从心，啻声。𢡁，籀文意。

《三上言部》啻，快也（快乐的快），从言，中（锴本作中声）。案"台""娭""喜""娭""欸""嘻""嗤""媐""怡""佁"或叠韵或双声或同部或相近而字义皆同。台训今若，《尔雅·释诂》"台，我也。"借为朕（朕台对转）。实当为余。

启同開"闓"

《说文》启，開也，从口，从户。

《十二上门部》開，张也。从门，从开。閞古文。"闓，開也。从門，豈声。"

《尔雅·释天》"明星谓之启明。"《支部》"啟"训教，义亦同，经传以啟代之。如《左传僖公五年》分至啟閉，杜注，"立春、立夏为啟，立秋、立冬为閉。"又《僖公二十年》"凡啟閉从時。"杜注"门户道桥谓之啟，城郭墙壍谓之塞閉。皆官民之開閉不可一日而阙。"皆当作"启"。启训開，与開同字。《仪礼·士昏礼》与《既夕礼》注皆云"今文啟为開"。又《山海经》夏后開即夏后啟。闓训開，本声训，亦取開门之象。与启亦同字。

咸同"協""協""勰""諴"

《说文》"咸，皆也。悉也。从口，从戌。戌

悉也。(锴本从口戌声。无"戌悉也"三字。误)

《十三下·劦部》"恊,同心之和。从劦,从心。""勰,同思之和。从劦,从思。""協,众之同和也。从劦,从十。叶,古文協从曰十。叶,或从口。"

《三上·言部》"諴,和也。从言,咸声。周书曰:不能諴于小民。"

清宋保《谐声补逸》"《说文》戌字训云灭也。戌与悉义相关合。戌,悉也当是戌灭也之讹。咸从戌得声,咸戌一声之转。咸亦寓有灭义。《尚书·君奭篇》曰'咸刘厥敌'。保谓咸刘犹虔刘也。《说文》'𢦏,绝也。读若咸。'此其证。王伯申《经义述闻》解咸刘厥敌之文与郝说适合符節。伯申又引《逸周书·世俘篇》及《汉书·律麻志》咸刘商王纣皆灭也。"宋保之说甚误。第一,咸戌无一声之转之理,咸在匣母读韵,戌心母昌韵,声与韵皆不能相通,何宋氏昧于古音至于是也。其次,咸字从口,契铭皆同。戌训为灭,不能说其从口之故。再者𢦏训绝,下云"古文读若咸"此说𢦏咸古文通借。又云"读若诗云攕攕女手",此又引𢦏诗明音。故知古文自谓指古文尚书而言。章太炎先生《文始》桑闲宋说亦谬误。

案许君说"咸"，本《周易》咸卦。凡以口互相接触为咸，咸实即今接吻义。周易咸卦言"咸其拇""咸其股""咸其腓""咸其脢""咸其辅、颊、舌"故《易·咸卦》虞注，咸，感也。《杂卦》"咸，速也。"感即接触，速即相缘。口的接触联系即吻之义，引申训和。《左传·昭公二十一年》"窕则不咸"杜注"不充满人心。"［如声入于耳，如咸于心，心怡则和。］《国语·鲁语》"小赐不咸"注云"咸，偏也。"此咸训"皆"训"悉"之义。《尔雅·释诂》"咸，皆也。"《方言》"备、该，咸也。"此咸字训悉见于字书者。

吉同幸

《说文》吉，善也。从士、口。

《十下·夭部》幸，吉而免凶也。从屰，从夭。夭，死之事，故死谓之不幸。

吉与幸应以直为本义。古代以直为美为吉，以恶为丑为恶。据《说文》"工象人有规矩也"是工象直立。亚象局背之形，局背身不能直。故工引申训美，训善。亚引申训丑，训恶（亚即古恶字）。吉殷契文作"□"作"□"象矢直立于器中。矢本训直。《孟子·万章》"其直如矢。"《广雅·释

"贞正也。"凡从吉声多有直义。如《木部》"桔，一曰直木也。《页部》颉，颉直项也。《人部》佶，正也。"吉与幸双声。

幸亦训直。《夲部》"㚔"下云"㚔，徼幸也。"手部挺直古字是幸直互训。从幸声有"绛"。《糸部》"绛，直也。"有婞《离骚》"鲧婞直以亡身兮。"《女部》"婞，很也。"很训坚强而直义。

周训至刘同至。~~又同"周"~~

《说文》"周，密也。从用、口。𠂑古文周字从古文及。

《十二上》至部"鸟飞从高下至地也。从一，一犹地也。象形。不上去而至下来也。𡊃，古文至。

~~《口部》"周，合会也。从用，从口。"~~

《尚书·太誓》"虽有周亲，不如仁人。"周至亲。《止部》有"𡾊"训至，亲戚之戚当作𡾊。周与𡾊同音。周训密，至亦有密义。以周之字有有"绸"，诗曰"绸直如发"，传曰"绸直，密直也"。周与至同音《仪礼》"轩輖"《诗经》作"轩輊"，此周轾相通之证。

嘁同"慼""歔""㰗"

《说文》"嘁，气悟也。从口，戚声。"

《八下》旡，饮食气屰不得息曰旡。从反欠。

旡古文。

《八下欠部》𣢿 咽中息不利也。从欠，骨声。"欭，嚘也。从欠，因声"（乙冀切）

《灵枢》帝曰人之哕者何气使然？岐伯曰谷入于胃，胃气上注于肺。今有故寒气与新谷气俱还入于胃。新故相乱，真邪相攻。气并相逆，复出于胃，故为哕。旡与"哕"双声，《诗经》以"僾"字借之。《大雅·桑柔》"如彼溯风，亦孔之僾。"传曰："僾，唈也。"（僾从旡声，故得相借）~~案欭乃屠息字~~。《通俗文》"大咽曰欭"。而为大嗌。欭同嗌。《诗经·王风》"中心如噎"传曰，"噎忧不能息也。"噎即咽之借字。

嚘同"亏""吟""唸""㕷"

《说文》"嚘，语未定貌。从口，憂声。"（于求切）

《五上·亏部》亏，气……从丂一也。亏……以为亏字，又以为于字。

~~"嚘""唸""㕷"~~。

《二上·口部》唸，呻也。从口念。读若謹

《三上》謹，详也。从言，堇声。

《说文》"㕷，呻也。从口，殿声。"

钱坫说《老子》"终日号而不嚘。"《太玄》"柔兒于号，三日不嚘。"《东方朔传》"伊优亚者辞未定也"。

北京市电车公司印刷厂出品 八二、三

（1553）20×20=400

《释名》吟，嚴也。嚴在於嚴。其呻吟歌唱時欲舒有嚴也。人之发言皆如此

吃同歖

《说文》吃，言蹇难也。从口，气声（居乙切）

《八下·欠部》歖，幸也。从欠，气声。一曰，口不便言"（居气切）

案歖的别义与吃同字。俗作"吃"。《史记·老庄申韩列传》"非为人口吃，不能道说而善著书"。《汉书·周昌传》昌为人吃。又盛怒曰"臣口不能言，然臣期期知其不可。陛下欲废太子，臣期期不奉诏。"颜师古云"吃，言之难也。以口吃故重言期期。"

呧同"詆""㲼""催"。

《说文》"呧，苛也。从口，氐声"

《三上·言部》"詆，苛也，一曰诃也。从言，氐声。"

《三下·攴部》"㲼，怒也，詆也。一曰誰何也。从攴，𡋯声。"

《八上人部》"催也，相俦也。从人，崔声。诗曰

室人交徧催我。"

段玉裁说"苛者訶之假借。汉人多用苛为訶！詆与呧同。苛与訶通用。'一曰訶也'四字为衍文。

北京市电车公司印刷厂出品 八一·三

（1553）20×20＝400

"谁何"本一词，盖汉人语。李善《文选注》引《说文》"谁，谁何也。谓责问之也。"谓下五字，是注家语，非许书文。《六韬》"令垒上谁何不绝"。贾谊《过秦论》"陈利兵而谁何"。《史记·卫绾传》"岁余，不谁何绾。"（汉书作"不孰何"）《国语》"谯号"。韦昭注曰"夫以谁何"。亦有单言"谁"者，如《汉书·五行志》"大谁卒。"《易林》"无敢谁者"。《藉田赋》"靡谁督而常勤。"亦有单言"何"者，如《广雅》"何，问也。"《史记·贾谊列传》"大谴大何。"是谁何当谴问、诘问、~~遍问~~之义。《韩诗》说"敦，迫也"。敦与"呧""詆"音义皆通（发病时补）

催与摧通。《诗经·邶风·北门》"室人交徧摧我。"传曰，"摧，沮也。"《释文》"摧或作催。"据许君则《诗》应作"催"。催训相俦，相俦犹相逼相迫也。许书"摧"训挤，排挤与压迫义有会通。

啁与"謿"

《说文》"啁，啁嘐也。从口，周声。"

《言部》"謿，相呼诱也。从言，朝声。"

《广雅》"啁，调也。"《汉书·东方朔传》曰"诙啁而已。"是啁为"嘲笑""嘲戏"字，亦或嘲字段玉裁说，"《战国策》楚人有两妻，人誂其长者，长者詈之。誂其少者，少者许之。"《史记、吴王濞传》传中大夫应高誂胶西王。案后人用挑字。"案"嘲笑""誂逗""咷拨""嘲弄""誂戏"文皆今通，"嘲""誂"古义皆同。

吚同呻

《说文》"念吚，呻也。从口，尸声。""呻，吟也。从口，申声"此二字同。念吚见《诗·大雅·板》今作殿屎《[illegible]》引字林曰"愁苦呻吟之声"

嗷同謷

《说文》"嗷众口愁也。从口，敖声。诗曰哀鸣嗷嗷"。

《说文·言部》謷，不肖人也。从言，敖声。一曰哭不止，悲声謷謷。"

案《广韵·六豪》"謷，不肖人也"《汉书·东方朔传》"声謷謷"。则义与嗷同。《诗经·小雅·鸿雁》"哀鸣嗷嗷"。毛传"未能所安集则嗷嗷然。"《释文》本亦作"嗷"，《史记》作"嚣"。或作謷。皆一声之转。

呶同"㗊""怓""孃""嚣"

《说文》"呶，讙声也。从口，奴声。诗曰载號载呶。"

《说文·㗊部》"㗊，众口也。从四口。又读若呶

《十二下・女部》"孃，烦擾也。一曰肥大也。从女
襄声。"

《三上𠬞部》"𤕦，亂也。从爻工交吅。一曰室𤕦。
讀若禳。"

案孃训烦擾，《汉书・贾谊传》"国制搶攘"。𤕦即"紛纕""烦孃""搶攘"正字。又即襄除字。

吠后出字有𪕰

《说文》"吠，犬鸣也。从犬口。"

《尔雅・释兽》𪕰鼠

今人谓曰𪕰鼠，其鸣如犬也。《释文》𪕰字或作"𪕰"。

咼同㾶

《说文》"咼，口戾不正也。从口，冎声。"

《七下疒部》"㾶，口咼也。从疒，为声。"

玄应《一切经音义》引《说文》"咼，口戾也。"《通俗文》"斜戾曰咼"。㾶与咼同音之训。淮南子"咼氏璧"乃"和氏璧"之借字。

嗀同欧。又同殴

《说文》"嗀，欧皃。从口，𣪊声。春秋传曰：
君将嗀之。"

《八下·欠部》"歐，吐也。从欠，區声。""歍，心有恶若吐也。从欠，烏声。一曰口相就。"

案《左传·哀公廿五年》"君将殻之"杜注"殻，吐也。"今本作"㱿"或作"嗀"皆殻之俗体。"心有所恶若吐"此欲吐实非吐也。今俗语谓之"噁心"。

喈同"唬""嚶"

《说文》喈，鸟鸣声也。从口，皆声。一曰凤凰鸣声喈喈。"唬，喔也。从口，虎声。""嚶，鸟鸣也。从口，婴声。"

三字皆象鸟声。此指《诗经·葛覃》毛传"喈喈，声之远闻也。"《尚书·大传》引逸诗"凤凰喈喈。"唬或作"喔唬"。潘岳赋"良游唬喔"（或主？）古乐府"归飞唬唬枝啼。"《诗·小雅·伐木》"鸟鸣嚶嚶"毛传，"嚶嚶，警惧也。"

唬同"號""謼"

（锴本作虎声

《说文》唬，嗁声。一曰虎声。从口，虎。读若暠。

《五上·号部》號，呼也。从号，从虎。

《三上·言部》"謼，號也。从言，从虎。

《说文》无謼字。铉本作嘑，荒乌切。《玉篇》呼[illegible]

北京市电车公司印刷厂出品 八二·三

《说文·口部》局，促也。从口在尺下復局之。一曰，博所以行棊。象形。

清孔广居《說文疑疑》曰，"復居之二字与局字之象博局形俱不可解。愚意局从尺含有限量意，口声。"章太炎先生《小学答问》局当从尺口声。口为冂在尸部也。尺所以指尺規矩事也，棊局为木有方罫，尺寸故从尺。又曰，引申训分。《春秋传》曰，"离局，奸也"（见《成公十六年传》）。《曲礼》曰，"左右有局，各司其局。"四戈曰位，以定局。局以以观功。"皆训分。其训促者曲之借尔。《诗》以曲局连言，曲局即曲也。《说文》言局背即曲背也。局借为曲，曲亦借为局。《孙子·计篇》"法曲制官道主用也"。（魏武帝注"曲制者，部曲旛帜金鼓也。"）凡言部曲、乡曲者曲皆局字，分也。棊局之字亦或借曲为之。《方言》所以行棊谓之局，或谓之曲道是也。"依章说，局引申训分。训曲者借为曲。

㕣同"𧮫""衖"

《说文》：山间（《繫传》作涧）陷地。从口，从水败皃。读若沇州沇（锴本作兖）九州之渥地也。故以沇名焉。𠕒古文沇。

北京市电车公司印刷厂出品 八二·三
(1553) 20×20=400

《十四下𨸏部》𨸐，两阜之间也。从二阜。

《二下·行部》術，邑中道也。从行，术声。钱坫曰，"水行故水半见於土。兑字所从与广韵说合。"《周易》说"兑为泽。"兑从㕣声是兑㕣同音之证。《诗经·大雅·緜》"行道兑矣。"毛传曰"兑，成蹊也。"案《周易》与《诗》之"兑"皆为之借字。（《儿部》"兑，说也"为泽道义）两阜之间的道路谓之隧道，其正字作"𨸐"。𨸐音读"似醉切"与兑韵近。由形声音系言之，亦应同谷。隧道亦名"術道"《周礼·春官·大祝》"二曰術祭"郑司农说，"術，祭羡之道中，如今祭殇，无所主命。"此墓中在隧祭殇死之鬼，魂主之鬼。此可证𨸐（隧）即谷也。"術"为借字，又作"羡道""延道"与"衍"皆为借字，都成蹊之道。又"術"训邑中道，亦成蹊之道，術与隧音通。《礼记·学记》"術有序"，郑玄注曰"術当为遂"。春秋传"西乞術"《公羊传》作"西乞遂"此证遂術同音互用，则術亦与𨸐亦同字也。

凵㕣欠"ㄙ"钦"又同凶

《说文》凵，张口也。象形。

北京市电车公司印刷厂出品 八二 三

《八下・欠部》欠，张口气悟也。从人上出之形。"欽，欠皃。从欠，金声。"

《七上・凶部》凶，恶也。象地穿交陷其中也。《说文》谓人口所以言食也。言与食皆必张口。故训张口。张口之形似腔坎陷，人身亦有空体。因此空体事物坎陷亦凵也。土地坎陷而有物交陷其中谓之凶。凶与陷同义，与凵双声，亦音近义通之同字（兇训扰恐与凶有别）。

四同"嚣""讙""嗃""聒"

《说文》"吅，惊呼也。从二口。读若讙。"

《三上・㗊部》"嚣，声也。气出头上。从㗊，从頁。頁，首也。䜀，嚣或省。"

《三上・言部》"讙，譁也。从言，雚声。"

《二上・口部》"嗃，高气多言也。从口，蠆省声。春秋传曰嗃言。"

《十二上・耳部》聒，讙语也。从耳，𠯑声。

钱坫曰文字音义以吅为争言。《广韵》吅读若讼。案《集韵》古文以为讼。

咢同"谔""詻"

《说文》咢，譁讼也。从吅，屰声。

《三上·言部》"詻，论也。从言，各声"，"詻，论讼也。
传曰詻詻孔子容。

章太炎先生《小学答问》曰，"咢有数义。训譁讼者，与詻声义皆同。《说文》"詻，论讼也。今俗作'諤'（《史记·赵良谓商君》曰"千人之诺诺，不如一士之諤諤"）'噩'（《释天》"在酉曰噩"《史记》索隐引李巡作"咢"。《汉书·天文志》作"鄂"）。《法言》'周书噩噩尔'李轨以为不阿附。皆本义也。其训惊者，字当为'遻'。《说文》'遻，相遇惊也'。今俗作'愕'。其字根咢者，字当为'剽'。《说文》'剽，刀剑刃也。'刀剑横锋曰剽，故物有廉棱者亦称剽。咢从屰声，午牾咢声义相同。《[illegible]布于午，一纵一横曰午。相格谓之枝梧，谓之鉏铻，皆与咢声相似而有廉棱之义。咢之字当作'乇'。《说文》'乇，艸叶也。从垂穗，上贯一。下有根。'承华者咢也。古无舌上音，乇读如託。《易》言'甲乇'，亦作'甲坼'。本得声于咢。乇之为咢，犹乇之为坼也。今九江有所谓咢曰託，字当作乇。本与萼咢同字，今俗萼咢字从艸作萼。

北京市电车公司印刷厂出品 八二 三
（1553）20×20=400

王引之据《玉篇》古文要作"[illegible]"证要即隶书讹。《说文》中"囗""䀠"之同犹"[illegible]"之或体作"[illegible]"。疑要篆作[illegible]从䀠，[illegible]声。"[illegible]"隶书凡曲画变直画而讹为王。案王说谛，契文彝铭皆从䀠可证。

走同趨

《说文》"走，趨也。从夭止，夭止者屈也。"

"趨，走也。从走，芻声。"

《释名》"徐行曰步，疾行曰趨，疾趨曰走。"《御览》引《说文》作"低头疾行也"。又"趣，疾也。"今同当"趣向"或"旨趣"义。今以"趣向""旨趣"字皆当作"趨"。《淮南子·汜论》"故终身无所定趨"注："趨，归也。"《史记·商君列传》"秦人皆趨令"索隐："趨，向也，附也。"此趨向皆以为趣字。《诗经·大雅·棫樸》"左右趣之"毛传曰："趣，趨也。"此于今语阐明通借之例。

超同"跳""趒""踊""趙"又同"逃"。

《说文》"超，跳也。从走，召声。""趒，雀行也。从走，兆声。""趙，趨趙也。从走，肖声。"

《二上·足部》"踊，跳也。从足，甬声。""跳，蹶也。从足，兆声。一曰跃也。”

《二上・走部》“逃，亡也。从辵，兆声。
《左传・僖公三十三年》“超乘者三百乘。”《吕氏春秋・悔过》“超乘者五百乘。”注曰“巨踊上车也。”
《释名》“超，卓也。举物有所卓越也。”《方言》
“超，远也。东齐曰超。”蹶下云“一曰跳也。”故跳训蹶。《方言》一，“踏、踊、跳，跳也。”楚曰断，陈郑之间曰踊。楚曰蹠。自关而西秦晋之间曰跳，或曰踏。”跳与逃同，雀不能步故曰雀跃。又踊与跳对转，故与跳同。踊训表示踊，其实“踊”“踴”无别。《礼记・檀弓》“辟踊哀之至也。”公羊宣公十八年传》“笑君成踊。”皆作踊。又与逃通用《史记・高帝纪》“汉王跳”索隐曰，跳，走也。《汉书・项籍传》师古曰“轻身而出也。”

趯同跃

~~《诗经・召南》传曰 趯趯，跃~~

《说文》趯，踊也。从走，翟声。（锴本）

《二下・足部》“跃，迅也。从足，翟声。
王念孙说“趯古皆为跃。《诗・草虫》首章传“趯趯，跃也。《后汉书・班固传》“同趯朱垠。”注云，

北京市电车公司印刷厂出品 八二・三
(1553) 20×20=400

趯，踊也。"以踊训趯，乃同字相训。

越同䢁。亦与"⿺走厥"略同

《说文》越，度也。从走，戉声。""⿺走厥，蹠也。从走，厥声。"

《二下·辵部》䢁，踰也。从辵，戉声。易曰杂而不䢁。"

段玉裁说，"与《走部》越字音义同（度踰同义）。"越与蹶古音同。《玉篇》"⿺走厥，跳起也。"《足部》蹠下曰"楚人谓跳跃曰蹠"案跳跃与度渡义相同，故越训跳又训过。

䞥或体作邅

《说文》"䞥，趁也。从走，亶声。"

案"趁"字训"䞥"云，"读若尘"趁䞥（又作迍邅）双声联语。《易·屯卦》马融注"难行不之皃。"王逸《楚辞注》"楚人名遭邅"与难行义合

趬同蹻

《说文》趬，行轻皃。一曰趬，举足也。从走，尧声。

《二下·足部》蹻，举足行高也。从足，乔声。诗曰，小子蹻蹻。

段玉裁说"今俗语轻趬，当用此字"去[illegible]

北京市电车公司印刷厂出品 八二·三
(1553) 20×20=400

⿺走弦同趮

《说文》"⿺走弦，疾走也。从走，弦声。"趮，疾也。从走，睘声。读若讙。

钱坫说："《吴子》'谋我乎⿺走弦'。注'⿺走弦，疾也。'《方言》'儇，疾也。'《荀子》'乡曲儇子'皆以儇为之。《诗国风》毛传'還，便捷之皃。'则以還之为之。皆与趮义通。"

趣即《左传》鏨而乘它車之鏨。

《说文》"趣，行皃。从走，取声。读若菆。"

《十四上金部》"鏨，金声也。从金，輕声。读若春秋传鏨而乘它車。"左传注疏校刊记引惠栋说"鏨当作蹔。今《左传》作鏨而乘他車，则不可通矣。"按此说误谬。此读止拟其音，《左传·昭公廿六年》"苑子刜林雍，断其足。鏨而乘於他車以归"杜解："鏨，一足行也。"古书不废通借，鏨不见于经传，仅《玉篇》有之，俗字也。鏨恐是"趣"之声借，鏨读若定切从取声之鏨同音。此同音借用无疑。日人竹添光鸿《左传会笺》从此说亦误。~~（段氏说，"鏨为脛字，杜预既断足，乃以脛築地而行，故谓之'脛'"尤附会）~~

北京市电车公司印刷厂出品 八一·三

趥当同"冘""卣（游）"又同"⿺走息"

《说文》"趥，行皃。从走，酋声。""⿺走息，行也。从走，息声。"

《五下·冂部》"冘，淫淫行皃。从人出冂。"

《七上·𢎘部》"㽕，木生條也。从𢎘，由声。商书曰：若顚木之有㽕枿。古文言由枿。"

《七上·㫃部》"游，旌旗之流也。从㫃，汓声。遊，古文游。"

"趥""⿺走息"音近义通（汉语形容词与动词不可分）。又与"冘"通（同）。案《水部》淫训浸淫随理。顺从其理而流谓之淫，其联语作"浸淫"又作"浸淫"。顺路而行亦曰"浸淫"。又案游之古文作"遊"。（《游》训旌旗之流，亦是游行之义）则冘游即敖游之正字。敖与冘亦对转。故游亦叠韵联词。

⿺走與同懙

《说文》"⿺走與，安行也。从走，"

《十下·心部》"懙，趣步懙懙也。从心與声。"

段玉裁说"《广韵·九鱼》⿺走與⿺走與，安行皃。《心部》懙懙，趣步懙懙也。《夊部》"⿱與夊，安行徐而疾也。"《论语》'与与如也'。《汉书》長倩懙懙。"

⿺走蜀左传作跦

《说文》"⿺走蜀，行皃。从走，蜀声。读若燭。"

《左传·昭公二十五年》：“文武之世，童谣有之曰：‘鸜之鹆之，公出辱之。鸜鹆之羽，公在外野，往馈之马。鸜鹆跦跦，公在乾侯，徵褰与襦。鸜鹆之巢，远哉遥遥。稠父丧劳，宋父以骄。鸜鹆鸜鹆，往歌来哭。’”杜解：“跦跦，”跳行貌。”

起同“興”“翕”

《说文》起，能立也。从走，巳声。迟，古文起从辵。

《三上·舁部》興，起也。从舁，从同。同力也。

《四上·羽部》翕，起也。从羽，合声。

《释名·释言语》“起，啟也。啟一举体也。”《吕氏春秋·论威篇》“直谏者百邪悉起。”注，起，兴也。《广韵》兴，盛也，举也。段玉裁说“《释诂》《毛传》皆云翕合也。许云起也者，言合则不见起，言起而合在其中矣。翕从合者，鸟将起必敛翼也。”

𧺆是作“迄”借为訖。

《说文》𧺆，直行也。从走，乞声。

《三上·言部》訖，止也。从言，乞声。

案辵走偏旁互用，故“迄”为“𧺆”之異体。古书多訖代𧺆。《释诂》“訖，止也。”《穀梁传》“毋迄籴”

范曰"讫，止也。"此讫止之义。《尚书·禹贡》"东渐于海，西被于流沙，朔南暨。声教迄于四海。"此迄字当作起，言禹之声教直行于四海。

趙同跱"蹢"

《说文》趙，趍趙也（依《广韵》引《字林》改）。从走，肖声。""跱，踞也。从止，寺声。"

《十下·心部》蹢，蹢著也。从心，啻声

宋姚自趙即"跱躇""蹢著"。段玉裁说，"足部曰躇，跱躇不前也。跱躇为双声字。此以躇训跱者则声之训也。心部曰蹢若，足部曰蹢躅，《毛传诗》曰踟蹰，《广雅》蹢躅、踌躇。皆双声叠韵而同义。"趍趙亦双声联绵，与段所列联绵同。

赾即靳古字

《说文》赾，行難也。从走，斤声。读若堇。

《三下·革部》靳，当膺也。从革，斤声。

段玉裁说，"左传曰，吾从子如骖之有靳。杜注曰，靳，车中马也。言已之从子（栾书），如骖马之随靳也。正义曰，骖马之首当服马之胸，胸上有靳，故曰我从子如骖当服之靳，按《左传》《吾军七乘辎𫠉靳鞅靽》杜曰在胸曰靳。此正在胸曰靳之误。以秦风传靳环或作靷环证之，其误甚明矣。游环在服马背上，骖马外辔贯之，以止骖之出。故谓之靳环。靳者骖马止而不过之处，故引申之义为靳固。《左传》"宋公靳之，吝其宠也。"靳训行难，即靳吝之义。很为吝悭亦训行难。

⿺走夐同"趉""趡""趫""㾐"

《说文》"⿺走夐，走意也。从走，夐声。读若繘。""趉，走也。从走，出声。读若无尾之屈。""趡，动也。从走，隹声。春秋传曰盟于趡。""趫，狂走也。从走，矞声。"

《七下·疒部》㾐，狂走也。从疒，术声。读若欻。

《广韵》"⿺走夐，行走之兒。"又云"趫与⿺走夐同"字，读若繘"，可证"⿺走夐""趫"同字，犹"瓊"或作"璚"也。《东京赋》"捎魑魅，斮獝狂。"獝即趫之俗字，则恶戾之鬼得名。《礼记·礼运》"故鸟不獝"，正义曰"獝，惊飞也。"皆应作趫。《说文》无獝字。《周礼·大司乐》郑注引《礼运》作"矞"。《礼运释文》"本作矞"。"趉""趡"则猝急的行动，"㾐"为惊狂之病，皆同根词。

趜同"九""究""竆""穷""宄"

北京市电车公司印刷厂出品 八二·三
(1553) 20×20=400

《说文》趜，穷也。从走，匊声。

《十四下九部》"九，阳之变也。象其屈曲究尽之形。"《七下·穴部》"究，穷也。从穴，九声。""穷，极也。"（《七下·穴部》）"𥨐，穷也。从穴，𥷚声。𥷚与鞫同。𥨐，或从穴。"

㝌，贫病也。从宀，久声。《诗》曰："茕茕在㝌。"

以上诸字皆为穷为核心训义。穷有二义：一为极尽之穷，《礼记·乐记》"一以穷之"是其例。一为贫穷之穷，《广雅·释诂》"穷，贫也"。其实两义相互会通。

𧾍此躩跃之字

《说文》𧾍，大步也。从走，瞿声。《后汉书·马援传》曰："矍铄哉是翁也！"矍铄有壮健、勇武之义。故𧾍训大步。引申为迅猛之象。

𧼯同虔

《说文》"𧼯，蹇行𧼯𧼯也。从走，虔声。读若愆。"《五上·虍部》"虔，虎行貌。从虍，文声。读若矜。"虔与𧼯同。《诗经·商颂·殷武》"陟彼景山，松柏丸丸，是断是迁，方斲是虔。"毛传："虔，敬也。"𧼯形容蹇行即缓行（犹若必慢）。故虔与𧼯为虔敬字，亦即矜慎字。

北京市电车公司印刷厂出品 八二 三
（1553）20×20＝400

趠同逴

《说文》趠，远也。从走，卓声。

《二下·辵部》逴，远也。从辵，卓声。一曰蹇也。读若棹苕之棹。

趠与逴音义毕同（走与辵偏旁互用。《史记》"逴行殊远。"《吴都赋》"狖鼯猓然腾趠飞超。"此趠谓腾掷所到远也。或以踔字借用之。《史记》"上谷远东地踔远。"或借卓。《楚词》"邈卓远而日忘。"）

趯《广韵》作跇

《说文》趯，超特也。从走，契声。

《广韵》趯同跇。

《足部》跇训述，与趯义异。《吴都赋》"跇踰竹柏。"李善引如淳曰"跇，超踰也。"与趯义合，亦假借也。

趯与"卷""觠"略同

《说文》趯，行趯趢也。从走，雚声。一曰行曲脊皃。

《九上·卩部》卷，厀曲也。从卩，𢍏声。

《四下·角部》觠，曲角也。从角，𢍏声。

此三字皆以屈曲义为核，唯在不同的地方如"背"

北京市电车公司印刷厂出品 八一·三
(1553) 20×20=400

"觓""角"而句曲的形象同也。

趢同逯

《说文》趢，趢趗也。从走，彔声。

《二下·辵部》逯，行谨逯逯也。从辵，录声。《东京赋》"狭三王之趢趗"薛注"趢趗局小貌。"《史记·酷吏列传》"九卿碌碌奉其官"此则为乎庸无知，附和从言，案"趢""逯"即碌碌字。

趚同蹐

《说文》趚，侧行也。从走，朿声。诗曰：谓地盖厚，不敢不趚。

《二下·足部》蹐，小步也。从足，脊声。诗曰不敢不蹐。

引诗皆是《小雅·正月篇》。毛传曰"蹐，累足也。"钱坫说："走辵足三部间有字异而音义相同者，許君亦就各家诸传传殊释之，如趚蹐两引等是也。其诂训亦本之百家，故不必强同。"

䞷同踣

《说文》䞷，僵也。从走，音声。读若匐。

《二下·足部》踣，僵也。从足，音声。春秋传曰，晋人踣之。

《尔雅·释言》"斃，踣也。偾，僵也。"前伏曰踣，后仰曰僵。然前伏后僵，通言无别。

⿺走斥同⿱尚止

《说文》⿺走斥，距也。从走，㡿省声。汉令曰：⿺走斥张百人。

"⿱尚止，距也。从止，尚声。"

"汉令曰⿺走斥张百人"《史记》《汉书》引如淳说"材官之多力能脚蹋强弩张之，故曰蹶张。律有蹶张士。"孟康曰"主张强弩。蹶音其月反。《汉令》蹶张士百人。"段玉裁说"许书⿺走厥⿺走斥二字并出。⿺走厥云蹠也。⿺走斥云距也，引《汉令》⿺走斥张百人。与如、孟引作⿺走厥张不合。今寻绎字义，⿺走厥者跳起也。⿺走斥者拓也。如、孟二家由以'⿺走厥''蹶''⿺走斥'为一字耳"案段说极精。⿺走斥即今之"拓"字。

⿺走真同蹎

《说文》⿺走真，走顿也。从走，真声。读若颠。

《二下·足部》蹎，跋也。从足，真声。

段玉裁说"⿺走真与蹎音义同

⿺走畢别义同跸

《说文》⿺走畢，止行也。一曰灶上祭名也。从走，畢声。

北京市电车公司印刷厂出品 八二·一三
(1553) 20×20＝400

《一上·示部》祉，以豚祠司命。从示，比声。汉律曰祠祉司命。

~~段玉裁说~~贾逵说"句芒祀於户，祝融祀于竈，蓐收祀於门，玄冥祀於井，后土祀於中霤。"许从师说谓祉为竈上祭名。故肆为竈上祭，与祉声同。

⿺走斬即稍渐字同稍

《说文》⿺走斬，進也。从走，斬声。

《七上禾部》稍，出物有渐也。从禾，肖声。

《水部》"渐，水出丹陽黟南蛮中"。非渐進之义。《周易·渐卦》彖曰"渐之進也"。当作"⿺走斬"，正谓水由浅处浸渍。此水由浅而深，由近及远之谓。稍由幼苗渐渐成禾，由小及大之谓。而稍与⿺走斬声韵皆通，皆具徐进之义。

⿱尚止同趟

《说文》⿱尚止，歫也。从止，尚声。

趟见前。

案"歫"俗作"拒"。《周礼·考工记·弓人》"維角⿱尚止之"。郑司农云"⿱尚止读如牚距之牚，車牚之牚"。牚正作⿱尚止。古亦作"堂"。《释名》堂，蹚也。在

北京市电车公司印刷厂出品 八二·三

車兩旁繞幰使不得進卻也。"先鄭意弓隈繞曲想，其力弱，故以角當距之以輔其力也。"

歬即濟字

《説文》不行而進謂之歬，从止在舟上。

《十一上水部》濟，水出常山房子贊皇山，東入泜。从水齊聲。案以渡河為濟，過河的為汉曰濟津。其字皆當作"歬"，所謂不行而進，又从足登船上，其為濟河自无疑。古"齊""歬"同音。《刀部》"前，齊斷也。"《爾雅·釋言》"翦，齊也。"此皆聲訓。

⿰止叔同"至""弔""到"亦即親戚字。

《説文》"⿰止叔，至也。从止，叔聲（昌六切）。"

《八上人部》弔，問終也。古之葬者厚衣之以薪。从人持弓，會敺禽。

《十二上至部》至，鳥飛从高下至地也。从一，一猶地也。象形。不上去而至下來也。

 古文至。"到，至也。从至，刀聲。"

章太炎先生說《詩·天保》以"弔""質"為韻。《賓之初筵》"發彼有的"傳以的為質。至部與幽部亦然。韓詩以蓼蕘為束薪。《説文》"軒輖"之字《詩》作"軒輊"。是古韻通轉，有時更例，亦可依此以明同

北京市电车公司印刷厂出品 八二·三
(1553) 20×20=400

源。踧弔同音，故"不淑"即"不弔"，親戚之戚当以踧为正字。親，至也。踧亦至也。此义之会通。弔即古到字，故训问终，诗毛传训至。又说新附有"迚"字亦训至，至即到也。以上诸字，音虽有变，实皆同根。

躄同柀，亦同痹。

《说文》躄，人不能行也。从止，辟声。

《六上·木部》柀，㮇也。从木，皮声。一曰折也。

《七下·疒部》痹，足气不至也。从疒，畀声。

《礼记·王制》"瘖聋跛躄"《释文》"躄，两足不能行也。"《淮南子·说山训》躄难至，告盲者，盲者负而走，两人皆活，得其所能也。"（玉篇躄、蹣皆躄之别体）柀，刘文训析。（段改为折非是）骨析亦不能行。痹训足气不至，故两足病痿痹亦不能行。

疌同檷

《说文》疌，机下足所履者。从止从又，入声。

《六上·木部》檷，络丝柎也。从木，爾声。易曰：繫于金檷。

疌者，躡也。《方言》躡，登也。《释名》躡，攝也。登其上使攝服也。"清人吴西林说"手织以足辰从止。"王筠说"织布帛者两足各践一蹑以抑扬其综也。"柎字是也。或作跂。（见《易释文》）络丝柎者今络丝架子。《周易·姤卦》初六："系于金柅"九家易曰"丝系于柅，犹女系于男，故以喻初宜系二也。"

止同"蹍""践""跧""蹋""踅"。又，今或谓跌为踕即此字

《说文》止，蹈也。从反止。读若挞。

《二下足部》"蹈，践也。从足，舀声。""蹍，践也。从足展声。""践，履也。从足，戋声。""跧，蹴也。一曰卑也，絭也。从足，全声。""踅，蹔足也。"

止俗语谓跌为"揵"见《玉篇》。揵即止之俗体。《释名》"蹈，道也。以足践之如道路也。"《方言》"蹍，履行也。日运曰蹍，月运曰逡。"郭注"蹍脚所践也。"谓之著地谓践。跧训蹴，蹴即蹋也。踅即蹀字。《穀梁传》有"踂"字即此。

癶同犮。又同䞣

《说文》癶，足刺癶也。从止𣥂。读若拨。

《十上·犬部》犮，走犬貌。从犬而丿之，曳其足，

刿剌犮也。

《二下足部》䟈，步行獵䟈也。从足，貝声。
案"剌𣥠""剌犮""獵䟈"三語畢同，象兩足分别左右兩右前進，故有乖剌之义。又繫傳本《足部》有"蹳"字云"蹎跋也"，铉本所无。《汉书》"夏侯婴常蹳小兒弃之。"服虔音撥。晋灼音跋。与剌𣥠、剌犮音义皆同。"剌𣥠""剌犮""獵䟈"又引申為"邋遢"，為"狼狈"（"狼狈"本應作"獵䟈"，今人謂狼狈＝獸相依，此望文生说也。）

登同"乘""載"

《说文》登，上車也。从𣥠豆象登車形。

《五下·桀部》乘，覆也。从入桀。桀，黠也。軍法曰乘。𠅞古文乘从几。

《十四上車部》載，乘也。从車，𢦏声。

古者乘載必立乘，晋時諷刺贵族，有云"上車不落則為著作，体中如何則秘书。"（《颜氏家训》）谓能直立於車上的孺子，就可委任著作郎。"体中如何"是信中套语，能写出这四字，就可作"秘书郎"。章太炎先生说，《考工记》曰"豆中悬"。《记·祭统》曰"夫人薦豆執校"注，"校，豆中央直者也。"是

北京市电车公司印刷厂出品 八二·三

故竖立者皆称豆。若脰为项，头为首。虽皆由豆字孳乳，然于豆非象附丽也。又孳乳为'侸'立也，'尌'立也。为'竖'坚立也，为'壴'陈乐立而上见也。观于竖字从豆，则豆有立义，较然察矣。"案壴下云，一曰竖。壴之训竖，本从豆得义。

'樹戟'与竖音通。恰竖对转。

呰同訾

《说文》呰，窳也。阙。

《说言部》訾，不思称意也。从言，此声。诗曰翕翕訿訿。《诗经·大雅》"皋皋訿訿"《毛传》訿訿，窳不供事也。"訿与呰声义同。连言则曰訾窳。《史记·货殖传》"呰窳偷生无积聚。"《汉书·地理志》"呰窳媮生而无积聚。"应劭曰"呰，病也。窳，弱也。"徐广曰"呰窳，苟且惰懒之谓也。"师古曰"呰，短也。窳，弱也。言短力弱材，不能勤作。故朝夕取给而无储偫也。"

第二卷下

正同"竫""靖""婧"

《说文》正，是也。从止，一以止。𤴓古文正，从二。二古文上字。𨑨古文正从一足。足者，亦止也。

《十下·立部》"竫，亭安也。从立，争声""靖，直竫也。从立，青声。"

《十二下·女部》"婧，竦立也。从女，青声。一曰，有才也。读若韭菁。"

直立谓之正，《仪礼》所说的"疑立"。疑立就是凝固而直着身子稳固而立。故正直连用。《尚书·洪范》"王道正直"。《诗经·小雅·小明》"好是正直"。字从止、从足者谓停立也。从一（或二）以固其立。故言"一以止"。古人亦以直立为美态，"亭亭玉立""长身玉立"，"竫""靖""婧"等又由立字引申训美。

匮乏之字当作贬

《说文》：春秋传曰反正为乏

《六下·贝部》"贬，损也。从贝从乏（声）"

贬训损，损训减。减损皆有不足之义。《汉书·朱买臣传》糴用乏。乏即不足，字当作"贬"。

北京市电车公司印刷厂出品 八二·三

（1553）20×20=400

辵同踷

《说文》辵，乍行乍止也。从彳止。讀若春秋公羊传曰辵階而走。

《足部》踷，峙踷，不前也。从足，屠声。《公羊传·宣公六年》"踷階而走"。《释文》云"踷与躇同。又作辵。"何休注"踷犹超遽不暇以次。"《仪礼·公食大夫礼》郑玄说"不拾级而下曰辵。"《广雅》"辵，奔也。"~~此则乍行乍止引申义~~也是乍行乍止，因为有所假定以去，乍止；有所促踖上则乍行。

迹同疋

《说文》迹，步处也。从辵，亦声。蹟，或从足责。速，籀文迹从朿。

《足部》疋，足也。上象腓腸，下从止。弟子職曰問疋何止。古文以为诗大疋字，亦以为足字，或曰胥字。一曰，疋，记也。

《左传·哀公十四年》"迹人来告"。杜注"主迹禽兽者。"《周礼·地官》有"迹人"。《庄子·天运》"夫迹，履之所出，而迹岂履哉"。疋本训足，引《弟子职》文，今本作"问所何趾"。处所之字当以疋为正，可证疋亦训处，疋与处义同。（所与疋音同如齭为痛楚之楚，澀楚之楚亦作所等）

从力象兽足之形而《尔雅》"其跡内"例之，疋即迹也。

徒同攩

《说文》"徒，步行也。从辵，土声。

《十二上手部》攩，朋群也。从手，党声。

古者"車""徒"相对，《周易·贲卦》"舍車而徒"。車為少数所乘，而徒者相从。《左传·宣公十二年》"原·屏咎之徒也。"杜注"徒，党也。"党正作"攩"，此音训（党徒对转）。

邎即遥远之正字

《说文》邎，行邎径也。从辵，䌛声。

案《说文》无"遥"字。钱坫《说文斠诠》"郊祀歌""遥兴轻举"即遥字。"案遥即邎之省变，后直作遥。《方言》卷六"遥，疾行也。"又"遥，远也。"

𨑨同延

《说文》"𨑨，正行也。从辵，正声。征，𨑨或从彳。

《廴部》延，行也。从廴，正声。

案"延"即"𨑨"之省文

北京市电车公司印刷厂出品 八二·三
(1553) 20×20=400

𣥂同过

《说文》"𣥂，跨步也。从反止。𨂝从此。"過，度也。从辵，咼声。"

案𣥂即反止字，应依契文作[illegible]或[illegible]"[illegible]"，故训跨步。𨂝读若過，与過音义同。章太炎先生说"跨训渡，過训度同。"据此则𣥂为古過字。甚明。

遦同摜

《说文》"遦，習也。从辵，贯声。"

《十二手部》摜，習也。从手，贯声。春秋传曰，摜渎鬼神。

"遦""摜"为习惯的正字。其语源本于"毌"。《七上、毌部》"毌，穿物持之也。从一横贯，象宝货之形。读若冠。"毌亦作"串"（患字从之）盖"毌""串"皆以持为核心意义，坚持，持久引申为熟习、习俗之意，故《尔雅、释诂、释言》皆曰"串，习也。"则"毌""串"为古习遦字。（《论语》"仍旧贯"《左传、宣公六年》"以盈其贯"皆应作遦或摜。

𨘐同嫚

《说文》𨘐，媟𨘐也。从辵，曼声。

《十二下·女部》嬻，媟嬻也。从女，𧶠声。'
案玄应《一切经音义》卷十四：黷，古文作"[illegible]""嬻"二形。《左传》作"渎"。《昭公元年》"渎齐盟"《昭公~~十二~~廿六年》~~"渎货无厌"~~，"要渎鬼神。""不可渎也。"此皆媟嬻义。杜解"渎，慢也。"此皆应作"[illegible]""嬻"。

進同"遷""䙴""晉""先""兟"，又同"𡴘""躋"

《说文》"進，登也。从辵，閵省声。""遷，登也。从辵，䙴声。拪，古文遷从手西。

《三上·舁部》"䙴，升高也。从舁，囟声。[illegible]，䙴，或从卩。[illegible]，古文䙴。

《七上·日部》晉，進也。日出万物進。从日，臸声（锴本）。易曰，明出地上晉。

《八下·先部》"先，前進也。从儿，之声。""兟，進也。从二先。赞从此。阙。

《十下·夲部》"𡴘，進也。从夲从屮，允声。易曰𡴘升大吉。

《二下·足部》"躋，登也。从足，齊声。商书曰予颠躋。（此[illegible]之借字）（[illegible]）

在空间由下而上谓之進，由近而远也叫進。（前章太炎先生曰："隮又为虹。《诗》朝隮于西。传训升。《春官·视祲》九曰隮。注：隮，虹也。虹色青赤。与暂义近。日出而万物暂进谓之暂，日出色赤，故暂訾亂为縉。帛色赤也。赤云谓之缙云，然则隮训虹者，犹言缙也。"

逾同踰

《说文》"逾，越进也。从辵，俞声。周书曰：

无敢昏逾。

《二下·足部》"踰，越也。从足，俞声。"《走部》"越，踰也。易曰杂而不越"此谓超越而进。经典多作"踰"。《周易·谦卦》卑而不可踰。《王制》"朋友不相踰"《曲礼》礼不踰节。"亦作逾《尚书·禹贡》"逾于洛"是"逾""踰"本一字之异体。《玉篇》"逾，越也，远也；进也。"

遝同"迨""及"又同"隸"同"隶"

《说文》"遝，合也。从辵，眔声。""迨，遝也。从辵，合声。"

《三下·又部》"及，逮也。从又，从人。乁古文及。秦刻石及如此。弓亦古文及。遘亦古文及。

《三下·隶部》隸，及也。从隶，柰声。诗曰：隸天

北京市电车公司印刷厂出品 八二·三

之未阴雨。""隶，及也。从又，从尾省。又持尾者，从后及之也。

钱坫《说文斠诠》："玉篇，迨遝；行相及也。古诗：迨遝高飞莫安宿。方言：迨遝，及也。东齐曰迨，关之东西曰遝，或曰及。迨当作迨字讹。"钱说甚谛，《方言》卷三文。古韵"合"与"没"相通转。故"遝""迨""及""隶""隸"皆同根词，隶又有逮捕义，与及义亦同。

迮同"作""初""刱"

《说文》迮，迮迮，起也。从辵，乍声。

《八上人部》"作，起也。从人，从乍。《左传》作"咋"

《四下刀部》初，始也。从刀，从衣。裁衣之始也。

《五下井部》"刱，造法刱业也。从井，刅声。读若創。"

《公羊襄廿九年传》"今若是迮而与季子国"何休注"迮，起也。仓卒意。"《左传》作"咋"。《定公八年左传》曰"桓子咋谓林楚曰，而先皆季氏之良也。尔以是继之。"杜解"咋，暂也。"《说文》以暂训突，暂与突皆以谷学之文。又

《左传·僖公二十三年》"妇人暂而免诸国"杜解"暂犹卒也（猝）"。即以暂为仓猝之义。季桓子处在危机中，欲使林楚救己，乃仓猝呼林楚。此"乍"字即"迮"之后出字。仓猝与起迮义相会通。

逪即交错正字

《说文》逪，迹逪也（依段改）从辵，昔声"
"这，会也。从辵，交声。"
《玉篇》《广韵》皆作"这逪"《广雅》逪，这也。"《诗经·小雅·楚茨》"献酬交错"毛传"东西为交，邪行为错。"此假借字。

遄同"迅""侚""僤"

《说文》遄，往来速也。从辵，耑声。易曰，以事遄往。""迅，疾也。从辵，卂声。"
《八上·人部》"侚，疾也。从人，旬声。""僤，疾也。从人，單声。"《周礼》曰句兵欲无僤。"
《尔雅·释诂》"遄，疾也。"又"遄，速也。"数与速同。《考工记》"不微至无以为戚速也"。郑注"速或作数。"《释诂》"亟，数也。"郑玄《少仪注》亟，速也。

（马周注"侚，疾，齐速也。《考工记·庐人》句兵欲无弹"注云，故书弹或作但。盖古本《周礼》作僤，弹或是郑所易字。新训疾从古本僤字。）

《论语》"迅雷风烈。"《史记·五帝本纪》"幼而侚齐"，裴逆同"迎""訝"

《说文》"逆，迎也。从辵，屰声。关东曰逆，关西曰迎。""迎，逆也。从辵，卬声。"

《三上·言部》"訝，相迎也。从言，牙声。周礼曰诸侯有卿訝发。迓，訝或从辵。"

《方言》卷一："逢、逆，迎也。自关而东曰逆，自关而西或曰迎，或曰逢。"案"逆""迎"古韵对转通用。如《尚书·禹贡》"逆河"，今文尚书作"迎河"。訝或作迓，与逆同韵，亦同字。

遇同遘

《说文》"遇，逢也。从辵，禺声。""遘，遇也。从辵，冓声。"遇遘同韵，然春秋经传皆谓不期而会谓之遇。如《公羊传》"遇者何？不期也。"遘后出字作"姤"，《周易》姤卦，释文云"姤本作遘。"《诗经·野有蔓草》"邂逅"字《释文》云"逅作遘。"

遭别义即曹耦字

《说文》"遭，遇也。从辵，曹声。一曰邐行。"

《楚辞·招隐士》"禽兽骇兮亡其曹。"杜甫诗"吾与汝曹俱眼明。"盖古人分组而行故曰邐行。《招魂》有"分曹并进"，亦即邐行之义。

北京市电车公司印刷厂出品 八二·三
(1553) 20×20=400

迪同导

《说文》迪，道也。从辵，由声。~~"道，所行道也。从辵，从首。一达谓之道。𨗨，古文道从首寸。"~~

《寸部》導，引也。从寸，道声。

《尔雅·释诂》"迪，道也。"又"迪，进也。"道兼道路、引導两义，前进之处曰道，前进之事曰導，其实一也。"導"乃道之后出字，古文道作"𨗨"即导之异体。

通同迵

《说文》"通，达也。从辵，甬声"迵，迵迭也。从辵，同声。钱坫说"《淮南子》曰，通迵。此迭用达义。"案"达"下曰，"或曰迭。"迭"下曰，"一曰达。是达之异体作"迭"。

徙同迻

《说文》徙，迻也。从辵，止声。𢓊，徙或从彳。屎，古文徙。"迻，遷徙也。从辵，多声。"

今人假禾相倚移之移为遷迻字。《言部》誃，迻书也！《楚辞》"憂愁艾而不迻。"

迁同"僊"，又同"䙴"

北京市电车公司印刷厂出品 八二·三
(1553) 20×20=400

《说文》"送，遣也。从辵，倂省。𨔵籀文不省"

《八上·人部》倂，送也。从人，关声。吕不韦曰有侁氏以伊尹倂女。古文以为训字。

《六下·贝部》"賸，物相增加也。从贝，朕声。一曰，送也，副也。

"倂""送"皆传递送遣也。騰谓驿传之马，故騰训传。故騰賸亦训送。训物相增加引申有赠义《六下·贝部》"赠，玩好相送也。"

倂文引申为倂女之义，字变作"媵"，说文不录。诸侯娶一国，则二国往媵之。媵即倂之后出。嫁女曰归，归即馈。送嫁曰倂，倂即赠。

遟同"夊""邌""徲"

《说文》遟，徐行也。从辵，犀声。诗曰，行道遟遟。迡或从𡰣。𨒪，籀文遟从屖。"

"邌，徐也。从辵，黎声。

《五下·夊部》夊行遟曳夊夊。象人两胫有所躧也。

《二下·彳部》徲，久也。从彳，犀声。读若遟。

钱大昕说"或体遟作迡，𡰣古文夷字。陵迟亦作陵夷。毛诗'周道倭迟'韩诗作'郁夷'。"案

北京市电车公司印刷厂出品 八一·三
(1553) 20×20=400

简》作"缇"。《玉篇》"尸，除胜切。古文夷字。"《说文·人部》"尸，古文仁字。"古文一字数用故尸古文又以为夷字。

又即也之变体。《广雅》"遲，遅也。"《史记·高祖本纪》"黎明，围宛城三市。"《汉书》作"遲明"颜注"此言围城事毕然后天明，明迟於事，故曰遲明。"黎即遲字。《广雅》"遲，久也。"《礼记》"遲之又久"。皆与徲同。

䢌同"逗"义同"亍""躅""尌""侸"

《说文》"䢌，不行也。从辵䣊也。读若住。""逗，止也。从辵，豆声。"

《二下·彳部》"亍，步止也。读若畜。

《二下足部》"躅，蹢躅也。从足，蜀声。

《五上壴部》"尌，立也，从壴，从寸，持之也。读若驻。"

《八上人部》侸，立也。从人，豆声。读若树。

以上諸字皆以不前进为核心意义。或训立或训不行，蹢躅《周易·姤卦》曰"羸豕孚蹢躅"。"羸豕"即《春秋传》之娄猪。所谓"既定尔娄猪盍归吾艾豭。"杜解："娄猪，求子猪也"。果羸亦

北京市电车公司印刷厂出品 八〇·三

作"苦蔓"。则"蹶""蹩"为同音互用，无容置疑。猪性滥，蹒跚写其蹦跳，欲行又得之状。

又俗语有"逗病"，其字当作"媮""愉"《十二下、女部》"媮，巧黠也。"亦作"愉"《十米、心部》"愉，薄也。论语曰私觌愉愉如也。"案《诗经、唐风》"他人是愉"。毛传："愉，乐也。"《小雅、鹿鸣》"视民不恌"毛传"恌，愉也。"案恌即"佻"之后出字。《说文、八上、人部》"佻，愉也。"

迟同"逶""迤""遹"

《说文》迟，曲行也。从辵，只声。"逶，逶迤，衺去之皃。从辵，委声。蝺，或从虫为。"迤，衺行也。从辵，也声。夏书曰东迤北会于汇。"遹，回避也。从辵，矞声。"

今语有"迟挠"，有"逗留"。迟挠者，曲行有所避也。逗留者止宿不肯进也。《诗经、羔羊》"委蛇委蛇"毛传"行可从迹也。"郑笺：委曲自得之皃。《韩诗》作"逶迤"。艸之委随作"萎移"，行之委随作"逶迤"。皆同语，《楚辞》载云旗之委移。《十二下女部》"委，委随。"委随亦委移。《诗经、大雅、抑》"回遹其德"《桑柔》"民之回遹"《礼记·表记》引诗凯易君子。

北京市电车公司印刷厂出品 八二·三
(1553) 20×20=400

注曰"衆务之君子不为回邪之行。"

遹又同"韋""違""韢""⿰韋攴"

《五下·韋部》"韋，相背也。从舛，囗声。兽皮之韋可以束枉戾相韋背，故借以为皮韋。[illegible]古文韋。

《十下·交部》韢，衺也。从交，韋声。

《三下·攴部》⿰韋攴，戾也。从攴，韋声。

《二下·辵部》違，離也。从辵，韋声。

按《诗经·小雅》"谋猶回遹"毛传"遹，辟也"，与遹同根。此遹亦训辟。亦回邪之引申。~~此遹以辟为义~~、韋遹同韵。案韋字从舛，与舞下从舛同意，舛即脚趾相对，舞从舛故~~舞者~~象两趾相背，有步蹈之意。韋中之囗为阻遮之物，然后绕行避其阻遮。《左传·成公十六年》有淖于前。乃皆左右相違於淖。"杜解，"違，避也。"韋与違同。故韋本训避，避即相背义。衺戾亦相背义。

辟同僻

《说文》避，回也。从辵，辟声。

《八上·人部》僻，避也。从人，辟声。诗曰"宛如左僻"。一曰，从旁牵也。

《左传·成公三年》"虽欲执事，其弗敢違。"杜解，違，避也。《国语》"吾乃实有所避。"注：避，違也。"避""違"同义互训。

僻或作"辟"《八下·舟部》"般，辟也。象舟之旋，从舟，从殳。殳所以旋也。"《曲礼》"若主人拜，则客还辟辟拜。"《投壶》"主人般旋曰辟""宾盘旋曰辟"。僻本训躲避，盘旋为躲避之状。《仪礼·大射仪》郑注"辟，逡遁不敢当盛。"以上诸辟字皆当作"僻"。

~~逯同趢逯即"碌碌"字。~~《史记·酷吏列传》"九卿碌碌奉其官。"正作逯

迭同递

《说文》递，更易也。从辵，虒声。"迭，更迭也。从辵，失声。一曰达。

《尔雅·释言》"递，迭也。"此同字为训。《广雅》递，代也。

退同败

《说文》退，败也。从辵，贝声。《周书》曰我兴受其退。

《三下·攴部》败，毁也。从攴，贝声。

《攴部》"敗，毁也。"段玉裁说"退与败音义

案"退"为敗壞之正字。

連即古"輦"字

《說文》連，負連也。从辵車（依鍇本）

《十四上·車部》"輦，輓車也。从車，从扶。在車前引之。"

"負連也"段玉裁改"負車也"並云，"連即古輦字。《周礼·鄉师》'輂輦'故书輦作連。《巾車》'連車'本亦作'輦車'。"又曰"負車人輓車而行，車在后如負也。"又按《周易》"往蹇來連。"虞翻曰，"連，輦也。"

述此求取正字

《說文》述，斂聚也。虞书曰旁述孱功。又曰怨匹曰述。

《三下·攴部》"斂，收也。"收斂之通。段玉裁说，"《勹部》曰勼，聚也。音义略同。"

逭同"彖""遯""遺""遂""豲"

《說文》"逭，逃也。从辵，官声。爟，或从雚从兆"
"遯，逃也。从辵，从豚。""遂，亡也。从辵，㒸声"
"遺，亡也。从辵，貴声。"

《九下·彑部》"彖，豕走也。从彑，从豕省。"
《九下·豕部》"豲，逸也。从豕，原声。周书曰豲有爪而不敢以撅。讀若桓。"

北京市电车公司印刷厂出品 八二·二

段玉裁说："《缁衣》引大甲曰'天作孽可违也，自作孽不可以⿰𧾷官。'⿰𧾷官本又作逭。郑注'逭，逃也。'"《广雅》"遯，去也。"郑玄《周易注》"遯者逃去之名。"俞樾《儿笘编》"古遗遂同字。《㫃部》旞重文作⿸㫃遗。曰旞或从遗。《诗·角弓》'莫肯下遗'《荀子·非相篇》引作'莫肯下隧'。隧即遂之变体。此亦遗遂同字之证。"遂亦为遗之重文。故"遗""遂"皆训亡。

邋之后出字作"躐"

《说文》"邋，搚也。从辵巤声。"

搚之言折也。朱骏声说："案字从辵，当别有本义，疑即躐字，踰越也。"朱说是。《礼记·学记》"学不躐等。"郑注，躐，踰越也。"《广雅·释言》"跋，躐也。"

迩同"⿺辶臸"

《说文》"迩，近也。⿺辶臸，古文迩。""⿺辶臸，近也。从辵，臸声。"

案徐锴本"迩古文作⿺辶臸"⿺辶臸别为他篆。锴本误。《声类》"⿺辶臸即驲字"《尔雅·释言》"驲，传也。"郭璞音义本作"⿺辶臸"。

北京市电车公司印刷厂出品 六二·三
(1553) 20×20=400

遏同夆

《说文》遏，微止也。从辵，曷声。读若桑虫之蝎。

《五下夂部》夆，相遮要害也。从夂，丰声。南阳新野有夆亭。

《尔雅·释诂》"遏，止也。"章太炎先生说："遮者遏也。夆亦变易为遏。夆遏义有通别，然本一字。《传》言周公蔡蔡叔，世多谓蔡借为'𥜽'，然实本遏之借。"

遮同"阻""障""墇"

《说文》遮，遏也。从辵，庶声。

《十四下阜部》"阻，险也。从阜，且声。""障，隔也。从阜，章声。"

《十三下·土部》"墇，拥也。从土，章声。"

遮与阻音义同。《尔雅·释诂》阻，难也。《仪礼·大射仪》"息右还毋周"。古文且作"阻"。遮阻皆有止阑义。章太炎《文始》说，"遮人言则曰嗻，阻其语也。训则曰謶，放其成也。""障""墇"亦阻止义，与遮阻对转。

迥同逖亦同远

《说文》"迥，远也。从辵，冋声。""逖，远也。从辵，狄声。"

逿，古文逖。

《尔雅·释诂》"洞，远也。"《诗经·大雅·泂酌》"泂酌彼行潦"。毛传："泂，远也。"泂亦作"迥"。《尔雅·释诂》"逖，远也。"但郭璞注引《牧誓》作"逿矣，西土之人。"是《尔雅》本又作"逿"。《左传·僖公廿八年》"纠逖王慝"，杜解"逖，远也。"迥与逖易同韵，与远双声。

連遱即麗廔。又同謰謱。

《说文》遱，連遱也（锴本）。从辵，婁声。

《九下·广部》"廔，屋麗廔也。从广，婁声。一曰穜也。"

（《七上·囧部》"窗牖麗廔闿明"）

《三上·言部》謰，謰謱也。从言，連声。"謱，謰謱也。从言，婁声。"《集韵》連遱不绝皃。麗廔谓在屋、在墙、囱、牖穿孔穿通之皃。《长门赋》《灵光殿赋》皆并作"離婁"。《玉篇》作"麓廔"。《方言》十："嘳哰、謰謱，拏也。东齐、周、晋之鄙曰嘳哰，嘳哰亦通语也。南楚曰謰謱。"案拏为牵引，乃牵引连不解之义。或施于行步，或施于雕刻，或施于语言，其旨义皆同。又汉古诗"雕文各異類離婁自相聯。"

[illegible]迂[illegible]字写作"汙"

《说文》迂，避也。从辵，于声

《〈上言部〉》訏，诡讹也。从言，于声。一曰訏蓍。

一曰齐楚谓信（大）曰訏。

訏之别义"訏蓍"即"吁嗟"，此訏怪字。段玉裁说："'齐楚谓信曰訏'信当作大。《释诂》訏大也。《方言》'訏，大也。中齐西楚之间曰訏。'"案《艸部》芋下云大叶实根骇故谓之芋。与訏同例。

道同"衝""衕"

《说文》道，所行道也。从辵，从首。一达谓之道。衜 古文道从首，寸。

《〈上行部〉》衝，通道也。从行，童声。春秋传曰及衝以戈击之。"衕，通街也。从行，同声。"

道衝衕以声义同。章太炎先生说"道字从首，是古文以首为道也。首有主领之义，引申为乡導。"又曰称道之义亦本作首，有鼻自首，即自道也。《金释别石》"追首高明"犹追道也。"

遽同驿

《说文》"遽，传也。一曰窘也。从辵，豦声。

《〈马部〉》驿，置骑也。从马，睪声。

《尔雅·释言》驲、遽，传也。"孙炎注 传车驿马也。"《周礼·大仆》："大仆建路鼓于大寝之门外，而掌其政，以待达穷者与遽令。"郑众注："遽，传也。若今时驿马。"《左传·僖公卅三年》："使遽告于郑。"《十下·囱部》悤下曰："多遽悤悤也。"《九下·勿部》勿下曰："遽称勿勿。"《韩诗外传》："齐景公出田，十有七日而返。晏子乘而往。比至，衣冠不正。景公见而怪之，曰：夫子何遽乎？得无有急乎？"《汉书·严助传》："事薄遽。"颜注："遽，速也。"以上皆实义。

段玉裁说："言骑以别于车也。驲为传车，驿为置骑，此二者之别也。周礼'传遽'。注曰'若今时乘传骑驿而使之者也。'乘传谓车，骑驿谓马。"

逮同"至""到""㞕"

《说文》逮，至也。从辵，隶声。

《十二上·至部》至，鸟飞从高下至地也。从一，一犹地也。象形。不上去而至下，来也。古文至。"到，至也。从至，刀声。"

《二上·止部》㞕，至也。从止，叔声。

李大钦先生说："《诗经·小雅·天保》吊质为韵，《韩诗》以蓼莪为粟莪。古音叔或如吊，故㞕或矣”。由此可知，“迪”与“至”古文皆同，而至与“到”亦同音。也与叔同音。

边同濒

《说文》边，行垂崖也。从辵，臱声。

《十一下 濒部》濒，水厓人所宾附，频蹙不前而止。从頁，从涉。

段玉裁说“《释诂》曰边，垂也。《土部》垂，远边也。《厂部》曰厓，山边也。《屵部》曰崖，高边也。行于边垂崖曰边，因而垂崖谓之边。”《礼记·玉藻》“其在边邑。”郑注“九州之外。”《吴语》“顿颡边邑。”注云“边，边境也。”

段曰“濒宾以叠韵为训。濒今作滨。《召旻》传曰，濒，厓也。今字用频训数。攷《桑柔》传曰，频，急也。《尔雅》曰“频，比也。”此以附近之引申之。”

北京市电车公司印刷厂出品 八二、三
(1553) 20×20=400

彳部

彳同"蹢""𧿹""蹐"。又同蹏。

《说文》"彳，小步也。象人胫三属相连也。"

《二下·足部》"𧿹，封也。从足，氐声。""蹢，住足也。从足，適省声。或曰，蹢躅。贾侍中说足垢也。""蹐，小步也。从足脊声。""蹏，足也。从足，虒声。"

张衡《舞赋》"彳亍中輟"。又《汉书音义》引如淳曰，"上身一，髀禪一，脛衔一，凡三属。"

"彳亍"为联绵词，彳亍与"蹢躅"同。"蹢，住足也。"《诗经》"渐渐之石"："有豕白蹢。"则以蹢为足。《礼记·三年问》有"蹢躅"，是不行之态。《庄子》"蹢躅而屈伸"。《玉篇》蹢躅，行不进。

段玉裁说"𧿹与蹐双声，义略同。"《诗经·小雅·正月》毛传："蹐，累足也。"段曰"累足者，小步之至也。"

蹏经典有作蹄者，《周易·说卦》"致为薄蹄。"《仪礼·士丧礼》其实特豚肢去由蹄。《穀梁僖八年传》马候蹄……正当作"蹏"，汉书作"蹏"。《百官公卿表》"牧橐昆蹏令丞。"《货殖传》陆地牧马二百蹏。"师古注"蹏，古蹄字。"

徑同徎

北京市电车公司印刷厂出品 八二·三

《说文》"徑，步道也。从彳，巠声"。"徎，徑行也。从彳，呈声。"《释名》"徑，經也。言人所經由也。"《周易·说卦》"为徑路"，郑注"田间之道曰徑路。"徐锴说"小道不容车故曰步道。"徎训徑行，与徑音义皆通。

钱坫说："义与[illegible]《周礼》[illegible]《左传》[illegible]同此。" 比引较

復即愎戾字之引申，后出作愎

《说文》"復，往来也。从彳，复声。"

《十驾斋养新录》曰："古读復如愎。《释言》'狃，復也。'孙炎云'狃忕前事復为也。'《春秋传》'愎谏违卜'谓谏不从而復为也。《说文》无'愎'字，盖即狃復字后儒改从心旁耳。"

𢓜此狃之本字。

《说文》"𢓜，復也。从彳，从柔，柔亦声。"

段玉裁说："引申为狃忕之义。故《玉篇》云'习也，忕也。'或与狃同。《左传》有'愎'字，愎者狃忕之引申之义，亦为狃忕"《诗经》"将叔无狃"传："狃，习也。"郑笺："狃，復也。"《左传》"莫敖狃於蒲骚之役。"杜解："狃，忕也。"

徃同迋"去"

《说文》"徃，之也。从彳，㞷声。"迬古文徃，从辵。

《辵部》"迋，往也。从辵，㞷声。《春秋传》曰：'子无我迋。'"

北京市电车公司印刷厂出品 八二·三
(1553) 20×20=400

《五上去部》"去，人相違也。从大，凵声。

去字古书多作違离解，亦训往。《世说新语》"使伊去"去亦往也。往与去亦一义相引申。

躍同躍

《说文》躍，行皃。从彳，瞿声。

《足部》躍，迅也。行皃。从足，瞿声。

《广韵》以為躍与躍同。

徼即邀字。徼字正作憿。边徼与陝同。

《说文》徼，循也从彳敫声。

《十下心部》憿，幸也。从心，敫声。

《十四下阜部》陝，隘也。从阜，夹声。

《汉书·百官志》"中尉掌徼循京师。"师古注"徼遮绕也。"案《文选·张衡赋》"邀不自遇"今皆作邀。而《说文》无"邀"字

《左传》徼福於太公"。杜解：徼，要也。《礼记·中庸》"小人行险以徼幸。"疏云"徼求荣也"。其字并当作"憿"。又或作"傥倖"皆俗字。其边徼字则与"陝"同训。《汉书·食货志》"新秦中或千里无亭徼。"李奇曰"徼塞也。"师古曰"既无亭候，又不徼循无边境之備也。"

𢕟同馺

《说文》𢕟，行皃。从彳，歰声。一曰此与馺同。

《十上·马部》馺，马行相及也。从马，及声。读若尔雅小山馺，大山峘。

《广韵》"𢕟，公行皃。"《琴赋》"纷𢕟𢕟以流漫"注云，"声多也。"然则行皃者亦谓~~众~~行迤逦也（王筠说）

徬同傍

《说文》徬，附行也。从彳，旁声。

《八上·人部》傍，近也。从人，旁声。

《周礼·牛人》"凡会同、军旅、行役共其兵车之牛与其牵徬，以载公任器。"郑玄注"牵徬在辕外挽牛也。人御之居其前曰牵。居其旁曰徬。邦隶牛，牛助为牵徬。案徬与傍同即今所谓旁侧字。

徯同"𧦝""匸"

《说文》徯，待也。从彳，奚声。蹊，徯或从足。

《三上言部》𧦝，待也。从言，伿声。读若餐。

《十二下匸部》匸，衺徯有所侠藏也。从乚，上有

北京市电车公司印刷厂出品 八一·三
（1553）20×20=400

一覆之。读与徯同。

《尔雅·释诂》徯训待恐非本义。案"徯""蹊"同字，古文献多作径道解。《诗·大雅·緜》"行道兑矣"。传："兑，成蹊也。"孔颖达正义引《说文》云"径也"。《左传·宣公十一年》"牵牛以蹊人之田"。《通俗文》"邪道曰徯"。《广雅·释室》"蹊道也。"《太玄》"孔道夷如蹊路"。《孟子》"山径之蹊间介"。赵注："山径有微蹊介然人用之不止，则蹊成为路。"谿下徐锴曰"此与徯义略同。《韵会》引增韵曰"徯或作谿"。

待同"竢""侍"。

《说文》待，竢也。从彳，寺声。

《十下立部》竢，待也。从立，矣声。妃，或从巳。

《八上人部》侍，待也。从人，待声。

此三字声义皆同

種同踵

《说文》"種，相迹也。从彳，重声。

《二下足部》踵，追也。从足，重声。

段曰"后迹与前迹相继也"。玄应《一切经音义》卷四引《说文》"踵，相迹也"。今经典皆作"踵"。《左传·

昭公三十年》"吴踵楚""吴人踵楚。"杜解"蹑楚踵迹。"此相迹之义。

㣙俗作徇"殉"

《说文》㣙，行示也。从彳，匀声。司马法斩以㣙。

《周礼·大司马》"斩牲以左右徇陈，曰：不用命者斩之。"《周礼·小子》"凡師田斩牲以左右徇。"《左传·僖廿八年》"司马杀之以徇於诸侯。"又"杀颠颉以徇於師。"徇即㣙之俗体（《尔雅·释言》释文云徇樊本作"㣙"。）㣙本义为杀人示众。引申为巡行。《公羊定公四年传》"朋友相衛而不相迿"案迿亦㣙之俗，是㣙亦杀。后出字作殉。殉葬亦先杀而后葬。

御同驾

《说文》御，使马也。从彳，卸声。馭，古文御从又马。

《十上·马部》"驾，马在轭中。从马，加声。䮧，籀文驾。"

章太炎先生曰"御䮧盖一字，据牛马言䮧，据僕夫言驭。《觐礼》"偏驾不入王门。"天子諸侯之車稱路，实格之借。汉以来称天子所乘四车驾，亦斯文。”

亍即足字

《说文》亍，步止也。讀若畜。

《二下足部》足，人之足也。在体下。从止口。徐锴说“口象股胫也。戴侗说：“自股以下通谓之足。”亍下曰“三属”，足亦三属，則上股；一小腿一趾也。

廴部

廴同延

《说文》“廴，長行也。从彳引之。”“延，長行也。从廴，丿声。

《尔雅·释诂》“延，长也。”《方言一》“延长也”又曰“延，永长也。凡施於年者谓之延。施於众长谓之永。”又《方言十三》“延，徧也。”《战国策·秦策》借楚之劉而延齊，注“延，镜也。及也。”

行部

䘺同𢓜“俴”“踐”

《说文》䘺，迹也。从行，戔声。《锴本作“践也”》

《彳部》𢓜，迹也。

《足部》践，履也。从足，戋声。

钱坫说："《论语》不践迹字如此。"此三字音义同。

衎同"愷""訢""欣""忻""快""歡""懽"

《说文》衎，行喜皃。从行，干声。

《十下心部》"愷，乐也。从心，岂声。""忻，闿也。从心，斤声。司马法曰善者忻民之善，闭民之恶。""快，喜也。从心，夬声。""懽，喜款也。从心，雚声。尔雅曰懽懽愮愮，忧无告也。"

《八下欠部》"欣，笑喜也。从欠，斤声。""歡，喜乐也。从欠，雚声。"

《三上言部》訢，喜也。从言，斤声。

《诗经·小雅》"嘉宾式燕以衎。"传："衎，乐也。"愷《诗经》作"岂"，毛传："岂，乐也。"愷又训康，康即慶之借字。亦乐也。《欠部》"款，意有所欲也。"达其欲则故懽训喜款。以上八字音近义通

齒部

齱同"齺""齵"

《说文》"齱，齵也。从齿，取声。""齺，齿搚也。一曰齰也。一曰马口中橜也。从齿，刍声。""齵，齿不正也。从齿，禺声。"

齺齱齵叠韵连语，谓齿不正也。《集韵》云"齱齵"。

齿不正。"《广韵》"𪘏齵：齿偏。"《荀子·君道篇》"天下之变，境内之事，有弛易齵差者矣。"齵差言齿不正不齐。《考工记·轮人》"察其菑蚤不齵。"注云："人之齿参差谓之齵。"段玉裁谓齵训齿搚当作齿㧚。《手部》㧚，一曰拉也。齿拉者谓齿折也。"

齗 《曲礼》作矧
《说文》齗，齿本也。从齿，斤声。
《礼记·曲礼》"笑不至矧"郑注："齿本曰矧。"

齰别字作"咋"
《说文》齰，齧也。从齿，昔声。𪘂齰，齰或从乍。
《汉书·邓通传》"上使太子齰痈。"《汉书·东方朔传》"狐豚之咋虎。"颜注："咋，啮也。"按《汉书·灌夫传》"齰舌自杀。"《英雄记》"曹操自咋其舌血流，以失言诫后。"诸书"齰""咋"互用。《说文》无"咋"字，此处之咋，当为齰之别体。

齹同𪘏
《说文》齹，齿参差。从齿，差声。"𪘏，齿差跌儿。从齿，佐声。春秋传郑有子𪘏。
差者不值，跌者过也。谓齿参差不平正也。《左传、昭公十六年》释文曰，"齹字林才可、士知二反。《说文》作"㱱"云齿差跌也。"是"齹""齹"为同字異体之证。

齟齬连语迆鉏鋙

《说文》"齟，齒齬也。从齒，且声。""齬，齒不相值也。从齒，吾声。"

段说："《广韵》齟齬不相当也。或作'鉏铻'，上床吕切，下鱼巨切。按《金部》鋙下云鉏鋙也。鋙或作铻。《周礼注》作'鉏牙'。"章太炎先生曰"《说文》牙，壮齿也。象上下相错之形。古文作𠙵。《三体石经》以𠦬为牙。寻齒字从𠦬，而𪘏牙或作𪘏牙，然则𠦬亦古文牙字，《石经》借为牙耳。牙𠦬皆初文相变。"又曰《释名》"牙，樝牙也。"故孳乳为'齟齬'，又孳乳为'鉏鋙'，《楚辞》曰，"圜凿而方枘兮，吾固知其难入。《周礼注》作'鉏牙'。"鋙又孳乳为锯，皆有齿捷出然，故孳乳为御。"

~~[illegible]~~

齦（㓦）豤

《说文》齦，齧也。从齒，艮声。

《九下豕部》豤，齧也。从豕，艮声。

《广雅》踉，蹶也。钱坫说"今吴语谓蹶人曰踉，音如肯。"

足部

足恭之足当作"⿰女属"

《十二下·女部》⿰女属，謹也。从女，屬声。讀若人不孙为⿰女属。

《论语》"巧言令色足恭。"孔安国注："足恭，便僻貌"《大戴礼记》"足恭而口圣"《汉书·赵敬肃王彭祖传》"卑谄足恭。"颜注"谓便辟也。"便辟与趑趄义近，表现出一种胁肩谄笑而表现出卑躬恭顺的样子。

跾同倏

《说文》跾，疾也，長也。从足，攸声

《十上·犬部》倏，走也。从犬，攸声。读若叔。

徐锴曰"跾亦倏忽字。"案《庄子》作儵忽。《周易·颐卦》作"逐逐"，薛云，"速也。"

案《方言二》逴（勅略反）、獡（音鑠）、透（式六反），驚也。自关而西秦晋之间，凡蹇者或谓之逴（行略逴也）。體而偏长短亦谓之逴。宋衛南楚凡相驚曰獡，或曰透（皆驚貌）。"案跾即今之透字。

《说文》无透字，见新附。章太炎先生谓"埱"为透字。

跻，颠跻字应作"擠"

《说文》跻，登也。商书曰"予颠跻"

商书见《微子篇》，彼作"隮"。传云"坠也"，亦当作"擠"。

跧同"夋""竣""蹲"

《说文》跧，蹴也。从足，全声。一曰卑也，絭也。

《五下·夊部》夋，行夋夋也。一曰倨也。从夊，允声。

《十下·立部》竣，偓竣也。从立，夋声。国语曰，有司已事而竣。

《足部》蹲，踞也。从足，尊声。

此四字双声，皆形人蹴伏止之状。徐锴说"按《鲁灵光殿赋》曰"狡兔跧伏于柎侧。"以此知跧伏蹴卷在腹下。故《说文》训卑，训絭。《广雅·释诂》三"跧，伏也"。《释言》"跧，匐也。"人则两足皆曲而伏，有"夋""竣""蹲"。夋下云，一曰倨也。此即蹲踞字。又"竣"字后出作"踆"。《集韵》

"踆或作竣。"即蹲字。《国语》曰"有司已事而竣"韦解："竣，退伏也。"即离开工地蹲着休息。至于踆亦可训卧。

蹴同蹈

《说文》"蹴，蹑也。从足，就声。""蹈，践也。从足，舀声。"玄应《一切音义卷十一》引"蹴，蹋也。以足逆蹋之曰蹴。"案"蹈""蹋"亦音义相通。《释名》"蹈，榻也。榻着地也。"又云"蹈，道也。以足践之如道路也。"蹴蹈语更近。

跨同㐄

章太炎先生曰"《说文》㐄，跨步也。从反夊。䟡从此。读若過。㐄音亦同。变易为過，度也。跨训渡，跨训渡，過训度同。㐄即跨。"

⿱執足通絷。后出字作"蹀"。又作"跕"又作"呫"今俗作踮

《说文》⿱執足，⿱執足足也。从足，執声。

《十上马部》馽，绊马也。从馬〇其足。春秋传曰韩厥执馽马前。读若輒。絷或从糸，執声。

《左传》载盗杀衛侯之兄絷，并说"无絷之足

北京市电车公司印刷厂出品 八一·三

不良，能行。”盖絷以絷足得名。絷足者如马绊足不能行也。《谷梁传》作“輒”。传曰：“两足不能相过，齐谓之綦，楚谓之踂，卫谓之絷（今本讹为輒）。”絷正字𫆀。𫆀絷音同义近。后出字作“蹀”。钱坫说：“𫆀即蹀字。《列子》‘宋康王蹀足’。《淮南子》‘足蹀阳阿之舞。’又作‘跕’。《地理志》‘女子跕躧’。吕岱曰，‘躡足为跕’。又作啑。《史记》‘啑血京师’《广雅》‘啑，筬也’。凡有筬蹈之义皆当作𫆀。啑血字或作‘唼’或作‘喋’，则别也。”案钱说亦确。“蹀”为踏之后出字。絷𫆀与𫆀同一声系，故今足疾凡两足不能相过谓之跕脚。（今俗作踮。）

蹶别义同跳

《说文》“蹶，僵也。从足，厥声。一曰跳也。亦读若橜。蹷，蹶或从阙。”“跳，蹶也。从足，兆声。一曰躍也。

案“跳”与“逃”同。《汉书·项羽传》羽追围成皋。汉王跳。”跳即逃字。

踏同跋。即蹀字（《说文》无蹀字）。

《说文》踏，跋也（今踏字）。从足荅声。

北京市电车公司印刷厂出品 八二·三

《十上·马部》騀，马行相及也。从马，及声。
讀若小山騀大山峘。

《方言一》（言）踏（古蹋字，他匣反）、蹯（消遥）、𨁂（音拂），跳也。楚曰𨃊。陈郑之间曰蹯，楚曰𨁂。自关而西秦晋之间曰跳，或曰踏也。"马行相及乃疾行相及，亦有跳跃义。此二字之后出字应作"蹀"。~~钱坫误以为~~蹀~~之后出~~（见上条）疑误。

跛即𨆜字

《说文》跛，进足有所擷取也。从足，及声。
尔雅曰跛謂之擷。

案《集韵》葉韵下有𨆜字云"𨆜蹀，行皃。"又《六书故》"𨆜，進速步皃。"凡進前採取所欲得之物謂之跛，后出俗字作𨆜。

蹞同"蚍""跋"

《说文》蹞，步行猎跋也。从足，贝声。"跋，蹎跋也。从足，犮声。"

案"猎跋""剌犮""剌𣲖""猎跋"皆同语，蹞亦作狼蹞、"~~狼跋~~"，亦与剌犮同。或作狼狽。或说"狼狈二兽名，相附而行，离则颠仆，故以为颠踬困顿之喻。故曰狼狈相依，此妄说也。"狼蹞""狼狈"也是

北京市电车公司印刷厂出品 八二·三
（1553）20×20=400

形容行走两足来去之形，说文跋训蹎跋，《诗传》训为艸行

躇即䈞箸之箸

《十下·心部》䈞箸也。从心，笛声。

《说文》躇，峙躇，不前也。从足，屠声。

峙躇与䈞箸同音义。

跇同蹎

《说文》"跇，述也。从足，世声。""蹎，跋也。从足，真声。"

段曰"述当作𨒫，字之误也。《汉书》'踺容与以跇万里。'裴引如淳曰跇谓超踰也。《吴都赋》说，'田猎田跇踰……'"《汉书·杨雄传》"跇巒阬。"颜注"跇，度也。"按《广韵》"跇，跳也，踰也。"与𨂣同。蹎训跋即𨁼下所说"步行猎跋"之跋。《释言》"跋，躐也。"跇与蹎双声，皆有行义。

踞同居

《说文》踞，蹲也。从足，居声

《八上·尸部》居，蹲也。从尸古者居从古。

踞，俗居从足。

踞字当出，故段删"踞"篆

第　页共　页

踣同"仆"

《说文》踣，僵也。从足，咅声。《春秋传》曰：晋

《八上·人部》"仆，顿也。从人，卜声。"《广雅·释诂四》"仆，僵也。"《周礼·秋官·掌戮》"凡杀人者仆诸市。"

跛同𨒌

《说文》"跛，行不正也。从足，皮声。一曰足排之。读若彼。（锴本作皮声，有"读若彼"）

《十下·尣部》"[illegible]，蹇也。从尣，皮声。"《周易·履卦》"跛能履。"玄应《一切经音义》引《字林》曰"𨒌，行不正也。"跛𨒌音义同。

𨃚即今之腨字。

《说文》𨃚，胫肉也。一曰曲胫也。从足，并声。读若迸。

[钱大昕曰：贾谊传"病非徒瘇也，又苦𨂂盭。"注"𨂂，古蹠字，足下曰蹠。"谓𨂂为𨃚之讹体，曲胫所理病]

蹇同[illegible]

《说文》蹇，跛也。从足，寒省声。

《七下·疒部》[illegible]，痹也。从疒，去声。

蹇[illegible]歌寒对转，与𨒌同部。义可互通。

躟同[illegible]

(1553) 20×20=400

北京市电车公司印刷厂出品 八二、一、三

《说文》躧，舞履也。从足，麗声。鞮，或从革。

《三下·革部》𩌦，鞮屦。从革，徙声。

《周礼·春官·鞮鞻氏》郑注曰，"鞻读为屦。鞮屦，四夷舞者所扉也。今时倡蹋鼓沓行者，自有扉。"《方言》扉屦，粗履也。徐兖之郊谓之扉。自关而西谓之屦。禅者谓之鞮。"郭注"今韦鞮也。"《释名·释衣服》曰"齐人谓韦屦曰扉。扉皮也（以皮作之）。"《说文·走部》有"趧"字。下云"趧，趧婁。四夷之舞，各自有曲。"《字林》有"鞮"（见经典释文引）《说文》无。《革部》之鞮，是平常用之屦，《走部》之趧婁乃四夷舞之屦。躧即舞屦，凡舞者屦皆用革有屦有扉，而四夷舞扉已殊異（与中国不同），与𩌦同字。《史记·货殖列传》作"屣"，此𩌦之后出字。《三国志·杨阜传》"曹洪置酒大会，令女倡著罗縠之衣蹋鼓。《汉书·礼乐志》颜师古注，沓沓，疾行也。""蹋鼓""沓沓"谓蹋鼓疾行。

趼间企

《说文》趼，兽足企也。从足，开声。

《八上·人部》企，举踵也。从人，止声。

𨀕，古文企或从足

段曰："《释兽》'騉蹄趼，善陞甗。'又'騉駼枝蹄趼，善陞甗。'趼者谓其足企。企，举踵也，故善登高。趼本或作研。研，滑石也。舍人、李巡、孙炎、郭璞、顾野王皆以蹄下平正如研释之。[案李巡注其蹄正坚而平似研[illegible]]趼又引申训胝。《庄子·天道》'百舍重趼而不敢息。'《释文》'趼音茧。胝也。'或以'茧'字为之。《淮南子·修务训》'墨子自鲁趋宋，十日十夜足重茧而不休息。'又别作'蹣'。今俗谓脚生胝叫'鸡眼'乃其缓读。"

路道途之正字。与"除"通。

《说文》路，道也。从足，各声（锴本）

《尔雅·释宫》"堂途谓之陈"，从堂至庭之道谓之除，门中为塗路之塗。

蹸俗作"躪"

《说文》蹸，轢也。从足，粦声。

《十三下·田部》"疄，轢田也。"与"蹸"同。《后汉书·班固传》"蹂蹸其十二三。"注云，蹸，轢也。《文选》作"躪"。李善注，"躪，轢也。"

[足部] 疋与足同文。同源。又同书

《说文》疋，足也。上象腓肠，下从止。弟子职

北京市电车公司印刷厂出品 八二·三
（1553）20×20＝400

曰问疋何止。古文以为詩大疋字。亦以为足字。或曰胥字。一曰疋記也。

疋与足实同形。疋即足字。足，疋也。亦同字互训。疋同迹。迹，步处也。所以步处者谓之疋。故疋迹亦同。又案许引《弟子职》"问疋何止"今本作"问所何止"（见《管子》杂篇五十九）。又《貝部》"賥读若所"所疋同音，此知此"所"字正应作疋。章太炎先生曰，"疋记之字，今通作疏。仓颉見鸟兽蹏迒之跡而作书，故谓文字曰疋。疑"书"本作"疋"。古但作疋。今犹作"疏"作"写"矣。

𤕟即疏刻字。后出作鏤。

《说文》𤕟，门户青疏窗也（依段以篇韵补青字）。从疋，疋亦声。囱象𤕟形。读若疏。

𤕟木刻镂。章太炎先生曰，"疏有刻义。'疏越''疏匕''疏屏'皆是也。刻于牖户，则字孳乳为𤕟。《庄子·盗跖篇》曰'内则疑劫请之贼，外则畏寇盗之患。内周楼疏，外不敢独行。'《荀子·赋篇》曰'志爱公利，重楼疏堂。'是皆刻为窗牖，以通射孔，所以防盗贼也。其后但以为饰。《管子·轻重己篇》曰'秋至而禾孰，天子祀於太祖'

《楚辞》"欲少留此灵琐兮。""悤"、"琐"皆借为𤴓，以为君门之大名。琐本玉声（汉世亦作青琐），或借为足记字。《汉书·匈奴传》曰"名东曹察边长吏，琐科条其人。"张晏曰"琐，录也。"（科条如今簿历表，琐科条是东曹察边长吏代填写守边将士的簿历表）然琐玉声今为锒铛者，以青琐形似锒铛，后遂谓其锒铛为琐，其实亦当作𤴓。（案锒铛今俗名锁链子）

又案《文选·左思赋》曰"木无雕锼"。锼是刻镂穿圆孔的工具，今尚用之。锼金木也叫"锼"。与𤴓双声。

~~册同"典"、"籍"~~

𤴔同疏

《说文》"𤴔，通也。"从

《十四下㐬部》疏，通也。从㐬从疋，疋亦声。以上二字音义同。施之于器有"梳，理发也。"但以"疏"为之。

册部

册同"典"、"籍"

《说文》册，符命也。诸侯进受于王也。象其札

北京市电车公司印刷厂出品 八二·八

一长一短有编之形。笧，古文册从竹。

《五上·丌部》"典，五帝之书也。从册在丌上，尊阁之也。庄都说，典，大册也。"𥫔，古文典从竹。

《五上·竹部》"籍，簿书也。从竹，耤声。"

~~章太炎先生曰~~"册为之名，一字迭音；古以"策"为之。一读如帝禘。一为籍之古文；一为典之古字。"

北京市电车公司印刷厂出品 八一·八

(1553) 20×20=400

第三卷上

㗊部

品讀若戢，~~即《魯靈光殿賦》之"戢孴"~~有聚集义。《詩經》之"濈"，亦㗊字

㗊訓众口，引申有集聚义。錢坫謂"《魯靈光殿賦》'芝栭攢羅以戢孴。'注，戢，众貌。'当即此"。《孟子·梁惠王》"思戢用光"《詩經·大雅·公劉》作"思輯用光"，又《板》"辭之輯矣。"《新序·雜事二》引作集。黄季剛先生曰："㗊即詩尔羊其角濈濈字。"案黄說至精，攷《小雅·无羊》云"尔羊来思，其角濈濈。尔牛来思，其耳濕濕。"毛傳曰"聚其角而息濈濈然"㗊为众口紛爭，濈則众角縱橫交~~錯綜交叉~~，以濈濈之㗊㗊形象宛然。

嚻同歊　俗作囂。

《說文》嚻，呼也。从㗊，頁声。讀若讙。

《三下·攴部》敲，击头也。从攴，高声

《左傳·定公二年》"奪之杖以敲之。杜解，"敲，橫擿也。"

舌部

舌同"西""㢴"

《說文》舌，在口所以言也，別味也。从干

从口,干亦声。

谷部 《谷部》㐁,舌皃。象形,从谷省声。𠩫古文㐁。读若三年导服之导。一曰竹上皮。读若沾。一曰读若誓。弼从此。

𢎘部 《七上·𢎘部》函,舌也。象形。舌体𢎘𢎘。从𢎘,𢎘亦声。肣,俗函从肉、今。

以上三字形音义皆同。"舌"未必从干声。或说舌本象舌形作"𠯑"与"㐁""𠩫"小异。章太炎先生说"㐁""𠩫"二形皆象舌文,未必从谷省也。一曰读若誓,则与舌同音。《艸部》"𦯍从㐁声"直例切。可证"㐁""𠩫"皆读舌也。函篆作"𢎘"下象舌,上为舌形。㐁后出作"銛",假借作銛。又𠩫下"一曰竹上皮"。此别一义。《广雅》"㐁,席也。"或说即古簟字。

𦧺(他合切)后出字作"嚃"

《说文》𦧺,歠也。从舌,沓声。

歠训饮。《曲礼》曰"毋嚃羹"。谓羹之无菜者不用梜,直歠之而已。𦧺者就歠也。则𦧺为大歠。唐李贺《感讽诗》曰"县官𦧺食去,簿吏复登堂。"又有"狧"字训犬食,亦读他合切。

北京市电车公司印刷厂出品 八一·八

只同“䛗”“謦”

《说文》只，语已词也。从口象气下引之形。

“䛗”声也。从只，甹声。读若声。

《言部》謦，欬也。从言，殸声。殸，籀文磬字。或说“只”本去声字。”与“䛗”“謦”同。《世说新语》王导与何承道语，举手指地曰：“正是寧馨。”又作“如馨”“尔馨”。馨又作“䛗”《说文》呼形切。“寧馨”即这样，“尔馨”亦这样。寧即尔也（《洛阳伽蓝记》有‘宁奴谩骂’一语，就是你这个奴才骂人。）“如馨”如亦尔也。唐人刘禹锡诗“为问中华学道者，几人雄猛得宁馨”。宁馨读平声不误。

㕯部

㕯同“讷”“讱”。

《说文》㕯，言之讷也。从口，从内。

《言部》“讷，言难也。从言，内声。”“讱，顿也。从言，刃声。论语曰，其言也讱。”

段曰“《檀弓》作‘呐’同，‘其言呐呐然如不出其口。’注：‘呐呐，舒小貌。’此与《言部》讷音义皆同。”《言部》讱，顿也。《玉篇》讱，钝也。”

讱讷：形近时转

商度字今俗语作"敁掇"

《冏部》"商，从外知内也。从冏，章省声。❓古文商。❓亦古文商。❓籀文商。

案此商度字。商贾字从貝。《貝部》"❓，行贾也。从貝，商省声。"二字篆籀有别，隶楷不分。《汉书·律历志》"商之为言章也。物成可章度也。"《周易兑卦》"商兑"。王注"商量裁制之谓也。""商兑""商量""章度"皆一语之转。今《博雅》有"掇"字音"都果反"云，量也。《集韵》有"敁"字，"音丁廉反。云"敁掇"以手称物也。"此"敁掇"即古语"商度""章度""商兑"等之变。

北京市电车公司印刷厂出品 八二·八

丩部

丩即纠之古文

《说文》"丩，相纠缭也。一曰，瓜瓠结丩起。象形。""纠，绳三合也。从糸丩。"

《诗经》"纠纠葛屦"毛传"纠纠犹缭缭也。"

干部

干同乾

《说文》干，犯也。从反入。

《十四下·乙部》"乾，上出也。"

干本武器《诗·鄘风·干旄》"孑孑干旄"《公刘》"干戈戚扬"证以金文，正象武器之形。章太炎先生曰"《尚书大传·甫刑》曰：'涿鹿者，竿人头也；黥者马羁，竿人面也。'竿盖干字，谓刺也。"可证干曲形较长。与乾训上出义近，上出者易燥，故乾引申为乾燥。

屰同"午""啎"

《干部》屰，不顺也。从干下屮，屰之也。

《午部》午，啎也。五月阴气午逆阳，冒地而出。此与屰同意。"又"啎，逆也。从午，吾声。"以上三字音义全同。

北京市电车公司印刷厂出品 八一·八
(1553) 20×20=400

十部

肸同"肖""屑"

《十部》肸，響布也。从十，肖声

《肉部》肖，振肖也。从肉，八声

《尸部》屑，动作切切也。从尸，肖声。

徐锴说"楊雄甘泉赋曰'肸響豐融，懿懿芬芬'又《吴都赋》'肸響布寫'。十者散於四方，八者分也。"观其引文，似以肸響为词。肖训振肖，《尔雅·释言》作"振訊"。屑为动作切切。此三字皆往返振动极迅速。章太炎先生曰"凡蟲名蟋蟀、蜻蛚，皆飞翼动股行鸣相随。"此肸肖屑的名义核心。故言之毕同。

博同"誧""溥"

《十部》博，大通也。从十，从尃。尃布也。亦声

《言部》誧，大也。从言，甫声。

《水部》溥，大也。从水，尃声

三字音义毕同。

言部

~~諄同語"䛐"~~

~~《言部》諄，論也。从言，享声~~

謂同欥

《言部》謂，報也。从言胃声。

《欠部》欥，詮詞也。从欠，从曰，曰亦声。詩曰欥求厥寧。

《幸部》"報，当罪人也。"引申为报答。段玉裁说"論人論事得其實謂之報。謂者論人論事得其實也。"又欥为詮词，亦有论人论事之义。故謂与欥音义同。

詵同請

《言部》詵，致言也。从言先，先亦声。詩曰"螽斯羽詵詵兮。"又"請，謁也。从言青声。"錢坫说"陸德明曰'詩詵詵兮，說文作辞。'今本书无之。此引詩，义远。又广雅詵，問也。問即致言（致言有先容之义）。字无多训，疑后人所加。即加詩語于此。又于後删辞字耳。德明所见乃唐以前本，当是。"請或作謁請。《左传·隐十一年》"唯我鄭国之有請謁焉。"此同义词连用。《昭十六年》"宣子謁諸鄭"。杜解："謁，請也。"詵請同源，謁請同义。

讀同"誦""籀"

北京市电车公司印刷厂出品 八二·八
(1553) 20×20=400

《言部》"讀，誦书也。从言，賣声。""誦，諷也。从言，甬声。"

《竹部》"籀，读书也。从竹，擂声。春秋传曰卜籀云"

段玉裁据《竹部》"籀，读书也。"改誦为籀。《诗经·鄘风·墙有茨》"中冓之言，不可读也。"毛传："读，抽也。"《说文》抽，作㨨。㨨即籀字。讀又为乐曲之称，《孝经纬》"祝融之乐曰属读。"《唐书礼乐志》读曲，为彭城王義康作也。"《论语》"誦诗三百"。皇侃曰，不用文背文而念曰誦。亦曰讽其口耳。"可见"读""誦""籀"三字音义同。

諦同"诚""媞""慎"。又同諟。

《言部》"諦，審也。从言，帝声。""誠，信也。从言，成声。"

"諟，理也。从言，是声。"

《心部》"慎，谨也。从心，真声。昚，古文"

《女部》"媞，諦也。一曰妍黠也。一曰江淮之间谓母曰媞。从女，是声。"

《方言六》諦作"諦"。"瘛，諦，審也。齐楚曰瘛。秦晋曰諦。"又曰"諟、諦，理也。齐楚吴越曰諟諦。"《玉篇》"審也；諦也。"钱坫说，"《大学》

北京市电车公司印刷厂出品 八一·八

顾諟（天之明命）。注，'諟，正也。'又《陈书》'姚察尤好諟正文字。'今通用是。"誡"慎文亦同。详下说解"诫谛"连用。

~~训下云~~ 㑞古文以为训字

《言部》训，说教也。从言，川声。

《人部》㑞，送也。从人，㑞声。吕不韦曰，有侁氏以伊尹㑞女。古文以为训。

此古文一字数用之例。

詇即今"央求"、"央告"字

朱骏声说，"《广雅·释诂二》'詇，问也。'《释诂三》'詇告也'按今詇求字，以央为之。"朱说是，"央求""央告"字应作"詇"。

誡同"茍""悈""誋""諽"，又同戒。

《言部》"誡，敕也。从言，戒声。誋，誡也。"从言，忌声。"諽，飭也。一曰更也。从言，革声。读若戒。"

《茍部》茍，自急敕也。从羊省，从包省。从口，口犹慎言也。从羊。羊与義善美同意。𦍍古文羊不省。

《心部》悈，飭也。从心，戒声。司马法曰，悈於中国。

北京市电车公司印刷厂出品 八一·八

(1553) 20×20=400

《収部》戒，警也。从廾持戈以戒不虞。

钱坫说："此诫敕字，今通用'戒'字。《獨断》戒书，戒敕刺史，曰'有诏敕某官'。"诫誋同音互训。《表记》引甫刑"敬忌而罔有择言在躬。"郑注曰"忌之言戒也。"忌戒皆由务畏谨之义，故音前同，所谓谨敕。则与"誋""诫""谆"同源

譣即验问字。同"讖""籤"。又同覈。

《言部》"譣，问也。从言，佥声。周书曰勿以譣人。""讖，验也。从言，韱声。"

《竹部》籤，验也。一曰锐也。贯也。从竹，韱声。

《西部》覈，实也。考事两笮徼遮其辤，得实曰覈。覈，覈或从西

《广雅·释詁四》"占、讖、捡、認，譣也。"此同譣之本义。曹宪音"譣，鱼验反，又鱼剑反。"今皆写旁"验"代之。验本马名，非譣问义。如《洪范》郑注"徵验"（《左传昭元年》杜解同）《礼记·中庸》郑注"效验"，《周易·无妄》释文"试验"之类，皆应以譣为正字。讖字下括玄应《一切经音义九》引《说文》验也下多"有徵验之书，河

北京市电车公司印刷厂出品 八一·八

雒所出书曰讖"十二字（李善注《鹏鸟赋》《魏都赋》同）恐非许书原文。卷二又云，占后有效验也。《释名》：讖，纖也。其义纖微而有效验也。纖即寻求纖细之纖，亦所谓占后有效验，验训问即问卜之义。段曰："言致事者定於一，是必上下四方之辭皆不得逞，而后得其实，是谓譣。"其意与"譣""讖""纖"同，皆为效验、徵验的方法。

谏即"速客""速宾"之"速"字

《言部》："谏，餔旋促也。从言，速声。"

谏即《周易·需卦》"不速之客"速字。《诗经·小雅·伐木》"既有肥羜，以速诸父"，又"既有肥牡，以速诸舅。"此皆当作"谏"。清承培元《广说文答问疏证》说："餔，日加申时食也。言设食而召呼之以言速之也。《左传》曰，'日云莫也。寡君须矣。吾子其入也。'即餔旋促之义。"古人以饮食致殷勤，故有速客""速宾"。后引申为请，为招致。不速之客是为没有请，没有招致的意思。《诗国风》"何速我狱"、"何速我讼"。则均作招致讲。

北京市电车公司印刷厂出品 八二·八

谞同㥠

《言部》"諝，知也。从言，胥声。"

《心部》"㥠，知也。"

"諝""㥠"音义同。或以"须"字为之。《周易·归妹》曰，"归妹以须。"郑注，"须有才知之称。"《诗经·桑扈》正义曰，"天文有须女。屈原之姊名女须（今本误作媭）。《郑志》荅泠刚云须有才智之称，故屈原之姊名须。"又或以"胥"字为之。《周礼·天官》"胥十有二人"郑注"胥读如諝。谓其有才知为什长"。《大行人》"属象胥"郑注"胥读为諝。"

证同诤。

《言部》"证，谏也。从言，正声。读若正月。""诤，止也。从言，争声。"

二字音义同。《国策》"士尉以证靖郭君，靖郭君不听"（吕览作證说）。钱坫说"诤止也，止亦为正。《说苑》用则可生，不用则死谓之诤。"

诠同"全""巴"；又同"巽""选""僎""僎"

《言部》"詮，具也。从言，全声。"

《入部》"仝，完也。从入，从王。全，篆文仝从玉。

纯玉曰全。"

北京市电车公司印刷厂出品 八二·八

《卩部》𠨍，二卩也。巽从此。闕。

《頁部》𩔛，具也。从二頁。

《丌部》顨，巽也。从丌，从頁。此易顨卦，为长女为风者。"巺，具也。从丌，己声。𢁉，古文巽。巽，篆文巽。

《人部》僎，具也。从人，巽声。"僝，具也。从人，孱声。读若汝南潺水。虞书曰旁救僝功。"

章太炎先生曰𠨍二卩。二卩皆合符之义，故有具义。凡"𩔛""巽""顨"、"僎"、"僝"皆训具。皆𠨍之变易也。全训完，詮训具。亦𠨍之变易也。"案僎詮在论语中为异文。《论语》"异乎三子者之僎"郑康成读僎为詮。

説释后出字作悦怿

《说文》无悦字，此唐以后俗书。怿字经典通用释，《说文》释训解，解有悦意，结有忧意。

調同詷 又同"由""共"

《言部》調，和也。从言，周声。"詷，共也。一曰譀也。从言，同声。周书曰在夏后之詷。"

案调和应用于竹乐方面，於音乐则有"调龢"之饮食則有"調盉"，於人事則有"調諧"。《周禮・地官・地官、調人》鄭玄說"調猶和合也。"其職曰"調人掌萬民之難而諧和之。"鄭注"難，相與為仇讎。諧猶調也。"《集韻》亦"難，仇讎也。"《爾雅・釋詁》"諧，和也。"諧調之適，人事之調和即今之團結。《禮記・祭統》"鋪筵設詷几"鄭注"詷之言同也。祭者以其妃配之，亦不特几也。"此達合義，識衆謀之人，此引申之說。

諈同娷

《言部》諈諉，累也（據鍇本）。从言，垂聲。

《女部》娷，諉也。从女，垂聲。

《爾雅・釋言》郭璞注"以事相屬累曰諈諉。"孫炎注："楚人曰諈，秦人曰諉。"《列子・力命篇》"諈諉"注"鈍滯皃，又煩惡皃。"

警同儆

《言部》警，戒也。从言，从敬，敬亦聲。

《人部》儆，戒也。从人，敬聲。春秋傳曰儆宮。

《周禮・宰夫》"正歲則以法警戒羣吏"，警戒之言。警與儆同。《周禮・夏官》鄭注"儆，煇"。《古今注》

北京市电车公司印刷厂出品 八一・八

然"警惮"。《左传·宣十二年》"无日不讨军实而申儆之。"又"且先诸侯相儆也。"儆警互用。

諓同善

《言部》諓，善言也。从言，戔声。一曰謔也。

《誩部》譱，吉也。从誩，从羊。此与義美同意。

善，篆文譱从羊。

案諓包褒贬二义。《玉篇》"諓諓，巧言也。"《广雅·释训》"諓諓，善也。"《尚书·秦誓》"截截善諞言"諞字下引今文秦誓戔戔。《十二下·戈部》戔下"引周书曰戔戔巧言。"

詡此殷冔正字。见《流通》。

《言部》詡，大言也。从言，羽声。

《白虎通·十论冕制》"殷冔（詡）"郑注曰"冔名出于幠，幠，覆也。"凡覆有大义。詡引申训大。文可相发明。說文无冔字，即詡之引申。

設同"敶"、"肆"、"𢼊"

《言部》設，施陳也。从言，从殳。殳，使人也。

《攴部》"敶，列也。从攴，陳声。""𢼊，敷也。从攴，也声。读与施同。"

《長部》肆，极陈也。从長，隶声。𩠐或从髟。

錢坫说"此云设施者，陳也。与上詁训者，故言也同。"设施二字即双声而韵又对转，恐亦段謬。施训旗旖施。布列之施当作敀，故敀下云"读与施同"。设施之陳应作敶，敶与施亦对转双声。

譞同"儇""慧"

《言部》譞，譞慧也。从言，~~圜省~~睘声（锴本）。

《人部》儇，慧也。从人，睘声。

《心部》慧，儇也。从心，彗声。

譞儇音义同。与慧双声韵对转。三字皆同。

託同侂

《言部》託，寄也。从言，乇声。

《人部》侂，寄也。从人，庑声。庑古文宅。

託与侂音义同。《玉篇·人部》引《论语》曰"可以侂六尺之孤。"今本作"託"。

記同䢋

《言部》記，疏也。从言，己声。

《丌部》䢋，古之遒人以木铎记诗言。从辵，从丌，丌亦声。读与记同。

[illegible]与书同。《释名》"記，纪也，纪识之也。"《广

(1553) 20×20=400
北京市电车公司印刷厂出品 八一·八

雅·释诂二》"疏，識也。"《有司徹》"置二疏匕于其上"。郑注"疏匕，匕柄有刻飾者"。刻識与书写同义。皆释为記。

讴变作歈

《言部》謳，齊歌也。

《新附》有歈字云"歌也。"

~~同学先~~黄焯教授《说文新附考源》曰："《说文》'諭，告也。'歈之义由谣来。或由音来。《诗经·陈风·墓门》'歌以讯之'，传：'讯，告也。'谣歌者往往含有告谕之意，故知歈由諭来也。"

謯（側加切）即查察之查。錢氏坫以为詠謯字，非。

《言部》謯，謯娽也。从言，虘声。

《女部》娽，隨从也。从女，彔声。

《類篇》引《说文》作"謯娽"。《广雅·释言》"娽，謯也。"案《木部》有"柤"训木闌。字变作'查'，语为查。读"側加切"俗用为查察字。其正字当作"謯"。謯娽恐汉人俗语，或即追查之义。

謯同謼

《言部》"評，召也。"謼，呼謼也。从言，虖声。

~~此二字音义同~~

谩同"讆""噧"。又同"謾""儇""狯"

《言部》"谩，欺也。从言曼声""讆，譀也。从言萬声。"《口部》"噧，高气多言也。春秋传曰'噧言'"

《方言》卷一："虔、儇，慧也。秦谓之谩，晋谓之𢤱，宋楚之间谓之倢。楚或谓之䜄。自关而东，赵魏之间谓之黠，或谓之鬼。"《汉律》有欺谩诈谲科。《晋书·刑法志》张裴律表"违忠欺上谓之谩。"《史记·秦始皇本纪》"下慑伏谩上以取容。"《汉书·灌夫传》"延谩好[illegible]"。叔云"谩，诡也。诈而好言也。"~~《左传·哀二十四年》"是躗言也"《说文》引作"噧"噧即讆字。~~

《左哀廿四》夏四月，晋侯将伐齐，使来乞师。曰："昔臧文仲以楚师伐齐取穀（僖廿六年），宣叔以晋师伐齐，取汶阳（成二年）。寡君欲徼福于周公，愿乞灵于臧氏。"臧石帅师会之，取廪丘。军吏令缮，将进。莱章曰："君卑政暴，往岁克敌，今又胜都。天奉多矣，又焉能进。是躗言也。"杜解："躗，过也。"

案《口部》"噧"下引春秋传曰噧言。段注："躗，伪不信也。"释文云躗，户快反。徐

北京市电车公司印刷厂出品 八一·八

锴本嗃音"訶个切"，读音相同。则𧗳当为嗃之借字。又《言部》有"謞"字，训譀，譀字训誇。所谓"𧗳言"就是说大话，说空话（空亦大也），不是真实的。"嗃"《说文》训"高气多言也"与譀誇义同。古字从言从口往往相通，謞与嗃亦同字。"高气"姿态傲硬，说了许多~~大话~~欺诈的话。也就是瞎吹。所以下文云"拔即班矣，害师乃还"。又按"謞"与"谩"也是同根词

此二字音义同

謾同"噧""譪""諼""傆""谲"

《言部》"謾，欺也。从言，曼声。""譪，譀也。从言，萬声。""諼，诈也。从言，爰声。""谲，谲言也。从言，矞声。"

《人部》"傆，黠也。从人，原声。"

《口部》噧，高气多言也。从口，蠆省声。春秋传曰噧言。

按《左传·哀二十四年》軍吏令缮将進。莱章曰"君卑政暴，往岁克敌，今又胜都，是躗言也。"杜解："躗，過也"《说文足部》"躗，衛也。"躗无过义，杜解亦不确。其本字应作"噧"《说文》"噧，高气多言也。"引春秋传曰"噧言"。是许君谓噧为躗言之本字。描述急（国）气嚣很凶而甚胜作势语多欺诈之话。噧与譪同字（从口与从言多相通。）譪《说文》训譀，譀训誇。誇大之词，俗所谓说大话，说空话，非真实的话。故服虔注，躗伪不信也。再从声音上看"噧"大徐本音"呵介切"《左传释文》"躗，户快反"。二字声韵皆同。譪噧有喉唇两读。譪又音莫话切，与"謾"亦相同。从唇声

北京市电车公司印刷厂出品 八一·八
(1553) 20×20=400

若又有"謾"。《史记·秦始皇本纪》"下慑伏谩上。"《汉书·灌夫传》"面谩好诋毁。"颜师古注，"谩，诡也。"《汉律》有"欺谩诈伪科"。《晋书·刑法志》张裴表，"违忠欺上谓之谩。"《方言一》"虔、儇，慧也。秦谓之谩。……自关而东赵魏之间谓之黠，或谓之鬼"。是黠亦欺诈义。謾嫚又与"僈"音义。"谩""侮"亦与之音义同。

譺同"懝""癡""佁""騃"义同惑。

《言部》譺，騃也。从言，疑声。

《马部》騃，马行仡仡也。从马，矣声。

《心部》懝，騃也。从心，从疑，疑亦声"惑，乱也。从心，或声。"

《疒部》"癡，不慧也。从疒，疑声。

《人部》"佁，癡皃。从人，台声。读若騃。

钱坫说：《方言》"癡，騃也。"《补史记》"齐戒以待騃也！"騃读五骇切。騃即癡字，后出字作"獃"。俗又作"呆"。又读dai。亦读ai。佁训癡皃，读若騃，与騃同字可知。

又案《诗传》疑，定也。《释言》疑，戾也。疑训惑者，相反为训。此与"譺""懝""譺""癡"音

(1553) 20×20=400

北京市电车公司印刷厂出品 八二·八

义皆同。𤔔训乱者乱而不𤔔字也。

謑同"误""诖"

《言部》"謑，相误也。从言，䀠声。""误，谬也。从言吴声。""诖，误也。从言，圭声。"

段曰《广韵》"相謑误也。""謑误盖同诖误。"又曰诖谓有挂碍而误也。《史记·吴王濞传》注曰"诖乱天下"。《国策·韩策》"不顾社稷之长利，而听须臾之说。诖误人主者，无过於此矣。"

讪同姗

《言部》讪，谤也。从言，山声。

《女部》姗，诽也。一曰翼便也。从女，删省声。

讪与姗音义同。《论语》"恶居下而讪上者"。《汉书》"姗笑三代"。此即讪字也。引申姗即姗姗来迟字。

诬同"骂""谤"。

《言部》诬，加也。从言，巫声。"谤，毁也。从言旁声。"

《网部》骂，詈也。从网，马声。

段曰"加与诬皆兼毁誉言之，毁誉不以实皆诬也。"又曰谓"子贡方人"方借为谤字也。方引申训比。子贡好评比人，非讥谤也。

䜌即𤔔乱字

《言部》䜌，亂也。一曰治也。一曰不絶也。

𤔔 古文䜌。

钱坫曰："字与諄连属，应即諄亂之亂，治丝而棼之所谓亂也。"钱说未备。䜌之三义互相关联。古文𤔔尤象治丝，丝由絮成，絮本亂丝，故必须治，此䜌所以训治。或亦相反相成。成语有"骆驿不绝"，骆驿从马不可训，正字当作"络绎"。《说文·糸部》"络，絮也。""绎，抽丝也。"治絮抽丝，不能使其中断，故有络绎不绝之义。三义相互贯连，皆以治絮为喻。

誒同欸同譆

《言部》"誒，可恶之辭。从言，矣声。一曰，誒然。春秋传曰，誒誒出出。""譆，痛也。从言喜声。"

《欠部》欸，訾也。从欠，矣声。

辭当作词。《史记·项羽本纪》"亚父受玉斗，置之地。拔剑撞而破之。曰：'唉！竖子不足与谋。'"索隐曰："唉，叹恨发声之词。"训訾者，《方言》"欸，然也。南楚凡言然者曰欸。"玄应《一切经音义》引作"痛声"。誒下引《左传》襄公三十年，今作"譆"。

北京市电车公司印刷厂出品 八二·八

詾即俗嘮叨字。俗挑撈亦此字。

《言部》詾，往来言也。一曰小兒未能正言也。一曰祝也。从言，匋声。𧮛 詾或从包。（大牢切）。

玄應《一切經音义》四云"三倉，喧嘩，言語詾詾詾往来也。"今俗語作"嘮叨""嘮嘈""罗唆""罗瑣"又变为"絮叨"《元曲》有"絮絮叨叨"即絮叨的重叠式。

清郑知同《說文商義》曰"往来言者以此人之言往言於彼，復以彼人之言来言於此，而構兩人之怨。如《左传》陳乞構高国与諸大夫道二者之言往来鬭於其間也。《荀子·榮辱篇》云'陶誕突盜。'《彊国篇》'陶誕比周'陶即詾假借，故与誕並举，詾为往来詐害，其言亦妄誕也。"依郑说则詾即挑撈字。挑詾古音同。

諵俗作"喃"

《言部》諵，諵諵，多言也。从言冉声。来源有聃那殿

俗字作"喃"。《北史·滂陵王勇传》乃向西北奮头喃喃细語。"又引申为鹊燕鳴声。元稹诗鹊报遇

北京市电车公司印刷厂出品 八二·八

呫喃。”《唐摭言》见裸奴甚呫喃。

訬同“儳”“嬐”“[女臿]”，又同“譟”

《言部》“訬，訬擾也。一曰訬獪。从言少声。读若毚。”“譟，擾也。从言，喿声。”

《人部》儳，儳互不齊也。从人，毚声。

《女部》嬐，敏疾也。一曰莊敬皃。从女僉声。”[女臿]，疾言失次也。从女，臿声。

《玉篇》“訬，擾也。”今訬闕字。訬獪者，輕快之意《淮南子·修务训》胡人有知利者而人谓之駤。越人有重遲者而人谓之訬。”高诱注，“訬，輕利善趫。訬读燕人言趮，善趫者谓訬，同也。（《说文·走部》趮，疾也。亦与訬同）《汉书·敘传》“江都輕訬”。读若毚者段氏以韵部遠隔（訬宵韵毚覃韵）不能通其音故注云“此未详”实段氏误。侵覃韵与宵豪相通，其例甚多。《国语》曰“戎狄冒没輕儳”。“輕儳即訬輕”。由此例之，訬读若毚乌容置疑。

语言的疾言失次谓之訬，字亦作“儳”。《礼记·曲礼》“长者不及无儳言”郑玄注“儳犹暂也”。汉世语“暂”字训猝。《广雅·释诂》“暂，猝也”。

《說文·犬部》"猝，犬从艸暴出也。"暴出即猝出。《曲礼》疏本出於《論語》，《季氏》篇曰，"侍于君子有三愆：言未及之而言謂之躁，言及之而不言謂之隱，未見顏色而言謂之瞽。"《說文》无躁字，即趮之別体。實則應作"訬"字。以訬讀毚例之，則訬与"嬐""孅"同。亦聲韵与覃添合帖相通之例也。

說即嚅唲字

《言部》說，言相說司也。从言，兒声。徐鍇曰，《楚辞》"能喔咿嚅唲以事婦人乎。"（卜居）司，伺人之意者也。"案鍇說諦。嚅唲即說，伺視人之顏色而言。所謂嚅唲也。或說強笑兒。

諆同"欺"同"譎"

《言部》諆，欺也。从言其声。"譎，權詐也。益梁曰謬欺天下曰譎。从言，矞声。

《欠部》欺，詐欺也。从欠，其声。

《方言三》"謬、譎，詐也。涼州西南之間曰謬。自關而東西或曰譎，或曰謬。詐，通語也。"諆与欺同字互訓。

譎又与"譞"流言也。"憰"权詐也。亦同语。

北京市电车公司印刷厂出品 八一·八

譈（下阚切）俗字作"憨"

《言部》"譈，諓也。从言，敢声。譈俗譈从忘。《东观汉记》文帝譈。犹令人热。"譈有敦厚之今俗作"憨"所谓"憨厚"。

詐即今之妆字 詐又同虘

《言部》"詐，欺也。从言，乍声。"

《虍部》"虘，虎不柔不信也。从虍，且声。读若虘县。"

訏同"誇""謣"

《言部》"訏，詭譌也。从言，于声。一曰訏蓍。齊楚信曰訏。""誇，譀也。从言，夸声。""謣，妄言也。从言，雩声。謣，謣或从荂。"

《方言》"訏大也。中齊西楚之间曰訏。"《玉篇》引《说文》曰"齊楚谓大言曰訏"。訏蓍即吁嗟。

讋同"慹""讘"，又失气义同"懾"。一曰义同"沓""䜚"

《言部》"讋，失气言。一曰不止也。从言，龖省声。傅毅读若慴。讋，籀文讋不省。""慹，慹讘也。从言执声。""讘，多言也。从言聶声。河东有狐讘县。"

《品部》喦，多言也。从品相连。春秋传曰次于喦。读与聶同。

《心部》懾，失气也。从心，聶声。一曰服也。

《曰部》沓，語多沓沓也。从水，从曰。遼东有沓縣。

《言部》誻，遝也。从言，沓声。

《赵策》"觸讋"。《史记·赵世家》作"觸龍言，愿見太后。"是人名应作"觸龍"非讋字。玄应《一切经音义》引《说文》"讋，失气也。一曰言不止也。"训失气应与"懾"同。然《史記·高祖本纪》"府中皆慴服"《汉书》作"讋服"傅毅读若慴。《言部》"謵，言謵讋也。"是"慴""謵""讋"三字音义皆同。按《周礼·地官·胥师》"襲其不正者"注，"故书襲为習"杜子春云，"習当为襲謂掩捕其不正者。"是襲習同音之证。

謬同"僇""摎"

《言部》謬，狂者之妄言也。从言，翏声。

《人部》僇，癡行僇僇也。从人，翏声。读若雡。一曰，且也。

《手部》摎，杀也。从手，翏声。

謬与缪古通用。《易·乾卦》注曰"不謬于果"《释文》謬本或作"缪"。《尔雅序》"莫多纷謬"、《释文》謬或作"缪"。《糸部》缪，一曰绸缪。《玉篇》"謬，乱也。诈也。"绸缪有纠缠相戾，所谓纰缪。与谈文有别。《庄子》所谓謬悠之说。王筠说"汉人多目癡为狂。"僇僇即癡行。摎训缚杀亦绸缪相戾也。勠训绞缪杀也。本与"摎"同字。

訶同丂。亦即戲謔字

《言部》訶，大言而怒也。从言，可声。

《丂部》丂，反丂也。读若呵。

《广雅·释训》"呵呵，笑也。"

諯同詆

《言部》"諯，数也。一曰相让也。读若專。"

"詆，苛也。一曰訶也。从言，氐声。"

钱坫说，"数諯如'数之其不用僖负羁之数（见《左传·僖廿八年》）之数。故责让也。"《周礼·射人》射人不敬者苛罚之。"注"苛谓诘问之。"訶止与雅部文相因，故詆又与抵觸相通。

諫同諆

《言部》諫，数諫也。从言，柬声。"諆，[illegible]也。

从言，焦声。读若嚼。诮，古文谯从肖。《周书》曰："亦未敢诮公。"

誺谯双声。誺经典皆借用刺为誺（《刀部》刺训直伤）。数誺者数（上声）其过而讽谏之。《诗经·魏风·葛屦》"维是褊心，是以为刺。"《诗谱序》"刺过讥失"即今讥刺义。《方言七》"谯、讙，让也。齐楚宋卫荆陈之间曰谯。自关而西秦晋之间，凡相责让曰谯让。北燕曰讙。"《史记·樊哙列传》"诮让项羽。"索隐："诮，责也。"《史记·黥布列传》"数使使者诮让。"

訧同"怨"，又同"悁""愠""恨""慰""媁""㥤""恚""⿰女恚""盻"。

《言部》訧，辠也。从言，尤声。

《心部》"怨，恚也。从心，夗声。⿰心夗古文。""恚，恨也。从心圭声。""愠，怒也。从心，昷声。""㥤，怨恨也。从心，彖声。读若膎。""悁，忿也。从心，肙声。一曰忧也。"慰，籀文。"恨，怨也。从心，艮声。""慰，安也。从心，尉声。

《女部》⿰女恚，不说也。从女，恚声。""媁，不说皃。从女，韋声。

《目部》盻，恨视也。从目，兮声。

案《诗经·小雅·车舝》"以訧我心"《韩诗》作"以

北京市电车公司印刷厂出品 八二·八

慍我心。"《释文》"慰，怨也。引《韩诗》：慍，恚也。"此相反同源之明证。說《玉篇》亦作"婉"，"婉慰"字亦"婉言"之婉。相反则为怨之訑言。汉语中思辩精神之词极为丰富。以上诸字皆同音义，多有怨恨之义，其间用於相反之义者也很普遍。

谁何敦摧

《言部》誰，何也。从言，隹声。

《攴部》敦，怒也。詆也。一曰誰何也。从攴，𦎫声。

《手部》摧，擠也。从手，崔声。一曰挏也。一曰折也。

段玉裁谓训释字"何"应作"谁何"。据敦下说解"一曰谁何也"为证。李善引有责问之也。按"谁何"有连者，亦有单言"谁"者、单言"何"者。《六韬》"令我垒上谁何不止。"贾谊《过秦论》"陈利兵而谁何。"《史记·卫绾列传》"不谯（当作谁）何绾。"单言谁者，《汉书·五行志》"王公车大谁卒"，注云："大谁主问非常之人。云姓名是谁何也。"扬雄《卫尉箴》"阑（闡）矫捜；戟者不谁。"《汉官解诂》"卫尉主宫阙之内，卫士分部行夜，夜有

北京市电车公司印刷厂出品 八一·八
(1553) 20×20=400

行者，辄问曰谁。”单言何者《汉书·贾谊传》“大谴大何”。又按数实蠹部字之相承入痕的。《史记·卫绾传》“谁何”《汉书》作“孰何”。孰即敦字。《诗经·邶风》“王事敦我”韩训为迫。迫亦有诘责之义。或以上章“王事适我”适亦当读谪，因下文“室人交徧谪我”故上文用谪。敦训迫，与推同义。故二字音义并同。诃之义与推部义相同。故“呵”、“诋”与谁何之相通。

诊同㠭

《言部》诊，视也。从言，㐱声。

《工部》㠭，极巧之视也。从四工。

章太炎先生曰“诊脉亦极巧之视。”故诊脉之诊亦训视。《素问·风论》“愿闻其诊。”

诛同“讨”同“殊”

《言部》诛，讨也。从言，朱声。“讨，治也。从言从寸。”

《歹部》殊，死也。从歹，朱声。汉令曰蛮夷长有罪，当殊之。

《周礼·天官·太宰》“诛以驭其过。”《地官·司救》“掌万民之衺恶过失而诛之”。注“诛，诛责也”。《左传·庄二十八年》“诛屦于徒人费。”《宣十二年》其君

北京市电车公司印刷厂出品 八一·八
(1553) 20×20=400

无日不讨国人而训之…"《襄五年》"楚人讨陈"《九年》"使华阅讨右官"。杜皆云"讨，治也。"殊则断头之刑，殊之刑使人異处。故《左传》"断其后之木而弗殊。"此於木亦必断开。古书中多用祝为诛为殊。(祝读若祝。《风俗通义》作朱)《穀梁哀十三年传》"祝髮文身"《广雅·释诂》"祝，断也。"《公羊哀十四传》"天祝予"此诛字之借。

誩部

誩同競

《誩部》誩，競言也。从二言。读若競。"競，强语也。一曰逐也。从誩从二人。

誩即競之古字，言相競也

譱同𡈼

《誩部》譱，吉也。从誩，从羊。此与義美同意。善，篆文譱从言。

《𡈼部》𡈼，善也。从人士，士事也。一曰象物出地挺生也。

按善训吉，而𡈼象之挺直而生者又训善，其义似不相连属。章太炎先生曰"其训善者，以亚为恶例之，曲局为丑故恶，挺直为美故善。善

北京市电车公司印刷厂出品 八一·八

本只作吉。《夏官·缮人注》以劼训缮。《曲礼》急缮其怒。注，缮或作劼（善吉异文。缮从善声劼从吉声）。吉与吉同，从吉声者多训为直。从吉声者"桔"直木也。"颉"，直项也。"佶"，正也。正亦直也。善训吉，吉亦直也。

章同竟。旗常字当作章。常恒字亦当作章

《音部》"乐竟为一章。从音，从十。十数之终也。""竟，乐曲尽为竟。从言，从人。"

《乐记》曰"大章，章之也。皇侃曰章，明也。民乐尧德大明故名大章。

又《巾部》常字，训下帬。重文作"裳"。而经典又作"旂帜"讲。《周礼·春官》有"司常"云，掌旗物。又曰"日月为常"。常训旗物其本字当作"章"。章太炎先生曰"其始盖扬徽识之于衣，后乃备修游者，故旗常衣常一名也。"案章说似误不可依据。旗常与衣裳非一物，而各出殊。《诗经·小雅·六月》"织文鸟章，白旆央央。"毛鸟章，错革鸟为章也。白旆继旐者也。"是毛以鸟章为旗，白旆为旐，此章即应训旗物。又《小雅》天保》"如月之恒，如日之升。"《说文·二部》"恒，

北京市电车公司印刷厂出品 八二·八

常也。"此常字应为章之借字。

辛部

辛同愆

《辛部》辛，辠也。从干二，二古文上字。读若愆。张林说。

《心部》愆，过也。从心，衍声。寒，或从寒省。𠎝，籀文。

《广韵》"辛古文愆"。

丵部

~~丵同"叢""叢"~~

𠬞部

奉同"付""受"

《𠬞部》奉，承也。从手，从𠬞，丰声。

《人部》付，与也。从寸持物对人。

《𠬪部》受，物落上下相付也。从爪，从又。读若诗摽有梅。

奉本训承受，亦即今之捧字。以训诂"施受同辞"例之，则奉亦给与。《左传·僖三十三年》"天奉我也。"杜解："奉，与也。"《广雅·释诂四》"奉，禄也。"《周易·夬卦》"君子所以施禄及下"《汉书·高后纪》"列侯幸得赐餐钱奉邑。"注："粟米曰奉。"《王莽传》其令公卿奉舍人赏赐皆倍。"注，所食之奉也。字亦作俸。"付"与奉属东对转。案承奉也，受也。受者相付也。则与付与取与亦"施受同辞"。又《玉部》有"琫"字训佩刀上饰，以其可捧得名为琫。《少仪》作"拊"。是拊亦有捧义。又"受"字训上下相付，凡禄赐曰奉者实即上下相付之义。《释名》"符，付也。书所敕命於上付使传行之也。"亦上下相付之义。

丞同"承""受"

《収部》丞，翊也。从収，从卩，从山。山高，奉承之义。

《手部》承，奉也，受也。从手，从卩，从収。

《受部》受，相付也。从受，舟省声。

《羽部》"翊，飞皃。"丞训翊实翼之借字。《玉篇》"翊，辅也。"《尚书大传》曰，天子必有四邻：前曰疑，后曰丞，左曰辅，右曰弼。又汉有冯翊，后为三辅之一。应劭《汉书音义》丞者承也。则丞与承同，皆重禀承天子或长官之意志，推行辅助之意。与受亦同，所谓相付主要以接受为主。许君谓从舟省声，正与金文甲骨相合。受

北京市电车公司印刷厂出品 八一·八

舟声，舟亦有义。攷《周礼·春官·司尊彝》有鸡彝、鸟彝、斝彝、黄彝、虎彝、蜼彝皆有舟。注，郑司农曰"舟，尊下台若今时承槃。"《说文·木部》"槃，承槃也。古文作鎜。籀文作盘。"钟鼎款识有汉单罚钢承熉槃是古代有承槃之制。凡在下承者亦得称舟，承槃在彝下故亦舟得称舟。丞承受三字同音义。

弇同丣

《廾部》弇，盖也。从廾，从合。[古文] 古文弇

《酉部》丣 从戼。戼为春门，万物已出。

丣为闭门，万物已入。一，闭门象也。

《释言》弇，盖也。段曰"此与奄覆也同音义"同丣训闭门与奄同

奂古换字

《廾部》奂，取奂也。一曰，大也。从廾，

夐省声（锴本）。

钱坫说："取奂义与换字同。"《广苍问疏证》"取奂字俗作'换'。奂从廾不当更加手旁。"训大者《檀弓》"美哉奂焉"注"奂，众多也。"

弁同"畀""仔""再""算"。

《収部》𢍏，举也。从収，𠂤声。虞书曰岳曰𢍏哉

《廾部》畀。相付与之约在阁上也。从丌甶声

《冓部》"再，一举而二也。从冓省。""爯，并举也。从爪、冓省。"

此𢍏见《尧典》，如许文谓"举而用之，试可乃已。"（此指鲧治水）江氏声尚书注据《说文》𢍏，举也。"试者验用也。言用之可乃用之。"江说得之。《玉篇》"𢍏，举也。"与许书同。

段曰"古者物相与必有藉。藉即阁也。故其字从丌。疑此有夺文。当云'相付与也。付与之物在阁上，从丌'。《祭统》曰'大祭有畀煇胞翟阍者惠下之道也。'畀之为言与也。能以其余畀其下也。此谓上之与下，庋阁而命取之。"庋於阁上亦举意也。"再"与"爯"皆训举，故四字古义皆通。

弄当同具。又同"共""扛"

《収部》"弄，玩也。从廾持玉。""具，共置也。从廾，从贝省。古者以贝为货。"

《共部》共，同也。从廿収。𢀜古文共。

《手部》扛，横关对举也。从手，工声。

《玉部》"玩，弄也。"《诗经·小雅·斯干》"载弄之璋"。笺云："玩以璋者，欲其比德焉。"用双手玩玉谓之弄。《国语》"还弄吴国於股掌之上"。弄与具东侯对转，而"筭""算"从弄、从具相更。其横关对举曰扛，共置曰具，又与共同义相应。

龏同"愨""恭""竦""愯""慫"

《廾部》龏，愨也。从廾，龍声。

《心部》"愨，谨也。从心，㱿声。""恭，肃也。从心，共声。"

"愯，懼也。从心，雙省声。春秋传曰：駟氏愯。""慫，

驚也。从心，從声。读若竦。"

《立部》竦，敬也。从立，从束。束，自申束也。

龏即恭字。楚恭王《吕氏春秋》作"楚龏王"，亦作楚龔王。龏训愨，而龔训给，二字音同义别。后世用龔为龏字。约定俗成而龏字废矣。对转侯则为"竦"，为"愨"，训谨训敬皆恭也。又案"慫""愯"并训懼。

~~共部 龔音同"扛""具"，又同"供""共""䢼""贑""给"~~

《共部》龔，给也。从共，龍声。

《人部》供，设也。从人，共声。一曰供给。

北京市电车公司印刷厂出品 八一·八

~~異部~~ 3.4部

樊部樊亂之樊

《㸚部》樊，騺（依段说当作騺）也。从㸚（3.4）从棥，棥亦声。

案《類篇》引作"騺"，则樊与"絆"通，騺絆皆以绳牵引，如牵引之物有所紊乱故騺不能行，樊训騺不行是樊为樊执正字。"煩"训热头痛。繁为繁缨皆无乱意。

異部

異同必 八弋

《異部》異，分也。从廾，从畀。畀，予也。

《八部》必，分极也。从八弋。弋亦声。

段曰"分之则有彼此之異"《说文序》知分理之可相别異也。

戴同賸 𢦔

《異部》戴，分物得增益曰戴。从異，𢦔声。𢍵籀文

《貝部》賸，物相增加也。从貝，朕声。一曰：送也，副也。

段曰，凡加於上皆曰戴。如土山戴石曰崔嵬，石

北京市电车公司印刷厂出品 八二·八

山戴土曰磑。是也。”又戴与载通。《诗经·小雅·[illegible]夜》“载有依依”郑笺曰“载犹戴也。”段曰“以物相益曰賸，字之本义也。今义与古义小异而实古义之引伸也。改其字作‘剩’。”一曰之义，亦由物相增加引申。《人部》“㑞，送也。”副有之副义皆与增加义近。

异部

异同舉

《异部》异，共举也。从臼，从廾。读若余。

《手部》舉，对举也。从手，與声。

《广雅》“异，举也。”《魏志·钟繇传》“虎贲异上殿。”《晋书·陶潜传》“潜有脚疾，求篮舆乃令门生二儿共异之。”

與与“与”“予”同。

《异部》與，党與也。从异，从与声。𠌖，古文與。

《勺部》与，赐予也。一勺为与，此与與同。

《予部》推予也。象相予之形。此与予同意。

《管子·八观》“请谒得于上，则党与成于下。”《左传·襄三十年》“孰杀子产，吾其与之。”《国策》“是君合齐与强楚。”注：“与，党與也。”在三字同。《诗诂》"何锡予之"《白虎通》引作"與"。《曲礼注》"與或为予"。与训给予，与予亦声训。

臼同"丑""攪"。臼古掬字，又裒之古字。对

铸即古之拳字，今之捧字

《臼部》臼，叉手也。从E ヨ。

《丑部》丑，纽也。十二月万物动，用事。象手之形。时加丑亦举手时也。

《手部》攪，亂也。从手，覺声。诗曰祇攪我心。

《诗经·唐风·椒聊》"蕃衍盈匊"《小雅·采绿》"不盈一匊。"毛传："两手曰匊。"《释名》有"掬"字云，"掬，局也。使相局近也。"是用两手撮撮而局近之义。《勹部》匊，在手曰匊。此用单手抓取。《小雅·唐棣之华》原隰裒矣，兄弟求矣"。毛传"裒，聚也。"裒字不见说文。而其字从臼声（见《释文》）裒亦用双手从有聚物也。故有聚义。读若言则今之捧字，捧与臼时转同言。由此得证掬捧皆"臼"之后出字。段玉裁谓"E ヨ"是ナ又之变体"是。

臼训叉手，叉即手指相错。错即乱。故知攪即臼

北京市电车公司印刷厂出品 八二·八

(1553) 20×20=400

之后出字。凡人的动作皆以手，手的运动作亦手指相联。案《方言》"妯，动也。"《方言》"妯，擾，动也。"与臼之为撓正同。又臼之引申为一切治事之称，犹今人以一切治事为擾。今言搞亦治乱同训之例。晨从臼亦谓人早起皆治事，故臼有治事干活的意义。

晨部

晨同"旦"又同"東""朝""早""夙"

《晨部》晨，早昧爽也。从臼，从辰。辰时也。辰亦声。丮夕为夙，臼辰为晨，皆同意。

《旦部》旦，明也。从日見一上。一，地也。

《東部》東，动也。从木。官溥说，从日在木中

《倝部》朝，旦也。从倝，月声。

《日部》早（早）从日在甲上。

《夕部》夙，早敬也。从丮执事，虽夕不休。早敬者也。㑄，古文夙从人㐆。㑄，人因。宿从此。

章太炎先生曰，春秋传曰明而未融（融）。言昧爽未見日也日赤色也。文易……说易者曰谐

庶赤市象日出，天子朱市象日中。然则赤日色以赤为象。"又曰"'東'即明而未融也。'東'变易为'朝'，音为'早'。"案又与夙同《诗经·氓》宿（夙）兴夜味。"与東双声者，有"旦"有"晨"皆同字。旦与字变为晨，犹鼔变为鷐，觯或作[角辰]。

爨同燀

《爨部》爨，齐谓之炊爨。臼象持甑，冂为灶口，廾推林内火。𤇾，籀文爨省。

《火部》燀，炊也。春秋传曰：燀之以薪。《特牲馈食礼》"主妇视饎爨于西堂下"。注云，"爨，炊也。"赵岐《孟子章句》爨，炊也。燀与爨音义同。

衅声转后出字作"禊"

《爨部》釁，血祭也。象祭灶也。从爨省，从酉，酉所以祭也。从分，分亦声。《周礼·女巫》"掌岁时祓除衅浴。"注"谓以香薰草药沐浴。"后世谓之"祓禊"。禊即衅之音变。

第三卷下

革部

革同"𦐇""翼"。引申同鞹

《革部》革，兽皮治去其毛革更之。象古文革之形。𠦶 古文革从三十。三十年为一世而道更也。

《羽部》𦐇，翅也。从羽，革声。"翼"

《飛部》䎒，翅也。从飛，異声。翼 篆文䎒从羽。

《革部》鞹，去毛皮也。论语曰虎豹之鞹。

"象古文之形"此许君笔意笔势之体例。章太炎先生曰：革古文当为象形，象鸟全剥羽毛，下为上尾，旁翼也。《释天》"错革鸟曰旟"。郭璞曰："合剥鸟皮毛置之竿头。"《礼记》云"载鸿及鸣鸢"，今不可见。革实象鸟翼，故诗"如鸟斯革"传曰"革翼也。"案章说是，惟下为去尾说，应改为下为首，下尾。"廿"象鸟嘴，即下所说"两口"。"革"与"𦐇"同字，亦与翼同。引申兽皮去毛曰鞹，如鸟去翼也。

⿰革各同"络缕"。

《革部》⿰革各，生革可以为缕束也。从革，各声。

《糸部》"絡，絮也。一曰麻未漚也。从糸，各声。
"縷，綫也。从糸，婁声。"

所用东西的变革，今皆废辂，合通用络。络即緜络之綿絡之絡。《楚辭·招魂》"秦篝齊縷，鄭綿絡些。"王逸注"綿絡，纏也，縛也。"又有"包絡""脈絡"皆似纏綫、纏縛。縷与絡同音。辂下云"縷束"是縷亦有纏縛义。

鞮同趧

《革部》"鞮，革履也。从革，是声。
《走部》"趧，趧婁，四夷之舞，各自有曲。从走，是声。

《周礼·春官·鞮鞻氏》郑玄说"鞻读为屦。鞮屦，四夷舞者所屝也。"《走部》作"趧婁"是古本。郑玄《曲礼注》"鞮屦无絇之屝也。"此周大夫去国用丧礼故去饰，非谓鞮屦无絇。《方言》"屝屦麤履也。徐兖之郊谓之屝，自关而西谓之屦。禅者谓之鞮。"郭注："今韦鞮也。"《释名·释衣服》"齐人谓韦屦曰屝。屝，皮也。"《周礼》说"鞮"是一般人常用之屦，"趧婁"乃四舞者之屦。

北京市电车公司印刷厂出品 八一·八
(1553) 20×20=400

~~鞑同鞚~~鞪同楘

《革部》鞪，車軸束也。从革，敄声。

《木部》楘，車歷錄束文也。从木，敄声。

詩曰，五楘梁輈。

段说：“鞪与《木部》楘音同义近。楘谓輈束，鞪谓轴束，分析易明。而从小戎音义曰楘本又作鞪。《玉篇》亦曰'鞪亦作楘，曲辕束也。'是本一字。”~~许书有楘无鞪~~。

鞠即皮毬字

《革部》鞠，蹋鞠也。从革，匊声。𥷚，或从𥴰。

《风俗通义》“毛丸谓之鞠。”《汉书·艺文志》作鞠云“蹴鞠二十五篇。”颜师古注：“鞠以韦为之，实以物，蹴蹋之以为戏也。蹴鞠陈力之事，故附于兵法焉。”

[革必]即車縪字

《革部》[革必]，車束也。从革，必声

段曰《考工记》天子圭中必。注：必读如鹿車縪之縪（案《糸部》縪，止也）引申训约束~~林鹿車縪之縪~~）谓以组约其中央，为执之以备失队。《方言》車下鉄，陈楚淮南之间谓之畢，大者谓之綦。”郭注云：“鹿車也。”按郭说云鹿車非小车，材容一鹿之谓。《方言》曰，维車，赵

北京市电车公司印刷厂出品 八二·八

（1553）20×20=400

魏之间谓轣辘车。东齐海岱之间谓之道轨。《广雅》"维车谓之麻鹿，道轨谓之鹿车"，本《方言》。盖麻鹿即《毛诗传》之麻鹿，鹿车即《周礼注》之鹿车。鹿车与麻鹿之间皆於其间圜绕命名也。……古车必通用故'必'、'𫓩'、'繂'同。纺车与纺车相类也。"案维车即缫丝车。

䩸即今"绒"字。

《革部》䩸，毳饰也。从革，茸声（而陇切）《广雅·释器》"𩋍，罽也。"颜师古《急就篇注》曰，"以毛氂饰韦也。"《集韵》"䩸饰谓之𩋍"《盐铁论》"古者绳鞚，草鞮、皮荐而已。……其后则有镂衔金鞏，紫茸题，高桥鞍。"注云，"魏百官名紫茸题头高桥鞍一具。"（见《初学记》引）案'𩋍''茸'皆䩸字。今字别作"绒"矣。

𩍿略同"靷""靳"

《革部》"𩍿"，著掖鞥也。从革显声。"靷"，引轴也。从革引声。𩊽籀文靷。"靳"，当膺也。从革，斤声。

~~《左传释文》引作"皮谓之鞥。"~~案掖鞥者谓系著於马两腋之革。《左传释文》引"皮谓之鞥"

北京市电车公司印刷厂出品 八二·八
(1553) 20×20=400

（段谓靲当作靼）。又《左传正义》引《说文》作"著掖皮也。"段玉裁谓"著亦靳也。谓箸於马两亦之革也。箸亦谓直者，当膺谓横者。"《左传·定公九年》"吾从子如骖之有靳也。"《正义》引《说文》"靳，当膺。"释之谓当胸之皮也。《诗·秦风·小戎》"游环胁驱，阴靷鋈续"钱坫说："诗所谓游环也。传："靷环也。"游在背上，所以御出也。"笺：游在背上，无常处。贯骖之外辔以禁其出。《释名》"游环在服马背上，骖马之外辔贯之，游移前却无常处也。"此与靳字作用正比。《左传》"如骖之靳"，杜预以车中马，义当为靷。輗靷鞅绊，以以马在胸曰靷，义当为靳。"《左传·哀元年》"我两靷将绝，吾能止之。"正义曰"古之驾四马者，服马夹辕，其颈负轭。两骖在旁挽靷助之。诗所谓'阴靷鋈续'是也。"

韇略同韣

《革部》韇，弓矢韇也。从革，賣声。

《韦部》韣，弓衣也。从韦，蜀声。

《仪礼·士冠礼》筮人执筴，抽上韇。郑注，"韇，藏策之器，今时藏弓矢者谓之韇丸。"《方

北京市电车公司印刷厂出品 八一·八
（1553）20×20=400

言》"弓谓之鞬，或谓之𩍐丸"服虔注"冰，椟丸盖也。"《后汉书·匈奴传》注引《方言》"藏弓为鞬，藏箭为韇丸。"韇韣同音义可相通。

䪎緌 复

《革部》䪎，緌也。从革，巂声。

《糸部》緌，系冠缨也。从糸，委声。

凡系穗者皆谓之緌。《广雅》"䪎谓之鞘"《玉篇》"案边带也。"

鞅同缰。

《革部》鞅，颈靼也。从革，央声。

《糸部》缰，马绁也。从糸，畺声。

《周礼·春官·巾车》"玉路锡樊缨十有再就"注云"缨，今马鞅。"贾疏"缨~~今马鞅~~。是夹马颈，故以今马~~鞅~~鞅解之"《释名》"鞰，缰也。系之使不得出疆限也。"《后汉书·周章传》章前拔佩刀绝马鞅。"绝鞅则马不能行。

䩑（徒何切）引申为舟柁字。古舟柁字古作"~~柁~~杕"实当用此。

《革部》䩑，马尾䩑也。从革，它声。今之般緧。

(1553) 20×20=400

北京市电车公司印刷厂出品 八一·八

《方言九》"車紂自關而東洛韓鄭汝潁而東謂之緻。(音秋)或謂之曲綯(綯亦繩名詩曰宵爾索綯)或謂之曲綸(今江東通呼索)自關而西謂之紂。"《糸部》"緧,馬紂也。""紂,馬緧也。"案鞦形似船尾之舵。船尾之舵《淮南子》作"杕"。《說林訓》曰"心所説,毀舟為杕。心所欲,毀鐘為鐸"高注:"杕,舟尾。"是古有以杕為舵者,究應以鞦為舵本。(《說文》無舵字)

鬲部

鬲同鼎

《鬲部》"鬲,鼎屬。實五觳斗二升曰觳。象腹交文,三足。䰛,鬲或从瓦。㽁,漢令鬲从瓦厤聲"。"䰜,歷也。古文亦鬲字。象孰飪五味气上出也。"

《鼎部》"鼎,三足兩耳。和五味之寶器也。昔禹收九牧之金鑄鼎荊山之下。入山林川澤螭魅蝄蜽莫能逢之。以協承天休。易卦巽木於下者為鼎。象析木以炊也。籀文以鼎為貞字。"

鬲雷錫韵,鼎端青韵,又紐雙聲,鬲鼎音義畢同。

自禹作九鼎，中有三鬲，故说解言鬲属（段曰：“《楚世家》：楚武公曰：居三代之传器，吞三翮六翼谓九鼎。空足曰翮。翼即耳，事见《尔雅》按，翮者鬲之假借。”）。

⿰鬲支同“鬹”“錡”“⿰鬲牛”

《鬲部》“⿰鬲支，三足鍑也。一曰滫米器也。从鬲，支声”

“鬹，三足釜也。有柄喙。读若妫。从鬲从规省声。⿰鬲牛，秦名土釜曰⿰鬲牛。从鬲，中声。读若过。”

《金部》錡，鉏也。从金，奇声。江淮之间谓釜曰錡。

段曰“本书‘江淮之间谓釜曰錡’。錡⿰鬲支声相近。”案《广雅》“⿰鬲支鬴。”⿰鬲支即錡鬹字。《方言》秦云土釜也字体从鬲牛声。”今俗作“锅”。鬹《广雅》鬴也

䰝同“鬵”“鬷”“鐎”

《鬲部》“䰝，鬵属。从鬲，曾声。”“鬵，大釜也。一曰鼎大上小下曰鬵。从鬲，兟声。读若岑。⿰弜鬲（籀文鬵）（鬵传作古文）。”“鬷，釜属。从鬲㚇声。”

《金部》“鐎，鐎斗也。从金，焦声。”

《方言五》“甑，自关而东谓之甗（音言）或谓

(1553) 20×20=400

北京市电车公司印刷厂出品 八一·八

之鬵（言斧，梁州呼鉹）或谓之酢餾（屋霤）毛传："鬷，數也。"
《诗经·陈风·东门之枌》"越以鬷迈。"《商颂·烈祖》"鬷假无言"毛传：鬷，總也。《中庸》作奏假。《广雅》"鬷，釜也。"《汉书·李广传》"以铜作行无部曲，不击刁斗自衛。"孟康曰"以铜作鐎器，受一斗，本为小器。昼炊饮食，夜击持行。名曰刁斗。名曰刁斗。是鐎即刁斗字也。

鬴同"鍑""鍪"

《鬲部》"鬴，鍑屬。从鬲，甫声。釜，鬴或从金，父声。

《金部》"鍑，釜大口者。从金，复声。""鍪，鍑屬。从金，敄声。"

此三字双声义同。第一，皆以盛米丰满而得名或曰鬷之言腹也，腹，厚也。第二，三器皆无足。《诗经·采蘋》"维锜及釜"笺曰："有足曰锜，无足曰釜。"是故鍪衍出来可以为帽。（《汉雅·释蟲》"蠵蝓长踦"刘铸亦以为鍪鍑名。）

鬺即烹字，日久同鬺。

《鬲部》"鬺，煑也。（俗字）从鬲，羊声。（式羊切）《诗经·采蘋》"于以湘之，维锜及釜"。毛传"湘，烹也。"《韩诗》作"鬺"。《汉书·郊祀志》"皆尝鬺享于上帝鬼神。"颜注"鬺烹煮而祀也。"《说文》无鬺字，鬺即烹字。

⿱沸鬲同⿲弓⿱孛鬲弓

《鬲部》⿱沸鬲，涫也。从鬲，沸声。

《弼部》⿲弓⿱孛鬲弓，炊釜溢也。从弼，孛声

段注说解"炊釜⿱沸鬲溢也"可证"⿱沸鬲""⿲弓⿱孛鬲弓"同字。今俗谓火盛水⿱沸鬲溢读铺。

⿲弓⿱侃鬲弓同饘

《弼部》⿲弓⿱侃鬲弓，⿱沸鬲也。从弼，侃声。餰，⿲弓⿱侃鬲弓或从食，衍声。飦，或从干声。键，或从建声。

《食部》饘，糜也。从食，亶声。周谓之饘，宋谓之餬。

《周礼·天官·醢人》"羞豆之实酏食糁食。"郑玄注："酏，餈也。内则曰取稻米举糔溲之，小切狼臅膏以与稻米为餈。"案酏与餈歌寒对转，又古皆喉音。酏与餰皆粥，小切狼臅膏~~与稻米~~膏即糜也，糜即饘之俗体。盖以膏煮米则为餰，以糁和肉则为餈。《释名》"脯膜膜馔也。以米糁之，如膏馔也。"

北京市电车公司印刷厂出品 八二·八

爪同义"叉"，同"ナ""操"。叉即古"搔"字

《爪部》爪，丮也。覆手曰爪。象形。

《又部》叉，手足甲也。从又，象叉形。"叉，手指相错也。从又象叉形。"

《ナ部》ナ，ナ手也。象形。

《手部》操，把持也。从手喿声。

按覆手以取物人类鸟兽皆如此，故爪即古"抓"字。训丮则为古"操"字。丮亦持也。手指甲曰叉，叉训手足甲，用以搔抓。古与爪通用。《释名》"爪，绍也。筋极为爪以绍续指端也。"《史记·周本纪》"成王病，周公乃自揃其爪，沈之河，以祝于神。"又庾湛《新论》"爪生于肉，去爪而肉不知。"此皆以爪为义。《仪礼·士丧礼》"搔当为爪"。又《士虞礼记》"沐浴搔翦"。注"搔当为爪"。段曰"手指与物相错。凡布指错物间而取之曰叉"。故叉亦抓物之义。

又"搔"为叉之后出（《手部》"搔，括也"）后出字作"瘙"。《广雅释诂》"瘙，创也。"瘙若搔也。言搔之而成创也。

[反爪]同字

《爪部》[反爪]，亦丮也。从反爪。

北京市电车公司印刷厂出品 八二、八
（1553）20×20=400

《手部》掌，手中也。从手，尚声。
章太炎先生曰："《河东赋》'爪华蹈衰'，苏林曰，'掌，據之也。'师古曰，'爪，古掌字。'变易为掌，手中也。凡《周官》称掌，汉官称尚，并谓执事而據之义也。古语名物取舍，非必异字。爪之为掌，无所致疑。"钱坫说"爪，古文掌字也。孟母姓仉氏，即此字耳。通于黨。《左传》'公築台临黨氏'，《释文》音掌。后世有黨姓，周隋之间转而为党，金元之间又转而为党。党黨之改也。党，黨之讹也。"

丮同"據""㩴""据""攫"

《丮部》丮，持也。象手有所丮據也。读若戟。
《手部》"據，杖持也。从手，豦声。""㩴，爪持也。从手，瞿声。""据，戟挶也。从手，居声。""攫，扟也。从手，矍声。"

《诗经·鸱鸮》"予手拮据"。《毛传》："拮据，撠挶也。"《释文》撠，"本或作戟"。如淳《汉书注》曰，"撠，着也。"据下亦云"戟挶"。㩴训爪持，爪持即丮持，攫训扟者以上把下也。

孰同"掌"。又同"扺"又同"[illegible]""[illegible]"

北京市电车公司印刷厂出品 八一·八

《丮部》孰，食饪也。从丮，𦎫声。《易》曰：孰饪。

《亯部》𦎫，孰也。从亯，从羊。读若纯。一曰：鬻也。𦏧 篆文𦎫。

《食部》"饪，大孰也。从食，壬声。胚 古文饪。恁 亦古文饪。""馏，饭气蒸也。从食，留声。"

"饔，孰食也。从食，雝声。"

以上数字声音皆近，孰与饪本同音，𦎫实兼两字而转入痕。

巩同"拱""擁"。

《丮部》巩，褱也。从丮，工声。𢀜，或加手。

《手部》擁，抱也。从手，雝声。"拱，敛手也。从手，共声。"《左传·僖卅二年》"尔墓之木拱矣。"《广韵》等："手抱持。"案《竹部》筑下云"巩，持也。"《淮南子》"交拱之木"注"拱，抱也。"是巩拱同音义。擁亦训抱，所谓擁抱。三字皆东部喉音。

𠃨同"挶""握""匊"

《丮部》𠃨，亦持也。从反丮。阙。

《手部》握，搤持也。从手，屋声。𡩧 古文握。"挶，戟持也。从手，局声。"

《勹部》匊，在手曰匊。从勹、米。

北京市电车公司印刷厂出品 八一·八

钱站说"此即撠拘之拘。"亦搤持，捉持，执揰持。是乐亦持音为覃合韵。《文始》述之綦详，联系了许多同源字，皆有持文。如"拑"《手部》训[redacted]"胁持也"。"擸"字训"引持也"。"拑"字训"…持也"。"捦"字训"急持衣裣也。"其余"箝，籋也""籋，箝也""钳，以铁有所劫束也""銸，鉆也""鉆，銸也""鉆，铁銸也"以上诸文皆有挟持之义。

其音读箝家韵者，章太炎先生曰，孳乳为镊，𢷋箝籋也。晋律曰钳重二斤，翅长一尺五寸（《广韵》引）。钳首缚翅便于并持。郭璞《释乐注》言篪有翘（《释乐》"大篪谓之沂"郭云，"篪以竹为之，长尺四寸。围三寸。八孔。一孔上出一寸三分，名翘。"）。《蔡邕月令章句》言"篪有距"（《通典》引）。皆谓横闌要之。翘亦钳之对转孳乳耳。《荀子·劝学篇》曰'蟹六跪而敖'《说文》言'蟹有二敖八足'。近世制'螯'字，古但作敖者，敖即蟹钳转为镊乃敖为之。[原乡头介]由胃穿钳[老作螯序文]亦合矣。镊又孳乳为蟜，虿也。《郑公孙虿字子蟜，蟜即虿，虿有双箝也。"燕下曰"玄鸟也。籋口，布翅，枝尾。"燕之籋即似箝，所以北方人称鸟嘴咬叫箝；

北京市电车公司印刷厂出品 八二·八
(1553) 20×20=400

鬥为两士戰鬥之鬥。鬥同戰。

《鬥部》鬥，两士相对兵杖在后，象鬥之形。

《戈部》戰，鬭也。从戈，單声。

惠孝绪：（高文曰："此字从丮，言纽逆反两丮相对鬥也，象鬥之形。"）以二士对戰为鬥。

鬭今经传字正当作"鬬"。

《鬥部》"鬭，遇也。从鬥，斲声。"

案经典中皆用鬭代鬥，实则鬥与鬭别，鬥为戰鬥，鬭为争鬭（《玉篇》）

鬩同寇

《鬥部》鬩，鬭也。从鬥，共声。孟子小雅常棣鬩。

《攴部》寇，暴也。从攴，从完。

《释名》"鬩，構也。構兵以鬭也。"《左传·文公七年》"兵作於内为乱，於外为寇。"案鬩寇东侯对转音通

鬮同"摎"同"戮"

《鬥部》鬮，经缪杀也。从鬥，翏声。

《手部》摎，缚杀也。从手，翏声。

《戈部》戮，杀也。从戈，翏声。

~~按~~"经杀"即手部缚杀之摎，以一绳勒杀之。缪杀若今绞刑以二绳绞死。戮杀则刀杀之。

北京市电车公司印刷厂出品 八一·八

（1553）20×20=400

（鬮《鬥部》鬮，）鬮，鬥取也。从鬥，龜声。读若三合绳纠。

丩《攴部》收，捕也。从攴，丩声。

鬮读若三合绳纠者《后汉书·西域传》"龜兹"注云"龜兹读曰邱慈。"取与捕义通。《说文》"收，捕罪人也。"《诗传》"虔，收也。"章太炎先生曰，"凡捕人必傅虔其手足。"故转读于丩。鬮，所取也。与收音义皆同。

𩰪即疲薾字。亦作苶。

《鬥部》𩰪，智少力劣也。从鬥，爾声。

《庄子·齐物论》"苶然疲役而不知其所归。"郭象云"疲困苶然。"《释文》"乃结反。"苶《说文·艸部》作薾。

《尔雅·释兽》"威夷长脊而泥"郭璞注"泥，少才力。"钱大昕谓泥即𩰪字。古音爾与尼相近。《易》"繫于金柅"《说文》作"檷"《诗传》"饮饯于祢"韩诗作"坭"。

𩰚俗作"缤"

《鬥部》𩰚，鬥也。从鬥，宾省声。读若宾。《离骚》"时缤纷其变易"王逸注，缤纷乱也。又"九嶷缤其并迎"注："缤，众也。"

北京市电车公司印刷厂出品 八一·八

文部

㬰同"申""伸""敒"

《又部》㬰，引也（锴本）从又昌声。昌，古文申。

《人部》伸，屈伸。从人，申声。

《攴部》敒，理也。从攴，伸声。

㬰引申之申，《尔雅·释诂》"神，治也"治即理，《尔雅》的神即敒之借字。《广韵·真韵》"伸，理也"，即敒理字。伸屈伸，三字音义皆同。

~~尸同君~~𠭥同叉

《又部》叉卑也（依段说）从又，虘声。叉，手指相错

段曰"叉卑者用手自高取下也。"《方言十》"抯、摣，取也。南楚之间凡取物沟泥中谓之抯，或谓之摣。"按《周礼·天官·鳖人》"以时簎鱼鳖龟蜃"郑司农曰，"簎谓以杈刺泥中搏取之。"与叉𠭥音义并同

𠬝同𠨍

《又部》治也。从又，从卩。卩，事之节也。

《卩部》𠨍，宰之也。从卩，必声。

𠬝训治谓治狱，从卩者，犹汉世持节治狱。与

𡧃双声，训宰亦治事之义。

叏同夹"盗""佻""媮"

《又部》叏，滑也。诗云叏兮达兮。从又，屮。一曰取也。

《亦部》夹，盗窃褱物也。从亦，有所持。俗谓蔽偁夹（盗）也。弘农陕字从此。（失冉切）

《次部》私利物也。从次，次欲皿者。

《人部》佻，愉也。从人，兆声。诗曰视民不佻。

《女部》（媮，）巧黠也。从女，俞声。

案《辵部》達下引诗作"挑兮達兮"错本作"佻"。章太炎先生说，"屮读若彻，通与滑利义近。而形从屮。《毛诗》挑兮达兮。传谓曰往来相见皃。《说文》引作叏兮达兮。然则叏达亦有通义也。"黄季刚先生则谓"叏为偷盗义。与"夹""盗""佻""媮"为同根词。

𣪠（卸）筭字

《又部》𣪠，楚人谓卜问吉凶曰𣪠。从又持祟，祟亦声。

钱坫说："卸"筮字。《竹部》"筭"（"𥳑"），竹器也。从竹，……《特牲馈食礼》注：筮，问也。《士冠礼》注：筮所以问吉凶

北京市电车公司印刷厂出品 八一·八

凶。曹《楚辞注》筮，卜问也。凡蓍曰筮。筮之为歠犹策筮也。策之为敉。敉之为揲筮也。鼓之鼓，卅箕也。箕之为簸。共义也同。而人不知之也。”按“歠”与筮同，非是。楚人以箅为筮以卜问吉凶。

叔同拾

《又部》叔，拾也。从又，尗声。汝南名收芋为叔。村 叔或从寸。

《手部》拾，掇也。从手，合声。

《诗经·豳风·七月》“九月叔苴”毛曰“叔，拾也”。言汝南叔芋此以方言证字之例。

𠬛同“𩑵”“没”“渨”“搵”。

《又部》𠬛，入水有所取也。从又在回下。

𠬛回；渊水也。读若沫。

《页部》𩑵，内头水中也。从頁𠬛，𠬛亦声。

《水部》没，沉也，从水，从𠬛”“渨，没也，从水畏声。

《手部》搵，没也。从手，𥁕声

《吕氏春秋·精谕篇》白公曰，若以石投水奚若？孔子曰“没人能取之。”注“没行水中之人”。

以上诸字皆同。

支同"斯""析"

《支部》去竹之枝也。从手持半竹。𠂻古文支

《斤部》斯，析也。从斤，其声

《木部》析，破木也。一曰折也。从木，从斤。

斯析本同字，然《庄子》言"斯而析之"，战国时已分两字。

聿同疌

《聿部》聿，手之疌巧也。从又持巾。

《止部》疌，疾也。从止，从又，又手也。

屮声。

聿疌同音为训

肄同⿰忄曳。又同"恑""頠"。与"遦""摜"亦同。

《聿部》𦘔，习也。从聿，希声。𦘔籀文肄。

肄篆文

《心部》⿰忄曳，习也。从心，曳声。

又"恑"，变也。从心危声。

《页部》頠，头闲习也。从页，危声。

《辵部》遦，习也。从辵，贯声

《手部》摜，习也。

案习有数义。《尔雅·释诂》"肄，习也"《释文》字

或作"𦘒"。孙炎曰："肄，习事之劳也。"肄有劳义。《左传·文公四年》"臣以为肄业及之也。"杜注"肄，习也。"贾逵《国语注》同。此学习之习。贾逵训习为习惯之习。顾训頫闲习也。闲当作"娴"，与"嫺"同。《尔雅·释诂》"顾，静也。"

聿同笔

《聿部》聿，所以书也。楚谓之聿，吴谓之不律，燕谓之弗。从聿，一声。

《聿部》"秦谓之笔。从聿，从竹。

聿通曰。《诗经·王风·七月》"曰为改岁"，《汉书·食货志》作"聿"。师古注"聿即曰也。"聿记言之工具，故曰即聿。

畫同"挂""形""劃""刲""刑""剄"。又同"冂""介""界"

《聿部》畫，界也。象田四界。聿所以畫之。𤱪古文畫省。劃，亦古文畫。

《手部》"挂，画也。从手，圭声。

《彡部》"形，象形也。从彡，幵声

《刀部》錐刀曰劃。从刀，从畫，畫亦声"刲，刺也。从刀，圭声。易曰士刲羊。""刑，剄也。从刀，幵声。""剄，刑也。从刀，巠声。

《冂部》："邑外谓之郊，郊外谓之野，野外谓之林，林外谓之冂，象远界也。凡冂之属皆从冂。回，古文冂，从口象国邑。坰，回或从土。"又介界之所画亦界也。其所从字多作畺域。

画界《左传·襄公四年》引虞箴画为九州。注云：画，分也。《正义》左传曰：芒芒禹迹，画为九州。《尔雅·释言》曰：畫，形也。畫与形对转同音。又《手部》挂训画，挂与画亦对转也。畫古文以劃为之，而《刀部》又出劃字训锥刀曰劃，盖古者契书图画皆以铁擿刻之，故畫与劃同字。劃又与"刲"同，犹画与挂也。又对转青为"刑"为"刭"，刑刭同字耳。其与"冂""界""介"同语也（见介字下说）。

竖同"侸""壴""尌"

《臤部》竖，竖立也。从臤，豆声。豎籀文竖从殳。

《人部》侸，立也。从人豆声，读若树。

《壴部》"壴，陈乐立而上见也。从屮，从豆。"

"尌，立也。从壴从寸，持之也。读若駐。"

豎《周礼·考工记》言"豆中县"。《礼记·祭统》"夫人荐豆执校。"注"校，豆中央直者也。"是

北京市电车公司印刷厂出品 八一·八

故正立者皆称豆。故竖训坚立。《后汉灵帝纪》"槐树自拔倒竖"。段曰："豆与尌同

臣即牵之最初字

《臣，牵也，事君也。象屈服之形。

北京市电车公司印刷厂出品 八一·八
(1553) 20×20=400

象臣俘之形者，古文作"㠯"象人跪而束其手足此即牽之最初字矣。案《礼记·少仪》曰，"其禽加於一双以將命，委其餘。犬則執緤，守犬田犬則授。擯者既受乃問犬名。牛則執紖，馬則执靮皆右之。臣則左之。"注云，"右之者便之宜用右也。臣謂囚俘，異於众物。"臣训囚俘故束其手足。恐其逃逸，宜牽束而至，故放在左边。《周礼》亦言"牲牽""牽傍"。

臧即收藏之藏。

《臣部》臧，善也。从臣，戕声。䁟 籀文《尔雅·释诂》"臧，善也"按藏字《说文》所无。古通用臧。收藏之臧即由臧善引申，善乃臧之引。

殳同椎"棁""祋"

《殳部》"殳，以杖殊人也。礼，殳以積竹八觚。

長丈二尺。建于兵車。車旅賁以先驅。从

又，几声"祋，殳也。从殳，示声。或说

城郭市里高縣羊皮有不当入而欲入者暂

下以驚牛马曰祋。故从示殳。诗曰何戈与祋。

《木部》椎，擊也。齊謂之終葵。从木，隹声。

北京市电车公司印刷厂出品 八一·八
（1553）20×20=400

"杸，木杖也。从木，殳声。"

惠栋曰："殊人犹杸人。《考工·庐人》云：'殳长寻有四尺。'又云：'凡为殳，五分其长，以一为之被（把）而围之。三分其围去一以为晋围，五分其晋围去一以为首围。'注云：被，把中也。围之，圜之也。大小未闻（清程瑶田说把围九寸也）。凡矜八觚。晋，矜所捷也。晋，矜所捷也。首，殳上鐏也。寻有四尺，则丈二尺也。《考工》又云：'車有六等之数，殳长寻有四尺，崇于人四尺，谓之四等。'是建於兵车也。《周礼·旅贲氏》掌执戈盾夹王车而趋，不言执殳而云以先驱者，盖殳亦戈盾之类。容亦或执殳也。"《诗》曰：'伯也执殳，为王前驱。'是其证。《周礼·司戈盾》言"授旅贲殳"。

《后汉书·马融传》"杸殳狂击"。注云："杸，殳也。"

《诗·曹风·候人》"何戈与祋"毛传："祋，殳也。"案郑玄《乐记注》引作"荷戈与缀"云："缀，表也。所以表行列也。"此韩诗与毛不同。又《诗疏》"殳矜谓之杖"。

祋同"杸""⿰豈殳""投"

《殳部》"⿰冘殳，以下击上也。从殳，冘声""⿰豈殳，悬物殳击。从殳，豈声。"

《手部》"投，擿也。从手，从殳。""抌，深击也。从手，冘声。读若告言不正曰抌。"

《广韵》"𣪘，深击也"与《手部》"抌"训释相同。《方言十》"拯、抌，推也。南楚凡相推搏曰拯，或曰揔。沅涌澧幽之语，或曰攩。"《广雅》"抌，刺也。"

𣪠同椓"𣪘""投"

《攴部》"𣪠，推击物也。从殳，豖声。""𣪘，繇击也。从殳，豆声。古文投如此。"
《攴部》𢽳，击也。从攴，豕声。
《木部》椓，击也。

案𣪘即"丢"之正字。说解曰繇击也，段曰繇《说文》作𨘢。说文无遥字。此即𨘢遥之遥字。繇击若远而击之。"案段说是，繇即古遥字。《说文》无𨘢字。𣪘与投音义通。椓与《木部》"椓"同，亦与《攴部》𢽳（击也）同。

𣪍同"敲"同"擊"。

《殳部》𣪍，击头也。从殳，高声。

《攴部》敲，横擿也。从攴，高声。

《手部》擊，支也。从手，毄声。

《吕氏春秋·当务篇》死而操金椎以葬，曰，今兄三五五伯，将敲其头矣。"《玉篇》敲，击头也（广韵同）《左传·定公二年》阍乞肉焉。夺之杖以敲之。"与"毃""敲"同。与"擊"亦同。

殿同"丁""朾"。或同"⿱竹殿""段""椯""笪"

《殳部》"殿，击声也。从殳屍声。""段，椎物也。从殳，耑省声。"

《丁部》"丁，夏時万物皆丁实。象形。"

《木部》"朾，橦也。从木，丁声。""椯，箠也。从木耑声。一曰椯，度也。一曰剟也。"

《竹部》"⿱竹殿，榜也。从竹，殿声。""笪，笞也。从竹旦声。"当割切

《国风传》"丁丁，椓杙声也。"《小雅传》"丁丁伐木声也。"然则丁者击伐之义。与《木部》"朾"同《广雅·释诂》之"揨"字即朾字，揨训刺。古击刺同义。又同"殿"又同"⿱竹殿"。殿为击声，⿱竹殿为榜，其义一也。宫殿字有两说：一，正作㲉或作敦以敦立为比。一正作"廙"倚也。此即宫殿字。钱氏坫云："此殿在之殿。"按殿后即"屍"字。又段右出字作"㫋"。"椯""笪"同韵。与丁等又双声。

㐱同"[illegible]"

《几部》㐱，新生羽而飞也。从几从彡。

《首部》䭫，下首也。从首，旨声。

翏训高飞，鸟飞必下其首。与"䭫"相似。

凫同"鶩""鸏"

《几部》鳧，舒鳧，鶩也。从鳥，几声。"鶩，

《鳥部》鶩，舒鳧也。从鳥，敄声。""鸏，水鳥也。从鳥，蒙声。"

《尔雅·释鳥》舒鴈鵝。舒鳧鶩。"舒言其行步迟缓。徐锴韵谱谓"鳧，水鳥也。《詩经·鳧鷖》"鳧鷖在涇。"传云，"鳧水鳥也。"段曰"《释鳥》曰舒鴈，鵝。舒鳧，鶩。《内则》注同。舍人、李巡云，野曰鴈，家曰鵝，野曰鳧，家曰鶩。按野曰鴈，而畜于家者曰舒鴈，舒鳧是为鵝、鶩。"

《寸部》"尃，六寸簿也。从寸，甫声。一曰尃，纺尃。

按《说文》无簿字。当作"薄"。纺尃字后出字作"塼"。毛氏《斯干》"载弄之瓦"毛传"瓦，纺塼也。"是纺丝者以尃为锤。段曰，"说文无簿字有薄，盖后人易艸为竹以分别其字耳。"

[illegible]同"𡰪""耎"

《[illegible]部》柔韦也。从北，从皮省。从夐省。

讀若耎。一曰若儁。𡰪 古文[illegible]。[illegible] 籀

北京市电车公司印刷厂出品 八二·八

文𤿭瓷从夐省

《大部》耎，稍前大也。从大，而声。读若畏偄。

《尸部》㞋，柔皮也。从申尸之后，尸或从又。

段玉裁改𤿭为"𤿭"谓"从北者反覆治之也。从皮省者下当从㞋。"丙谓夐省声。古文𤿭则从皮省从人治之，籀文则从㞋而即夐省声。《玉篇》云"𤿭亦作"耎""㞋"。又说㞋字说解亦云"从尸又。又中之后也。"案《周礼考工记》鲍人职曰，"革欲其柔滑而腥脂之则耎。"又注云苍颉有鞄𤿭。

𩏂同氄

《𤿭部》𩏂，羽猎韦绔。从𤿭，灷声。䙖，虞书曰鸟䙖毛。

《毛部》氄，毛盛也。从毛，隼声。虞书曰鸟兽氄毛。

𩏂与氄为古文尚书异文。犹吝遴之比。

攴今字作扑

《攴部》攴，小击也。从又，卜声（铉本）经典辄易作"扑"。

北京市电车公司印刷厂出品 八一·八

徹同達又同聖

《攴部》徹，通也。从彳，从攴，从育（锴一本作"育声"）。𢖫，古文徹。

《辵部》達，行不相遇。从辵，羍声。

《耳部》聖，通也。从耳，呈声。

《左传·成公十六年》"养由基蹲甲而射之，徹七札焉。"杜注："徹，達也。"《昭二年》"女无敢为寘徹命於執事。"注云："徹，達也。"徹達同音为训。徹从育声，達从羍声（《诗经·大雅·生民》"诞弥厥月，先生如達。"毛传"達，生也"。達即羍字，此言生产之易）。故徹有通义。《小尔雅·广诂》"徹，達也。"《广言》"徹，通也。"《庄子·外物》"目徹为明，耳徹为聪，鼻徹为𪖌，口徹为甘，心徹为知，知徹为德。"是聖本耳徹（心徹）引申義。"徹""達""聖"三字同源。

敄同"忞""勉""勱""愐""懋""勖""務""慔"。

《攴部》敄，彊也。从攴，矛声

《力部》"勱，勉力也。从力，萬声。周书曰：用勱相我邦家。读若萬。""勉，彊也。从力，免声。""勖，勉也。周书曰：勖哉夫子。从力，冒声。""務

(1553) 20×20=400

北京市电车公司印刷厂出品 八二·八

勉也。从力，敄声。

《心部》"忞，彊也。从心，文声。《周书》曰：在受德忞。读若旻。""懋，勉也。从心，楙声。《虞书》曰：时惟懋哉。𢡈，或省。""慔，勉也。从心，莫声。""愐，勉也。从心，面声。"

《尔雅·释诂》"敄，强也。"钱坫说："不務于公室，亦即此。"又与務同，務训趣者，志向也，故引申为事務。章太炎先生曰："务以趣也，遂孳勿勿，《礼器》曰勿勿乎其欲飨之也，《曾子立事篇》君子终身守此勿勿。注皆云勿勿犹勉勉也（又《毛诗》猶勉勉作密勿）。今则为古音如没。对转谆孳乳为忞。忞旁转寒变易为勉、勸、愐。双声转出有懋、勖、敄、務，此犹曼从冒声，自寒转宵也。转鱼为慔，此曼縵復通也。

效同教"斆"

《攴部》"效，象也。从攴，交声。""教，上所施下所效也。从攴，孝声。𢽈，古文教。𤕝，亦古文教。""斆，觉悟也。从教，冂；冂，尚矇也。臼声。學，篆文斆省。"

章太炎先生曰："易曰爻也者效此者也，爻也者效天下之动者也。故为二爻，其孔效，效爽字从之，故知效有明見之义。”故训象。又曰“見乃谓之象，效有見爾义。《史记・律书》舌胅必效情。张守节正义说效为見是也。”又效有效法之义，引申为效法，故同教。教又同教。

故同吏

《攴部》“故，使为之也。从攴，古声。”“更，改也。从攴，丙声。”

故旧之故当作古。僱庸之僱当作“故”。所谓使为之也。《史记冯唐列传》集解据如淳引汉军法曰“令人故行不行。”索隐曰“故行不行，谓故命人而身不自行。”故即僱庸之本字，所谓使为之也。《方言三》“庸、恣、比、侹、更、佚，代也。”故与更模唐对转。僱庸与更代义近。秦法有“卒更”“践更”“過更”，卒曰更卒。免役者曰“不更。”《汉书・昭帝纪》注曰“更有三品，有卒更，有践更，有過更。又秦时四级，曰不更。言为车右不在凡更内也。”皆更代义。《广雅・释诂》“更，卒也。”

敳此即开鑿之正字

北京市电车公司印刷厂出品 八一・八

《攴部》敳，有所治也。从攴，豈声。读若豤。钱坫说："豤传作读若墾。《广雅》墾亦治也。亦作貇。"有所治者谓用力于田也。《周语》曰"墾田若艺"。《方言》墾，牧司也。貇，力也。郭注耕墾用力。《广雅》曰貇治也。韦昭注曰，墾发也。又曰发田为墾。《说文》无墾字。亦作敳。

改同代"忒"

《攴部》改，更也。从攴，己声（从锴本）。

《心部》忒，更也。从心，弋声。

"改""更""忒"三字同训，皆在咍部。忒从弋声古本如弋，三字皆双声。

潄同鍊

《攴部》潄，辟潄铁也。从攴，从湅。

《金部》鍊，冶金也。从金，柬声。

《文选》张协《七命》"乃湅乃铄，万辟千灌"。李善注"辟谓叠之，灌谓铸之"。并引《典论》"魏太子造百辟宝剑"。王粲《刀铭》"灌辟以数，质象以呈"。段玉裁说"辟者襞之假借。湅者段也。简取精铁不计数，折叠段之，所谓因名为辟湅铁也"。余段说是《广雅·释诂四》襞，治也。黄季刚先师说"鍊与辨一声之转。与辨'辩''辨'皆同声（亦得有锻练义）。又辨便同音，辨辟相转。犹便与辟为连语尔。"又曰"辨之言判也。辟之言劈也。判劈义亦同。"因明凍鍊铁时，必须劈而鍊之。取精铁，劈叠而段之，愈鍊愈善。字与鍊同，古书多作鍊。

孜同孳

《攴部》孜，汲汲也。从攴子声。周书曰孜孜无怠。

《子部》孳，汲汲生也。从子兹声。𦖋籀文孳。

孜与孳同。《广雅·释训》"汲汲、孜孜，剧也。"孜下引《书泰誓》者，用古训说之。此训诂见于古籍之例。

敆同佮

《攴部》敆，合会也。从攴，合声（锴本）

《人部》佮，合也。从人，合声。

《释诂》"敆，合也"。与佮同。~~又曰佮合也~~"

敕同饬

《攴部》敕，诫也。臿地曰敕。从攴，束声

北京市电车公司印刷厂出品 八一·八

《人部》饬，致坚也。从人从力，食声。读若敕。

《诗·小雅·楚茨》"既齐既稷，既匡既敕。"毛传："敕，固也。"《周易·噬嗑》"先王以明罚敕法。"《释文》"敕，耻力反。"此俗字也。此俗字也。字林作敕。"（案《说文·力部》有"勑"字，训劳。读洛代反。非俗字。而俗误用为敕字）《释名》"敕，饬也。使自警饬不敢废慢也。"段曰"敕与饬"音同义近。~~毛传曰："敕，固也。"~~敕从束，束有固义，《说文》训诫，亦取固义。

敓同"篡""竊""最"。

《攴部》敓，彊取也。周书曰：敓攘矫虔。

《米部》竊，盗自中出曰竊。从穴，从米，卨、廿皆声。卨，古文偰。

《厶部》篡，屰而夺取曰篡。从厶，算声。

《冃部》最，犯而取也。从冃，从取。

案敓为争夺的正字。《奞部》奪训"手持隹失去也"此则脱落字之字。与敓有别。篡训屰而夺者，《方言一》"自关而西，秦晋之间，凡取物而逆谓之篡（纂）。段说："夺当作敓。屰而夺，下取上也。"后汉书逸民传注，今人谓以计数取之曰篡。章太炎先生曰："寻汉时谓叔因曰篡。最致亦争而得之。与窃攘稍少殊。若春秋言臣仆窃宝玉。言盗窃宝玉大弓，仆藉国人之力以弑君，因取宝玉。阳虎说甲如公宫，取宝玉大弓以出。此皆大盗攻劫，非探囊胠箧而已。然则致篡窃最一义。"篡""窃""最"皆齿音状声。篡与"致"则为寒对转。

~~戳同措""辞"~~ 赦同措

《攴部》"赦，置也。从攴，赤声。䞒 赦或从亦

《手部》"措，置也。从手，昔声。

此二字同。《网部》"置，赦也。"是赦与置为同义词。《释诂》"赦，舍也。"

攸即游泳之正字。游乃旗游字。

《攴部》"攸，行水也。从攴，从人，水省。

𢼊 秦刻石峄山。石文攸字如此。

案《㫃部》"游，旌旗之流也。从㫃，汓声。逕古文游。此与泳声义相近。攸《毛公鼎》《召伯簋》《颂鼎》皆作"𢼊""攸"，中为水字，益明。钱坫说"唐写本作水行攸攸也。中作'｜'"（与毛公鼎同。

北京市电车公司印刷厂出品 八二·八

敭同傷

《攴部》敭，侮也。从攴，从易，易亦声。

《人部》傷，轻也。从人，易声。一曰交傷。

敭傷同音义近。古文献皆以易为之。《礼记·乐记》有"慢易"。《魏志·贾逵传》"逵性刚，素侮易诸将。"欧阳修《画锦堂记》"皆得易而侮之。"

敗即敝后出

《㡀部》敝，帔也。一曰败衣。从攴，从㡀，㡀亦声。𧶠 籀文敗

敗训毁，敝训敗。敝与敗音义皆同。施于衣者则曰敝。

攻同"功""敂""攷"

《攴部》"攻，击也。从攴，工声。""敂，击也。从攴，句声。读若扣。""攷，敂也。从攴，丂声。"

《力部》功，以劳定国也。从力，从工，工亦声。

顾炎武曰峄山刻石"功战日作"当是攻字。古人以攻功二字通用。《齐侯镈铭》"肇敏于戎功"作攻。"《宋书·山居赋》"攷弦"即《江赋》之"叩弦"。段：舟底曲如弓，故其上曰弦。"叩即敂字。侃"。钱坫说："《诗》'子有钟鼓，弗鼓弗考。'

北京市电车公司印刷厂出品 八一·八

传：考，击也。即此字。凡经典考击之考，皆当作攷。”今俗字作“拷”。

𢿍即“倳”“剚”字，俗讹为“𢿍”“嗤”。

《攴部》𢿍，刺也。从攴，蚩声。

𢿍训刺字或作“倳”。《汉书·蒯通传》“慈父孝子所以不敢事刃於公之腹者，畏秦法也。”注，李奇曰“东方人以物臿地中为事”。师古曰“事音侧吏反，字本作倳。”钱坫说《史记》“不敢剚刃于公之腹。即𢿍字。”刺引申为讽刺。作“嗤”《后汉书·樊宏传》“时人嗤之。”作“蚩”陆机《文赋》“虽浚发于巧心，或受蚩于拙目。”

[illegible]同“[illegible]”“[illegible]”“[illegible]”声同剺

《攴部》“𢻻，坼也。从攴，从厂，厂之性坼，果熟有味，亦谓之𢻻。从未声。

《刀部》“剺，剥也。划也。从刀，𢻻声。

二字声义相通。

敇同“箠”“策”“棰”。敇即《[illegible]》策其马之策。

《攴部》敇，击马也。从攴，朿声。

《竹部》箠，“击马也。从竹，垂声。”策，箠也。

从竹，垂声。

《手部》捶，以杖击也。从手垂声。

案《竹部》"策，马箠也。"训箠者，笍下云"羊车驺箠也，箸箴其端。"故知马箠为策，策有刺义。古者刺击通言，論语"策其马。"训击马若当作"敕"。以其器言则曰策，以其用言则曰敕其实一也。"箠""策""捶"古在歌部，歌与支部相通。

敕同"确""塙""墽""硗""礐"

《攴部》敕，擊马也。从攴，朿声。

《土部》"墽，硗也。从土，敫声。""塙，坚不可拔也。从土高声。"

《石部》"确，磐石也。从石，角声。""嗀，确或从殻。""硗，磐石也。从石尧声。""礐，水边石也。从石巩声。春秋传曰闕礐之甲。"

钱坫说"仓颉篇敕击也。"擊应作"击"。

卜即剥之古文。卜与剥同训

《卜部》卜，灼剥龟也。象炙龟之形。一曰象龟兆之纵横也。

《刀部》剥，裂也。从刀，从录。录刻割也。录声。卜刂剥或从卜。"劃，剝也。从刀，合声。

古代有事问卜，先裂其龟的腹背，叫作"剥"。《诗经》"爰契我龟。"毛传"契，开也。"此剥龟也。（《笺》云"契灼其龟而卜之。"《正义》曰"契龟者契开出其兆。"训契为开）剥训剖，两字声义相同。然后以炎灼之，然后观其裂爆的文理，得其吉凶。故卜又爆之古文。《火部》"爆，灼也。"爆灼之文有纵横，此所谓象龟兆之纵横也。

占同𠧩

《卜部》"占，视兆问也。从卜、口。""𠧩，卜问也。从卜，召声。"

《周礼》有占人。注曰，"占蓍龟之卦兆吉凶。"又曰"占人掌占龟。"段曰"此云视兆问，亦专谓龟卜。"《广雅·释诂二》"占，视也。"又四"占，验也。"《礼记·月令》"命大史衅龟筴占兆。"注云，"占兆龟之繇文也。"𠧩亦训卜问，与占同字。

兆为跳跃之初文

《卜部》"兆，灼龟坼也。从卜，兆象形。兆，古文兆省。"

卜为灼剥龟，兆象龟兆之纵横，卜引申训爆。兆引申训跳。跳与逃同。

贞与鼎通

《鼎部》鼎下云"籀文以鼎为贞字"

葡同"畐""富"。

《用部》葡，具也。从用，从苟省。

《畐部》畐，满也。从高省，象高厚之形。读若伏。

《宀部》富，備也。一曰厚也。从宀，畐声。

段曰："具，供置也。《人部》備，慎也。然则防備字当作備；全具字当作葡。义同而略有区别。"

案備训慎，愊训诚志。诗毛传曰"慎，诚也"。可证備愊同语犹葡畐富同字也。畐象米禾充物，葡具即富足之义。

爻同殽

《爻部》爻，交也。易六爻头交也。

《殳部》殽，相杂错也。从殳，肴声。

段曰《食货志》"铸钱之情，非殽杂为巧，则不可得赢。'谓杂以铅铁也。《董仲舒传》'贤不肖混殽。'"是殽即殽杂、混殽之字。肴为文错、杂错之字。故二字相同。

~~楙同"茂"~~

北京市电车公司印刷厂出品 八一·八
(1553) 20×20=400

㸚即美丽之初文

《㸚部》㸚，二爻也。

章太炎先生曰，爾从㸚训丽，云其孔㸚。㸚若孔隙中日光影成交文。《墨经》"景倒，在午有端与影长。说在端。"午若一纵一横，本借为乂（五）。长即今所谓之線，端即今所谓点。凡光在交点成点时，有横光線之行，故罗交而景到。鄒伯奇格物補曰，"密室小孔透光成倒影。云鳥东飞，其影西逝，此之谓也。（本外論議說）"又曰"日光多引申为美文。

爽亦训明

《㸚部》爽，明也。从㸚，从大。𤕠 篆文爽。二也、疏 爽从㸚亦训明。如昧爽（《左传昭公三年》）爽。《诗、氓》"女也不爽"此爽借为"疏"。《老子》"五味令人口爽"。爽者借为"齭"。又与"谓"相转。

第四卷上

奞同"矆"又同"䁅"

《奞部》奞，大視也。从大瞏（鍇本作瞏声）讀若齤。

《見部》矆，大視也。从見，爰声。

《目部》䁅，大目也。从目，爰声。

此三字古文同

目即眸子之眸

《目部》目，人眼。象形，重童子也。𡇂古文目。

章太炎先生曰，"說文无眸字。《釋名》'眸，冒也。相裹冒也'是則眸即目字。眼之言艮也，目之言睦。睦，目順也。"

眼或同㹃

《目部》眼，目也。从目，艮声。

《牛部》㹃，牛很不從引也。一曰大皃。从牛，从臤，臤亦声。讀若賢。

《釋名》眼，限也。瞳子限限而出也。"《攷工記·輪人》"望其轂，欲其眼也。"鄭司農云"眼讀如限切之限。"鄭玄注"眼出大皃也。《車部》"𨏔，齊等皃。从車，昆声。周礼曰望其轂欲其輥。"

窅同"䁯"又同"⿱穴𣅀""窔""窈""杳""𣅀"

《目部》窅，深目也。从穴中目。"䁯，目陷也。从目，戚声。"

《穴部》"⿱穴𣅀，冥也。从穴，𣅀声。""窔窔窔，深也。从穴，交声。""窈，深远也。从穴，幼声。"

《木部》杳，冥也。从日在木下。

《日部》𣅀，望远合也。从日、匕。匕，合也。讀若窈窕之窈。

凡高亢则明，幽深则暗。窅训深窅目不明。《莊子·庚桑楚》"藏其身也，不厌深眇而已矣。"又《逍遥游》"窅然丧其天下。"段玉裁说《汉书·礼乐志》"窅冥桂華。"苏林曰窅音窅肤之窅。按窅肤即今坳突字。葛洪《字苑》作"凹""凸"。可证窅后出俗字作"凹"。䁯字钱坫说"今俗瞎眼字。"古窔合与𣅀来相通故同音。（"又字窅""䁯"亦同。）"杳""窈""窔""𣅀""⿱穴𣅀"皆与幽隐义相会通。并皆同音

睒同覢

《目部》睒，暂视皃。从目，炎声。读若白盖谓之苫相似。（《尔雅·释器》）

《見部》覢，暂见也。从見，炎声。春秋公

羊传》曰，覘然公子陽生。

段曰猝乍之見也。按与目部之眓音义皆同。

矘即瞠字

《目部》矘，目无睛直視也。从目，黨声。

钱坫说“《仓颉篇》作瞠。直视也。《汉书》作憆（汉书外戚传“武因问客，陛下得武书意何如？曰憆也。”）服虔注直视皃。並瞠字也。”《案后出又作“矘”《文选长笛赋》“留眎矘眙”李善云“《字林》曰，矘，直視皃。”

“瞴婁”即“朦朧”

《目部》瞴婁，微视也。从目，無声

瞴婁即朦朧犹㦟兜即懵懂（《说文·心部》㦟，忘也。㦟兜也。（段曰，疑当作㦟兜，忘也。㦟兜盖古语忘之皃也。犹今人曰糊涂不省事。）

又黄焯曰“朦《说文》作冡，覆也。后通作蒙。《说文》瞴，瞴婁，微视也。微视则不明，即朦朧之义。”

又“瞴婁”“朦朧”“㦟兜”“懵懂”亦即“瞢兜”“蔑兜”“模棱”“懞懂”“莽鹵”“孟浪”《左传》有“枚雷”。

北京市电车公司印刷厂出品 八二·十
（1549）20×20=400

睌䁅即今顢頇字

《目部》睌，目視皃。从目，免声。"䁅，大目也。从目，敃声。

案睌䁅聲韻連緜詞（古韵皆在先部）睌䁅，言視不明晰之义。即今俗語所謂"~~顢~~顢頇"。

睨同"倪""覫"。

《目部》睨，衺視也。从目，兒声。

《人部》倪，俾也。从人，兒声。

《見部》覫，旁視也。从見，兒声。

《史記·廉頗藺相如傳》"相如持其璧睨柱，欲以擊柱。"《莊子·山木》"雖羿、逢蒙不能眄睨也。"《釋文》李云"睨，邪視也。"《漢書·司馬相如傳》"睨部曲之進退。"顏師古注"睨，衺視也。"睨与倪同。《尔雅·釋魚》"左倪不類。右倪不若"《釋文》"倪本作睨。"《莊子》"馬知介倪"《釋文》李云"介倪猶睥睨也。"与"覫"音义亦同。

䁉同瞀。又同媢。

《目部》"䁉，低目視也。从目，冒声。（周書曰武王惟䁉）"瞀，低目謹視也。从目，敄声。"

《女部》媢，夫妒婦也。从女，冒声。一曰，

北京市电车公司印刷厂出品 八二·十
(1549) 20×20=400

相視也。

瞯与瞀同，由低目謹視义，即今之"瞄"字。亦与相視义近。《荀子·非十二子》"世俗之溝犹瞀儒"注"瞀，闇也"。朱駿声謂此"眊"之借字。

瞟同覭

《目部》瞟，瞭也。从目，票声。

《見部》覭，目有察省見也。从見，票声。《埤倉》"瞟瞭，明察也。"瞟与覭音义同。

~~瞻同"察"亦同"詧"~~

~~《目部》"瞭，察也。~~

眽同"䚊""𥄂""䁥"义同"𥄂"

《目部》眽，目財視也。从目，𠂢声。"䁥，小視也。从目，買声。

《𥄂部》𥄂，目不正也。从𦫳，从目。𥈞从此。讀若末。

《𠂢部》䚊，衺視也。从𠂢，从見。眽，籀文。段玉裁曰目財視当依《广韵》作邪。此与《𠂢部》䚊音义皆同。財視非其训也。"案段说未谛。財有小義，小与衺义相引申。《𠂢部》𠂢，水之衺流也。䚊，衺視也。𠂢义同眽。同"䁥"此皆睇

北京市电车公司印刷厂出品 八二·十

故有小义。旬训目不正，亦派睇衺视之义。

旬同瞚

《目部》旬，目摇也。从目，匀省声。眴或从目旬。瞚，开阖目数摇也。从目寅声。

案《首部》䀠下云"旬目数摇也。"《史记·项羽本纪》"梁眴籍曰，可行矣。"《说苑》"夫登高临危而目不眴，而足不陵，此工匠之巧也。"《庄子·庚桑楚》"终日视而目不瞚。"《释文》"瞚字又作瞬同音舜。动也。"案瞬即瞚之后出。~~《吕氏春秋·安成》~~《列子·汤问》"偕者瞬其目而拍王之左右侍妾。"又云"纪昌者学射於飞卫。飞卫曰尔先学不瞬而后可言射矣。纪昌归偃卧其妻之机下以目承牵挺，二年之后，虽锥末倒眥而不瞬也。"瞬字已广泛运用於文献中矣

䀫同覽

《目部》䀫，视也。从目，监声。

《見部》覽，觀也。从見、監，監亦声。

《尔雅·释诂》"監，视也。"《释文》曰"監字又作䀫。"《晋语》"使长監于世。"韦注監，觀也。"是䀫与覽同训之证。钱坫曰"此監察字。《诗》

何用不監（小雅），《国语》衛巫監謗，皆作此（瞷）。

相同"省"。亦与"睪"同

《目部》相，省视也。从目，从木。易曰地可觀者莫可觀於木（今《易》无此语。见《汉书·五行志》）詩曰相鼠有皮。

《眉部》省，视也。从眉省，从屮。𡭔，古少从囧。

《夲部》睪，目视也。从横目，从夲。令吏将捕罪人也。（段改为令

相字训省视，形从目从木。目是视觉的活动，木是客体事物。人是在陆地上生活的，而陆地上最明显标志是树木。《尚书·召诰》"周公相宅"郑注："相，视也。"引申为互相之相，是客体与视觉的统一。《诗经·棫樸》"金玉其相"《桑柔》"考慎其相"毛传皆云，"相，质也。"段玉裁说"质谓物之质与物相接也。"《广雅》"省，视也。"汉禁中谓之省中。师古注"言入此中者皆当察不可妄也。"《左传·僖公二十四年》"省视官具于汜"。钱坫"减省字当作渻""睪"训司视，司即后出之伺字。犹商鞅史传"收司连坐"收司即纠伺也。

督同"临""监"。又同"䳼"。目痛义同"𧡈"。

《目部》"督，察也。一曰目痛也。从目叔声。"

"䳼，目孰视也。从目，鸟声。读若雕。"

《卧部》"监，临下也。从卧，衉省声。𧦝，古文监从言。""临，监临也。从卧品声。"

《见部》𧡈，目蔽垢也，从见，𦣞声。读若兜。

《国策》"大王有意督过之"《汉书·[illegible]于[illegible]传》"诏丞相、御史督二千石求捕。"又曰"宜有以教督。"

雕为猛禽，在上空孰视下物以捕鸟兽。瞿下云"鹰隼之视也"。鹰隼俯瞰下视以求狐兔。与䳼训孰视义通。云"读若雕"者，实即雕之视也。

督另一义训"目痛"，则与𧡈同。《庄子》"缘督"则当作"裻"。

瞥 此障瞥正字

《目部》"瞥，过也。又目翳也。从目，敝声。一曰财见也。"

段玉裁谓过有倏忽之意。《淮南子·说林训》"鳖无耳，而目不可以瞥，精于明也。"《广成颂》"翕不得瞥。"《思玄赋》"游尘外而瞥天。"训"射光"，射[illegible]边也。

北京市电车公司印刷厂出品 八二·十

(1549) 20×20=400

䀿同脩

《目部》"䀿，目不正也。从目，兆声。""脩，眣也。从目，攸声。䀹，脩或从丩。"

徐锴说"潘岳《射雉赋》'目不步体，衺䀿旁剔。'"常《释诂》"覜，视也。"《见部》"覜，诸侯三年大相聘曰覜。覜，视也。从见，兆声。"由此可知䀿是《说文》作覜。又唐人小说"术士相其夫人目脩而缓，主淫。"眣亦目不正也。故䀿与脩同。

眣同詄"𡕥""睇"

《目部》"眣，目不正也。""睇，目小视也。从目，弟声。南楚谓眄曰睇。"
《夐部》"𡕥，举目使人也。从攴，从目，读若颭。"
《言部》"詄，諕也。从言，失声。"

《公羊传·文公七年》"眣晋大夫使与公盟也。"何休云"以目通指曰眣。"（或曰应作眣，《异体文字》方解，而眣不见于说文。）钱坫说"《公羊传》'眣'字《左传·成二年》郤克眣鲁卫之使，使以其辞而为之请。"皆与𡕥同。钱坫说"《繫传》作'目小邪视也'，诗正义引作小邪视也。方言文（《方言二》"瞯、睇、睎、略，眄也。陈楚之间南楚之外曰睇。东齐青徐之间曰睎。吴扬江淮之间或曰瞯，或曰略。自关而西秦晋之间曰眄。"）郑

《易·明夷》睇于左股云，旁视曰睇。《内则》睇视。注，"倾视也。"是有邪字为允。不睇视所谓目容端也。"《夏小正》燕乃睇。说曰睇乃眄也。"

眇古书作"妙"。微妙之妙由眇之引申

《目部》眇，一目小也。从目，从少，少亦声。《方言十三》杪、眇，小也。钱坫说"古即妙字。《易》眇万物而为言。《楚辞》"美要眇兮宜修。"案《汉书·外戚传》"轻细微眇之渐。"注云"眇亦细也。"又《后汉书·班固传》妙古昔而论功。注云，"妙，美也。"

眄同瞑

《目部》"眄，目偏合也。一曰衺视也。秦语。从目，丏声。""瞑，翕目也。从目冥，冥亦声。"~~钱坫说~~，《方言》"䀮、睇，眄也。自关而西秦晋之间曰眄。《列子》"一眄而已。"《释文》[illegible]流眄，一顾倾城。"瞑训翕目《释诂》翕，合也。《广韵》"眠，合目瞑瞑"《文选李善注》瞑，古眠字。江声从其说，钱坫谓古眠字当作"[illegible]"案钱说是。

[illegible]同眼

北京市电车公司印刷厂出品 八二·十

《目部》"眼，指目也。从目，叉声。""䀹，出目也。从目，見声。"

《考工记、梓人》"凡攫閷援簭之类，必深其爪，出其目。"此谓刻猛兽之爪必深入，目必高出。凡猛兽怪必突出其目。《手部》"揞，搯擭也。"

《史记、吴世家》"子胥以手抉目。"钱坫说"今俗谓搯目为眼。"皆出目也。

眭，蘬眭字当作丵

《丵部》丵，丵生艸也。象丵嶽並出也。读若浞。

《尚书》"元首丛脞哉。"《释文》引马融注"小也。"《说文》无"脞"字。应作眭。

瞚后出字作瞬。~~瞚同眴~~

~~《目部》瞚开目~~

《玉篇》《广韵》瞚瞬同《庄子、庚桑楚》"儿子终日视而目不瞚。"《释文》瞚字又作瞬，动也。

眙同䚋

《目部》眙，直视也。从目，台声。

《見部》䚋，视不明也。一曰直视。从見，𢍁声。

《方言七》"倸、眙，逗也。南楚谓之倸，西秦谓

北京市电车公司印刷厂出品 八二·十
(1549) 20×20=400

謂之眙。逗其迺謂也。鄭注"逗今之住字也。"

眄同"怨""詭""詭""惜""㥁""恨""慼""婞""㦽"

"恚""嫉"

《目部》眄，恨視也。（皆见詭下）

䀠同"奭""界""矍""顴"

《䀠部》䀠，左右視也。从二目。读若拘。

又若良士瞿瞿。

《䀠部》奭，目衺也。从䀠，从大。大，人也。

《夰部》界，举目驚界然也。从夰，从䀠，䀠亦声。

《頁部》顴，還視也。从頁，雈声。

《雈部》矍，矍矍，商也。从又持雈。一曰視遽皃。一曰矍，度也。彠 矍或从尋，尋亦度也。

楚词曰求矩彠之所同。

䀠奭界三文並屬其体字。顴训還視，章太炎先生曰還視者必左右轉，然后反其背。左右轉視者亦將反背。本无異也。詩传曰瞿瞿然顧礼义。則明瞿即顧矣。按《詩·唐風·蟋蟀》"良士瞿瞿"許君用读若明同字。《隹部》瞿训鷹隼之視也。亦左右觀聎以求狐兔也。故字从䀠义亦相通。又同"矍"训商，商即度。《中古詩传》經營規度。《谯敏传》"君商时度世。"《淮南子·人间训》"凡人之举事，莫不先以其知，规虑揣度，而后敢以定谋。"《离骚》"求矩矱之所同。"王注："矱，度也。"章太炎先生曰："商度若必左右视。犹驻之极巧视也。"人持雈，雈必左右视，故以其形象以写人之商度。

䀠同䚖

《䀠部》䀠，目围也。从䀠、𠂆。读若书卷之卷。古文以为醜字（从锴本）

《見部》"䚖，好视也。从見，丑声。"

案《面部》䩄，面见也。从面見，見亦声。诗曰："有䩄面目。"毛文作靦。读他典切。《诗小雅·何人斯》"有靦面目，视人罔极。"《毛传》"靦，姡也。"《说文·女部》"姡，面䩄（今本误作䩄）。"《说文》丑䩄姡的歌寒对转。其声或喉或舌。䀠以目美为本义，醜其引申也。又有"嬛"训好也。《韩诗》有"婘"字，云好貌。《玉篇》云或作"嬛"。皆嬛之后出。又有䀠训目围亦有文。䚖为好视与䀠同意，韵亦歌寒对转。

[illegible]同丙"[illegible]""商""[illegible]"

《自部》臱，宀宀不見也（据锴本改）。闕。

《宀部》⿱宀臱，臱臱不見也。一曰臱臱不見省人。从宀，臱声。"⿱宀丏，冥合也。从宀，丏声。讀若《周书》'若藥不眄眩'。"

《丏部》丏，不見也。象壅蔽之形。

《見部》覕，蔽不相見也。从見，必声。

以上诸字皆喉音，或同部或对转。钱坫说"丏"即今之眠字。

者同诸

《白部》者，别事词也。从白，𣥂声。𣥂，古文旅。

《言部》诸，辩也。从言，者声。

段曰："言主於别事則言者以别之。"诸训辩，辨别同义，与者同。《释鱼》曰："龟，俯者靈，仰者謝。前弇诸，果；后弇诸，獵。"此诸者互用，诸即者字。诸又引申为众词。

段曰："凡俗语云者箇、者般、者回皆取别事之意。不知何时以迎這之這代之。"宋末王衍《醉妆词》曰："者边走，那边走，只是寻花柳。"这尚作"者"。可見這正作"者"，可见者边、那边。北京话话说"这儿""那儿"

鼾同眉"齂"

《鼻部》"鼾，卧息也。从鼻，干声。读若汗。"

"齂，卧息也。从鼻，隶声。读若虺。"

《尸部》眉，卧息也。从尸、自

《广韵》鼾，卧气激声。许干切。《集韵》吴人谓鼻声为鼾。《尔雅·释诂》"齂，息也。"郭云："齂气息皃。"此与眉音义皆同。清陈启源曰："《邶风》'伊余来塈'，《大雅》'民之攸塈'，凡三塈，传笺皆训息。"皆齂之借字。段玉裁说："西京赋、吴都赋皆用奰眉字，说者谓作力之皃也。奰见大部（《亣部》"奰，壮大也"）奰俗作赑，眉俗讹屃，又讹屭。今学者罕知其本字矣。眉之本义为卧息，鼻部所谓鼾也。用力者必鼓其息，故引申之为作力之皃。"

翠同鷸

《羽部》翠，青羽雀也。出郁林。从羽，卒声。

《鳥部》鷸，知天将雨鸟也。从鸟，矞声。礼记曰知天文者冠鷸。鹬，鷸或从遹。

《左传·僖公二十四年》"郑子华之弟子臧好聚鷸冠。"

北京市电车公司印刷厂出品 八二·十
(1549) 20×20=400

杜注郑伯闻而恶之，使盗杀之。'杜注"聚鹬羽以为冠。恶其非法之服也。"颜师古《匡谬正俗》"鹬水鸟，天将雨即鸣，古人以其知天时，乃为冠，象此鸟之形，使长天文者冠之。《逸周书》知天文者冠鹬（述）"。《尔雅·释鸟》曰"翠，鹬。"

章太炎先生曰，"翡翠本以雌雄为異，翠亦兼赤。故绌音近翠，而训绛。瓊音近鹬而训赤玉（瓊通亦作璚）《魏都赋》'矞雲翔龍'。注以为外赤内青。盖鹬色如此。"翠鹬同源以羽色。此同状异所之例。

羿同𢏚

《羽部》羿，羽之羿风，亦古诸侯也。一曰射師。从羽，开声。

《弓部》𢏚，帝嚳射官，夏少康滅之。从弓，开声。论语曰𢏚善射。

《开部》开，平也。象两干对構上平也。鷹隼飞翔上空，两翼对構上平。因而善射飞鸟者亦以羿名。𢏚即羿之異体字。《论语疏》引贾逵曰"羿之先祖世为先王射官，故帝嚳赐羿弓矢使司射。"是《弓部》𢏚字与《羽部》羿字同。

翕同興"起"

北京市电车公司印刷厂出品 八二·十
(1549) 20×20=400

翬同奮

《羽部》翬，大飞也。从羽，軍声。一曰，伊雒而南，雉五采皆備曰翬。诗曰有翬斯飞（从锴本）

《奞部》"奮，翬也。从奞在田上。诗曰，不能奮飛。

《尔雅、释鸟》"鹰隼醜其飛也翬。"郭璞注"鼓翅翬翬然疾"。《方言》"翬，飛也。"郭注"翬翬，飞兒。"《广韵》"奮，揚也。鸟张羽毛奮奞也。"奮与翬对转，翬从軍声则屬韵。（章太炎先生曰，"奞训鸟张飞羽自奮。本读若睢，朱翱音思振反，盖亦凡之变也。"依章说则奮亦有疾义。）《诗传》"不能如鸟奮翼而飛去。"

翏同翂。又同"𦐇""翱"

《羽部》"翏，高飞也。从羽，从㐱。"翂，飞兒。从羽，分声。"𦐇，飞盛兒。从羽，从冃。（锴本作冃声）"翱，翱翔也。从羽，皋声。

《莊子、齐物论》"而獨不闻之翏翏乎"，注"长风之声。"（正字作飂。）按~~《逍遥游》"而后乃今培风"。故翏有~~风声之训（之训作义），实即高飞之意。翏与翱同部。《诗经、齐

北京市电车公司印刷厂出品 八二・十
(1549) 20×20=400

风·载驱》"齐子翱翔。"《清人》"河上乎翱翔。"翱翔往往连用。《释名》"翱，敖也。言敖游也。"段玉裁说"《广雅》翋𦐇，飞也。即《说文》之翊𦐇。声韵字也。"又按《日部》"昱，明也。"《周礼·天府·司几筵》注引作"翌日"。翌即翊之变体。此则以翌为昱之借字。章太炎先生曰"翏高飞也。对转缉亦为翊，与高翔之翱相係，飞皃也。汉《郊祀歌》"泛翊翊。"师古音立，曹宪《博雅音》亦有力荅一切，皆与翏正纽双声。则翏次对转盍为翜。

翔同揚

《羽部》翔，回飞也。从羽，羊声

《手部》揚，飞举也。从手，昜声。敭，古文

《尔雅·释鸟》"鸢乌丑，其飞也翔。"郭云，"布翅翱翔。"《淮南子·原道训》"凤以之翔"注云"大飞不动曰翔。"《俶真训》"鸟欲翱翔"。注云"翼上下曰翱，直刺不动曰翔。"案翔与揚同皆羽之对转音也。章太炎先生曰"翔，回飞也。音本如羊。后读如详，从翔读如羊而变之，则为揚，亦飞举也。揚始盖祇作昜，开也。一曰飞揚。"

北京市电车公司印刷厂出品 八二·十

翯同皠

《羽部》翯　鳥白肥泽白皃。从羽，高声。诗

　曰白鳥翯翯

《白部》皠，鳥之白也。从白，隺声。

诗经·大雅·灵台》白鸟翯翯。毛传："翯翯肥泽也。"《释文》引字林云"鸟白肥泽曰翯。"诗传因诗文有"白鸟"以白在其中也。何晏赋"皠皠白鸟。"皠与翯同。贾谊书作皜皜。孟子作鹤鹤。

翿同俦

《羽部》翿，翳也。所以舞也。从羽，𣪘声。诗曰左执翿。

《人部》俦，翳也。从人寿声。

又后出字作"翿""幢""纛"

尔雅·释言》"翢，纛也。纛，翳也。"《周礼·地官乡师》曰"及葬执纛以与匠师御柩而治役"。郑司农曰，翢，羽葆幢也。尔雅曰：纛，翳也。翢即翿之隶变。先郑亦以"纛""翢"为同物。案古代车上和跳舞皆有盖斗，盖斗就是伞。汉人叫作"羽葆幢"，[illegible]《礼记·杂记》正义曰"羽葆者以鸟羽注于柄头如盖，谓之羽葆。葆谓盖也。"《汉书·高帝纪注》"纛，羽毛幢也。"《史记司马相如传》颜师古注云，"葆，今所谓纛头也。"《后汉书·光武纪》李贤注曰"合聚五采羽名为葆。"是葆即盖斗"又名盖部"。

又《方言二》"翢幢，翳也。楚曰翢，关西

关东皆曰幢。翻翳之变体，幢字不见于《说文》。《释名·释兵》翻，陶也。其貌陶陶下垂也。又"幢，童也。其貌童童然也。"又后出字有"焘"《礼记·中庸》曰"莫不覆帱"。郑注，"帱亦覆也。帱与焘同。"是翳有覆义。故训翳。《人部》"俦"，亦训翳，与翳同字。亦覆蔽之义。《玉篇》以俦为俦侣，窃疑俦侣之俦当作"雠"。

雅同鸒。雅正之雅正作疋。雅言之雅正作夏。

《隹部》"雅，楚乌也。一名鸒。一名卑居。秦谓之雅。""鸒，卑居也。从鸟與声。"

《诗经·小雅·小弁》"弁彼鸒斯，归飞提提。"毛传："弁，乐也。鸒，卑居也。卑居，雅乌也。提提，群貌。"《尔雅》"鸒斯"郭注云"雅乌也。小而多群，腹下白。"《小尔雅》"纯黑返哺者谓之慈乌。小而腹下白不返哺者谓之雅乌。"参此数说，雅乌即今江东下种时成群而来啄麦子的叫"鸒""卑居""雅乌"。但群经雅多训正。诗的六义，一曰雅。《大序》曰雅者正也。此雅字当作"疋"，"疋"下云"古文以为诗大雅字。"此雅字训正之始。又《论语》"子所雅言，诗、书、执礼皆雅言也。"清刘台拱谓"雅之为言夏。"又雅古字音同义通。引《荀子·荣辱篇》"越人安越，楚人安楚，君子安雅。"《儒效篇》"居楚而楚，居越而越，居夏而夏。"证雅夏通用。荀氏《申鉴》，左氏《三都赋》亦有"音有夏楚"之语。故语言有夏语、楚语之别。夏即中原之语、国都语。汉族原于华山夏水，因以华夏为中原。周秦以来多建都於此，故以国都为夏语，也就是标准语。清阮元谓"雅言者，官话也。"而以楚语为方言。黄季刚先师在《声韵略说》中说"大抵地域之分，南北为其大介。昔《荀子》屡以'楚''夏'对言，至《方言》多载南楚之语。《楚辞》一编，纯乎楚声。《文心雕龙》载张华论韵，谓'士衡多楚'，又谓~~士衡多楚~~'衔灵均之声余，失黄钟之正响。'至永嘉之乱，中原入夷。然彼东渡，遂为正朔。自尔南土之音，转为雅正。然方言俚语，尚有楚风。（《宋书》谓'高祖累叶江南，楚风未变。'此文明言江南音也，楚者指其方语）。见北朝人士言语简陋者，抑又有间矣。"我国是多方言，皆以雅言为正。《尔雅》

之名，亦由是出。

巂周"燕""乙"

《巂部》巂，周燕也。从隹，屮象其冠也。冏声。一曰蜀天~~闻子巂鸣皆起~~望帝婬其相妻，慙。亡去化为子巂鸟。蜀人闻子巂皆起云，望帝（从锴本）。

《燕部》燕，玄鸟也。籋口，布翄，枝尾。象形。

《乙部》乙，玄鸟也。齐鲁谓之乙。取其名自呼。象形。鳦，或从鸟。

《尔雅·释鸟》"巂周，燕燕，鳦。"舍人云"巂周名燕燕，又名鳦。"孙炎云"别三名。"郭璞以巂周为子巂鸟，以燕鳦为玄鸟，别二物。以语音考之"巂""燕""乙"三字皆双声。

章太炎先生曰"乙燕此二皆初文。语有阴阳，声有弛张，遂若二文。字转队变易为巂（變支）巂周，燕也。此则后出字也。乳孔字从乙，训通，燕者请子之候，人道于是乎通也（古盖以燕象人阴，即阳道也。故騴为马白州，州即阴窍，亦从燕得声。）燕亦引申训安，训嘉美训好，与孔同类。凡言燕好、燕乐、燕暱皆是也其晏安二字皆女，叟为宴偠皆同训。案"燕""姲""匽""妟"皆同声义。（又按"周""州""舟"同音义。马白州之州，車前之輈，皆象男阴。故篇周之周亦象男阴。）

雛尔雅有"鶵"字同此

《隹部》雛，雞子也。从隹，芻声。鶵籀文雛从鳥。

案《尔雅、释鳥》"鶵，山烏"。郭注"似烏而小，赤嘴穴乳，出西方。"

離同䨲。離别字正作"鸝"，又当作"鵹"

《隹部》離，黄倉庚也。鳴则蠶生。从隹，离声。䨲，䨲黄也。从隹，黎声。一曰楚雀也。其色黎黑而黄。

段曰"離黄，倉庚也。此二字应为复文。今《尔雅》作"鵹"《释鳥》云"鵹黄，楚雀。"郭注"即倉庚也。"又作"黧"云，"倉庚，黧黄也。"郭注，"其色黧黑而黄，因以名云。"《释文》并作鵹。

雕同"鷻""鷲"

《隹部》雕，鷻也。从隹，周声。鵰籀文雕从鳥。

《鳥部》鷻，雕也。从鳥，敦声。诗曰匪鷻匪

北京市电车公司印刷厂出品 八二·十
(1549) 20×20=400

焉。"鷲，鳥黑色多子。师旷曰，南方有鳥名曰羌鷲。黄头，赤目，五色皆備。从鳥就声。"

馬融注《太誓逸篇》"雕，鷙鳥也。"《南山经》"其状如雕而有角"注"雕似鷹。"《诗传》"雕，鳶，贪残鳥也。"今俗谓有其人刁悍，刁实当作雕。《史记、货殖列传》"民雕悍少虑。"索隐曰，"言如雕性之捷悍也。"《史记、李将军列传》"是必射雕者。"服虔曰雕，一名鷲。"又鷲雕互训。此二字同。雕鷲双声，雕鷲叠韵，古音同。

隿即弋字

《隹部》隿，缴射飞鳥也。从隹，弋声。

今经典作弋。《易、小过》"公弋取彼在穴。"《诗、女曰鸡鸣》"弋凫与雁"。《论语-述而》"弋不射宿"等并当作隿。隿射飞鳥，飞鳥亦名鳶。而《说文》未録。

雁后出字有"鴈"

《隹部》雁，鳥也。从隹，瘖省声。或从人，人亦声。䧹 籀文雁，从鴈，从鳥。

《左传》"如鹰鸇之逐鳥雀也"又《昭公十七年》

"爽鸠氏司寇也。"杜注："爽鸠，鹰也。"后出又有"鷣"字。《尔雅·释鸟》"鷣，负雀。"郭注："鷣，鹞也。江东呼之为鷣，善捉雀，因名云。"

雝训和正字作"愉"

《隹部》雝，雝𪆫也。从隹，邕声。

案《书·尧典》"黎民於变时雍"。注："雍，和也。"（雍与雝同，邕同雝。邢疏：雝字和，作〔依〕）《诗·何彼襛矣》"曷不肃雝"。毛传："雝，和也。"又《礼记·乐记》"雝雝，和也。"章太炎先生曰："东侯对转，字借为愉。《论语·乡党》'愉愉如也'。郑君曰：'愉愉，颜色和。'愉又作姁。《汉书·韩信传》'言语姁姁'。师古曰：'姁姁，和好貌也。'《史记》作'呕呕'，重言为雝容。'貌即区为貌，容区'亦东侯对转矣。或曰，雝𪆫之为鸟，飞则鸣，行则摇，故声音赴节者谓之雝。乐府有精列篇，专其节奏。故言和谓之雝。"

雉一曰雉度即"度支"字。亦"雉堞"字。

《隹部》鴙，鸟也。一曰雉度

钱坫说："鴙，雉属也。雉度，度支字。"案《晋书·职官志》有度支尚书。鴙与雉同。《考工记·匠人职》"王宫门阿之制五雉，宫隅之制七雉，城隅之制九雉。”郑玄注“雉长三丈，高一丈。度高以高，度广以广。”清人阮元说，雉与緻同音。雉有度量之义，緻有度量之义。雉緻皆用长绳平引度物之名。《封人》“置其緻”，司农注“緻著牛鼻绳，所以牵牛者，今时谓之雉。与古书同名。”今《说文》以“雉”字为之。《韵会》曰“雉度犹言度丈也。”亦即“堵雉”之名。

《周礼·地官·封人》“置其緻。”郑众注，“緻，著牛鼻绳也。所以牵牛者，今时谓之雉。与古者名同。”郑玄注“緻字当以豸为声。”案《说文》无緻字，原本顾氏《玉篇·糸部》“緻字书亦紖字也。”《说文·系部》“紖，牛系也。读若矤。”（《方言》矤，吕，长也。东齐曰矤，宋鲁曰吕。）大徐本音直引切。汉时谓之雉。段玉裁说“緻字从系豸声，音直氏切，古音直氏反，雉古音在十脂微部。部分最近。又双声。故司农曰名同。”紖读若矤音直引切。与矢亦同部。三字当以紖为正字，雉为借字。緻为后出字。《礼记·少仪》曰，“犬则执緤，牛则执紖，马则执靮。”郑注“緤、紖、靮皆所以系制之者。”《祭统》“及迎牲，君执紖。”注云，“紖所以牵牲也。周礼作緻。”《广雅·释器》

曰"纠，索也。"古人用绳子，亦可以丈量土地。《左传·定公四年》"疆以周索"、"疆以戎索"。索即绳子，以绳丈量边界之谓。故推亦训丈量墙墙。又《左传》"晋太子申生雉经而死"，盖谓以绳自缢而死。

⿰隹㪔此分散正字

《隹部》"⿰隹㪔"，缴⿰隹㪔也。一曰飞㪔（锴本）也。

《肉部》"散"，杂肉也。此分散字。

雁同奞

《隹部》"雁"，鸟也。从隹，瘖声。

《奞部》"奞"，鸟张羽毛自奋也。从大，从隹。读若睢。

此二字音义同。

亦同"匹"、"⿱頻言"。又同"㒼"。后出字作"⿰畀頁"。

《竹部》"⿱竹㒳"，相当也。阙。读若㒳。

《匸部》"匹"，四丈也。从八、匸，八揲一匹，八亦声。

《言部》"⿱頻言"，匹也。从言，頻声。

《㒳部》"㒼"，平也。从廿，五行之数，二十分

北京市电车公司印刷厂出品 八二·十
(1549) 20×20=400

为一辰。㒳㒼平也。读若蛮。

章太炎先生曰"寻芇字在丫部则从丫，左右角相当也。下作平行之形。"案先有对转则芇字同匹。《诗传》曰"匹，配也。"《尔雅·释诂》曰"匹，合也。"章太炎先生曰，"匹，夫妇之道。《素问》所谓隐曲，故从匸。引申（乃）为训四丈，分两两卷之也。"芇匹又同"醫"，醫匹也。钱坫说，此（芇）与㒼字同。《广雅》"㒼，当也。"忘作此。"案當与匹耦之。又《方言二》䫉（音绵），雙（宋本讹为隻）也。南楚江淮之间曰䫉，或曰膝。"郭璞曰，"此论雙耦。"案䫉字《说文》无。即芇之后出。

《广韵》曰"今人赌物相折谓之芇"章君谓"此今义也。"

苜同覛

《苜部》苜，目不正也。从𦫳，从目。蔑从此。读若末。

《𠂢部》覛，衺视也。从𠂢，从目。𥆌，衺~~视之也~~籀文。

"苜""覛"双声，义同

北京市电车公司印刷厂出品 八二·十
(1549) 20×20=400

𦫳 俗字作丫头之丫。亦即枴杖之枴。

《𦫳部》𦫳，羊角也。读若乖。"乖，戾也。从𦫳𠧪。"

𦫳本义训角，引申训不正。今俗之女总角。今曰丫头。《释名》"枴或曰丫。丫杖转于头，丫杖转于头，故以名之也。"丫即𦫳之省。此枴杖字《广韵》作"柺"，字从冎声。冎变为另，犹"剐"变为别。

瞢同梦"懜""儚"

《苜部》瞢，目不明也。从苜，从旬。旬，目数摇也。

《夕部》梦，不明也。从夕，瞢省声。

《心部》懜，不明也。从心，梦声。

《人部》儚，惛也。从人，梦声（作薨声者误）

此四字音义并同。梦寐之梦《说文》作"㝱"，云"寐而觉者也"。又公侯死曰薨。章太炎先生曰："薨，公侯猝也。亦言其死以㝱寐为辞尔。"

羔同𦍺

《羊部》羔，羊子也。从羊，照省声。"𦍺，羊未卒岁也。从羊，兆声。或曰夷羊百斤左右为𦍺。读若春秋盟于洮。"

北京市电车公司印刷厂出品 八二·十

(1549) 20×20=400

《广雅》："羊，牡一岁曰牡䍮，牝一岁曰牝䍮。"黄季刚先生曰："然所以言从縣声者，以与䍮同文知之。"

羸同"瘠""臠"

《羊部》"羸，瘦也。从羊，羸声。"

《肉部》"膌，瘦也。从肉，脊声。𤵸古文膌，从疒，从朿，朿亦声。""臠，臞也。从肉，䜌声。诗曰，棘人臠臠兮。"

《左传·桓公六年》"请羸师以张之。"杜注："羸，弱也。"《国语·楚语》"民之羸日已甚。"韦注："羸，瘠也。"段玉裁注古文𤵸下注云："朿，木芒也。木芒是老瘠之状。《吕览》曰凡耕之大方，棘者欲肥，肥者欲棘。高云，棘，羸瘠也。诗棘人之臠臠言臞瘠也。上亦有瘠土。按棘从並朿，故高云尔"案段从朿声说瘠之声训，并明𤵸由"朿"造字，极精确。章太炎先生曰："𤵸旁转歌变易为羸。𤵸声如帝，帝与羸皆舌音，对转寒为臠。《毛诗传》臠臠（今毛诗本），瘦瘠皃。"

[illegible]同[illegible]

北京市电车公司印刷厂出品 八二·十

《羊部》羵，䍴羵也。从羊，责声。

《羴部》羼，羊相厕也。从羴在尸下。尸，屋也。一曰相出前也。

《玉篇》"䍴，羊相䍴羵也。"段曰䍴羵叠韵字，犹委积也。"朱骏声说"《大戴记·夏小正》三月羴羊。《传》羊有相还之时，其类羴羴然。记变也。或曰羴，羝也。"羴即羼字。还者羊性群交配之时，则牡相还也。"《释名》厕，杂也。段曰羼相厕者杂厕而居，相出前者突出而前。

羣同宭

《羊部》羣，辈也。从羊，君声。

《宀部》宭，羣居也。从宀，君声。

《犬部》獨下云，"羊为羣，犬为獨。《诗·小雅·无羊》谁谓尔无羊，三百为羣。"羣与宭音义同。

美同旨

《羊部》美，甘也。从羊，从大。羊在六畜主给膳也。

《旨部》旨，美也。从甘，匕声。𠤣，古文旨。案美与旨音义同，同在灰部，如旨从匕声，则旨美又双声。

北京市电车公司印刷厂出品 八二·十
(1549) 20×20=400

𦍋 古文羌即羊之古文，以屮𥝌二字比知之

《羊部》羌，西戎牧羊人也。从人，从羊，羊亦声……𦍋，古文羌如此。

《尚书·牧誓》"及庸、蜀、羌、髳"。传曰"羌在西"。《诗经·殷武》"自彼氐羌"。笺云，"氐羌，夷狄国，在西方者也。"黄樵曰羌本姜姓，三苗之后，居三危。今叠宕松诸州皆羌地。《括地志》"陇右、岷、叠、宕州，西羌也。"殷商普布羌族人最多，由商坟墓中知之。故姜尚助武王伐纣。羌本羊字，其地以牧羊为生。古文𦍋即羊，上从屮象羊角，下从𠈌象羊毛。𥝌本从从象麦穗，羊毛亦极象麦穗。今俗亦以麦穗名羊毛。金文作"𦍋"亦羊字也。

羑即誂透字 同"㕗"

《羊部》羑，进善也。从羊，久声。文王拘羑里。

《厶部》㕗，相訹呼也。从厶，从羑。誘，或从言秀。𧥛或如此。𦦙 古文

钱坫说"此即诱字故云善。又即透字，故云进。"案即誂透字。（《言部》"誂，相呼诱也。"）

䍐即黫黑字

《羊部》䍐，羣羊相積也。一曰黑羊也。从羊，垔声。

《字林》有"黫"字，云"黑色也。"《周礼·司裘》"掌为大裘，以共王祀天之服。"郑众注："大裘，黑羔裘，服以祀天，示质。"

雙同雔。

《雔部》"雔，雙鳥也。从二隹。读若醻。""雙，隹二枚也。从雔，又持之。"

《酉部》"醻，主人进客也。酬，醻或从州。"对饮之义，引申为酬答，以物易物亦曰醻。雙与雔双声，亦韵对转。

鸿同"鹄""鹤"

《鳥部》"鴻，鴻鵠也。从鳥，江声。""鵠，鴻鵠也。从鳥，告声。""鶴，鳴九皋，聞于天。从鳥，隺声。"

玄应《一切经音义》引《说文》"鹄，黄鹄也。"又云"形如鹤，色苍黄。"段曰"黄鹄一名鸿。三字音义皆同。（鸿鹄鹤皆对转，又双声）"

~~夒同"雖""彝"~~

北京市电车公司印刷厂出品 八二·十

~~鷃亦作~~鴳，《内则》作鷃

《鸟部》鴳，雇也。从鸟，安声。

《庄子·逍遥游》"斥鴳笑之。"《释文》"鴳字亦作鷃，司马云鴳，鴳雀也。"许慎注《淮南子》"鷃雀飞不过一丈。"

焉同"鶯""離""⿰黎隹"

《鸟部》焉，焉鸟，黄色出于江淮。象形。

凡字朋者羽虫之长，乌者日中之禽，舄者知太岁之所在，燕者请子之候作巢避戊己。所贵者皆象形。焉亦是也。

《鸟部》鶯，鸟也。从鸟，荧省声。诗曰，有鶯其羽。

《隹部》離黄，仓庚也。鸣则蠶生。从隹离声。"⿰黎隹，⿰黎隹黄也。从隹，黎声。一曰楚雀也。其色黎黑而黄。

章太炎先生曰，邵廷校谓，江淮多仓庚，以为蠶候。故贵之。焉鸟字旁转读为鸎。《说文》无鸎字，其鶯字训鸟，而诗'有鶯其羽'传云'鶯然有文章。''仓庚于飞熠燿其羽'则得名于鶯固宜，未必俗人讹误也。焉歌对转当如阿。杨舒则当

(1549) 20×20=400

北京市电车公司印刷厂出品 八二·十

古音如離。離黄倉庚也。離音如羅，今吾粵者，犹我為蘿，蛾為羅。以喉音舒作舌音也。離轉腩列為離。其始皆為字之变，邓说最合。

第四卷下

華同籓。亦与簸通

《華部》華，箕属所以推弃之器也。象形。官溥说。

《竹部》籓，大箕也。从竹，潘声。一曰蔽也。

《箕部》簸，扬米去糠也。从箕，皮声。

~~《方言》"華，弃也。凡挥弃物之谓。"~~竹部籓训大箕也与華同。此簸箕字。~~《箕部》~~簸训扬米去糠而箕亦训簸。華籓与簸犹出声之滂帮旁转也。華之同则为粪"弃除也。为埽"扫除也。《方言》有"拌"字云弃也。楚凡挥弃物谓之拌。案華"籓"为同字。簸盖与拌则同源也。

畢同繴

《華部》畢，田网也。从華。象畢形微也。或曰田声。

《糸部》繴谓之罿，罿谓之罬。罬谓之罦。捕鸟覆车也。从糸，辟声。

《月令》"田猎罝罘罗网畢弋"郑玄注"网小而柄长谓之畢。"《尔雅·释天》"浊谓之畢。"郭云，"掩兔之畢或呼为浊。"

因星形以名。"

又《礼记·学记》"呻其佔畢"《尔雅·释器》"简谓之畢"。章太炎先生曰："畢当为箄。《说文》箄，篇箔也。截竹为为篇与截竹为简牍同。《庄子》以竿牍为简牍，明竿简同字。椠之竹质曰籥，书僮竹笘曰籥，比竹为篇曰箄；比竹为简亦曰箄。"是佔畢之畢为箄之借字。

《尔雅·释器》亦云"繴谓之罿，罿谓之罬。罬谓之罦。

糞同坌

《華部》糞，棄除也。从廾推華棄采也。官溥說，似米而非米者矢字。

《土部》坌，埽除也。从土弁声。读若糞。钱坫说，"此矢者非也"。孔广居说，"说文菌下糞也。式视切。他书传中都借用矢。俗又作屎。以米见以米为矢字也。《说文》采字注云，别也。象兽指爪分别也。蒲莧切。未尝有矢字之义矢字之旁也。略孔谓糞皆采声近之。又土部有坌字训埽除，读若糞。疑即糞之别体"。（孔广居《说文疑疑》）案孔说谛。糞坌二字音义同。《周礼·隸僕》"掌五寝埽除糞洒之事。"《礼记·曲礼》"凡为长者糞之礼"，糞即糞之隸变。《仪礼·聘礼》"既拚以俟矣。"《礼记·少仪》"埽席前曰拚"。此拚即坌之借字（《说文》拚训拊手）。《周礼·释文》有"𡑒"字亦糞之讹体。

棄同捐

《華部》棄，捐也。从廾推華棄之。从𠫓，𠫓逆子也。弃古文棄。𢇛籀文棄。

《手部》捐，棄也。从手，肙声。

棄捐对转古喉音双声。《古诗》"棄捐勿復道"

冓同構

《冓部》冓 交積材也。象对交之形。

《木部》構 蓋也。从木，冓声。杜林以为椽桷字。

段曰"高注《淮南》曰構，架也。材木相乘架也。"此本谓宫室冓架。《汉书·文三王传》"閒中冓之言。"應劭曰"中冓，材構在堂之中也。"《说文》多構字，应当作構。冓構皆結構字

再同爯"舁""仔""弁"。与戴同语。与戴"登"同语。

《冓部》"再，一举而二也。从一，冓省。""爯，并举也。从爪，冓省。""爯，并举也。从爪，冓省。"

《𠬞部》䢅，举也。《春秋传》曰吴人或以广墜，楚人䢅之。黄灝说："广车陷，楚人为举之。"杜林以为麒麟字。"异，举也。从廾，㠯声。虞书曰：岳曰异哉。"

《人部》仔，克也。从人，子声。

《異部》戴，分物得增益曰戴。从異，𢦏声。戴 籀文戴。

《車部》載，乘也。从車，𢦏声。

《癶部》登，上車也。从癶、豆，象登車形。𤼷 籀文登从𠬞

"再""爯""舁""𢍏""弁"五字皆有举义。《网部》"网

再也。"段曰，凡言二者对偶之词，凡言再者重複之词。一而有加也。冓者架也。架者加也。"

冓文献通作称。《尚书·牧誓》"称尔戈"《礼记·月令》"称兵效工"皆应作冓。或通作偁，《尔雅·释言》"偁举也。"即爯字。《人部》"偁，扬也。"扬亦举也。其"弃""爯"皆训举，"仔"训克，克亦有举义。

再亦有加义，引同"戴"。

戴登为上车之义，亦与再爯同源。此数字"再""爯""仔""冓""戴""载"皆以冓部，再"登"则特入登部。

幺同丝"幼"

《幺部》"幺，小也。象子初生之形"幼，少也。从幺，从力。

《丝部》丝，微也。从二幺。

章太炎先生曰，幺之为小犹丝之为细丝。古文绝字作𢇍。其中象丝，正作四幺。盖象束丝而引申为子初生。丝乱字从幺，已取斯义。其后字即由幺取声义。幺重之则为丝，亦与幺同字。《尔雅·释兽》幺，幼。"幺与幼亦同字

幼小中同幽

《丝部》幽，隐也。从山中丝，丝亦声。按《大戴礼记·诰志篇》载虞史伯夷之言曰"明孟也。幽幼也。"此最古之音训，亦说明同根词之派生。《尔雅·释言》"冥幼也。"亦说明幼有小义亦有暗义。犹言童蒙。由暗义与"杳""窅""昆""冥""窈"同（见第四卷上）。《周礼》"幽牲""幽垩"，《诗》"其叶有幽"皆以幽为"黝"之借字。

幼后出作䴠

《国语·鲁语》"兽长麑䴠。"注云，麋子曰䴠。宋本《集韵》"麛，鹿子也。或作䴠。"

惠同"昷""恩""爱"

《叀部》"惠，仁也。从心，从叀。𢜭古文从芔

《皿部》昷，仁也。从皿以食囚也。官溥说。

《心部》㤅，惠也。从心，旡声。𢟪 古文。

《尔雅·释诂》"惠，爱也。《诗·国风·北风》惠而好我"传曰"惠，爱。"《民劳》"惠此中国"《瞻卬》"则不我惠。"笺并云，"惠，爱也"惠与爱亦同字为训之例。昷为温煖之字，此会体象形，与壹同。

北京市电车公司印刷厂出品 八二·十
(1549) 20×20＝400

《壶部》𡕾，壹𡕾也。从凶从壺。不得泄凶也。壹与𡕾，凶囟皆器皿的塞子。保持温暖。[illegible]亦训温。《庄子·天下篇》"薰然慈仁"薰即熏字。⿸𡰥又从𡰥，𡰥是古文仁字。⿸𡰥又亦煖意，故𡕾以温煖训仁。

叀后出作"慱"

《叀部》叀，專。小谨也。从幺省，屮，财见也。屮亦声。𠃷古文叀。𠀐亦古文叀。

叀字说解曰"叀者如叀马之鼻。"⿰叀攴从叀训揉屈。《诗经·素冠》"劳心慱兮"。慱即叀之后出字。

疐同"庢""躓"

《叀部》疐，碍不行也。从叀引而止之也。叀者如马之鼻。此与牵同意。

《广部》庢，碍止也。从广，至声。

《足部》躓，跲也。从足，质声。诗曰载躓其尾。

案《尔雅·释文》引《说文》作"碍足不行也。"此与"庢"音义皆同。庢下云碍止即碍足不行之义。又《广韵》"躓，碍也。"躓下引诗曰载躓

北京市电车公司印刷厂出品 八二·十
(1549) 20×20=400

其足。今《毛诗》（狼跋）作"狼跋其胡，载疐其尾"《尔雅·释言》"疐，跲也"。郭注引诗"载疐其尾"。是疐与躓为異文。"疐""疐""躓"古韵皆属脂韵。

玄即牽之古文，或与叀同

《玄部》玄，幽远也。黑而有赤色者为玄。

象幽而入覆之也。𢆯古文玄。

按古文玄作𢆯与申古文同形，申部紳字玄亦繩索也。章太炎先生曰，"详《释名》云天又谓之玄。玄悬也，如悬物在上也。玄孙，玄悬也。上悬于高祖，最在下也。牽字亦从玄声。盖玄字兼有悬牽之义。或古与叀牽同文，而引申之义有異，遂为二文乎？《说文》畜，田畜也。淮南王曰玄田为畜（今本《淮南子》无此文，当是佚文）。玄即牽字。《周礼》言牲牽，言牽徬，皆谓牛牲为牽。《汉书》景帝诏曰郡国或硗陿，无所農桑𣪠畜。𣪠即今繫字（《周易》繫辞古本作𣪠），亦牽之借，犹'繫縛''牽離'一语耳也。"

玆古出字作"鰦"

《玄部》玆，黑也。从二玄。春秋传曰何故使吾水玆。

北京市电车公司印刷厂出品 八二·十

(1549) 20×20=400

案《左传·哀公八年》"初，武城人或有因于吴境田焉，拘鄫人之沤菅者。曰，何故使吾水滋。"杜注，滋，浊也。"今《说文》引作兹"训黑。《释文》"兹音玄。本亦作滋。子丝反，浊也。《字林》云黑也。"段玉裁曰 案宋本如是。今本玄兹、滋互易非也。且本亦作滋，则似胡涓切。不同水部滋水也子丝反也。陆氏误合二字为一。"玄训幽远。（~~《淮南子·主术训》"其于御兵刃悬矣。"注~~，悬，远也。）幽引申为黑幼，故玄引申为兹。兹后出字有"鰦"《尔雅·释鱼》"鮂，黑鰦。"

予同與"与"。予我字当作余。

《予部》予，推予也。象相予之形

《舁部》與，党與也。从舁，从与。𢍆古文

《勺部》与，赐予也。一勺为与。此与與同。

案予训推予，推犹举也。故与"與""舁"相承。段曰"一勺为与。一若推而予之也。"章太炎先生曰"与专指酒食，予兼百物，与與音相转。"余为语词引申为自谓。

敖同本

《放部》敖，出游也。从出从放。

《朩部》朩，放也。从之而八分也。
《出部》重出敖字应删。敖㪅方义同。
敫同曎。又同“燿”。
《放部》敫，光景流也。从白，从放。读若龠。
《日部》曎，光也。从日，从睪。
《火部》燿，照也。从火翟声。~~盛光也。从火，翟声。诗曰：燿燿宵行~~。
按今俗谓瓷器上有光采者叫“釉子”，釉即敫字。言以灼切。古代已有瓷器，章太炎先生曰：《说文》表火余也。《管子》以“墼”为之。墼者古文、篆文作“坴”。《说文·土部》训以土增大道上。然《礼记·檀弓》曰“夏后氏墼周。”注云“火孰曰墼。”此即今之瓷字。瓷亦火余，故知墼亦表之对转孳乳。《说文所训或非本义。”“曎”“燿”与敫或叠韵，或对转。与“熠”亦同，熠盛光也。
舒之后出字作“摅”
《予部》舒，伸也。从舍，从予，予亦声。一曰舒，缓也。
案《后汉书·班固传》骋摅意乎宇宙之外。”《史记·司马相如传》“摅之无穷”，《汉书·扬雄传》儋亦读以摽说。”又《方言》“摽，张也。”摽皆舒之后出。

受同“奉”“付”。受即今抛字，后出字作“抛”。

《受部》受，物落上下相付也。从爫，从又。读若詩摽有梅。

《𠬞部》奉，承也。从手，从𠬞，丰声。

《人部》付，與也。从寸持物對人。

“奉”“付”同语，所谓“施受同辞”。章太炎先生说“承，奉也。受也。受，相付也。奉训承，训与，付一义。施与不嫌同辭。”又禄賜曰奉者，谓上所付也。《易夬卦》君子施禄及下也。付又同受。《诗国风》摽有梅。传曰摽落也。引申有抛弃义。《孟子》言“自暴自弃”，《荀子》之“怠慢僄弃”，皆受之引申，皆今之抛弃义。章太炎先生又曰“其抛石轉作礮，《说文》不録。”

爰同“援”“[illegible]”

《受部》爰，引也。从受从于。籀文以为車轅字。

《手部》援，引也。从手爰声。“[illegible]，相援也。从手，虔声。

案《女部》媛下曰“爰，引也。”籀文以为車轅者《左

北京市电车公司印刷厂出品 八二·十
(1549) 20×20=400

传·僖十五年》"晋於是乎爰田"。《国语》作"辕田"。《汉书·地理志》作"辕"。是爰与辕通。《诗经·大雅》"以尔钩援。"毛传："钩，援钩。"钩，梯也。所以钩引上城者。案爰援援古今同。

𤔔同"䜌""乱"

《𠬪部》𤔔，治也。幺子相乱，𠬪治之也。

读与乱同

《乙部》乱，治也。从乙，乙治之也。从𤔔。

《言部》䜌，乱也。一曰治也。一曰不绝也。

从言丝。𢿢古文䜌

此三字义同，皆治丝。丝乱必治之。《辛部》辭下云，𤔔，理也。

受同"承""丞"

《受部》受，相付也。从𠬪，舟省声。

《手部》承，奉也。受也。从手，从卩，从廾。

《廾部》丞，翊也。从廾，从卩，从山。山高奉承之义。

契文金文皆从舟不省。《周礼·春官·司尊彝》言六彝皆有舟（六彝：鸡彝、斝彝、黄彝、虎彝、蜼彝）皆有舟。郑司农曰~~尊下~~舟，尊下臺。

北京市电车公司印刷厂出品 八二·十
(1549) 20×20=400

若今时承槃。”《说文·木部》“槃，承槃也。古文作鎜，籀文作盤。”刘舟为彝下之托。舟与周同《㫃部》“旋，周旋旌旗之指麾也。”——《舟部》“服，一曰车右騑所以舟旋。”又《周礼考工记》注云“故书舟作周。郑司农云，周当作舟。”此舟周互用之证。舟训槃，槃周绕于彝足。又与州同。州水中可居，周绕其旁从重川。”槃亦周绕其旁，可以居彝。郑众说：“若今承槃”是汉时有承槃之制，凡接受时以槃承之。如承露槃。承训受，受训相付。《収部》丞亦有承之义。故丞承二字音义同。

“寽”同“捋”，字变作“寽”，又通“赖”

《受部》“寽，五指持也。从受，一声。读若律。”

《手部》“捋，取易也。从手，寽声。”

《贝部》“赖，赢也。从贝，剌声。”

寽中之“一”或“乙”皆非字，象枝條屈曲之状。撮即用手捋取。寽读力辍切与捋同音所谓取易者，易有容易、轻易之易。《诗国风芣苢》言“薄言捋之。”《桑柔》“捋采其刘。”《集韵》有“寽”字，训揗。盖一手捉枝条，一手循其叶而捋取

北京市电车公司印刷厂出品 八二·十

（1549）20×20＝400

之之义。《方言十三》"輶，取也。"取货利谓之輶，取其物亦谓輶。輶与受同意。又与"寽"同。捋今读lü又读luo。

爭同"丿""抴""曳"

《受部》爭，引也。从受丿。

《丿部》丿，抴也。明也。象抴引之形。虒字从此。

《手部》抴，捈也。从手，世声。

《申部》曳，臾曳也。从申，丿声

捈训卧引。此四字皆训卧引。段曰"凡言爭者皆谓引之使归于己。"《玄应一切经音义》引《说文》"彼此竞引物也。"爭与丿曳对转。

㥯同依

《受部》㥯，所依据也。从受、工。读与隐同。

《人部》依，倚也。从人，衣声。

案《说文》《释名》衣皆训依，《白虎通义》衣训隐。是依隐对转同言之。皆谓衣隐蔽上体，而隐蔽必有依据，古者上曰衣，下曰常。《释名》常训障，所以自障蔽。故隐蔽必有所依。故㥯训有依据。言隐几者即"㥯"之声借。依训倚

北京市电车公司印刷厂出品 八二·十
(1549) 20×20=400

隐几亦即倚几。当做皆指"隐几"。

敢同勇

《㕛部》敢，进取也。从㕛，古声。𢽎，籀文敢。㪏，古文敢。

《力部》勇，气也。从力，甬声。㦷，勇或从戈用。恿，古文勇从心。

"敢"在谈部，"古"在模部。此与《邑部》扈从户声而古文作𡵨从弓同。

《尚书·盘庚》"敢恭生生"。正义曰"美其人能果敢奉用进进于善者。言其人好善不倦也。"

敢勇喉音双声，义同。

𣦸同隍

《㕡部》𣦸，沟也。从㕡，从谷。读若郝。壑，𣦸或从土。

《阜部》隍，城池也。有水曰池。无水曰隍。从阜，皇声。易曰，城复于隍。

《尔雅·释诂》"𣦸、阬、隍、漮，虚也。"《释言》"隍，𣦸也。"《周礼·地官·大司徒》"沟封"。郑玄说"沟穿地为阻固也。"经传多沟𣦸连文。又《左传·襄公三十年》"吾公在𣦸谷"段玉裁云郑

北京市电车公司印刷厂出品 八二·十
(1549) 20×20=400

伯有窟室饮酒，人谓之壑谷。"《水部》有潢字云，积水池也。有"洼"字，云池也。皆与壑隍声义同。

𣦾同"堇""艱""黠""埠"。𣦾与耿介之介同文。

節概亦即此字。

《奴部》𣦾，深坚意也（依段改）。从奴，从貝。貝，坚实也。读若概。

《堇部》堇，黏土也。从土，从黄省。墐，𡎸皆古文堇。"艱，土难治也。从堇艮声。囏，籀文从喜。"

《土部》埠，坚土也。从土，自声。读若臬。

《黑部》黠，坚黑也。从黑，吉声。

数字皆坚定坚实之意。𣦾引申为耿介"節概"字。故曰读若概。由此可知耿介之介，節概之概皆当以𣦾为正字。

𣦿同"井""阱"

《奴部》𣦿，深坑也。从奴从井，井亦声。

《井部》井，八家一井，象構韓形。•，罋之象也。古者伯益初作井。"阱，陷也。从阜，从井，井亦声。穽，阱或从穴。汬，古文阱从水。"

章太炎先生曰"井以地中水穴为本义。其凿地为窌，如果井井亦井也。井田乃因同井为名耳"。《礼记·中庸正义》曰"陷阱谓坑坎也。"《释文》"阱，穿地陷兽也。"《玉篇》"𡨄，穿地捕兽也。亦作穽。"其实"井""阱""𡨄"皆穿地使空，实为同字

叡或曰同慧

《𣦼部》叡，深明也。通也。从𣦼，从目，从谷省。睿，古文叡。壡，籀文叡从土。

《心部》慧，儇也。从心，彗声。

《楚语》"谓君叡圣武公"。韦注"叡，明也。"《书·洪范》"思曰睿。"马注"睿，通也。"郑注"睿，通于政事。"慧训儇，《人部》"儇，慧也。"睿与慧音义同。

殙同㱚

《歺部》"殙，瞀也。从歺，昏声。""㱚，终也。从歺，勿声。殁，㱚或从𠬛。"

《左传·昭公十九年》"寡君之二三臣札瘥夭昏"。杜注"未名而死曰昏。"昏当作殙。《广韵》"殙，病也。一曰未名而死。"又《左传·僖公二十二年》叔詹曰"楚王其不没乎！"杜注"不殁者不

以寿终也。"案殙与歾同字，以吻或作"脗"例之，知其同字也。

殔同"瘗""殣"。

《歺部》殔，瘗也。从歺，隶声。"殣，道中死人，人所覆也。从歺，堇声。诗曰，行有死人尚或殣之。"

《土部》瘗，幽薶也。从土㾜声。

《士丧礼》"椁殔"注云"殔，埋棺之坎也。"又曰，"奉尸敛于棺。"注云"棺在殔中敛尸也。所谓殣也。"《吕氏春秋、先识篇》威公薨，殔。九月不得葬。高注，"下棺置地中谓之殔。"殣见《诗经、小雅、小弁》"行有死人，人尚墐之。"则殣或作"墐"传曰路冢。"是殣以埋葬，与瘗同。

殟后出字作"瘟"

《歺部》殟，胎败也。从歺，昷声

玄应《一切经音义》引《说文》"暴无知也。"又引声类"殟殙""乌殟"。欲死也。《广雅、释诂一》殟，病也。即今之瘟字

残同戋

《歺部》残，贼也。从歺，戋声。

《戈部》戔，贼也。从二戈。周书曰戔戔巧言。
《方言一》"虔、刘、惨、㪉，杀也。秦晋之北鄙、燕之北郊、翟县之郊谓贼为虔。晋魏河内之北谓㪉曰残。"

殄同殚

《歺部》"殄，尽也。从歺，㐱声。𣦵古文殄如此"
"殚，殛尽也。从歺，单声。"

黄季刚师曰"𣦵古文殄。尸𣦵一声对转同文。古以尸为殄。"《尔雅·释诂》"殄，尽也。殄绝也。《论衡》"殄者死之比也。"《左传·宣公十二年》"殄国殄民"杜注："殄，尽也。"《广雅》殚尽也。《史记》"阐殚为河"如淳曰"殚，尽也"《汉书司马相如列传》"殚睹众物之变态"郭璞曰"殚，尽也"是殄殚皆训尽，亦双声。

殲同"消""瀸"。殲后出作"熸"。

《歺部》殲，微尽也。从歺，韱声。春秋传曰齐人殲于遂
《水部》"消，尽也。从水，肖声。""瀸，渍也。从水，韱声。尔雅曰泉一见一否为瀸。"
《尔雅·释诂》"殲，尽也。"舍人注"众之尽也。"
后出字熸"《左传·襄公二十六年》"楚师熸"

杜注"吴楚之间谓火灭为熸。"《小尔雅·广诂》"熸，灭也。"殲与熸音义同。熸不见于《说文》。段曰"未尽而歼尽也。"又曰，"《公羊传庄十七年》'齐人瀸于遂。瀸者何？瀸積也。众杀戍者也。'積本又作漬。何曰積死非一之辞。按传文及说文皆当作積为长。"

~~殨同殨~~

𣦼同枯

《歺部》𣦼，枯也。从歺，古声

《木部》枯，槀也。从木，古声。夏书曰：惟箘輅枯木名也。桂馥说"𣦼枯声相近。《黄庭经》'调血理命身不枯。'《玉篇》'𣦼，乾也。'《吕氏春秋·异用篇》'泽及髊骨。'注云，有肉曰髊，无肉曰枯。"

殖，货殖字当作庤

《歺部》殖，脂膏久殖也。从歺，直声。

《广部》庤，储置屋下也。从广，寺声。《考工记·弓人》"凡昵之类。"注，"故书昵作樴。杜子春云樴读为不义不昵之昵，或为䵒。䵒，黏也。"郑司农云谓樴膏肪败之殖，殖，黏也。"至于货殖、生殖当作"庤"。

别同"骈""辨""劈"。又同"必副"。又同"愊"。

《冎部》"别，分解也。从冎从刀。""⿰冎卑，别也。从冎，卑声。读若罷。"

《手部》"擘，撝也。从手，辟声。"

《刀部》"劈，破也。从刀，辟声。""副，判也。从刀，畐声。周礼曰副辜祭。疈，籀文副。"

《卪部》"⿰必卩，宰之也。从卪，必声。"

《片部》"⿰片畐，判也。从片，畐声。"

《周礼》有"傅别"。《天官·小宰》"四曰听称责以傅别"。郑众注"称责谓贷予，傅别谓券书也。听讼责者以券书决之。傅，傅著约束于文书，别，别为两，两家各得一也。玄谓傅别谓为大手书于一札中字别之。"傅别质剂皆今之券书也（杜师注同）。《广雅·释诂二》："⿰冎卑，裂也。"钱坫说"此即俗'矲'字。《方言》：矲，短也。桂林之间谓之短矲。"按《周礼·夏官》有"恒矢""痺矢"，郑司农曰"痺矢读为人罷短之罷。"此皆⿰冎卑之后出字。《左传·定……》劈《埤苍》训"剖也。"《广雅·释诂一》"劈，分也。"《[illegible]》"榜，裂也。"《释名》"辟麻，辟析也。"此即劈字。《考工记·旅人》"擘作"薜"，"凡陶瓬之事，髻垦薜暴不入市。"郑司农曰"髻读为刮。垦

~~佑也~~。薛读如蘖黄蘖之蘖之蘖。玄谓~~蘖为劫~~。蘖蘖破裂也。"郑众盖谓蘖暴为破裂剥落之貌。蘖即擘之借字，谓烧成微裂有罅隙。《说文·缶部》罅下云"缶烧善裂也。"段玉裁曰，薛读为西京赋擘肌分理之擘。谓器之璺者也。"案西京赋李注引此注作"擘"。盖李善亦以薛擘为一字，故依赋改之。段注说文云《礼记》燔黍捭豚。《释文》云："捭，卜麦反。注作擗。又作擘。皆同。"按捭擗薛皆擘之借字。副者判也。福即判木也。副辜祭之副今以伏为之。（详见《说文通论》）以训宰，冢宰宰夫之宰。亦为判断之宰。

髑同"顼""颅""髅"

《骨部》"髑髅，顶也。从骨，蜀声。""髅，髑髅也。从骨，娄声。"

《页部》"顼，颅也。从页，毛声。""颅，顼颅，首骨也。从页，卢声。"

《广雅》"顼颅谓之髑髅。"《埤苍》"髑髅，头骨也。"《庄子·至乐》"庄子之楚，见空髑髅，髐然有形。"干宝《晋记》有谣曰，"南风烈烈吹白沙，千岁髑髅生齿牙。"

按《礼记·内则》有"臅"字，盖即此字。

𩪘即腿字

《骨部》𩪘，膝胫间骨也。从骨，贵声。丘媿切

后出字作骽。《玉篇》骽，股也。《集韵》骽或作"腿"。按"骽"即"𩪘"之后出，腿今之俗字。

髀又借为表，正应作幖。

《骨部》髀，股也。从骨，卑声。𩨨，古文髀。古有《周髀算经》云周髀长八尺。章太炎先生曰"句横股从，故植之者称髀，今之表字正借为髀。《诗小雅传》云自左膘而射之。《释文》膘本亦作髀。《说文》𧕟蛸音匹標切。他书皆作螵蛸。则卑声与票声相转。立木为表本可作標及幖。《说文》標，木杪末也。幖，识也。"

髆同"丙"同"膊"

《骨部》髆，肩甲也。从骨，尃声。

《丙部》太乙经曰"丙承乙，象人肩。"

《肉部》膊，薄脯膊之屋上。从肉，尃声。

案《说文》于膊之说解非本义。《士丧礼》"特豚两胉"郑玄注"胉，脅也。今文胉为迫"。又《周礼·天官·醢人》"豚拍"注郑大夫、杜子春皆以

拊为膊。谓脅也。或曰豚拍，肩也。今河间名豚脅声如鍛鎛。”由《仪礼》《周礼》證之，胉不見於《説文》，即膊之后出字。《仪礼》今文作“迫”，《周礼》作“拍”，皆膊之借字。郑玄援引方言以證迫为膊字之说是也。今河间谓豚脅为鎛，则易拍为膊训脅宜也。膊或作搏。《山海经·西山经》曰，“有穷鬼居之，各在一搏。”郭注云“搏犹脅也”。搏亦膊之借字。髆与膊皆丙之后出字。章太炎先生曰“案𠥮字说解曰側逃也。从匸丙。（其作丙声者羡字也。）丙有側义。丙象人肩。《太乙经》说，丙古寄启封，启封有脖字脅也。”是丙与髆膊同。

骹同髇。骹即交之后出。

《骨部》“骹，胫也。从骨，交声。”“髇，胫骨也。从骨，亥声。”

《交部》交，交胫也。从大，象交形。

~~《骨部》~~《考工记·轮人注》郑司农注，“人胫近足者近足者细於股谓之骹。羊胫细者亦谓之骹。”《素问·骨空论》“膝解为骸关，侠膝之骨为连骸。”此则迳谓胫骨为骸矣。引申为人骨之称，《公羊宣

北京市电车公司印刷厂出品 八二·十
(1549) 20×20=400

公十五年传》"析骸而炊之。"又骸为亥之后出。

骾即硬鞕字

《骨部》骾，食骨留咽中也。从骨，更声。

肉后出字作腬

《肉部》肉，胾肉。象形。"腬，嘉善肉也。从肉柔声。"《释名》"肉，柔也。"惠栋曰："当云腬嘉，善肉也。"《内则》"柔其肉"《诗经·大雅》"无不柔嘉"。《国语·周语》"宣王谓士季曰无亦择其柔嘉。"《晋语》舅犯曰无亦晋之柔嘉是以甘食。"柔即腬字。

胎同"巳""吕""孕"。

《肉部》胎，妇孕三月也。从肉，台声

《勹部》包下说解曰"人有妊，巳在中象子未成形。

《巳部》吕，用也。从反巳。贾侍中说，巳意巳实也。象形。

《子部》孕，裹子也。从子，从几

章太炎先生曰巳者未成之子，非如训已然也。反巳为吕，贾侍中说为意巳实。缘禹母吞薏苡实生禹，故为姒姓。薏苡宜子，其得名由于吕。吕非即薏苡也。吕巳左右诎曲，当为同字。"胎豆声实亦已字。喉管对转故亦与胡同。

脰同"亢""胡""项""喉""嚨"

《肉部》脰，项也。从肉，豆声。"胡，牛顄垂也。从肉，古声。"

《亢部》亢，人颈也。从大省，象颈脉形。

《頁部》項，头后也。从頁，工声。

《口部》喉，咽也。从口侯声。"嚨，喉也。从口，龍声。"

章太炎先生曰"亢对转鱼为胡，《说文》训牛顄垂。寻《诗》有'狼跋其胡'，《封禅书》有'龍胡髯'，《金日磾传》有'捽胡投莽何罗殿下'，则胡不必系牛，犹《尔雅》以亢为鸟嚨，亢不必系鸟也。晋灼曰，'胡，颈也。'苏林曰'亢，颈大脉也。'俗所谓胡脉也。固人物之通名矣。胡字转侯则为'喉'，咽也。张晏曰，'亢，喉嚨也。'喉对转東则为'项'，头后也。《广雅·释親》"颈，项也。"于鸟为'翁'，颈毛也。孟康曰'翁，颈也。'《广雅·释親》'䪿，项也。'喉孳乳字又为脰，项也，《公羊解诂》曰'脰，颈也。'项孳乳字又为'嚨'，喉也。《释鸟》亢，鸟嚨。'嚨古音如重，与脰以声对转矣。凡胡喉项翁脰嚨六字分言虽有内外前后，通言则一。皆亢所变易也。"

胃同胘

《肉部》"胃，谷府也。从肉，囟象形。""胘，牛百叶也。从肉，弦省声。"

案胃字上作"図"，实从口容米，与囷相似，并文物对转。囷者，廪之圜者也。《素问》说"胃者仓廪之官，五味出焉。"《释名》"胃，围也。围受食物也。"胃与胘同。《广雅·释亲》"胃谓之胘"，则直以胘为胃。亦对转同源也。

膺同匈"肊"

《肉部》"膺，胷也。从肉，𤸰声。""肊，胷骨也。从肉，乙声。臆，肊或从意。"

《勹部》"匈，膺也。从勹，凶声。胷，匈或从肉。"《释名》"膺，壅也。气所壅塞也。"《诗经·小戎》"虎韔镂膺。"《采芑》"钩膺鞗革。"《礼记·少仪》"执其膺揖。"《国语·鲁语》"食揭膺。"《尔雅·释畜》"回毛在膺"。此数并当作"膺"。

肋同"胁""脟"。即力之后出。

《肉部》"肋，胁骨也。从肉，力声。""胁，两膀也。从肉，劦声。""脟，胁骨也。从肉，寽声。一曰脟，肠间

肥也。一曰膝也

《力部》力，筋也。象人筋之形。治功曰力。

能圉大灾。

《释名、释形体》"肋，勒也。所以检勒也"《广雅》"膟谓之肋。"按曰，(脟训膂统言之。) 脟其肉也，肋其膂也。"《子虚赋》"脟割轮焠"。徐广曰脟膊也。"别义指牛羊。《通俗文》"脢下谓之膂"。凡此诸字，皆力之后出。

胂即由申来，寅即申之别。或谓即寅之后出。

《肉部》胂，夹脊肉也。从肉，申声。

《寅部》寅，髌也。正月阳气动去黄泉欲上出，阴气尚强，象宀不达髌寅于下也。

鋻 古文寅

《申部》申，神也。七月阴气成体，自申束。从臼，自持也。吏臣铺时听事，申旦政也。𢑑古文申。𦥔籀文申。

《周易、艮卦》"艮其限，列其夤"。虞翻云，"夤脊肉。"王弼云"当中脊之肉也"。《释文》马融云，"夹脊肉也。郑本作膑"。按夤不从夕，应从肉作"夤"。盖脑字之变体，即胂之异体字。钱坫说，

北京市电车公司印刷厂出品 八二·十

"刳其膑"即此字。"寅字即申之变。古文寅作[illegible]，上从申。古申与寅同。黄季刚师曰："[illegible]寅即[illegible]之变。"

胳胠并同亦

《肉部》"胳，亦下也。从肉，各声。""胠，亦下也。从肉，去声。"段曰："胳谓迫於左者，胠谓迫於臂者。""胳""胠"皆在两旁，故释亦下。《素问》"支两胠胁"。《庄子》"胠箧"。司马彪曰："从旁开为胠。"胠胳古在铎部，亦双声。又《礼记·深衣》"袼之高下可以运肘"，袼即胳之后出字。

臑同肘，又同手。

《肉部》"臑，臂羊矢也。从肉，需声。读若襦。"

"肘，臂节也。从肉，从寸。寸，手也。"

《手部》"手，拳也。象形。[illegible]古文手。"

《補史记·龟策列传》"取前足臑骨。"徐广以为臑臂是也。近日吴江人沈彤撰《字林》谓臂羊矢当作羊豕臂，以矢字为误。按考《素问》羊矢脉穴之名，近臂臑。是矢字未尝误也。彤之说不然。"案钱说极谛。章太炎先生在《小学答问》中亦曰："《甲乙经》云，阴廉在羊矢下。《素问·三部九候论注》肝脉在毛际外，羊矢一寸半陷中里之分，卧而取之。是股内廉近阴处曰羊矢，当汉晋人常语，遂以言臂内廉，则曰臂羊矢矣。"案章说读遂臂，非是。不如钱说"臂臑"精核。又左与臂曰肘。统言臂肘相通。肘亦可贯手。总之"臑""肘""手"可统言之，古皆幽部。

膏亦作⿰月高

《肉部》膏，肥也。从肉，高声

《集韵》作"⿰月高"

背后出作偝。

《肉部》背，脊也。从肉，北声

《礼记·坊记》作"偝"

脢后出字作脄

《肉部》脢，背肉也。

《礼记·内则》作"脄"

腴同仜

《肉部》腴，腹下肥也。从肉臾声。

《人部》仜，大腹也。从人，工声。读若红。

《虫部》"[illegible]，[illegible]垂腴也。"枚乘《七发》"犓牛之腴"。《广部》"[illegible]"（仜）肥大也。

脽 臀字即脽之后出，"[illegible]""腿"亦此字后出。

《肉部》𡱂也（锴本作尻）。从肉，隹声。《汉书·武帝纪》"元鼎四年立后土祠于汾阴脽上。"师古曰："脽者以其形高起如人尻脽故名。"《東方朔传》"連脽尻"注云："脽，臀也。"又有"臎"字。《广韵》"臎，鸟尾上肉也。"《广雅·释言》"臎，肥也。"《集韵》亦训肥实也。（臎腿见肖部）臎即脽之后出。

肤同肙

《肉部》"肤，孔也。从肉，決省声。读若決水之決"肙，小蟲也。从肉口声。一曰空也。段曰："蒙脽言孔谓尻孔也。俗谓之髋肤。"钱坫说"俗呼尻孔为肤声同阙。"肤与肙别义通。肤肙双声。

胫同胻 又同脚

《肉部》"胫，胻也。从肉，巠声。""胻，胫耑也。从肉行声。""脚，胫也。从肉，却声。"膝下踝为胫。股下胫上为胻。二字同也。《释名》"胻，御也，以其坐时御在后也。"《彳部》徛下云"举胫有度也。"《尔雅释文》引作"举脚"。

胲同拇

《肉部》胲，足大指毛也。从肉，亥声。

(1549) 20×20=400
北京市电车公司印刷厂出品 八二·十

《手部》拇，将指也。从手，母声。

《庄子（·庚桑楚）》"臘者之有膍胲。"《释文》"胲，大指也。"手中指曰拇。胲拇古韵同在德部。段曰《左传·定十四年》"阖庐伤将指，取其一屦。"注云"其足大指见斩，遂失屦。"手以中指为将指为拇，足以大指为将指为拇。此手足不同称也。~~胲~~

胤同身"辰""娠""伸"

《肉部》子孙相承续也。从肉，从八，象其长也，从幺，象重累也。𦙍古文胤。

《身部》身躳也。象人之身。从人厂申声。

《辰部》辰，震也。三月阳气动雷电振，民农时也。物皆生从乙，匕象芒达。厂声也。辰房星天时也。从二，二古文上字。

《女部》娠，妇人妊身动也。从女，辰声。春秋传曰后缗方娠。一曰宫婢女隶谓之娠。

《人部》伸，神也。从人，申声。

胤从幺有生子义。《礼记·内则》"女子月辰之夕居侧室"月辰即月经与生子有关。或说"辰即㞫之本字。"（《尸部》"㞫，伏皃。"）㞫即由辰来。案辰即娠之古文。辰与身声近。盖阴器也。身与辰盖同字。与倂亦同字。"㐆""辰""身""倂""娠"五字音义皆通。

肸同肸"屑"

《肉部》肸，振肸也。从肉，八声。

《十部》肸，響布也。从十，从肸。

《尸部》屑，动作切切也。从尸，肸声。

章太炎先生谓"振肸"即《尔雅·释言》《诗毛传》之"振讯"震动义，又有歔欷义。钱坫谓"八肸字当作肸。振肸犹《左传》言振万。"又"振讯""振肸"皆联词，或同韵或对转。凡蟲之蟋蟀、蜻蛚，鸟名之鹡鸰，皆飞翼动股，行鸣相随，故训"響布"。屑为男女交構之动作，故言切切。

脙同"臞""膌"

《肉部》"脙，齐人谓臞脙也。从肉，求声。读若休止。""臞，少肉也。从肉，瞿声。""膌，臞也。从肉，皆声。"

《尔雅·释言》"臞、脙，瘠也。"臞脙双声。桂馥谓"膌声如柴"，《集韵》瘠瘦也。

腰与孃同。

北京市电车公司印刷厂出品 八二·十

《肉部》益州鄙言人盛讳其肥谓之腰。从肉，襄声。

《女部》孃，烦扰也。一曰肥大也。从女襄声。《方言》"腰，盛也。秦晋或曰腰。梁益之间凡人言盛，及其所爱伟（《文选·鄙阳书》李善注引《方言》作玮）其肥盛谓之腰。"腰与孃之别义同字。

膌同"羸""臞"。臞《尔雅》作"臞"此后出。

《肉部》膌，瘦也。从肉，脊声。𤸪古文膌从疒，从朿，朿亦声。"臞，臞也。一曰切肉臞臞也。诗曰棘人臞臞兮。

《羊部》羸，瘦也。从羊，羸声。

段玉裁说"《吕览·任地》凡耕之大方，棘者欲肥，肥者欲棘。高云，"棘，羸瘠也。《诗》棘人之臞臞，言羸瘠也。土有瘠土。"棘从朿，故高云尔。案棘即𤸪（瘠）字。瘠与羸同。朿有帝音是瘠与羸双声。与臞亦双声。《毛传》"栾栾瘦瘠貌。"栾即臞字。

腰同胝。《左传》作"胝"。
（穀亦作踉胝）

《肉部》"腰，瘢胝也。从肉，垂声。"胝，腰也。

从肉氏声。

案《左传·成公六年》"郇瑕氏土薄水浅，其恶易觏，易觏则民愁，民愁则垫隘。于是乎有沈溺、重膇之疾。"杜注"沈溺，湿疾；重膇，足肿也。"《玉篇》"重膇，腿病也。"钱坫说，"左传重膇之疾当作'腫'。"腫是肿腿之病。腫与胝统言则皆足疾，然胝又训繭。《集韵》"胝，繭也。"《三仓解诂》亦云"胝，繭也。"《国策》"墨子闻之，百舍重繭"高注"重繭，累胝也。"《淮南子》"申包胥累繭重胝，七日七夜至于秦廷。"胝繭互文（繭今语长言之曰鸡眼。）一为腿腫，一为脚掌，统言不分，本一语耳。

腫同"癰""瘤"

《肉部》腫，癰也。从肉，重声。

《疒部》"癰，腫也。从疒雝声。""瘤，腫也。从疒，留声。"

此三字音义同。

朓即祧字

《肉部》朓，祭也。从肉，兆声

《广雅·释天》"祧，祭也。"《说文·示部》无祧字，盖即此。

北京市电车公司印刷厂出品 八二·十

（1549）20×20＝400

膻《内则》作"[illegible]"后出也。

《肉部》膻，肉膻也。从肉，亶声。诗曰膻裼暴虎。

膳同籑

《肉部》膳，具食也。从肉，善声。

《食部》籑，具食也。从食，算声。馔，籑或从巽。

凡馔具皆曰具。《周礼》"祭礼掌其具修"。《荀子·王霸》"具太牢以为膳"。

肕同"痍""痕"

《肉部》肕，瘢也。从肉，引声。

《疒部》痍，伤也。从疒，夷声。痕，胝瘢也。从疒，艮声。

玄应《一切经音义》"瘾疹皮上小起痕迹也。"此三字音义同。

"膮""膗"皆同肴

《肉部》膮，豕肉羹也。从肉，尧声。"膗，肉羹也。从肉，隺声。

《仪礼·公食大夫礼》注曰"膷、臐、膮、膗。牛曰膷，羊曰臐，豕曰膮。皆香美之名。"王逸《楚辞注》有菜曰羹。无菜曰臛。

胵《仪礼·既夕礼》作"~~䏶~~脾析"

《肉部》胵，鳥胃也。从肉，至声。一曰胵，五臟之總名也。

钱坫说"此即脾析之析"。

膘读若繇，鳥獸脂曰油即此字

《肉部》膘，牛脅后髀前合革肉也。从肉，票声。讀若繇。

《诗经·車攻释文》引作"脅后髀前肉也。"此即脂肪油也。

脩同昔亦作~~[illegible]~~滫

《肉部》脩，脯也。从肉，攸声。

《日部》昔，乾肉也。从残肉，日以晞之。与俎同意。𦠔籀文从肉。

按曰按此统言之。析言之，则薄析曰脯，捶而施薑桂曰脩。郑注《内則》云"脩，鍛脯也。"《天官·腊人注》言腊之多也。"昔夕同音，昔兼有過宿之义，"昔""脩"皆久乾之肉，故引申训久。

又《周礼·大宰》祀五帝则掌百官之誓戒与其具脩。郑玄训脩为掃除糞洒，则脩即下文滫瀡。《春官习尊彝》"脩酌"脩亦当作滫。

胥本蟹醢，今本废

《肉部》胥，蟹醢也。从肉，疋声。

胥记云胥当作"疋"。胥徒云胥当作"諝"。胥相云胥当作"相"。而本义反罕用矣。

胜今作腥

《肉部》犬膏臭也。从肉，生声。一曰不孰也。

钱坫说"《庖人》春行羔豚膳膏香，夏行腒鱐膳膏臊。秋行犊麛膳膏腥。冬行鱻膳膏羶。"郑司农云"膏香，牛脂也。膏臊，豕膏也。"杜子春云膏臊犬膏。膏腥，豕膏也。康成以为膏胜，雞膏也。三说皆异。许君与郑司农同。凡周礼及礼记腥当为胜。此生熟字《论语》君赐腥。

臇亦作䐑

《肉部》臇，脽也。从肉，隽声读若纂。熼臇或从火巽

䐑又为臇之异体。《广韵》"䐑，切孰肉内羹也。"《释名》脯䐑。䐑，馔也。以撰之如脯馔也。"

脃同膬

《肉部》脃，小耎易断也。从肉，从绝省。"膬（膬为形声字）

北京市电车公司印刷厂出品 八二·十
(1549) 20×20=400

耎易破也。从肉，毳声。

枚乘《七发》"甘脆肥脓，命曰腐肠之药。"今人言薄脆。《后汉书》郡濮南州，风俗薄脆。《管子·霸言篇》"释坚而攻膬。"《荀子·议兵》"事小敌毳"，毳即膬字。脆与膬音义毕同。

䐄同"酣""猒""匓""饫""饶""醧""酌"

《肉部》䐄，食肉不猒也。从肉臽声。读若陷。

《甘部》猒，饱也。从甘，从肰。猒 猒或从吕。

《酉部》"酣，酒乐也。从酉从甘，甘亦声。""醧，私宴饮也。从酉，区声。""酌，醉饱也。从酉，句声。"

《勹部》匓，饱也。从勹，𣪘声。民祝祭曰猒匓。

《食部》"饫，燕食也。从食芺声。诗曰：饮酒之饫。""饶，饱也。从食，尧声。

《释名·释饮食》䐄，衔也。衔炙细密肉和姜椒盐豉已乃以肉衔裹其表而炙之也。"字亦作啗《广雅·释器》"腅肉也"。《字林》"啖，肴也。"

又"猒""匓""饶"三字皆训饱，其音皆双声对转。《左传》"加膳则饫赐"杜注"饫，厌也"，此亦古训。饫训燕食，醧训私宴饮。《韩诗传》亦训饱。又有"酌"字与饱同音，训醉饱，义亦相

(1549) 20×20=400

北京市电车公司印刷厂出品 八二·十

通。（醟，酗酒也。《无逸》曰"酗于酒德"。）酌即今之酗字。酣训酒乐，义亦相通。

䏙同䀋

《肉部》䏙，肉汁滓也。从肉，冘声。

《血部》䀋，血醢也。从血，䏙声。礼记有䀋醢以牛干脯粱䴹盐酒也。

段曰《醢人职》"韭菹醓醢"。注云："醓，肉汁也。"《公食大夫礼注》曰"醓醢，醢有醓。"《释名》曰"醢多汁者曰醓。醓，瀋也。宋鲁人皆谓汁为瀋。"合三条可见礼经醓醢正字当作"䏙"。谓多汁之肉醢也。许云汁滓者不同语也。合《醢人注》及《血部》䀋下说之䏙醢用牛干脯莝之，杂以粱䴹及盐，渍以美酒涂，置百日则成。"案䏙䀋一字之异体。醓则后出字

䐑后出字鮿

《肉部》䐑，薄切肉也。从肉，枼声（直叶切）。后出字作"鮿"，《汉书·货殖传》"鮿千钧"师古注，鮿鱼也，即今不著盐而干者也。

麃此[illegible]庶古字

《肉部》[illegible]武王遗名。象形。阙。

北京市电车公司印刷厂出品 八二·十
(1549) 20×20＝400

此言或曰以有疑。段曰蓄蟲即蠭之古字。

䏣同蜡

《肉部》䏣，蝇乳肉中也。从肉，且声

《虫部》蜡，蝇䏣也。周礼蜡氏掌除骴。从虫昔声

䏣今俗作"蛆"。䏣字不见，与蜡同字。今《周礼·秋官》有"蜡氏"序官郑玄曰，"蜡，骨肉腐臭蝇虫所蜡也。"

肙同蜎

《肉部》肙，小虫也。从肉，口声。一曰空也。

《虫部》蜎，肙也。从虫，肙声。

《考工记》郑注"蜎读若井中虫蜎之蜎。"《尔雅·释虫》"蜎，蠉。"郭注"井中小结蟩赤虫。"案肙即蜎之古字。

肎别文同冎

《肉部》肎，骨间肉肎肎着也。从肉，冎省。

一曰骨无肉也。

《庄子·养生主》"技经肯綮之未尝。"俗作"肯"。别文同"冎"。又今谚以可为肯，即"可"字之变。

肥同"肬""美"

北京市电车公司印刷厂出品 八二·十
(1549) 20×20=400

《肉部》"肥，多肉也。从肉从卪。"肥"，肥肉也。"

《羊部》美，甘也。从羊，从大。羊在六畜主给膳也。美与善同意。

《广韵》"肥，膏肥也。"又曰舍，肥状也。"

箭今用"爆"

《筋部》手足指節鳴也。从筋省勺声。肑(移)或省竹

北京市电车公司印刷厂出品 八二·十
(1549) 20×20＝400

刀部

刀以忍读颡言之，刀乂古一字也。

《刀部》刀，兵也。象形。

《丿部》乂，芟艸也。从丿乀相交。刈，乂或从刀。

释名曰："刀，到也。以斩伐到其所乃击之也。其末曰锋，言若蜂刺之毒利也。其本曰环，形似环也。"案《周礼》五兵无刀。《考工记》以郑之刀与斤削剑并数，刀亦可以不是兵器。《心部》"忍，怒也。从心刀声。"读若颡。"（鱼既切）是刀与乂同字也。

剑同琫

《刀部》剑，刀握也。从刀，缶声。

《玉部》琫，佩刀上饰。天子以玉，诸侯以金。从玉，奉声。

《玉篇·刀部》剑，刀握也。或作弣。"《广韵·九麌》弣，弓把中也。剑同。"《释名·释兵》弓中央曰弣。弣，抚也。人所抚循也。"《礼记·曲礼》"左手承弣。"郑注"弣，把中。"孔疏"谓弓把也。"案《说文》无弣字，即剑之后出字。文

北京市电车公司印刷厂出品 八二·十

以柎字借剑琫字。《礼记·少仪》"削授柎。"郑注："柎谓把。"《说文·手部》"柎，循也。"證之《释名》刀手持之处有㨗循之文。剑琫皆把故亦借柎为之。

㓵同剛

《刀部》"剛，彊断也。从刀，岡声。㓻，古文剛如此。""㓵，刀剑刃也。从刀，咢声。䂞，籀文㓵从㓞，从各。"

《淮南子·修务训》"摩其锋㓵。"《庄子·说剑》"天子之剑以燕谿石城为锋，齐岱为锷。"《释文》引司马注，"锷，剑刃也。"又《诗经·载芟》言"有略其耜，俶载南亩。"《尔雅·释诂》"略，利也。"毛传亦曰，"略，利也。"略亦作"䂞"。《尔雅·释文》作䂞。剛为芒刃之坚利，故训剛断。《左传·昭公六年》"断之以剛"。

利盖与"劑""钟"同字

《刀部》"利，铦也。从刀，和然后利，从和省。易曰：利者义之和也。（𥝢，古文利。）""劑，齐也。从刀，从齐，齐亦声。"

《金部》"钟，利也。从金，中声。读若齐。"

俞樾曰，樾谓利字从刀从禾会意，非从和省也。成二年《左传》"物土之宜而布其利。"盖利之本义谓土之所出者，土地所出莫重于禾。以刀刈禾，利莫大於此者矣。诗曰，彼有遗秉，彼有不敛穧。伊寡妇之利。'则利字从刀从禾之意也。"《尔雅、释言》"劑、翦，齐也。"是劑本翦断之义。故穧训获刈也。劑训齐断也。剂劑与利本旁同。古音义皆同。钟本资斧字。行路者以钟斧，砍断草木，钟读谓齐。

剡同"兟""鑱""孅"。

《刀部》剡，锐利也。从刀，炎声

《兟部》兟，兟兟，锐意也。从二先。

《金部》鑱，锐也。从金，毚声。

《女部》孅，锐细也。从女，韱声。

《易、系辞》棪木为楫，棪木为矢。"《释文》本作剡。"《尔雅、释诂》"剡，利也"剡与"兟""鑱""孅"古文皆同。

初同"作""迮""㓟"

《刀部》初，始也。从刀，从衣。裁衣之始也。"

北京市电车公司印刷厂出品 八二・十
(1549) 20×20=400

《人部》作，起也。从人，从乍。

《辵部》迮，迮迮，起也。从辵，作省声。

《卅部》𠬝，造法创业也。

从上四字音义皆同。

则同"等""爯"。

《刀部》则，等画物也。从刀，从貝。貝古之物货也。㓷古文则。𠟭亦古文则。鼎籀文则。

《竹部》等，齐简也。从竹，从寺。寺，官曹之等平也。

《冓部》爯，并举也。从爪，冓省。

段曰"等画物者定其差等而各为介画也。今俗云科则是也。介画之故从刀。引申之为法。"《尔雅·释言》坎、律，法也。"坎即科之声借。權衡为法，權与物平，有相爯之义。爯为并举，即相称之义。等训齐简，亦相爯之义。今人權衡微者叫"戥子"，正字应作等子，皆有標準法则之义。《左传·僖公九年》"唯则定国"《昭公七年》"民心不宁，事序不類，官職不则"此则应为等，谓官职不等。

劊略同"割""刖"

《刀部》"劊，斷也。从刀，會声。""割，剥也。从刀，害声。""刖，绝也。从刀，月声"此三字音义通。《周易》困卦》"九五劓刖，京房本作"劓劊"。

切同刌。

《刀部》"切，刌也。从刀，七声。""刌，切也。从刀，寸声。"

《仪礼、特牲馈食礼》"刌肺三。"注云，"今文刌为切。"是切刌为異体字。古韵齐先对转。

𠜾同截

《刀部》𠜾，断也。从刀，辥声。

《戈部》截，断也。从戈，雀声。

《左传·宣公九年》"锲其軸"锲亦作𠜾。谓断也。

劌同戌

《刀部》"劌，利伤也。从刀，歲声。

《戌部》戌，滅也，九月阳气微，万物毕成阳下入地也。五行生于戊，盛于戌。从戊含一。

朱骏声说"字从戊，戊即矛字。从一，象矛所伤"戊与歲为利伤义相同，戊盖剔之古文。

剝同彔　剝某字当作"㤥"。

《刀部》剝，镂也。

《彔部》彔，屋也。象屋下刻木之形。𢑚古文彔。㭲亦古文彔。

段曰，"《金部》镂，刚铁可以刻镂也。《尔雅·释器》金谓之镂，木谓之刻。"

章太炎先生曰"屋下刻木，盖井之类。《尚书大传》桷，庶人剝加。《西京赋》言，带倒茄于藻井"剝桷与藻井并刻茄，后世有画栋，盖古刻木之类。彔即栭字，栋也。亦即刻字，镂也。"案彔下云"广，屋也。"彔下所从广即屋字。合象棟之文《心部》"㤥，苦也。从心，亥声。"此刻苦之正字

剫同"磔""屠"

《刀部》"剫，判也。从刀，度声

《桀部》磔，辜也。从桀，石声。

《尸部》屠，刳也。从尸，者声。

《攴部》⿰度攴重文作"剫"重见。当删《攴部》剫

《尔雅·释器》"木谓之剫。"郭注引《左传》"山有木，工则剫之"（见《左传·隐公十一年》，今本作度。）《诗经·鲁颂·閟宫》"是断是度"亦应作剫。磔亦训断，如车磔之刑。《汉书·王莽传》"与巧屠共刳剥之。"颜注"刳，剥也。"《周易》"刳木为舟。"《仓颉篇》"刳，屠也。"案"剫""磔""屠"古韵皆在模部。

剟同删

《刀部》"剟，刊也。从刀，叕声。""删，剟也。从刀、册。册，书也。"

《史记·张耳陈馀列传》"吏治榜笞数千，刺剟。"《索隐》"刺，亦剟也。"《汉书·贾谊传》"疏剟寝户之帘。"《汉书·艺文志》"今删其要，以备篇籍。"班言撮取《七略》之要。师古说"删去浮冗，取其指要"。案删除与剟取本一义之引申。凡剟取与删除同。班固於《七略》则为删除。於《艺文志》则为撮取。

列古字作"[illegible]""[illegible]"

《刀部》"列，分解也。从刀，歺声。"

《尔雅、释鱼》"鮤，鱴刀。"或谓即今之凿鱼，又叫剑鱼。又《尔雅、释鸟》"䴕，斲木。"郭注，"口如锥，长数寸。常斲树中虫因名云。"列与裂本同，故此鸟以裂存名焉。

剝即卜之后出字同"副"

《刀部》"裂也。从刀，从录。剝刻割也。卜剝或从卜。""副，判也。从刀，畐声。"

《卜部》卜，灼剝龟也。象灸龟之形。一曰象龟兆之从横也。卜古文卜。

章太炎先生曰"诗言爰契我龟，传曰契开也。此剝龟之谓也。""卜""剝""副"古同屋部。

剺即嫠妇之正字。

《刀部》剺，剥也。划也。从刀，𠩺声。

案《方言十三》作"剓"云，"解也"郭音儷。《长笛赋》"剺栎𨱏𨰻"李善注"皆分别节制之貌。"此剺亦分离字。案嫠妇字正应作"剺"《书》《传》皆通作"釐"，"嫠"乃俗字。

劃同畫。又同"划""刑""剄"

《刀部》劃，锥刀曰劃。从刀，从畫，畫亦声。

北京市电车公司印刷厂出品 八二·十
(1549) 20×20=400

刲，刺也。从刀，圭声。易曰，士刲羊。

"刑，剄也。从刀，幵声。""剄，刑也。从刀，巠声。"

《画部》畫，界也。象田四界。聿所以画之。𤰞古文畫省。𢒪亦古文畫

案劃字重出。今或通用为画字。钱坫说："《内则》'炮取豚若将，刲之刳之'。将当为牂，牂羊也。是于易文合。"又《杂记》"刲羊，血流於前。"钱坫说，刑此刑字《汉书、淮南王传》"太子自刑不殊"。案刑与㓝之别，㓝为㓝法之㓝，训剄者横绝。《左传、定公十四年》"遂自剄也。"《释文》"剄本又作刎。"剄谓刎首也。刑后字作"刑"。

劀即剜字

《刀部》劀，刮去恶创肉也。从刀，矞声。周礼曰劀杀之齐。

《周礼、天官、疡医》"劀杀之齐"。郑玄注"劀，刮去脓血，杀以药食其恶肉。"劀即剜字。钱坫谓削即椀字，非是。

剽同砭。剽又同熛

《刀部》剽，砭刺也。从刀，票声。一曰剽

劫人也。

《石部》砭，以石刺病也。从石，乏声。

《力部》勦，劫也。从力，票声。

案剽勦同字。剽又(一曰剽，劫人也。)又同"勦"

刜即今刎字

《刀部》刜，击也。从刀，弗声。

《楚辞》"愍命刜浇戕于中唐兮"。字亦作"刜""刎"。《礼记、檀弓》"刎其人"。荀子作"殄"

劖同𢦏同斩"剿""钊"。

《刀部》劖，断也。从刀，毚声。一曰剽也。

钊也。""剿，绝也。从刀，喿声。周书曰，

天用剿其命。""钊，刓也。从刀，从金。周

康王名。"

《戈部》𢦏，绝也。一曰田器。从从持戈。

古文读若咸。读若诗曰攕攕女手。

《车部》斬，截也。从车，从斤。

《史记、扁鹊列传》"镵石挢引"。索隐曰"镵石针也"。钱坫说"镵应为劖"。《周诗》"戎狄冒没轻儳"，儳与剽近。是儳亦应作劖。

章太炎先生曰"其咸字从戌。戌者灭也。《书》'咸刘厥敌'《逸周书、世俘解》'咸刘商王纣'与《春秋

北京市电车公司印刷厂出品 八二·十
(1549) 20×20=400

《传》"克咸厥亘多'同义" 案章说非是，咸当以《周易》"咸其拇""咸其股"……为本义，训灭绝者应以㓕为正字。故许慎说"㓕古文读若咸"是古文以㦰为咸字之证。劖训断，转豪韵为剗。又同剑，剑训刓（刓，剸也。剸，截齐也。）斩亦训截。此数字音义皆同。

券同契

《刀部》券，契也。从刀，类声。券别之书以刀判契其旁故曰契券。

《大部》契，大约也。从大㓞声。

案《周礼·天官·小宰》"六曰听取予以书契。七曰听卖买以质剂。"郑司农注"傅别谓券书也。听讼责以傅别，傅，傅著；约束于文书；别，别为两，两家各得其一也。……书契，符书也。"又注云"傅别故书作傅辨。郑大夫读为符别。杜子春读为傅别。郑玄注凡簿书之最目、狱讼之要辞皆曰契。春秋传曰王叔氏不能举其契。质剂谓两书一札同而别之。长曰质，短曰剂，傅别质剂，皆今之券书也，事异，异其名耳。"清人丁晏说"《说文》券，契也。《释名·释书契》卷，绻之卷也。相约束缱绻以为限也。"凡称责而抵冒不偿、不如约，及未予而诬贷已偿而妄索。以此成讼者并以券书之有无为依判决之。《淮南子·原道训》高注：傅，著也。谓为文书列其称责之数，文为约束何时偿还，及子息多少，并傅著于券书之上，此为整券不中别而两。《广雅》"别，分也。"士师亦言"傅别"，郑众注"若今时市买为券书以别之各得其一。"此亦傅著于文书，但其初书时为一券书，注乃傅别为两。所贷者与予者各得其一。惠士奇说："傅别故书作傅辨。杜子春读为傅别。案《荀子·性恶》'辨合符验'，是谓辨犹别也，合犹傅也。傅别犹辨合，当通辨之

刺同㨖

《刀部》君杀大夫曰刺。刺，直伤也。从刀朿，朿亦声。

《手部》㨖，刺也。从手，致声

段曰："刺篆仍旧次。刺，直伤也。当为正义，君杀大夫曰刺当为别一义。"章太炎先生曰："此与君杀大异义。刺从朿可读若志，故与㨖一字。"

刃同创伤

《刃部》刃，伤也。从刃从一。創，或从刀，仓声。

《矢部》𥏫，伤也。从矢，昜声。

《人部》傷，創也。从人，𥏫省声。

案：此"𥏫""傷"皆同音义，以𥏫伤皆用刀，后乃派生多名，所用无刀者亦可称从。如"瘡"（《说文》未收）"瘍"头創也。"痒""瘍"皆与刅相通。

丰与艸同

《丰部》丰，艸蔡也。象艸生之散乱也。读若介。

《艸部》艸，百芔也。从二屮。

丰与艸同。不过"蔵""蔡"为艸乱，与丰义近。《方言》"蔡、芥，艸也。"以芥为丰。

角同觻

《角部》角，兽角也。象形。与刀鱼相似。

"觻，角也。从角，乐声。张掖有觻得县。

~~章太炎先生曰~~盖角本可禄，读禄者作"觻"。（《汉书·地理志》）张掖有觻得县。应劭曰觻音鹿。故角引申训觸。韩说四升曰角，角，觸也。《说文》觸，抵也。章太炎先生曰其非在角而相似者，孳乳为觕。头有两角，为岩辟，蹙也。今言蹙角矣。陬隅亦曰角，孳乳为隅。"

觢同觭

《角部》"觢，一角仰也。从角，㓞声。易曰其角觢。"

钱坫说"陆德明引作角一俯一仰。今易作'掣'，郑康成本作'挈'，云牛角皆踊。荀爽、虞翻本作'觭'。虞翻云牛角一低一仰曰觭。《尔雅·释兽》'角一俯一仰，觭。皆踊，觢。'皆踊云者两角仰也。是郑所见之易文，与许君之易文或异。

觯同"卮""觛""𦓈""䏶"

《角部》"觯，乡饮酒角也。礼曰一人洗举觯，觯受四升。从角，单声。𧣾或从辰，觗，礼经觯。""觛，小觯也。从角，旦声。"

《卮部》"卮，圜器也。一名觛。所以節飲食也。象人，卪在其下也。易曰，君子節飲食。""䏶，小卮有耳盖者。从卮，專声。""𦓈，小卮也。从卮，耑声。读若捶击之捶。"

古以角用为酒器。王国维曰"觯觛卮䏶𦓈五字实一字也。说文觯乡饮酒角也。其重文作'𧣾''觗'二体，而《汉书·高帝纪》注，引应劭曰'卮，乡饮酒礼器也。古以角作，受四升。古卮字作觗。'其说本於叔重是觶卮為一之證也。《說文》觛，小觶也。又《急就篇》顏本蠡斗參升半卮觛，皇象本觛作"單"，蓋假單為"觶"。是觶觛為一之證也。《說文》卮一名觛。又卮觛為一之證也。䏶䏴二字亦本一字。古书多以耑為专。《急就篇》顏本之䏶踝皇本作踹踝。賈誼《鵩鳥賦》"何足控摶"《史記》《文選》作摶，《漢书》作揣。又急就篇皇本顏本之摶榼，宋太宗本作椯榼。而摶即䏶，椯即䏴。尤為䏶䏴為之一證。徐之祭然名鍴若耑而形与觶同。又䏴觶為一之鐵證矣。此五字之音又同出一源。"觶""觛""䏶""䏴"四字於形声皆在元部。䏴讀若捶擊之捶，於古音在歌部，今在支部，觶之重文作觗，氏声今与觶卮亦皆在支部。支部之音与歌部最近，歌元二部又陰陽對轉……此亦五字同音，則亦當為同物。許君因其字不同，乃以形之大小与有耳、蓋与否别之。其實一而已矣。"

觓后出字作觩

《角部》觓，角皃。从角，丩声。詩曰，兕觵其觓。錢坫說今詩作觩（《小雅·桑扈》、《周頌·絲衣》）《穀梁傳》展觓角而知傷。范甯注觓球球然角皃。是並作觓。

觵借为粗

《角部》觵，角长皃。从角，爿声。读若粗觕。

借用为粗觕字则读若粗。

衡后出字作桁

《牛部》衡，牛觸，横大木其角。从角，从大，行声。诗曰设其楅衡。𤕦 古文衡如此。

后出作"桁"。《庄子·在宥》"桁杨相推，刑戮相望"。《释文》械，夹头及胫者皆曰桁。

觳田借为墽

《角部》觳，杖端角也。从角，殸声。

《攴部》敫，觳田也。

案觳田之字，当以"墽"为正字。《土部》"墽，磽也。""磽，磐石也。"此汉人所谓觳田。

觳　觳觫应为𢜧悚之借

《角部》觳，盛觵卮也。一曰射具。从角，殸声。

读若斛。

《孟子》"吾不忍其觳觫而就死地。"赵注："恐皃。"

此觳觫应为𢜧悚。《心部》"𢜧，谨也。""悚，惧也。"

北京市电车公司印刷厂出品 八二·十
(1549) 20×20=400

耤今之借字苟且即假借

《耒部》"帝耤，帝耤千亩也。古者使民如借，故谓之耤。从耒，昔声。"

郑玄注《周礼》《诗序》"藉之言借也。"韦昭注《周语》"藉，借也。"藉即耤字，即今借字。凡言"苟且"者即假借之转。如《左传·成公二年》"背城借一"意在城下苟且再作一战。

第五卷上

箭同矢

《竹部》箭，矢也。从竹，前声。

《矢部》矢，弓弩矢也。从入，象镝栝羽之形。古者夷牟初作矢。

《方言九》"箭自关而东，江淮之间谓之鍭，关西曰箭。"是箭即矢也。按《周礼·职方氏》"其利金锡竹箭。"注云"古书箭为晋。"《大射仪》"缀诸箭。"郑注"古文箭为晋。"《释名·释兵》"箭，进也。"进与晋通。

筍虡之筍正作簨

《竹部》筍，竹胎也。从竹，旬声。

《考工记·梓人》"梓人为筍虡"筍亦当作"簨"。

~~箬同籜~~

~~《竹部》~~箬，楚谓竹皮曰箬。从竹，若声。

筟同笢 笢俗作"篾""[illegible]"

《竹部》"筟，筡也。从竹孚声""笢，竹膚也。从竹，民声。

《方言十三》"筡、箄，析也。析竹谓之筡。"郭注"今江东呼篾竹裹为筡，亦名筡之也。"玄应《一切

北京市电车公司印刷厂出品 八二·十
(1549) 20×20=400

经音义》引《字林》云"筡，析竹篾也。"又十五引《字林》"筡，析竹笢也。"案笢后出，俗作"篾"。《集韵》"篾，析竹也。"《广韵》"篾，竹皮。"又作"簚"。《礼记·表服》"繫用衿"郑注，"衿，竹簚之青可以为繫者。"

笨即今苯字

《竹部》笨，竹裏也。从竹，本声。

黄季刚先生曰"笨，竹裏也。此字变作苯而训为道，言本质也。汉隶艸竹不分，故书作苯。而训诂家不知其即本字矣。又人相讥谓之苯伯，见《抱朴子》，其字当作'⿰樊頁'（《页部》'⿰樊頁，大醜皃。'）。"

篸同"棽""槮"。或曰篸即箾之对转。

《竹部》"篸，差也。从竹，参声。""箾，参差管乐。象凤之翼。从竹，肃声。"

《林部》棽，木枝条棽儷皃。从林，今声。

《木部》槮，下的曰槮。从木，参声。

《糸部》縒下云参縒也。今人通用"参"。参差本谓长短不齐亦谓树枝条盛皃。故参差与棽儷同，棽儷者枝条茂盛之皃。《东都赋》"凤盖棽儷"李

北京市电车公司印刷厂出品 八二·十
(1549) 20×20=400

纂注引《……》略而盖参偓"。亦有上覆之义《木部》樛下句曰樛，下句则上覆。

又《风俗通义·声音篇》"舜作箫，其形参差，象凤之翼。"又《楚辞·九歌》"吹参差兮谁思。"言乐亦长短高低不同，亦名参差。

籀同"讽""读"

《竹部》"籀，读书也。从竹，擂声。春秋传曰卜籀。

《言部》"讽，诵也。从言，风声。""读，诵书也。从言，賣声。"

《方言》"抽，读也。"抽即籀字。《诗·鄘风·墙有茨》"中冓之言，不可读也。"毛传："读，抽也。"笺曰抽犹出也。《匡谬正俗》曰"抽当为籀。籀，读也。从竹，擂声。籀即抽字。《史记》"太史公曰紬史记石室金匮之书。"紬亦籀字，读也。诵亦读也，亦即籀也。引春秋传，籀即卦兆之繇字。服虔说"繇，抽也。抽出吉凶也。繇之为抽犹籀之为读也。

篇同扁

《竹部》"篇，书也。一曰关西谓榜曰篇。从竹扁声。

《册部》"扁，署也。从户册。户册者署门户之文也。"

按：案此禁扁之扁当作篇。《续汉志》曰："凡有孝子、顺孙、贞女、义妇及学士为民法式者皆扁其门。"扁字乃署门之扁，而文实同，故段曰"篇同扁"。

~~籍同典""册~~ "䈎"同"籥""笘"

《竹部》"䈎，籥也。从竹，枼声。""籥，书僮竹笘也。""笘，折竹箠也。从竹，占声。颍川人名小儿所书写为笘。"段曰，小儿所书每一笘谓之一䈎。今书一纸谓之一页，或作葉。其实当作此䈎。"又曰，"笘谓之籥，亦谓之觚。盖以白墡染之可拭去再书者。"《礼记·学记》"呻其佔毕"佔即笘之假字。钱坫说"今吴语谓小儿所书写曰笘板。声近苫。"

笐即衣桁之正字

《竹部》"笐，竹列也。从竹，亢声。"段曰"玄应书作次竹列也。竹之生疏密偃仰不齐而齐，笐之言行，行列也。《广雅·释器》作无笐"盖谓竹有行列，如伯仲然也。无者笐声也。引申之假竹为衣架亦曰笐。《方言》、四十二容》"笐，衣架是也。《内则》所谓'楎椸'，《释器》所谓"竿谓之箷也。"又曰其字亦作"桁"，《古乐府》云"还视桁上无悬衣"。

䈞即簿字，字变作"䈞"，亦即部簿、部署正字。

《竹部》䈞，满爰也。从竹，部声。

徐锴曰"满爰，简牍也。"《广雅》"䈞篓，䈞也。"曹宪上音满，下音缓。《说文》无簿字，正当作䈞。䈞又后出作"部"，汉隶竹艸相混。以"䈞"为"部簿""部署""分部"之正字。

等同爯

《竹部》等，齐简也。从竹，从寺。寺，官曹之等平也。

《冓部》爯，并举也。

齐平整依次为齐简。《周礼·大宗伯》"以等邦国"注"等犹齐也。"《礼记·乐记》"礼义立则贵贱等矣。"注："等，[illegible]阶级也。"爯字见前。

笵同法

《竹部》笵，法也。从竹，竹，简书也。氾声。古法有竹刑。

北京市电车公司印刷厂出品 八二·十

《廌部》灋，刑也。平之如水。从水。廌所以
触不直者去之。从去。法，今文省。佱
古文。

《荀子·强国》刑范正，金锡美，工冶巧，火齐得。剖
刑而莫邪已成。注云："范，法也。"《通俗文》规
模曰范。范与法音义同。

筮古文簭存补

《竹部》簭，易卦用蓍也。从竹，从𢍰。𢍰
古文巫字

宋隶作筮。《说文》偏旁有"筮"字。此当捝
一重文。

比今作篦

《竹部》䈩，取虮比也。从竹，𦣞声。

比今俗作篦。比密也。引申为栉发之比。《释名》
梳言其齿疏也。数言比，比于疏其齿差数也。
比言细相比也。"《木部》栉，梳比之总名也。
颜注《急就篇》"栉之小而细，所以去虮虱者谓
之比。比言其齿密比也。"

篗同"筐""軖"

《竹部》篗，收丝者也。从竹，蒦声。𥫔

北京市电车公司印刷厂出品 八二·十

篗或从角从閒。笠，可以收绳也。从竹象形。中象人手所推握也。互，笠或省

《车部》軖，纺车也。一曰一轮车。从车，㞷声。

《方言五》篗，榬也。兖豫河济之间谓之榬。络谓之格。"郭注"榬所以络丝也。音爰。所以转篗给车也。"

章太炎先生曰互与巨古形皆相似（巨古文巨）故梐枑亦作梐巨。《周礼·天官·牛人》牛牲之互。（牛牲之互训悬肉格。）（注：互若今屠家悬肉格）知古音互与巨格相同。篗易为"篗"……犹转旧变易为"軖"。"

簾同幙

《竹部》簾，堂簾也。从竹廉声。

《巾部》幙，帷也。从巾，兼声。

段曰按《巾部》幙，帷也。"又曰在旁曰帷。"《周礼·幕人》"掌帷幕幄帟绶之事。"注曰："王出宫则有是事，在旁曰帷，在上曰幕，帷幕皆以布为之，四合象宫室曰幄帟者，王在幕若幄中坐上承尘，幄帟皆以缯为之。然则幙施于次以蔽家。簾施於堂之前以隔风日，而通明。簾以竹

竹为之，故其字从竹。”

簀同笫

《竹部》“簀，牀棧也。从竹，責声。”“笫，牀簀也。从竹，𠂤声。”

《木部》“棧，棚也。”《方言五》“牀，齊魯之间谓之簀，陈楚之间或谓之笫。”郭注：“牀版也。音迮。笫，音滓，又音姊。”《莊子·馬蹄·释文》“编木作靈，似牀曰棧。”《檀弓》“華而睆，大夫之簀与？”郑注：“簀谓牀笫也。”《释器》“簀谓之笫。”此二字本異文。

𥳓同筲别文同

《竹部》“𥳓，饭筥也。受五升。从竹，稍声。秦谓筥曰𥳓。”“筲，陈留谓饭帚曰筲。从竹，捎声。一曰~~宋魏~~谓饭器，容五升。一曰宋衛谓箸筩为筲。

《方言十三》“䈰，南楚谓之筲。赵魏之郊谓之去䈰。”郭注：“盛饼筥也。”䈰即筥字。筲即𥳓字。又《方言五》“箸筩，陈楚宋魏之间谓筲，或谓之籝。”

籯即籝字

北京市电车公司印刷厂出品 八二·十

(1549) 20×20=400

《竹部》簏，竹器也。可以取粗去细。从竹丽声。

《广韵》簏，篱也。《六书故》今人织竹如勺以漉米，谓之爪籬。"俗又作爪篱。

筥同"凵""盧""筐"

《竹部》"筥，箱也。从竹，吕声

《凵部》"凵盧，饭器。以柳为之。象形。筁，凵或从竹，去声。

《皿部》盧，饭器也。从皿，𠧗声。盧，籀文盧。

《匚部》匡，饮器筥也。从匚，㞷声。筐，匡或从竹

筥《方言》作"箖"作"去箖"。《诗经·采蘋》（良耜）"载筐及筥，其饟伊黍。"郑注"筐筥所以盛黍也。"毛传"方曰筐，圆曰筥"《仪礼·士昏礼》执笲枣栗"郑注"笲，竹器而衣者，其形盖如今之筥筁盧矣"。筁篷即筁箖也。《说文》作"凵盧"

筶，筶者即此之隶变

《竹部》筶，饭筥也（俗本）

《通俗文》"以筥取物曰筶"。《玉篇》筶，笑也，

北京市电车公司印刷厂出品 八二·十
(1549) 20×20=400

饮具也。"按箸衣之箸当作褚，箸作之箸当作书或署。箸明之箸章太炎先生说"周礼注有楬櫫字《说文》无櫫，则箸明应作"者"或"赭"。"又今人箸俗名"筷子"，乃民间俗讳而然。《俨山外集》"民间俗讳各处有之，如舟行讳住，以箸为快儿……"。

篓同"笼""篮""筤""簝""籯""笭"

《竹部》"篓，竹笼也。从竹娄声。""篮，大篝也。从竹监声。𥫱，古文篮如此。""笼，举土器也。从竹龙声。一曰笭也。""筤，篮也。从竹良声。""笭，车笭也。从竹，令声。一曰笭，籯也。""籯，笭也。从竹，嬴声。""簝，宗庙盛肉竹器也。从竹尞声。周礼，供盆簝以待事。"

《方言十三》"䈪（郭注"䈪，古筥字。"）小者南楚谓之篓。自关而西，秦晋之间谓之箄"郭注，"今江南名笼为箄。"《玉篇》篮，大笼也。案"篓""篮""筤""籯""簝""笭""笼"七字或双声或同韵，或对转，皆同语。钱坫说"皆一声之转，亦方语异同耳。"

籢俗作匳。又讹作奩"

北京市电车公司印刷厂出品 八二·十

《竹部》籢，镜籢也。从竹，敛声。

段曰《玉篇》引《列女传》曰"置镜籢中。"别作'匳'。俗作奁"《急就章》"镜籢梳比各异工。"《广韵》作"匳"，镜匣也。《后汉书·光烈阴皇后纪》"明帝视太后镜奁中物。"李贤注"奁，镜匣也。"

䈀同匴

《竹部》䈀，竹器也。从竹，删声。

《匚部》匴，渌米籔也。从匚，算声。

案䈀与匴音义同。段曰渌者浚也，浚者抒也，抒者挹也。籔者漉米籔也。然则匴与籔二字一物也。谓淅米讫，则移此器内浚乾之而待炊。所谓滰淅也。"如段说，则䈀亦淅米之器，删其秕糠，与渌米同。《士冠礼》"爵弁、皮弁、缁布冠各一匴。"郑注"匴，竹器名，今之冠箱也。古文匴为篹。"此与渌米之匴非一物。钱坫據《士昏礼》注作"笲"，未知是否。

𥬠同"篅""㡖"

《竹部》"𥬠，篅也。从竹，屯声。""篅，以判竹圜以盛谷也。从竹，耑声。

《巾部》㡖，载米䉛也。从巾，盾声。读若易屯卦之屯。

《释名》"篅，屯也。屯聚之也。以草作之，团团然也。"《淮南子》"与守篅笔"注云"受谷器。"钱坫说，"今俗屯谷曰笔，栈谷曰篅。"又同"㡖"。亦贮谷减米之器，此三字同音义。

竿《考工记》笴即此

《竹部》竿，竹梃也。从竹，干声

竹梃谓直竹。《庄子》"列御寇不离苞苴竿牍。"司马注，"谓竹简写书。"则竿可作简。竿可以为箭干《考工记》作"笴"，笴竿对转。古皆以竹枝著火华爆之，故唐人诗称爆竿。又曰爆竹。今俗谓之爆仗。仗亦竹之转音。有谓后人卷纸为之叫爆仗，非是。古制以竹，今制以纸，是制作有变，仍袭爆竿之名耳。

箝同籋 籋或为廿之右出字，据燕上从之。

《竹部》"箝，籋也。从竹，拑声。""籋，箝也。从竹，爾声。"

段曰，"拑，胁持也。以竹胁持之曰箝。以铁有所劫束曰钳。书史多通用。"《汉书·异姓诸侯王

北京市电车公司印刷厂出品 八二·十
(1549) 20×20=400

表》"籀诵楚书"颜注"籀诵烧书"颜注,"谓籀箝其口不听妄言也。"《周礼·夏官·司弓矢》"大射、燕射共其并夹"。郑注"并夹,矢箝也"。段曰"箝籀双声(按箝从甘声,今从入声,与籀韵亦对转。)。夹取之器曰箝。今人以铜铁作之,谓之镊子。

《燕部》燕,玄鸟也。箝口,布翄枝尾。象形。按燕字之形,以廿为箝口是廿为古箝字。箝即廿之后出,是箝可作"廿"也。

笠后出作沍。

《左传·昭公四年》"固阴沍寒。"注,"互闭也。"《玉篇》沍,闭塞也。"

箣同骚

《竹部》箣,棰马也。从竹,刺声。

《马部》骚,扰也。一曰摩马。从马,蚤声。《广韵》"箣,刮马篦也"。《玉篇》箣,马箣也。所以刮马。钱坫说,"此出马垢之物,今人尼去垢曰箣。"段曰摩马如今人之刷马。引申之义为骚动。"箣骚对转。

策同筋

《竹部》"策，马箠也。从马，朿声。""笍，羊车騶箠也。箸箴其耑长半分。从竹，垂声。"《攴部》"敕，擊马也。"《左传·文公十三年》"绕朝赠之以策。"杜注"策，檛也。"《襄十七年》"左师为己短策，苟过华臣之门，必骋。"服虔曰"策马箠也。"段曰《金部》"錣，羊车箠也。耑有铁。"《匚部》"匧读如羊车騶箠之錣。"羊车见《考工记》，郑曰"羊，善也。善车如今定张车。"《淮南子·道应训》字作錣。高曰，"策马捶端有铁以刺马谓之錣。"錣即笍之后出。

箠同"策""捶""敕"

《竹部》"箠，击马也。从竹，垂声。""策，箠也。从竹，朿声。"

《手部》"捶，以杖击也。从手，垂声。"

《攴部》"敕，击马也。从攴，朿声。"

《木部》"椯，箠也。"《集韵》"箠，击马策也。"《周礼·春官·巾车》注，《释文》亦作"棰"。汉隶竹艸不分。《列子·杨朱》"百羊而群，使五尺童子荷箠而随之，欲东而东，欲西而西。"《长笛赋》"裁已当簻便易持"。簻即策字。《左传》杜注"策，檛也"，檛亦策字。"箠""捶"音义同。

(1549) 20×20=400

北京市电车公司印刷厂出品 八二·十

与"敕""[illegible]"亦同。

箙同棚

《竹部》箙，弩矢箙也。从竹，服声。周礼仲春献矢箙

《木部》棚，栈也。从木，朋声

《方言九》"所以藏箭弩谓之箙。"郭注：盛弩箭器也。诗曰檿弧其箙。"《释名》矢栝旁曰叉。形似叉也。其受之器以皮曰箙，谓柔服用之也。织竹曰笮，相迫笮之名也。《夏官·司弓矢》"中秋献矢箙。"注曰，"盛矢器也。"又《通俗文》曰板阁曰栈，连阁曰棚。今人谓架木以蔽下者皆曰棚。三苍曰"棚，栈阁也。《九章算术·商功章》"负米往来四七十步，其二十步上下棚除。"注，"棚，阁也，除，邪道也。"

笪同笞

《竹部》"笪，笞也。从竹，旦声。""笞，击也。从竹，台声。"

钱坫说"笪（当割切）声义与'撻'同。"黄季刚先师曰"笪即今打人字通作'打'。隶书木手不分，遂讹为'打'矣。"《荀子·正论》"捶笞膑脚"《方言二》传曰，慈母之怒子也，虽折葼笞之

北京市电车公司印刷厂出品 八二·十
(1549) 20×20=400

其惠存焉"。郭注，"言教在其中也。"

⿱竹殿同"丁""朾""成""殿""段""椯"

《竹部》"⿱竹殿，榜也。从竹，殿声。

《丁部》"丁，夏時万物皆丁实。象形。丁承丙象人心

《戊部》成，就也。从戊，丁声。戌古文成从午。

《木部》朾，橦也。从木，丁声。"椯，箠也。从木，耑声。一曰椯，度也。一曰剟也(兜果切)。

《殳部》殿，击声。从殳，屍省声。"段，椎物也。从殳，耑省声。"

以上详見《殳部》殿下。

箴同"鍼""⿰金函"。

《竹部》箴，缀衣箴也。从竹，咸声。

《金部》鍼，所以縫也。从金，咸声。"⿰金函，郭衣鍼也。从金，函声。

《黹部》黹下云"箴缕所以紩衣也。"黄季刚师曰缀衣箴作箴，此字甚古，當製於未用鐵器之前。案石器时代即有石刀削竹，并加以研摩。然后汉人用煤鍊铁始有"鍼""⿰金函"等字。季刚师又曰，錢坫引鈕树玉说'《左传》以箴陳事'箴即箴字。

北京市电车公司印刷厂出品 八二·十
(1549) 20×20=400

按蕆字当从贝，从辰肖声。《说文》无者，以有茻字也。蕆字见《左传》《方言》非俗字也。

竽同簧

《竹部》"竽，管三十六簧也。从竹亏声。""簧，笙中簧也。从竹黄声。古者女娲作簧。"

《韩非子·解老》竽也者，五声之长者也。《周礼·笙师》"掌教龡竽"。郑众注"竽三十六簧"。按《广雅》"竽三十六管"。每管皆有簧。竽簧横唐对转

箛后出字作笳

《竹部》箛，吹鞭也。从竹孤声。

黄季刚师曰箛即"笳"字。以箛后转有加音，借葭为之，而俗造笳字。"

篳同"棥"、又同"籓""庰""屏"。

《竹部》篳，藩落也。从竹，畢声。春秋传曰篳门圭窬。

《左传·襄十年》王叔、陈生与伯舆争政。王右伯舆。王叔陈生怒而出奔。及河，王复之。杀史狡以说焉。……王叔之宰曰"篳门圭窦之人而皆陵其上，其难为上矣。"杜注"篳门，柴门。圭窦，小户。穿壁为户，上锐下方，状如圭也。

北京市电车公司印刷厂出品 八二·十
(1549) 20×20=400

言伯舆微贱之家也。《释文》闺作"圭"。说文引作"筚门圭窬"。《礼记·儒行》亦作"筚门圭窬"。郑注"筚门，荆竹织门也。圭窬，门旁窬也。穿墙如圭矣。《玉篇》亦作"窬"。儒行《释文》窬，徐音豆。是窬与窦同字。"棥""藩""庰""屏"皆详见《艸部》藩下。

顨同𢀩。又同"䪞巽""𢁉""僎""僝"。又同"詮""全"

《丌部》顨，巽也。从丌䪞。此易顨卦为长女为风者。"巽，具也。从丌𢀩声。𢁉古文巽。巽篆文巽。

《𢀩部》𢀩，二卪也。巽从此。阙。

《頁部》䪞，选具也。从二頁。

《人部》僝，具也。从人，孱声。读若汝南潺水。虞书曰旁救僝功。"僎，具也。从人，巽声。"

《言部》詮

《全部》全

已详见《言部》詮下。

與此部偏旁字

北京市电车公司印刷厂出品 八二·十
(1549) 20×20=400

《丌部》奠，置祭也。从酋，酋酒也。下其丌也。礼有奠祭者。

《释名》“丧祭曰奠。奠停也。言停久也。（亦言樸奠，合体用之也。）《礼记·内则》“奠之而后取之。”注，“奠，停也。”《周礼·考工记》凡行奠水。”郑众注曰“奠，读为停。”故奠即停留字。

工同竘“巧”“媄”。

《立部》“竘，健也。一曰匠也。从立，句声。读若龋。逸周书有竘匠。

《工部》“工，巧饰也。象人有规榘也。与巫同意。𢒄，古文工从彡。”“巧，技也。从工丂声。

《女部》媄，巧也。一曰女子笑皃。诗曰桃之媄媄。从女，芺声。

《穀梁成元年传》有“工民”注云“巧心劳手以成器者。《史记·田敬仲完世家》“使为工正。”正义曰“工巧之长。”章太炎先生曰“工对转侯变易为“竘”匠也。《方言（七）》竘，貌治也（郭注谓治作也。竘恪垢反）吴越饰貌为竘，或谓之巧。次对转幽变易为“巧”技也。巧字转宵变易为“媄”巧也。”

㠭同診

《㠭部》"㠭，極巧視之也。从四工。"

《言部》診，視也。从言㐱声。

章太炎先生曰㠭變易為診。診脈亦極巧視之也。

𡨄同"𢀏""⿰土則"

《㠭部》𡨄，窒也。从廾，窒宀中，㠭犹齐也。

《川部》𢀏，害也。从一雝川。春秋传曰川雝為泽，凶。

《土部》⿰土則，遏遮也。从土，則声。

此三字皆属咍韵。钱坫说"实窒之窒与塞隔也之義微異。"王筠《说文释例》说，塞，𡨄窒也，廢閉之文，塞，隔也。边塞之文。"

巫即無之古文。亦即舞之古文

《巫部》巫，祝也。女能事無形。以舞降神者也。象人兩褎舞形。与工同意。古者巫咸初作巫。𢍉古文巫。

徐锴曰"巫犹無也。"《周礼·女巫》無数旱暵則舞雩。"章太炎先生曰"凡详狂者为巫。上世以巫为[illegible]，中世以巫为狂。巫犹靈本训善，其后为恶谥"

北京市电车公司印刷厂出品 八二·十

又《周礼》筮人"巫更""巫咸""巫式""巫目""巫易""巫比""巫祠""巫参""巫环"郑注云巫皆当为筮，字之误也。章太炎先生曰"以巫为筮，则巫亦可读筮，易卦用筮也。"李刚先师曰，《周礼》以巫为筮字，则巫有筮音。且筮即从巫也。凡象形指事字本无定音，后世或专行一音。其说多窒。所赖群书音读间有存者，又由声子以推声母（形声字），犹可考见大略耳。

覡同靈。疑与"覛"为一字。

《巫部》覡，能齐肃事神明者。在男曰觋，在女曰巫。从巫見。

《玉部》靈，靈巫。以玉事神者。从玉霝声。靈，靈或从巫。

《𠂢部》覛，衺视也。从𠂢，从見。𥈠，籀文。

韦昭注《国语》"巫覡見鬼者"。覛训衺视，即寻觅鬼而見也。故覡与覛皆从見，实同字耳。

甚即淫欲本字

《甘部》甚，尤安乐也。从甘。甘匹耦也。𠀠，古文甚。

北京市电车公司印刷厂出品 八二·十

按《庄子·天下篇》"沐甚风，栉疾风。"甚风即淫风。甚为淫之借字。《老子》"去甚"王注"谓贪淫声也。"又《女部》"媅，乐也。"媅与甚同。媅言婬乐。《诗经·卫风·氓》"无与士耽"。耽即甚媅之借字。

乃同迺，亦同戁。又同魌。乃即難之古文，形亦……

《乃部》"乃，曳词之難也。象气出之難。𠄎古文乃。𠄎籀文乃。""迺，惊声也。从乃省，西声。或曰迺，往也。读若仍。𠧟古文迺。"

《心部》"戁，敬也。从心，難声。"

《鬼部》"魌，见鬼惊词。从鬼，難省声。读若诗受福不儺。"

《公羊宣公八年传》"而者何？難也。乃者何？難也。曷为或言而或言乃？乃難乎而也。"何休注"言乃者内而深，言乃者外而浅。"案"乃""迺"异同《诗经·大雅·緜》《公刘》两篇"迺""乃"并用，郑笺以迺乃同。《尔雅·释诂》郭注"迺即乃"。《周礼·春官·司几筵》注曰"故书仍为乃"故《说文》"迺读若仍。"戁训敬即[illegible]字。其训惊

北京市电车公司印刷厂出品 八二·十

声则同魌。

又逌与乃亦有往义。章太炎先生曰，"汉世言逌者，乃者，犹往者也。双声转陽则言鄉曩，鄉也。鄉为不久与曩亦一語。

甹同媥，同俜。

《丂部》甹，亟词也。从丂，从由。或曰甹，侠也。三辅谓轻财者为甹。

《女部》媥，轻皃。从女，扁声。

《人部》俜，使也。从人，甹声。（小徐本作"侠也"案小徐是，以侠下云"俜也"知之）

媥即媥疾字，媥甹同双声义同。或曰之义与"俜"言义同。俜使字应作聘。

丂古文以为亏字，又以为巧字。

《丂部》丂，气欲舒出，丂上碍于一也。丂古文以为亏字，又以为巧字。

李剛先師曰，凡"乎""兮""矣""于""曷""者"正字。"所""攸""诸"借字。皆依於此。

哥同歌

《可部》哥，声也。从二可。古文以为謌字。

《欠部》歌，咏也。从欠，哥声。謌，或从言。

北京市电车公司印刷厂出品 八二·十
(1549) 20×20=400

《汉书·艺文志》"诗言志，哥永言。"用哥字是古文尚书。

兮同亏

《兮部》兮，语所稽也。从丂，八象气越亏也。

《丂部》亏，反丂也。读若呵。

章太炎先生曰"凡发声言阿者即亏字。"

𠧪通作洵"𢗅"或借为茕独之茕

《兮部》𠧪，惊辞也。从兮，旬声。𢗅，或从心。

《水部》洵，过水中也。从水，旬声。

《周礼·秋官·大司寇》"惸独老幼"。注："无兄弟曰惸。"《诗经·小雅·正月》"哀此惸独"《孟子》"哀此惸独"。案此"惸独"亦为"茕独"之借字

钱坫说《庄子》"恂然弃而走。"司马彪注"恂，惊也。"又"惴慄恂惧"崔譔注"恂，战也。"此即𢗅之变体。又洵训诚词。《诗经·郑风·有女同车》"彼美孟姜，洵美且都"亦与𠧪叹之通。亦与惊怪之通。

虧同騫

《亏部》虧，气损也。从亏，雐声。虧，虧或从兮。

《马部》騫，马腹垫也。从马，寒省声。

损与亏双声，本同语。《诗·小雅》两言"不骞不崩"，《鲁颂》作"不亏不崩"。毛传"骞，亏也。"章太炎先生曰："仲尼弟子闵损字子骞。名字相应。诗言'不骞不崩'。又以骞崩连言，骞犹今言倒塌（塌字《说文》未录，塌即墊之后出字）。"亏训气损引申凡损皆谓之亏。损又通陨，"从高下也"，陨同磒，"落也"。通"抎"，"有所失也"。春秋传曰"抎子，辱矣。"《吕氏春秋·音初》"王及蔡公抎于汉中。"抎与损同音义。

粤同"亏""于""乎""余""爰"

《亏部》"粤，亏也，宷慎之词者。宷从亏。《周书》曰'粤三日丁亥'。"亏，於也。象气之舒亏。从丂从一。一者，其气平之也。

《兮部》乎，语之余也。从兮，象声上越扬之形也。

《八部》"余，语之舒也。从八，舍省声。""余，二余也。读与余同。"

亏古文但作"亏""乎""余""爰"皆同音同义。与余对声转泰为"粤"，粤于也。诗传曰亏，往也。粤与越通用，今《周书》作"越"，"南越""东越"

《壴部》嚭，大也。从壴否声。春秋传曰吴有太宰嚭。

此二字音义同。

~~鼓同训郭。鼓即郭廓字。~~

《鼓部》鼓，郭也。春分之音万物郭皮甲而出故谓之鼓。从壴，支象其手击之也。周礼六鼓：雷鼓八面。灵鼓六面。路鼓四面。鼖鼓、皋鼓、晋鼓皆两面。籀文鼓从古声。

段曰郭廓正俗字。六鼓见《周礼·地官·鼓人》。

按周礼作"鼖"。通作造

《壴部》鼜，夜戒守鼓也。从壴，蚤声。礼，昏鼓四通为大鼓，夜半三通为戒晨，旦明五通为发明。读若戚。

钱坫说："《鼓人》凡军旅夜鼓鼜。注云"鼜夜戒守鼓也。"《司马法》曰昏鼓四通为大鼜。夜半三通为晨戒。旦明五通为发昫。"《掌固》夜三鼜以號戒'。注云，'杜子春读鼜为造次之造。谓击鼜行夜戒守也。'

壴同殷

北京市电车公司印刷厂出品 八二·十
(1549) 20×20=400

《豈部》豈，还师振旅乐也。一曰欲也，登也。从豆，微省声。

《殳部》殷，作乐之盛称殷。从㐆，从殳。易曰殷荐于上帝。

豈与殷对转为韵，（犹愷悌相转而为联词）殷从㐆者歸也。取還师振旅之义，故殷与豈同。豈为还师振旅之乐，殷亦以还师。章太炎先生曰"豈一曰欲也，谓思归也。《诗传》曰豈，乐也。"又曰"其训登者，以字从豆与登从豆同意。《方言》借"隑"为之。云立也。登车必正立执绥，立登同意。其所以登者亦谓之豈。郭璞《方言注》云"江南人呼梯为隑，所以

北京市电车公司印刷厂出品 八二·十
(1549) 20×20=400

階物而登者也。則豈又為階梯之偁矣。"豈即愷樂最初字。詩辭之"豈"當作"其"而已。其文本作"丌"。

說文无"𨕙"字，即"𧯞"之俗字

《𧯞，𨕙也。訖事之樂也。从豈幾聲。

案𨕙即𧯞之俗字，此以俗釋正耳。

豆同𢍃

《豆部》豆古食肉器也。从口，象形。𣅜古文豆

𢍃，禮器也。从廾持肉在豆上。讀与鐙同。

李剛先師曰，豆食肉器也。下梪云木豆。然則古豆瓦器。《爾雅、釋器》瓦豆謂之登。豆登一聲之轉。以木（俗作梪）為豆，乃漢人之語。"又曰𢍃，禮器也。从廾持肉在豆上讀若鐙同（都滕切）按即豆之后出字。又鐙燭字即作此。蓋古即食器盛膏而燃之以為明，俗作登。"按《考工記》曰，"豆中縣。《禮記、祭統》曰"夫人薦豆執校"。鄭玄曰"校，豆中央直者也。"由此古代正立之物皆稱豆，故"脰""頭"等字皆有中央正立之物。又豆即今高脚盘子，下直立上盘可盛物。

北京市电车公司印刷厂出品 八二·十

(1549) 20×20=400

𧯠为汉人俗篆

《豆部》“䜵，豆饧。从豆，𢦏声”“𧯠，豆饴也。”

此大小豆之名，乃汉人俗篆。

梪《玉篇》作“豆”，同豆”

《豆部》木豆谓之豆，~~竹豆谓之籩~~。瓦豆谓梪从木豆。

《释器》木豆谓之梪。竹豆谓之籩。瓦豆谓之登。”

《汉书·地理志》“其田民饮食以籩豆”颜注，“以竹曰籩，以木曰豆，若今之槃也。”

豔同“姣”“~~[illegible]~~”“好”“嬥”

《豐部》豔，好而长也。从豐，豐，大也；盍声。春秋传曰美而豔。

《女部》“姣，好也。从女，交声。”“好，美也。从女子。”“嬥，直好皃。一曰娃也。”

《方言二》娃、嫷、窕、豔，美也。吴楚衡淮之间曰娃。南楚之外曰嫷。宋衛晋郑之间曰豔。陳楚周南之间曰窕。自关而西秦晋之间凡美色或谓之好，或谓之窕。故吴有館娃之宫。秦有㮼娥之臺（郭注“皆战国时诸侯所立也。㮼音七。）。

北京市电车公司印刷厂出品 八二·十
(1549) 20×20=400

秦晋之间，美皃谓之娥，美状为窕，美色为豔，美心为窈。《説文》以好训美亦會声训。以长训豔因字形从豐也。亦与"姣""嫿"对转，与好双声。

⿰号䖒同鎬

《䖒部》⿰号䖒，土鍪也。从䖒，号声。读若鎬。

《金部》鎬，温器也。从金，高声。

《金部》鍪，鍑屬也。鍑釜大口者。《广雅》鍑、鍪、⿰号䖒，鬲也。钱坫说"今俗有熬盆，此字也"。

⿸䖒盍《玉篇》作盍

《䖒部》⿸䖒盍，器也。从䖒盍，盍亦声。阙

《玉篇》器也。或作盍。

虍同虎

《虍部》虍，虎文也。象形。

《虎部》山兽之君。从虍，足象人足。象形

𧆞古文虎。𠪄亦古文虎。

虍虎同音。《左传·宣公四年》"於菟"即虎之缓音。

虦即今家畜之猫

北京市电车公司印刷厂出品 八二·十

(1549) 20×20=400

《虎部》虦，虎竊毛謂之虦苗。从虎，戔声。

竊，淺也。

案竊淺双声。苗毛同音。季剛先师曰，按苗即今之貓字。今家畜貓即貍之变種。

虎乞即书秦誓仡仡武夫字

《虎部》虎乞，虎皃。从虎，乞声。

《尚书》"仡仡武夫。"《诗经》"仡仡勇夫"又《汉书》"金人仡仡，其承鐘虡。"皆虎乞之借字。

虓后出字有貅

《虎部》虓，虎鸣也。一曰师子。从虎，九声。

《史记五帝本纪》教熊羆貔貅貙虎，以与炎帝战于阪泉之野。"《玉篇》"貅，猛兽"

虩同"懼""猛""惶""恇"

《虎部》虩，易履虎尾虩虩恐懼。一曰蝇虎。

从虎，㡿声。

《心部》懼，恐也。从心，瞿声。愳，古文。"

"惶，恐也。从心，皇声。""恇，怯也。从心，匡声。"

《犬部》猛，多畏也。从犬，去声。怯，杜林

北京市电车公司印刷厂出品 八二·十

古文从心。

此许君引《周易·履卦》九四爻辞释字。今《周易》作"愬愬"。马融本作"虩虩"，虞翻曰"愬愬，恐惧也。"《吕氏春秋》引易亦作"愬愬"，高诱注"愬读如虩。"又《震》卦"虩虩"。荀爽本亦作愬愬。又《公羊宣公六年传》"灵公望见赵盾，愬而再拜"何休注"愬者惊貌。知其欲谏，欲以敬拒之。"惊惧同义 对转与"惶""恇"同音义。

[illegible]摸韵亦音义同。

~~盛同瓷~~ 虒后出字作猰

《虎部》虒，委虒，虎之有角者也。从虎，厂声。《尔雅·释兽》猰貐，类貙。虎爪，食人，迅走。亦或作"猰"。

皿近鬴"簠"

《皿部》饭食之用器也。象形与豆同意

《竹部》簠，黍稷圜器也。从竹，从皿，甫声。

医古文簠从匚从夫。

《鬲部》鬴，鍑属。从鬲，甫声。釜 鬴或从金，父声。

此三字双声，韵亦相同或对转

北京市电车公司印刷厂出品 八二·十

盌同㼝

《皿部》盌，小盂也。从皿，夗声。

《瓦部》㼝，小盂也。从瓦，夗声。

《方言》五 ~~盌谓之盂，或谓之铫~~ 盂宋楚魏之间，或谓之盌。盌谓之盂或谓之铫锐。又十三“椀谓之夸”“盂谓之铫锐”。

案盌㼝为异体字。

盂盉与铫同

《皿部》盂，器也。从皿，弔声。（止遥切）

《金部》铫，温器也。一曰，田器。从金兆声。

今俗称弔子。

盛、盛美字当曰成

《皿部》盛，黍稷在器中以祀者也。

案盛茂、盛美当作“成”（高[illegible]先生说），钮氏《诗還》《鸡鸣》東方之日传，昌盛明盛之文谓盛文同成。是知成与成同也。

盉 此调和、勺藥（即今作料）之正字

《皿部》盉，调味也。从皿，禾声。

段曰调声曰龢，调味曰盉。案甘部有“⿱麻甘”字，下云“和也。从麻，麻，调也。”麻即適，麻亦即芍药。

盘同槃

北京市电车公司印刷厂出品 八二·十
（1549）20×20=400

《皿部》盆，盎也。从皿，分声。

《木部》槃，承槃也。从木，般声。鎜古文从金。盤籀文从皿。

此二字音义皆相近。

盪盖同簋

《皿部》盪，器也。从皿，漻声。

《竹部》簋，黍稷圜器也。从竹，从皿，从皀。匦古文簋，从匚，飢。匭古文簋或从軌。杌亦古文簋。

《广韵》盪，古巧切，器也。古巧切，温器也。

皆无确训依其音或与簋同

盈同益"溢""泆"

《皿部》盈，满器也。从皿夃。"益，饶也。从水皿，皿益之意也。

《水部》泆，水所荡泆也。从水，失声。"溢，器满也。从水，益声。

此数字或双声或同韵义亦同

盡同澌

《皿部》盡，器中空也。从皿，㶳声。

《水部》澌，水索也。从水，斯声。

北京市电车公司印刷厂出品 八二·十
(1549) 20×20=400

《方言》曰"澌，索也。"郭注"尽也"。澌尽古义同。

盦同罯

《皿部》盦，覆盖也。从皿，酓声

《网部》罯，覆也。从网，音声。

按盦为乌合切。今人又读近諳。字或作"菴"。正当作闇耳。《门部》闇，闭门也。"

温为温和之正字（说见前）

血同衁

《血部》"血，祭所荐牲血也。从皿，一象血形"。"衁，血也。从血，亡声。春秋传曰，士刲羊，亦无衁也。

章太炎先生曰"血古音当如卹，今作戌喉音。《唐韵》血切呼决，衁切呼光，则为双声。与衁同字。"

甹同定

《血部》甹，定息也。从血，甹省声。读若亭

《宀部》定，安也。从宀，从正。

钱坫说"《仓颉篇》亭，定也。《释名》"停定也"。皆此字。

北京市电车公司印刷厂出品 八二·十
(1549) 20×20=400

盜同醬

《血部》盜，醢也。从血，菹声。𧖴盜或从缶

《酉部》醬，醢也。从肉，酒以和醬也。爿

声。𤖨古文。𤕊籀文。

章太炎先生曰"盜，醢也。《周礼·天官·醢人》注曰'作醢及臡，必先膊乾其肉。'是盜实同于菹。《说文》以菹盜为同字。菹又训酢菜。菹为久乾之肉，菹为久乾之菜。义亦相因也。盜对转阳变易为醬，亦醢也。"

卹同恤。别义同尟

《血部》卹，忧也。从血卩声。一曰鲜少也。

《心部》恤，忧也。收也。从心，血声。

《是部》尟，是少也。尟俱存也。从是少。贾侍中说

段曰"卹与《心部》恤音义皆同。古书多用卹。后人多改用恤。"别义则与尟同。钱坫说今俗谓少为一卹，犹言一些也。"

𧗸同涗。

《血部》𧗸 汙血也。从血𢧵声

《水部》涗 汙也。从水，兑声。诗曰河水涗涗

孟子曰汝安能浼我。

钱坫说"《汉书（梁孝王传）》"汙衊宗室。"孟康是漫。

去藏字正作心

案右出字作弃。

盍用为语词之盍当作曷

《血部》盇，覆也。从血大声。

段曰艸部之蓋从盇会意，训苫覆者，引申之义耳。"按盇即蓋字，用为语词之盍，亦当作曷。隶作"盍"。

主与燭同

《丶部》主，鐙中火主也。从生象形。从丶丶亦声

《火部》燭，庭燎大燭也。从火，蜀声。

徐锴曰即今燭也。古初以人执燭，后易之以鐙。"案主与燭同。神主之主有宔字。君主之主亦应作"主"。燭主唯一盏，并有光明义。引申有一义。

北京市电车公司印刷厂出品 八一·十
(1549) 20×20=400

第五卷下

青同蒼

《青部》青，東方色也。木生火，从生丹。丹青之信言必然。（古文青）

《艸部》蒼，艸色也。从艸，倉声。

《释名》青，生也。象物生时色也。"凡艸木之生，其萌芽必丹色，逐渐发展为青，故丹为初生之色。章太炎先生曰"丹为巴越之赤石，青从丹生声，宜本赤色之名。故綪从青声而训赤缯。青与綪犹朱与絑也。青部所屬，唯一静字训審也。小徐以为丹青明審。……又以青蒼双声，青清旧唐韵近，相承借青为蒼，犹借將为請矣。"

又《東观汉記》"光武诏曰，明設丹青之信。"曹植《王仲宣誄》"吾与夫子，義贯丹青~~不渝~~。"李善注"丹青二色，名言不渝也。"以丹青比喻坚貞不渝。

⿱𤇾井同~~"阱""穀"~~"洼"盖即"瀛"字。

《井部》⿱𤇾井，深池也。从井，瑩省声

《水部》洼，深池也。从水，圭声。

⿱𤇾井洼齊青对转，訓義全同。《史记·孟子荀卿列传》"於是有大瀛海環之"。《说文》无瀛字，盖即洼字（瀛洼亦齊青对转）。先师黄季刚先生曰《楚辭·

招魂》"倚沼畦瀛兮遥望博"刘逵《蜀都赋》注引《楚辞》"倚沼畦瀛"而孟坚解之为畦，録者并书畦瀛。遂致文不比数。此则瀛本作'洼'故可与畦通借。"（见章太炎先生《文始》引黄说）章太炎先生又曰，"《说文》娃读若问，《方言》训娃嬴为好即借为娃。皆支清对转之例。瀛作荣亦得。"后出字作"瀠"大水也。

井与刑有别今混用

《井部》刑，罚辠也。从井，从刀。易曰井，法也。井亦声。

《刀部》刑，剄也。从刀，幵声。

刑为刑法正字，刑乃刑剄刑人之字。今混用。刑从井，井亦训法，此犹法从水取其平。

皀同"香"又同"飶""苾""芬""棼"。又同"芳"

《皀部》皀，穀之馨香也。象嘉穀在裹中之形。匕所以扱之。或说，皀，一粒也。又读若香。

《香部》香，芳也。从黍甘。春秋传曰黍稷馨香。

《食部》飶，食之香也。从食，必声。诗曰，有飶其香。"

《屮部》芬，艸初生其香分布。从屮从分，分亦声。芬　芬或从艸。

《艸部》苾，馨香也。从艸，必声。"芳，香艸也。从艸，方声。"

《木部》棻，香木也。从木，芬声。

段玉裁引《颜氏家训》"在益州与数人同坐。初睹地下小光，问左右是何物？一蜀竖就视，云，是豆逼耳。皆不知所谓。取来乃小豆也。蜀人呼豆为逼，时莫之解。吾云《三仓》《说文》皆有皀字《通俗文》音方力反。众皆歡悟。"由形声字求其音约有二读：《鸟部》"鴔鵖"鵖从皀声，《尔雅音义》云鵖，彼及反。郭，房汲反。《字林》方立反。此一读也。《皀部》鄉。鄉从皀声读若薌香。《曲礼》黍曰薌。合梁曰薌。薌即香字。故皀下云又读若香。此又一读也。故皀为"香""飶""芬""苾""棻""芳"的语源。

卽即節飲食字

《皀部》即，即食也。从皀，卩声。

段玉裁曰"即当作節。周易所谓節飲食也。節食者检制之使不过。故凡止於是之词谓之即。凡見於經史多言即皆是也。《鄭风毛傳》曰即，就也。"案段說至精。

既同嘰

《皀部》既，小食也。从皀，旡声。論語曰不使勝食既

《口部》嘰，小食也。从口，幾声。

此二字音义同。諸詞之既当作"已"，训盡者亦同。训已者当作"汔"

鬯即條暢字

《鬯部》以秬釀鬱艸，芬芳攸服以降神也。从凵，凵器也。中象米。匕所以扱之。易曰不喪匕鬯。

江声说"古條暢字作此。借用暢者非也。"按《漢书·律麻志》万物莫不條鬯該成，安世樂清明鬯矣。"即古曰古暢字。"案今《坤文言》"暢于四支"《月令》"命之曰暢月"《孟子》"草木暢茂"，皆唐人改。又《詩經·大叔于田》"抑鬯弓忌。"鬯弓之鬯，朱駿声说，"借为韔字。"

爵后出字有"琖""醆""盞"

《鬯部》爵，礼器也。象爵之形。中有鬯酒，又持之也。所以飲酒象爵者取其鳴節節

北京市电车公司印刷厂出品 八二·十
(1549) 20×20=400

足足也。爵 古文爵象形。

章太炎先生曰：“《记·明堂位》爵，夏后氏以琖，殷以斝，周以爵。”《诗传》琖作醆字。又作盏。《方言》“盏，杯也。”《说文》无‘琖’、‘醆’、‘盏’三字，皆爵之音变。爵声同雀而截从雀声。与截音相似。《书》截截善谝言。亦作‘戋戋’、‘諓諓’。然则爵音小变如截，又变为琖醆盏非异字也。”

辢即今辣字

《辛部》辢，列也。从辛，束声。读若迣。列字《玉篇》作“烈”。酒味酷烈，若如束声，今变作辣矣。若读若迣，则今变作辛矣。

食同“粒”“糂”

《食部》食，一米也。从皀亼声。一曰亼皀也。（锴本有“读若粒”）

《米部》粒，糂也。从米，立声。[illegible]古文粒“糂”，以米和羹也。一曰粒也。从米，甚声。糣籀文糂从朁。糁古文糂从参。

清程瑶田说，“一米有二义：粹不杂之谓一。不细碎之谓一。一曰亼皀者集众皀而成食。下文云饭，食也。《周礼·膳夫》郑注食，饭也。《淮南子·主术训》~~郑注亦云“食，饭也~~“食者民之本。”

《孟子》"乐岁粒米狼戾。"赵注"粒米，粟米之粒也。"《尚书、皋陶谟》"烝民乃粒"《诗经、周颂》"立我烝民。"诗书之粒又训为食。糁一曰粒也。粒糁同部，粒与食皆为古音古亦双声。故三字音义同。

饪同"孰""𦎫""饔""餾"

《食部》饪，大孰也。从食，壬声。肝古文饪，恁，亦古文饪""餾，飯气蒸也。从食，留声。""饔，孰食也

《亯部》𦎫，孰也。从亯，从羊。读若纯。一曰鬻也。𦏧篆文𦎫。

《丮部》孰，食饪也。从丮，𦎫声。易曰食饪。

《方言》饪，熟也。徐扬之间曰饪。《广雅》饪，熟也。《尔雅、释言》馈、餾，稔也。"《释文》稔字又作饪。《小雅传》"熟食曰饔。"《周礼、天官、内饔》注云"饔，割亨煎和之称。"餾《诗经、洞酌、正义》"流饭气蒸者，谓饭以气蒸之，不入水煮之也。今人尚存此语。章太炎先生曰"𦎫训孰，醇从𦎫声。例之以獐之为麞，鷻之为雕，諄

之读若，墫之复埶，则章本在幽部，其后同时已变入谆。章埶对转冬为戇。若依晚古音则变为为儋。亦作泥纽对转侵为饪。此如章声之有犉，饪犉今皆在日纽，古皆在泥纽。

饵同粈

《食部》饵，杂饭也。从食，丑声。

《米部》粈，杂饭也。从米，丑声。

饵粈同音义。钱坫曰"今日~~粈~~粈杂。"

飧同~~饡~~

~~《食部》飧，餔也。从夕食。~~

䭑为廉洁廉耻之正字

《食部》䭑，嘰也。从食，兼声。读若风溓溓。一曰，廉洁也

嘰《口部》训小食。潘岳《寡妇赋》"水溓溓以微凝"又《禾部》稴，读若风廉之廉。又一曰廉洁也。《玉篇》"廉絜也。"按如一曰义，则䭑为为廉洁廉耻之正字。古歌诗"君不见孙叔敖廉洁不爱钱"。《后汉书》孔奋守姑臧令，力行清洁。或以为身处脂，不能自润，徒益辛苦耳。"此皆䭑字也。

(1549) 20×20=400
北京市电车公司印刷厂出品 八二·十

饟同贞饷

《食部》饟，周人谓饷曰饟。从食，襄声。"

"饷，饟也。从食，向声。

《诗经·良耜》"其饟伊黍"《礼记·郊特牲注》作"饷"。《淮南子·览冥训》"軵车奉饟"。又《汉书·食货志》"男子力耕不足粮饟。"师古曰"饟，古饷字。"

饟饷古異体字

馈同氣

《食部》馈，饷也。从食，贵声。

《米部》氣，馈客刍米也。从米气声。春秋传曰齐人来氣诸侯。䊠，氣或从既。餼，氣或从食。

段曰，馈之言歸也。故馈多假归为之。《论语》"詠而馈"、"馈孔子豚"、"齐人馈女乐"古文皆作馈，鲁皆作归。"案歸有馈遗之义，歸馈本同。《聘礼》歸饔氣五牢。郑云"今文归或为馈。"歸馈亦与氣同。书序曰"王命荣叔歸周公于东"，《春秋传》曰"歸公乘马。""歸夫人鱼轩"……皆歸馈通用之证。至于"之子于归"归亦含有馈赠之义犹媵之为赠也。又"餽，吴人谓祭鬼曰餽"亦与馈通

𩟔䭡之语由殷勤来

《食部》"𩟔，秦人谓相谒而食麦曰𩟔䭡。从食，㥯声。""䭡，𩟔䭡也。从食，豈声。"

《方言一》餥（音非）、飵（音昨）食也。陳楚之内相谒而食麦饘谓之餥（郭注饘糜音旃）。楚曰飵。凡陳楚之郊南楚之外相谒而飧（書飯為飧，谒，请也。）或曰飵，或曰𩛟（音黏）。秦晋之際河陰之间曰𩟔䭡（恶恨反，五恨反。今冯翊郃陽河东龍门。是其处也。）此秦语也。（今关西人呼食欲飽為𩟔䭡）"

案古以飲食致"殷勤"。𩟔䭡之语由殷勤来。故司马迁《答任安书》"未尝衔杯酒，接殷勤之歡"之语。

饛同豐

《食部》饛，盛器满皃。诗曰有饛簋飧。从食，蒙声。

《豐部》豆之豐满者也。从豆，象形。一曰鄉饮酒有豐侯者。𧯷 古文豐

此引《詩經、小雅、大東》毛传"饛，满簋皃"。毛解诗文故言簋满，许说字义；不专谓簋，故易为器。

饱同醅

《食部》饱，猒也。从食，包声。𩛿古文饱从孚。𩞁亦古文饱，从卯声。

《酉部》醅，醉饱也。从酉，咅声。

此二字音义同。

饕同“贪”“飻”“婪”“惏”“嫪”“嫸”

《食部》饕，贪也。从食，號声。𩟧籀文饕从號省。叨俗饕从口，刀声。“飻，食也。从食，殄省声。春秋传曰谓之饕飻。

《女部》“嫸，下志贪顽也。从女，覃声。读若深。”“婪，贪也。从女，林声。杜林说，卜者党相诈验为婪。读若潭。”“嫪，婪也。从女翏声。

《贝部》贪，欲物也。从贝，今声。

《心部》惏，河内之北谓贪曰惏

《左传·文公十八年》缙云氏有不才子，贪于饮食，冒于货贿。侵欲崇侈不可盈厌。聚敛积实，不知纪极，不分孤寡，不恤穷匮。天下之民以比三凶，谓之饕餮。”杜解“贪财为饕，贪食为餮”。依传说饕餮为四凶之一。饕与“贪”“婪”“惏”

北京市电车公司印刷厂出品 八二·十

"嬒"音义皆同。

餽同"飢""餓"

《食部》餽，飢也。从食危声。读若楚人言恚人。"飢，餓也。从食，几声。""餓，飢也。从食，我声。"

案《说文·食部》有"饑"有"饉"曰，其谷不熟为饑，其蔬不熟曰饉，此指产量言，於人不能饱食，则曰飢曰餓曰餽。虽有关连而非同字。

合同勼 ~~勼同"盒""龕""奄"~~

《亼部》合，合口也。从亼，从口。

《勹部》勼，聚也。从勹，九声。读若鸠。

案合即亼之后出，与"集"亦通，亦言集合。《诗·民劳》郑笺云合聚也。勼与合对转义亦同。"桓公九合诸侯"即勼合也。于鸟聚居为鸠。故曰五鸠，鸠民者也。又《释名》"廄，勼也。勼，聚也。牛马之所聚也。"又鸠即鸽《鸟部》"鸽，鸠属。"此又合勼同音之证。又《尔雅·释诂》"合，对也。"则合即答之正字。《左传·宣公二年》"既合而来奔。"孙膑兵法竹简回答字皆作合。"

會同儈

《會部》合也。从亼，从曾省。曾益也。佮古文會如此。

《人部》佮，會也。从人，會声。诗曰：曷其有佮。一曰佮佮力皃。

段曰："見释诂。《礼经》器之盖曰會。为其上下相合也。凡曰會计者谓合计之也。皆非異义也。"《诗经、王风》毛传：佮會也。一曰六字，锴本无。"會""佮"皆古韵曷部字

朇同"裨""埤""俾"

《會部》"朇，益也。从會，卑声

《衣部》裨，接益也。从衣，卑声。

《土部》埤，增也。从土，卑声。

《人部》俾，益也。从人，卑声。一曰俾门侍人。

以上四字音义同，而引申略異。朇本裨益字，而仪礼、覲礼》有"裨冕"郑玄注曰"裨冕者，衣裨衣而冠冕也。"天子六服，大裘为上，其餘为裨。诗毛传"埤厚也"厚亦益也。《诗国风、北门》"政事一埤益我。"埤即增加。

入同内

《入部》入，内也。象从上俱下也。

北京市电车公司印刷厂出品 八二·十
(1549) 20×20=400

《入部》内，入也。从冂，自外而入也。章太炎先生曰，入本在缉部转入队，而内声之軜读入缉部。古无弹舌日纽，入本奴叶切，故转为内。"案李刚先师曰"入象从上俱下，此唯日光则然故日入同字，而皆出于二。《广雅》云日，二也。"案白下云从入合二。入即日光，白为日光之色。又案復（退）字从彳，从日，从夊。或体作"衲"则日即内字，亦即入字。

蒼即倉之后出字

《倉部》倉，穀藏也。倉黄取而藏之，故谓（啚下亦云"倉黄啚而取之"）之倉。从食省，口象倉形。全，奇字倉。李刚先师曰倉黄取而藏之故谓之倉。按蒼即倉之后出。"又案

入㐅同兩

《㐅部》二入也。兩从此。闕。

《兩部》兩，再也。从冂，闕。易曰参天兩地。李刚先师曰"㐅即入之重文。同兩。

缶同匋"缶""缶吉"

《缶部》瓦器。所以盛酒浆。秦人鼓之以節謌。象形。"匋，瓦器也。从缶，包省

北京市电车公司印刷厂出品 八二·十
(1549) 20×20=400

声。古者昆吾作匋。案史篇读与缶同。"

"𦈣，小缶也。从缶，咅声。""䍃，瓦器也。从缶，肉声。"

案史篇匋读与缶同，则"缶""匋""䍃"同音。亦与"𦈣"同音。匋~~隶变~~多以陶字代之。《诗经·大雅·緜》"陶復陶穴。"笺云"復穴皆如陶然。"孔颖达《正义》引《说文》"匋，瓦器竈也。"《字林》"匋，作瓦器者也。"《穴部》"窯，烧瓦竈也。"（余招切）是陶之陶亦读余招切。《土部》"坄，陶竈窗也。"《瓦部》"甄，匋也。"由上面的说法则匋以烧匋器之竈为本义。匋与䍃音同。玄应《一切经音义》十二引《仓颉篇》"窯，烧瓦竈也。"窯即䍃之后出，亦"窰"之后出。因而所匋之器曰缶曰𦈣因缶𦈣为匋䍃之引申非同字。案《周易》不鼓缶而歌。《诗经·陈风》"坎其击缶。"不始自秦人也，秦人善之耳。蔺相如曰，"窃闻秦人善击缶。"

缸同瓨

《缶部》缸，瓨也。从缶，工声。

《瓦部》瓨，似罂，長頸，受十升。读若洪。

北京市电车公司印刷厂出品 八二·十
(1549) 20×20=400

从瓦，工声。

二字同。

𦈢同㓠

《缶部》𦈢，缺也。从缶，占声。

《刀部》㓠，缺也。从刀，占声。诗曰白圭之㓠。

《诗经·大雅·抑》"白圭之玷，尚可磨也。斯言之玷，不可为也。"毛传"玷，缺也。"笺云，玉之缺尚可磨鑢而平，人君政教一失，谁能反覆之。"《释文》玷丁簟反。沈丁念反。说文作㓠。"《刀部》㓠下引诗，故陆谓说文作㓠。其实𦈢与㓠同。臧镛堂说文引诗本作"㓠"。俗以文连白圭遂改从玉矣。

罅同㙤

《缶部》罅，裂也。从缶，虖声。缶烧善裂也。

《土部》㙤，坼也。从土，虖声。𨻵㙤或从阜。（坼亦训裂）

案《周礼考工记·旊人》凡陶旊之事，髻垦薜暴不入市。郑司农云髻读为刮。薜读如药黄蘖之蘖(依段改)。暴读为剥。依先郑说蘖暴为破裂剥落之皃。郑云谓髻读为跀。垦，顿伤也。薜，破裂也。暴坟起不坚致也。郑云谓髻为跀之借字，谓器折足者。垦即豤字《豕部》豤，齧也。凡齧物必用力。華嚴经音义引《文字集略》豤，损也。齧伤犹言损伤。薜读为擘，亦即擘字，裂文之义。暴即爆暴。鏬下曰"缶烧善裂也"。所以鏬与罅都是说陶瓦坼裂之义。

罄同罊"罊""𥦗"

《缶部》"罄，器中空也。从缶，殸声。殸，古文磬字。诗曰缾之罄矣。"罊，器中尽也。从缶，毄声。

《穴部》𥦗，空也。从穴，巠声。诗曰瓶之𥦗矣。

《左传·僖公二十六年》"齐侯曰，室如县罄，野无青草，何恃而不恐？"杜注"如，而也。时夏四月今之二月，野物未成。故言居室而资粮县尽，在野无蔬食之物，所以当恐也。"孔疏"服虔云言发撤榱椽在如县罄。孔晁曰县罄但有榜。刘炫云如罄在县，下无粟帛。"案服说，罄即钟罄之罄，《国语》作"磬"。罄中必空始能作响。《乐记》"石声磬"。郑注"磬读为罄。《大戴礼记》曰

北京市电车公司印刷厂出品 八二·十
(1549) 20×20=400

縣一罄而尚博樹，是罄必縣而去之。罄中空曰罄。空有尽义。《诗经·小雅·蓼莪》“缾之罄矣。”毛传：“罄，尽也。”室如縣罄者，罄之縣若中高而兩旁下，其間空洞无物。今人民贫乏，家中一无所有（指粮食）。止餘屋舍，屋脊高起，而兩簷下垂，望之適如罄形縣起之狀。又《尔雅·释诂》“罊，尽也。”与罄双声又耕青对转。尽亦空也。罊即《诗经》之異文。

矢即鏑之古文。或通作鍉。与箭同

《金部》鏑，矢鏠也。从金，啇声

鏑语出于敵。《释名·释兵》“矢又谓之鏑，鏑，敵也。”《汉书·项籍传》“銷鋒鍉。”注“鍉与鏑同。”段曰“鏑，矢鏠之入物者，古亦作鍉。”同箭（见竹部）。

知同匕

~~章太~~《矢部》知，词也。从口，从矢。

《匕部》匕，相与比敘也。从反人。匕亦所以用比取飯。一名柶。

案《言部》“識，一曰知也。”知应训識。《庄子·外物》“心徹为知。”《荀子·王制》“草木有生而无知"。是知以识为本义。朱骏声说"憭于心故疾於口则为识词。"章太炎先生曰"宾匕比当为一字。反人为比叙者，人象臂胫，度奉以臂，度野步以胫，皆以身体为法。鸟足似匕，鹿能鼠足似比，虎足似人，兕足似儿，皆谓臂及胫也。世则人有二臂二胫，但作一臂一胫者侧视之形。匕亦如人，今则为比矣。比叙之义即以此度比。在支则为柴，识也。为"知"词也。为"智"识词也。

高同"垚""广""厃""尧""峣"。

《高部》高，崇也。象台观高之形。从冂口，与仓

《垚部》"垚，土高也。从三土"。"尧，高也。从垚在兀上，高远也。𡍼 古文尧。

《广部》广，因广（段改厂）为屋也。象对刺（段改刺）象对刺高屋之形。读若俨然之俨。

《山部》峣，焦峣，山高皃。从山尧声。

《厂部》厃，仰也。从人在厂上。一曰屋梠也。秦谓之桷，齐谓之厃。

章太炎先生曰，说文高崇也。象台观高之形。垚土之高也。从三土。此二同字。台即筑土，四方

北京市电车公司印刷厂出品 八二·十
(1549) 20×20=400

加高者也。高当象重臺字，本当作"亯"形。古文笔迹小异。作人者或作冂，如霸从雨省声，中本作冂，孔子以为从禾入水，则冂入难分也。然亯为初文，韭为准初文。又变易为"尧"。古文作㚧。又变易为"峣"。

对转添则同"厃"，亦高屋之意。又厃去音读"詹"字。《木部》"檐，秦名屋櫋联也。齐谓之檐，楚谓之梠。"以此知檐即厃字也。训仰者亦高意也。从人在厂上。厂以产从厂声推之，厂即山也。人在高山仰望，亦即瞻字所谓高瞻远瞩。与厃同韵，与高等对转。（危从厃亦训高）

𩫏同墉

《𩫏部》𩫏，度也。民所度居也。从回，象城𩫏之重，两亭相对也。或但从口。

《土部》墉，城垣也。从土，庸声。𩫏，古文墉。

李刚先师曰："案凡𩫏部字皆为立方，故以度训郭𩫏。𩫏又即郭、廓张、扩充之本字。其云或但从口，谓篆作亯也。说文重文不列篆，但见于说解者，此字是也。"又墉字古文作"𩫏"，与𩫏同形。此古文一字数用之例。

北京市电车公司印刷厂出品 八二·十

（1549）20×20＝400

公侯之侯借为后

《矢部》侯，春飨所射侯也。从人从厂，象张布，矢在其下。天子射熊虎豹服猛也。诸侯射熊豕虎。大夫射麋，麋惑也。士射鹿豕，为田除害也。其祝曰毋若不宁侯，不朝于王所。故伉而射汝也。𥎦古文侯。

《后部》继体君也。象人之形。施令以告四方。故厂之。从一口，发號者君后也。

章太炎先生曰后之声义，得诸幺部之"幺"。幺训小，孳乳为幼。后亦取幼主义。"后训继体君，诸侯亦作群后。章君又曰，"侯字借为后字训继体君者《史记赵世家》"岂人主之子侯则不善哉"语词之侯借为乎。

京与㐭（古文良）一字。

《京部》京，人所为绝高丘也。从高省，丨象高形。

《畗部》良，善也。从畗省，亡声。𡆸古文良。𠃀亦古文良。𥃩亦古文良。

《尔雅、释诂》京，大也。《释丘》"绝高为之京。"

北京市电车公司印刷厂出品 八二·十
(1549) 20×20=400

郭注"为之者人力所作也。"李巡曰丘之高大者曰京。"一说《管子·轻重丁》"有新成囷京者。"注曰"大囷曰京。"《广雅·释室》"大囷曰京。"此说与《尔雅》不同。目从亯省象厚之形。良亦象穀半满，亦象高厚之义。从良声有"阆"门高也。有"桹"高木也。有"朗"明也高明同意。或曰目本长字，高长同意也。《释诂》元，良，首也。首即首脑，转以训君。《礼记·少仪》"自夜保"《士昏礼》"媵衽良席在东。"亦为君。高即良之省也。良即粮之本字

亯与皀或为同字

《亯部》亯，献也。从高省，象进孰物形。

《孝经》曰祭则鬼亯之。亯 篆文亯。许两切又普庚切又许庚切

《皀部》皀（见前）

按亯与皀或为同字。亯下之曰与皀上之白同形。亯古亦读喉唇二音。一读亨，一读烹，犹皀之读喉唇二音也。亯有四义。一曰亯献，一曰亯受。一曰亨通。一曰烹调。

䈞同笃竺

《亯部》䈞，厚也。从亯，竹声。读若笃。

北京市电车公司印刷厂出品 八二·十
(1549) 20×20=400

《心部》惇，厚也。从心，享声。

《二部》竺，厚也。从二，竹声。

《尔雅·释诂》"笃，厚也。"笃即竺字。故笃读若竺。《论语》"君子笃於亲"苞氏曰"君能厚于亲属"又曰"笃信好学"皇侃曰"笃厚于诚信而好学先王之道。"案经典多用笃。《马部》"马行顿迟"皆应作"竺"。与"惇""竺"音义同。

亯同用

《亯部》亯，用也。从亯，从自。自知臭，香所食也。读若庸。

《用部》用，可施行也。从卜，从中。卫宏说。𠂤，古文用。

钱坫说：庸，登庸也。此则书"车服以庸"。《大司徒》"以庸制禄"《左传》"庸以元女配大姬配胡公"。《国语》"庸勋长老"之庸，盖知可用而庸之是其义《易》"王用享于岐山"故从亯。"又《玉篇》亯今作庸。《广韵》亯者庸之古文。又亯与用音义同。

覃同"甘""餍""甛""醰"

《㫐部》覃，长味也。从㫐，鹹省声。诗曰

北京市电车公司印刷厂出品 八二·十

实覃实吁（今作訏）。[illegible]古文覃。[illegible]篆文覃省。

《甘部》甘，美也。从口含一，一，道也。"甛，美也。从甘从舌，舌知甘者。""𤯌，和也。从甘从厤，厤，调也。甘亦声。读若函。"

《酉部》醰，酒味苦也。从酉，覃声。

覃即味道之正字。《说文》"西""棪""罙"下皆有"读若三年導服之導。"導服字又作"禫服"，甚足以证明覃道同音（对转）。覃训长味，甘下云"一，道也。"道即覃也，亦即味道。𤯌训和，和即盉字。《皿部》"盉，调味也。"从厤，厤者适厤。王引之说"节适犹适厤也。"厤训调，即节适适厤，今语谓之作料，饮食之原料亦名调和。《左传》"嘉栗旨酒"栗即厤之借字，即美味的调和。段玉裁说"覃与《酉部》醰音同义近。"《周礼·酒正》注云"五齐正用醴为饮者，取醴恬与酒味异"恬即甛之借字。

畐即富之古文，又同備。

《畐部》畐，满也。从高省，象高厚之形。读若伏。

《宀部》富，備也。一曰厚也。从宀，畐声。

《人部》備，慎也。从人，𤰈声。𠈍古文備。

李刚先师曰"按畐即完前之正字，亦即福与富之古文。又有畐来义，后出字作'逼'作'偪'又作'湢'。"（逼《尔雅·释言》"逼，迫也。"《诗经·烝民笺》"诸侯之居逼隘"《释文》"逼本或作偪"。又《晋书音义》"逼或作福。"又湢测抱也。《史记·司马相如传》"湢测密㴥"按《文选》引作"偪侧"）逼偪湢~~亦并傅古无满之状~~皆畐之俗字。段曰"《方言（六）》愊（音蒲）、偪（符逼反）满也。凡器盛而满谓之愊，腹满曰偪。郭注'言涌出也，言勑偪也。'按《广雅》'愊偪，满也'本此。而《玉篇》'腹满谓之涌，肠满谓之畐'与今本《方言》異。玄应书'畐塞'注曰普逼切。引《方言》'畐，满也'。是则希冯玄應所據《方言》皆作'畐'也。許书无偪、逼字，大徐坿逼于辵部。今乃知'逼'从'逼迫'当作畐。偪逼行而畐廢矣。"

嗇同穡。或即同啚

《嗇部》嗇，愛濇也。从来，从㐭。来者㐭而藏之。故田夫谓之嗇夫。𠷎，古文嗇从从田（锴本有"一曰棘省声。）

《禾部》穑，谷可收曰穑。

《㐭部》㐭，谷所振入。宗庙粢盛仓黄㐭而取之，故谓之㐭。从入，回象屋形中有户牖。廪，㐭或从广、禀。

章太炎先生曰"啬训爱濇，而田夫曰穑夫，又变易为穑，谷可收穑，则与㐭同意（案食锴本"读若粒"，食古韵入德部，之古韵入合部）盖食入之部（啬穑㐭同以韵）《尔雅、释言》"廪，廯也。"舍人注"廪，少鲜也（清臧镛堂说"廯当作鲜）《春秋传》（见左传、昭公元年）'小国为蕝，大国省穑而用之。'省穑即少鲜，是㐭啬穑文本无异"。

李刚先师曰"㐭引申为战慄，即'懔''澶''凛'之古文。"又曰"啬后出字作廯。"

墙同"序""城"

《啬部》墙，垣蔽也。从啬，爿声。𤖨籀文从二禾。𤖩籀文亦从二来。

《广部》序，东西墙也。从广，予声。

《土部》城，以盛民也。从土，从成，成亦声。𩫨籀文城从𩫏。

北京市电车公司印刷厂出品 八二·十

(1549) 20×20=400

此三字音近义通。《释名》墙，障也。所以自障蔽也。俗字作"廧"见《左传·襄公二十六传》"寺人惠廧伊戾。"释文"廧作墙"。

来同"𥝩""麳"

《来部》来，周所受瑞麦来麰。一来二缝。象芒朿之形。天所来也。故为行来之来。诗曰，诒我来麰。

《禾部》𥝩，齐谓麦来也。从禾，来声。

《麦部》麰，来麰，麦也。从麦，牟声。䴵 麰或从艸

章太炎先生曰来古音盖如麦，亦如釐。变易为𥝩。又孳乳变易为麰。来麰，麦也。其麦字当训芒谷字既从夊。宜即行来之来。自古相借。自故来麰之属皆从麦。来引申为行来，其字孳乳为麦，行来也。"案"麦"即行来正字。二字相溷如酢醋之类。

䅘同"𨒥""麦"

《来部》䅘，诗曰"不䅘不来"从来，矣声。𢔝，䅘或从彳。

《辵部》𨒥，待也。从辵矣声。

北京市电车公司印刷厂出品 八二·十

今《诗经》无此文。《尔雅·释训》"不俟，不来也。"郭注"不可待是不复来。"俟与竢同。《楚辞·九章》"扬厥冯而不竢"王逸注"思舒愤懑无所待也。"

麨即摩莎字

《麦部》⿰麦肙，小麦屑之覈。从麦，肙声

案上文麧训坚麦，《史记·张耳陈馀列传》"亦食糠覈耳"。注"覈读纥。《汉书》作糠覈"，晋灼曰"覈音纥，京师人谓粗屑为纥头。"孟康曰，麦糠中不破者也。"此麨即摩沙字，（《集韵》作麨沙）又作沙。作抄。《韩愈诗》，谁復著手更摩抄

⿰麦差又作搓作磋

《麦部》⿰麦差，磨麦也。从麦，差声。一曰捣也。

《集韵》"搓，推去也。"《广雅·释诂》磋，摩也。

麪同⿰米蔑

《麦部》麪，麦末也。从麦丏声。

《米部》⿰米蔑，麦末也。从米，蔑声。

麪⿰米蔑同字。《广雅》"⿰米蔑谓之麪。"

夌同坴

《夊部》夌，越也。从夊、圥。圥，高也。

一曰夌徲也。

(1549) 20×20=400
北京市电车公司印刷厂出品 八二·十

《土部》坴，土塊坴坴也。从土，圥声。读若逐（小徐本作逵）。一曰坴梁。

王筠说"自下上上谓之夌越，自上下下谓之夌𨓆。"夌𨓆或作陵遲。《诗大車序》"礼义陵遲。"或作"陵夷"《汉书·成帝纪》"日以陵夷"。夌与坴梁同音义。《史记·秦始皇本纪》"三十三年，发诸尝逋亡人、赘壻、贾人略取陆梁地，为桂林、象郡、南海，以適遣戍。"《史记》"陆梁"《汉表》作"陆量"《甘泉赋》"走陆梁"晋灼曰，"陆梁而跳也"《西京赋注》陆梁，猖佯也。案陆梁即跳踉，双声联词，言其人无定居，来往跳踉窜扰，其所盘据之地，谓之陆梁地。小徐本作"陆梁地"。

致同"夂""氐"亦同至。

《夂部》致，送诣也。从夂从至。"

《夂部》夂，从后至也。象人两胫后有致之者。读若黹。

《氐部》氐，至也。从氐下著一。一，地也。

《至部》至，鸟飞从高下至地也。从一，一犹地也。象形。不上去而至，下来也。𦤳古文至。

钱坫说"《左传》致女、致师皆此义。"按致即至字的使动用法。夂即止字倒形故训从后至，

北京市电车公司印刷厂出品 八二·十

氏训此殆即夂之后出字

𡕒后出字作“錽”

《夊部》𡕒，瑙盖也。象皮包覆瑙，下有两臂，而夊在其下。读若范。

按曰“司马彪《舆服志》“乘舆金錽。”刘昭引蔡邕《独断》曰“金錽者马冠也。高广各五寸，如玉華形。在马鬣前。按在马鬣前，正在马之瑙盖。其字本作金𡕒或加金旁耳。”

夏为雅之本字

《夊部》夏，中国之人也。从夊，从頁，从臼。臼，两手；夊，两足也。

夏为雅之本字见荀子。与華亦为一字。《周礼》五色谓之夏采。夏有五义，一曰大，二曰正，三曰中，四曰盛，五曰文明。（季刚先师说）今衆華夏为汉民族发源地，故夏有五义。

𡕢同菐

《夊部》𡕢，行𡕢𡕢也。从夊，阙。读若僕。

《菐部》菐，瀆菐也。从丵，从廾。廾亦声。

《集韵》“𡕢，行从迫也。”此僕僕迫连字。《孟子》使己僕僕尔亟拜。”皆衹以‘𡕢’‘菐’为乙字

夔与同鬼

《夊部》夔，神魖也。如龍，一足，从夊，象有角手人面之形。

《鬼部》人所归为鬼。从人象鬼头。鬼阴气賊害。从厶。䰟 古文从示。

夔畸形似人或云猴屬。其初鬼亦似猴，与夔同音或目夔为鬼。

舝同"鍵"又与"轄"同

《舛部》舝，車輪耑鍵也。兩穿相背。从舛，萬省声。萬，古文偰字。

《金部》鍵，鉉也。一曰車轄。从金，建声。

《車部》轄，車声也。从車，害声。一曰轄鍵也。

段曰許意謂舝、轄同也。以鐵豎貫軸头而制轂如鍵閉然。《邶风传》曰"脂舝其車"《小雅传》曰"間關，設舝皃。皆謂舝必行而后設也。"如段則舝、轄、鍵同诂。章太炎先生謂諸文皆有関持之义。其诂出于毌。舝，車軸耑鍵也。入諸為扃，外閉之関也。又又真通"鉉"举鼎也。鉉鼏実同"鍵"，鉉也。一曰车舝也。其輨训轂耑錔，亦毌持之

北京市电车公司印刷厂出品 八二·十
(1549) 20×20=400

义。

舜同藑

《舛部》𦱤(舜),艸也。楚谓之葍,秦谓之藑。蔓地连华象形。从舛,舛亦声。

𠩆古文𦱤。

《艸部》藑,茅葍也,一名舜。从艸,夐声。

章太炎先生曰舜变易为藑。藑,茅葍也。一名舜。藑可读如俊。夐可读如洵(毛诗言吁嗟洵兮,韩诗作夐)然虞舜曰重华,而舜又从舜。舜(蕣)本蕣字。木堇朝华暮落曰蕣。诗言"颜如舜华。"舜即蕣也。以华美故为众华之。古音蕣如堇。或曰舜即芛字,艸之葟荣也。

韬同弢"韔"

《韦部》"韬,剑衣也。从韦,舀声。""韔,弓衣也。从弓长声。"

《弓部》"弢,弓衣也。从弓;从发,发垂饰,与鼓同意。"

弢韬同字。庄子有金版六弢,今作六韬。韬双声转唐韵有"韔"《诗经》"抑鬯弓忌"以鬯为韔。《毛传》"鬯弓,弢弓。"弢韔亦一声之转

韘同揩

《韦部》韘，射决也。所以拘弦，以象骨，韦系。箸右大巨指。从韦，枼声。诗曰童子佩韘。弽 韘或从弓。

《手部》㧺，缝指㧺也。一曰韬也。从手沓声。读若眔。

《诗经、卫风》毛传曰"韘，决也。能射御则带韘。"又《小雅、车攻》传曰"决所以钩弦也。"郑玄《乡射礼注》"决，闿也。以象骨为之，箸右大擘指以钩弦，弦闿体也。段玉裁说"即今人之扳指。"郑笺，韘之言沓，所以彄沓手指。"指韘与㧺别义同。一曰韦㧺。段曰训如射鞲韬于臂者"其本训"缝指㧺，则今之顶针儿。古用韦为箍韬於指上。㧺之言沓也。

韩同"垣""寏"

《韦部》韩，井垣也。从韦，取其帀也。倝声。

《宀部》寏，周垣也。从宀，奂声。院 寏或从𨸏。

《土部》垣，墙也。从土，亘声。𩫷 籀文从𩫖。

韩又名"井幹"《庄子、秋水》"吾跳梁乎井幹之上。"《释文》司马曰"井栏也"《郊祀志》颜注，交木井上以为栏也。韦即古围囗字。盖围绕井者。

墙下云垣蔽也。故与垣同，亦与𡒄同。三字古
韵入寒部。

夂与夊同字。

李刚先师曰"《夂部》夂，从后至也。夂，从後至也。象人两胫後有致
之者。按夂与氐、抵、致、制同。亦推之古文。
夂夊也一字。《诗》"宛在水中坻。"(《秦风·蒹葭》
《尔雅》小洲曰渚，小渚曰沚，小沚曰坻")坻
重文作汶(见《说文·土部》)，由此证知夂即汶
与坻之本字。夂之后出有遅、蹊、徲。"案"夂"与
"夊"皆止之反体，实即一字也

夆同逢

~~《夂部》夆，相遮要害也。从夂，丰声。~~

夆古盖以为鏠字，同"犯"。

《夂部》夆，牾也。从夂，丰声。

《金部》鏠，兵端也。从金，逢声。

《犬部》犯，侵也。从犬，巳声。

案牾训逆，夆即逆而侵之，亦即古鏠字，俗作
夆。《史记》其人夆牾即夆牾字。从了，从夂。~~夃~~

夃同贏

《夂部》夃，秦以市买多得为夃。诗曰我

我夃酌彼金罍。

《貝部》有餘賈利也。从貝，夃声。

段曰"今毛诗作姑，传曰姑且也。许所据者毛诗古本。"《玉篇》"夃，今作沽"。引伸谓求善价而沽诸。

夂问"逾""過""跨""跬""越""𨒅"

《夂部》夂，跨步也。从反夊。酐从此。

《辵部》逾，进也。从辵，俞声。"過，度也。从辵，咼声。""𨒅，踰也。从辵，戉声。"

《足部》跨，渡也。从足，夸声。

《走部》越，度也。从走，戉声。𧻓，半步也。从走，圭声。读若跬同。

章太炎先生曰"夂变易为'過'，度也。跨训渡，与过训度同。夂即跨之初文甚明。旁转支则为'𧻓'，近转泰则为'越'为'𨒅'。夂对转寘则为'逾'，引申为過失。"案夂亦止之反形，故训過越𨒅𧻓与止义亦相反。

北京市电车公司印刷厂出品 八二·十
(1549) 20×20=400

第六卷上

楑与稽同

《木部》楑，木也。从木，癸声。又度也。

《稽部》稽，留止也。从禾，从尤，旨声。

徐锴曰，按字书楑木名也。尚书曰'纳于百揆'，揆度也。尺度用木。"又《禹贡》"三百里揆文教"《诗·定之方中》"揆之以日"。《左传·文公十八年》"以揆百事"。《孟子·离娄》"其揆一也"。《释言》"揆，度也。"此皆应作楑。稽训留止，留止与限制义通。段玉裁说"凡稽留者详之意，故为稽考。禹会诸侯於会稽，稽，计也。"

椆与穛同

《木部》椆，木也。从木，周声。读若丩。

《禾部》穛，特止也。从稽省，卓声。

《山海经·中山经》"虎首之山多椆。"注，未详。徐锴说，"特立者，卓立也。"《论语·子罕》"如有所立卓尔"卓字应作此。

⿰木咎与䅬同

《木部》⿰木咎，木也。从木，咎声。读若皓。

《禾部》䅬，稽䅬而止也。从稽省，咎声。

讀若皓。賈侍中說，稽、槔、稽三字皆木名。

𥢶𥟄双声联语，亦训止。钱坫说，"《庄子》'子舆病，曲偻发背上有五管颐隐于齐。肩高于项句赘指天。'句赘犹𥢶𥟄也。𥢶之言赘，𥟄之言句耳。"依贾逵说则'楼'即"稽""椆"即槔，"椆"即"稽"其意更为明确。

檍同橲

《木部》檍，杶也。从木，意声。"橲，梓属。大者可以为棺椁，小者可以为弓材。从木，喜声

钱坫说，"《尔雅》'杻，檍。'《诗》'隰有杻'。传曰'杻，檍也。'此杶当为杻。与下文杶古文不同。"案橲即檍之别体《周礼考工记》弓人取干之道，柘为上，檍次之。此即"檍"字，此所谓小者可以为弓材之说。《尔雅、释木》"杻，檍。"陆玑疏"名万岁树。"《心部》意，满也。一曰十万曰意。"是檍亦或作意。

蘽同藟

《木部》蘽，木也。从木，藟声。𣡗籀文

北京市电车公司印刷厂出品 八二·十

《艸部》蘽，艸也。从艸，畾声。詩曰：莫莫葛蘽。一曰秬鬯也。

段曰：《释木》诸虑，山櫐。欇，虎櫐。郭注："今江东呼櫐为藤。"虎櫐今虎豆，缠蔓林树而生。按櫐者藟省。"

枸同蒟

《木部》枸，木也。可为酱。出蜀。从木，句声。

《艸部》蒟，果也。从艸，竘声。

段曰：《史记》《汉书》皆有枸酱，左思《蜀都赋》常璩《华阳国志》作"蒟"，《史记》亦或作"蒟"。据刘逵、顾微、宋祁诸家说即扶留藤也。叶可用食槟榔，实即桑葚而长名蒟，可为酱。

欒同楝。即《周礼·考工记》之"欄"字

《木部》欒，木似欄。从木，䜌声。礼：天子树松，诸侯柏，大夫欒，士杨。"楝，木也。从木，柬声。"

案《考工记·㡛氏》："昼暴诸日，夜宿诸井，七日七夜，是谓水湅。湅帛以欄为灰，渥淳其帛，实诸泽器，淫之以蜃。"案《周礼》"欄"字即《说文》"楝"字。《玉篇·木部》："楝，木名，子可以浣衣。"《证类本草》引"楝实"《图经》云："木高丈余，叶密如槐。三四月

北京市电车公司印刷厂出品 八二·十

(1549) 20×20=400

开花，红紫色。芳香满庭间，实如弹丸。生青熟黄"。古人以楝木之实为灰，浸渥其帛，实诸泽器，淫之以蜃。淫即渍。用楝之灰厌湛练之。凡练帛朝渍之，夕涂蜃灰。欒即楝之一种，故云似欄。

楀今作榉

《木部》楀，木也。从木，禹声。

钱坫说"今为榉字"。案即《尔雅》之"柜柳"落叶乔木。干之高十余丈。春日开花，与叶共生。其材中箱器之用。

楛窳之字本作枯

《木部》楛，楛木也。从木，苦声。

《荀子·议兵》"械用兵革窳楛不便利者弱。"杨注"楛，滥恶，谓不坚固也。"案楛当作"枯"。

權由華来

《木部》權，黄華木也。从木，雚声。一曰反常。

季刚先师曰"權之为華，犹雚之与芌，讙之与譁也。"

梂后出字作銶

《木部》梂，栎实。一曰鑿首。从木，求声。

钱坫说，"《尔雅》梂，其实梂。《韩诗》'又缺我銶'。薛君章句，'銶，凿属'。銶梂通用。"案《豳风》传曰，凿属曰锜，木属曰銶。《释文》锜，韩诗云木属，銶，韩诗云凿属也。梂训凿首盖指凿柄而言。（此段氏说）

松同朱

《木部》松，木也。从木，公声。寀，松或从容。

朱，赤心木，松柏属。从木，一在其中。

段氏谓"朱本木名"，故曰松柏属。而松与朱侯东对转。松以赤心木得名。又有"樠"字曰"松木心。"樠虽与松朱异语，然《玉部》璊，玉赪色也。从玉，㒼声。禾之赤苗谓之虋，言玉色如之。"《毛部》𣯽下亦曰色如虋；故谓之𣯽，虋，禾之赤苗也。"是从㒼声有赤色义。樠从㒼声，训松心木，亦松朱之孳乳。从朱声者有"絑"，纯赤也。有"𧹞"，赤色也。"与朱亦对转。

樹同"種""埐"

《木部》樹，生植之总名。从木，尌声。尌，籀文。

《禾部》種，埶也。从禾，重声。

《土部》埐，種也。一曰内其中也。从土，

㚇声（子红切）

枮同檆

《木部》"枮，木也。从木，占声。"檆，木也。从木，煔声。

今字作"杉"。見《集韵》。錢坫說"所以誤从手，因檆字省而致"

本同茇

《木部》本，木下曰本。从木，一在其下。

𣌷 古文

《艸部》茇，艸根也。从艸，犮声。

艸木本通言矣。本大末小，故後有本尊义。詩傳曰"茇，本也。"亦或作"苯"。末訓小，故本亦可訓大。

柢同氐

《木部》柢，木根也。从木，氐声

《氐部》氒，木本。从氏，大於末。讀若厥。

《釋言》"柢，本也。"郭注謂根本。《韓非子·解老》"木有蔓根，有柢根，柢根者木之所以建生也。蔓根者木之所以持生也。"

株同欘

《木部》"株，木根也。从木，朱声。"欘，断木也。从木，𠷎声。春秋传曰檮柮。

《列子》"黄帝若厥株驹。"《释文》"株，树本也。"

《韩非·五蠹》"田中有株，兔走，触株。"此皆

谓株为伐木之馀，今谓之桩。檮训断木，与株双声。段曰

"谓断木之馀棞头可憎者。"引春秋传见《左传

文公十八年》。今传作"梼杌"。《史记五帝本纪

集解》引贾逵注曰"梼杌凶顽无俦匹之貌。"

樏同蓏

《木部》樏，木实也。从木，絫声。

《艸部》蓏，在木曰果，在地曰蓏（郎果切）

从艸，从㼌。

段曰絫今之累积字，言絫者言其多也。"郑玄谓

鸟兽殻曰樏也。"樏即果之后出，与蓏亦同。

條同卣

《木部》條，小枝也。从木，攸声。

《卣部》卣，艸木实垂卣卣然。象形。读若

调。籀文三卣为𠧪。

案條读由由"来"。條有两义皆源于由。一，粤

木生條也。條训小枝，即由生條之义。二，《释

木》"柚，條。"《木部》柚，條也。似橙而酢。

从木，由声。夏书曰橘柚（余救切）案條柚條字，即柚之变。尔雅作“櫾”《尔雅、释木》“櫾，山榎。”李巡注“山榎一名櫾。”郭云“今之山楸”。曳條之條，條训小枝。曳有生义。《左传》岁在鹑火是以卒岁。今在析木之津，犹将复由。”诗序曰“由仪万物之生。”以生训由，则條即由之所生。卤训艸木实，即秀字《禾部》秀不荣而实也。故卤亦兼生与果二义。则卤与條又同在古韵萧部。故條卤音义同。

自称曰某，或不指称其姓名曰某人，其字应作“枚”

《木部》某，酸果也。从木，从甘（错本或本有声字）。阙。

黄季刚先生曰

自称曰某，犹言枚也。《方言十三》枚（牧误字），凡也。”《左传·昭公十二年》“南蒯枚筮之。”注，汎不指其事，汎卜吉凶。疏曰或以为汎卜吉凶，谓枚雷总占。何宴枚雷犹模略，儱侗也。”

柔同梁

《木部》柔，弱皃。从木，任声。”柔，木曲直也。从木，矛声。

北京市电车公司印刷厂出品 八二·十

《诗经·大雅·抑》（《小雅·小弁》皆曰）"荏染柔木"。毛传："荏染，柔意也。"笺："柔忍之木荏染然。"《释文》与毛同。古艸木偏旁相乱。荏即集字。《尚书·洪范》"木曰曲直"木性柔故可曲直。

𣡕同"燊""㚴"。又同驫

《木部》𣡕，众盛也。从木，驫声。逸周书曰疑沮事阙

《焱部》燊，盛皃。从焱在木上。读若诗莘莘征夫。一曰役也。

《孨部》㚴，盛皃。从孨，从曰。读若薿薿。一曰存。㚴籀从二子。一曰㚴即奇字晋。

《马部》驫，众马也。从三马。

《玉篇》引作"𣡕疑沮事"。钱大昕说："说文木部（𣡕下云）逸周书'疑沮事阙'读者多不能解。今检文酌篇有'𩫖疑沮事'句。乃悟许氏所见本，云'𣡕疑沮事'。后人转写脱𣡕字，妄于句尾添一阙字。"𣡕与𩫖义相近。燊与𣡕音同，㚴读存音近对声。驫虽读甫虬切然"𣡕"从之得音是驫亦可读"所臻切矣。

杪同標

《木部》標，木杪末也。从木，票声。"杪，木標末也。从木，少声。"

段曰"杪末谓末之细者。"《艸部》"蔈，末也。"杪与標古声韵皆同。《方言》"杪小也。木细枝谓之杪。注云，"言杪梢也。"

梋即简大之简正字

《木部》梋，大木皃。从木，閒声。

从诗经、邶风、简兮》"简兮简兮，方将万舞。"毛传，"简，大也"《尔雅·释诂》同。

朶同𠂹

《木部》樹木𠂹朶朶也。从木，象形。此与采同意。

《𠂹部》𠂹，艸木華葉𠂹。象形。𠌶古文。

段曰"凡枝葉華实之𠂹者皆曰朶。"《周易》有"朶颐"，京房易作"椯"《说文》椯下云"木𠂹皃"，椯与朶义相近。李鼎祚《周易集解》朶颐𠂹下动之皃也。"今人谓一花一朵与古义异。

柖同摇。又同"棹""摇""榣"。

《木部》"树摇也。从木，召声。""榣，树动皃。从木，䍃声。

北京市电车公司印刷厂出品 八二·十

(1549) 20×20＝400

《手部》"掉，摇也。从手，卓声。春秋传曰尾大不掉。""摇，动也。从手，䍃声。""搈，动搈也。从手，容声。"

柖榣本叠韵联语，文献中多用"招摇"。《汉书·郊祀歌》"體招摇，若永望。"注云，招摇申动之皃。段玉裁曰"此招摇与柖榣同。师古'招音韶。'犹《玉篇》'柖，时昭切也。'"又徐锴曰，"物之易摇者无易于木，故木之动摇，自为一字也。"其说审矣。案《管子》曰"榣木不生危。"章注"榣木，大木也。"此与说文之义异。盖古字偏旁极不固定，不应拘泥之。柖榣同韵，与掉对转，与搈亦对转，故诸字音义同。

樛同朻

《木部》"樛，下句曰樛。从木，翏声。""朻，高木也。从木，丩声。"

案樛与朻同。朱骏声说"樛即朻之或体。《尔雅·释木》下句曰朻。《释文》本又作樛。《诗·樛木》南有樛木。传，下曲曰樛。《韩诗》作朻。"

桡同柔

《木部》桡，曲木也。从木尧声。（义见前）

《彡部》弱，桡也。上象桡曲，彡象毛氂。桡弱也。弱物并，故从二弓。《淮南子时则训》"乃或枉挠。"高诱曰挠，弱也。挠与柔同音，可曲可直者其物柔。

槮同"森""棽""橚"

《木部》"槮，木长皃。从木，参声"诗曰参差荇菜。""橚，長木皃。从木，肃声。"

《林部》棽，木枝条棽儷皃。从林，今声""森，木多皃。从林，从木。讀若曾参之参。

森训木多与棽同，棽儷枝條密茂，亦木多，棽森同韵，同韵者槮，训木长，长与多义相引申。对转萧韵有橚，训木长。

杕字淮南子十七用以为柁

《木部》杕，樹皃。从木，大声。诗曰有杕之杜。（据锴本此诗乃徐锴所引，非许君原文）

《诗经·唐风》"有杕之杜。"毛传，"杕特皃"段谓此许书所本。《淮南·说林训》"心所说，毁舟为杕。"高诱注，"杕，舟尾也。"舟尾即舟柁字。柁盖用马尾鞑之文。《革部》鞑，馬尾鞑也。今之般緧。

北京市电车公司印刷厂出品 八二·十

(1549) 20×20=400

枲读若薄，此言薄之字与洦相近。

《木部》枲，木叶陊也。从木，㲋声。读若薄。此树木剥落义，《玉篇》与簙同。读薄则枲为厚薄之字。洦训浅水，此"洦"为浅薄正字。

格 格式字当作"垎"。格斗当作挌，感格当作假。格物同。

《土部》垎，水干也。一曰坚也。从土，各声。

《手部》挌，击也。从手各声

《彳部》假，至也。从彳，叚声。

《管子》"沙土之次曰塥"塥盖谓坚垎。

~~枯同姑~~樸后出字作~~𤗪~~璞

《木部》樸，木素也。~~枯，槀也~~。从木，菐声~~古声~~。~~夏书曰唯箘辂枯。木名也。~~

段曰"素犹质也。以木为质未雕饰，如瓦器之坯。《士丧礼》《周礼·稾人》皆云献素献成。注云形法为素，饰治毕为成。"后出字有"璞""朴"。

~~《女部》姑，枯也。从女，古声。~~

~~详前四卷木部~~

朸 㓚 棱

《木部》朸，木之理也。从木，力声。平原有朸县。"棱，柧也。从木，夌声。"

段曰"毛诗传曰析薪必随其理。《毛诗·斯干》如矢斯棘。《韩诗》棘作朸。毛曰，棘，棱廉也。

北京市电车公司印刷厂出品 八二·十

韩曰"枋，隅也。"《魏都诗》维德之隅。毛曰隅，隅也。笺申之云"如宫室之制内有绳直则外有廉隅也。韩枋正字，毛棘为假借字。"案枋与棱同其声双声其部对转。

桢即贞同本字。

《木部》桢，刚木也。从木，贞声。上郡有桢林县。

钱坫说"今人云坚贞。此字也。"

杲同"皛""㬎"

《木部》杲，明也。从日在木上（锴本有"读若槀"）

《白部》皛，显也。从三白。读若皎。

《日部》㬎，众微杪也。从日中视丝。古文以为显字。或曰众口皃。读若唫唫。或以为茧。茧者絮中往往有小茧也。

杳（详见目部）

李刚先师曰"杲明也。杳冥也。按二字古音相同，此义反而音同者。唯異义诸字虽或同音而其音亦有轻重之别。此后世所由起也。

梏同"告""梏"

《木部》梏，角械也。从木，告声。一曰木下白也"梏

北京市电车公司印刷厂出品 八二·十
(1549) 20×20=400

第　页共　页

手械也。从木，告声。

《告部》告，牛觸人，角箸橫木所以告也。从口，从牛。易曰僮牛之告。

桂馥说："《廣雅》梏、衡、楅，[木郤]也。《周礼·封人》设其楅衡。郑玄云，云谓楅设于角，衡设於角。馥案施於角故曰角械。"洪頤煊《读书丛录》曰，"頤煊案[木郤]通作隙字白部臬見之白也。《礼记·曾子问》当室之白郑注'谓西北隅得户明也。'《庄子·人间世》虚室生白。崔注'白者日光所照也。'木下白谓木下日光，故其字次在杲杳下。"[木郤]与"梏""告"音义通。

築亦同梼

《木部》築，梼也。从木，筑声。篁古文

《广雅》"築谓之杵。"《释名》"築，坚实称也。"即今之打地基。《三仓解诂》"築，杵头铁错也。"

棟同宙

《木部》棟，極也。从木，东声

《宀部》宙，舟輿所極覆也。从宀，由声。

段曰"極者谓屋至高之处《擊辭》'上棟下宇'，五架之屋正中曰棟。《释名》棟中也。居屋之中。"舟與往復至極為宙，训诂家谓上下四方曰宇，往古来今曰宙，或由古溯今，或以今溯古如循环往复也。

楶《尔雅》又作"槉"或作"瘯"。亦此之异。通言不分。

《尔雅·释宫》"閞谓之槉"注云，槉，柱上欂也。《汉书·叙传》"楶棁之材"注"所谓栭也。"《论语·公冶长》"山节藻棁"《礼记·杂记》亦曰"山节而藻棁。"节即楶字。

椽同榱

《木部》"椽，榱也。从木，彖声。""榱，秦名为屋椽。周谓之榱。齐鲁谓之桷。从木，衰声。"《释名》"桷谓之椽。椽，传也。相传次而布列也。"《左传·襄公三十一年》"栋折榱崩"榱与椽对转音义同。

楣同櫋

《木部》"秦名屋櫋联也。齐谓之檐。楚谓之梠。从木，眉声。""屋(櫋)櫋联也。从木，臱省声。"钱坫谓，"《(仪礼)乡射礼注》"正中曰栋，次曰楣。前曰庪。庪即阿，亦檐字之别也。"《释名》楣，

北京市电车公司印刷厂出品 八二·十

眉也。近前若面之有眉也。"又，楣或谓之槾。槾，连棉头使齐平也。徐锴曰槾亦棉也。"《楚辞·九叹》"擘蕙櫋兮既张。"

檐同"广""阎"

《木部》檐，槐也。从木，詹声。

《广部》广，因广为屋。象对刺高屋之形。读若俨然之俨。

《门部》阎，阎谓之樀。樀，庙门也。从门詹声。

《明堂位》"复庙重檐"注云"重檐，外壁复安板檐以避风雨。"《尔雅·释宫》"檐谓之樀。"姚鼐说，"汉时名檐为承壁，材以其直垂而不如壁。"《释名·释宫室》"檐，接也。接屋前后也。"

植 种植字当作"稙"或"蒔"或"㮚"

《木部》植，户植也。从木，直声。櫃或从置。

《三苍》户旁柱曰植。《释宫》"植谓之传。"汪云：谊，《墨子》"争门关决植"《淮南子》题"户植"高云"植当为直立之木。"其种植字当作"稙""早种也。"或"蒔"或"敉"

檐同户

《木部》槏，户柾也。从木，兼声。

《户部》户，護也。半门曰户。象形。𢨬，古文户。《通俗文》"小户曰𢨬。口減反。"《集韵》"槏𢨬[illegible]三字同。口減切。户也。"按槏之与户，犹扈之与[illegible]（扈从户声，[illegible]从弓声）敢之与歖。此覃添韵与模韵互通之例。

櫳同"囱""窗""櫺""寮"。又櫺后出字作"舲"。

《木部》"櫳，房室之疏也。从木，龍声。""櫺，楯间子也。从木，霝声。"玄应《一切经音义十四》引作"窗楯间子也。"《上林赋》"宛虹拖于楯轩。"王逸《楚辞注》"纵曰阑，横曰楯。楯间子曰櫺。"段曰："阑楯为方格，又於横直交处为圜子，如绮文玲珑，故曰櫺。"又曰，"《西京赋》交绮豁以疏寮。薛曰：'疏刻穿之也。'《仓颉篇》曰：寮，小窗也。"

《穴部》寮，穿也。从穴，尞声。论语有公伯寮。

又《楚辞·涉江》"乘舲船余上沅兮。"舲是船之有窗牖者。虽今对转同音，说文无舲字，即櫺之后出字。

杗同甍

《木部》杗，棟也。从木，亡声。杗廇谓之梁。

北京市电车公司印刷厂出品 八二·十

《瓦部》甍，屋棟也。从瓦，夢省声。

《尔雅、释宫》"杗廇谓之梁。"郭璞注，"屋大梁也。"段曰"棟自屋中而言，故从木。甍自屋表言之，故从瓦。《方言》谓之甑甾，屋极为分水之脊，两水各从高處而下也。《释名》甍，蒙也。在上覆蒙於屋也。

杇同污　《左传》作"圬"

《木部》"杇，所以涂也。秦谓之杇，关东谓之槾。从木，亏声

《水部》污，薉也。一曰小池为污。一曰涂也。从水，亏声。

《释宫》"鏝谓之杇"《金部》鏝，鐵杇也。或从木作槾。"与《木部》槾同。此重出。杇与污同，污一曰涂也。则杇与污同。《左传、襄公三十一年》"圬人以时塓館。"是《左传》作"圬"。

梱同闑

《木部》梱，门橛也。从木，困声。

《门部》闑，门梱也。从门，臬声。

《礼记、曲礼》外言不入於梱，内言不出於梱。郑注"梱，门限也。"《释宫》"橜谓之闑"又曰

北京市电车公司印刷厂出品　八二·十
(1549) 20×20=400

"在地者谓之臬"。郭注"即门橛也。"《曲礼释文》梱本又作閫。

梱~~《左传》~~之阈。《尔雅》作"柣"

《木部》梱，限也

《门部》阈，门榍也。从门或声。论语曰行不履阈。閾古文从洫。

案《匡谬正俗》曰"俗谓门限为门蓄者，《尔雅》柣谓之阈。郭音切："门限也。"柣即梱之借字。古文作閾。从洫声。此犹毛诗大雅"筑城伊淢"，淢即洫字。《韩诗》作"洫"。

槍同柤　柤俗作查（且讹为旦）

《木部》槍，歫也。从木，仓声。一曰槍穰也"柤，橺也。从木，且声。

案《止部》"歫，槍也"《一切经音义》引《通俗文》"剡木伤盗谓之槍。"槍穰叠韵联语。今作"搶攘"。《汉书、贾谊传》"国制搶攘也"白帖搶攘不安也。晋灼注"搶攘，乱皃。"柤本闌阻字。《门部》"闲，闌也"。章太炎先生曰"槍即櫼櫨爨以为储胥者是与木闲同物。柤槍亦一字以对转異声也。柤或书作查讹变为查。用为查考，查此字当作"察"。又砝篇》作"楂"水中浮木也。今所谓"渣滓"则当作"苴"。

北京市电车公司印刷厂出品 八二·十

栅同杝

《木部》"栅，编树木也。从木从册，册亦声。"

"杝，落也。从木，也声。读若他。"

段改树为竖字。~~《臤部》"竖，立也。"~~案《方言》"树，植立也"，作树亦非误。《通俗文》曰，木垣曰栅。《释名》"栅，迹也。以木作之上平迹然也。"《庄子·天地》"内支盈於柴栅。"又《达生》"以临牢栅"，案唐写本音"力支切"。又作"读若池。"按力支切最确。说文无"篱"字，古当作"杝"。释名曰，"篱，离也。以柴竹作，疏离离也。"《通俗文》"柴垣曰杝。木垣曰栅。"《齐民要术》引仲长子曰"梅落不完。垣墙不牢。扫除不净。笞之可也。"梅即杝字，杝落即篱落字。

椟同匵

《木部》"椟，匮也。从木，賣声。一曰木名。又曰大梡也。"

《匚部》"匵，匮也。从匚，賣声。"

锴本作"又曰小棺也。"《木部》"槥，棺椟也。"《玉篇》"椟又小棺也。"《左传》"公将为之椟。"《释文》"椟，棺也。"今北京亦谓小棺为小匣子。

槈同鎒

《木部》"槈，薅器也。从木，辱声。鎒，或从金。"槈，斫也。齐谓之镃錤。一曰斤柄性自曲。

从木，属声。

《周礼·天官·甸师》"帅其属而耕耨王籍。"郑玄注"耨，芸芓也。"《释文》"芸本或作耘"。耨《说》作"槈"，训薅器。耨即槈之变体。《吕氏春秋·任地》"耨，柄尺，其耨六寸，所以间稼也。"高诱注："耨，所以耘苗也。刃广六寸所以入苗间也。"案槈本为薅器之名，因之薅禾亦谓之耨，耨禾亦谓之槈。《释名·释用器》"耨以锄妪薅禾也"，《易释文》引孟喜云"耨耘，除草也"。《说文·耒部》"䅽，除苗间秽也。重文耘。"《禾部》"秄，壅禾本。"芓即秄之借字。案芸芓义異，槈训与耘同。芓与芸異。《汉书·食货志》"播种于甽中，苗生叶以上，稍耨陇草，因隤其土以附苗根。故其诗曰或芸或芓（《小雅·甫田》）黍稷儗儗，芸除草也，耔附根也。言苗稍壮，每耨辄附根。比盛暑陇尽而根深，能风与旱。"据此则耨除草即隤土以附根。耘耔事相因。

《尔雅·释器》"斪斸谓之定。"郭注"锄属"。李巡曰"锄，别名。"《国语·齐语》韦注"槈，斫也。"

《孟子》齐人有言曰："虽有镃基，不如待时。"镃基，田器耒耜之属。"韦昭以为耨即槈。案耨槈古韵皆在屋部。

𣐛同茉，又同⿰金危。

《木部》𣐛，茉臿也。从木。入象形。𥄎声"

"茉，两刃臿也。从木，丫象形。宋魏曰茉也。釫或从金从于（锴曰于声

《金部》⿰金危，臿属。从金，危声。一曰莹铁也。读若跛行（过委切）。

章太炎先生曰："𣐛即茉之变。茉为最初，变作𣐛，釫最后出，其旁支则变为⿰金危。"案今人谓锹曰茉鍫。《一切经音义》曰："茉古文奇字作鋘。"（吴与于同韵）《楚辞》："乘舲船余上沅兮，齐吴榜以击汰。"吴即茉之声借。今人正谓以茉行船曰茉。旧以吴榜为大櫂也，失之。张载云"吴榜，越船，不能无水而浮。"别以吴为国名，失之愈远。《方言》九"㑀谓之仡。"郭璞，㑀音讹。船动摇之貌也。"㑀本作吪，动也。仡本作刖，船行不安也。此与扤为动，臲卼为不安皆相似。盖由茉读如吴，转联得吪，吪乃转刖。"案章说都精，古代工具，施于数用者甚多。

北京市电车公司印刷厂出品 八二·十

(1549) 20×20=400

茉为田器，又用拨船，亦如枲本铁字又用为饭匕之~~类~~。

梠同"𣂁""銚""疀""銛""鈶"。梠又同枱，即耜字。

《木部》梠，~~耒~~臿也。从木，吕声。一曰徙土輂。齐人语也。梩，或从里。

《斗部》斛旁有𣂁。从斗，庣声。一曰突也。一曰利也。尔雅曰𣂁谓之疀，古田器也。

《甾部》疀，𣂁也。古田器也。从甾，疌声。

《金部》"銚，温器也。一曰田器。从金，兆声""銛，鍤属。从金，舌声。读若棪。桑钦读若镰。""鈶，梠属。从金，[illegible]声，读若同。"

梠又作耜犹梓又作榟。《周礼·地官·山虞》"凡服耜斩季材，以时入之。"孙诒让说，"耜即《车人》所为耒也。耒长六尺六寸，以木为之。耜为耒头之金，则不用木。通言之耒亦得耜"。《礼记·月令》"修耒耜"郑注："耜耒下之金也，广五寸。"赵岐《孟子章句》"蘽梩笼臿之属可以扳土。"梩同梠可以臿地扳土者。赵亦臿训梩。

銚与𣂁同古田器《说文》引《尔雅》"𣂁谓之疀，古田器也"。案《尔雅·释器》"𣂁谓之疀"郭云

北京市电车公司印刷厂出品 八二·十

皆古锹鍤字。”《说文》作⿸庣斗，然《说文》无庣字。《汉书·律历志》作“庣”。“旁有庣焉”郑玄曰，~~旁有庣焉。”郑~~庣音条桑之条，庣，过也。师古曰庣，不满之处也。音吐彫反。”此说非田器，乃汉代量米器。《说文·斗部》所谓斛旁有⿸庣斗。以铜为之。内圆外方。方处四角有浅平状盛米外，与内圆容量共为一斛之数，故曰“旁有庣焉”又曰“庣，不满之处也。”（不满一斛之处，用庣补充）又作“庣”与“銚”皆同声。则训田器今之“锹”字。锹亦浅平状。

黄季刚先生曰“《齐策》‘立则杖插’或作锸（插之借字，锸，缝衣针也。）《新序·刺奢》“魏王将起中天台，许绾负橾锸而入。”是橾与⿸庣斗銚亦通。然则橾又为饭橾之名。《有司彻》“二匕”皆有浅斗状如饭橾。注又云“橾谓之疀。有浅斗状如饭橾。”此文即本《尔雅》。盖此文有“田器”“挑匕”二文，挑以插发谷，⿸庣斗以插发土。用殊而义同矣。

《方言》臿，燕之东北朝鲜洌水之间谓之⿸庣斗。赵魏之间谓之喿。《广雅》“喿，臿也。”是⿸庣斗与喿亦声转。方言注又云“喿字又作鍫。”然则喿亦

北京市电车公司印刷厂出品 八二·十

(1549) 20×20＝400

古銛字也。

斛銚等皆古萧韵字。对转覃韵则为銛。（读燄）《方言》"銛，取也。"（注云"挑，取也"）郭插也，取土也。亦训利。《汉书·贾谊传》"莫邪为钝，铅刀为銛。"斛亦有利训。《刀部》"利，銛也。"銛之入声对为"疀"《甾部》疀，斛也，古田器也。又对转冬为"鉵"。

以上诸文或双声或同韵或对转皆同源词

欘又同"櫡""斸""[石箸]"

《木部》櫡　斫谓之櫡。从木，箸声

《斤部》斸，斫也。从斤，屬声。

《石部》[石箸]，斫也。从石，箸声。

四字皆训斫，双声。《尔雅·释器》斫谓之鐯"、鐯即櫡之后出。

槩同杚

《木部》"槩，杚斗斛。从木，既声。""杚，平也。从木，气声。"

《考工记》栗人为量，槩而不税。段曰，《月令》"正权槩"郑、高皆云槩，平斗斛者。槩本器名，用之平斗斛亦曰槩。许、郑、高皆言其器也。用以平斗斛亦曰杚。所以杚斗斛曰槩。"槩与杚同声没韵。

柶同匙

北京市电车公司印刷厂出品　八二·十
(1549) 20×20=400

《木部》柶，礼有柶。柶，匕也。从木，四声。

《匕部》匙，匕也。从匕，是声。

《士冠礼注》"柶状如匕，以角为之者欲滑也。"《聘礼》宰夫实觯以醴加柶于觯。《周礼、天官、浆人》郑注"饮醴用柶者糟也。"《匕部》匕下云，亦所以用比（匕）取饭，一名柶。即匙字。今名羹匙。

椷同匧"匣""匮"

《木部》椷，箧也。从木，咸声。

《匚部》"匧，藏也。从匚，夹声。箧，匧或从竹"

"匮，匣也。从匚，贵声。""匣，匮也。从匚，甲声。"

《史记、天官书》"閒可椷剑"《集解》引苏林曰，"椷音函，函容也。其间可容一剑"。《周礼、伊耆氏》"共其杖咸。"注云"咸读为函。"咸即椷之借字。匧、匣见前，三字皆添帖部，与匮音亦通。

機同𢇍

《木部》主发谓之機。从木，幾声。

《絲部》𢇍，织绢。从糸贯杼也。从絲省，丱声。

按"榺"下云"機持经者（《三仓》注所居曰榺"）"杼

北京市电车公司印刷厂出品 八二·十
(1549) 20×20=400

下云"機之持緯者。"則機乃"幐""杼"二器而是機为主发者，始能纺织。餘训织绢与機同词

桥同幐

《木部》"桥，趣之横者也。关西謂之撰。从木弅声。"

"幐，機持緯者。从木，朕声。"

《方言五》"梴（郭注："繳丝箳柱也。度畏反。）宋魏陈楚江淮之间谓之植。自关西而西谓之梴。齊谓之样（言陽）。其横关西曰㯲（言朕，亦名校言交）。宋魏陳楚江淮之间谓之㮄（言帶）。齊部谓之持（丁謹反）。胡以縣㮄关西谓之綸（力冉反）。東齊海岱之间谓之㯲（相主反）。宋魏陈楚江淮之间谓之緩（㯲甲）。或谓之環（檈）。"

許本方言文。钱坫说："方言文，作'撰'误也。即应作桥。《吕氏春秋注》三辅谓之脎（㮛）。关西谓之得。得即持字。"

又《诗小雅、大東》"杼柚其空。"柚即幐字。

枈 礼记作"椇"以为木名

《木部》"枈，举食者。从木，具声"

《礼记、内则》"芝栭蓤椇"注，"椇，棋也。"《士昏礼》妇人之挚棋榛"疏曰，"棋即今白石李也。"

補第五卷上《竹部》策字

《列子·說符篇》"白公勝慮乱。罷朝而立，倒杖策而錣上，貫頤，血流至地而弗知也。"注云"錣杖末鋒。"《淮南子·道应训》"倒杖策錣上，貫頤"。高诱注"策马捶，端有針以刺马，谓之錣。"又《氾论训注》"錣，揣头針也。"《玉篇》"錣，針也。"

北京市电车公司印刷厂出品 八二·十

(1549) 20×20=400

棖同杖

《木部》棖，杖也。从木，长声。一曰法也。杖，持也。

从木，丈声。

棖与杖音义同。《尔雅·释宫》"棖谓之楔"郭注"门两旁木。"《诗郑风》"俟我乎堂兮。"笺云"堂当为棖。棖门梱上木近边者。"徐锴说"今说文以欕(棠)当之。"~~《淮南》"棖门柱户"~~《鲁灵光殿赋》"枝掌杈枒而斜据。"张注，"掌或作棖。"案此引申义。又一曰法也。《方言三》"棖，法也。"郭注"救倾之法。"

椯别义即揣字

《木部》椯，箠也。从木，耑声。一曰椯，度也。

案《手部》揣，量也。度高曰量。

樴同弋

《木部》樴，弋也。从木，戠声。

《乀部》弋，橜也。象折木衺锐著形。从厂，象物挂之也。

章太炎先生曰弋变易为樴。弋者叉也。故孳乳为隿。缴射飞鸟也。隿亦变读为樴。"

北京市电车公司印刷厂出品 八二·十

极同㭕

《木部》"极，驴上负也。从木，及声。或读若急。"㭕，极也。"

《玉篇》《广韵》皆曰"驴上负版。"后出字作"笈"。《风土记》"笈谓学士所以负书箱。如冠箱而卑者也。"谢承《后汉书·李固传》"李固杖策驱驴负笈，追师三辅。"又曰"马寔负笈荷担，不远千里。"又《广韵》㭕，版置驴上负物。

楇《史记》作"楇"刘向《别录》作"輠"

《木部》楇，盛膏器。从木，咼声。读若过。段曰，"《孟子荀卿列传》谈天衍，雕龙奭，炙毂过髡。"刘伯庄曰毂字衍。裴骃云，刘向《别录》过字作輠。輠者车之盛膏器。炙之虽尽，犹有馀流者。言淳于髡智不尽如炙輠也。"《方言九》车釭，齐燕海岱之间谓之锅，或谓之䡅。自关而西谓之釭，盛膏者乃谓之锅。"案釭与楇异物，而楇之膏施于釭。故通言锅亦名釭，因楇为盛脂者釭为受脂者。车行当滑，载楇以脂膏涂釭也。

榷同桥

《木部》"榷，水上横木，所以渡者也。从木隺声。""橋，水梁也。从木，高声。"

《初学记》引《广志》獨木之橋曰榷，亦曰彴（说文作"彴"）。《广韵》"彴，以横木渡水"《广雅》"彴獨梁也。"《尔雅·释宫》谓之"石杠"。段玉裁曰"石杠者谓两头聚石，以木横架之可行，非石橋也。"《汉书·武帝纪》"榷酒酤"。韦昭曰以木渡水曰榷。谓禁民酤釀，獨官开置如道路，设木为榷，独取利也。"颜师古云，榷者步渡桥，尔雅谓之石杠，今之略彴是也。"

𣝣同舟

《木部》"𣝣，船總名。从木，叟声。"

《舟部》舟，船也。古者共鼓货狄，刳木为舟，剡木为楫，以济不通。象形。

《六韬》武王伐纣殷，先出于河，吕望尚为后将，以四十七𣝣船，濟於河。"《汉书·溝洫志》发河南以东漕五百𣝣。"𣝣即𣝣字。舟与𣝣古韵在萧部。

欂即艊字语转字变作"舶"

《木部》"艭，海中大船。从木，發声。"

《方言九》"泭谓之簰（音敷），簰谓之筏。秦晋之通语也。"（《说文》"泭，编以渡也。"）《楚辞、九章》"乘氾泭以下流兮。"王逸曰"编竹木曰泭。楚人曰泭，秦人曰撥。"撥簰双声語要作"舶"。《水经注、江水》"吾孙權製大船，名之曰长安。一曰大舶。载坐直者之士三千人。"《集韵》"蛮夷泛海舟曰舶。"宋人欧陽修《白鹦鹉诗》曰"此鸟何年随海舶。"

横同桄

《木部》"横，阑木也。从木，黄声。""桄，充也。从木，光声"

段曰"阑，门遮也。引申为凡遮之偁。凡以木阑之皆谓之横也。"唐人诗"野渡无人舟自横"亦遮阑之义。《尔雅、释言》桄，充也。段曰，桄读古曠切。所以充拓之圻堮也。必外有桄而后内可充拓之。且部曰，从几足有二横，横即桄字。"横桄皆从光声。

校同柙

《木部》"校，檻柙也。从木，交声。""柙，檻

北京市电车公司印刷厂出品 八一·十

~~[illegible]~~也。以藏虎兕。从木，甲声。[illegible]古文柙。

徐锴说"谓书封函之上恐磨灭文字更以一版于上押護之。古封禅玉检上用押也。今文书押署是也。"钱坫说"《仲长统文》"中世之选士，務于清慤谨慎是妇女之检押也。"此检柙之确解。

槜同"椎""鐓""鐜"

《木部》槜，以木有所搏也。从木，雋声。春秋传曰越败吴於槜里。（《广韵》音将遂切）"椎，击也。齐谓之终葵。从木，隹声。"

《金部》鐜，下垂也。一曰千金椎。从金，敦声。"錞，矛戟柲下铜鐏也。从金，享声。诗曰厹矛沃錞。"

钱坫说："此即鎚字亦硾字，硾，擣也。"《广韵》"硾，镇也。"《集韵》鎚，鍛也。又錞矛戟柲下铜錞。《曲礼》郑注，"矛底曰鐓。"是亦可以椎物。此四字古韵对转。

柆后世字作苙（见《孟子》）

《木部》柆，折木也。

家乡写本方"力币"。疑此字即今俗语称物之一半曰半柆。

北京市电车公司印刷厂出品 八二·十

析同“新”

《木部》析，破木也。一曰折也。从木，从斤。

《斤部》新，取木也。从斤，亲声。

析与新时转。音义同

棷同芻

《木部》棷，木薪也。从木，取声。

《艸部》芻，刈艸也。象包束之形。

此二字音义同

梡同㮯

《木部》梡，㮯木薪也。从木完声。“㮯，梡木未析也。

此二字音义同。亦即今之“棍”字。

楅即逼迫字。《内则》作“湢”浴室也

《木部》楅，以木有所逼束也。从木，畐声。诗曰夏而楅衡。

楄同“片”“版”“牑”

《木部》楄部，方木也。从木，扁声。春秋传曰楄部荐榦

《片部》片，判木也，从半木。“版，判也。从片，反声。“牑，床版也。从片，扁声。读若边。

北京市电车公司印刷厂出品 八二·十
(1549) 20×20=400

《左传、昭公二十五年》"若以群子之灵，获保首领以殁，唯是楄柎所以藉幹者。请无及先君。"杜预解："楄柎，棺中笭床也。幹，骸骨也。"《说文》引作"楄部"。《左传会笺》说："楄柎，编木如泭如窗櫺相类，以置棺底，所以泄汗汁也。床，故杜云棺中笭床。笭与櫺通。"楄训床板与楄同，其木薄亦与片同，片与版亦同。诸字皆先韵，故音义皆同。

枼同牒

《木部》枼，楄也。枼，薄也。从木，世声。

《片部》牒，札也。从片，枼声。

《木部》"札，牒也。"司马贞曰牒，小木札也。段曰"厚者为牍，薄者为牒。牒之言枼也，葉也。"竹部䈎略同。"按《左传、昭公二十五年》"宋乐大心曰，我不输粟。我於周为客。若之何使客？晋士伯曰，自践土以来，宋何役之不会而何盟之不同，曰'同恤王室'。子焉得辟之。子奉君命以会大事，而宋背盟，无乃不可乎！右师不敢对。受牒而退。"杜解："右师，乐大心也。"札牒犹书出入要数。受牒而退言服从也。

槱比鬱攸正字

《鬯部》以𩰪釀鬱艸芬芳攸服以降神也。从凵，凵，器也，中象米。匕所以扱之。易曰不喪匕鬯。

《木部》槱，積火燎之也。从木，从火，酉声。詩曰薪之槱之。周礼以槱燎祠司中司命。禉，柴祭天神。或从示。

段玉裁谓"攸服"当作"條暢"，极是。攸当作槱。《礼记·郊特牲》"周人尚臭，灌用鬯臭，阴达於渊泉。"孔疏引马氏说"鬱，艸名。"以鬱金香艸合为鬯也。"《水经·温水注》引应劭地理风俗记云"周礼鬱人和鬱鬯。鬱芳艸也、黄以合醸黑黍以降神者也。或说今鬱金香是也。一曰鬱人所贡因氏郡矣。"许谓芳艸，应谓鬱金香，其实一也。古鬱鬯用鬱金香不用根、華，合以黑黍槱（攸）之而成谓之"鬱鬯"。

𣓌同夂

《木部》𣓌，竟也。从木，恆声。亙古文𣓌。

《夂部》夂，从后灸之也。象人两胫后有距也。周礼曰夂诸墙以观其桡。

北京市电车公司印刷厂出品 八二·十

章太炎先生曰"久诸墙即樞诸墙也。相距相对持久，故久引申为长久。"亘亦引申长久，字亦作恒，恒即樞所从之声。

檻《周礼》作"㯺"

《木部》檻，櫳也。从木，監声。一曰圈。《释名》"檻車上施闌檻，以格猛獸，亦以囚禁罪人之車也。"《周礼·草人》"彊㯺用蕡"。郑注"彊㯺，彊坚者。"㯺即檻之变体

棐同弼

《木部》棐，輔也。从木，非声

《弜部》弼，輔也。从弜，西声。𢐀 弼或如此。𢻷 𢐇並古文弼。

段曰《释诂》弼、棐、輔、比，俌也（郭注俌犹辅也。）按棐盖弓檠之类。"又曰《释诂》弼，俌也。人部'俌，辅也。'诗曰'交韔二弓，竹闭绲縢'传云交韔，交二弓于韔中。闭，绁。绲，绳。縢，约也。《小雅》骍骍角弓，翩其反矣。传曰骍骍，调利皃。不善抴檠，则翩而反也。"

東同"朝""早"

《東部》東，动也。从木，官溥说，从日在木

北京市电车公司印刷厂出品 八二·十
(1549) 20×20=400

中。

《日部》早，晨也。从日在甲上。

《倝部》朝，旦也。从倝，舟声。

日初出于木中谓之東，此早晨字，日照于木上此中午字。日淹于木下此晚暮字。東与早朝对转音义通。

~~[illegible]~~

橆俗作"橅"。后出字作"甒"。通作"廡"

《林部》橆，豐也。从林。奭或说规模字，从大卌，数之积也。林者木之多也。卌与庶同意。商书曰庶草繁橆。

今《尚书洪範》作"廡"《汉书·韋元章传》"其规橅可见"此以橅为规模字。

楚，齭楚作"齭"，楚楚作"䵞䵞"，激楚作"𣢾所"

《齿部》齭，齿伤酢也。从齿，所声。读若楚。

《黹部》䵞，合五采鲜色。从黹，虘声。诗曰衣裳䵞䵞。

《欠部》𣢾，𣢾所，歌也。从欠，噭省声。读若叫呼之叫。

北京市电车公司印刷厂出品 八二·十
(1549) 20×20=400

第六卷下

出同止。同兹。

《出部》出，出也。象艸过中枝茎益大有所之。一，地也。

《止部》止，下基也。象艸木出有址。故以止为足。

《艸部》兹，艸木多益。从艸，絲省声。

章太炎先生曰之古音如臺，亦或在齿音故变易为‘兹’出有専像艸义，有益大义，有直立义。”止本象脚趾，引申为下基，亦引申为艸木之基址。章君又曰，兹又为年义。春秋传曰‘今兹鲁多大丧，明年齐有乱。’《孟子》曰，‘今兹未能，以待来年’。《吕氏春秋》曰‘今兹美禾，明兹美麦。’艸一岁一荣，故谓年为兹。犹称年稱稔以禾成熟为期也。《释天》曰‘載，岁也。夏曰岁，周曰年，唐虞曰載。’載即兹之借字，犹鼒亦作鎡矣。兹孳乳为時，四時也。之兹皆训此時，亦训是時。又孳乳为祀，说文训祭无已也。其始盖取诸时享。’

币同角

北京市电车公司印刷厂出品 八一·八
(1549) 20×20＝400

《之部》帀，周也。从反之而帀也。周盛説。

《勹部》匍，帀徧也。从勹，舟声。

帀与匍同其方对转。匍帀者緘縅之文。匍与周同。旋下云"周旋"，般下云"舟旋"，《周礼·考工記》注云"故书舟作周"。《説文》"周，密也。"慎密不出，亦四周帀也。

出同茁

《出部》出，進也。

《艸部》茁，艸初生出地皃。从艸，出声。

詩曰彼茁者葭。

詩传曰"茁，出也。"与出对转者有"春"字。《尚书大传》训春为出。《考工記注》《广雅·释詁》亦训春为出。春者艸木上出也。

䊮《广韵》作"臲"

《出部》槷䊮，不安也。从出，臬声。易曰

槷䊮。

《繫传》下有"困于赤芾"四字。今易作"臲卼"。《广韵·十五鎋》作"臲"。

𣎵同此。即濟止字

《𣎴部》𣎵，止也。从𣎴盛而一横止之也。

《比部》比，止也。从止，从匕。匕相比次也。

此合体指事字。今人于卉木扶疏枝杈横生者，必翦之使之齊整，使相比次，義亦受諸齊。故与"比"同。《金部》"錍讀若齊"是其齊同音。凡濟训止者皆比之借。如《诗经·鄘风·载驰》曰"既不我嘉，不能旋濟。"毛传"濟，止也。"《莊子》"厲风濟则萬竅为虚"。何秀注"濟，止也。"此濟字皆比之借。其雨止谓之霽，則比之引申义。

奰、奰字即奰屓

《介部》奰，壮大也。从三大，三目。二目为䀠，三目为奰，益大也。一曰迫也。讀若易虙羲氏。詩曰不醉而怒謂之奰。

《尸部》屓，卧息也。从尸自。

案張衡《西京赋》、左思《吴都赋》皆有奰屓之语。《西京赋》曰"巨靈贔屓"注云"作力之皃也。"吴都赋亦云"巨鼇贔屓"段玉裁说"奰見大部，'奰'俗讹为'贔'、'贔'，'屓'俗讹为'屓'又讹为'屭'，今学者罕知其本字矣。"

北京市电车公司印刷厂出品 八一·八
(1549) 20×20=400

生同産

《生部》生，進也。象艸生出土上。産，生也。从生，彦省声。

生与産双声。《周礼·春官·大宗伯》"以礼乐合天地之化，百物之産。"郑注"能生非类曰化，生其种曰産。"

隆衝即臨衝。

《生部》隆，豐大也。从生，降声。

《淮南子·氾论》"晚世之兵隆衝以攻，渠幨以守。"高诱注"隆，高也。衝，所以临敌城衝突坏之。"古作"臨衝"《诗·大雅·皇矣》"以尔钩援，与尔臨衝，以伐崇墉。"传曰"臨，臨車也。衝，衝車也。"正义曰臨者在上临下之名，衝者从旁衝突之称。兵书有作臨車衝车之法，墨子備衝之篇，知臨衝俱是車也。隆臨冬覃对转，又為双声。

禾同稽

《禾部》禾，木之曲头，止不能上也。

《稽部》稽，留止也。从禾，从尤，旨声。

章太炎先生曰"或曰此即古文戛字戟也。戟為句兵。句曲同义。"春秋国语曰"擁鐸拱稽"韦昭说"稽

北京市电车公司印刷厂出品 八一·八
(1549) 20×20=400

为棨戟，即木字。㚒字从百，即曲头也。古书如楷列在肉部。斯说甚通。"案《玉篇》木有"古溓切"则木㚒同音也。

又稽训留止，有留义，引申训察考。章君又曰：从尤，谓关津留也。棨，传信也。此即汉时所谓'过所'（如今护照、路单之类）而非棨戟之字，刻木合符与契相转。稽与幾通。幾，微殆也。从丝而兵戍之。丝即幽。《天官·宫正》'幾其出入'。《地官·大司徒》'六曰去幾'。本义盖谓关津幾察，故从戍从丝者谓守及幽隐之处也。"案稽以察考为本义故与幾通。《地官·掌节》"凡通达于天下者必有节，無節者，有幾则不达。"《春秋·公羊传》曰"陈乞与阳生玉节而走之。"此皆谓通行关津必受稽察而关津谓之幾，故稽与幾之相会通。

黄季刚先师说"滑稽即诘诎之倒语。"

束同總

《束部》束，缚也。从口木。

《糸部》總，聚束也。从糸，悤声。~~十五升布也。一曰两麻一丝布也。~~

《诗经》"束矢其搜"又"绸缪束薪"。《广雅》缚，

北京市电车公司印刷厂出品 八一·八
(1549) 20×20=400

束也。总训聚束，总束东屋对转。

刺同“盭”“戾”

《朿部》刺，戾也。从朿，从刀。刀者刺之也。

《犬部》戾，曲也。从犬出户下。戾者身曲戾也。

《弦部》盭，弼戾也。从弦省，从盩。读若戾。《淮南子·修务训》“琴或拨刺”高注“拨刺，不正也。”案拨刺即“乖刺”。刘向《封事》“胶戾乖刺”凡“拨刺”“乖刺”“刺谬”皆不正之义。《谥法》“愎很遂过曰刺。”戾字段曰，“了戾、乖戾、很戾皆见《释诂》。”又云“户下犹云户阈，户之下必有阈，阈高则犬出必曲其身。又或户闭犬挤出必偏曲其身。”此戾亦不正之义。盭《方言》“軫，戾也。”郭注“谓相了戾也。”《淮南·原道训注》“抮軳，了戾也。”此三字音义同。

橐同幃

《㯻部》橐，囊也。从束，石声。

《巾部》幃，囊也。从巾，韦声。

徐锴曰束缚囊橐之名。春秋传曰侯使于齐者橐载而归。作梱々梱假借也。”（今本齐语作“稛韦注，稛，絭也。)《系传》曰"束缚囊橐之名。"章太训囊。《离骚》"苏粪壤以充帏。"王逸章句曰"帏谓之幐。幐，香囊也。段玉裁说，凡囊皆曰帏曰幐。王依文为说则谓之香囊耳。"

橐同囊

《橐部》"橐，囊也。从橐省，石声。""囊，橐也。从橐省，毁声。"

《左传、僖公二十八年》"宵子职纳橐饘焉。"杜解，"橐，衣囊也。《又宣二年》为之箪食与肉寘诸橐以与之。"章太炎先生曰《地官、掌节》有"英荡"杜子春云荡当为帑。谓以函器盛此节。或曰英荡画函。此即以帑为囊也(案帑即橐，荡即囊，二字模唐对转，本同音也)。亦或作"𣝗"。《吴越春秋》曰，"甘蜜九𣝗。"说文不录(即橐系字)。

圜同"囗""圓""圎"

《囗部》"圜，天体也。从囗，睘声。""囗，回也。象回帀之形。""圓，圜全也。从囗员声。""圎，规也。从囗，肙声。"

《吕氏春秋、序意》"爰有大圜在上"注云"圜，天也。"又囗即古圆字《说文》以囗为圆，以匚为方。

北京市电车公司印刷厂出品 八一·八
(1549) 20×20=400

圓训圜全者上下四方如一，是為渾圓之物。《商頌箋》曰"隕当作圓，圓謂周也。"圓者钱坫說，"此圓旋中圓規之旋字。《莊子》旋而蓋矩。注：旋，圓也。《书大传》注，外規謂之玉衡，玉衡即旋璣。"

回為轉還之本字

《囗部》回，轉也。从囗中象回轉形。古文。案朱駿聲"户関反"是知回即還之本字。

圜同摶

《囗部》圜，圜也。从囗，專声。

《手部》摶，圜也。从手，專声。

《詩經·鄭風》"零露團兮"團与摶同。《考工記·輪人》"摶以行石，是故輪雖敝不甐于鑿"。鄭玄注"摶，圜厚也。"又《梓人注》《廬人注》《弓人注》並云"摶，圜也。"甐訓敝訓傷。鑿輻入牙处，言輪牙近地者摶厚，虽為石所傷而敝，终不至使其中之鑿依輻摇動。案摶即圜之异体。

圜同丿 丿即古圜字。

《丿部》丿，抴也。明也。象抴引之形。虒字从此。

《囗部》圛，回行也。从囗，睪声。尚书曰圛。圛，升雲半有半无。讀若驛。

案𠂆字不見于經典，而弟字从之得声。且弟有驛音。如诗《齐风·载驱》"齊子愷悌"。𠂆何以有抴明二训。训抴者则为曳之古文，訓明者则为圛之古文。蓋𠂆为晴云之形，夏天常出现空中，辞典所光纲云，今俗谓纲子雲。就其形状言之，则曳曳，就其特徵言之则透明，故多为陰雲，有之为𠂆亦透明体。故𠂆当为圛之古文。《洪範》説圛为升云半有半无。圛古文尚书作"悌"。悌从弟得声。讀若驛者，传曰"驛气落驛不连属。"正义曰"落驛希疏之意。"唐衛包改尚书作"驛"。而《尚书正义》《诗齐风正义》皆作"圛"，此大宝前未改之本。《史记·宋世家》集解引鄭注，"圛，色泽而光明也。"《诗·齐风·载驱》"齊子豈弟"。箋云，"弟古文尚书以弟为圛。"（圛，明也。）皆古文尚书作圛之明证也。今文尚书作"悌"。弟字从𠂆声，此𠂆训明之证也。

國同或

《囗部》國，邦也。从囗，从或（锴本"或声"）

北京市电车公司印刷厂出品 八一·八
（1549）20×20=400

《戈部》"或，邦也。从口，从戈以守一。一，地也。域，或从土。"（于逼切）

段曰"邦国也。按邦国互训，浑言之也。《周礼注》曰，大曰邦，小曰国。邦之所居亦曰国，析言之也。"国即或之后出字。此即疆竟。

圈同圂

《口部》"圈，养畜之闲也。从口，卷声。""圂，厕也。从口象豕在口中也。"

《释名》"或曰溷，圂言溷浊也。"《汉书·五行志》"圂者豕室。"二字皆喉音

因同捆。因盖古茵字，与"洇"、"茵"、"啬"（古墙字）皆相转。

《口部》因，就也。从口大。

《手部》"捆，就也。从手，因声。"

《孟子》"为高必因丘陵，为下必因川泽。"言高下必就其址。已域而扩充之。因与捆同，捆亦训就。《左传》徐锴说，"植有礼因重固（《左传·闵元年传》今作"就有礼"）。《释诂》"儴、仍，因也。"仍与扔通。《诗经》"仍执丑虏"《释文》本或作扔。则释诂因字当作"捆"。因则因依之义，捆为捆扔

之义，训同义微别。

《土部》"垔，塞也。尚书曰鲧垔洪水。从土，西声。𡌭 古文垔。""墉，城垣也。从土庸声。𩫖 古文墉。"

《水部》"渊，回水也。从水，象形。左右岸也。中象水皃。淵 渊或省水。囦 古文从口水。"

《川部》"邕，四方有水自邕城池者。从川从邑。𨙵 籀文邕。"

黄季刚先生谓囦为雝塞之义，故与垔同字。《左传》"井堙木刊"服注"堙塞也。"《国语》"隋高堙庳"韦注"堙，塞也。"与"囦""𩫖""邕"声义相通。并皆相转。

王宁同志据江永说谓"象菌䇶之形。中象缝理形。"并谓囷即菌之古文。席古文作㡊，囷即㡊之变，象席形。《广雅·释器》"西，席也。"西即囷之讹体。《释名》"菌，囷也。囷与下相连也。"

固同𠑹

《囗部》固，四塞也。从囗，古声。

《𠑹部》𠑹，廱蔽也。从儿，象左右皆蔽形。

用腰带廱蔽肚子叫作𠑹。与固同字，固有无罅漏之义。《史记·苏秦传》曰"秦四塞之国也。"

北京市电车公司印刷厂出品 八一·八
(1549) 20×20=400

《汉书》娄敬说高帝曰，"夫秦被带河，四塞以为固"其后以铁铜铸塞名"锢"，锢即固义。再具以竹篾四塞为桶，曰"箍"，实即锢之一种，《说文》无箍字，盖汉时尚无此法也。其字从竹，从手从匝（即帀之俗体）。亦使之固也。

困引申之义与穷困

《囗部》困，故庐也。从木在囗中。朱 古文困。

《尚书大传》"行而无资曰乏。居而无食曰困。"左思《咏史诗》"落落穷巷士，抱影守空庐。"此困字引申之义。

員同⿰員云

《员部》員，物数也。从貝，口声。鼎 籀文从鼎。⿰員云，物数纷⿰員云乱也。从員，云声。读若春秋传曰宋皇鄖。

案物数曰員，人亦客观物体故人数亦曰员。《诗·小雅·正月》"无弃尔辅，員于尔辐。"传曰，"员益也。"《周礼·庾人》正校人员选"注"选择可备员者平之"皆指人。⿰員云训纷⿰員云，纷⿰員云叠韵连语，按纷⿰員云亦指多故言乱。《老子》夫物芸芸各归其根"傅奕本作"䫀"。此言物数乱也。钱坫说，"此纷纭字。《诗经、烈祖》"景员维河"笺，"古文作云。"《出其东门》"聊乐我员"《释文》"员作云"是员与䫀同。

賄此即有字

《貝部》賄，財也。从貝，有声。《释言》"賄財也。《通俗文》"財帛曰賄"。《左传、隐十一年》"凡而器用财贿无寘于许。"《文十八年》"冒于货贿" 又曰"竊賄为盗"。皆指私有財物。

⿰貝为古货字

《貝部》⿰貝为，资也。从貝，为声。或曰此古货字。读若贵。（锴本无此九字。并云"臣锴按字书云此古货字）"货，财也。从貝，化声。

~~賬同"資""物"（見牛部）~~

貣同貸

《貝部》貣，从人求物也。"貸，施也。从貝，代声。《周礼、泉府》"凡民之貣者。"注云"貣者谓从官借本贾也。"《广韵》廿五德云"貣，谓从官借本贾也"《左传、昭三年》"以家量貸而以公量收之。"又"尽其家貸於公"。案貣与貸施受同如"乞""拳"

北京市电车公司印刷厂出品 八一·八
(1549) 20×20=400

之比。

賚即來之后出字

《貝部》"賚，賜也。从貝，來声。周书曰賚尔秬鬯。"

來下云"天所錫也。"來又与釐通。《大雅传》釐，錫也。

賜同予

《貝部》賜，予也。从貝，易声

《予部》予，推予也。象相予之形。

《释诂》予，錫也。

賴，抵賴字当作"讕"

《言部》讕，怟讕也。从言，闌声。詗讕或作向賴讕双声，又曷寒对转。

貯同宁

《貝部》貯，積也。从貝，宁声。

《宁部》宁，辨積物也。象形。

段曰"《周礼》"以辨民器"辨，具也。分别而具之。積者聚也。宁与貯蓋古今字。"钱坫说"《字林》貯，塵也。"惠徵君曰以貯为積，俗训也。疑后人改之。《字林》是。'謂居積停滞塵久也。今所謂積

北京市电车公司印刷厂出品 八一·八

庄。

質同贅。又同端

《貝部》"贅，以物相贅。从貝从所（徐鍇作所声）

贅，以物質錢也。从敖貝。敖者猶放貝，

當復取之。一曰最。（鍇本有此三字）

《玉部》瑞，以玉为信也。从玉耑（鍇本作耑声）

《左传·隐三年》"周郑交质"。《周礼·小宰》"七曰

听卖买以质剂"注："质剂谓两书一札同而别之，

长曰质，短曰剂。《汉书·贾谊传》"家贫子壮则出

赘。"颜注，"家贫无有聘财，以身为质也。"《严助

传》"民待卖爵赘子。"如淳曰"淮南俗卖子与人作

奴婢，名为赘子。三年不能赎，遂为奴婢。"

端古以玉为信《左传·文十二年》秦伯使西乞

术来聘。且言将伐晋。……宾答曰寡君愿徼福于

周公鲁公以事君，不腆先君之敝器，使下臣

致诸执事以为瑞节。要结好命。"此以瑞为質。

質楏質字当作所

《所部》二斤也。

两斤俱相重以为立方，所谓質也。张衡曰立方

为質，故以为質楏字。

北京市电车公司印刷厂出品 八一·八

責即今債字

《貝部》"責，求也。从貝，朿声。

《尚书·金縢》"是有丕子之责于天。"孔曰"责读为左传施舍已责之责（《左传成二年》施舍已责。"杜云"止逋责"。）《齐策》"谁習计会，能为文收责于者"今债字。

⿰貝疋同⿰示胥

《貝部》"⿰貝疋，齎财卜问为⿰貝疋。从貝，疋声。读若所。

《示部》"⿰示胥，祭具也。从示，胥声。

按《史记·货殖传》"诸食技术之人焦神竭能为重糈也。"《日者传》"卜而有不审不見奪糈。"糈皆当作"⿰貝疋"。祭神米曰糈。卜者必祀神，故其字亦作糈。

賨即⿰貝宗字

《貝部》"賨，南蛮赋也。从貝，宗声。

按《玉篇》"⿰貝宗，夷人以财赎罪也。"賨即⿰貝宗字。

賣同⿰賣斗

《貝部》"衒也。从貝，𧶠声。𧶠古文睦。读若育。

《斗部》"⿰賣斗，相易物俱等为⿰賣斗。从斗，賣声。

北京市电车公司印刷厂出品 八一·八

段曰，衒，行且卖也。《周礼》多言儥，儥训买，《周礼》以儥为卖也。亦训卖。"此亦并儥交换之义。与相易物之辞，卖与辞双声，义通（对转）。~~是《周礼》以儥为卖。~~

賏同"婴"又同"缨"

《贝部》賏，颈饰也。从二贝。

《女部》婴，颈饰也。从女賏，賏其连也。

《糸部》缨，冠系也。从糸，婴声。

《荀子·富国篇》"处女婴宝珠。"注"婴系于颈。"郭注《山海经》"颈有白婴"賏与婴同。又引申为冠系之缨，此偷绕颈前者也。又女子系香囊亦缨，则与冠系异物。

邑同国

《邑部》邑，国也。从口，先王之制尊卑大小从卪

《口部》国，邦也（见前）

章太炎先生曰"《三体石经》邦字作[illegible]。此则古文邑字作[illegible]。从重卪。宋人所见彝器多从石经。"《释地》"邑外谓之郊"郭注"邑，国都也。"《左传·桓十一年》"且日虞四邑之至也。"杜解：邑亦国

北京市电车公司印刷厂出品 八一·八
(1549) 20×20＝400

也。”通言邑国相同，二字双声。

邸同廛

《邑部》邸，属国舍也。从邑，氏声。

《广部》廛，一亩半，一家之居。从广、里、八、土。段改“一亩半”为“二亩半。”《周礼、地官、遂人》夫一廛”郑众说“廛，居也。郑玄说“廛里者城邑之居也。《载师》以廛里任国中之地。”郑玄说，廛里者若今之邑居，廛民居之区域也。里，居也。”古者农民在野所居曰庐，秋冬居廛，春夏居庐。

郵即尤之后出

《邑部》境上行书舍。从邑垂。垂，边也。

《乙部》尤，异也。从乙，又声。

章太炎先生曰乙当为徦之古文，尤当为郵之古文。竟上行书舍，从乙谓徦而过也（释言，郵过也）。人有所行过曰郵，引申为罪过，字作訧。诗传曰訧，过也。说文训尤为异者亦过之引申。犹言殊尤绝迹度越数子也。”

扈后出有“滬”

《邑部》夏后同姓所封，战于甘者。在鄠。有

者 ~~扈氏国也~~ 在鄠有扈谷甘亭。从邑，户声。𡵑古文扈从山、弓。

部居部署当作蔀

《邑部》䣕，天水狄部。

章太炎《小学答问》言之极详，但谓午之假借则误也。今谓应作"蔀"

邛劳之字本作"痀"今案谓当作"恐""㤨"

《邑部》邛，邛地在济阴县。从邑，工声。

案《诗经·小旻》"亦孔之邛"《巧言》"维王之邛"《礼记·缁衣》郑注"邛，劳也"谓当作"劬"今案恐，惧也。㤨，战慄也。当为邛劳之正字。

鄂，"华鄂"、"垠鄂"俱当作"⿰咢刂"。⿰咢刂，俗作锷。

《邑部》鄂，江夏县。从邑，咢声。

案《甘泉赋》"纷披丽其之鄂。"《诗经·小雅·常棣》"鄂不韡韡"此华鄂字。《景福殿赋》"劆砥鄂之铏锷。"注，"鄂，垠鄂也。"

邪语词当作"欤"

《邑部》邪，琅邪郡。从邑，牙声。

𨙵同𨛜

《𨙵部》𨙵，邻道也。从邑从邑。阙（胡绛切）

"𨛜，里中道。从𨛜从共皆在邑中所共也

巷 篆文从𨛜省。

今通用"巷"

鄉同"卯""卿"

《𨛜部》鄉（国）離邑。民所封鄉也。啬夫别治封

封圻之内。六鄉六卿治之。从𨛜，皀声。

《卯部》卯，事之制也。从卩卪。阙。"卿"，

章也。六卿：天官冢宰，地官司徒，春

官宗伯，夏官司马，秋官司寇，冬官司

空。从卯，皀声。

《释名》万二千五百家为鄉。鄉，向也。众所向也。

国与邑可以互称，析言之则国大邑小。一国中

离析若干邑，故国可分析若干邑，离邑是离于国之

~~内可分~~邑。離邑为民封域之鄉。《周礼·大司

徒》"五州为鄉"。郑玄注"鄉万二千五百家为鄉

鄉大夫各掌其鄉之政教政令。汉代则啬夫别治。

一鄉有"三老"掌教化，有秩啬夫掌收税，有

游徼掌治安。此许慎先用汉制说明鄉制。"封圻

之内六卿治之"此用周制说之。此与《周礼》

合

章太炎先生曰"𠨍事之制也。吏易为卿。章也。《玉篇》《唐韵》皆音𠨍为卿，必有所受。《尚书·太誓》曰乃告司马、司空、司徒诸𠨍。马曰，诸𠨍，诸受符有司也。《康诰》曰"惟厥正人越小臣诸节"此则亦臣为𠨍。比𠨍为卿，犹今为太𠨍矣。乡为六卿所治，亦𠨍之吏。古文邑本作[illegible]（见三体石经）从[illegible]卩，乡为国离邑，从卩卩。凡字邦国都鄙者无不有之，名之曰邑曰乡，非自然之岸陆，乃有制之经界。必有官吏治之，故字皆从卩。亦或古文以卿为乡。若秦汉内史、京兆尹所统之地即名内史名京兆尹也。

又曰《诗传》将，齐也。亦即𠨍字。《玉篇》《广韵》又有子兮、子礼二切。则读之如齐，断也。或曰将训帅，古字宜作𠨍。军将皆命卿，出师专赏罚。事之制也。亦通。

北京市电车公司印刷厂出品 八一·八
(1549) 20×20＝400

第七卷下

昧同昒

《日部》"昒（锴本作曶），尚冥也。从日，勿声。""昧，爽，旦明也。从日，未声。一曰闇也。"

《史记·司马相如传》"曶爽暗昧，得耀乎光明。"汉人昒昧通用。《文选·幽通赋注》"昒昕，晨旦明也。"韦昭注，"昒，昧，忽两音。"昧爽，日明也。《汉书·郊祀志》"十一月辛巳朔旦冬至昒爽。"《史记·封禅书》作"昧爽"。

晢昍㫤明字

《日部》"晢，昭晢，明也。从日折声。礼曰晢明行事。"

钱坫说，今《聘义》作质明。《士昏礼》同。

旳同"昭"，又同"晓"

《日部》"旳，明也。从日，勺声。易曰为旳颡。""昭，明也。从日，召声。""晓，明也。从日尧声。"

《淮南子·说林训》"旳旳者获。"高注，"旳旳，明也。"《马部》馰下亦引易说卦。《尔雅·释畜》"马旳颡白顛。"余人注"的，白也。"《礼记、乐记》蟄蟲昭蘇。"郭注："昭，曉也。蟄蟲以發出為曉，更息曰苏。"《方言十三》"昢、曉，明也。"段曰"此(?)謂旦也。

晄同"曠""光""景"

《日部》"晄，明也。从日光声。""曠，明也。从日廣声。"
"景，光也。从日京声。"

《火部》光，明也。从火在人上光明意也。
炗古文。炗古文。

晄或作"晃"《玉篇》《广韵》皆作"晃"。《释名》光，晃也。晃晃然也。"《后汉书、胃融传》义士刘曠若發曚。"《释名》"景竟也。所照处有竟限也。"《火部》光者明也。《大戴礼记、曾子天圜篇》明者吐气者也。是故外景。幽者含气者也。是故内景。故火日外景而金水内景。《左传》光者远而自他有耀者也。"日月皆外光，而光所在处，物皆有阴光如镜，故谓之景。《诗经、车牵》景行行止。"笺曰景，明也。古诗曰"随时爱景光。"

暘同露

《日部》暘，日出也。从日，昜声。虞书曰

暘谷。暘谷。

《雨部》霩，雨止雲罷皃。从雨，郭声。《莊子·逍遥游》"日月出矣而爝火不息，不亦劳乎？"《诗·小雅·天保》"如日之升"箋云"日始出而就明。"漢武帝《悼李夫人赋》"函荾夜之不暘。"曹丕《感霖赋》"仰皇天而太息，悲白日之不暘。"暘与霩对转，霩训雨止雲罷则日月出矣，故与暘同

晉后出作"暹"

《日部》晉，進也。日出而万物進。从日从臸。易曰明出万物晉

《集韵》"暹，日光升也。"（此晉之后出俗体字。）晉亦升也。升与晉（進）同意。（按《释文》西作隮）凡日出色亦隮之而出，因而"隮"训登，《诗·鄘·蝃蝀》"朝隮于西，终朝其雨。"毛传训升。《周礼·春官·视祲》曰"九曰隮"。郑玄注"隮，虹也。"虹即日旁色。晉亦有赤色义。后出字作"縉"《糸部》"縉，帛赤色也。"赤雲亦谓之縉雲。隮训升训虹者，犹晉训進训縉也。

昫同煦

《日部》昫，日出温也。从日，句声。北地有

衍縣。

《火部》煦，~~火皃~~烝也。一曰赤皃。一曰溫潤也。从火，昫声。

《纂要》"日溫曰昫。"《玉篇》昫，煖也。唐王建诗曰，"新晴草色煖溫暾。"~~《淮南子》"昫嫗"《樂記》作"煦嫗"高誘《淮南子注》"溫暱也"。~~《樂記》"天地訢合，陰陽相得，煦嫗覆育万物。"《淮南子·原道训》"昫諭覆育"高注"昫諭，溫恤。"《地理志》作"煦衍縣"。是昫与煦同。

晏与"晛""䁙"同

《日部》"晏，天清也。从日，安声。""晛，日見也。从日，見声。""䁙，星无雲也。从日，燕声。"

楊雄《羽獵賦》"天清日晏"李引許慎《淮南子注》"晏，无雲之处也。"盖日出已后，天气清朗曰晏。《汉书·天文志》"日餔時天曐晏。"曐即晴字。如淳注《郊祀志》曰，"三辅谓日出清濟为晏"清濟即晴霽。又案《郊祀志》之"晏溫"《史记·封禪志》作"䁙𥇔"。是晏与䁙同。星无雲即晴无雲《说文》作"姓"。晛训日見亦晴字，《小雅·角弓》"見晛曰消。"毛传："晛，日气也。"

《释文》云，韩诗作曣，云曣，見日出也。”此三字音义同。

曅同熠。又同“炎”“焱”“燄”“炶”“煔”“爓”“爚”

《日部》曅，光也。（锴本作“曅”）从日，从𦾔。（锴本有声字）

《火部》熠，盛光也。从火，习声。诗曰熠熠宵行。”爓，火门也。从火，閻声。”爚，火飛也。从火，龠声。一曰藝也。”爗，盛也。从火曅声。诗曰爗爗震电。

《炎部》炎，火光上也。从重火。”燄，火行微燄燄也。从火，臽声。”炶，火行也。从炎，占声。”煔，火光也。从炎，占声。”

《焱部》焱，火華也。从三火。

《汉书·叙传》“世祖曅曅。”《吴都赋》“飾赤烏之韡曅。”《诗·豳风·东山》“熠燿宵行”传曰“熠燿，燐也。燐，螢火也。”又“倉庚于飞，熠燿其羽。”郑笺：“熠燿，鲜明貌。”古本毛诗作熠燿。《文选》张华《励志诗》“凉风振落，熠熠宵行。”注引毛传“熠熠，燐也。”爓训火门，段改为火爓。《文选·蜀都赋》“高爓飞煽于天垂。”李善引《说文》“爓，火燄也。”爚即火藥之字。燄《洛诰》“无若火始燄燄。”《广韵》“燄，火初著也。”炎《洪范》“火曰炎上。”焱训火戚免以上諸字古韵皆在添部，又亦相通。

昏同冥。又同晚。

《日部》昏，冥也。从日，氐省。一曰民声。

《冥部》冥，幽也。从日，从六，冂声。日数十六日而始虧幽也。

《日部》晚，莫也。从日，免声。

钱大昕说："昏从氐省。一曰民声。氐与民音义俱别。因唐諱民改为氐也。然則說文原是'昬'字（从日民声）。唐人以避諱减一筆（唐石經遇民字皆缺笔易为氏）。因誤为氐。"

案昏晚古先部字与冥对转。如以昏从民声晚从免声例之，則三字亦双声。

暫同儳

《日部》暫，不久也。从日，斬声。

《人部》儳，儳互，不齊也。从人，毚声。

暫引申为倉猝义。《穴部》"犬从穴中暫出也。"窣下云"从穴中卒出。"又《犬部》"默，犬暫逐人也。"暫即猝，故"猝"下云"犬从艸中暴出逐人也。"《史记·李将军列传》"暫騰胡兒馬"，"暫"亦猝然义。~~凡倉卒与不整齊文相通~~。《曲礼》"長者不及，毋儳言。"鄭注"儳犹暂也。"《论语·季氏》"侍于君子有三愆：言未及之而言谓之躁"儳言即躁言。说文无躁字，躁即讼字。《言部》"讼，读若毚"是儳讼同音之证。按《国语》"戎狄冒没轻儳"《汉书·叙传》"江都轻讼"皆讼儳同音之证"韦注《国语》儳进退上下无列也"此义与盦猝义同。《左传·僖二十三年》"儳岩未整陈"杜解："儳岩未整陈"皆谓不严整，故许君训不齐。

㬉同"煗""渜""熱""煖""洝"

《日部》㬉，安㬉，温也。从日，難声。

《水部》洝，渜水也。从水，安声。"渜，湯也。从水，耎声。"

《火部》煗，温也。从火，耎声。"煖，温也。从火，爰声。"熱，温也。从火，執声。"

㬉安叠韵连语。《巾部》⿰巾耎下云读若水温㬉。《广雅》"暍㬉，煗也。"安㬉""温㬉""暍㬉"皆叠韵连语。与"渜""煗""熱""煖"音义并同。

昪今作忭

《日部》昪，喜乐皃。从日，弁声。

案弁段隶变"六"恐与六混，故讹作"卞"又加忄旁作忭。实讹体也。

㬎同"皛""杲"又同"晓""皢""晧""暤""旭"又同"旳"

《日部》众微杪也。从日中视丝。古文以为显字。或曰众口皃。读若唫唫。或以为繭。繭者絮中往往有小繭也。"晓，明也。从日，尧声。""晧，日出皃。从日，告声。""暤，晧旰也。从日，皋声。""旭，日旦出皃。从日，九声。读若勖。一曰，明也。""旳，明也。从日，勺声。"

《白部》皛，显也。从三白。读若皎。"皢，日之白也。从白，尧声。"

《木部》杲，明也。从日在木上。

以上诸字皆有明义，音亦相近。惟清人钱坫據《礼记·玉藻篇》"言容繭繭。"注，"声气微也。"俞释显字曰，"此礼言容繭繭，字表容也。故读若唫唫，唫唫犹繭繭，皆谓声之微杪。许君会合古字古言而后人莫攻之。"今综合于列诸字，考其音读，推迹故训，未敢断然信之。

昔同借

《日部》昔，乾肉也。从残肉，日以晞之。与俎同意。𦣻 籀文从肉。

《肉部》腊，脯也。从肉，昔声

昔本乾肉《天官·腊人注》曰"腊之言夕也"肉以日晞经夕乃乾。《春官·大宗伯》"以脤膰之礼亲兄弟之国。"此用乾肉无疑。《天官·醢人注》曰，作醢及臡必先膊乾其肉。《说文》以菹䀋为同字，菹又别训酢菜。昔为久乾之肉，菹为久乾之菜。昔同腊，腊训脯亦久乾之肉，脯即乾肉。乾鱼亦名鱐《肉部》"鱐，乾鱼尾鱐鱐也。"脯即薄之屋上使乾也。是昔腊之字同音义。

案"昔"《尔雅·释木》作"皵"。是昔之后出字。《释木》曰"槐小叶曰榎。大而皵，楸。小而皵，榎。"樊光云，"大者老也。皵者皮麤也。谓楸老而皮麤，皵者为楸。小者少也。楸小而皮麤，皵者为榎。"《释文》"皵"今本作"皵"。或作"㱿""𣚍"。《玉篇》作"措"。

普即薄蚀字

《日部》普，日无色也。从日並（锴本作並声）

章太炎先生《小学答问》"天文志日月薄蚀"孟

威庚曰，日月无光曰薄。京房《易传》曰月赤黄曰薄。《河图地览好》亦云日月无光赤黄气曰薄。（薄正暂之借也。）薄借为暂，亦如暂为薄矣。《五行志》又引京房《易传》曰凡日食不以晦朔者名曰薄。《开元占经》亦引京房《易传》曰日月不交而食曰薄。按日食未有不交者。然晴无云时，或猝暗至不见人，古亦通称为食。非月食之也。其名曰薄。亦即暂字。京房言'阴气盛薄日光'。韦昭因训为迫，则因声皮傅之说也。

暱同"暬"。又同"迩"。同"媟"

《日部》暱，日近也。从日，匿声。春秋传曰私降暱燕。（按本足下有作字）

昵 暱或从尼。"暬，日狎习相慢也。从日執声。

《辵部》迩，近也。从辵，尔声。

《女部》媟，嬻也。从女，枼声

《考工记·弓人》"凡昵之类不能方"注云"故书昵作樴"，杜子春云樴读为不义不昵之昵。或为䵒。䵒，黏也。玄谓樴脂膏腜败之腜亦黏也。"按曰"日谓日日也。"《文选·谢惠连诗》"曖川阴昵爱。"是暱有亲爱义。《女部》"嫚，侮傷也。"侮傷即轻嫚。《诗·小雅》"曾我暬御"传："暬御，侍御也。"此谓日相狎习之人狎习必相慢嫚。经典皆以"褻"为之。（《衣部》"褻，私服也"，义异）媟与暬同。《方言》"媟，狎也。"《汉书·枚乘传》"以故得媟嫚贵幸。"媟嫚常累言用之。

昆同掍

《日部》昆，同也。从日，从比。（锴本"比声"）

《手部》掍，同也。从手，昆声。

二字音义同。

晐同垓

《日部》晐，兼晐也。从日，亥声。

《土部》垓，兼垓八极地也。国语曰天子居九垓之田。（段改说解为"兼晐"）

兼晐之晐《广雅》"晐，備也。"《吴语》"一介嫡女执箕帚以晐姓于王宫。"韦注："晐，備也。"与"垓"同。兼備八极之地谓之垓。又《郑语》王者居九晐之田，收经入以食兆民。"韦云"九晐，九州之极数也。"《楚语》天子之田九晐，以食兆民。"韦云九晐，九州之极数也。"晐与垓古书互用。

旛同播

《㫃部》旆，继旐之旗。沛然而垂也。从㫃，
宋声。旛，幅胡也。从㫃，番声（段依
《集韵》《类篇》补"谓旗幅之下垂者"）

《尔雅·释天》"继旐曰旆。"郭云"帛续旐末如燕尾者。"《公羊传·宣十二年》何休注云，"继旐如燕尾曰旆。"《释名·释兵》"旆，所以继旐末也"《诗经·小雅·六月》"白旆央央。"（正义本作"帛茷"）毛传"白旆，继旐者也。"按帛用绛。以沛训旆皆垂皃。又借茷为旆，如《左传·定四年》"倩茷"即蒨旆"。旛训幅胡。《释名》"旛，幡也。其皃幡幡然也。"顾炎武曰《说文》"胡，牛颔垂也。旛，幅胡也。《后汉书·舆服志》"圣人见鸟兽有冠角髯胡之制是也。"旛与旆双声，古韵亦对转。

施后出字作旎。

《㫃部》施，旗皃。从㫃，也声。齐栾施字子
旗，知施者旗也。

案旗皃旖施，旖施斜倾。《史记·贾生列传》庚子日施兮。《汉书》作"斜"。玉篇又有"旎"字即施之后出。

檦门旞

旚同𣄠

（锴本作"摇"）

《㫃部》"旚，旌旗旚繇也。从㫃，票声。𣄠，旌旗飞扬皃。从㫃，猋声。"

旚摇应作飘飖，汉霍去病为嫖姚校尉亦以此得称。"旚𣄠"音义同。《风部》飙，扶摇，即飘摇与飞扬同义。

游同𣄚

《㫃部》"游，旌旗之流也。从㫃，汓声。𨒪古文游。𣄚，旌旗之流也。从㫃，攸声。"

二字音义同。锴本游作"旌旗斿"《考工记》亦作斿。

族同镞

《㫃部》"族，矢锋也。束之族族也。从㫃从矢。"

《金部》"镞，利也。从金，族声。"

~~俞樾说"族者军中部族也。从㫃者所以指挥也。从矢者所以自卫也。《国语·楚语》在中军王族而已，韦昭注"属也"，既族同性也。"~~《释名·释兵》"矢……齐人谓之镞。镞族也。"《吕氏春秋注》"小曰镞，大曰矢。"族今簇字。凡经史诸镞字皆此字。

晶同晢

《晶部》晶，精光也。从三日。（晳字见前）
章太炎先生曰晶即星之古字。万物之精上为列星也。星与夝同。夝雨而夕除星见也。《诗经》亦以星为之。（《诗经·定之方中》"星言夙驾"，《韩诗说》，"星，晴也"）"晳与晶对转，晳亦日旁之光。星亦日旁故与之相通。

曑同辰

《晶部》曑，商星也。从晶㐱声。
段玉裁曰商当作晋，许氏记忆之误也。《左传》曰（昭元年）后帝迁阏伯于商丘主辰。商人是因，故辰为商星。迁实沈于大夏主曑，唐人是因，以服事夏商。及成王灭唐而封太叔，故曑为晋星。"黄季刚先生曰《左传》言迁实沈于大夏唐人是因。案当作唐星，商唐形近而误。"又曰"曑伍字当作三。'

月与外古同字

《月部》"月阙也。太阴之精。象形。（锴本有"十五稍故曰阙也"七字）
《夕部》远也。卜尚平旦也。今若夕卜於事外也。夘古文外。

章太炎先生曰寻夕下之说，甚迂。《門部》古文閒作閒。外即月字。《二部》古文亟作丞（小徐本作亟微異）外亦月字（亟下云古文恆从月）外即然則夕卜乃月之古文奇字。外即夕卜之变也。从夕象月半見也。卜象月弦，弦矢筆執迆曲，或作卜。外月並在泰部。又復同韻，古音去入不分去入，其為一字明矣。月所以訓遠者，日月對言。一，日黃道在內，月九道在外。故日声轉同內，~~訓近可知~~（以衵从日声，亦作衲从內声，知內日相轉）月則引申日之反也。二，月是訓遠對內訓近可知。計時則日近而月遠。故日有近义月遠义。其后又孳各獨体初文。內古从入（古文以入為內。）外則作兀。（長字說解訓兀為高遠，外訓遠則亦当作兀，猶跀亦作𧿹也）出入相對，出古与兀同声（如榾柮今作榾杌）。

朓同跳

《月部》朓，晦而見西方謂之朓。从月，兆声。

《足部》跳，蹶也。从足，兆声。一曰躍也。清孔广居《說文疑疑》朓之言跳也。肭（朒）言縮也。晦朔之交，乃月与日會之时，未至此時。未至此时，月在日前，即过此时，月在日后。故晦或有将出，而东方见月之時，朔或有入而西方见月之时。晦而月见西方谓之朓者，未朔而先見朔之象，故曰朓也。

囧同"櫎""向"

《囧部》囧窗牖丽廔闿明。象形。读若獷。贾侍中说，读与明同。

《木部》櫎，所以几器。从木，广声。一曰帷屏风之属。

《宀部》向，北出牖也。从宀，从口。诗曰塞向墐户。

章太炎先生囧有两读，则櫎一训帷屏风之属。《吴都赋》所谓櫳对櫎。《文字集略》所谓以帛明窗曰幌。正囧字之变易。而櫎適与所以几器者同形。亦复为向，与户牖相转。

朚即忙字

《朙部》朚，翌也。从明，亡声。

段曰朚训翌，未闻。"按《广雅·释诂一》朚，遽也。"《方言二》茫、矜、奄，遽也。吴揚曰茫（郭注："今北方通语也。莫光反。）。陳頻之向曰奄。秦晋或曰矜。或曰遽。"《说文、勿部》勿下云"故遽称勿勿"。勿勿犹勉勉，亦作"黾勉""孟勉"。案萌即孟勉之孟古字。俗字作"忙"。

夕同"夜""莫"

《夕部》"夕，莫也。从月半見。""夜，舍也。天下休舍也。从夕，亦省声。"

《茻部》莫，日且冥也。从日在茻中。

章太炎先生曰"夕变易为夜。案夕字説解曰夕昔排繹也。（案《酉下云"繹酒也"。繹之言昔也。昔久也。繹酒谓多日之酒。《郊特牲》"旧泽之酒"，郑注"泽读为醳。旧醳之酒，谓昔酒也。"）夜亦有此音及启文变易为莫。

梦同"瞢"。又同"懜""儚"

《夕部》梦，不明也。从夕，瞢省声。

《苜部》瞢，目不明也。从苜，从旬，旬，目数摇也。

《心部》懜，不明也。

《释训》"梦，乱也。"此引申之义，梦与瞢、懜为义同。

宓同惕

《夕部》夤，敬惕也。从夕，寅声。易曰夕惕若夤。𡖶 籀文夤。

《心部》惕，敬也。从心，易声。悐 或从狄。

《释诂》"寅，敬也。"《尚书·尧典》"寅宾出日""寅饯内日"（饯某氏本作餞）。《史记·五帝本纪》作"敬道出日"。《舜典》"夙夜惟寅"《史记》作敬。《无逸》"严恭寅畏"《史记》寅亦作敬。寅皆夤，皆作寅。夤与惕对转。

夙同"早"

《夕部》夙，早敬也。从丮，持事，虽夕不休，早敬者也。㐲 古文夙从人㐆。𠈇 亦古文夙。

夙与早古义同。

⿰多圣同恢

《多部》⿰多圣，大也。从多，圣声

《心部》恢，大也。从心，灰声。

钱坫说"⿰多圣，即《老子》天網恢字。

由同條

《马部》𢎘，木生條也。从马，由声。商书曰若颠木之有𢎘枿。古文言由枿。

《木部》條，小枝也。从木，攸声。

黄季刚先生曰，據说解，是由为𦎫之古文。言由声者，犹裹言求声之比。又雲作云，靁作畾，淵作𣶒，棲作西，皆其例。又曰，由与條同部，古條字由之与條，犹释柚为條。盖條者柚之变语，由训生，條字引申为胄（胤也）犹孳出於木，故由又训生。《春秋传》“岁在𨙳火，是以卒灭。今若柚木之津，犹得𦎫由。”《诗序》“万物之生各得其宜也。”由与胄同。

卤同“朵”。同“秀”。

《卤部》卤，艸木实垂卤卤然。象形。读若调。

《木部》朵，树木垂朵朵也。从木，此与采同意。

《尔雅·释艸》不荣而实谓之秀。（《说文》云上讳，故举《释艸》说之。）

卤以𣎵字说之，实声训也。卤隶为卣。《尔雅·释器》“彝、卣、罍，器也。”卣借为酉字，酉盛酒器也。《诗经·大雅·江汉》“秬鬯一卣”。《释文》“卣本作攸。”《周礼·鬯人》“庙用脩”注云“脩读为卣”。则卤有酉音也。卤又同秀（卤亦同朵）。秃即秀之异体，以俗透字是秀亦可读舌音，其为卤之后出无疑。

粟同⿰米翟

《卤部》粟，嘉穀实也。从卤，从米。孔子曰粟之言续也。𥻆，籀文粟。

《米部》⿰米翟，穀也。从米，翟声。

《诗经、大雅、生民》"茀厥丰草，种之黄茂。"《毛传》"黄，嘉谷也。"《郑笺》"后稷教民除治茂草，使种黍稷。"粟稷即小米。案社稷以黄色为主，社中央黄色，社之所出为稷。稷亦黄色。小米亦黄色。故毛传训黄为嘉谷。谷训"稷穹"则以形似小米。故粟糧皆指稷而出言（糴训市谷糶训出谷皆源于糧。）

福同副

《片部》福，判也。从片，畐声。

《刀部》副，判也。从刀，畐声。周礼曰副辜祭。疈籀文副。

《诗经、大雅》"不坼不副"《曲礼》"为天子削瓜者副之。"段曰副之则一物成二，因仍谓之副。凡分而合者皆谓之副。……郑仲师注《周礼》"贰，副也。"《贝部》贰下同之。《通俗文》"福，判破。"

毌即串字读若冠则即冠之古文。

《毌部》毌，穿物持之也。从一横贯，象宝货之形。"贯，钱贝之贯。从毌、贝。

《手部》擐，贯也。从手，瞏声。春秋传曰擐甲执兵。

~~章太炎先生曰~~,毌亦作"串""𢝊"《心部》患从心上贯吅"𢝊",亦古文患。"案串𢝊亦毌字,一为横贯,一为直毌,皆毌字也。直毌者有贯训钱贝之贯,即所钱串也。有"擐",今所谓顶箇毌甲。毌读冠,冠必有笄而横毌之,则即冠之古文。

牑之后出字作牌

《片部》牑,床版也。

案《玉篇》有"牌"字,即牑字之声转后出。

~~穑即啬。或同啬。~~

~~《禾部》穑,谷可收曰穑。从禾,啬声。~~

录 即刻镂字。亦記録字,亦即麻録字,有约束义。其本字当为角(从角有録音知之)其声义受于卜。

《录部》录,刻木录录也。象形。

录本象汲水辘轳之形,以麻録为本义(见《说文通论》)刻録、记録为引申义。《汉书·谷永传》"角无用之虚文"是以角为録之证。卜为刻龟,卜即剥字,剥从录声,则卜与录同音,卜其语源也。

稑同糕。《内则》糕作穛

《禾部》稑，疾孰也。从禾，坴声。诗曰黍稷穜稑。穋 稑或从翏

《米部》糕，早取穀也。从米，焦声。一曰小。《诗经·豳风·七月》"黍稷穜稑"今诗稑作"重"。传曰："先孰曰稑。"《释文》引作"后種先孰曰稑。"《周礼·大司徒》必辨十二壤之物，而知其種。"《内宰注》郑众曰，"先種后孰谓之穜，后種先孰谓之稑。"《礼记·内则》"稰穛"，郑玄注"生穫曰穛"，此即说文"糕"字

稗缺即稊字

《禾部》稗，禾别也。从禾，卑声。
《尔雅·释草》"稊英"。注云"稊似稗布地生秽草。"《释文》本亦作稊。
《玉篇》稊同稗，缺稊为稗之后出。

稹同稠

《禾部》"稹，穜穊也。从禾，真声。周礼曰稹理而坚。""稠，多也。从禾，周声。"《诗·小雅·鸨羽》"集于苞栩"传曰，"苞，稹。"郑笺曰稹者，相迫迮稠致也。"《考工记》稹理而坚"。注云"稹，致也"。致即今之緻字。《释诂》苞，稹也。孙炎注"物丛生曰苞，齐人曰稹。"转从周旁稹为稠训多。

穊同蔇。亦同薈。

《禾部》"穊，稠也。从禾，既声。"

《艸部》"薈，艸多皃。从艸，会声。诗曰薈兮蔚兮。"

"蔇，艸多皃。从艸，既声。"

稠与艸多义通。然穊指种曰稠密。《汉书·高五子传》"深耕穊种，立苗欲疏。"颜师古曰"穊，稠也。"《齐民要术》"小麦一升下子，则稀穊得所。"

穆同苗

《禾部》"禾也。从禾，㣎声。"

《艸部》"艸生于田者。从艸，从田。"

案《诗·大雅·文王》"穆穆文王"传曰"穆，美也。"当作"㣎"细文也。或作"䁧"美也。亦即今"妙"字。穆苗皆禾也。二字双声。

私同"穗""穟"

《禾部》"私，禾也。从禾，厶声。北道名禾主人曰私主人。""采，禾成秀也。人所以收。从爪禾。穗，采或从禾惠声。""穟，禾采之皃。从禾，遂声。诗曰禾颖穟穟。蓫，穟或从艸。"

《诗·黍离》"彼稷之穗。"《吕氏春秋·任地篇》"王能使穗大而坚均乎？"《大雅·生民》"禾役穟穟"《释

$20\times20=400$

曰“穟穟，苗好美也。”《释文》引作“禾役之皃。”

稷即畟之后出。稷又同䆉。

《夊部》畟，治稼畟畟进也。从田人，从夊。

诗曰畟畟良耜。

《禾部》稷，䆉也。五穀之长。从禾，畟声。

䅞 古文稷。“䆉，稷也。从禾齐声。粢，䆉或从次。”

清程瑶田谓稷为高粱非是。稷应是小米，北方谓秫为高粱。如高粱杆名“秫秸”，天津名高粱米为秫米粥。古文多保存于俗语。又《尔雅、~~释草~~》“粢稷”。《曲礼》“稷曰明粢”。

䄷为悬吊字

《禾部》䄷，禾危穗也。从禾，勺声。

钱坫说“今俗谓禾头下垂曰䄷头。《玉篇》以为‘悬物’。”段说“䄷同《方言》之〻。《方言》曰〻，悬也。赵魏之间曰〻。燕赵之郊，悬物於台上谓之〻。郭璞曰了〻悬物皃，丁小反。按玄应书及集韵所引《方言》皆如是。今本《方言》作‘佻’，后人所改。”朱骏声说“今北人谓门窗搭纽曰了〻。王延寿《王孙赋》‘〻瓜悬而瓠垂’音都了切。可证〻为䄷之俗字

20×20=400

䅂即《诗经·硕人》之揭字

《禾部》䅂，禾举出苗也。从禾，曷声。

钱坫说与揭字同。《诗》"葭菼揭揭。"

移同䔟

《禾部》移，禾相倚移也。从禾，多声。一曰禾名

《艸部》䔟，萎䔟。从艸，移声。

案倚移双声连语。《考工记》郑众注两引倚移从风。今《上林赋》作"旖旎从风。"今《说文》於《禾部》"倚移"，於艸曰"萎䔟"，於㫃曰"旖施"，於木曰"檹施"。《诗经》又作"猗傩"，义皆同。《毛传》"猗傩，柔顺也。"

秒同蔈

《禾部》秒，禾芒也。从禾，少声。

《艸部》蔈，苕之黄华也。一曰末也。从艸，票声。

禾芒曰秒犹木末曰杪，艸末曰蔈，皆双声义同。

穦同"𢫬""積"

《禾部》穦，積禾也。从禾，资声。诗曰穦之秩秩。"積，聚也。从禾，责声。"

《手部》𢫬，積也。诗曰，助我举𢫬。一曰搣頰旁

𢶒也。从手此声。

《周颂·良耜》"穫之秩秩，積之栗栗。"毛传"栗栗，众多也。"可見穫为積之異文。《诗经·小雅·車攻》"助我舉柴。"传曰："柴，積也。"笺曰："虽不中，必助中者举积禽也。"诗作柴许作𢶒，此次责古韵同部。一曰二字《广韵》及小徐本及《集韵》《类篇》皆有之，以与積义别。搣字媙可以休老見《莊子》。今《莊子》作"眥搣"。

稛同絜"捪""稭"。又同"萁"

《禾部》稛，絭束也。从禾，困声。"稭，禾稾去其皮，祭天以为席。从禾皆声。

《糸部》絜，麻一耑也。从糸，㓞声。

《手部》捪，絜也。从手，昏声。

《艸部》萁，豆茎也。

《左传》哀二年郑罕羽御赵罗，宋勇为右。杜解"麇，束缚也。"也"罗无勇，麇之。"言宋勇同蔺子之言，惧罹之不競，縛而伏之于車上也。又《八年传》"麇之以入。"杜云"麇亦训束缚。"此两麇字皆稛之借。《释名·释宫室》"囷，绻也。藏物缱绻束缚之也。"是稛与绻为声训。《方言》"稛，就也郭注"稛捆就皃也。稭絜皆縛束义。钱坫说"郊祀志"古稭封禅用席直稭。"应劭曰：稭，禾稾也，去其皮以为席。如淳曰：稭读如戛。禹贡三百里纳秸服，此字也。《礼器》"稾鞂之设"亦此字也。"按，鞂与秸同。

稈稾一字

《禾部》稈，禾茎也。从禾，旱声。春秋传曰：或投一秉稈。秆，稈或从干作。"稾，秆也。从禾，高声。

《左传·昭二十七年》"令尹使视郤氏，则有甲焉。不往。召鄢将师而告之。将师退，遂令攻郤氏，且爇之。子恶闻之（子恶郤宛），遂自杀也。国人弗爇。令曰：'不爇郤氏，与之同罪。'或取一编菅焉，或取一秉秆焉，国人投之，遂弗爇也。令尹炮之，尽灭郤氏之族党。"杜解："编菅，苫也。秉，把也。秆，稾也。"曹操《孙子注》："秆，禾稾也。"案稈稾皆喉双声文同。又说文引经有时合二句为一句，此即其例。

䅧同茢

《禾部》䅧，黍穰也。从禾，列声。~~"穰，黍梨已治者。从禾，襄声~~。

《艸部》茢，芀也。从艸，列声。

《左传·襄公二十九年》"使巫以桃茢先祓殡"。

杜解，"茢，黍穰。"《礼记·檀弓》以巫祝桃茢执戈。"郑注"茢，萑苕。"按茢与䅻同字，二物皆可为彗。《诗经·大雅·生民》"禾役穟穟"。毛传"役，列也。"列即䅻字之借。穰与䅻通。钱坫说"以黍穰为帚，即桃茢。故云已治者。"~~䅻与穰皆谓已治者去其皮去其穗以下其粒以为帚。~~

穰同䄻

《禾部》穰，黍䅻已治者。从禾，襄声。"䄻，禾若䄻穰也。

䄻下说解曰"禾若"。若即箬字。《竹部》"箬，楚谓竹皮曰箬"。禾皮亦曰箬。禾若即禾皮之外茎。穰与䄻同物。穰谓去其穗脱其粒，䄻谓去其皮。

稔同"年""秋"

《禾部》稔，谷熟也。从禾，念声。春秋传曰鲜不五稔。

《禾部》年，谷熟也。从禾，千声。春秋传曰大有年。

《禾部》秋，禾谷熟也。从禾，𪚰省声。龝籀文不省。

《后汉书》乌丸国其地宜稔"是稔为谷名。《广雅》

稔，年也。"《字林》"稔，禾熟曰稔。"《左传·僖二年》"不可以五稔。"杜解，稔，熟也。"《襄二十七年》所谓不及五稔者，夫子之谓矣。"杜注"稔，年也。"古代以食为主，故以穀熟计年。《穀梁宣十六年传》五穀皆熟为有年。五穀皆大熟为大有年。"案《三体石经》古文年作"秊"正象禾生于土上茂盛之状。《尔雅·释天》秋曰收成。《尚书·盘庚》"若农服田力穑，乃亦有秋。"

䆃，䆃择之䆃当作"撢"

《禾部》䆃，禾也。从禾，道声。司马相如曰䆃，一茎六穗也。

《手部》撢，探也。从手，覃声。

《史记·司马相如传》"䆃，一茎六穗。"《索隐》引郑康成云"䆃择也。"段玉裁说"䆃，䆃米也。各本删䆃字，改米为禾。䆃，择也。择米曰䆃米。汉人语如此。雅俗共知者，《汉书·百官表》《后书·殇帝、和帝纪》皆有䆃官。注云"䆃官主择米"。今案䆃择之䆃当作"撢"，《说文》禫服作导服。並"棪""突""西"皆曰读若三年导服之导。此可证撢䆃同音，探米即择米也。

20×20=400

穌即樵苏字

《禾部》穌，把取禾若也。从禾，魚声。

禾若即秧下说解之禾若（正作箬）。《离骚》蘇粪壤以充帏。注云，"蘇，取也。"樵蘇亦言取。

稍同"𧼛"

《禾部》稍出物有渐也。从禾，肖声。

《走部》𧼛，进也。从走，斩声。

段曰，"渐"依许当作"𧼛"。稍（萧部）𧼛（寒部）古韵对转。

~~䊵同穛。䊵《内则》䊵作"穛"。~~

~~《米部》䊵，早取穀也。从米，焦声。一曰小。~~

~~《米部》糈，急就也~~

~~钱此说~~《内则》"稰穛"郑注"熟获曰稰，生获曰穛。"

粲同精

《米部》粲，稻重一䄷为粟二十斗，为米十斗曰毇。为米六斗太半斗曰粲。"精，择也。从米，青声。"

米十斗舂之为六斗大半斗，精无过此者矣。汉法有"鬼薪白粲"，白粲谓舂也。粲米最白，故为鲜白之称。《穀梁传》有"粲粲然皆笑"。笑必露齿，是粲絜，形容齿之鲜白。精亦有白义。《庄子·人间世》"鼓筴播精"。司马彪注"简米曰精。"俗作"粳"。凡择其最好者曰"精""粳"

𥻨俗字作"麯"

《米部》𥻨，酒母也。从米，𥷛省声。𥻨或从麦，鞠省声。

《释名》麯，朽也。郁之使生衣朽败也。《列子·杨朱》"积麯成封。"

糈《内则》作"稰"。后出作"酥"

《米部》糈，糧也。从米，胥声。糈即今[illegible]字

案糈由"稰""湑"来。《手部》揟，取水沮也。沮即今之渣字。《集韵》~~窦苹《酒谱》天竺国谓酒曰酥。盖庚辭以~~"粹，浮也。亦作揎。"取水渣者用水泥之，如酿酒之法。所谓此义也。漉。~~译。非粹典所出。"又酴酥为酒名。糈酥古同音。~~《水部》湑，莤酒也。《小雅·伐木》毛传曰"以筐曰釃，以薮曰湑。"薮即莤也。用湑揟之法择米，故糈为精米。

黄季刚先生曰《说文·水部》湑，莤酒也。息吕切。《广韵》又相居切。《手部》揟，取水沮也。相居切。案由此变而作酥（酥，酥酪也）。素姑切。案作酥者，取乳煎之，使汁尽而酥成，故取义于湑、揟。今南人固不嗜湩酪，然犹以米麦为饼饵，多纳脂膏，成而如酥者，亦皆谓之酥。

釋同"淅""溲"

《米部》釋，潰（锴本作"渍"）米也。从米

睪声。

《水部》淅，汰米也。从水，析声。""浚，浸沃也。从水，叜声。

《诗经·大雅·生民》"粹之溲溲"传曰"粹，淅米也。"釋误为粹。按曰"渍米，淅米也。渍者初湛诸水，淅则淘汰。"又曰"凡釋米、淅米、渍米、汰米、洮米、𣻋米、淘米、洮米、漉米異称而同事。淅箕谓之籅。"~~又曰~~浸沃用水汰之。《士虞礼》"明齐溲酒。"注云"明齐，新水也。言以新水溲酿此酒也。"今人言溲麪。

粉同䊑
~~[illegible]同饵~~

《米部》粉，傅面者也。从米，分声。""䊑，粉也。从米，卷声。

钱坫说"繫传以䊑为粉之重文。此粉䊑字，读如搏。*"《玉篇》"䊑，搏也。"

竊同"篡""最""敓"

《米部》竊，盗自中出曰竊。从穴，从米，禼廿皆声。廿古文疾，禼古文偰。

《厶部》逆而夺取者篡。从厶，算声。

《冃部》最，犯而取也。从冃从取。

《攴部》敓，彊取也。周书曰：敓攘矯虔。从攴兑声。

“竊”“篡”“最”“敓”四字音义相通，而本质各异。竊是小偷，而最敓之争夺而得其对物。最则犯而取之或即杀人抢劫。惟篡以篡位之篡不仅杀其人并绝灭其后嗣。故从厶。厶本阴器之名。《左传·襄十五年》“师慧过宋朝，将私焉。”杜解：“私，小便。”北京语亦谓小便。读雖之阳平声。谈男女之阴器亦可称私。私即厶字。阴器称厶亦谓之篡。《素问·骨空论》“督脉者，女子入系廷孔，其络循阴器合篡间，绕篡后。男子循茎下至篡，与女子等。”王冰注曰：“所谓间者，谓前阴后阴之两间也。”此厶篡同言之证也。阴器又称势亦与厶篡为声转对转也。其赤子阴者《老子》谓之“全”。别本亦或作“朘”。朘亦篡之谷，犹篡馔与馂通借。（此据章太炎先生说）。

⿱殺米俗作“糤”

《米部》⿱殺米，悉⿱殺米，散之也。

《集韵》谓⿱殺米撒同。其说谛甚。俗字有“糤”字。见《玉篇》

糳后出作皭

《毇部》糳，糲米一斛舂为九斗曰糳。从毇丵声。

《左传·桓二年》"粢食不鑿。"杜解："不精鑿。"《诗经·大雅·生民》郑笺曰"米之率，糲十，粺九，鑿九，八侍御。"（吕览笺同）皆当作"糳"。《一切经音义》引《三苍》"糳，精米也"。后出字有"皭"字见《集韵》

臼同凶

《臼部》臼，舂也。掘地为臼，其后穿木石象形。中、米也。

《凶部》凶，恶也。象地穿交陷其中也。

《易·繫辞》"古者断木为杵，掘地为臼。"《易》"入坎窞凶。"

舀同"勺""挹""酌""斟"

《臼部》舀，抒臼也。从爪臼。诗曰或簸或舀。抭舀或从手从宂。𦥷舀或从臼从宂

《手部》挹，抒也。从手，邑声。

《勹部》勺，挹取也。象形。中有实。与包同意。

《酉部》酌：盛酒行觞也。从酉，勺声。
《斗部》斟，勺也。从斗，甚声。

案：勺有两音，一读ɕau，一读uai。犹天可读迂支例。此种音与尾音互易。今《诗经·生民》作"揄"。《生民》释文揄音由。《玉篇》臼（舀）：弋周、羊珠二切，抒臼也。亦作揄。是舀古亦有二读。黄季刚先生曰《周礼·考工记》"梓人为饮器，勺一升。"《礼记·中庸》"一勺水之多"。是勺为酒器而又小。故玄应《一切经音义》引《说文》"勺，料也。字又作杓。"《汉书·息夫躬传》"抒行于杯杓。"《广韵》入声，杓，杯杓。市若切。然又音甫遥切，又音摽合切则勺宜有唇音（从勺声者有"豹""犳"皆读唇音）吾乡谓酒杯圆而小者曰勺。音匹皂切。或曰此即《周礼·鬯人》"瓢齐"《论语》"一瓢饮"之"瓢"，然不如"勺"之塙。抱与舀亦对转同义。斟酌亦对转同义。

臽同"窞""陷"

《臼部》臽，小阱也。从人在臼上（锴本有"舂地坎可臽人"六字）

《穴部》窞，坎中小坎也。从穴，从臽，臽亦声。易曰：入于坎窞。一曰旁入也。

《阜部》陷，高下也。一曰陊也。

具体事物之凹状者在象形文字里可以一字表达如人体之口亦可用为山谷流水之口如谷“谷”皆用人口标志其形。《凵部》凵训张口也，土地之坎臽者亦作“凵”。臼下云“古者掘地为臼。中米也。”此以凵为地挖坑，正象张口中空之状。《凶部》凶恶也。象地穿交陷其中。”此亦用张口之凵为地陷之形。故“凶”“臽”“陷”三字语皆出于凵而音义毕同。

20×20=400

第七卷下

朩同"林""麻"

《朩部》朩，分枲茎皮也。从屮，八象枲之皮茎也。读若髕。

《林部》林，葩之总名也。林之言微也。微纤为功。象形。

《麻部》麻，枲也。从林，从广。林，人所治，在屋下。

朩谓朩闲声亦同擘。《孟子》"妻辟纑"赵岐注，"缉绩其麻曰辟"。朩读髕，古韵在先部，次对转从别同"林"。林应训葩。《艸部》"葩，枲实也。麻蕡，葩或从麻贲。"此为麻之茎实通名。与葩字同。《淮南子·说林训》"麻蕡不类布而可以为布。"《说山训》"见麻蕡而求成布。"《玉篇》"林与麻同。"《说文》言林之为言微也。"《春秋说提辭》亦言"麻之言微也"《王命论》言"幺䯢麻"《说文》䯢麻，本痳病，则非幺䯢字，故郑氏以䯢麻为麽云，"小也"。《通俗文》"细小曰麽。按说文无此字，盖当作"麻"依微为义。

䊵同褧

《林部》䊵，枲属。从林，荧省（锴本有声字）

詩曰衣（锦）檾衣。

《衣部》褧，檾也。詩曰衣錦褧衣。示反古。从衣，耿声。

褧下曰"示反古"，段曰："此许释诗也。毛传曰衣錦。錦文衣也。夫人德盛而尊，嫁则錦衣加褧襜。《中庸》衣錦尚絅，恶其文之著也。郑以中庸笺诗，许云示反古。意亦略同。古者麻丝之作，盖先麻而后丝，故衣錦尚褧归真反樸之意。"

錢坫説"今詩作'褧'，列女传作'絅'，《中庸》衣錦尚絅同。又《书·大傳》作'尚蘏'。又掌葛'蘏'，仍《士昏礼》'被潁'，皆檾之别也。"

𪎭同菆

《麻部》𪎭，麻藍也。从麻，取声。

《艸部》菆，麻蒸也。从艸，取声。一曰蓐也。（详见《艸部》菆下）

䨢同隮

《非部》䨢，陛也。从非，次𠂤皆声。齏䨢或从齐。"隮，齏也。从非，隊声。"

段玉裁曰"《周礼·醢人》王举则共醢六十瓮，以五齐、七醢、七菹、三臡实之。注，"齐当为齏。

凡醯醬所和，细切为齏，全物若牒为菹。《艸部》曰菹，酢菜也。酢菜之细切者曰齏。"王念孙说，"䪡者细碎之名。《庄子》言'䪡粉'是也。"《通俗文》曰"淹韮曰䪢，淹韭曰䪡。"故䪢䪡同韵，皆由淹得名，凡淹菜必取久乾之菜，细碎切之，然后淹之为醬。

韱即韭也

《韭部》韱，山韭也。

《韭部》韭，菜名。一种而久者故谓之韭。象形。在一之上，一，地也。此与耑同意。

案《戈部》"𢦏古文读若咸"则𢦏可读喉音，则与韭双声。此即韭之变。

瓢同匏。

《瓠部》瓢，蠡也。从瓠省，票声。

《包部》匏，瓠也。从包，从夸声。包取其包藏物也。

《诗经·公刘》"酌之用匏"笺云，酌酒用匏为爵，言忠敬也。瓢匏同音，由勺来。

瓞即瓝字

《瓜部》瓞，瓝也。从瓜，失声。𤓰或从弗。

《诗经、大雅、緜》"緜緜瓜瓞。"传曰"瓜瓞，绍也。瓞瓝也。"此言瓜之近本继先岁之实而小，故亦谓之瓞。瓜绍不云瓞，以瓝之名之，故曰瓜瓞。又引尔雅瓞瓝说其本义也。钱坫说，"瓝即瓞字"。

瓞瓝即瘐死字

《瓜部》瓞，本不胜末，微弱也。从二瓜

段曰"本者蔓也。末者瓜也。"钱坫说"此读若瘐死狱中之瘐。故《仓颉篇》云劳病也。义与史同。"

宀同"臱""𥦗"又同西"宀"

《宀部》宀，交覆深屋也。象形。"𥦗，𥦗𥦗不见也。一曰不见人(依段改)

《自部》臱，宀宀不见也。阙。(西字详见臱下)

段曰，"古者屋四注，东西与南北皆交覆也。有堂有室是为深屋。《自部》臱下曰宀宀不见也，是则宀宀谓深也。"

室同实

《宀部》"室，实也。从宀从至。至所止也。(锴本作至声)

"實，富也。从宀，从贯，贯货贝也。"

《释名》"室，实也。人物实满其中也。"《春秋、

20×20=400

宣十六年》"成周宣榭火。"杜注引《尔雅》"无室曰榭。"正义曰"歇前者无壁也。"是室必有前壁。尔雅又曰"有室曰寝"。是室四面皆有壁可以息止也。

宛同奥

《宀部》"宛，屈艸自覆也。从宀，夗声。惌，宛或从心。""奥，宛也。室之西南隅。从宀，𢍃声。"

章太炎先生谓树果为园，居人之屋室称"宛"有"奥"。至为显易。屈艸自覆如今之被窝，古睡眠时以艸自覆，今则以被自覆。引申为宛曲，宛转。《周礼》有"琬圭"，亦宛曲之义。宛奥双声。《释名》室中之西南隅曰奥，不见户明所在秘奥也。《释宫》"西南隅谓之奥。"《论语》"与其媚於奥"皇疏曰"奥，室中西南角，室向东南开户，西南安牖，牖内隐奥无事，恒尊者所居之处也。"案室极暗惟牖与向通光。故有奥妙之训。

寷同龐

《宀部》寷，大屋也。从宀豐声。易曰寷其屋。

《广部》龐，高屋也。从广龍声。

案易豐卦字。易曰"豐，大也"。《广雅》"寷，大也。"龐训高屋，大与高同义。引申为凡高大之称。

《诗经·小雅·四牡》曰"四牡庞庞"传曰"庞庞充实也。"《释文》庞，鹿同反。徐"扶公反"扶公切与逢音同读。

~~寏同垣，又同韓。~~

寧同吉。亦同定。定又同"寍"。

《宀部》"寍，安也。从宀，心在皿上。人之饮食器，所以安人。""定，安也。从宀从正。"

《丂部》"寧，愿词也。从丂，寍声。"

寍为安寧正字。今经典统用寧字。《释诂》"安，定也。《诗小雅·采薇》"岂敢定居"郑笺"定，止也。"

康，康㝗即高廊字

《宀部》"康，屋康㝗也。从宀，康声""㝗，康㝗也。从宀，良声"

《方言十三》康，空也。郭注"康㝗，空貌。司马相如《长门赋》"施瑰木之欂栌兮，委参差以槺㝗。"

案康㝗即今高敞的廊子。

宬即盛受字

《宀部》宬，屋所容受也。从宀，成声。

《风俗通》曰"城之为言宬也。宬，受也。"《左传》

·昭三年》景公欲更晏子之宅。辭曰，君之先臣容焉。"《宀部》"容，盛也。"或曰盛当作宬。

安同"晏""宴""侒"。又同"宜"。

《宀部》"安，静也。从女在宀下"。"宴，安也。

从宀，晏声。""宜，所安也。从宀之下一之上，多省声。𡧯古文宜，宐亦古文宜"

《女部》晏，安也。从女，从日。詩曰以晏

父母

《人部》侒，宴也。从人，安声。

《左传·僖二十四年》"宴安酖毒"《尚书》"文思安安"《考靈曜》作宴宴。《左传》安孺子《汉书·古今人表》作宴孺子。是安宴皆指娱乐，与"晏""侒"同。宜应从肉指饮食与安对转。

窫同㥦

《宀部》窫，静也。从宀，契声。

《心部》㥦，静也。从心，疾声。

《玉篇》引《倉頡篇》曰"窫，安也。"《广韵》窫，安也，静也。㥦或作"[女㥦]"见《后汉书》。《洞箫赋》"清静厌㥦"《神女赋》"澹清静其情㥦"李善引韩诗曰"㥦，悦也。"引《蒼頡篇》"㥦，密也"引曹大家《列女传注》"㥦，深邃也。"㥦与窫音通

20×20=400

甲之与分也。

宋同[口叔]

《宀部》宋，無人声也。从宀，尗声。[言宋]，或从言

《口部》[口叔]，嘆也。从口，叔声。

《方言》作"寂"此宋之俗体。卷十曰寂，安静也。江湘九嶷之郊谓之寂。《西征赋》"諒惠声之寂寞。"李善引《韩诗章句》"無声之皃也。"或作"寂歷"。江淹《杂体诗》"寂歷百草晦。"注"凋疏皃。"

寴同"至""親"。

《宀部》寴，至也。从宀，親声。

《至部》至，鸟飞从高下至地也。从一，一犹地也。象形。不上去而至下来也。𦤳古文至。

《见部》親，至也。从見，亲声。

段曰至者親密無间之意。《見部》親，亦至也。"然则寴与親音义皆同。《广韵》"寴古文親也。"章太炎先生曰"至下云不上去而至下来，不引申为乖背之义，至引申为親密之义。故对转真为親为寴。皆至也。(按親戚之戚，本[口叔]之借。親，至也。[口叔]亦至也。[口叔]本萧韵，或称周親，周亦至

也。）親从亲声，与榛同音，即亦与臻同音。親亦孳乳为櫬，棺也。谓親身棺。为跣，至親也也。此犹言棺至身足至地也。《记·文王世子》郑玄注曰：親犹自也。《墨经》曰："知、闻、說，親。"說曰："身觀焉，親也。"对转至又孳乳为悉，详尽也。古文作'悉'。从囟所谓身观也。"

又至与周亦相转。至周皆有密义。至后出作"緻"，周后出有"稠"，《说文》周训密，《诗传》周训至，犹今言"周到"与親稠同韵者有"蓁"。《诗经·周南·桃夭》"桃之夭夭，其叶蓁蓁"。毛传："蓁蓁，至盛皃"。蓁字说文但训盛皃，诗传必言至盛者，以其音同臻，声义得之于至也。此毛公故训之精（本章太炎评语）。蓁又同榛。《木部》"榛，榛概也。"《诗笺》榛者根迫迮稠致（緻）也。此可证親至周皆有密义。親密、緻密、稠密义皆会通。

完同俒

《宀部》完，全也。从宀，元声。古文以为寬字。

《人部》俒，完也。逸周书曰朕实不明以俒伯父。从人，从完。

《国策》"不如伐蜀之完也。"《史记》蔡泽列传》"子胥智而不能完吴。"王粲《七哀诗》"未知身死处，何能两相完。"《左传·襄卅一年》"缮完葺墙"此完应引申训坚。文"俒"下引逸周书语。段曰"俒当为慁之借字。经史亦作"慁"《礼记·儒行》"不慁君王"郑注"慁，辱也"。注，慁犹辱也。"

宲同"府""寳"

《宀部》宲，藏也。从宀，呆声。呆古文保。周书曰陳宲赤刀。"寳，珍也。从宀，从玉从貝，缶声。

《广部》府，文书藏也。从广，付声。

宲下引周书文见《顾命篇》彼作"寳"。寳训珍，寳之曰宲。《礼器》曰"家不寳龟，不藏圭。"应作宲，实与寳同。《周礼·天府》凡国之玉镇大寳器藏焉。若有大祭大丧，则出而陈之。"府为藏文书处。《周礼注》"府治藏，史掌书"。又《太宰》"以八法治官府。"注云，百官所居曰府。"

宭同羣

《宀部》宭，羣居也。从宀，君声

《羊部》羣，辈也。从羊，君声。

钱大昕说："君即《礼记·曲礼》"群居五人之群"。"群训辈，辈为朋群之群，三义皆通。

宰或同"司"。

《宀部》宰，罪人在屋下执事者。从宀，从辛，辛，罪也。

《司部》臣司事于外者。从反后。

在奴隶社会内，有从事于奴隶主家务劳动者，有从事奴隶主田牧劳动者。在家务劳动中最主要的是"宰"，在田牧工业劳动者叫"力"。所以《礼记·曲礼》曰："问大夫之富。曰，有宰食力。"就是问管家事的有多少，从事田牧的有多少。《韩非子·说难》说"伊尹为宰"，接着说"伊尹役身以进，如此其污也"。家务劳动最重要的厨子，《三体石经》春秋古文宰字作"[illegible]"从门，从丵，从肉。从宀者屋下劳动，从丵者僕之省文，从肉者宰本膳夫，以肉为主。《鲁连子》说："伊尹负鼎、佩刀以干汤。"是伊尹本是给汤作饭的奴隶。《左传·宣十二年》楚克郑都。言"郑伯肉袒牵羊以逆"。也是说郑伯表示愿作楚王的厨子——给楚王作饭的奴隶。注云"使臣妾之"。这就是字的本义。后来字的职权升到奴隶主的管家。司则掌田牧的奴隶，《诗经·郑风》"邦之司直"传"司，主也"。在田牧奴隶中的主事者，或说司就是《诗》所谓的"田畯"。考《见部》"覗（见微），伺也"。"覗，司人也。"《人部》"伏，（伏即遈伺字）司也。""候，伺望也。"《页部》"䫘，司人也。"《犬部》"[illegible]，司也。"《豸部》"欲有所司杀。"皆今之伺字。《周礼·媒氏（师氏）》"禁杀戮之。"注"司犹察也。"所谓臣司事于外，就是监督田牧奴隶，有生杀之权。臣本训奴隶，奴隶头有监工的，这就是后来的"有司"。

寝同宿　貌寝字正当作"黪"。

《宀部》"寑，卧也。从宀，𠬶声。𡪢，籀文省。""宿，止也。从宀，佰声。佰，古文夙。"《周礼·遗人》"三十里有宿。宿有路室。"案宿寝对转同义。

又《黑部》"黪，浅青黑色也。从黑，参声。"《通俗文》曰"暗色曰黪。"《玉篇》"今谓物将败时颜色黪也。"《广韵》"黪七感切。"此即貌寝之寝，指颜色言。与寝同音。寝七荏切，古音去声应读七感切。

[宀吾]同寤

《宀部》[宀吾]，寤也。从宀，吾声。

《寎部》寤，寐觉而有信曰寤。从寎省；吾声。一曰昼见而夜寤也。𢉩，籀文寤。案信当作"言"。《仓颉篇》作"寐觉而有言曰寤"。《左传》鲁季寤字子言。（定公八年）《淮南子》"欲一言而寤。"或说寤即苏醒字之正字。音与鱼言同。

客同寄

《宀部》客，寄也。从宀，各声。寄，托也。从宀，奇声。

《周礼·大行人》"掌大宾之礼及大客之礼。"宾客义同而尊卑异，故宾训所敬也。客训寄。《司仪》云"诸公诸侯诸伯诸子诸男相为宾，诸公之臣·侯伯子男之臣相客"。《左传·僖二十四年》"宋，先代之后也。於周为客。"故客有寄义。《言部》"托，寄也"《人部》侂，寄也。引申为嘱托。《史记·酷吏列传》"请寄无所听。"注云"请寄，嘱托也。"《汉书·鲍宣传》"请寄为奸"。颜注，请寄谓以事私相托。

寫俗作瀉

《宀部》寫，置物也。从宀，舄声。

段曰謂去此注彼也。曲礼曰器之溉者不寫，其餘皆寫。”注云，傳己器中乃食之也。《小雅》曰我心寫兮”傳云，輸寫其心也。按凡傾吐曰寫，故作字作尽皆曰寫。俗作瀉，者，寫之俗字也。”

究同窮。又同九”“究”“竆”“𨗨”

《宀部》究，貧病也。詩曰煢煢在究。”竆，窮也。从宀，𥨪声。

《穴部》竆，極也。从穴，躳声。”究，窮也。从穴九声。”

《九部》九，陽之变也。象其屈曲究尽之形。

《走部》𨗨，窮也。从走，匊声。

按毛本《閔予小子》“嬛嬛在疚。”又《大雅·召旻》“维昔之富不如時，维今之疚不如茲。”《釋文》本作究。故究训貧病即貧之病也。竆又训極尽故九训尽。以上諸字皆双声，亦皆会通。

宕同度

《宀部》宕，过也。一曰，洞屋。从宀，碭省声。汝南項有宕鄉。

《又部》度，法制也。从又，庶省声。

今接听事之旁，别开小屋，通出往来谓之過道。齊魯間語謂之"达宕"。宕言洞也，达也，道也。越下云越，度也。過下云过，度也。"是度有通达道义。此引申之义，与宕度模唐对转。

宙同棟

《宀部》宙，舟輿所極，覆也。从宀，由声。

《木部》棟，極也。从木，東声。

《淮南子·覽冥训》"凤凰之翔至德也，燕雀佼之，以为不能与之争於宇宙之间。"高诱注曰："宇，屋檐也；宙，棟也。"宙本谓屋上之棟，棟与宙对转。

吕同"𠦬""脊"，

《吕部》吕，脊肉也。象形。昔太嶽为禹心吕之臣，故封为吕侯。膂，篆文吕。从肉从旅。

《𠦬部》"𠦬，背吕也。象脅肋也。""脊，背吕也。从𠦬从肉。

"𠦬""脊"同字。脊能負重，故吕训脊骨。吕本象脊骨形，故膂力。莒从吕声。章太炎先生曰："吕古音當如莒，与𠦬鱼支为旁转。"又曰"吕读如旅，引申为屋梁，梠梁皆以脊以吕，故地有吕梁矣。读吕古音取刚勝任义，则为膂力。此旅挂也。

丝，诗作旅。（《诗经·北方》曰旅力方刚”）

躳同“己”“跽”“匔”

《吕部》躳，身也。从身，从吕。躬，俗躳或从弓身。

《己部》己，中宫也。象万物辟藏诎形也。

己承戊，象人腹。𠀀 古文己。

《足部》跽，长跪也。从足，忌声。

《勹部》匔，曲脊也。从勹，鞠省声。

章太炎先生曰“凡辟诎有二：曲胻则为‘跽’，曲身则为‘匔’。己之同音有跽，孳转出有匔。匔对转冬为躳。跽匔躳己是以摄之，己形象脊曲，两膝隐前，股歫于后。古文作𠀀者书势有变尔。自称曰己，与称躳同”（文始八）案《论语·乡党》鞠（匔）躳如也。”则以鞠为连语。

穴同穵 后出作窟（见《尔雅》）

《穴部》穴，土室也。从宀，八声。”“穵，空，大也。从穴，乙声。

《广韵》“穴，窟也。”《周易》上古穴居而野处，后世圣人易之以宫室。”《诗大雅·緜》陶復陶穴。”传曰，“陶其壤而穴之。”笺云，“陶复于土上，凿地曰穴，皆如陶然。本其在豳时也。”《礼记·礼运》古未有宫室，冬居营窟。”《玉篇》"窅，深也。窔也。"《广雅》"窅，深也。"《广韵》"字窅为穴。"

窨同"窌""窖"。

《穴部》"窨，地室也。从穴，音声。""窌，窖也。从穴，卯声。""窖，地藏也。从穴，告声。"《汉书·苏武传注》"窨室，窖室也。"今俗称"地窨"。段曰，《考工记·匠人》注曰，穿地为窌。《吕览》穿窦窌。《月令》《淮南》皆作窖。"《通俗文》藏谷麦曰窖。《淮南子》高注"窦以通水，窖以盛谷"。窖窌同韵与窨对转。

𥦗同"囱""窻""窗""櫳""櫺""寮"

《穴部》"𥦗，深也。一曰竈突。从穴、从火，从求省（锴本作"求省声"下有"读若三年导服之导"六字）。""寮，穿也。从穴，尞声。论语有公伯寮。""窻，通孔也。从穴，悤声。"

《囱部》"囱，在墙曰牖，在屋曰囱。象形。窗，或从穴。㘛 古文

《木部》"櫳，房室之疏也。从木，龍声。""櫺，楯间子也。从木，霝声。"

《门部》阘，楼上户也。从门，㒸声。

段曰，此以今字释古字也。罙深古今字。𥥍隶变作罙。深下但言水名，故知古深浅字作𥥍"又举上证以明其说。按段说不够全面。𥥍应以窗突为本义，囱有深训。《韩非子·喻老》"突隙之烟"班固《宾戏》"墨突不黔"。《广韵》"囱，窗突也。"《集韵》"灶突谓之突"突即罙字。窗突与"囱"等转声亦相通。《广雅·释宫》"𥨪谓之灶，其窗谓之堗。"堗窗突今皆云烟囱。囱突转而为"阘"训楼上户，户牖窗同类，今俗名窗户。窗在东韵，又变易为"栊"训房室之疏。又双声则为"棂"棂栊本双声连语。与栊双声对转者又有"窻"训穿，又凡通孔谓之囱，深谓之囱，烟囱则更深之深入之深者之谓之囱。

穿同𥨐

《穴部》穿，通也。从牙在穴中。"𥨐，穿也。一曰小鼠。（锴本有声字）从穴䖈声。"穿本同"川"《川部》"贯穿通流水也。"穿通同义。段曰《周礼》《小宗伯》《冢人》皆曰"甫𥨐"。注云，甫，始也。郑大夫读𥨐为穿。杜子春读竁为穿毳。皆谓葬穿圹也。南阳名穿地为竁声如腐脆之脆。按此注读竁为穿者易其字也；读竁如毳，拟其音也。下文郑申子春之说，以南阳语证子春说之不误。"案穿与竁音亦双声对转，亦非易字。

竀即侦字

《穴部》竀，正视也。从穴中正见也。正亦声。

钱坫说"此侦字"。或借为䞓。《考工记》再入谓之竀。《左传》如鱼竀尾（哀公十七年）。

䆕同宎

《穴部》"䆕，深穿也。从穴，从抉。"宎，穿也。从穴，决省声。（段注本作夬声）

《䀠部》䀩，卑实也。从䀠，决省声。"与"宎"亦同。《广雅·释诂》"宎，空也。"或以决为之。《后汉书·耿恭传》夜后穿决"《玉篇》䆕，穴也。"二字同声义。

竇同"瀆""隫""溝"

《穴部》竇，空也。从穴，瀆省声。

《水部》瀆，溝也。从水賣声。一曰邑中溝。"

“溝，水瀆。广四尺，深四尺。从水，冓声。”

《阜部》隫，通溝也。从阜，賣声。读若瀆。

[谷賣]，古文隫从谷。

段曰“空孔古今语。凡孔皆谓之竇。古亦借瀆为之。”郑云《周礼注》四竇即四瀆。《左传·襄三十年》伯有自墓门之瀆入。《礼记·礼运》顺人情之大竇也。”郑注，“竇，空也。”《月令》穿竇窖。”郑注，“圜曰竇，方曰窖。”以上诸字古皆归於侯部。是皆音义同。

窊同“洿”。同“窐”“窳”

《穴部》窊，污衺下也。从穴，瓜声。”窳，污窬也。从穴，㼌声。朔方有窳浑县。”“窐，甑空也（锴本作空也）。从穴，圭声。”

《水部》洿，浊水不流也。一曰窊下也。从水，夸声。

《吴都赋》“窊隆异等”。《汉书·礼乐志》“肖窊桂华”苏林音窊下之窊。段曰“污窬者盖污衺义同，亦谓下也。以衺与窊同韵，窬与窳同韵，故分别其辞也。”依段说则窊窳为同字。钱坫说“此污窬当作污窳。子虚赋有污窳也。许正文引此之误也或异本。地理志同。”与窊同音者有洿，与窊义同。窐《玉篇》即甑字。《楚辞》"珪璋雜于甑窐。注："甑下空也。"空即孔。《吕氏春秋·任地》子能以窐为突乎？注云，窐，容汙下也。以上諸字皆在古韵模或侯韵，并皆双声

竅同空

《穴部》竅，空也。从穴，敫声。"空，竅也。从穴~~周礼~~工声。

《周礼·天官·疾医》"两之以九竅之变。"注云，"阳竅七，阴竅二。《礼记·礼运》"地秉阴竅於山川。"《正义》谓"地秉持於阴气为孔於山川以出纳其气"。《莊子·庚桑楚》"出无本，入无竅。"《释文》"竅，孔也。"空即今俗所谓孔也。空与竅音义同。

⿱穴巠同罄

《穴部》⿱穴巠，空也。从穴，巠声。诗曰，瓶之⿱穴巠矣。

《缶部》罄，器中空也。从缶，殸声。殸古文磬字。诗云瓶之罄矣。

二字音义并同，由引诗可见⿱穴巠与罄为毛诗异文。陈奂说，"毛作罄，三家作⿱穴巠。"说文引诗，兼存异文。

窴同"寘""垔""填"

《穴部》"窴，塞也。从穴，真声。""窒，塞也。从穴，至声。

《土部》垔，塞也。尚书曰，鲧垔洪水。从土西声。㙪，古文"。"填，塞也。从土，真声。"

《诗·豳风·东山》"烝在栗野"传云，"烝，窴也。"笺云"古者声窴填尘同也。窴即填塞字，与垔对转，亦音义同。诗训久乃填塞之引申。垔与窴音义亦同。

邃同㥞

《穴部》邃，深远也。从穴遂声。

《心部》㥞，深也。从心，㒸声。

邃与㥞同声母。《招魂》"高堂邃宇"注云"邃，深也。"《离骚》"闺中既邃远兮"。邃㥞音义同。

窆同堋

《穴部》窆，葬下棺也。从穴，乏声。周礼曰及窆执斧。

《土部》堋，丧葬下土也。从土，朋声。春秋传曰朝而堋。礼谓之封。周官谓之窆。虞书曰堋淫于家。

段曰《士丧礼下篇》曰"及窆主人哭踊无算"注，"窆，下棺也。今文窆为封。"《周礼·冢人》共丧之窆器”注云“大棺封碑之象。”引“及窆执斧”~~亦从冡人文~~。堋下引《春秋传》作“堋”亦古文。窆下引周礼，见《地官·乡师》。其文曰“及窆，执斧以涖匠师。”郑司农云“窆谓葬下棺也。春秋传曰日中而傰（见昭十二年）。今文作封”《礼记·檀弓》“悬棺而封。”檀弓所说的悬棺是用绳子把棺椁系捆起来，然后四周用丰碑凿孔，象汲水是的，慢慢地稳手往坑内放平。《檀弓下》有一段详细说明了“悬棺而封”的办法。它说“季康子之母死。公输若方小。敛。般请以机（机械）封。将从之。公肩假曰，不可！夫鲁有初，公室视丰碑，三家视桓楹。般！尔以人之母尝巧，则岂不得以，其母以尝巧者乎？”郑注：敛，下棺於椁。般，若之族多技巧者。见若掌敛事而年尚幼，请代之而欲尝其技巧。初谓故事。……丰碑斲大木为之，形如石碑，於椁前后四角树之。穿中於间为鹿卢。下棺以繂绕。天子六繂四碑前后各重鹿卢。时僭诸侯，下天子也。斲之形如大楹耳。四植谓之桓。诸侯四繂四碑，碑如桓矣。大夫二繂二碑。士二繂无碑。”古文作窆作堋以榷榭下土为文。封是借字。

寎同"悑""怲"

《㝱部》寎，卧惊也。从㝱省，丙声。

《心部》悑，惶也。从心，甫声。怖或从布声。

"怲，忧也。从心，丙声。诗曰忧心怲怲。"

钱坫说《尔雅·释天》"三月为寎。"《释训》"怲怲，忧也。"此三字音义同。

⿱穴甲即《通俗文》"瘤"字

《穴部》⿱穴甲，入脉刺穴谓之⿱穴甲

此条移归寎条前。

㝱即《尚书》之"夢"《周礼》之㝱

《㝱部》㝱，寐而有觉也。从宀，从爿，梦声。周礼以日月星辰占㝱之吉凶，一曰正㝱，二曰噩㝱，三曰思㝱，四曰悟㝱，五曰喜㝱，六曰惧㝱。

《尚书·洛诰篇》有"夢"字。说文所无。《释文》云"徐音武刚反。"

寱同⿱衛心

《㝱部》寱，瞑言也。从㝱省，臬声。

《心部》⿱衛心，梦言不慧也。从心，衛声。

《广雅》寱，惊也。⿱衛心，寱也。《玉篇》讛，睡语。俗作囈。

疒同"倚""卧""痾"。此即爿字

《疒部》疒，倚也。人有疾病，象倚箸之形。

《人部》倚，依也。从人，奇声。

《卧部》卧，休也。从人，臣取其伏也。

《疒部》痾，病也。从疒，可声。《五行传》曰："时即有口痾。"

章太炎先生曰："今音在舌上娘纽，古音当在舌头泥纽。亦作戚嗟。音转歌变易为倚，稍侈在深喉又变易为卧。又变易为痾。"《玉篇》"疒又音牀"，则即牀爿字。

痛同"俑""恫"

《疒部》痛，病也。从疒，甬声。

《人部》俑，痛也。从人，甬声。"侗，大皃。从人，同声。诗曰神罔时侗。"

《释名》"痛，通也。通在肤脉中也。"段曰侗大皃未闻。《诗》见《大雅·思齐》今毛作恫。传曰恫痛也。段曰"按痛者恫之本义。许所据本作侗，称之以见毛诗。"

病同痛

《疒部》病，疾加也。从疒，丙声。"痛，

病也。

范成《论语注》疾甚曰病。郑玄注，"病谓疾益困也。痡与病模庚对转。

疚同頄

《疒部》疚，颤也。从疒，又声。

《頁部》頄，颤也。从頁，尤声。疣，頄或从疒。

《集韵》颤疚头摇儿。故为疚与頄同。今云颤颤，摇病也。疚頄古韵在咍部

瘚同兂

《疒部》瘚，屰气也。从疒，从屰，从欠。欮

瘚或省疒。

《兂部》兂，饮食气屰不得息曰兂。㒫古文兂

《释名》厥，逆气从下厥起上行入心胁也。"与兂音义同。

瘕与蛊同字。

《疒部》瘕，女病也。

《蟲部》蛊，腹中虫也。春秋传曰皿虫为蛊。晦淫之所生也。枭磔死之鬼亦为蛊。从虫从皿。皿物之用也。

章太炎先生曰蛊本与非同音训腹中蟲，据《释器》别为康之转。榖之飞也。亦与瘕同字。说文训女病，亦腹中有蟲也今人作憂作喜。《全匮要略》曰，百合病者意欲饮食复不得食。常默然欲卧，不能卧，欲行不能行。饮食或有美时，或有不欲闻食臭。如有神灵狐惑之为病，状如伤寒，默默欲眠，目不得闭。卧起不安，蚀于喉为惑，蚀于阴为狐。不欲饮食，恶闻食臭，其面目乍赤乍黑乍白，此皆所谓蛊也。故迷知已训蛊为惑。”

𤻗读“平秘切”，字讹为“瘪”义亦不同

《疒部》𤻗，满也。从疒𣀔声。

《玉篇》说文音備。今俗为“瘪”读biě，义引申为枯病，正相反同源

痀即劬劳字

《疒部》痀，曲脊也。从疒句声

曲背即劬劳的结果。

㾈（府）即俯字

《疒部》㾈，俛病也。

此《国语》“籧篨不可使俯”之俯字。《方言》名物生

而不长東陽之間謂痱"。是俳即痱字。

癘同⿰歹羸

《疒部》癘，恶疾也。从疒，蠆省声

《歺部》⿰歹羸，畜产疫病也。从歺，羸声。段曰"按古义谓恶疾兼内外言之。今义别制癩字，训为恶疮。《公羊传》作瘌。何注云瘌，民疾疫也。"癘与⿰歹羸音义同。说见《歺部》。

~~瘘同瘘~~㾫同柀

《疒部》㾫，半枯也。从疒，扁声。

《木部》柀，榝也。从木，皮声。一曰折也。《尚书大传》"禹其跳，湯扁其跳者踦也。"汤，其发声也。踦步足不能相过也。扁者枯也。"扁者枯也。"扁即㾫字。《素问》"㾫枯"王冰注，偏枯半身不随。"柀别义亦㾫枯。

痍同"⿰月引""痕"

《疒部》痍，伤也。从疒，夷声。"痕，胝瘢也。从疒，艮声

《肉部》⿰月引，瘢也。从肉，引声。一曰遽也。公羊·成十六年传》"王痍者何？伤乎矢也。"《肉部》"腄下云"瘢胝也"胝下云"腄也。"《字林》"痕

瘕瘢也。"《释名》痕，根也。急相根引也。"案疢"痕""刖"古韵文物对转。

疢同胝

《疒部》疢，热病也。从疒从火。"疷，病也（锴本作病不翅）从疒，氐声。

不翅者言不只一种病，言病重也。疢疷对转。

瘍为狂疾

《疒部》瘍，脉瘍也。从疒，易声。

王念孙《广雅疏证》引说文解之曰"脉瘍辟易也。《国语·晋语》辩疾有"辟易"韦昭注"辟易，狂疾。"《汉书》有"狂易""梁平侯䜣病狂易"。

瘌同癆

~~𤻲同藥~~

《疒部》瘌，楚人谓药毒曰痛瘌。~~《疒部》𤻲，治也。从疒樂声~~从疒，剌声。"

癆，朝鲜谓药毒曰癆。

《方言》凡饮药传药而毒，南楚之外谓之瘌，北燕朝鲜之间谓之癆。

瘳同瘉

《疒部》瘳，疾瘉也。从疒，翏声。"瘉，病瘳也。从疒，俞声

二字音近义同。

癡同"懝""譺""佁""騃"。又疑同"惑"

《疒部》癡，不慧也。从疒，疑声。

《心部》懝，騃也。从心，从疑，疑亦声。

一曰，惶也。

《言部》譺，騃也。从言，疑声。

《人部》佁，癡皃。从人，台声。读若騃。

《马部》騃，马行佁佁也。从马，矣声。

《心部》惑，乱也。从心，或声。

《埤苍》《方言》皆说"癡，騃也。"颜师古注"癡，不慧也。"《魏都赋》"僕党清狂。"《汉书·武五子昌邑王髆传》"疑故王衣服言语跪起，清狂不慧。"注苏林曰"凡狂者阴阳脉尽浊，今此人不狂而狂似狂者，故言清狂也。"或曰"色理清徐而心不慧曰清狂，如今白癡也。"范仲淹《中元夜百花洲作诗》"南阳太守清狂发，未到中秋先赏月"。

又按"懝""譺"皆癡字之同根词，而《马部》騃字训马行佁佁也。唐韵读"五骇切"即今之"獃"字。故《广雅·释诂》"騃，癡也。"《苍颉篇》"騃，无知之皃。"《汉书·息夫躬传》"内实騃，不晓政事。"注"騃，愚也"。然《人部》"仡，马壮也。"

马行仡仡,何以引申训痴?第一,《汉书·司马相如传》"仡以佁儗兮。"佁《说文》训"痴",儗即儗騃之儗。张揖曰:仡,举头也。举头以状其痴。第二,《西京赋》"羣兽駓騃"。注,引韩诗章句云"趍曰駓,行曰騃。"騃仡行《走部》"趍,直行也。"騃以象举首直行正所谓"清狂"在马动作上的形象。疑或古皆在咍韵同音。疑《诗传》训定,《释言》训戾。又训疑。或训域,又训不定。故惑训乱者亦有痴义。

(6)同"幎""幔""幕""幠""幭"

《冖部》冖,覆也。从一下垂也。

《巾部》幎,幔也。从巾,冥声。周礼有幎人。"幔,幎也。从巾,曼声。""幕,帷在上曰幕,覆食案亦曰幕。从巾,莫声。""幠,覆也。从巾,無声。""幭,盖幭也。从巾,蔑声。一曰禪被。"

凡覆盖於物上的皆叫"冖",冖古韵在锡部。与冖对转入青韵则为"幎"(汨从冥省声仍读锡韵)《周礼·天官》幎人作幂人。郑玄注"以巾覆物曰幂。"由双声转寒韵为"幔"。《广雅》"幔,覆也。"曼本从冒声在萧部。双声转模为"幠"。幠,覆也。此犹叜声，一得训"安"。此"冖""幕""幔"在双声字转。又与"冖"双声有"幭"。幭训盖幭，段曰"幭之言幎也。《大雅》浅幭（鞹鞃）。传曰'浅，虎皮浅毛也。幭，覆式也。'"

冂冃"冃""冡"

《冃部》冃，重覆也。从冂一。读若艸苺苺。

冡，覆也。从冃豕。

《冃部》冃，小儿及蛮夷头衣也。从冂，二其饰也。

章太炎先生曰，"冃读若苺。苺训艸盛上出，本与葆文近，古以葆为羽葆，而'䋣''緐'字本当从冂，今乃从每，则古读以每为冂久矣。冃读若每则出入幽之二部，读入幽部者与'冃'相转。次对转东变易为'冡'覆也。"

肯冂楃

《冂部》肯，帱帐之象。从冂，㞢其饰也。

《木部》楃，木帐也。从木，屋声。

案从肯得声之字皆属屋部，而唐韵读"若江切"对转音也。黄季刚先生曰"肯屋盖一语。'楃'即肯之后出。"段曰《周礼·巾车》翟车有楃。字从木

《释文》及各本从车。释文云"楃，刘音屋。贾马皆作幄。故幕人注曰，四合象宫室曰幄，许书无幄字有楃。楃盖出巾车职，今本传写误耳"案段说未洽。"楃""幄"皆后出字。古又称"黄屋""皇屋"天子车多盖作屋形。黄屋即天子车上所设，用以代盖。《史记·秦始皇本纪》"冠玉冠。车黄屋。"《高祖本纪》曰"车服黄屋左纛"。《后汉书·王充等传论》"戴黄屋，服纁衣。"注云天子车以黄缯为盖里故曰黄屋。~~或作"皇屋"~~

"冕同弁""兑""鍪"本盖一语。免脱字当"絻"。

《冃部》冕，大夫以上冠也。邃延垂瑬紞纩。从冃，免声。古者黄帝初作冕。絻，冕或从糸。

《皃部》覍，冕也。周曰覍，殷曰吁(冔)，夏曰收。从皃，象形。[籀文] 籀文从𠬞上象形。弁 或覍字。

"皃，颂仪也。从人，白象人面形。貌 皃或从页。貌，籀文貌从豹省。

《金部》鍪，鍑属。从金，敄声。

以上诸字皆双声，冕兑古在元韵。免字说文所无。黄季刚先生谓免即冕之古文。

"襄同纕""綦"

《网部》羉，网也。从网䜌，䜌亦声。一曰绾也。

《糸部》䌯，落也。从糸，睘声。

《木部》桊，牛鼻环也。从木，类声

此字从䜌声，《声类》"䜌以绳係取鸟兽也。"说文䌯训落者今之包络字。羉网主于围绕故从䜌（段说）钱坫说，罥罗之所羂结。"注，羂，络也。即羉字。文作"羂"。桊训牛鼻环。而"䌯""环"音义同。

罺（思沇切）网也。~~从网，巽声。~~ 䉵从《方言》䉵，相主反明即"鉴鵰字"。

《网部》罺，网也。从网，巽声。䉵，逸周书曰不卵不䉵以成鸟兽。罺者䉵兽之足也。故或从足。

《方言五》"东齐海岱之间谓之䉵。（郭璞注"相主反）宋魏陈楚江淮之间谓之𦄺（擐字）或谓之䍐。"

罩同䲝

《网部》罩，捕鱼器也。从网卓声。

《鱼部》烝然䲝䲝。从鱼，卓声。

案《诗经·小雅·南有嘉鱼》"烝然罩罩"依《鱼部》作"䲝"《释器》"籗谓之罩"郭云"捕鱼笼也。"毛传"罩罩，籗也。《竹部》"籱，罩鱼者也。"然则䲝即罩之异文。

罪同罽

《网部》"罪，捕鱼竹网。从网非。秦以罪为辠字。""罽，鱼网也。从网㓹声。㓹籀文锐"

二字音近义同

罠同缗

《网部》罠，钓也。从网，民声。

《糸部》缗，钓鱼缴也。从糸，昏声。吴人解衣相被谓之缗。

段曰，"召南曰，其钓维何，维丝伊缗。"传曰，缗纶也。笺云以丝为之纶则是善钓也。按《糸部》曰缗，钓鱼缴也。此曰罠，钓也。然则缗罠古今字，一古文，一小篆也。吴都赋注"罠麋网'广韵曰'罠彘网'又古今义殊。"

罡。"沍寒"字当作此。

《网部》罡，罟也。从网，亡声。案《左传昭四年》"其藏冰也，深山穷谷，固阴沍寒，于是乎取之"。沍，"沍，闭也。《玉篇》沍，闭塞也。《说文》无沍字，当作"罡"。

罯即连著字

《网部》罯，部署也。有所网属。从网，者声。黄季刚先生曰，罯即连著字。又即装褚字，又即署宁字。

罷从言网能当罷

《网部》罷，遣有辠也。从网能。言有贤能而入网，而即贳遣之。周礼曰议能之辟。

议能之辟见《周礼·秋官·小司寇》。郑玄曰，能谓有道有道艺者。春秋传曰（《左传襄二十一年》）"夫谋而鲜过，惠训不倦者，叔向有焉。社稷之固也，犹将十世宥之，以劝能者。今壹不免其身，以弃社稷，不亦惑乎。"贾疏，"叔向被囚，祁奚作此辞以告范宣子，使赦小罪存大能。"故网能谓贤者有罪宜赦免，故罷引申训止，训休。网能为罷，犹毋训奸乱，人之所恶，故训勿，训禁止。此会意之变。

帉同"帗""幋"

《巾部》"帉，楚谓大巾曰帉。从巾，分声。"

"帗，一幅巾也。从巾，犮声，读若拨。"

"幋，覆衣大巾。从巾，般声。或以为首幋。"

《方言四》"幏，巾也。大巾谓之帉。"《礼记·内则》"左佩纷帨。"郑注"纷帨，饰物之佩巾也。"《周礼·司几筵》"设莞筵纷纯。"郑注"纷如绶，有文而狭者。"《释文》"纷本帉"。是纷即帉字。帗训一幅巾又读若拨。古无轻唇，帉与帗双声。幅训一幅巾，幅即布广二尺二寸，其长亦同。《东观汉纪》"鲍永幅巾而居。"《后汉书·冯衍传》"永衍审知更始已殁，乃共罢兵，幅巾降于河内。"注云，"不加冠帻，但以一幅巾饰首而已。"《广雅》"幋，巾也。首幋《思玄赋》注作"首饰"。幋《内则》作"鞶"。又帗字幅巾之义，声转为"帊"。

帤别义同"袽"又同"絮""絮"

《巾部》"帤，巾帤也。一曰幣巾。从巾，如声。"

《衣部》"袽，衣

《糸部》"絮，敝绵也。从糸，如声。""絮，絜缊也。一曰，敝絮。从糸，奴声。易曰需有衣絜。

《方言四》幏，巾也（巾主覆者故名幏也）。大巾谓之帤。嵩岳之南，陈颍之间谓之帤，亦谓之幏（江东通呼巾帤耳）。一曰幣巾。《考工记·弓人》"弓其帤"郑注"帤读为襦有衣絮之絮"。今案虞翻易《既济》"繻有衣袽"，注"袽，败衣也。"袽即絮之变体。王弼注"所以塞船漏也"。又絮训敝緜，解同敝。所谓敝衣。新緜熟緜。古絮亦以丝为之。以絮纳衿衣中为袍曰褚，熟緜不能御寒，故为敝衣。絮训絜缊，絜缊即束缊。训敝絮即熟緜。以上四字音义毕同。

幨同襤

《巾部》幨，楚谓无缘衣也。从巾监声。

《衣部》襤，裯谓之襤褸。襤，无缘也。从衣监声。

《方言四》襦裺谓之幭。緊袼谓之襤。楚谓无缘之衣曰襤。紩衣谓之褸。秦谓之緻。自关而西，秦晋之间，无缘之衣谓之裗裺。"又曰裯谓之襤（祗裯，敝衣。亦谓襤褸）。"又《卷三》"褸裂、须捷，挟斯，败也。凡人贫衣被丑弊谓之须捷。或谓之褸裂。"或谓之襤褸。故《左传》筚路襤褸以人居山林，殆谓此也。"钱坫说"裯谓之襤褸"（方言注祇裯襌衣）当云裯谓之襤褸，则今本方言脱一字也。"案襤褸虽双声联词，亦可分用。此'㡚'襤，则一字之异体。

置　赦也　措置字当作"植"

《网部》置，赦也。从网直（错本作直声）。措置字见《手部》措下云，"措，置也。"《广雅·释诂》"置，立也。"当作"植"。

常，旗常当以章为本字

《巾部》常，下帬也。从巾，尚声。裳，常或从衣。

章太炎先生说"常（古音如当）常亦为旗。《春官·司常》"掌旗物，杂帛日月为常。其始盖揭徽著之于衣，后乃有帜以游者，故旗常衣常一名也。"案章说未洽。常为旗常乃"章"之借字。《诗经·小雅·六月》"织文鸟章，白旆央央。"毛传"鸟章，错革鸟为章也。"此与《错革鸟曰旟》同意。此章字当训章旗物。《国语》曰，署，位之表也。车服，表之章也。宅，章之次也。"则署宅异物，乃以旗物表位。章字借为旗帜之常，常亦表位。皆官·大史》"祭之日執书以次位常。"常亦章字。又《国语·越语》"勿忘国常"注，"常，典法也。"国即国章，此即《左传》所谓"王章"。章有事之制义，故训乐竟为一章。或说"卩""卿"同字。卩训事之制而卿训章，章与事之制同义。

幭同篾（见五上竹部）亦即"幨"字，即"常"字。钱坫说，"《急就章》承塵、户幭、條繢總"（颜注，户幭，户上之幔也）。又即幨字。《通俗文》障帏曰幨（案《考工记·弓人》"夫筋之所由幨恒由此作。"~~《周礼》~~郑众曰："幨读为车幨之幨。"郑玄注："幨，绝起也。"此引申之义）。~~《通俗文》"障床曰幨~~，又即帟字。《韩非子》有酒帟。今《说文》无"幨""帟"二文。此为幭籀之后出。

~~幭同幕~~"帐，记帐字当作治中

《周礼·春官·天府》"凡官府乡州及都鄙之治中受而藏之。"郑司农曰，治中，谓治职簿书之要。章太炎先生曰"中汉官亦有治中犹主簿尔。史字从中谓记簿书也。自太史、内史以至府史皆史也。其所记数者亦曰中。小舌转入阳则如帐

《匡谬正俗》曰：古艳歌行曰："兰草自生香，生于大道旁。十月钩镰起，并在束薪中。"中，之音反（去云知音反）音张谓中史也。今山东俗犹有此言。汉魏间已读中如帐，后因呼簿书为帐。《隋书·百官志》说，后齐尚书诸曹殿中掌百官留守名帐。仓部掌诸仓帐出入等事。左户掌天下计帐户籍等事。金部掌权衡量度内外诸库藏文帐等事。《汉书·武帝纪》受计于甘泉。师古曰若今之诸州计帐。斯语因袭至今然皆古文中字也。"

幡即《左传》纪子裂繻字。

《巾部》"幡，正端裂也。从巾，俞声（山枢切）。"裂新帛之正端，别於帆幓之为残帛。按《广韵》幡，敝残帛也。《类篇》"幡，帛[illegible]也"。与说文异又古书皆以"繻"字代之。《左传》纪裂繻。《公》《穀》皆作"緰"此俞声需声相通也。纪子裂繻字子帛。是繻训帛亦当作幡。《汉书·终军传》曰"关吏与军繻。"苏林曰"繻，帛边也。旧关出入皆以传。传因裂繻头，合以为符信也。"此亦幡字之借

幖即標幖字。

《巾部》幖，幟也。从巾，票声。

段玉注作"幖識也"并云三字一句。并说"《通俗文》曰徽号曰幖。私记曰識。《周礼·肆师》表齍盛告絜。"郑注"故书表为剽。剽表皆谓徽識也。凡物之幖识，亦曰徽识。今字多作標榜"按今语"標榜"即幖之借字。

幡同"黹""黻"

《巾部》幡，书儿重拭觚布也。从巾，番声（甫烦切）

《黹部》黹，紩衣也。从巾，象衣紩之形。

"黻，帗也。一曰紩衣。从文，从黹，黹亦声。

拭《说文》作饰，训㕞。颜师古曰"（见《急就篇注》）觚者学书之牍。或以记事，削木为之。其形或六面，或八面，皆可书。"觚者棱也。以有棱角故谓之觚。孔子所叹也。"觚可以学书或记事，若今书僮及贸易所用粉板，既书可拭去再书。拭觚之布谓之幡，今叫"揩布"。此用紩布或紩衣为之。故幡与"黹""黻"别义，同~~音义~~二字双声对转，同音义。

幟同彡

《巾部》幟，飾（拭）也。（拭即飾之俗字。

《彡部》彡，毛飾畫文也。

飾画者，㕞而画之。彡象繫繆的文彩，故"彫""靜""㐱""彣""彰"皆从彡。凡刻画必先拭淨潔垫。論語所谓"繪事后素"即其义。幟与彡同韵，义亦相通。幟又训飾。

飾同修

《巾部》飾，㕞也。从巾从人，食声。读若式。一曰襐飾。

《彡部》修，飾也。从彡，攸声。

段曰：《又部》㕞，飾也。许有飾无拭。聿下云：聿，飾也。《周礼·司尊彝》郑注曰：涚酌者，捝飾勺而酌也。《释文》作飾，今本作拭。实无二义。实无二义，凡物去其塵垢，即所以增其光采，故㕞者飾之本义，而凡踵事增华皆谓之飾。"又修训飾，飾即今之拭字，拂拭之则发其光彩，此所谓修飾（修之从彡，洒㕞之谓。修飾蕭德通敷。飾别义：首飾也。《汉书·平帝纪》"今和建世襐飾将医，往问疾。"颜注"襐飾，盛飾也。"

~~幝~~同帚同埽

《巾部》帚，粪也。从又持巾门内。古者少康初作箕帚秫酒。少康，杜康也。葬长垣。

《土部》埽，弃也。从土从帚。

《玉篇》帚，埽除粪秽也。以埽训帚音训也。

埽帚同为萧韵

幔 即墁字。又即[illegible]字

《巾部》幔，墀地。以巾撋之。从巾，夒声。读若水温䰟也。一曰着也。

钱坫说："今本作幔'。依许君读，当从古文婚字不应从夒也。径改之（《女部》婚，籀文作"𡣍"）。𡣍与夒音異。此云墀地者，土部曰涂地也曰墀。古者天子以丹漆涂地谓之丹墀是也。云以巾撋之者，车部有'𨏉'字读如闵。𨏉之读为闵犹幔之读释为撋也。云读若水温䰟者，诗塞向墐户。墐亦涂。墐亦涂也。䰟字从難，難字从堇亦同。然则此即墐字矣。杨雄文'獿人之利匠石輟斤而不斲。'服虔注，'獿人古之善涂壁者也。~~此獿人古云善~~施广领大袖以仰涂不污，有小飞泥着其鼻。因令匠石挥斤而斲'此獿人亦应作幔。

《庄子》以为郢人。郢非楚郢之郢。古郢与"塓"声相近。《左传》"塓馆宫室"，塓即郢，亦即涂也（塓见《说文新附字》）与墐同义相类。故或为"郢人"或为塓人，或为幔，或为墐，俱可耳。俗士不知，擅改古书，如颜籀辈之无知妄作，后世读书者展转多误，不得不辨。"黄焯说："捪，抚也。一曰摹也。武巾切。凡污人塓墙必用此。既镘，抚摹之，始得平贴，故知塓为捪之别体。"此说可证钱坫说之确切。

黄季刚先生曰幔即塓字，亦即攩字。案《说文》攩训朋群，与幔无关。按《方言》"攩、挱扰，推也。沅涌澧幽之语，相推搏曰攩。郭璞注，今江东亦名推为攩。音晃。"冥同昏里与晃双声。

幎即冪字。殷冪字即作此。

《巾部》幎，幔也。从巾，冥声。

冖即同字，亦训覆也。幎冪古义同。《礼记》郑玄曰"冪名出于幎。幎，覆也。言所以自覆饰也。"

帑同囊

《巾部》帑，金币所藏也。从巾，奴声。乃都切

《橐部》囊，橐也。从橐省，襄省声。奴当切

《诗·小雅·常棣》传曰"帑，子也。"此段帑为奴。《周礼》其奴男子入于罪隶，女子入于舂稾。"段曰"本谓罪人之子孙，引申之则凡子孙皆可称奴。"然《地官·掌节》有英荡。杜子春云"荡当为帑，谓以函此节。"或曰，英荡画函"此即以帑为囊也。《汉巴郡太守张纳碑》以帑为帑藏字。又《左传》襄公二十八年》"以害鸟帑"注云，"鹑火尾"。尾有后义，此妻帑之引申。

幦，周礼作"幎"

《巾部》幦，髤布也。从巾，辟声。周礼曰

駹車大幦

段曰"《既夕礼》《玉藻》《少仪》郑注，《公羊昭二十五年传》何注皆曰幦，覆笭也。"按車覆笭与車笭是二事。車笭者《周礼》之蔽，《毛诗》《大雅》之笰。《说文》之筐。郑曰車旁御风塵者也（髤布犹今之油布）覆笭者《礼经》《周礼》《礼记》《公羊传》之幦，《大雅》《曲礼》之'幭'，今《周礼》之'幎'盖字轼上者也。車笭多用竹，故字从竹。覆笭不用竹用皮。"引《周礼巾車》之文概括言之。

其原文曰"木車犬幎素車，犬幎駹車。"其字作'幎'。

皦同皛

《白部》皦，月之白也。从白，敫声。诗曰"月出皦兮。"皛，显也。从三白。读若皎。此以同字为读若

皠同翯

《白部》皠，鸟之白也。从白，隺声。胡沃切

《羽部》翯，鸟白肥泽皃。诗曰，白鸟翯翯。从羽高声。胡角切

二字同音。钱坫说"皠义与翯同。"。

𡭴即白之后出字

《白部》際見之白也。从白，上下小見。起戟切

黹同⿰衤黹

《黹部》黹，箴缕所紩。从㡀，丵省。

《衣部》⿰衤黹，紩衣也。从衣，从黹，黹亦声

章太炎先生曰，《春官·司服》希冕。注引希絺云或作黹。字之误也。希当为黹之古文。从巾爻象刺文。此合体象形字也。希变为黹已近会意。又变作'⿰衤黹'紩衣也。字转至变为紩。缝

也。则皆形声矣。”（见《文始》）

第八卷上

人同儿

《人部》人，天地之性最贵者也。此籀文。象臂胫之形

《儿部》儿，仁人也。古文奇字人也。象形。孔子曰在人下故诘诎

此籀文与古文奇字的异体。

保古文与孟字古文同形

《人部》保，养也。从人，从孚省。孚古文孚。呆古文保。㒍古文保不省。

《子部》孟，长也。从子，皿声。𠔀古文孟。

保之古文与孟之古文同~~形~~字，此一字多音之证。

企同"~~跂~~起""興"

《人部》企，举踵也。从人，止声。𧻸古文企从足。

《~~攴~~走部》~~启~~起，~~教也~~能立也。从~~攴~~走，~~户~~巳声。~~论语曰不愤不启。𢓊古文起从辵。~~

《舁部》興，起也。从舁，从同，同力也。

《檀弓》"先王之制礼也，过之者，俯而就之。不至焉者，跂而及之。"《释名》企，啟开也。

北京市电车公司印刷厂出品 八一·十一
(0038) 20×20＝400

目延睐之时，诸机枢皆开张也。《老子》"企者不立。"王弼注"物尚进则失安故曰企者不立。"兴亦作发展讲，不是停立不动。《通俗文》举踵曰企。皆不停滞之义。企啟兴音义同（哈登对转）。

伋急与彶一字

《人部》伋，人名。从人，及声。

《彳部》彶，急行也。从彳，及声

王筠谓伋不应训人名。恐是《彳部》彶，急行也。今本人名二字殊不成训义。因《左传、桓十六年》"急子"《新序》作"伋"则伋急同音义有明徵也。"

仞为认识正字

《人部》仞臂一寻八尺。从人，刃声。

章太炎先生曰"仞引申为认识（《汉书·儒林传》"喜因不肯仞"），犹尺引申为指。尺明画度量然后可指。说文云尺所以指。尺执繫事。相承皆作指尺，遂无由明其义。"

佼当为交游正字

《人部》佼，交也。从人，交声。

《管子·明法解》"群臣皆忘主而趋私佼"又曰群

所与佼而不以官为禄。"皆交游之交。钱坫说，此人嬖好字。《史记》齐王之事王宜为上佼。《荀子》君子用之佼以好"，交胫作交，交错作逪。与此不同。

伉同"举"同"闶"

《人部》伉，人名。从人，亢声。论语有陈伉。段曰非例也。《左传》施氏妇曰不能庇其伉俪。"杜注，伉敌也。俪偶也。"案伉俪之伉应同举。训高者乃闶之借。"伉""举""闶"模唐对转，音义皆通。

儇同"慧""譞""伃"

《人部》儇，慧也。从人，瞏声。"伃，很也。"从人，伃声

《心部》慧，儇也。从心，彗声。

《言部》譞，譞慧也。从言，圜省声

《方言一》"虔、儇，慧也。"秦谓之謾。晋谓之𢡠。宋楚之间谓之倢。楚或谓之𧫮。自关而东赵魏之间谓之黠。或谓之鬼（言鬼眎也）。"又十二卷曰，儇、虔，謾也。郭注"谓惠黠也"。惠即慧。《荀子·非相》乡曲之儇子。"杨倞注"轻薄巧慧之子。此儇慧为贬义词。《齐风·还》揖我谓我儇兮。"案儇譞同音与慧对转，音义皆同。又与伃很之伃同音义。

[illegible]伎同[illegible]。又同[illegible]

北京市电车公司印刷厂出品 八一·十一

（0038）20×20＝400

《人部》倓，安也。从人，炎声。读若谈。㑿，倓或从剡。徒甘切

《心部》憺，安也。从心，詹声。徒敢切。憕，平也。从心，登声。直陵切

《荀子·仲尼篇》"倓然见管仲之能，足以托国也。"杨注："倓，安也。安然，不疑貌。"司马相如《子虚赋》"憺乎自持"段曰"与倓音义同。"憕训平，所谓心平无疑。憕声与倓亦相通转。

~~徇同迅~~侚 徇物字当用此

《人部》侚，疾也。从人，旬声。

钱坫说，《史记》"徇齐"裴骃注"徇，疾也。今本作徇者非。"又"徇物"字亦应作"侚"。

佳同"娙""娃"

《人部》佳，善也。从人，圭声。

《女部》娃，圜深目皃。或曰吴楚之间谓好曰娃。从女，圭声。"娙，长好也。从女，巠声。

《淮南子·说林训》"佳人不同体，美人不同面。"而皆说於目。娃训圜深目皃。《方言二》"娃、媠、窕、艳，美也。吴楚衡淮之间曰娃。……故吴有馆娃之宫，秦有榛娥之台。"郭璞注，"皆战国时诸侯所立也。"娙训长好。"娥"下曰"秦晋谓好曰

娙娥。"娙从巠有全义。汉妇官十四等有"娙娥"。武帝邢夫人號"娙娥"。此言体态之美。娃佳与娙对转。

侅当同恢

《人部》奇侅非常也。从人，亥声

《心部》恢，大也。从心，灰声。

《淮南子·兵略训》"明於星辰日月之运，刑德奇賌之数，背鄉左右之便，此戰之助也。"注云"奇賌，奇秘非常術也。"賌即侅字。侅与恢同屬咍部。奇侅即奇恢，侅与恢即伟非常之义。

傀同伟

《人部》"傀，伟也。从人，鬼声。周礼曰，大傀异。瓌，或从玉，褱声。"伟，奇也。从人，韦声。"

《周礼·春官·大司樂》曰，"大傀異烖，諸侯薨，令去樂。"鄭玄注，"傀犹怪也。大怪異烖谓天地奇变，若崩星辰奔霣及震裂为害去樂，藏之也。春秋传曰，壬午，犹繹，万入去籥。萬言入，则去者不入，藏之也。阮元曰"傀異烖，烖之傀異者非常之变也。"

僚同憭

北京市电车公司印刷厂出品 八一·十一

《人部》僚，好皃。从人尞声。

《心部》憭，慧也。从心尞声。

《诗经·月出》"佼人僚兮"。传曰，"僚，好皃。"此许君所本。《方言》"愈或谓之慧，或谓之憭。郭云，慧憭皆意精明。"《广雅》"了，快慧也。"今以了字为之。郭璞《方言注》已云"慧了"，他书亦作"了了"。慧与好义通。故僚憭亦同根词。

又《诗经·小雅·大东》"百僚是试。"此百官之僚，当为"撩"之借字。《说文·手部》"撩，理也。"《诗·大雅·板》"及尔同僚"，僚为劳之借字。服虔《左传注》"僚，劳也。"僚劳同音为训。《力部》"劳，剧也。从力，熒省。熒火烧冂，用力者劳。𢠸，古文劳从悉。"

儠同鬣

《人部》儠，長壯儠儠也。从人，巤声。春秋传曰長儠者相之。

《髟部》鬣，髮鬣鬣也。从髟，巤声。一曰长皃。𩯭，鬣或从毛。獵或从豕。读若儠。

案今《左传·昭七年及昭十七年》皆作"使长鬣者

北京市电车公司印刷厂出品 八一·十一
(0038) 20×20=400

相之。"《国语、楚语》皆云"长鬣鬣者"。杜预韦
杜云欲先令鲁侯。
韦昭皆注为"美须髯"。~~吴楚之人少须故使长鬣~~
《陌上桑》为人絜白皙，鬑鬑颇有须。
~~者相礼~~。~~所证，儠鬣本同字~~。儠鬣添帖对转。

健后出字作"件"。

《人部》健，伉也。从人，

伉下云人名而不言其义，以此云健，伉也。知人名非许书之旧。件字为后人所补，并非旧有。
《易》刚健即伉健。

僓同嫺

《人部》僓，嫺也。从人，贵声。一曰长皃

（锴本无此四字）。

《女部》嫺，雅也。从女，间声。

《庄子》"僓然而道尽。"又《广雅》"僓，长也。"僓与僴音义同。僓嫺对转。

~~仜同胦~~ 倞同勍

《人部》倞，彊也。从人，京声

《力部》勍，彊也。春秋传曰勍敌之人。

《左传、僖廿二年》"勍敌之人。"杜解"勍，强也。"勍与倞音义同。古读倞勍同彊。

傲同嫯又同奡。

《人部》傲，倨也。从人，敖声。

北京市电车公司印刷厂出品 八一·十一
（0038）20×20＝400

《夰部》奡，嫚也。从百，从夰，夰亦声。虞书曰：若丹朱奡。读若傲。论语奡湯舟。

《女部》嫯，侮易也。从女，敖声。

案三字同音义。奡读若傲。傲嫯皆从敖声。嫯训侮易段改易为"侮傷"。嫚謂侮傷，此嫯嫚字。玄應《一切经音义》卷三："傲謂不敬也。"《释言》"傲，侮傲也。"郭云"傲，慢也。"《尚书·皋陶谟》"无若丹朱奡"今本作傲。《左传·襄二十九年》"直而不倨"杜云："倨，傲。"《成十四年》衛侯饗苦成叔，甯武子曰，苦成叔傲，甯子曰苦成家其亡乎！古之享食也以觀威儀，省禍福也。今夫子傲，取禍之道也。"《昭二十五年》公徒释甲执兵而踞。"正义云二十七年说此事云宣其伐人而说甲执冰以游。则此踞是游也。

仡同偕

《人部》仡，勇壮也。从人，气声。周书曰：仡仡勇夫。偕，强也。从人，皆声。诗曰偕偕士子。一曰，俱也。

《宣六公羊传》"仡然从乎赵盾而入。"何云"仡然壮勇之皃。"后出字作矻。《汉书·王褒传》"故工人之用钝器也，劳筋苦骨，终日矻矻。"如淳曰"矻矻，健作皃。"又《诗经·小雅·北山》"偕偕士子"，传曰，偕偕，强壮皃。《左传·僖公二十八年》"与女偕隐。"杜解"偕，俱也。"

儼同厃又同奡

《人部》儼，昂头也。从人，嚴声。一曰好皃。

《厂部》厃，仰也。从人在厂上。一曰屋梠也。秦谓之桷，齐谓之厃

曹植《洛神赋》"六龙儼其齐首。"注"矜庄皃"。此言儼然齐首，有昂头意。案厃存二义，人在山上，仰望。案厂以産（字从厂得声）推之，（彦从厂声，産从彦声）厂古山字，在山岸上，昂头远望，则与儼同音义。亦与高瞻远瞩之瞻，瞰望之瞰同音义。此一义也。"齐谓之厃"《木部》作"齐谓之檐"。檐为屋之高处，厃即檐也。山崖与屋檐相类，义亦会通。奡训倨慢，仰首亦形容倨慢之状，故与儼厃同语。奡厃豪覃（添）音亦对转。

倮同憀。又同僇

《人部》俚，聊也。从人，里声。"僇，痴行僇僇也。从人，翏声。读若雡。一曰，且也。"

《心部》憀，憀然也。从心，翏声。

《方言三》"俚，聊也。"郭注"谓苟且也。"《班马字类》引作赖也。《广雅》"俚，聊也。"又"赖也。"《汉书·季布传》"其画无俚之至耳"。晋灼曰，"计画无所聊赖。"《国策·秦策》"百姓不聊生"高注，"聊，赖也。"聊赖本声之转。俚与僇同；僇训痴行，~~也就是毫无计画的傻走一气~~。别训且，即郭注所说的"苟且"。憀训憀然即了然。然《类篇》憀，力求切。赖也。且也。"是"俚""憀""僇"三字双声。无俚即无聊，犹狸刘同也《国语》丹朱狸姓其后有刘累，又狸刘皆训杀。是二字音同之证。

俺同奆

《人部》俺，大也。从人，奄声。於业切

《大部》奆，大也。从大，介声。读若盖。

案俺由奄来《大部》奄，覆也。大有馀也。从大，从申。申，展也。《诗经》"奄有四方"传，奄

北京市电车公司印刷厂出品 八一·十一
(0038) 20×20=400

大也。"俺即奄之后出字。夻读若蓋，蓋亦奄也。古韵皆在覃部。

俶同埱

《人部》俶，善也。从人，叔声。诗曰，令终有俶。一曰始也。昌伏切

《土部》埱，气出土也。一曰始也。从土叔声。昌六切

《诗大雅·既醉》"令终有俶"。传曰，俶，始也。钱坫说"俶始尔雅文。诗传同。经训善之字皆作淑。据此则非也。训始之字本作埱。本作俶此通之。"案"埱"即造之正字。气出土然后艸木始生故埱为艸木之始。淑《水部》清湛也。此引申为淑善之义。训始则俶与埱音义同。

佛同髴

《人部》佛，见不審也。从人，弗声。

《髟部》髴，髴若似也。从髟，弗声。

~~玉篇~~李善注《甘泉赋》曰"仿佛相似视不諟也。"諟即諦字。锴本作"见不諟也"与文选注同。

儋同"任""勝"

《人部》儋，何也。从人，詹声。"任，保(锴本)也。从人，壬声。"

北京市电车公司印刷厂出品 八一·十一

《力部》勝，任也。从力，朕声。

儋今俗作"擔"。《国语·齐语》"负任儋何"。韦注："背曰负，肩曰儋"，任，抱也，何，揭也。《汉书·蒯通传》"守儋石之禄"。颜注：儋者一人之所负擔也。《释名》"儋，任也。任力之所勝也"。儋任勝三字音义同。

備同"愊""慎"。古文備从人从攵。从女攵有行而止之，此从女攵人也。与毋同意。引申为備御。

《人部》備，慎也。从人，𤰈声。俻，古文備。

《心部》慎，谨也。从心，真声。昚，古文。

愊，诚志也。从心，畐声。

窃疑俻与服同。此奴隶服务于家事，故与有谨慎诚志义。《牛部》犕（犕，易曰犕）牛乘马。（详见《训诂简论》）

黄季刚先生曰俻，古文備。从人，从攵；从女，攵者，有行而止之。此从女攵人也。引申为備御。"

位同立

《人部》位，列中庭之左右谓之位。从人立。

《立部》立，住也。从大立一之上。

北京市电车公司印刷厂出品 八一·十一

（0038）20×20＝400

《说文》以位训立亦同字为训之例。《春官·小宗伯》"掌神位"注云"故书位为立。"《古文春秋》经"公即立"为"公即位"。郑司农注曰"古者立位同字。"《三体石经》文公经古文有公即立,是立之附字。字形正中,九字不得更安一字,是本作立也。古文春秋经"公即位"为公即位,《三体石经》盖如此。位音入没部,古音盖在来纽。如䇐,立亦变易为"䇐"。《立部》"䇐,临也。"立对转为"临"。临,监临也。"即位"即临朝视事也。又同"监"。监,临下也。临或引申为当面之义。何休《公羊解诂》曰"律文立子奸母,见乃得杀之。"正义曰犹言对子奸母,此本言临子奸母。盖汉世亦尚以立为临也。

㒤同"懾""慴""慹"

《人部》"㒤,心服也。从人,聶声。"

《心部》懾,失气也。从心,聶声。一曰服也。

"慴,懼也。从心,習声。读若疊。""慹,怖也。从心执声"

钱坫说"《国策》楚赵懾服。《史记》诸将慴服。《汉书》作'詟服',皆此字。"案《庄子·齐物论》

“哀未虑欺变愁。”司马彪注：“憋，不动貌。”桂馥曰：不当作心。

仢同儉

《人部》仢，约也。从人，勺声。”“儉，约也。从人，佥声。

《尔雅·释天》“奔星为彴约”今本作“彴”非。《论语》“夫子温良恭俭让以得之。”皇疏“去奢从约谓之俭”案俭与约对转，勺有喽音亦双声。故音义同

侔与同同部

《人部》侔，齐等也。从人，牟声。

非同根词，同训合會。

儹同僔

《人部》儹，最也。从人，赞声。”“僔，聚也。从人，尊声。诗曰僔沓背憎

钱坫说：“此攒聚字。最亦有聚义《仓颉篇》攒，聚也。”案《文选》李善引杨雄数灵妃曰文王之始起，积仁渐义，会贤攒智”。又引古《咄唶歌》“枣下何攒攒。”僔训聚，《诗·小雅·十月之交》作“噂”作“噂沓背憎”传曰“噂犹噂噂，沓犹沓沓。

(0038) 20×20=400

北京市电车公司印刷厂出品 八一·十一

《口部》"噂，聚语也。引诗"噂沓背憎。"噂与僔为异体字，与儧为同根词。

併同"㚘""并""竝"。

《人部》併，竝也。从人，并声

《竝部》竝，併也。从二立。

《夫部》㚘，竝行也。从二夫。

《从部》并，~~併也~~相从也。从从，幵声。一曰从持二为并。

此四字音义同，并别文有兼并义。

依~~同音。亦~~同倚。依后出字作"偎"

《人部》依，倚也。从人，衣声。"倚，依也。从人，奇声。

《礼记、礼器》有司跛倚以临祭。"注云，依物为倚。"《秦策》"北倚河"。高云，"倚犹依也"。

依后出字作"偎"。《列子、黄帝》"不偎不爱"偎即依也

仍同䚮，又同扔.

《人部》仍，因也。从人，乃声.

《手部》扔，因也。从手乃声。

《言部》䚮，厚也。从言乃声。

案《周礼·春官·司几筵》曰"凡吉事变几，凶事仍几。"注云"故书仍为乃。郑司农云，变几，变更其质，谓有饰也。乃读为仍。仍，因也。因其质谓无饰也。尔雅曰'儴、仍，因也。'……玄谓吉事易几。凶事谓凡奠几，朝夕相因。"郑司农谓变几有饰，以谓就其木质更加雕刻。乃读为仍者，依《顾命》读为仍。仍，因也。因其质谓无饰。《周礼》"凡丧事素几。"故曰无饰。郑玄谓变为变易之变，每一事变易一几，惟凶事不变几。故曰"朝夕相因"此亦训仍为因。凶事不变更其几筵，此所谓"朝夕相因"也。仍训累者，段曰"因仍相加累。"扔亦训因。《老子》"为之而莫之应，则攘臂而扔之。"此言举手因之（附议）。

佽同"姿""恣"

《人部》佽，便利也。从人，次声。诗曰，决拾既佽。一曰遽也。

《心部》恣，纵也。从心，次声。

《女部》姿，态也。从女，次声。

《诗小雅·车攻》决拾既佽。弓矢既调，射夫既同，助我举柴。"传曰决，钩弦也。拾，遂也。

北京市电车公司印刷厂出品 八一·十一

(0038) 20×20=400

佽，利也。"笺曰，佽谓手指相次比也。调谓弓强弱与矢轻重相得。"又《诗唐风·杕杜》"人无兄弟，胡不佽焉。"传曰"佽，助也。"笺曰"异姓卿大夫女见君无兄弟之貌，貌者何不相推佽而助之。"许君据此二诗，故训"便利也"一曰遞也。《方言三》"庸、恣、比、更、佚，代也。"郭璞注"今俗亦名更代作为恣作也。"《辵部》"遞，更易也。"遞与代义通。秦官有"左弋"《汉旧仪》有佽飞具矰缴以射凫雁。《汉书·百官公卿表》武帝太初元年更名左弋为佽飞。佽飞掌弋射。"钱坫说"传，利也。笺谓手指相次比，然相次比即次第之义，故亦云遞也。此次弟字正。"今案佽恣姿三字同声系。恣言姿态。佽言射弋的~~姿态~~能，恣言遞援~~的姿态~~（遞即直行），亦弋射之能，~~姿言女子的态度~~。姿训態，亦能也。

佴同仍

《人部》"佴，佽也。（锴本作"次"）从人，耳声。"段曰"此遞训言。"《汉书·司马迁传》曰"入佴之蠶室。"（蠶室暗室）如淳曰"佴，次也。若人相次也。"案佽有更遞副贰意。

〔眉批〕案章太炎先生《新方言》："《广韵》'豪遨能迵'，郭注'能，姿也'。此能即態字。《荀子》：'所以能之在人者谓之能，能有所合谓之能。'下能字即態字也。凡诸形状皆谓之態，亦谓之能。"

㑌同頃、"奊"、"跂"。

《人部》㑌，頃也。从人，从頃，頃亦声。

《匕部》跂，頃也。从匕，支声。匕，頭頃也。詩曰跂彼織女。"頃，頭不正也。从匕，从頁。

《矢部》奊，頭衺骫奊態也。从矢，圭声。胡结切

"㑌""頃"在古青韵部。"跂""奊"古齊韵。正转对。四字音义同。段曰："头衺者，头不正。骫奊者头不正之見也。《左传》齊有慶奊即慶繩。盖以头邪为名，以绳直为字，名字相反也。《賈誼传》奊詬无節，乃假奊为謑。"

仰同卬

《人部》仰，举也。从人从卬。（当作卬声）

《匕部》卬，望欲有所庶及也。从匕，从卪。詩曰高山卬止。

玄应《一切经音义》引《说文》"卬，望也。""卬下庶及"段曰"庶及犹庶几也。"锴本望下有"也"字，及上无"庶"字。

儨即質字

《人部》儨，質也。从人，質声。

(0038) 20×20＝400

宋锴本作"僨"，是也。"与《释诂》觏训合。三字声近周礼货贾字借作"僨"。知僨为觏之正文。

僅同廑　公羊作"慬"

《人部》僅，材（锴本作才）能也。从人，堇声。

《广部》廑，少劣之居。从广，堇声。

段曰，材今俗用之纔字也。三苍及汉书作纔。郑玄注礼记、周礼，贾逵注国语，東观汉记及诸史並作裁。许书水部、雨部、衣部作財。此作材，材能言僅能也。《公羊·僖十六年》曰，是月者何，僅逮是月也。何注，在月之几尽，故曰劣及是月。定八年曰，公斂处父帅师而至，慬然后得免。慬为僅之别体。《说文》盖勤有存者。言存者甚少。勤即僅字。《广部》廑下曰少劣之居也，与僅文同。"

傍即今旁侧字　傍同徬

《人部》傍，附也。

《彳部》徬，附行也。

傍字《山海经》作"榑"其文曰"東方恒山，有穷鬼居之，各在一榑。"榑即膊字，膊有侧义。其正字作傍，傍之与膊犹旁之与溥也。

北京市电车公司印刷厂出品 八一·十一

優　俳優之又同"娭""毐"

《人部》優，饒也。从人，憂声。一曰倡也。

《女部》娭，戲也。从女，矣声。一曰卑賤名也。

《毋部》毐，士之無行者。从士毋。賈侍中說秦始皇母與嫪毐淫，坐誅。故世罵淫曰嫪毐。讀若娭。

案娭訓戲也嬉戲故一曰卑賤名也。《廣韵》曰婦人賤称。故為倡妓。嫖游曰冶游即娭。又《心部》有"悝"即今诙諧调戲也與娭音同。

男之淫乱無行者謂之毐。毐為男之無行者，舉嫪毐為无行之極者為例。娭毐悝雙声，韵部與優旁转對韵。

俾同"裨""朇""埤"。

《人部》俾，益也。从人，卑声。一曰俾门侍人。

《土部》埤，增也。从土，卑声。

《衣部》裨，接益也。从衣，卑声。

《會部》朇，益也。从會，卑声。

段曰：俾與埤、朇、裨音义皆同。今裨行而埤

北京市电车公司印刷厂出品　八一·十一

朇俾皆廢矣。經典之俾皆訓使也。無益解。《爾雅·釋詁》《釋言》"俾，職也"。章太炎先生曰："俾，使也。今人言俾如'派'。凡使命曰派，正當作俾。又俾，職也。今亦言俾如派。謂分所應為應有曰該派，正當作'該俾'也。"（見《新方言》卷二）黄季剛先生曰："俾訓使借為'俜'。"

僾同𧥣 ~~僾同[illegible]"[illegible]"~~。

《人部》僾，安也。从人，𧥣聲。

《言部》𧥣，快也。从言，从中。

錢坫說："《國語》僾寧百神。《左傳》不能共僾（隱十年）。~~不能共僾~~我寡君僾鬼神（襄三十年）諸皆云安也。"

儷即梁麗字

《人部》儷，棽儷也。从人，麗聲。

儷本作梁麗。房屋之棟梁。《莊子·秋水》"梁麗可以衝城，而不可以窒穴，言殊器也。"

俆《玉篇》以為同"徐"。

《人部》俆，緩也。从人，余聲。似由

《史記·齊世家》"田常執簡公於俆州。"索隱：俆廣音~~[illegible]~~舒，其字从人。《左傳》作"舒"。《魯世家》

作"徐"。钱坫说"《广雅》'徐，迟也'。此舒迟字。"

~~伸同"申"~~ 偄同⿰亻然

《人部》"偄，弱也。从人，从耎。""⿰亻然，意膬也。从人，然声。"

《左传·僖二年》"宫之奇之为人也偄。"注："偄，弱也。"（《穀梁》同）段曰："意者志也。膬者耎易也。意膬谓有此意而不坚。"《玉篇》"意急而懼。"《通俗文》弱声曰⿰亻然。钱坫说"偄，达心而懦字（《穀梁·僖二年传》）"

偏同僻

《人部》"偏，颇也。从人扁声。""僻，避也。从人，辟声。《诗》曰：宛如左僻。一曰从旁牵也。"

《页部》颇，头偏也。从人，偏声。引申为偏之义。玄应《一切经音义》引作"辟也"，锴本同。今《诗》作"宛然左辟"。《曲礼》"若主人拜，客还辟，辟拜。"包咸《论语注》"躩盘，辟貌也。"按：谓主人盘旋曰辟，宾盘旋曰辟。《大射仪》"宾辟"。注云："辟，逡遁，不敢当盛。"逡遁、盘旋，皆偏衺义。"从旁牵"即《晋语》"以传召伯宗，遇大车当道而覆。立而辟之，曰：'辟传！'对曰：'传为速也。若俟吾辟之，若铁~~戗~~至辟之；不如捷而行。'"此辟传使其

北京市电车公司印刷厂出品 八一·十一
(0038) 20×20=400

从旁牵也。（郑云《周礼注》传如今移过所文书。”《古今注》凡传皆以木为之，長五寸，书符信于上”，此则传以合信而书其事，亦簿忽簿籍之属也。故《人部》“传，遽也。”又名驰传。）

儚同懜

《人部》儚，惛也。从人，夢声。莫肱切

《心部》懜，不明也。从心，夢声。

《释训》儚懜儚洄洄，惛也。《心部》惛，不憭也。案儚即懜之異体字。儚又引申与薨同。“薨，公侯猝也。”難言其死，故以儚懜为辞耳。

僑即靳吝字。

《人部》僑，引为贾也。从人，焉声。於建切

段曰引犹張大之。贾今之價字。~~“《后汉书》崔烈入钱五百万得为司徒。及拜署军，顾谓钧傅曰，悔不小僑，可至千万。”（见崔寔传）~~此靳惜字。

《后汉书·崔寔传》：“崔烈……顾谓钧曰：悔不少靳，可至千万。”注：“靳，固惜之也。或作鄢。引《说文》曰鄢，引为贾也。”鄢即“僑之误字”。

依即倜张字

《人部》依，狂也。从人，长声。一曰，什也。

《人部》“侜，有雝蔽也。诗曰谁侜予美。”此《诗·陈风、防有鹊巢》文。传曰“侜张，诳也。”《释训》“侜张，诳也。”郭璞注曰“书曰无或侜张为幻。幻惑欺诳狂人者。”《庄子》猖狂妄行。”《荀子·修身》“人无法则伥伥然。”伥即猖狂妄行。

俦同翿（已见羽部）俦后出字幢。俦侣当作雠。

《人部》俦，翳也。从人，寿声。

黄焯说：“《玉篇》幢，翳也。或作橦。《周礼·乡师注》郑司农云‘翿，羽葆幢也。’宋本《释文》作‘橦’与《玉篇》合。”橦即俦之后出字。又《玉篇》“俦，侣也。”《思玄赋》“魂儆惘而无俦”注“俦，匹也。”案俦侣俦匹之俦皆“雠”之声借。

佃同细。即葸

《人部》佃，小皃。从人，囟声。诗曰佃佃彼有屋。（今诗作仳仳）

《糸部》细，微也。从糸，囟声

佃与细音义同。后出作“葸”

侊如《国语注》则同觥

《人部》侊，小皃。从人，光声。《国语》曰侊饭不及一食。"

《角部》觵，兕牛角可以饮者也。从角，黄声。其状觵觵，故谓之觵。觥，俗觵从光。

段曰"小当作大，字之误也。《越语》句践曰'谚有之曰觥饭不及壶飧。'韦注：'觥，大也。大饭谓盛馔。盛馔未具不能以虚待之，不及壶飧之救饥疾也。'言己欲灭吴取快意而已，不能待有余力。《韩诗》曰：'觥，廓也。'许所据《国语》作侊。侊与觥音义同。《广韵·十一唐》'侊，盛皃。'《十二庚》'侊，小皃。'用《说文》。盖《说文》之误，久矣。"递氏曰：注引《国语》一食，壶飧之讹也。壶壶与壹形近，又转讹为一。飧则脱去夕旁耳。

佻《诗》作恌后出字

《人部》"佻，愉也。从人，兆声。诗曰：视民不佻。"

段曰《小雅·鹿鸣》'视民不恌'，毛传"恌，愉也。"《周礼》曰'以俗教安，则民不愉'，注云'愉谓朝不谋夕。'（见地官大司徒）服注《左传》（成十六年）'视民不佻，示民不愉薄。'由此得佻作恌者后出字也。

北京市电车公司印刷厂出品 八一·十一

(0038) 20×20＝400

~~佅同偎~~

~~《人部》佅，很也。从人，弥省声。~~”

伿同“懈”“⿱臥食”

《人部》伿，惰也。从人，只声。

《臥部》⿱臥食，楚谓小儿懒⿱臥食。从臥、食。

《心部》懈，怠也。从心，解声

此二字音义同。

佝，佝瞀则同“愚”又同“㝊”。

《人部》佝，佝瞀也（依段改）

《心部》愚，戆也。从心，从禺。禺，猴属，兽之愚者。

《子部》㝊，乱也。一曰㝊瞀也。从子𣪊声。

段曰佝瞀二字叠韵。二字多有或体。《子部》㝊下作‘㝊瞀’，荀卿《儒效》作‘沟瞀’，《汉书·五行志注》作‘区霿’。又作‘傋霿’，《楚辞·九辩》作‘怐愗’，《玉篇》作‘佝愗’。应劭《汉书注》作‘𣪊霿’。郭景纯《山海经注》作‘㝊瞀’，其音同（皆方寇戏），其义皆谓愚蒙也。”

僖同嘻

《人部》僖，喜也，自关以西物大小不同谓

北京市电车公司印刷厂出品 八一·十一

（0038）20×20＝400

之僭

《口部》咥，喜也。从口，至声。

案咥即逌逌正字。

𠊳同⿰忄卻

《人部》𠊳，徼𠊳受屈也。从人，卻声。

《心部》⿰忄卻，劳也。

《史记·司马相如传》"徼𠊳受诎"，郭璞曰："𠊳，疲极也。"司马彪曰："𠊳，倦也。谓受其倦者。"《汉书·赵充国传》"徼极乃击之。"颜注："徼，要也。要其倦极者也。"𠊳与⿰忄卻音义同。

侮同嫚。近"𨗨""慢"

《人部》侮，伤也（据段改）。从人，每声。

㑄 古文从母。

《女部》嫚，侮易也。从女，曼声。

《辵部》𨗨，行迟也。从辵，曼声。

《心部》慢，惰也。从心，曼声。一曰慢不畏也。

《人部》"伤，轻也。"《攴部》"敡，轻也。"《广雅》"侮，伤也。"《玉篇》"侮，慢也。"《诗·鸱鸮》"或敢侮予。"笺云："宁有敢侮慢欲毁之者乎？"慢与嫚同

北京市电车公司印刷厂出品 八一·十一
（0038）20×20＝400

皆谓轻嫚。或谓嫚为轻慢，慢为怠慢，义均含通。怠慢与迟缓亦怠惰之引申。

偾同獘

《人部》偾，僵也。从人，賁声。
《犬部》獘，顿仆也。从犬，敝声。春秋传曰：与犬犬獘。斃或从死。
《尔雅、释言》言之极详。郭云却偃。舍人曰背踣意也。一般谓前踣曰獘，后仰曰僵。实则前仆与后僵义亦相通。《左传、隐三年》郑伯之车偾于济。《襄二十四年》"象有齿以焚其身。"服虔云"楚谚曰偾。偾，僵也。为生齿而僵仆其身。"

~~仆同踣~~

~~《人部》仆，顿也。从人，卜声~~。

倄即燠休字

《人部》倄，刺也。从人，肴声。一曰痛声。胡茅

章太炎先生《新方言》曰"春秋左氏传曰民人痛疾而或燠休之。"服虔曰"燠休痛其痛而念之。若今时小儿痛父母以口就之曰燠休，代其痛也（正义引）。今人呼痛曰燠休。休或呼如由。或转呼阿育皆一语也。"今案阿育即倄之缓言，倄亦读由，其实皆倄字也。

倄即"夸毗"字，即"庯讵"字，亦姑且字。

北京市电车公司印刷厂出品 八一·十一

(0038) 20×20=400

《人部》侉，憊也。从人，夸声。

《心部》憊，愍也。或体作𤺋（蒲拜切）。愍，憊也。~~㤀重文作怖~~合《诗经·大雅·板》天之方懠，无为夸毗，威仪卒迷，善人载尸。"传曰"夸毗体柔弱之人也。"笺云，王方行酷虐之~~威~~威怒。女无夸毗以形体顺从之，君臣之威仪尽迷乱，贤人君子则如尸矣，不复言语，~~以形体~~（则如尸）矣。不复言语。时厉王虐而弭谤。"夸毗体柔柔也。然则侉即夸毗字。《庄子·大宗师》有"庸詎"或即庸詎字。亦即姑且字。

俑~~同~~庸"人字本作"偶"

《人部》"偶，桐人也。从人，禺声。

《檀弓》"为俑者不仁。"郑注"俑，偶人也。"《孟子》始作俑者"注，偶人也。俑与偶对转。《史记》木禺龍，《汉书》作"寓"此皆木偶。寓，寄也。把人之形象寄托在桐木上。

"伏同匐匍。伏即逼迫字

《人部》伏，司也。从人从犬。伺人也。

《勹部》匍，手行也。从勹甫声。匐，伏地也。从勹，畐声。"

北京市电车公司印刷厂出品 八一·十一

（0038）20×20＝400

《辵部》迫，近也。从辵，白声。（《说文》无逼字。）

《释名》曰："匍匐，小儿时也。匍犹捕也，藉索可执取之言也。匐，伏也，伏地行也。"引申为求事尽力之勤。《诗·邶风·谷风》"凡民有丧，匍匐救之。"是其义。

逼迫字应作"楅迫"。《木部》楅，以木有所逼束。卧下云"从人臣，取其伏也。"臣本古代奴隶，逼迫使其劳动，故伏有逼迫义。

係同系。亦同缔同縣。

《人部》係，絜束也。从人从系，系亦声。

《系部》系，繫也。从糸，丿声。繫 系或从毄处。⿱爪絲 籀文从爪絲。

《糸部》缔，结不解也。从糸，帝声。

《県部》縣，繫也。从系持県。

玄应《一切经音义》引作"结束也"，又云"连缀不绝也。"《淮南注》"係，缚也。"颜师古《汉书注》"结谓曰係。"《释诂》"係，继也。"此联属义。係与系同。与缔音义亦同。又同"縣"。縣与係古音对转。邑部鄙下曰"周制，天子地方千里分为百縣，"则系于国。秦汉系于郡。《释名》县，悬也。悬于郡也。

但同"襢""裼"

《人部》但，裼也。从人，旦声。

《衣部》襢，衣不重也。从衣，單声。"裼，袒也。从衣，易声。

章太炎先生曰，單複之單义《说文》作'襢，衣不重也'。自有本字。正谓薄如蝉蜕尔。字变作但，裼也。此皆言不著正服，故与襢义一也。詩言'但裼暴虎'，既以但裼为肉袒。孟子言'但裼裸裎'，四字同义同语。古者解衣多重言。亦遂逸于常语。深追古始，恐但裼皆为露肉。但之言蜕，裼之言解（古音解或如豸与裼同呼）襢亦皆是露肉亦言蜕也。礼文既备乃有襢衣裼衣尔。"（《文始一》）

傴同僂

《人部》傴，僂也。从人，區声。"僂，尪也（鍇本作尪）从人，婁声。周公韤僂，或言背僂。"

《淮南子·精神训》子求行年五十有四，而病傴僂。脊管高于顶，腸下迫頤，两脾在上，燭

北京市电车公司印刷厂出品 八一·十一

營指天。匍匐自闚于井。曰，偉哉造化其以我为此拘拘邪！”是傴僂为叠韵连语。“周公背僂”见《白虎通義》。

僇亦同儡

《人部》僇，癡行僇僇也。从人，翏声。读若雡。一曰且也。

此僇同謬妄之謬。谓言行謬妄也。一曰且者今所谓聊且也。

咎同慦。又同倃

《人部》咎，災也。从人从各，各者相違也。“倃，毁也。从人，咎声。

《心部》慦，怨仇也。从心，咎声。

《周易、乾卦》君子终日乾乾夕惕若厉无咎。”《吕览·侈乐》注曰“咎，殃也。”《释诂》“咎，病也。”《小雅、伐木》毛传曰“咎，过也。”《方言十三》“咎，謗也。”《西伯戡黎》郑注“咎，恶也。”倃训毁，《书序》“殷始咎周。”《尔雅》“咎，病也。”《方言》“咎，謗也。”皆本作倃。慦则怨恶之正字。见《西伯戡黎郑注》

仳盖同悲

(0038) 20×20＝400
北京市电车公司印刷厂出品 八一·十一

《人部》仳，别也。从人，比声。诗曰：有女仳離。

《非部》𩇯，别也。从非，己声。

《诗·王风·中谷有蓷》"有女仳離。"传曰："仳，别也。"𩇯与仳音义同。

值同"挚""执"。此亦措置字。

《人部》值，措也。从人，直声。锴本有"一曰逢遇也"五字。

《手部》挚，握持也。从手，从执。

《㚔部》执，捕罪人也。

洪颐煊《读书丛录》曰："值本作'直'，通作'植'。《论语·微子》'植其杖'，汉石经作'置其杖'。《尚书·金縢》'植璧秉珪'。郑注，植古置字。植与置同，故《说文》训植为措，训措为置。~~植古置字~~互相转注，其音义并同。"执挚与值音义亦通。钱坫说"此措置字。

倦同券

《人部》倦，罢也。从人，卷声。

《力部》券，劳也。从力，卷省声。

《礼记·少仪》"师役曰罢。"郑注："罢之为言劳也。"刘桢《鲁都赋》"至于日昃，体劳力倦。"倦字从

北京市电车公司印刷厂出品 八一·十一
(0038) 20×20=400

偶"。

偶（当作耦）《礼记·中庸》仁者人也。郑康成读若相人偶之人。"校礼注疏言相人偶。案人偶当作耦。

弔如训至则同至

《人部》弔，问终也。古之葬者厚衣之以薪。从人持弓会驱禽。

章太炎先生曰："诗天保以弔质为韵。《宾之初筵》发彼有的。传以的训质。是其例也。至部与幽部亦然，韩诗以蓼薪为栗薪。礼经轩輖之字（说文，輖，重也）诗作轩轾。是其例也。今造词言匡更，惟顺古以求合古音。弔本如窒（广韵丁结切）故转宵为到。为迅，至也（按弔即弔之后出。《辵部》迅至也。从辵，弔声。他历切）转幽为俶，至也。古音叔戚如弔，故不淑亦作不弔。亲戚之戚本俶之借。亲，至也。俶亦至也。戚称周亲，周亦至也。诗传弔训至。"按章说弔即至字。《诗·天保》传曰："弔，至也。"《节南山》传亦云，"弔，至也。"弔至音义同。

僊同真

《人部》僊，长生僊去。从人，从䙴。

(0038) 20×20=400

北京市电车公司印刷厂出品 八一·十一

《比部》真，僊人变形而登天也。从匕，从

目，从乚。八，所乘载也。[illegible] 古文真

此许君用道家之说说字而僊真古之同。

焦侥有小的义

《人部》侥，南方有焦侥人，长三尺，短之

极。从人，尧声。

黄季刚先生曰，焦侥犹言小的，焦者小之借（说文无僬字）。侥之橈也。

件经典汉碑无件字

《人部》件，分也。从人，从牛。牛大物故

可分。

黄季刚先生曰件，即健之俗字。从人，从牛言有力也。牛训件与马训武同意。其件又训事理者与牛为大物，而物从牛。种类相似唯犬为甚，而类从犬同意。又健之语根出筋。筋又同筋，犹今言條也。俗之一件犹古言一事、一條耳。件训事理者以此。

~~匕与比~~同

匕，比本匕字

《匕部》匕，变也。从到人。

北京市电车公司印刷厂出品 八一·十一

(0038) 20×20=400

此当化古字，故从到人

匕与比同

《匕部》匕，相与比叙也。从反人。匕亦所以用比取饭。一名柶。

《比部》比，密也。二人为从，反从为比。

林

案"匕""比"当为一字。匕训比叙，盖人字象臂胫之形。古者度量用人之臂胫为标识，度寻以臂，度步以胫，皆以人体为法则。人有二臂二胫，人字侧视之则仅作一臂一胫，全则为比，具有二臂二胫。故匕比应为同字。故比引申训比拟者，以臂胫为度量故也。匕比又同髀。《骨部》"髀，股也。"《周髀算经》曰"髀者，股也。正晷者句也。周髀长八尺。髀者表也。"又有碑者，与髀同声。《石部》"碑，竖石也。"《聘礼注》曰"宫必有碑，所以识日景。"碑表之用正同，皆所以比拟之也，乃有相比之义。《释名》"髀，裨也。在旁曰裨。"臂亦匕之变。亦有比度义，寻仞常推皆可以为度量之表。

~~匙同~~

𡿺即囟之后出字

《匕部》𡿺，头髓也。从匕；匕，相匕著也。巛象髮。囟象𡿺形。奴皓切

《囟部》头会𡿺盖也。象形。𦞤或从肉宰。

[illegible] 古文囟字。息进切

黄季刚先生曰"𡿺即囟之后出字。从匕从𡿺声明之。"（𡿺即古囟字）𡿺训头髓者髓。俗作髓。

从同繇

《从部》从，相听也。从二人。

《系部》繇，随从也。从系，䍃声。

案《辵部》"從，随行也"与"从"同。从从二人，即随行之义。《诗齐风·南山》"蓺麻如之何，衡從其亩"《释文》"從，足容反。韩诗作'由'，云南北耕曰由。"则从与由同音，如"常樅"作"商容"是其证。故从從与繇音通。繇亦训随从，则从繇由同根语。

卓同朝

《匕部》卓，高也。早匕为卓。匕卪为卬，皆同意。

[illegible] [illegible] 古文卓。

《诗大雅·韩奕》奕奕梁山，维禹甸之。有倬其

其道，韩侯受命。"笺云：今有倬然著明復禹之功者，韩侯受王命为侯伯。《释文》倬，陟角反，明皃。韩诗作'晫'，音义皆同。"案倬即卓字。《诗大雅·桑柔》"倬彼昊天"笺云，昊天乃倬然明大。卓从早故亦训明。朝夕之朝本与早同。卓朝双声同语。

丠同虚。引申训空。凡"空""窾""窠""罊""罄""窒""漮""㱂"诸字皆与丘双声。

《丠部》丘，土之高也，非人所为也。从北，从一。一，地也。人居在丘南，故从北。中邦之居在崐崘之东南。一曰四方高中央下为丘。象形。坖 古文从土。"虚，大丘也。崐崘丘谓之崐崘虚。古者九夫为井，四井为邑，四邑为丘，丘谓之虚。从丘，虍声。

章太炎先生曰，丘當从后说。象形。中邦居昆仑东南，可存异说。昆仑于中国实处正西，非西北。丘亦非独昆仑。故从后说为定。丠，为最初古文，坖者后出古文也。转鱼为'虚'，大丘也。与京相係。丘虚引申皆训空。如空、窾、窠、罊、罄

北京市电车公司印刷厂出品 八一·十一

（0038）20×20＝400

窒、漮、㝩诸文，虽或缘他事字孔，然皆与丘双声，並得为丘之字孔字。汉世以丘墟为空墟，亦由声转。然则空训少，踽训疏行皃。皆此是字孔也。”又曰，“丘谓之虚，虚为空，故丘犹为空，故丘亦为空。《唐韵》虚本丘如切。汉时有‘窾’字。（丘墟见《汉楚元王传》张晏说，丘，大也，非）

屔同“泥”“濘”

《丘部》屔，反顶受水丘。从丘，泥省声

《水部》泥，水出北地郁郅北蛮中。从水，尼声。“濘，荥濘也。从水，寍声。

徐锴说“反顶谓凡地及顶当高，今反下，故曰反顶。《尔雅·释丘》水潦所止，泥丘。”郭云，“顶上洿下也。”泥本水名，《广雅》作“苨”。苨本后出字，以《说文》例之，泥之正字当作“屔”耳。荥濘叠韵连语。《七命》作“汀濘”。李善曰“汀濘小水皃。”后人谓淖为泥濘。读乃定切。

从乑众之古文

《乑部》乑，众立也。从三人。读若钦崟。”鱼音切

“眾，多也。从乑目，众意。

北京市电车公司印刷厂出品 八一·十一
(0038) 20×20=400

《国语·周语》"人三为众"，三虚数，言多也。

罜下说解曰主，微举也。

以壴从主声例之。幸即主之后出字。

襮同⿱暴糸

《衣部》襮，黼领也。从衣，暴声。诗曰：素衣朱襮。

《糸部》⿱暴糸，颈连也。从糸，暴省声。

段曰："白与黑相次文谓之黼。黼领刺黼文于领也。唐风（扬之水）素衣朱襮。《释器》黼领谓之襮。毛传曰'襮，领也'。诸侯绣黼，丹朱中衣。笺云绣当为绡。绡黼丹朱中衣，中衣以绡黼为领，丹朱为纯也。"又曰"⿱暴糸颈连也。颈当为领。从玉篇作'领连'是也。谓联领于衣也。领谓之襮，连领谓之⿱暴糸。《玉篇》以为同字。"

⿰衤疌同緁

《衣部》⿰衤疌，衽缘也。从衣，疌声。

《糸部》緁，緶衣也。从糸，疌声。𦃞，緁或从習。

缘古谓之纯，后世所说"锁边""缉边"。《礼记·深衣》具父母、大父母，衣纯以缋，具父母衣纯以

北京市电车公司印刷厂出品 八一·十一
(0038) 20×20＝400

青。如孤子衣纯以素。'毛广各寸半。《诗郑风、子衿》"青青子衿"传曰"青衿，青领也。"古代深衣右自领及衽，左自袷亦及衽，皆缘边，故曰衿缘。緁训緶衣，《衣部》齎，緶也。《丧服传》曰："斩者何？不缉也。齐者何？缉也。"齎即齐也。缉即緁。故緁者緶其边也。

裯，禅被字当帱。

《衣部》裯，衣袂祗裯。从衣，周声。~~《诗召~~《诗召南》"抱衾与裯"。毛传："裯，禅被也。"案单被曰裯，乃为"帱"之借字

䘢同裻之别

《衣部》䘢，衣躬缝。从衣，毒声。读若督。"裻，新衣声。一曰背缝。从衣，叔声。

《方言四》"繞緍谓之禑裺。"郭注，"衣督脊也。繞緍音循。"禑即䘢之后出字。文献皆借为督字。《周礼·考工记·匠人》"分其督旁之修"。贾疏"名中央为督。"《庄子·养生主》"缘督以为经"，注"督，中也。"

褎字更作褏

《衣部》褎，袂也。从衣，采声。袖，俗褎从由。

北京市电车公司印刷厂出品 八一·十一
(0038) 20×20=400

《方言四》"褕𧛊谓之袖"，郭注"衣褾音橘。江东呼𧝓音婉"。又"褕谓之袖"。郭注"襦褏有袖者因名云"。《释名》"半袖其袂半襦而施袖也"。案，褏训袖是引之后出字，引即古掏字，而有读咎音。褏之形与袞相似而讹《玉篇》作"褎"，讹褎为褏。

褢同褱

《衣部》褢，袖也。一曰藏也。从衣，鬼声。"褱，侠也。从衣，眔声。一曰橐也。

钱坫说"古诗'置书怀袖中'当用此字。"又班倢伃诗"出入君怀袖"亦此字。褱应训夹。又持也。《尚书》"怀山襄陵"。《汉书·地理志》作"褱山襄陵"。今经典多作"怀"。《左传·成十七年》"琼瑰盈吾怀乎"；《宣十一年》"收诸其怀而与之"。《襄三十一年》"叔带窃其拱璧以与御人，纳诸其怀而从取之。"《方言四》襌衣，江淮南楚之间谓之褋。关之东西谓之襌衣，有褱者，赵魏之间谓之袏衣。郭云前施褱囊也。《玉篇》"袏衣包囊也"。

裾同裣

《衣部》裾，衣袍也。从衣，居声。读与居同"

裣，交衽也。从衣，金声。

段改袍为褎，据方言为训。褎物谓之褎，因之衣前襟谓之褎。《方言》"襌衣有褎者"郭注"前施褎囊也。"序按定："前施褎囊即谓右外衿。《方言》又曰"无褎者谓之裎衣（郭音逞）"裎衣今之对襟衣，无右外衿者也。唐宋人谓之"衩衣"（例如《通鉴》"唐僖宗乾符元年，王凝、崔彦昭同举进士，凝先及第，尝衩衣见彦昭"又《名臣言行录》"窦仪在翰林，一日宣入禁中。既至太祖方衩衣，潜身却退中书，谓曰：'官家坐多时，请速见。'仪曰：'圣上衩衣，必是未知仪来，但奏云宣到翰林学士窦仪。'太祖闻之，具冠带，方召见。"又王建《宫词》"衩衣骑马绕宫廊。"）如亵衣为褎。礼记也有褎。《公羊哀十四年传》"反袂拭面涕沾袍（当作"褎"）。"何注"衣前襟也"。由此知之袺为有衿之服，亦即交领之衣。袺与衿双声。《说文》训褎者实则训衿，则袺衿方文同。

袁同移

《衣部》袁，长衣皃。从衣，叀省声。"袳，衣张也。从衣，多声。春秋传曰公会齐侯于袳。"~~袁长皃~~

北京市电车公司印刷厂出品 八一·十一
（0038）20×20＝400

钱坫说，"《繫传》作衣袪也。《玉篇》作长衣皃。依《玉篇》或当作衣长也。一云即侈袂之侈。今《左传》作'袁'。"袁与袳歌寒对转音义皆同。

複别作褔

《衣部》：複，衣皃。从衣，复声。一曰褚衣。引申为重复之义。别作"褔"《西京赋》"仰褔帝居。"

襛，讹作穠。

《衣部》：襛，衣厚皃。从衣，农声。诗曰：何彼襛矣。

今《诗召南》作"穠"，今《说文·禾部》无穠字，段曰"诗俗本作穠，误。"

裴与衯同

《衣部》：裴，长衣皃。从衣，非声。"衯，长衣皃。从衣，分声。

二字音义同。司马相如《子虚赋》"衯衯裶裶。"郭璞曰"皆衣长皃。"

襡同"襩""衹""裯"

《衣部》：襡，短衣也。从衣，蜀声。读若蜀。"衹，衹裯，短衣。""裯，衣袂衹裯。从衣，周声。"

北京市电车公司印刷厂出品 八一·十一

(0038) 20×20=400

"裋，竖使布长襦。从衣，豆声。"

《方言》四"襜褕其短者谓之裋褕。"韦昭注《王命论》"裋谓短襦也。"《汉书·贡禹传》颜师古注"裋褐谓僮竖所著长襦也。"裋与袛、裯、襡音同通义同。

袷后出字作"衱"。

《衣部》袷，衣无絮。从衣，合声

黄季刚先生曰"袷后出作'衱'训裾，训曲领（《方言四》西南蜀汉，或谓之曲领。'）

襄，襄陵之襄本作"驤"

《衣部》汉令：解衣耕谓之襄。从衣，𤕦声。

[illegible] 古文襄

《尚书·尧典》"荡荡怀山襄陵"《马部》"驤，马之低仰也。"或俯或仰谓之驤，正象水涛起伏。

褻同衵

《衣部》褻，私服也。从衣，埶声。诗曰，"是褻袢也。"衵，日日所常衣。从衣从日，日亦声。

今《鄘风·君子偕老》作"绁"。《汉书·叙传》"思有裋褐之褻"颜注"褻谓亲身之衣也。"段曰，

北京市电车公司印刷厂出品 八一·十一
（0038）20×20＝400

褻引申为昵狎之称。假借为"媟"字。又《玉篇》衵，近身衣。《左传·宣九年》陈灵公与孔宁仪行父通于夏姬，皆衷其衵服以戏于朝。杜解"衵服，近身衣。"褻衵音义同。

袾同"姝""㚬"。又侏古字。

《衣部》袾，好佳也。从衣朱声。诗曰静女其袾。

《女部》姝，好也。从女朱声。"㚬，好也。从女，殳声。诗曰静女其㚬。"

許君引诗兼存異文。袾下㚬下一引静女其袾，一引静女其㚬。袾下云讀若静女其姝。可见三字是《诗经》的異文。

《说文》无"侏"字。《国语·晋语》侏儒不可使援。又《礼记·明堂位注》"梲画朱儒"此梁上柱亦曰侏儒。又《周礼·鞮鞻氏》掌四夷之乐。"郑注西夷曰侏離。

裨，既夕记作"綼"

《衣部》裨，接益也。从衣，卑声

《仪礼·既夕礼记》"主人说髦。括髮。冠六升。外縪。纓條屬。厭"此谓裳治居衷

北京市电车公司印刷厂出品 八一·十一

者补。郑注："綼谓缘。"真视缀缲故填塞耳。掘坎，南顺，广尺，轮二尺，深三尺，南其壤。垼用块。明衣裳用幕布，袂属幅，长下膝，有前后裳，不辟，长及觳。縓綼緆，缁纯，设握。郑注："一染谓之縓，今红也。饰裳在幅曰綼，在下曰緆。"綼即裨之别体。

雜同緝

《衣部》雜，五色相合。从衣，集声。

《糸部》緝，合也。从糸从集。读若捷。

雜有集义《诗经·女曰鸡鸣》"雜佩以赠之"诗曰雜佩者，珩璜琚瑀衝牙也。"故雜集义，与緝合义同。又《汉书》凡言雜治之犹今言会审也。

裂《内则》作绽裂。

《衣部》裂，缯馀也。从衣列声。

《内则》衣裳绽裂。《方言三》"褸裂、须捷、挟斯，败也。南楚凡人贫衣被丑敝谓之须捷。或谓之褸裂。"郭云"褸裂，衣坏貌。"引申为残馀之称。《齐语》"戎车待游车之裂。"韦注"裂，残也。"《左传·昭元年》"裂帛而与之。"

北京市电车公司印刷厂出品 八一·十一
(0038) 20×20=400

诗曰载衣裼正作"褅"

《衣部》褅，緥也。从衣，啻声。诗曰载衣之褅

今《诗·小雅·斯干》载衣之裼。释文曰：裼，韩诗作禘。案亦作褅。

襚同祱

《衣部》襚，衣死人也。从衣，遂声。春秋传曰：楚使公亲襚。"祱，赠死者衣被曰祱。从衣，兑声。

此二字音义同

褭同"繚""繞"

《衣部》褭，以组带马也。从衣从马

《糸部》繚，缠也。从糸尞声。"繞，缠也。从糸，尧声。

此三字音义同。

褐《巾车》故书之毼。《士丧礼》之"毼"《明堂位》之楬皆此字

《衣部》褐，编枲韤。一曰粗衣。从衣曷声。

裘，求请之"求"，逑欲之逑。本应作"[illegible]"或当作叔。

(0038) 20×20＝400

北京市电车公司印刷厂出品 八一·十一

《裘部》裘，皮衣也。从衣，求声。一曰象形，与衰同意。求，古文省衣。~~古者裘~~古者裘毛为圆形，故今字作"毬"《说文作"鞠"，蹋鞠也。《诗经》裘求異訓（裘属咍部，求属萧部）章太炎先生谓求训敛聚此为请求之求，聚敛与搜索同事故亦搜求之求。黄季刚先生谓求请之求，求敛之求正应作"臼"臼本古掬字，本聚敛义。对韩東初同"臼"，臼与臼既为同字。今应以黄说为正。

老同"寿""考""叜"

《老部》老，考也。七十曰老。从人毛匕言须发变白也。"寿，久也。从老省，𠷎声"。"考，老也。从老省，丂声。

《又部》叜，老也。从又，从灾。阙。𡨧，籀文从寸。傁，叜或从人。

章太炎先生谓考、老、寿、叜四字为一。窃疑"叜"从字形上分析，应从又持火在宀中，为搜索之正字，而重文从傁，则从叜声始为老者之称。

雉仙出字作绒

北京市电车公司印刷厂出品 八一·十一
(0038) 20×20=400

《毛部》毴，毛盛也。从毛，隼声。虞书曰：鸟兽毴髦。（而尹切又人勇切）

《尚书·尧典》"鸟兽氄毛"。许君作"毴"，毛作髦。《周礼·天官·司裘》"中秋献良裘，王乃行羽物。"郑云："中秋鸟兽毴毨，因其良时而用之。"此即《书·尧典》"中秋毛毨"之异文。惠栋云："《释文》毴音毛。案毛当为髦之误也。《尚书》云中秋鸟兽髦毨，中冬鸟兽毴髦。涉下文而误耳。"此言中秋鸟兽毛盛而毛泽，可选以为服用。毛毨即毛毴，亦即后出字之氄。古毛古声人勇切即氄字音。

尸即死屍之正字，部中屍训终主，则尸乃尸之正字。后世多错用之。

《尸部》尸，陈也。象卧之形。

黄季刚先生曰："横卧成尸，原当作丨，篆书求字形茂美，遂改为尸。此笔势增美。"又案尸又象屋形，此一字[illegible]之例。

㞟即宫殿字

《尸部》㞟，偫也。从尸，奠声。

钱坫说"此殿后之殿后之殿。"按钱说非。此宫殿字，殿后之殿即"屍"字。

展同輾

~~居同踞~~

《尸部》展，~~转也~~。展，转也。从尸襄省声。

《車部》轉，运也。从車，專声。

《诗经·关雎·泽陂》皆作"輾转"。此覆刻車误。

居同尻

《尸部》居，尻也。从尸古声。"尻，脾也。从尸九声。

居音"诘利切"即男子阴物之名，俗曰"屌"也。段曰：按《释名》以尻与臀为二物。《释形体》："臀，殿也。高厚有殿遌也。""尻，廖也。尻所在廖牢深也。"《汉书·东方朔传》"结股脚，连脽尻"，亦自分二物也。尻今俗云"沟股"，诸子是也。"古人前后阴通言，故屌同尻也。

屐，盖与𤿭同。或即屏字

《尸部》屐，柔皮也。从申尸之后。尸或从又。

《𤿭部》𤿭，柔韦也。从北，从皮省，从夐省。读若耎。一曰若儁。𤿭古文𤿭。𤿭籀文𤿭从夐省。

北京市电车公司印刷厂出品 八一·十一

(0038) 20×20＝400

《冄部》冄，毛冄冄也。象形。

案皮训柔皮，音汝延切，即男子生殖器两旁之睾丸，俗叫皮子。由柔皮义与髯冄同音义。

屒以尸为人體，或即屒字，以尸为屋亦即宸字。

《尸部》屒，伏皃。从尸，辰声。一曰屋宇。

《宀部》宸，屋宇也。从宀，辰声。

案屒为女阴，伏皃谓交媾也。~~说文于宸字训屋字~~则屒即宸。段曰"屋以宫上覆言之，宸即屋溜。"《玉篇》室之奥者。

~~屟同~~屟，俗作屧。

《尸部》屟，履中荐也。从尸，枼声。

钱坫说"今屧字。"玄应《一切经音义》二十二》"屧，鞢履今之屐足者也。"又吴宫有响屧廊。《苏州府志三十一·古迹》引吴宫遗迹馆娃宫在吴县西三十里砚石山，今灵岩寺即其地。山有响屧廊，亦曰鸣屧廊。以楩梓藉地，而虚其下，令西施与宫人行则有声，因名。"即今妇女鞵所施高底。

屋，茵屋、主屋当作"楃"

《尸部》居也。从尸，尸所主也。一曰尸象屋

北京市电车公司印刷厂出品 八〇·四

从至，至所至止。室屋皆从至。屋 籀文屋从厂。 古文屋

《木部》木帐也。从木，屋声

楃即辇上所用车盖，用木形似屋状，故曰王屋。其色黄故曰黄屋。

北京市电车公司印刷厂出品 八〇·四

(1529) 20×20=400

第八卷下

舟同船

《舟部》舟，船也。古者共鼓货狄，刳木为舟，剡木为楫，以济不通。象形。"船，舟也。从舟，铅省声。

舟船双声，二字音义同。舟与周音同。案旋下言"周旋"，服下言"舟旋"，此舟周通用。《春官·司尊彝》曰"六彝皆有舟"，郑司农云，舟，尊下台。若今承盘。"是盘必周绕於尊下以承彝，此周舟音义相同之证。

兒同婗

《儿部》兒，孺子也。从儿，象小儿头囟未合。

《女部》婗，嫛婗也。从女，兒声。一曰妇人恶皃。（五鸡切）"嫛，婗也。从女，殹声。（乌鸡切）

章太炎先生曰"兒字本音以倪睨例之，宜读深喉鸡纽。以训孺子例之，宜如今音。今作舌头泥纽。"兒与婗音义同。《释名》曰"人始生曰婴兒。或曰嫛婗。"嫛婗为双声连语，故兒与"婗"同语。

兒指诗传，疑同句。

北京市电车公司印刷厂出品 八一·十一

《儿部》兑，说也。从儿，㕣声。

《诗大雅·緜》"柞棫拔矣，行道兑矣。"毛传曰：“兑，成蹊也。”《口部》㕣，山间陷泥地。读若沇州之沇。九州之渥地。故以沇名焉。"又虞翻说易谓"兑水半见于上。"则兑㕣古义更相近，"水半见"即"水敗"。

先同兟。兟又同"鑱""剡""孅"。先所生字有锐義者与羊同。

《先部》先，首笄也。从儿，匕象形。簪，俗先，从竹从替。兟，兟兟，锐意也。从二先。"

《金部》鑱，锐也。从金，毚声。

《刀部》剡，锐利也。从刀，炎声。

《女部》孅，锐细也。从女，韱声。

《干部》羊，撥也。从干入一为干，入二为羊，读若任，言稍甚也。

先训首笄有锐義故"兟""鑱""剡""孅"皆有锐古韵或在覃部或在添。其"羊"训撥亦关锐义。章太炎先生曰凡有锐义者与羊同。故以上诸字语受诸羊。

北京市电车公司印刷厂出品 八一·十一
(0038) 20×20=400

屬，此屬合正字又通作"燭"

《尾部》屬，连也。从尾，蜀声。

《火部》燭，庭燎火燭也。

蜀象人陰。与肌同。《史记·五帝本纪》集解引《说文》曰："尾，交接也。"此训是也。交接之物曰尾，交接之事亦曰尾。屬从尾，蜀声。正说明陽物与陰物相连屬正交接之事也。屬又通燭，皆同蜀声。《淮南子·精神训》"燭營指天"高诱注："陰華也。"第燭營犹言陰莖也。

⿸尸予当即亦舄。

《履部》⿸尸予，履屬从履省，予声。（徐吕切）

案《诗·国风·狼跋》"赤舄几几"《周礼注》"複下曰舄，禪下曰履。"《毛传》"舄，达屨也。"段曰："屨之言重沓也。即複下之謂也"

方，方册字当作匚。謗字亦当作匚。方将字当作甫

《匚部》受物之器。读若方。匚，籀文匚。

章太炎先生曰：《聘礼》曰"不及百名书于方。"又《仪礼·既夕礼》"书赗於方若九若七若五。"郑君云："方，版也。書賵奠賻贈之人名与其物於版。每版若九行，若七行，若五行。"是正表之法，古方匚

北京市电车公司印刷厂出品 八一·十一
(0038) 20×20=400

皆重吞，故后更为譜。"方册谓之簿。《说文》无簿字。或以博字为之。章太炎先生曰，《孙卿子·大略》云，'先王之道则尧舜已；六贰之博则天府已'。此为俪语，博即簿亦即匚字。"《春官·天府》曰"凡官府乡州及都鄙之治中，受而藏之。"郑司农云"治中治职簿书之要。"又《秋官·大司寇》"凡邦之大盟约莅（俗作涖）其盟书而登之于天府。大史、内史、司会及六官皆受其贰而藏之。"是一切簿书天府藏其正，六官藏其贰。合六官所藏之贰，则不弁于天府。故曰六贰之博（簿）则天府已。此亦匚之借字。《广雅·释诂》"方，大也。""方，始也。"案此文当作"甫"《用部》"甫，男子之美称也。"礼注甫，且字也。始冠称甫。"引申有始大二义。方训大训始，甫之借字也（每方训始者又造昉字，亦自模应对）。

斻后出字作航

《方部》斻，方舟也。从方，亢声。天子造舟，诸侯维舟，大夫方舟，士特舟。

案《广韵》作"航"

兄即况赐字。亦即语词况且字。

北京市电车公司印刷厂出品 八一·十一

(0038) 20×20=400

《兄部》兄，長也。从儿，从口。

段曰："古长字不分平上，其音义一也。長短、滋長、長幼皆无二义。兄之为长以叠韵为训。《小雅》兄也永歎。传曰，兄，滋也。《大雅》倉兄填兮。传曰，兄，滋也。職兄斯引。職兄斯宏。传曰：兄，兹也。又《小雅》僕夫兄瘁。笺云，兄，滋也。笺云而乱兹甚。《大雅》亂兄斯削。凡此等毛诗皆作兄。兹益乃兄之本义。兹之本义谓兹，许所谓長也。"兄之后出字作"況"，俗又作况。用为语词亦加甚之义。又兄之后出作"貺"。《尔雅、释诂》貺，赐也。《诗、彤弓》"中心貺之"此应训孳亦貺赐之引申。

兢，此矜慎字。

《兄部》兢，競也。从二兄。二兄競意。从丰声。读若矜。一曰兢，敬也。

《诗小雅、无羊》矜矜兢兢。"《尔雅、释训》兢兢，戒也。

寫下至兢应在先前

皃 后出字作貌

《皃部》皃，頌儀也。从人。白象人面形。

𩑋，或从頁，豹省声。貌 籀文皃从豹

北京市电车公司印刷厂出品 八一·十一
(0038) 20×20=400

省。

章太炎先生谓兒学乳为彡。今所谓描也。黄季刚先生曰描即兒之右出字。

秃语转为童。即秀之异文。

《秃部》秃，无发也。从人，上象禾粟之形。

王育说，苍颉出，见秃人伏禾中，因以制字。未知审否？

钱坫说，"王述苍颉以下云云，（《广韵》以为出文字敍。）非许君文是也。校是书者写在旁而误之耳。未知其审云者又校是书者之词耳。"又《说文》童，男有罪曰奴，奴曰童。"奴皆髡钳以自别。《汉书·贾山传》称文帝之德曰"赦罪人怜其无发，赐之巾。"又《王吉龚遂传》二人皆减死髡为城旦。"由此知凡为奴皆髡钳以自别。髡则纚笄无所施，故不冠谓之童，童之言秃也。童秃对转，语转而异。故牛羊之无角者曰"童牛"，曰"童羖"，山之无草木者曰"童山"，其义一也。

又象禾粟之形。秃即"秀"之异文。

视同题

《见部》视，瞻也。从见示。眂古文视。眡

北京市电车公司印刷厂出品 八一·十一
(0038) 20×20=400

示古文視。"題，顯也。从見，是声。"案視与題施受同辭。如見亦讀現。出見然后有見。題顯而后有視。

䚕同"倪""睨"

《見部》䚕，旁視也。从見，兒声（五計切）。

覶《广韵》作"覼"

《見部》覶，好視也。从見，𤔔声（洛戈切）。《玉篇》覶縷，委曲也。《唐书·柳宗元传》"秉笔覶縷，不能成章。"古书亦"覶縷"，详言之意。《广韵》作"覼"。又六朝人作"羅縷"《晋书》傅咸疏曰："臣所以不稱羅縷者，冀因結奏得从私願也。"

䚋，即廉察字

《見部》䚋，察視也。从見，夫声。讀若鎌。《汉书·高帝纪》汉高帝詔："且廉問有不如吾詔者，以重論之。"師古曰"廉察也。字本作䚋。"段曰"䚋训察視，廉察之視也。"徐鍇曰"汉书多言廉得其情。"廉察視也。当作此。

䚆即广運字，幅員亦此字。亦广輪字。

《見部》䚆，外博眾多視也。从見，員声。讀若運。（王問切）

《国语·越语》"广运百里"注"东西曰广，南北曰运。"或作"广員"《山海经·東山经》"諸鉤之山广員百里"又"跂踵之山广員二百里。有水焉，广員四十里"案員讀若运。又《左传·哀十二公会衛侯宋皇瑗于郧。《公羊》郧作运。

又《诗商颂·长发》"幅陨即长"。《毛传》"幅，广也。陨，均也。"郑笺"陨当作圓，圓周也。此即"幅員"字。《巾部》"幅，布帛广也"是"幅員"即"广員""广运"。又《周礼·地官·大司徒》"周知九州地域广輪之數。"郑注"東西为广，南北为輪。"

𧡪后出字作"覗"

《見部》𧡪，𧡪覰，闚觀也。

《方言》凡相竊視南楚謂之闚，自江而北謂之覗。桂馥曰覗即𧡪之或体。《广韵》"覗，覰也。"《通文》伏覗曰覰。

覰，拘覰即"苟且"。亦即"假借"

《見部》覰，拘覰，未致密也。从見，虘声（七句切）未致密，致即緻字。言粗疏。即未周密而以致慮。即今之"苟且"字。亦即"假借"字。

覘同閃。佔畢即此字。

北京市电车公司印刷厂出品 八一·十一
(0038) 20×20=400

《見部》覘，窺也。从見，占声。《春秋传》曰：公使覘之信。（左传、成十七年）

《门部》闪，闚头门中也。从人在门中。

校改窥为闚。《广韵》引作"闚视"。《门部》"闚，闪也。"案：佔闪同在添部。《方言》十："䀡，视也。凡相窃视，南楚谓之闚，或谓之睃，或谓之闪，或谓之䀡，或谓之占；自江而北，或谓之䀡，或谓之覗。凡相候谓之占，占犹瞻也。"《礼记·学记》"呻其佔毕"。注云"佔，视也。"覘即佔毕之本字。《礼记·礼运》"鱼鲔不淰"。郑玄曰"淰之言闪也。"

覯　交覯义由此引申

《見部》覯，遇見也。从見，冓声。

覯与遘同。《辵部》遘，遇也。《召南·草蟲》"亦既見止，亦既覯止"，《郑笺》："覯，遇也。"《易》"男女覯精，万物化媾。"故交媾字由此引申。今案此即構字。

《見部》覿，暫見也。从見賓声。

案下樊篆说解曰：覿，樊見也。读若幡。"案覿即繁烦字

覭即《庄子》迷陽字

《見部》䁾，病人視也。從見，氐声。讀若迷。（莫兮切）

錢坫說：“《楚辭》瞀迷而不知路。《莊子》‘迷陽’。司馬彪注‘謂詐狂’。此字也。”䁾即迷陽字。

覓亦即冒昧字。亦驀字

《見部》覓，突前也。從見，冃。

《馬部》驀，上馬也。從馬，莫声。

玄應《一切經音義》引覓字而申之，謂“犹輕觸身進也。”又引《國語》“覓沒輕儳。”賈逵曰“覓沒犹輕觸也”。又有“覓死”、“干覓”，云今皆作“冒”。

又驀訓上馬，實然覓上馬身。与春秋“超乘”相似。

覦同欲

《見部》覦，欲也。從見，俞声。

《欠部》欲，貪欲也。從欠，谷声。

章太炎先生曰：“易之窒欲，孟氏作谷。《樂記》‘性之欲也’。《樂書》作‘性之頌也’。《莊子天下篇》宋鈃謂心之容，即荀子所引宋子言人之情寡而以己之情欲多。然則欲字之义又係于谷与容矣。”

覩别文同眙。《广韵》作“覩”。

北京市电车公司印刷厂出品 八一·十一

《見部》⿱舂見，視不明也。从見，舂聲。一曰直視。

案别文同。《目部》眙，直視也。⿱舂見眙双声（眙丑吏切）《广韵》作"⿰春見"。钱坫说，"今通用惷"。

𧢢即"爚乱""梟乱""肴乱"字

《見部》𧢢，視誤也。从見，龠声。弋笑切

《莊子·胠篋》"彼曾史楊墨師曠工倕離朱者，皆外立其德而以爚乱天下者也。"此与𧢢文同。又作"梟乱"《荀子·非十二子》"饰邪说，文奸言，以梟乱天下。"又作"淆亂"《淮南子·泰族》"纷然淆乱，莫知其是非。"案𧢢古屬沃韵，与梟淆对转（沃即豪之入声）。

覕非覓字，覓當作䀢

《見部》覕，蔽不見也。从見，必声

《目部》䀢，目財視也。从目，𠂢声。

钱坫说"《莊子》譬之犹一覕也。司马彪注，暂見皃。今俗覓字即此。"黄季刚先生曰，"案覓为当为䀢之讹别，非覕字。"今按师说极精确，古目見在偏旁中互用，如睹重文作覩、視重文作眎是其例。故䀢一变而覛，再讹而作覓。此䀢之形

北京市电车公司印刷厂出品 八一·十一
（0038）20×20＝400

謁。其次眂训財視，財与才同，才有小义有细义。財視应训仔细察看，正与覓寻之义相合。

𧢌与瞽同

《見部》𧢌，目蔽垢也。从見，𢇍声。读若兜。

《目部》瞽，目但有朕也。从目，鼓声。

案《目部》眵，目伤眥也。一曰瞢兜。"钱坫说"𧢌与兜字义同。"亦通。

𩁹与靃相反。盖同屓

《覞部》𩁹，見雨而比息。从覞，从雨。读若欶。

《尸部》屓，卧息也。从尸，自。许介切

案《雔部》靃，飞声也。雨而双飞者，其声靃然。"𩁹与靃义正相反。此遇雨而止故与屓同，屓与𩁹同音。

欣义同听

《欠部》欣，笑喜也。从欠，斤声

《口部》听，笑皃。从口，斤声。宜引切

此二字音义。

欨别义即戏字

《欠部》欨，吹也。一曰笑意。从欠，句声。

案欨读况于切，别义当戏本字。

《文选·琴赋》"其康乐者闻之，则欨愉欢释。"注云，"欨，笑貌。"《汉书·东方朔传》"愉愉呴呴"。注，"言语顺也。"

歂同"嘫"又同"喘"

《欠部》歂，口气引也。从欠，耑声。读若车辁。

《口部》喘，疾息也。从口，耑声。"嘫"，语声也。从口，然声。

《难经》张世贤注曰，"欠，气相引也。"然欠之引是自然而引，歂之引则若倦极而疾息也。与喘训疾息同。《方言》"欸，然也。"《广雅》欸譥、然，应也。"《左传·定八年》郑驷歂字子然"。古人名字相应是嘫亦引气也。

歋 此脅息字

《欠部》歋，翕气也。从欠，脅声。

钱坫说，"《高唐赋》'脅息增欷'应此字。"

歍同怏

《欠部》心有所恶若吐也。从欠，乌声。一曰口相就。

《心部》怏，不服怼也。从心，央声。

北京市电车公司印刷厂出品 八一·十一
(0038) 20×20=400

《方言》"鞅、倖，懟也。"鞅者快之借。快有倔强不佁儗之意。《集韵》"快然自大之意。"段曰"故王逸少《兰亭序》快然自足。自来石刻如此。本非快字，而学者尟知之。多借鞅为之。《汉书·周亚夫传》此鞅鞅非少主臣。"鞅快模底时辞。皆有不顺意。

𣢑即蹙字。近歔。

《欠部》𣢑 愁貌也。从欠，秋声。孟子曰曾西𣢑然。"歔，安气也。从欠，與声。"今《孟子》作蹵。赵岐《章句》云"蹵然犹蹵踖也。"《论语》"踧踖"马郑注皆云"恭敬貌"。歔训安气与敬相近。蹵训马疾行也。歔蹵相反相成皆与𣢑同意。

歋，此须臾之后出

《欠部》人相笑相歋瘉。从欠，虒声。以支切

《后汉书·王霸传》"市人皆大笑举手邪揄之。"注云《说文》曰歋瘉手相笑也。歋音弋支反。瘉音踰。（说文无瘉字）歋瘉即曳臾字。

歊同嚣

《欠部》歊歊气出貌。从欠，高声。

北京市电车公司印刷厂出品 八一·十一
(0038) 20×20=400

《㗊部》嚣，声也。气出头上。从㗊，頁声。頁，首也。

嚻，嚣或省

《文选·宋鼎诗注》引作"歊，气上出皃"。

欷 《公羊传》作"悕"

《欠部》欷，歔也。从欠，希声。

《仓颉篇》"歔欷。"注"餘声也"。《公羊成十六传》"在招邱悕矣。"悕即欷之后出。

歔 语词之"攸""逌""猶"皆以此为本字

《欠部》歔，言意也。从欠，从卤，卤亦声。读若酉。与久切

《乃部》逌，气行皃。从乃，卤声。读若攸。段曰"卤隶作逌。《禹贡》'陽鳥攸居。''豐水攸同''九州攸同'《汉书·地理志》攸皆作逌。"案"歔"即语词"逌""攸"之后出。故训言意。语词之猶，亦应以此为本字。《尔雅》猶言也，又若也，训相近，则语词之"猶"亦以"歔"为本字。《庄子·逍遥游》"宋荣子猶然笑之"崔李并云"猶，笑皃。"亦应用此。"尚猶"之猶，则"又"字之借。又与卤通。

歎同醻

《欠部》𣤶 尽酒也。从欠，𩐁声。子肖切

《酉部》釂，饮酒尽也。从酉，嚼省声。子肖切

二字音义毕同。

𣣋 此即缄口字

《欠部》𣣋 监持意口闭也。从欠，缄声。古咸切

桂馥曰，小字本、李焘本，《广韵》《玉篇》并作坚持意。此字《家语》孔子观于周庙有金人三缄其口" 案𣣋即缄口正字

欯即嗔字

~~钱坫说，"易~~《欠部》欯，指而笑也。从欠辰声。读若蜃。时忍切

钱坫说，"易楮恒𠒎作振恒。是欯有指声。故以指释欯。即《庄子、达生》（齐桓公）嗔然而笑字。"案欯与嗔皆从辰声。嗔即欯之俗字，异体也。

𣢍 正作𩐁

《欠部》𣢍 昆干不可知也。从欠，𩐁声

案《𩐁部》𩐁，鼠也。从𩐁，𩐁声。"𣢍正作𩐁。

𣣗同"歆""醋"

《欠部》𣣗，歆也。从欠，西声。春秋传曰𣣗而忘。

北京市电车公司印刷厂出品 八一·十一
（0038）20×20＝400

《欠部》㱃，歠也。从欠，酓声。⿱今水古文㱃从今水。⿰今食，古文㱃从今食。於錦切

《酉部》⿰酉朁，歃酒也。从酉，朁声。子朕切

歃训饮，古代凡盟誓者必歃血。《淮南子·齐俗训》曰："胡人弹骨，越人契臂，中国歃血，所由各异，其於信一也。"引春秋传语，见《左传隐七年》。今本作"十二月陈五父如郑涖盟。壬申，及郑伯盟，歃如忘。"杜解："志不在歃血也。"《孔疏》："当歃血之时似口遗忘物然。"服虔云："如而也。临歃而忘其盟载之辞，言不精也。"案《说文》引之作"歃而忘"而知杜解非是。许氏所据本亦与服异。歃古韵在帖部与"饮""⿰酉朁"对转。故三字虽所饮之物不同，而义实同。

欶 后出字作"嗽"。所角切

《欠部》欶，吮也。从欠，束声。

《通俗文》"含吸曰欶"《释名》"欶，促也。用口急促也。"《汉书·邓通传》"文帝尝病痈，通常为上嗽吮之"。嗽即欶之后出。

歁同歉

《欠部》歁，食不满也。从欠，甚声。读若坎。

北京市电车公司印刷厂出品 八一·十一
（0038）20×20＝400

“歉，歉食不满。从欠，兼声。”

《方言》晋魏河内之北谓㱮曰残。楚谓之贪。南楚江湘之间谓之歁。”郭注，“言歁㱮難猒也。”钱坫说，“今吴语谓凡物不满为歁。即此义。”又坎，陷也，坎陷皆有不满之义，故歁读坎。《孟子·尽心下》“自视欿然”。此亦歁读坎之旁证。又《穀梁襄二十四年传》一穀不升谓之歉（今本作嗛，《广雅·释天》作“歉”。）引申凡未满之称。歁歉音义同。

𣢘同“怮”“悒”

~~歉同“嵌”“嘁”“歁”~~

《欠部》𣢘，愁皃。从欠，幼声。

《心部》怮，憂皃。从心，幼声。“悒，不安也。从心邑声。

钱坫说，“《心部》重见。故𣢘愁义与憂同。《广韵》音幽。”

《大戴礼记》“君子终身守此悒悒。”卢注“悒悒憂念也。”后出字作“唈”《尔雅》“僾，唈也。”

欪即“邋遢”“荒唐”音转为“糊涂”

《欠部》欪咄，无慙。一曰无肠意。从欠，出声。读若屮。

段曰，“无肠犹无心也。”严可均说“肠当作知。”

《耳部》聉，无知意也。从耳，出声。读若孽。

北京市电车公司印刷厂出品 八一·十一

（0038）20×20＝400

条与心与乡知义近。咄[illegible]为叠韵连语，此即"虺隤"（病貌，本谓马病）"荒唐"音转为糊涂（《宋史》吕端传"太宗曰端小事糊涂，大事不糊涂。"又作"鹘突"。唐孟郊诗"何处鹘突梦，归思寄仰眠。"胡涂"与"鹘突"亦音转。）

⿰矢京同凉

《矢部》事有不善言⿰矢京也。尔雅，⿰矢京薄也（今尔雅无此文）从矢，京声。

《水部》凉，薄也。从水，京声。

《诗大雅·桑柔》"民之罔极，职凉善背。"毛传：凉，薄也。"段玉裁说："《水部》凉，薄也。细绎上下文如周礼六饮之凉。当作薄酒也。⿰矢京则为事有不善之言。"案《诗大雅·桑柔之凉亦作[illegible]又《左传》庄三十二年》"虢多凉德"《昭四年》"君子作於⿰矢京。"皆与诗同，亦作"⿰矢京"。《周礼·天官·浆人》掌王之六饮，水、浆、醴、凉、医、酏。"郑司农注"以水和酒。"二字皆训薄，一施于人，一施于酒：二字语音训义皆同，而施于不同之物判然两回事。研究同根词者不可不知也。

第九卷上

頁同䭫。又同"百""頭"、首。

《頁部》頁，頭也。从百，从儿。古文䭫首如此。頁者䭫首字也（末六字后人所加）。

"頭，首也。"从頁，豆声。

《百部》百，頭也。象形。書九切

《首部》首，百同。古文百也。巛象髮，謂之鬊。鬊即巛也。"䭫，下首也。从首从旨。"

案䭫下說解曰"頁，首也。"王念孙说，"頁即首字。"章太炎先生曰"首變易为頭，如朩變稱豆矣。"

頁引申下首之䭫。

首又用为"道"。《九部》馗，九達道，似龜背，故謂之馗，馗，高也。从九从首。"~~章太炎先生曰~~，古文以首为道。"《辵部》道，所行道也，从辵从首。衟，古文道从首寸。章太炎先生曰"蓋古文有道無導，最初有首無道。首有主領之义，引申为鄉道，首复引申为道路，乃分别道引之道作導矣。"又首为道之古字，道有稱道之义，亦作首。尽有草自首即自道也。《会稽刻石》"追首高日"亦以首犹为道也。

北京市电车公司印刷厂出品 八一·十一

（0038）20×20＝400

𩑔同顙，𩑔顱又同髑髏。

《頁部》"𩑔，顱也。从頁乇声。""顱，𩑔顱，首骨也。""顙，額也。"

从语言角度上看，单词可以变为联绵语，联绵语可以转为单词。如《左传·宣十年》"庶有豸乎。"杜解云"豸，解也。"段曰古多假豸为解廌之廌。是以廌训解。"《十上·廌部》解廌，兽也。似山牛，一角。古者决讼令触不直。象形。从豸省。"解廌叠韵（鸺）联绵字。今《左传》作"豸"（俗作獬豸）。此类甚多如"窈窕""参差""猶豫"等（皆可单用）。~~由此得之~~单字亦可转为联绵词。如~~"蛩"转为"蛩蛩""蠛蠓"~~《周礼·春官·龟人》"东龟曰果属"。《释文》"果，音火反。注蠃同。"杜子春曰，"读果为蠃。"此本果蠃联语，此以单字果代"果蠃"。《庄子·庚桑楚》"内韄者不可缪。"《释文》"缪，音稠。"此以绸为绸缪也。此𩑔字可单用，又作𩑔颅，𩑔训顙，𩑔顱即髑髏，是"𩑔"可转为"𩑔顱"~~皆叠韵联词~~。《骨部》"髑髏，顶也。"顙与顶同义，𩑔与顙韵亦对转。

由此知毛亨释诗对联词的解释分为三类：一，不分开训解，二，联词只解一字，三，两字分别

北京市电车公司印刷厂出品 八一·十一

(0038) 20×20=400

作训释（见刘师培《毛诗词例举要》）。更明确了联绵词出于单字，由单字发展为联绵词衍化之~~痕迹~~规律。

頞同自

《頁部》頞，鼻茎也。从頁，安声。齃或从鼻曷。

《自部》自，鼻也。象形。𦣹古文自。

《孟子·梁惠王下》"蹙頞相告"。《史记·蔡泽列传》亦有"魋颜蹙齃"。《素问·气厥论》"胆热于脑，则辛頞鼻渊。"頞与齃对转犹《诗经》"以按徂旅"，《孟子》作"以遏徂旅"。自与曷韵近。

颔同𦣝"顄""頰""頸""領"

《頁部》頷，顄也。从頁，含声。胡感切。"頰，面旁也。从頁，夾声。""顄，𦣝也。从頁，函声。""頸，頭茎也。从頁，巠声。""[illegible]，"領，项也。从頁，令声。"

《𦣝部》𦣝，顄也。象形。頤，篆文𦣝。𩠗，籀文从首。

段注"《公羊传·宣六年》呼獒而属之，獒亦躇阶而从之。祁弥明逆而踆之绝其颔。"何注"以足逆蹋曰踆。"

北京市电车公司印刷厂出品 八一·十一

（0038）20×20＝400

頷，口也。"《玉篇》引作"絶其頷"。"按頷即頷字后出。《方言十》"頷、頤，頜也。南楚謂之頷，秦晋謂之頜，頤其通語也。"頤亦同頜，故訓頤訓頤訓頷。頤頷頰对转，（頤字即頤也。頤与頷若聽之为聆）其与嗌嚼之"頷頷"亦相侯，則与嗌咽相近。

⿰尹頁同"奊""嫨"

《頁部》⿰尹頁，面目不正也。从頁，尹声。

《夨部》奊，头衺骫奊態也。从夨，圭声。胡結切"奊

頭衺也。从夨，圭声。讀若孑。古屑切

"骫奊"双声联词，形容头不正之见。段曰"《左传》齐庆奊，即庆绳。盖以头邪为名，以绳直为字，名字相应也。"奊与嫨韵近，与⿰尹頁双声。三字皆头不正为义。

顛穀梁作"傎

《頁部》顛，顶也。从頁，真声。

《穀梁·宣十一年传》何注"傎倒"，下引之《诗·小雅·北山·有杕之杜》……《仪礼·士丧礼注》亦作傎，云"傎倒衣裳。"

顶后出字作"頂"。

《頁部》頂，顛也。从頁，丁声。𩠐或从𩠐，

𩕄，籀文从鼎。

《尔雅·释言》《诗经》作"定"。皆云"定，题也。"后

字作"顣"。

䫉即臉字

《頁部》䫉，㦖兒。从頁，僉声。魚檢切

钱坫说："㦖当为𩔈，字之误也。《倉颉篇》䫉面狭锐䫉之兒。与𩔈字训正同（𩔈，头𩔈长也）。韋昭曰曲上曰䫉（见《文选·解嘲》李善注引）。"案：嵩焘《汉书音义》引《字林》亦曰"䫉，狭而锐䫉之兒也。"

頵同"顐""䪜"。

《頁部》頵，头頵頵大也。从頁，君声。於倫切 顐，大头也。从頁，軍声。魚怨切 䪜，大头也。从頁，骨声。讀若魁。苦骨切

三字皆喉音，义同。钱坫说"此魁大字《史记》如以薛君为魁然"。𩕄𩔻之顐正当作"忨"。嵩焘同此说，曰当作𩕐。

𩕐此渠魁字

《頁部》𩕐，大头也。从頁，焦声。口么切

《广雅》"𩕐，大也。"此渠魁字。魁当作𩕐或同"顤""𩕾"

《頁部》顤，高长头。从頁，尧声。"𩕾 𩕾顤高也。

案：𩕐"顤""𩕾"三字音义同。然𩕾即《诗·䃵

敖字。《诗·卫风·硕人》"硕人敖敖，说于农郊。"毛传"敖敖，长皃。"敖即赘字。

頶即五鹿嶽嶽之嶽字

《頁部》頶，面前岳岳也。从頁，岳声。《汉书·朱云传》自宣帝时，梁丘氏说，元帝好之。令充宗与诸易家论。充宗乘贵辩口，诸儒莫能与抗。云既论难，连拄五鹿君。故诸儒为之语曰"五鹿嶽嶽，朱云折其角。"颜师古注"嶽嶽，长角之皃"非是。案嶽即岳之后出。锴本作前面岳岳也。段曰"前面犹俗云当面。李白诗'山从人面起'，嵇康赋'神仙岳岳于栋间。'李善注岳岳，立皃。即所谓頶立之皃。

䫉同昧。䫉即冒昧字。

《頁部》䫉，昧前也。从頁，㲋声。读若昧。莫佩切《周易·丰卦》"日中见沫"。《释文》引服虔"沫"作"昧"，云日中而昏也。

顡同"顡""聩"。顡即蔽聩字。

《頁部》"顡，头蔽顡也。字从頁，豙声。""顡，痴不聪明也。从頁，豙声。"五怪切

《耳部》聵，聾也。从耳，貴声。𦗧，聵或从欳。

[illegible]，或从豕作。五怪切

段曰："欳顡蓋古語也。"錢大昕曰："春秋戰国人名

有~~欳~~蒯聵者疑即此欳顡"。錢坫說："此即聵字。《一

切經音义》今文作顡，古文作聵。"

顡[illegible]聵三字同音义同。有欳聵字或作欳蕢（見

《淮南子·主術訓》）

頒別义同鬢。

《頁部》頒，大头也。从頁，分声。一曰鬢也。

詩曰有頒其首（《诗·小雅·魚藻》）。

《髟部》鬢，頰髮也。

頒与鬢音义同。案須部有"𩓞"字，训鬢髮半

白也。从須，卑声。"府移切此頒白（《孟子》：頒白

不負戴於道路矣。）斑白（《礼记·王制》斑白者

不提挈）之正字。《淮南子》作"[illegible]"。

頠同"姽"。又同"𢗥""肄""遺""[illegible]"

《頁部》頠，頭閑習也。从頁，危声。語委切

《女部》姽，閑体行姽姽也。从女，危声。過委切

《心部》𢗥，習也。从心，曳声。余制切

《聿部》肄，習也。从聿，希声。[illegible] 籀文

肄。𦘔 篆文肄。羊至切

《辵部》遦，習也。从辵，貫聲。工患切

《手部》摜，習也。从手，貫聲。春秋傳曰，摜瀆鬼神。古患切

《廣韵》頠，靜也。一曰閑習。"广韵读是。《尔雅·释诂》"頠，静也。"段曰，"頠与女部之姽义同。（古在歌韵。）习亦引申为習貫之义，故与"摜""遦"同。（姽義过委切）《释诂》又曰'串，习也。'串本训持物（从毌串），持有习义，又有学习（狎习）义，故对转与"忕"（章太炎先生谓忕当作忕，字形没有别，同"肄"）。

䫏读若規。莊子規規然即此字。

《頁部》䫏，小頭䫏䫏也。从頁，枝声。讀若規。

钱坫说"读若規者，《庄子·秋水》（子乃）規規然，求之以察，索之以辩。不亦小乎。"应用此。"按《荀非十二子篇》作"瞡"。楊倞注，"瞡与規同。瞡瞡，小見之皃。"

頷同顑

《頁部》"頷，面黃也。从頁，含声。胡感切""顑，顑頷不飽面黃起行也。从頁，咸声。讀若戇。下感切

北京市电车公司印刷厂出品 八一·十一

（0038）20×20=400

段曰"《离骚》苟余情其信姱兮，長顑頷亦何伤。王注"顑頷不饱皃。本部顑下云飯不饱面黄起行也，义得相足。"黄季刚先生曰，頷顑之为黄亦犹黔（《黑部》黔，黄黑也。从黑，金声。巨淹切）之为黄黑矣。"按黔与唅㰹亦同字。

頡同"䭬"即頁字

《頁部》頡，直项也。从頁，吉声。胡结切

《诗邶风·燕燕》"燕燕于飞，颉之頏之"。毛传"飞而上曰颉，飞而下曰頏。"颉训直项者凡鸟飞其项颈必直，燕飞上下皆直项的动作。人之䭬首亦必直项，故与頡同，亦即頁字。

頨 翩翩公子当作此。

《頁部》頨，头妍也。从頁，翩省声。读若翩。钱坫说"此翩翩公子字。"按《史记·平原君列传》太史公曰，"平原君翩翩浊世之佳公子也。"《文选·曹丕与吴质书》曰，"元瑜书记翩翩致足乐也。"

顗即頎字

《頁部》顗，谨庄皃。从頁，豈声。鱼岂切

字《诗卫风·硕人》"碩人其頎，衣锦褧衣。"頎

北京市电车公司印刷厂出品 八一·十一

（0038）20×20＝400

字《说文》未录，即頗之后出字。

顊同頗

《頁部》顊，倾首也。从頁，卑声。匹米切。"頗

頭偏也。从頁，皮声。滂禾切。

段曰：玄应《一切经音义》引《苍颉篇》云头不正也（卷十二）。又（卷八）引《淮南子》左顊右倪。《释鱼》左倪右倪。郭注，行头左庳右庳。正当作顊。"顊与頗皆属滂纽，韵亦相近。

《言部》詖，辩论，云"古文以为頗字。"此古一字数用之例。

~~頍同頎~~

頎　此"秃楬""扢秃"字。又同"髻""鬜"、"頏"。

《頁部》頎，秃也。从頁，气声。

钱坫说："《三仓》，头秃无毛也。《通俗文》白秃曰頎。《淮南子》貌母为其子治扢秃。《明堂位注》齐人谓无发曰秃楬。扢楬皆頎字也。"案钱说极塙。案《淮南子·齐俗训》曰"貌母为其子治扢秃而血流至耳。见者以为其爱之至也"《礼记·明堂位》曰"夏后氏以楬豆，殷玉豆，周献豆。"郑玄注"楬无异物之饰也，献，疏刻之。齐人

北京市电车公司印刷厂出品　八一·十一
（0038）20×20＝400

謂无髮为秃楬。"《释文》楬，徐，苦瞎反。注同。"刘与頢音苦骨切同声韵。楬为頢之假借。扢即頢之俗体。扢楬皆应以頢为正字。

《頁部》顅，头鬢少髮也。从頁，肩声。《周礼》："數目顅脰。"苦闲切　⿰囷页，无髮也。一曰耳门也。从頁，囷声。苦昆切

《髟部》鬝，鬢秃也。从髟，閒声。从髟，閒声。苦昆切

《考工记·梓人》"梓人为筍虡"郑注："顅，长脰皃。故书或作牼。郑司农云，牼读为鬝头无髮之鬝。"由此证知许谓顅与鬝同字。"顅""鬝"古同韵。⿰囷页与鬝双声韵近。与"頢"对转。则四字音义皆同

顇同悴

《頁部》顇，顦顇也。从頁，卒声。秦醉切

《心部》悴，憂也。从心，卒声。读与易萃卦同。秦醉切

《說文》无顦字，此顦字乃大徐新修十九文增補的。钱大昕曰，云今力劳病以从国事。《左传·成元年》引詩曰虽有姬姜，无棄蕉萃。顦顇即蕉萃

北京市电车公司印刷厂出品　八一·十一
(0038) 20×20＝400

之异文（见《潜研堂文集》卷十一《说文答问》）。顇与悴词义相通，"䫏顇"（"憔萃"）顇悴所发展之联绵耳。

颏同"䫏""娸"

《页部》颏，醜也。从页，亥声。（户来切）"䫏，醜也。今逐疫有䫏头。从页，其声。（去其切）"

《女部》娸，人姓也。从女，其声。杜林说，娸，醜也。

颏训醜与《广雅》同。锴本作"䫏头也"，段曰：《周礼·方相氏》注云"冒熊皮以惊驱疫厉之鬼，如今魌头也"。《淮南子》"视毛嫱西施犹䫏醜也"（也精

北京市电车公司印刷厂出品 八一·十一
（0038）20×20＝400

神训）。高注云：娸头也。方相氏，黄金四目衣赭，稀世之𩕳皃。𩕳丑言极丑也。风俗通曰：俗说亡人魂气浮扬，故作魌头以存之。言头魌魌然盛大也。或为魌头为触圹殊方语（今本风俗通无此文，御览五五二引）。娸引杜林说，盖杜谓娸为𩕳头字。

𩔟　楚辞注：契契，忧皃。即此字

《页部》𩔟，司人也。一曰恐也。从页，契声。读若禊。

钱坫说："楚辞，孰契契而委栋。注，契契，忧皃。即𩔟字。本书无禊字，仅见此。"案《考工记·辀人》"马不契需"。郑注，"契，怯。"是忧与恐义通。

頪　此往類相似字。類又为后出字

《页部》頪，难晓也。从页、米。一曰鲜白皃。从粉省。

章太炎先生曰："頪训难晓，当为類之古文。"案頪類皆谓物数众多，因而有分類得理之义。

顯　㬎为古显字

《页部》顯，头明饰也。从页，㬎声。呼典切

段曰，头明饰者冕弁充耳之类，引申凡明之称。

北京市电车公司印刷厂出品 八一·十一
（0038）20×20=400

《日部》㬎下云从微杪也。古文以为顯字。顯即㬎之后出。

頣此即選举字

《頁部》頣，選具也。从二頁。

《玉篇》頣或为"僎"古文作"選"。段曰，"選擇而共置之也。"（钱坫说，"頣云选也，具也。"）此即選举字！

𩈪同輔

《面部》𩈪，頰也。从面，甫声。符遇切

《車部》輔，人頰車也。从車，甫声。扶雨切

《頁部》"頰，面旁也。䩡，籀文頰。"面旁指颧之两旁。《淮南·脩务训》"奇牙出，靨𩈪摇。"高注，"靨輔，頰边文，妇人之媚也。"又《说林训》"靨輔在頰则好，在颡则醜。"高注"靨𩈪者頰上窐也。"𩈪与頰可互称，輔与𩈪可互通。《诗·衛风·硕人》"巧笑倩兮"毛传"倩，好口輔。"《易·咸卦》上六，"咸其輔、頰、舌。"是輔𩈪同音义。盖自外言，曰𩈪曰頰曰輔，自裏言，则上下持牙之骨谓之𩈪車，亦谓之頰車，亦谓之牙車。《左传·僖五年》"輔車相依"服虔注"谓之上頷車"（诗硕人正义引）此则在下持牙者，亦得曰下頷車。虞

《易·艮卦注》"輔，颊骨在上颊车也。"此酺为輔車正字。

面训背者当作"丏"。

《面部》面，颜前也。从𦣻，象人面形。

面本向前。《史记·项羽本纪》"马童面之"集解曰"不正视也。"此面当训背，正字作"丏"《丏部》"丏，不见也。"

縣同"系""係"。亦同"挈""攜""牽"。

《県部》縣，系也。从系持県。胡涓切

《系部》系，繫也。从糸，丿声。𦃇，系或从毄处。䌛，籀文系从爪丝。

《人部》係，絜束也。从人，从系，系亦声。胡计切

《手部》攜，提也。从手，巂声。户圭切 挈，縣持也。从手，㓞声。苦结切

《牛部》牽，引前也。从牛，象引牛之縻也。玄声。苦坚切

《释名》曰"天又谓之玄。玄，縣也，如縣物在上也。"又曰"玄孙，玄縣也。上縣於高祖，最在下也。"玄为縣的古字，幺古文作"𢆯"象绳子，兼牵縣

北京市电车公司印刷厂出品 八一·十一
(0038) 20×20=400

而之（牽从玄声）。縣训繫，缔结以使牽持。縣下云以系持县。（非必持县）系训繫，係训絜束。"系""係"同与"縣"齐寒对转，其为同语甚明。挈为縣持，攜为提，二字音义同皆与縣同。又牽训引前与提高义同，此数字为同根语。

䪾同髬

《须部》䪾，短须发皃。从须，否声。敷悲切

《髟部》髬，发皃。从髟，否声。步矛切

段曰："《西京赋》说猛兽'猛毅髬髵'。薛曰髬髵作毛鬣也。䪾即髬字。须发短则植，猛兽毛植。"黄季刚先生曰："髬即蓬头之蓬。"

彡同幟

《彡部》彡，毛饰画文也。象形。

《巾部》幟，拭也。从巾，戠声。

拭即饰之俗字。彤下云丹饰也。彡其画也。修下云修，饰也。鬱下云彡其饰也。彪下云虎文也。《集韵》"著饰谓之彡"

形同畫

《彡部》形，象形也。从彡，幵声。

《畫，界也。象田四界。聿所以画之。畫，古

畫者。劃亦古文畫。

《易·乾卦》"品物流形"。《系传》"在地成形"。《释名》形者形象之異也。案形与畫聲音对转，本为同词。古代由於农业生产發展，形以农业生产為形，畫字从田界，取此二字的構形而加以说明。

彡同鬝 《左传》作"黰"，后出作"縝"

《彡部》"彡，稠髮也。詩曰：彡髮如雲。从彡，人声。鬒，彡或从髟，真声。之忍切"

《髟部》"鬝，髮多也。从髟，周声。直由切"

《詩鄘风·君子偕老》"鬒髮如雲"。案从真声者多有稠密义。《禾部》"稹，穜概也。"而詩箋曰"稹者，根相迫迮梱致也。"人髮曰稹，亦稠密梱致义。与周声相通，周真古双声。故从周声亦有密緻义。故彡与鬝同语。

又案《左传·昭二十八年》"有仍氏生女黰黑而甚美"。服虔、杜预皆曰"美髮曰黰"，黰即彡字。又《论语》"縝絺綌"《司马相如传》有"縝紛"，縝亦彡之后出。又《诗经·都人士》"绸直如髮"。应作"鬝"，然绸本训绸缪，绸缪训缠绵。亦有密义。

北京市电车公司印刷厂出品 八一·十一

(0038) 20×20=400

~~《彡部》修，饰也。~~

彰即靓妆字。

《彡部》彰，清饰也。从彡，青声。

钱坫说：《上林赋》"靓妆刻饰"《蜀都赋》"袪服靓妆。"凡有妆饰文，皆应用此字。"

𢒉即今描字。今按应作"皃"

《彡部》𢒉，细文也。从彡，㬎省声。

钱坫说："《广雅》穆穆，美也。凡经传皆假作𢒉。"描应作皃。

弱同冄。又同"姌""嫋"。

《彡部》弱，橈也。上象橈曲，彡象毛氂。

橈，弱也。弱物并，故从二弓。而勺切

《冄部》冄，毛冄也。象形。

《女部》姌，弱长皃。从女，冄声。而琰切"嫋，姌也。

从女，从弱。奴鸟切"

《周易大过》象曰："栋桡本末弱也。"《木部》"桡，曲木也。"二徐皆从二弓。案《角部》𧣾训调弓，调之犹柔之也。亦与弱通。又手部有"搦"字，《考工记》注曰"桡搦其幹也"。故弱字应为调弓。弱与冄对转义同，皆有耎弱柔调义。於人有谓之嫋姌。於木谓之栠姌，诗言"荏染柔木"。荏染即栠姌也。

北京市电车公司印刷厂出品 八一·十一

髟后出字作"毵"

《髟部》髟，長髮猋猋也。从長，从彡。必凋切 所銜切

《玉篇》"髟，長髮髟髟也。"《通俗文》曰"髮垂曰髟。"案此字从彡。彡訓毛飾畫文。髟部所屬皆毛髮之類，~~当以所銜切为正讀~~ 一音所銜切。"毵"字即其后出。《玉篇》"毵，毛長皃。"案詩宛丘疏云，白鷺青脚高尺七八寸。頭上有十數枚，長尺餘毵毵然，与众毛異。"~~毵毵物细长皃~~。孟浩然詩曰"綠岸毵毵楊柳垂。"此以毵毵形容柳条细长。此正以"髮垂曰髟"之义。

髟亦讀必凋切。同"彪"，同"髦"。

《虎部》彪，虎文也。从虎，彡象其文也。甫州切

《髟部》髦，髮也。从髟，从毛。

章太炎先生曰"毛，眉髮之屬及獸毛也。故与髟同。髟又与彪同。髦，髮也。髮中豪者稱髦。"

鬗即鬘字

《髟部》鬗，髮長皃。从髟，㒼声。讀若曼。

段曰"《漢书·礼樂志》'掩回轅，鬗長馳。'犹言道里曼曼也。如淳曰，音樠。"此直以鬗为曼也。

桉后出字作"鬘"。《類篇》"鬘，美皃。"

唐代有華鬘。白居易《修真寺诗》"要雲为華鬘。"《一切经音义》卷五"天竺法取草木时花，晕淡成彩以缕贯穿，结为華鬘，以为饰好。"

鬌即《尔雅》之嗟

《髟部》"鬌，鬌好也。从髟，差声。"千可切

嗟训歎，若歎有美歎之义，而训赞歎。

䰯 读若江南谓酢母为䰯，当作麊字

《髟部》"䰯，髮皃。从髟，爾声。读若江南谓酢母为䰯。"奴礼切

《米部》"麊，潰米也。从米，尼声。交阯有麊泠縣。"武夷切

案"䰯"后出作"嬭"。《广雅》"嬭，母也。"《玉篇》"嬭或作奶"。今北京多谓祖母为奶奶，或以称母。河北文安一带呼母曰䰯，读nie与奴礼切音同，求读上声。

𩭹 又同鬠。鬠即蓬头之蓬。

《髟部》"𩭹，髮皃。从髟，音声。"

䰯与𩭹双声。𩭹即蓬头之蓬。广东时语。

髳即髦字（本即髟字）。引诗"紞彼两髦"，紞为髧之借。

《髟部》"髳，髮至眉也。从髟，敄声。诗曰

北京市电车公司印刷厂出品 八一·十一

紞彼两髳。髦，髳或省。汉令有髳长。

段曰《鄘风·柏舟》髧彼两髦。传曰，髧，两髦之皃。髦者髮至眉，子事父母之饰。许所本也。《内则》拂髦。注云，髦用髮为之，象幼时鬌。象其制未闻。《既夕礼记》既殡，主人说髦。注云儿生翦髮为鬌，男角女羁。否则男左女右。长大犹为饰。存之谓之髦。所以顺父母幼小之心。至此尸柩不见，丧无饰，可以去之。髦之形象未闻。《玉藻》亲没不髦。注云去其子之饰。按郑既言髮之用而云其制未闻者，谓其状不可详也。"紞应作耽者，《耳部》"耽，耳大垂也。"毛传髳至眉盖以髳两络下垂至眉，象婴儿夹囟之角髮下垂，故与两耳大垂形象相似，故应作"耽"。髳又为少数民族之髳。《尚书·牧誓》庸、蜀、羌、髳、微、卢、彭、濮。"《诗小雅·角弓》"如蛮如髦""髳""髦"今作苗族。此另一义项。

鬑同"儠""巤""鬣"

《髟部》鬑，鬋也。一曰长皃。从髟，兼声。读若慊"。"鬣"，髮鬣也。从髟巤声。擸或从手。獵，或从豕。"

"𩯚"，髮长也。从髟，监声。读(儠)若春秋传黑肱以滥来奔。"

《人部》儠，長壮儠也。从人，巤声。春秋

(0038) 20×20＝400

北京市电车公司印刷厂出品 八一·十一

传曰，长鬣者相之

徐锴韵谱》作鬣垂皃。一曰长皃。段曰，此别一义，谓须发之长。古陌上桑曰"为人洁白皙，鬑鬑颇有须。"钱坫说，如今人云慷发。鬣字《左传昭七年、十七年》《国语·楚语》皆作鬣之案从左传昭十七年》曰，吴伐楚。……大败吴师。获其乘舟余皇。使随人与后至者守之。环而堑之，及泉。盈其隧炭。陈以待命。吴公子光请于其众。曰，"丧先王之乘舟，岂唯光之罪，众亦有焉。请藉取之以救死。"众许之。使长鬣者三人潜伏于舟侧。曰，我呼余皇而对。师夜从之。三呼，皆迭对。楚人从而杀之。楚师乱。吴人大败之。"取余皇而还。"鬑、鬣、䰕、鬣、儠皆音义同。

髺同䰇

《髟部》"髺，絜髮也（依段改）。从髟，昏声。古活切䰇，屈髮也。丘媿切从髟，贵声。"

《士丧礼》"髺髮"注"古文髺作括"。段谓束髮为髺非丧服之专称也。《丧服小记》"始死括髮以麻。"以麻束髮也。《玉藻》"以锦束髮"是髺为括髮之正字。士丧礼又作"鬠"。《周礼·弁师》

"今五采，注今作"拾"。"又《方言四》络头，帕头也。纱缋、鬓带、~~××~~鬃带、帑幧，幧头也。自关以西，秦晋之郊曰络头。南楚江湘之间曰帕头。自河以北赵魏之间曰幧头。或谓之帑，或谓之幧。其遍者谓之鬓带（今之偏叠幧头也）。或谓之鬃带（鬃亦结也）。覆结谓之帻巾，或谓承露，或谓之覆鬃（今结籠是也）皆赵魏之间通语也。"段曰"鬓者，髻短发之称。方言之鬓带谓帕头，带於髻上也。帕头之制自项中而前交於额，却绕髻。"

⿱髟介即俗字髻之本字。

《髟部》⿱髟介，结也。从髟，介声。

《说文》无髻字，⿱髟介其古字也。《士冠礼》将冠者采衣⿱髟介。"郑注，"古文⿱髟介为结。"

鬄同鬀

《髟部》鬄，髲也。从髟，易声。他历切 鬀

鬀，鬄也。从髟，弟声。大人曰髡，小人曰鬀。尽及身毛曰鬄。他计切

此二字音义同

⿱髟竝即碰字

《髟部》⿱髟竝，⿱髟帝也。从髟，竝声。

北京市电车公司印刷厂出品 八一·十一

(0038) 20×20=400

案鬏训髮，又训危皃也，从髟柔。籀文魅，亦忽皃意。

厄下说解之科厄与“颇赘”语近

《卩部》厄，科厄，木節也。从卩，厂声。贾侍中说，以为厄，裹也。一曰厄，盖也。

科厄双声联语与赘颇高也义近。

卩后出字作“膝”。或说为古琮字。

《卩部》卩，節也。阙。则屑切

章太炎先生曰：“卩，节也。唐韵则屑切。此字从反卩者，卩本两竹两玉相合，各象其半也。或曰於玉端者为琮。瑞玉大八寸，似车缸。琮可训坚，纠由冬次对转屑得与卩同呼。未知其審。”黄季刚先生曰：“卩后出字作‘膝’。”腠本皮肤文理，《仪礼·乡射礼》“进腠”。郑注：“腠，肤理也。”《素问·刺要论》“病在皮毛腠理者。”注云：“皮之文理曰腠理。”~~反两符節相合端有肤理。~~故卩有骨义，卩有肤理义。

𢑏俗字作“抑”“[illegible]”

《印部》𢑏，按也。从反印。抑，俗字。

《手部》按，下也。从手，安声。

段曰：按者，下也。用印必向下按之，故字从反印。

北京市电车公司印刷厂出品 八一·十一

(0038) 20×20=400

《淮南·齐俗训》"若玺之抑埴，正与之正，倾与之倾。"玺之抑埴即今俗云以印印泥也。此印之本义也。"语词之抑，如《学而》"抑与之与"《述而》"抑为之不厌"《宪问》"抑亦先觉者"。《诗·小雅·十月之交》"抑此皇父"笺云"抑之言噫也"。《瞻卬》"懿（抑）厥哲妇"。笺云，懿，有所痛伤之声也。"黄季刚先生曰"语词之抑，当为噫，或意噫。"

卯　盖同"璋"。即宪章字。又读"子兮""子礼"者济济跄跄之正字。

《卯部》卯，事之制也。从卪卩。阙。去京切

章太炎先生曰，《卯部》卯，章也。以声为训。盖即古印章字。《王制》有圭璧金璋。璋一作章。皇侃谓以金为印章。《说文》云，乐竟为一章。非印章义，印章字当作卯。印字从卪，《地官》言货贿用玺节，则印章亦卪也。故字从卪卩。若夫剡上为圭，半圭为璋。一圭而析为两，则符卪之用（《说文》卪，瑞信也。《地官掌节》注云，邦节者，珍圭、牙璋、谷圭、琬圭、琰圭也）。事之制为卯，掌制者亦曰卯，凡有节度者皆曰卯，相

北京市电车公司印刷厂出品　八一·十一

承亦以章为之。《诗大雅》不愆不忘，率由旧章。春秋传曰请隧（正当作兑），弗许。曰，王章也。王章犹贾谊所谓帝制也。《礼记·中庸》宪章文武。宪章即契章。”

《玉篇》《广韵》又有“子兮”“子礼”二切。此则为一文。《诗经》作“济济”。案《小雅·楚茨》曰“济济跄跄，絜尔牛羊，以往烝尝。或剥或亨，或肆或将。”毛传：“济济跄跄言有容也。亨饪之也。肆，陈，将，齐也。或陈于牙，或齐其肉。”笺云有容言威仪敬慎也。祭祀之礼各有其事，有解剥其皮者，有煮熟之者，有肆其骨体於俎者，或奉持而进之者。”《说文》济，子礼反。大夫之容也。跄，七羊反士之容也。”此济济言有法度之威仪，故为大夫之容。此即卩字为事之制之文也。

卩为卿之古文。古文或以卿为鄉。《卩部》卿，章也。六卿：天官冢宰，地官司徒，春官宗伯，夏官司马，秋官司寇，冬官司空。从卯，皀声。章太炎先生曰，《玉篇》《广韵》皆读卩为卿，必有所受。《尚书·大诰》曰乃尔司马司空司徒诸節。马融曰诸節，诸受符有司也。《康诰》曰惟厥正越小臣诸節。此则小臣为節。此卩为卿犹今为

北京市电车公司印刷厂出品 八一·十一
(0038) 20×20＝400

今子矣。鄉为卿所治，亦卿之变。古文邑本作𨛜（见三体石经）从重卩。鄉为国离邑，从卯卩。凡字邦国都鄙者，无不有卩，名之曰邑曰鄉，非自然之岸陵，乃有制之经界，必有官吏治之。故字从卩，亦或古文以卿为鄉。若秦汉内史、京兆尹所统之地，即名内史、名京兆是矣。

辟同辥　辟徵字同辟除。

《辟部》辟，法也。从卩，从辛，節制其辠也。从口，用法者也。必益切　辥，治也。从辟，从井。必益切

《诗小雅、雨无正》"辟言不信"《大雅、板》"毋以自辟"毛传皆曰辟法也。辥与辟同字。惟段氏改辥，法也误。王鸣盛《尚书后案》谓《尚书释文》"法""治"二字互误。以合今本说文及书传，段则据《释文》以改《今本说文》及《书传》，一改一书，一改两书。"今按王说是。

徵辟与辟除同。"徵辟"制度是对特人物用的任命方式。皇帝用徵，公卿大臣用辟召。辟召制，东汉颇盛行。徵任制则早在西汉施行。《汉书、龚勝传》胜荐龚舍及亢父宁寿、濟阴侯嘉。有诏皆

徵。"此所谓辟徵与徵除也。应士应辟徵者自给车马去中央。《汉书·贡禹传》"陛下过意徵臣，臣卖田百亩以供车马。"辟徵时或因被徵年老体弱，可用"安車""蒲輪""公車"辟徵。《西汉会要》武帝即位，枚乘年老，乃以安车蒲轮徵乘（卷四十四）。《后汉书·郑玄传》"不应徵辟，公車"。辟應训君（見《尔雅》）徵辟者为君所徵聘之人。徵除言授与官职其义互通。

匐同伏

《勹部》匐，伏地。

《人部》伏，司也。从人，从犬。

案匐读若伏，故匐伏音义同。《释名》"匍匐小儿时也，匍犹捕也。藉索可执取之言也。"

匍即今爬字

《勹部》匍，手行也。

勹，此保抱之字。薄晧

《勹，裹也。从勹覆人。

《人部》保，养也。从人，㷌省。㷌古文孚。

𤔬，古文保。𠈃古文保不省。

《手部》捊，引取也。从手，孚声。抱，

抱，捊也。

段曰"此当为抱子抱孙之正字，今俗作抱。《广韵》抱读薄报切。

(0038) 20×20=400

北京市电车公司印刷厂出品 八一·十一

冢同壠。

《勹部》"冢，高坟也。从勹，豕声。知陇切

《土部》"壠，丘壠也。从土，龍声。力歱切

《周礼·春官·冢人》郑玄注曰"冢封土为丘壠，象冢而为之。"方言曰冢，秦晋之间谓之坟，或谓之壠。自关而东谓之丘，小者谓之塿，大者谓之丘。"《尔雅·释山》"山顶冢"。《释名·释丧制》云"冢，腫也。象山顶之高腫起也。"《曲礼》注云"聽，冢也。"案冢本义为山顶，山顶必高起。凡丘墓封土为壠，与山顶相似，故亦通谓之冢也。《贾疏》案其職云以爵等为丘封之度。注云，云王公曰丘，诸臣曰封。此直云丘，不言封，亦有封可知。"案《礼记》云"适墓不登壠"是冢土亦为壠，故兼言壠也。又《礼记》"古者墓而不坟"。又有坟称。秦汉以下天子之丘亦谓之陵也。

匓亦厭飫字。又作"饇"。后世字作"眵"。亦借用"毃"。

《勹部》匓，饱也。从勹，𣪊声。民祭祝曰厭匓。

《食部》飫，燕食也。从食，芺声。依倨切。

北京市电车公司印刷厂出品 八一·十一
(0038) 20×20=400

匊同臼

《勹部》匊，在手曰匊。从勹，米。

《臼部》臼，叉手也。从E彐。

俗作掬。《礼运注》"手掬之也。"《释文》"掬本作臼。"《玉篇》"匊古文作臼。"

茍同"𢀩"又同"亟""急"。又同"悈""誋""誡""諽"。

《茍部》"茍，自急敕也。从羊省，从包省，从口，口犹慎言也。从羊与義善美同意。𦍌，古文。羊不省。"

《己部》𢀩，謹身有所承也。从己，丞声。讀若詩云赤舄己己。居隐切

《二部》亟，敏疾也。从人，从口，从又，从二。二天地也。

《心部》急，褊也。从心，及声。"悈，飭也。从心，戒声。司马法曰有虞氏悈于中国。"

"諽，飭也。一曰更也。从言，革声。读若戒。"古拜切

《言部》"誋，誡也。从言，戒声。渠记切"

"敕也。从言，急声。渠记切"

段曰："急与茍双声。敕与茍叠韵。急者褊也。敕者誡也。此字不見经典，惟《释诂》寁、骏、肃、

北京市电车公司印刷厂出品 八一·十一

(0038) 20×20=400

亟、遄，速也。《释文》亟字又作亟同。居力反。经典亦作亟棘同是其证。可谓一字千金矣。又曰："《小雅·六月》我是用戒。亦作我是用棘。《盐铁论·繇役篇》引诗"我是用戒"）。"棘苟有谨义，故与亟同。所谓擎跽曲拳，畏谨之至也。亟与苟咍登对转。在咍韵则与"悈""忌""诫""谆"音义皆同。

又棘苟有急义。《尔雅·释言》"悈，急也。"急与亟同，与疾同义。如《诗经》"亟其乘屋"，笺训亟为急，此亦训也。亟训敏疾，凡敏速与敏疾义合通。《诗·国风·兔罝》毛传："肃肃，敬也。"又《小星传》肃肃，疾也。是其明证。

敬同憼

《苟部》敬，肃也。从攴，苟。居庆切

《心部》憼，敬也。从心，从敬，敬亦声。居影切

二字音义同。钱坫说："汉凡当文橋字作"敬"，作"憍"古亟苟字。亟中之咴，敬之省也。凡草为物无与许说相证明故附于此。"

鬼当同蔑

《鬼部》鬼，人所归为鬼。从人象鬼头。鬼阴气贼害，从厶。䰟，古文从示。

北京市电车公司印刷厂出品 八一·十一

（0038）20×20＝400

《説文》夒，神魖也。如龍，一足。从夊，象有角手，人面之形。

章太炎先生曰鬼、魖是怪兽。鬼夒同音，当本一物。夒即魖也。古怪兽与人鬼不甚分别。故魑魅蝄蜽列鬼神禽兽通言之矣。又后世谓夒为山𤢖，或书作魈，亦无大别。鬼训人所归，古文作䰟从示。《论衡·订鬼》曰凡天地之间有鬼，非人死精神为之，皆人思念存想之所致也。案鬼非猴属，夒本猴也。山魈亦猴类，今在北京动物园皆可目睹。

⿺鬼幾 今淮南子作禨

《鬼部》⿺鬼幾，鬼俗也。从鬼，幾声。淮南传曰吴人鬼，越人⿺鬼幾。

今《淮南子·人间训》作"荆人鬼，越人禨。"高注"鬼，好事鬼也。禨，禨祥也。"《汉书·景十三王传》"治宫室禨祥"。服虔曰"求福也。"《史记·天官书》"禨祥不法"。正义引顾野王曰禨祥，吉凶之先见也。"案服谓禨为祈之后出，顾则谓幾之后出。

⿺鬼堇 此艱正字。或与戁同。亦天儺正字。

北京市电车公司印刷厂出品 八一·八

（1549） 20×20＝400

《鬼部》𩴵，見鬼驚詞。从鬼，難省声。讀若詩受福不儺。諾何切

《心部》戁，敬也。从心，難声。女版切

《詩·小雅·桑扈》受福不那。"錢坫說"論語鄉人儺字也。《方相氏》只用儺。《纂文》人值鬼驚声。

醜同䣻

《鬼部》醜，可惡也。从鬼，酉声。昌九切

《女部》䣻，醜也。一曰老嫗也。从女，酉声。讀若蹴。七宿切

此二字音义同。

⊗甶同𩲡

《甶部》甶，鬼头也。象形。敷勿切

《禸部》𩲡，周成王時，州靡国献𩲡，人身反踵。自笑。笑即上唇掩其目。食人。笑即上唇掩其目。食人。北方谓之土螻。尔疋云，𩲡𩲡如人被髮。一名梟阳。从禸，象形。

章太炎先生曰"禺及虞中猛獸头皆作甶。疑本獸头之通名。甶即𩲡之古文。被髮，故言其头。

似人，故谓之鬼。鬼彭即是鬼，鬼亦是怪兽。"

禺同"猴""猶"

《甶部》禺，母猴属。头似鬼。从甶，从内。

《犬部》猴，夒也。从犬，侯声。"猶，玃属。从犬，酋声。一曰陇西谓犬子为猷。"

此三字音义同

巍同"阢""嵬""隗"。嵬字又作"磈""廆"。假借为"魁"。

《嵬部》"巍，高也。从嵬，委声。"嵬，高而不平也。从山，鬼声

《阜部》阢，石山戴土也。从阜，从兀，兀亦声。

案《史记·司马相如传》"巖磈嵬廆"《正义》"皆高峻皃。"

北京市电车公司印刷厂出品 八一·八

(1549) 20×20=400

第九卷下

山同"阮""陖""崚""陮""嵯""厜""崝"。

《山部》山，宣也。宣气散生万物。有石而高，象形。"崚，高也。从山，陖声。峻，或省。""嵯，山皃。从山，差声。""崝，嵘也。从山，青声。"

《阜部》"阮，高也。一曰石也。从阜，元声。""陮，陮隗，高也。从阜，隹声。""陖，峭高也。从阜，夋声。"

《厂部》厜㕒，"山颠也。从厂，垂声。"

山以有石而高为词义特点，故"阮""陖""陮""嵯""厜""崝"诸字音近义皆通。章太炎先生曰"陖材千人也，骏，马之良材也。此注取高材为义。"

嶭同峨

《山部》"嶭，巀嶭，山也。从山，辥声。""峨，山皃。从山，我声"。

案嵳巀嶭山又名嵯峨山，案嶭与峨歌曷对转，故音同互用。《广韵》作"嶭"。

嶷后出作"觺"

《山部》嶷，九嶷山，舜所葬。在零陵营道。从山，疑声。

谢灵运《石首城诗》"游湘历九嶷"。张谓《虞帝庙碑》九嶷嵯峨，湘云五色。”案九嶷山山峰尖锐，形似牛角。《玉篇》“觺觺，犹岳岳也。”《集韵》觺，利角皃。”

嶨 鄗

《山部》嶨，山多大石也。从山，學省声。胡角切

《邑部》鄗，常山县。世祖所即位。今为高邑。从邑，高声。呼各切

《左传·宣十二年》“晋师在敖鄗之间。”敖即嶅，嶨即鄗字。

㟩，《广韵》作“岷”。

《山部》㟩，山在蜀湔氐西徼外。从山，敃声。武巾切

《方舆纪要》卷六十七曰“成都府茂州湔氐废县在州西北。岷山在州西北徼外。”卷六十六曰，“四川岷山在成都府茂州西北五百里，江水所出，为隴山之南首也。”杜光庭曰，“岷山连峰接岫，千里不绝。”薛氏曰，“蜀西之山，皆岷山也。”《禹贡》岷山导江”《史记·夏本纪》作“汶”。《封禅书》渎山，蜀之汶山也。”

嶅 即“磝”

《山部》嶅，山多小石也。从山，敖声。五交切《释名》"山多小石曰磝。磝，尧也。"《尔雅·释山》"山多大石，嶅；多小石，磝。"《晋语》"范献子聘于鲁，问具山、敖山。"《左传·宣十二》"晋师在敖鄗之间"

巒同嶞

《山部》"巒，山小而锐。从山，䜌声。"嶞，山之嶞嶞者。从山，从憜省声。读若相推落之憜。（徒果切）"𡸖，山皃。从山，𡸖声。徒果切

《尔雅·释山》"巒，山嶞。"《周颂·般》毛传曰"山之嶞嶞小者。"刘逵《蜀都赋注》，解"角巒乱纷"曰"巒，山长而狭也。一曰小而锐也。"与《尔雅》合。

岑字又作"嶜"作"嶔"

《山部》岑，山小而高。从山，今声。鉏箴切

《尔雅·释山》文。张衡《南都赋》"嶜岑"案：嶜即岑之异体字。因文章的声调，故重複用之。又《玉篇》嶔下云"嶔崟山势也。"《公羊传三十三年传》"必死于殽嶔岩"嶔亦岑之异体。

岩同"嵒""喦"又同"厰""崟""險""阽""岵"

北京市电车公司印刷厂出品 八一·八

(1549) 20×20＝400

又同"𠪚""⿰口嚴""岑"

《山部》"巖，岸也。从山，嚴声。""嵒，山巖也。从山品。读若吟。""崟，山之岑崟也。从山，金声。""岑，山小而高。从山，今声。"

《石部》碞，磛嵒也。从石、品。周书曰畏于民碞。读与巖同。

《厂部》𠪚，崟也。一曰地名。从厂，敢声。

《阜部》阽，壁危也。从阜，占声。"險，阻难也。从阜，佥声。"

《土部》坫，屏也。从土，占声

《吅部》嚴，教命急也。从吅，𠪚声。嚴古文。

《口部》⿰口嚴，呻也。从口，嚴声。

"巖"《广韵》训险。《左传·隐元年》"制，巖邑也，虢叔死焉。"杜注"恃制巖险而不修德，郑灭之。"又嵒读若吟。《文选·琴赋》"確嵬岑嵒。"《字林》"嵒，山巖也。"以此岑与嵒同。又坫训屏与阽言义同。段曰：俗字有"店"字，崔豹《古今注》"店，置也。所以置货鬻物也。"案此由屏蔽义之引申。皆与高巖义通。

"⿰口嚴"俗字作"⿰口𠪚"或高声义，此与嚴通。

北京市电车公司印刷厂出品 八一·八

密，密静之密当作宓。密为堂密正字。

《山部》山如堂者。从山，宓声。

《尔雅、释山》山如堂者，密。郭注，"形如堂室者。尸子曰，松柏之鼠不知堂密之有美樅。"《广韵、五质》密下引说文"密山脊也。"密下云"山形如堂。"《玉篇、山部》"密同密。"又《尔雅、释诂》"密，静也。"《管子、大匡》"詐密而后动者胜。"《诗大雅、公刘》"止旅乃密"毛传"密，安也。"安即静也。安静义则正字作"宓"。《宀部》"宓，安也。"

𡿖，暴厲、高厲字应作此。

《山部》𡿖，巍、高也。从山，蠆声。读若厲。

此"暴厲""高厲"正字。钱坫说，"此古厲字。《吕氏春秋》厲人主之節。注，厲，高也。《楚辞》徐弭節而高厲。"《庄子、齐物论》"厲风济"《楚辞、招魂》"厲而不爽些"王逸注"厲，烈也。"《周礼、司厲》注"犯政为恶曰厲。"此皆暴厲义。

《广韵》作"巁"。

北京市电车公司印刷厂出品 八一·八

(1549) 20×20=400

《山部》嶵，山皃。从山，辠声。

钱坫说"《甘泉赋》嵏嶵隗乎其相婴。"《鲁灵光殿赋》"嵯峨嶵隗"。又曰"嶵崒䍡某"。此《广韵》作嶵所据。

嶢同"高""垚""尧""广""产"。

《山部》嶢，焦嶢，山高皃。从山，尧声。

《高部》高，崇也。象台观高之形。从冂口。与仓舍同意。

《垚部》垚，土高也。从三土。"尧，高也。从垚在兀上，高远也。㚧，古文尧。

《广部》广，因厂为屋。象对刺高屋之形。读若俨然之俨。

《厂部》产，仰也。从人在厂上。一曰屋梠也。秦谓之桷。齐谓之产。

又同"巖""厰"。（见前）

焦嶢或作"嶕嶢"《汉书、扬雄传》（解嘲篇）曰"泰山之高不嶕嶢，则不能浡滃云而散歊烝。"颜注，"嶕嶢，高皃也。"《方言六》巍、峣、崝、嶮，高也。"高注"嶕峣、崝嵤，皆高峻之皃也。"案焦嶢与焦侥义正相反。

又产字，钱坫说"此瞻仰字。云屋梠，则檐字也。亦见木部。"

屾字或曰即山字

《山部》屾，二山也。

屵盖与崖同。与岸亦同。

《屵部》"屵，岸高也。从山厂，厂亦声。"五葛切"岸，水厓而高者。从屵，干声。"五旰切

《𠂤部》𡴎，危高也。从𠂤，屮声。读若臬。鱼列切钱坫说"《尔雅》（释丘）重厓岸。此（屵）字也。"又曰"《尔雅》望江洒而高岸，此（岸）字也。"郭注，"重厓两厓累者。"又注云"厓权边洒谓深也。（视）深崖峻而水深者曰岸。"孙炎、李巡训洒为陗。《诗国风新台》"新台有洒。"传曰，"洒，高峻也。"案屵岸𡴎（古之）嵒寒对转，又双声。三字古文同通。

崖同"厂""厓"

《屵部》崖，高边也。从屵，圭声。

《厂部》"厂，山石之厓岩人可居。象形。厈，籀文从干。"厓，山边也。从厂，圭声。黄季刚先生曰厂，以产从厂声（彦从厂声，产从彦省声）推之，厂与山相趣。"案厂训山厓，

北京市电车公司印刷厂出品 八一·八
(1549) 20×20＝400

崖训高边。山水相连，皆山边也。

嶏同"圮""崩"又同"⿱屵配"

《屵部》嶏，崩也。从屵，肥声。符鄙切

《土部》圮，毁也。虞书曰方命圮族。从土己声。⿰酉⿱非手，圮或从手，从非，配省声。符鄙切

《山部》崩，山坏也。从山，朋声。⿰阝朋，古文从𨸏。北滕切

按以上三字音义同。钱坫说："《广韵》⿰酉⿱非手或为嶏。本书⿰酉⿱非手即圮字。依此文则⿱屵配嶏当为一字重文。今嶏读如费，而⿱屵配字音配，其声亦乱。"又曰"《玉篇》云⿱屵配毁也。亦作圮。"案本部"⿱屵配，崩声。从屵，配声。读若费。"是嶏⿱屵配古音本同，其声未乱。

序同"墙""城"又同"壁"

《广部》序，东西墙也。从广，予声。徐吕切

《土部》"城，以盛民也。从土成，成亦声。𩫨籀文城从𩫖。""壁，垣也。从土，辟声"

《啬部》墙，垣蔽也。从啬，爿声。𤖨籀文从二禾。𤗉籀文亦从二来。

序与墙古韵模唐对转。《尔雅·释宫》"东西墙谓之序"。古代堂上以东西墙为界，墙即序字。段

曰，礼经谓階上序端之南曰序南。谓近堂正序之处曰东序、西序。古假杼为序。《尚书大传》天子贲庸，诸侯疏序。郑注，墙谓之庸，杼亦墙也。’案墙训蔽垣，城亦蔽垣，序古音如杼，故与城亦音义通。又同壁。壁与城古韵齐青对转。

庿同“序”“庑”“梠”“宇”

《广部》“庿，殿之大屋也。从广，黄声。”“序，庑也。从广，予声。周礼曰，夏序马。”“庑，堂下周屋也。从广，无声。廡，籀文从舞。”

《木部》梠，楣也。从木，吕声。

《宀部》宇，屋边也。从宀，于声。易曰上栋下宇。寓，籀文宇从禹。

章太炎先生曰，《汉书·郊祀歌》大朱涂广，夷石为堂。言以丹涂皇，以平石为堂基也。庿从黄声，音亦如黄。诸言堂皇者，皇即广字。《胡建传》“列坐堂皇上”师古曰室无四壁曰皇。《庄子·知北游》无门无房，四达之皇皇也。”《尔雅·释宫》有榭字。榭与广对转，《释宫》“无室曰榭。”郭璞曰，“即今堂皇。”《春秋集解》以榭为歇前，《正义》曰，“歇

北京市电车公司印刷厂出品 八一·八
(1549) 20×20=400

前者為壁也。"又有"序"訓廡。黄季剛先生《新春語》曰，"御覽百八十一引《通俗文》客堂曰序，五下反。今北京酒食肆設坐以待客曰雅座。即此序字。"《一切经音义十七》"今言廳序"然《周礼圉人》"夏序馬。"注云"故书序为訝。鄭司农云，当为序。玄谓序，廡也。廡所以庇馬涼也。"案廡序皆有覆蔽义。《宀部》宇训屋边，《淮南子》高注曰"宇，屋檐也。"《木部》梠训楣。《仪礼士丧礼注》"宇，梠也。"则梠宇音义同耳。

廛同邸

《广部》一畝半，一家之居。从广，里、八、土。

《邑部》邸，属国舍。从邑，氐声。

段曰"二各本作一今正"《汉书食货志上》《公羊宣宣十五年传》《孟子梁惠王篇赵注》可证古者在野曰廬，在邑曰里，各二畝半。赵注更明確指出里即廛也。《诗小雅、信南山》"中田有廬"箋云，"中田，田中也。农人作廬焉，以便其田事。"《伐檀》毛传云，"一夫之居曰廛。"《周礼、地官遂人》"夫一廛。"郑众注"廛，居也。"郑玄云，"今邑居廛，城邑之居。"廛与邸双声．亦城邑之居。鲁国侯若所居。

㡾同"维""𦄙""縜"

《广部》㡾，屋牝瓦下。一曰维纲也。从广，閷省声。读若環。

《糸部》维，车盖维也。从糸，隹声。"以佳切"𦄙，维网中绳。从糸，巂声。读若画，或读若维。"縜，持纲纽也。从糸，员声。周礼曰縜寸。为赟切"。

段据《广韵》改为"屋牡瓦也"并云"屋瓦大载者曰牝，小覆者曰牡。"《汉书·昌邑王传》"以屋板瓦覆。"《玉篇·广部》㡾，牡瓦。《广雅·释宫》㼶瓴，甓也。"段曰："㡾之言似環也。㼶之言似甗也。"《九章算术》"今有一人一日为牡瓦三十八枚。一人一日为牝瓦七十六枚。"一曰维纲也，维者《糸部》"𦄙，维网中绳也。"段曰："纲者网之纮也。又以绳维之，左右皆有绳，而中绳居要，是曰𦄙。"维训车盖维。𦄙或读若维，是维与𦄙音义同。又縜训纲纽。段曰纽者结而可解也。大曰系，小曰纽，纲之系网也，必以小绳箸大绳而结於网，是曰縜。"案㡾"维""𦄙""縜"四字皆以互相系贯为文，并皆双声。故鸣于同源词。

廉耻、廉介字当作磏。

《广部》廉，仄也。从广，兼声。

《仪记、乡饮酒礼》"设席于堂廉东上。"郑注"侧边曰廉。"《九章算术》"边谓之廉，角谓之隅。"其廉介、廉耻之义本字当作"磏"。《韩诗外传》曰"仁道有四，磏为下。有圣仁者，有智仁者，有德仁者，有磏仁者。"《石部》"磏，厉石也。赤色。从石，兼声。读若镰。"

龐同豐

《广部》龐，高屋也。从广，龍声。薄江切

《宀部》豐，大屋也。从宀，豐声。易曰，豐其屋。敷戎切

高大义通。龐豐同音。

庢后出字作"峌"

《广部》庢，碍止也。从广，至声

段曰，"凡庢碍当作此字。今俗作窒碍非也。《七发》曰发怒庢沓。（李善注）言至滞。《广韵》作"峌"云峌嵲，高山。"

廮后出作㿬

《广部》庳，中伏舍。从广，卑声。一曰屋卑。或读若逋。

段曰：谓高其两旁而中低伏之舍也。又曰《左传》宫室卑庳（见襄三十一年），引申之凡卑皆曰庳。《周礼》其民丰肉而庳（见地官大司徒）。案《尔雅·释畜》"犤牛"郭注"犤牛庳小，今之㹀牛也。又呼果下牛。出广州高凉郡。"案犤即"庳"之后出字。黄季刚先生曰："犤犹竨也。《说文》竨，罷短人立竨竨皃。犹罷也。《周礼·司弓矢》"痺矢"郑司农曰痺读为人罷短之罷。字亦作矲。《方言》矲短也。犹庳也。郭注"庳小是也。"庳小牛曰犤，犹短胫狗曰猈矣。（见《说文》）

廔同婁

《广部》廔，屋麗廔也。从广，婁声。一曰穜也。

《女部》婁，空也。从毋中女。空之意也。一曰婁务也。𡜊，古文。

章太炎先生曰：麗廔亦作㸚。其孔㸚。㸚，明也，亦书作麗。其以名楼观者，《庄子·徐无鬼》

在麗譙，亦书作謻，又变为移，双声为連。《释宫》連謂之簃。郭璞曰連观也。連簃声转，何以明之？《説文》謻，離別也。離本離黄，則謻为離別本字。《説文》以今語释古語，若云尗，豆也。是其例。連之为观，春秋传曰，宋公卒于連中。汉世又变作蘭若瀾，或为漣矣。《楊雄传》曰翼乎徐至於上蘭。晋灼曰，上蘭观在上林中。"《文选·风赋》云楚襄王游于蘭臺之宫。《楚世家》"結繳蘭臺"，"麗廔"等字，章曰皆本於㸚，声以㸚转，盖麗廔窗爽之谓。易曰離，麗也。古日为火，亦本作㸚。"

廔别又《木部》作"樓"，橦下曰"橦，樓也。"廔与婁同，婁训空，空即孔也。婁務之义，即《左传》所谓"婁豬"。

⿸广隹同隤

《广部》⿸广隹，屋从上倾下也。从广，隹声。都回切

《阜部》隤，下隊也。从阜，貴声。杜回切

《玉篇》"⿸广隹，厭（壓）也。"《汉书·李陵传》"隤其家声。"《段注钞案》曰，"⿸广隹之言隤也。"

廑《射义》作"勤"。《公羊传》作"慬"。

《广部》廑，少劣之居。从广，堇声。巨斤切

《礼记·射义》"盖勤有存者"。《释文》"勤又音僅。少也。"《公羊桓三年传》"慬有年也。"何注"慬犹劣也。"又《僖十六年》"慬逮是月也。"注，"慬及，劣及也。"

虘，此阻恃正字。

《广部》虘，人相依虘也。从广，且声。子余切

虘即阻字。钱坫说，《吕氏春秋》曰"阻邱而保威也"注，"阻，依也。"《东都赋》曰"狎阻城池"。薛综注，"依也。"

庌隶作厈，俗作斥。《周礼》作"潟"。

《广部》庌，卻屋也。从广，屰声。昌石切

《左传·襄二十五年》注云，"东方谓之斥，西方谓之卤。"汉曹全、郭仲奇等碑作"厈"。因而作"斥"。《周礼·草人》"鹹潟用貆"。潟即庌字。《史记·货殖列传》"地潟卤"亦作潟。

廫同"豂""漻"

《广部》廫，空虚也。从广，膠声。洛萧切

《谷部》豂，空谷也。从谷，翏声。洛萧切

《水部》漻，清深也。从水，翏声。洛萧切

廫或作"廖"。《楚辞·九辩》"泬寥兮天高而气清。"又作"寥"《楚辞·远游》"上寥廓而无天。"又漻字李善《文选·南都赋注》引《韩诗内传》"漻，深清貌也。"按《郑风》毛作"浏"。黄季刚先生曰"漻与浏同字。"豂训空谷，空廓同义。此三字音义同。

厲同"防""泐"。又同"磏"。

《厂部》厲，旱石也。从厂，蠆声。蠇，或不省。

《阜部》防，地理也。从阜，力声。

《水部》泐，水石之理也。从水，从防。《周礼》曰：石有時而泐。卢则切

《石部》磏，厲石也。一曰赤色。从石，兼声。读若鎌。力盐切

旱石石於土上最坚硬，故玄应《一切经音义二》"厲，磨石也。"《诗大雅·公刘》"取厲取锻"。笺云，取锻厲斧斤之石可以为器。《左传·哀十六年》"胜自厲剑。"又《攷工记·总叙》"草木有时以生，有時以死，石有时以泐，水有时以凝，有时以泽。"

此天时也。"注"言百土之事当宗其时也。郑司农曰：沕当读如再扐而后卦之扐。沕谓石解散也。夏时盛暑大热而然。"《春秋繁露·循天之道篇》阴阳之会，夏合南方而物动于上为热，则焦烂烂石。"盖夏时暑热大盛，则日曝气涨，石为之之沕也。阞与阞同。磏训厉石，引申为磏劣磏沽。今以廉字代之。厉、沕、阞、磏古皆来纽双声，义并相通。

厤训调者即秝之借

《甘部》曆，和也。从甘，从厤。厤，调也。甘亦声。读若函。

厤训调，曆训和，是厤即调和。今北京谓和食品的烹料和佐料总名叫调和（tiáo huo）。本字作秝。章太炎先生曰，《说文》秝，稀疏适历也。（依王段二家订正）从二禾。引申为调适义。或以厤为之。春秋传曰，嘉栗旨酒。栗即厤也。若栗階即歷階矣。又曰，《七发》"勺药之酱。"《子虚赋》勺药之羹。《南都赋》归雁、鸣鹅、香稻鲜鱼以为勺药。文颖云勺药，五味之和。韦昭云，勺药和齐咸酸美味也。王引之曰勺药之言通堅也。然则秣转为藥（言本如哀乐之乐）藥本由秣草引。《说文》训治病艸。然上品本以服食。其和齊酸鹹诸方，皆因薑桂乌梅，又调食之品与调羹同。"

厃 借作"廞"又作"嶔"。

《广部》厃，石地也。从广，金声。读若紟。《公羊僖三十三年传》"必于殽之嶔巖。"《释文》嶔本或作"廞"。案厃为巖嶔之正字。《释文》嶔字《说文》未录。而《广部》廞，陈舆服於庭也"，与石地义不合。《周礼·天官·司裘》"大丧廞裘，饰皮车。"又《春官·司服》"大丧共其廞衣服。"又《夏官·司兵》"大丧廞五兵。"注云，"故书廞为淫。郑司农云，淫读为廞，廞，陈也。"《广部》廞，陈舆服於庭也。从广，钦声。读若歆。"是许本司农说，非嶔巖义。是嶔巖当以厃为正字。

庯 此"逋峭"字。《字林》作"峬峭"

《广部》庯，石间见。从广，甫声。读若敷。段曰，"開凑去声，间见谓突兀忽见。《人部》俔下云间见是也。庯或假逋字为之。《魏书（卷八十三）《北史（卷八十二）温子昇传》皆云，"子昇诗梁客馆不修容止。詩章易作，逋峭難為。"字当作庯。《广韵十一模》引《字林》"庯峭，好形皃。"又曰，"近世波俏之语。又音字之转移也。"

陜即峡字

《𨸏部》陜，隘也。从𨸏，夹声。

钱坫说"此两山之间曰峡字。《淮南子》"彷洋于山之峡。《上林赋》赴隘陜之口。郭璞注，夹岸间为陜。"亦此字也。

仄同側

《广部》仄，側傾也。从人在广下。庂，籀文从矢。矢亦声。阻力切

《人部》側，旁也。从人，則声。阻力切

《周礼·考工记·車人》"行山者仄輮。"注云"故书仄为側。鄭司农云"側当为仄。"

礈同"隤""隊""隕""磒"。

《石部》礈，陊也（锴本作"墜"）。从石，㒸声。徒对切""磒，落也。从石，員声。春秋传曰，磒石于宋五。于敏切

《𨸏部》隤，下隊也。从𨸏，貴声。杜回切""隊，从高隊也。从𨸏，㒸声。徒对切""隕，从高下也。从𨸏，員声。易曰，有隕自天。"于敏切

章太炎先生曰："隤，下队也。隤又变易为队，从高队也。隤转作喉音如贵。时转语变易为隤，从高下也。为碩，落也。"~~案隤与隤古本双声。~~

⿰丸咼（於跪切）此委棄字

《丸部》"（鸷鸟）鷙鸟食已，吐其皮毛如丸。从丸，咼声。读若骫。"

宋本、锴本此在前。

钱坫说："鷙传无读若骫三字。此委弃字。"段曰："玉裁昔宰巫山县，亲见鸱鸟所吐皮毛如丸。"案：读若骫可证委宛语源于委。

碝即瓀字

《石部》"碝，石次玉者。从石，耎声。"

钱坫说："《玉藻》士佩瓀玟。瓀即碝字。《上林赋》蜀石黄碝。"案钱说是。《诗·郑风·子衿传》："士佩瓀珉。"《释文》瓀作碝。

硈同⿱㱿石

《石部》"硈，石坚也。从石，吉声。一曰突也。""⿱㱿石，坚也。从石，㱿声。"

二字音义同。

磛同峭

《石部》"磛，礹石也。从石，斬声。"鉏衔切

《阜部》"陗，陵也。从阜，肖声。"七笑切

20×20=400

钱坫说，詩《小雅》漸漸之石应作此。《淮南子》"叩山磛巖"。《高唐赋》"巉巖而下望"。《上林赋》"嶄巖参差"。案"巉""嶄"皆磛之变体。卑与彖对转。故与"隋"音义同。段曰凡斗直者曰隋。斗直字俗作"陡"。

磬同球

《石部》磬，乐石也。从石，殸象县虡之形。殳，击之也。古者毋句氏作磬。殸 籀文省。硜 古文从巠。

《玉部》球，玉磬也。从玉，求声。璆，籀文球。

章太炎先生曰"磬折者为磬、为球。"又曰，詩受小共大共。受小球大球。传曰共，法也。球玉也（即玉磬）。《广雅》作拱捄训法。共即句股对转之音，球即磬折。"又（《文始》）曰東侯对转拱即句股。捄即球字。《説文》球，玉磬也。乃所谓磬折矣。句股、磬折皆物之形法，其训法者犹规巨之为法耳。《商颂》受小共大共。受小球大球。毛传共亦训法球则训玉，不谓玉磬。与《广雅》之说文質有殊。其实不異。箋乃始为異说耳。王氏引广雅以毁

毛传，此但知拱抹之当训法，犹未知其何以训法也。”（见《小学答问》）

硗 后出字作“墝”。亦与“墽”所变。

《石部》硗，磐石也。从石，尧声。

《土部》墽，硗也。从土，敫声。

《吕氏春秋》作“墝”。《辩土篇》曰“树肥无使扶疏，树墝不欲专生而族居。肥而扶疏则多粃，墝而专居则多死。”此即《孟子·告子篇》所谓“地有肥硗”。又《诗毛传》“地中墝埆”。墝埆即硗确。

礙《玉篇》说，“同‘未’”。礙即疑戾字

《石部》礙，止也。从石，疑声。

《诗·小雅·雨无正》“周宗既灭，靡所止戾。”《大雅·桑柔》作“靡所止疑”。疑戾皆与止连用，礙即疑戾之疑字。止疑即礙止也。

碎同瓯

《石部》碎，䃺也。从石，卒声。

《瓦部》瓯，破也。从瓦，卒声。

二字音义同。

碓即碑字

《石部》磾，以石扞（锴本作捍）缯也。从石，延声。（式战切）

案《广韵·十二齐》有“磾”字。注云：“汉金日磾。说文染缯黑石，出琅邪山。”《说文》无磾字，或即“硟”之别体。染缯而疑扞缯之误。

研同揅

《石部》研，䃺也。从石，幵声。

《手部》揅，摩也。从手，研声（锴本有，铉本佚）

段曰，以石䃺物曰研也。《手部》曰“摩者揅也，揅者摩也”。案研与揅音义同。

磻同“彃”“抨”“發”。

《石部》磻，以石箸隿缴也。从石，番声。（博禾切）

《弓部》“彃，䠶也。从弓，畢声。楚辞曰芎彃日。”“發，䠶發也。从弓，癹声。”

《手部》抨，掸也。从手，平声。（普耕切）

钱坫说：“《玉篇》同碆。《史记》碆新缴（楚世家）。徐广注‘以石傅弋缴曰碆。《广成颂》增碆飞流。案《周礼》作磻同此。”黄季刚先生曰“磻冢字盖由此变。”案徐锴曰“磻冢，山名。”

又"彈""拌""發"則以髮為文。此四字雙声，皆以髮為事，故為同根詞。

⿰石禹同⿸厂兒

《石部》⿰石禹，石地惡也（从鍇本）从石，⿰石禹声。

《厂部》⿸厂兒，石地惡也。从厂，兒声。五歷切

錢坫說："（⿰石禹）与⿸厂兒声义相同。然此等字多后人加入者，未必為許君原文。"

磊同砢

《石部》磊，眾石也。从三石。（洛猥切）"砢，磊砢也。从石可声。"來可切

磊砢皆讀來紐，為雙声聯語。按曰《上林賦》曰"水玉磊砢。"又曰"抗衡閜砢。"注引郭璞云"閜砢相扶持也。"又按《世說新語·言語篇》"其人磊砢而英多。"此或今之磊落。

豕同"彖""彘""豨"。古或与"夂"同。与"亥"同文。

《豕部》豕，彘也。竭其尾，故謂之豕。象毛足而后有尾。讀与豨同。（此以下說解后人所加，今刪）𧰨古文。"豨，豕走豨豨。从豕希声。古有封豨脩蛇之害。"《彑部》"彑，豕之頭。象其銳而上見也。讀若罽。""彘，后蹏廢謂之彘。从彑，矢声。"

从二匕。𧲣足与鹿足同。"彖，豕也。从彑从豕。读若弛。

《亥部》亥，荄也。十月微阳起接盛阴。从二，二古文上字，一人男，一人女也。从乙象裹子咳咳之形。春秋传曰亥有二首六身。𠀅 古文亥为豕与豕同。亥而生子，复从一起。

钱坫说"《天官书》'奎曰封豕'《天文志》作'𧱏'故读同。"章太炎先生说，"豕变易为'彖'豕也。近转胯变易为'𧲣'为'𧱏'皆豕也。"乃训豕之头与豕字义亦相近。岩大云，"古文亥为豕"。是古文亥与古豕同字。此亦一字多音之证。

𧰨同"䋈"或与"豸"同。即古文"杀"字彼作"𣏂"《尔雅》作"貄"

《𧰨部》𧰨，修豪兽。一曰河内名豕也。从彑下象毛足。读若弟 𧰨 籀文。𢒞 古文。"䋈，𧰨属。虞书曰䋈类于上帝

《豸部》豸，兽长脊行豸豸然。欲有所司杀形。

《杀部》杀，戮也。从殳，杀声。𢁒 古文

殺。𢼛古文殺。杀古文殺。

錢坫說，"《爾雅》之貄字也（《釋獸》）。云貄，脩豪。《山海經》竹山有獸名曰豪彘。"

章太炎先生說："《說文》希，脩豪獸。讀若弟。古文作𢑚。此古文變易也。亦变易为𧰨，希屬。从二希。古文又作𧰨。此则转为齿音矣。希盖与豸同物。从长脊言为豸，从脩豪言为希。狐貈貍皆兼二事。豸希古音並如弟，《釋獸》又以希为貍子（字变作貄）。本或以肆为之。《夏小正》七月，貍子肇肆。~~传训肆为殺~~《说文》引书𧰨類于上帝。今亦作肆。然则𧰨又同希音也。小正之肆，传训肆为杀。取豸欲司杀义也。（貍本善杀故貍亦训杀。《论语讖》云"伐子自貍是也。又貙似貍亦善杀，汉制立秋貙貍，与小正肇肆相应。）《说文》古文殺作杀，即希字。然则变舌为齿（如肆音），转支入隊，然后为杀也。"

肆　安肆当作"㣻"。《广韵》作"肆"。

《心部》㣻，肆也。从心，隶声。他骨切

《礼記·表记》"安肆日偷。"郑注，"肆，放恣也。"《左传·襄廿六年》"豈其一人肆于民上。"而安肆义，正当作"[illegible]"。

昜 由飞扬之义，则即扬之古文。同"翔"。

《勿部》昜，开也。从日一勿。一曰飞扬。一曰长也。一曰彊者众皃。

《手部》扬，飞举也。从手，昜声。敭古文。

《羽部》翔，回飞也。从羽，昜声。

案昜从日一勿者，勿本旌旗，日光而照于旌旗之上，一指事，象日光所照之面。故昜有明义。旌旗飘飏故为飞扬之古字，与飞翔亦通。

豭当为𡕒之后出

《夊部》𡕒，豕也。从夊，下象其足。读若豭。

《豕部》豭，牡豕也。从豕，叚声。

《左传·定十四年》既定尔娄猪，盍归吾艾豭？今谓豭为过猪。𡕒亦豕字。古文豕作"𧰨"。彖亦此字之别也。

貒《集韵》同"貛"。

《豸部》貒，兽也。从豸，耑声。读若湍。貛，野豕也。

二字音义皆近。

㬥 即豱字。《广韵》作"[illegible]"

《㣇部》𧰨 豕属。

钱坫说，"《尔雅》豕奏者豱。即此字。"

𧰲 豪健字当作"勢"。《广韵》作"豪"。

《㣇部》𧰲，豕鬣如笔管者，出南郡。从㣇，高声。豪 籀文从豕。

《力部》勢，健也。从力，敖声。读若豪。

勢为豪健、豪傑、豪勇的正字。楚之先祖名"莫敖"，敖即勢字，即豪勇之称。

彑 古或与"豕"同。又同"𧱌"。

《彑部》彑，豕之头。象其锐而上见也。读若罽。

《豕部》𧱌，豚属。从豚，卫声。读若罽。

罽从𠛱声，𠛱即籀文锐字。豕之头口以尖锐为特点，此所以别于牛羊也。𧱌亦读若罽，则𧱌与彑同。又彘为豬，而彘声之[illegible]，服虔音衛。是𧱌与彘亦相同。

貐即委虎

《豸部》貐，猰貐，似貙虎。爪食人迅走。从豸，俞声。

黄季刚先生曰，"猰貐语由虫兕来。又与委虎声更。《说文》无猰字。当作虎。又《走部》有⿺走契。云，超特也。又亦近迅走（《尔雅·释兽》猰貐食人，迅走。）娄虎之变为猰貐，犹娄输连言。”

易同“蜴”“蝘”

《易部》易，蜥易，蝘蜓，守宫也。象形。秘书说，日月为易，象阴阳也。一曰从勿。

《虫部》“蜓，蝘蜓也。从虫，廷声。一曰螾蜓”“蝘，在壁曰蝘蜓。在草曰蜥易。从虫，匽声。𧓍，蝘，或从䖵。

此二字音义相近。一曰从勿者，黄季刚先生曰，“易从勿，遽称勿勿。此义引申为变易、难易，轻易。”

象同豫

《象部》象，长鼻牙。南越大兽，三年一乳。象耳、牙、四足之形。”“豫，象之大者。贾侍中说，不害于物。从象，予声。𧰼古文。

预象模糊时转。又亦写别。

第十卷上

马同武

《马部》马，怒也。武也。象马头、髦、尾、四足之形。影 古文马。影 籀文马与影同有髦。

《夏官·司马》郑玄注："马者武也。"言为武者也。《左传·襄六年》宋平公谓华弱为司武。"司武楷书"杜解："司武，司马。"《艺文类聚》引韦昭辩《释名》云："大司马，马，武也。大总武事也。"案春秋时代战争以车战为主，故《大戴礼记·千乘篇》："司马司夏，以教士车甲。"武与赋通，《左传》往往以赋为车马，盖言军士也。章太炎先生曰："投壶以马计数，赋亦数车乘，与马相应。"或曰训怒者释马之形象。黄季刚先生曰："马盖有王音，为怒之古字，故褭从马声（奴鸟切）。"

"⿰马閒""瞯"义同。由此悟得鱼以[illegible]为本字

《马部》马一目白曰⿰马閒，二目白曰鱼。从马閒声。

《目部》瞯，戴目也。从目閒声。江淮之间谓眄曰瞯。

此同《尔雅·释畜》文。释畜"⿰马閒"作"瞯"，是⿰马閒

䮒与瞯音义同。段曰，戴目者，上视如戴然。《素问》所谓戴眼也。诸书所谓望羊也。目上视则多白，故《广韵》云，瞯人目多白也。引申为伺閒之义，如《孟子》使人瞯夫子是。”又曰，《方言》瞯，眄也。吴楚江淮之间或曰瞯，或曰略。’章太炎先生曰，《晋语》暇豫之吾吾。韦解，读为鱼鱼。《水经注》鱼山亦为吾山。鱼之言寤也。《释名》言，鱼目不闭是也。孳乳为寤。《说文》寐觉而有言曰寤。《诗周南》寤，觉也。’寤引申为晤面、晤谈。是则鱼得以晤为本字。

驪　后出字作“黧”

《马部》驪，马深黑色。从马，麗声。吕支切

《记檀弓》“戎事乘驪”郑注“马黑色曰驪。”引申为一切之黑。今作“黧”。亦借“黎”为之。《禹贡》“厥土青黎”《史记》作“青驪”

驳同犖

《马部》驳，马色不纯。从马，爻声。

《牛部》犖，驳牛也。从牛，劳省声。

《通俗文》“黄白杂谓之驳犖”。《淮南子·说林训》“騂驳不入牲”高注“牺牲以纯色也。”孙炎说“騂

赤色也。"《尔雅·释畜》"骊白驳。"《广雅》"朱駮"駮与驳同。《五经》引《礼斗威仪》"君乘火而王，其政和平，则南河输駮马。"注："駮马者黄赤色马也。"据此，赤白曰驳，赤黄亦曰驳矣（本黄师说）。

骜同骁

《马部》骜，骏马。以壬申日死。乘马忌之。从马，敖声。"骁，良马也。从马，尧声。"《吕氏春秋·察今篇》"良马不期乎骥骜。"高注："骜千里马名也。《史记·韩信传》有"骁骑将军"张晏曰："骁，勇也。"案骁骜音义同。亦或以"枭"为之。

驾~~同路~~籀文作格，即路車字

《马部》驾，马在軶中。从马，加声。格，籀文驾。

驾同驭。章太炎先生曰，驭，使马也。小篆作御。格驭盖一字。据僕夫言驭。《觐礼》"偏驾不入王门。"天子诸侯之車称路，实格之借。汉以来称天子所乘曰車驾，亦斯义。

驸，一曰疾也。疾义与蠡同

《马部》駙，副马也。从马，付声。一曰近也。一曰疾也。符遇切

《汉百官公卿表上》奉車都尉掌御乘輿車。駙马都尉掌駙马。皆武帝初置。"晋尚公主並加之。"顏注："駙，副马也。非正驾車，皆为副马。"訓疾者与"⿱兔⿰兔兔"同。《兔部》"⿱兔⿰兔兔，疾也。从三兔。闕。芳遇切"

⿰马卬 即 激卬字

《马部》⿰马卬，⿰马卬⿰马卬马怒皃。从马，卬声。吾浪切

钱坫说："《汉书、扬雄传、解嘲》激卬万乘之主。如淳注，卬，怒也。当即此字。

驀然之驀当作"覓"

《马部》驀，上马也。从马，莫声。莫白切

左思《吴都赋》"驀六駮"驀然之字当作"覓"。《見部》覓，突前也。从見，从冂。莫红、亡狄二切。

騊同駧

《马部》騊，马行皃。从马，匋声。"駧，驰马洞去也。从马，同声。徒弄切

《诗·清人》"驷介陶陶"毛传，陶陶，驱驰之皃。案陶当以騊为正字。駧字《集韵》《類篇》並引

作"驰駧去也。"《玉篇》"駧，马疾走"。駋駧对转双声。二字音义同。

笃同"駗""驙"，亦近"竺""笪"。

《马部》"笃，马行顿迟。从马，竹声。""駗，马载重難也。从马，㐱声。""驙，駗驙也。从马，亶声。《易》曰'乘马驙如。'"

《二部》"竺，厚也。从二，竹声。"

《亯部》"笪，厚也。从亯，竹声。讀若笃。"

~~《释诂》"笃，厚也。"~~ ~~又"固也。"~~《释名》"笃，筑也。筑坚实也。"《玉篇》"駗驙，马载重難行也。"此与"笃，行顿（钝）迟也。"音义皆同。引申训坚实。《尔雅·释诂》"笃，固也。""笃""駗""驙"双声，本同根词。锐利与钝厚相对。凡钝皆有厚义，故笃名笃（竹读若）。故笃与"笪""竺"义相会通。

䮔依《玉篇》作𩦺。此䮔正当作"懙""𧽌"。

《马部》"䮔，马行徐而疾也。从马，學省声。"

《走部》"𧽌，安行也。从走，與声。"余吕切

《心部》"懙，趣步懙懙也。从心，與声。"

钱坫说："此字本作'䮔'，各本同。惟《玉篇》作

'⿱𦥯马'。云，马行徐而疾也。弋臭、弋然二切。《广韵》平声云，马行皃。去声，马疾行皃。义与《玉篇》同是也。坫谓本书'⿺走與'安行也。安行即徐行。《论语》與與如也。皇侃，與與犹徐徐也。與之为徐与⿱𦥯马之为徐一也。此字当从與，不从⿱𦥯马。书者误之耳。"案钱说极谛。黄季刚先生谓"⿱𦥯马⿺走與义与懙同。《心部》懙，趣步懙懙也。此正所谓马行徐而疾也。

馺同踏

《馺，马行相及也。从马，及声（从锴本）。

读若尔雅小山馺，大山峘。

《足部》踏，趿也。从足荅声。

钱坫说，"郭说未然。峘即恒之讹。山文为緜亘，故以恒得名。山相及有緜亘之象，当依《说文》作馺，用相及之训。"又曰"《尔雅》馺，马驰也。峘当作恒。《甘泉赋》馺遝风。"踏训趿亦相及之义。二字音义同。

冯同颿。

《马部》冯，马行疾也。从马，仌声。"颿，马疾步也。从马，风声。

《诗大雅、卷阿》"有冯有翼"冯正作"畐"或作"凭"《离骚》凭不厌乎求索"。王注"楚人名满曰凭。"凭即冯字，正作畐。"翼"正作"意"《心部》"意，满也。"《诗小雅、小旻》"不敢冯河"。正作"淜"。无舟渡河也。

颿。后出字作"帆"。《吴都赋》"楼船举颿而过肆"。今本作"帆"。《左传、宣十二年注》使不帆风。

驰同骋

《马部》"驰，大驱也。从马，也声。""骋，直驰也。从马，甹声。

《广雅》"骋，奔也。"《韩诗章句》"骋，驰也。"《左传、定八年》"林楚怒，马及衢而骋。"杜注"骋，驰也。"驰骋双声义同。

骞褰字正作攐

《马部》骞，马腹絷也。从马寒省声。

《诗郑风》有"褰裳"《释文》云，本或作"骞"。《左传、襄二十六年》"揭衣从之。注，"揭衣，褰裳也。"《释文》作"骞"。云"本或作褰"实骞褰字正作"攐"《手部》攐，摳衣也。

驯 文不雅驯正作"訓"

《马部》驯，马顺也。从马，川声。

《史记·五帝本纪》"文不雅驯"借为"训"。又"能明驯德"。徐广曰，"驯古训字。"

骚同"⿱⺮剡""慅"。

《马部》骚，扰也。一曰摩马。从马，蚤声。

《竹部》⿱⺮剡，骚马也。从竹，剡声。

《心部》慅，动也。从心，蚤声。一曰起也。

此三字对转，义近。離骚之骚也当作"慅"。

驵同"壮""奘"。

《马部》驵，牡马也。从马，且声。一曰马蹲驵也。

《士部》壮，大也。从士，爿声。

《大部》奘，驵大也。从大，从壮，壮亦声。

段依《後汉郭太传》注》引说文驵会也。改蹲驵为'驵会'谓合两家之买卖，如今之度市也。下十三字盖系旧注。驵会如今之牙行。会俗作侩。《史记·货殖传》作節驵会，《汉书·货殖传》作節驵侩。《史记货殖传集解》会，侩也。~~盖度合今度市之文~~。《后汉书·逢萌传》王君公侩牛，自隐~~驵侩~~。徐广曰驵音祖朗切（见《史记货殖传引(《广韵卷十四》引《晋令》侩卖者皆当著巾、白帖额言所侩卖及姓名，一足白履，一足黑履。盖驵者本乎今买卖马之称。因以为平会凡物之称。《吕氏春秋·尊师篇》云，"段干木晋国之驵。"今叫"跑合的"。

驒　络驒当作"络繹"

《言部》䜌，乱也。一曰治也。一曰不绝也。从言絲。𡂐古文䜌。案络繹为治丝，此字从字形上、字义上，形象地说明了"络繹不绝。"

驫同"𣡽"

《马部》驫，众马也。从三马。甫虯切

《木部》𣡽，众盛也。从木，驫声。逸周书曰疑沮事阙。

𣡽从驫声，义亦相近。当属于同源字。

廌豸同字。

《廌部》解廌，兽也。似山牛，一角。古者决讼，令触不直。象形。从豸省。宅買切

《豸部》豸，兽长脊，行豸豸然，欲有所司杀形。池尔切 司杀读若伺候之伺

案廌从豸声，故廌有豸音。解廌本叠韵联语。黄

季刚先生曰"中国语言音单词复，故往往变单字为双字。而每一名有单名双名二者。如天称皇天、昊天是也。双名在质言，则为赘疣。而於文言则须用之。由於音单词复单名多变为双名，因之製成诗歌、骈文、联语等文体，他如有节奏之语言，亦皆由此形成也。"(见《文字声韵训诂笔记》)案黄君阐发单字双字之变化，在训诂学上极为重要。其向最应诠明者，双声叠韵连绵字，亦可诠明并应属于单名双名之例。如《左传·宣七年》曰"庶有豸乎？"杜解："豸，解也。"案豸与廌同字。《廌部》云"解廌"解廌本为叠韵连绵词，是以廌训解。可见廌可为单名。以叠韵变为双名。《庄子·庚桑楚》"内韄者不可缪。"《释文》"缪又音稠"。是"绸缪"可作缪也。《外物注》"视之偭然"。《释文》偭，律悲反。旧鱼鬼反，又奥威反。"是"傀偭"叠韵连绵词京于偭也。《尔雅·释木》"痝木"。《释文》痝郭，卢罪反。施，胡罪反。盖痝读为磊。犹状状山形曰礧嵬，亦曰嵬礧，皆"磊"之变亦"痝之变。单名变为双名其例甚多如"同义字复用"

"加修饰语"等形式，则不胜枚举了。

~~法同范~~

䴠同"麛""麑"

《鹿部》䴠，鹿麛也。从鹿，耎声。读若偄弱之偄。如乱切 麛，鹿子也。从鹿，弭声。莫兮切"麑，狻麑，兽也。从鹿，儿声。五鸡切。"

此三字双声义近。（由得声推之）。

㲋同兔。以㲋读若蒲知之。又同"毚"

《㲋部》㲋，兽也。似兔，青色而大。象形。头与兔同，足与鹿同。丑略切 [illegible] 籀文。"

"毚，狡兔也。兔之骏者。从㲋兔。士咸切

《兔部》兔，兽名。象踞，后其尾形。兔头与㲋头同。汤故切

章太炎先生曰"㲋兔双声，古盖一字。由宵而至鱼则为兔。然㲋亦转入鱼部，故⿱㲋糸从㲋声，乃读若蒲。㲋兔虽分大小，初造文者必不委细分别。其一字异形可知也。㲋舒作齿音，则转读为毚，兔之骏者从㲋兔，以读若毚证之，明㲋兔无二也。"

兔又同"失"又同"遗""同遯"。又同"逸"。

《手部》失，纵也。从手，乙声。式质切

《辵部》"遗，亡也。从辵，贵声。"以追切 "遯，逃也。从辵，从豚。"

《兔部》逸，失也。从辵兔。兔谩訑善逃也。

章太炎先生曰："《说文》无免，有从免声之字。钱大昕以为兔字之别。段玉裁以兔逸故从兔不见足。寻兔谩訑善逃，段说诚合。若钱氏以为兔，不如云即㲋也。㲋籀文作'⿱⺈冋'，少变则为免。又变成兔。故《说文》非无免字，乃即㲋字。"

黄季刚先生曰："㲋⿱⺈冋兔免四字同文。《广雅》'免，脱也。'恒言亦曰免脱。《左传》'君免乎？锐司徒免乎？'（成二年）又曰，'既免，复踞而鼓琴'（宣十二）。盖知兔免同文而有二读。"免又同失，双声义近，失亦有脱训（夺即脱），逸与失又同韵。遗与遯或双声或叠韵，而皆同根词。

婏同别义同"⿱兔⿰兔兔"

《兔部》"婏，兔子也。婏，疾也。从女兔。"芳万切 "⿱兔⿰兔兔，疾也。从三兔。阙。"芳遇切

二字双声，音别义相同。《思玄赋》"婏以且卷"注，"婏，逃也。"与《说文》训疾合

頁，即類字。又作"㝃"。

《萈部》萈，山羊细角者。从兔足，苜声。读若丸。宽字从此。

《尔雅·释兽》"羱如羊"，羱。《集韵》萈，山羊细角也。或作羦、羦。钱坫说，"《后汉书》注：羦羝野羊。字书作羦。"

鲫同"鲋"

《鱼部》鲋，鱼名。从鱼，付声。符遇切。

《周易·井卦》"谷射鲋。"郑注"所生无大鱼，但多鲋鱼耳，言微小也（见刘注《吴都赋》引）。鱼亦小物故行动疾速与鲋虽异物而同状。黄季刚先生曰"《尔雅·释鱼》'贝，居陆贆。在水者蜬，大者魧，小者鰿。'《[illegible]聚》引尔雅作蟦。《释文》蟦本或作鰿。鰿蟦同字，蟦之为言茦也。《方言》茦，小也。小鱼亦谓之鰿。《广雅》鰿，鲋也。《说文》作鲼。今俗通用鲫。"案鲋鲫虽不同语，而皆有小而速义。~~此荀子所谓同状而异所。~~

狗同"猶""狡"

《犬部》狗，孔子曰狗叩也。叩气吠以守。从犬，句声。"猶，玃属。从犬，酋声。一曰陇西谓犬子为猷。"狡，少狗也。从犬，交声。匈奴地有狡犬，巨口而黑身。

《尔雅·释畜》："未成豪，狗（狗子未生𣯌毛者）"黄季刚先生曰："此豪亦谓长豪，与上下二豪同。或谓此为生豪，非。豪与獒通，犹骜读豪也。未生𣯌毛之说不驳，獒豪声通，獒之命名，盖以多毛，如穆传之尨狗矣。俞荫甫读豪为獒，而以未生𣯌毛为非，读豪为獒子也，以未生𣯌毛之说为非，非也。"又曰："猶，玃属。训玃者，同禺猴。别义（一曰陇西谓犬子为猶）同狗，即麋麌字。（《释兽》曰："麋，其子麌。"《春秋国语》曰："兽长麛麌：麛，[illegible]麋。《说文》无"麌"，此其多文得诸"幺"。）

黄季刚先生又曰："尚猶当作又，譬猶当作猷，猶然亦猷字。犬猷作遨，叟作猷。"

狡训少狗，亦小义。案三字双声，猶狡同韵，义并相近。

獶 今之狨字。

《獶，犬恶毛也。从犬，農声。奴刀切》

钱坫说："今之狨字。《字林》以为多毛。《尔雅注》狨毛獶长。"

猈《尔雅》有犤牛

《犬部》猈，短胫狗。从犬，卑声。

《尔雅·释畜》"犤牛"郭注"犤牛庳小。今之㹇牛也。又呼果下牛。出广州高凉郡"。黄季刚先生曰，"犤犹猈也。《说文》𥪕，短人立𥪕𥪕皃。犹矲也。《周礼·司弓矢》庳矢。郑司农曰庳读为人矲短之矲。字亦作矲。《方言》'矲，短也'。犹庳也。郭注云庳小是也。庳小牛曰犤，犹短胫狗曰猈矣。""卑""罢"双声。

尨，尨杂字借为"牻"

《犬部》尨，犬之多毛者。从犬，从彡。诗曰无使尨也吠。

《左传·闵二年》"衣之尨服"服注"尨杂色。"《周礼·牧人》"用尨可也"。杜子春云"谓杂色不纯。"案尨训杂色应作"牻"，《牛部》"牻，白黑杂毛牛。"

默，静默字应作黑

《犬部》默，犬暂逐人也。从犬，黑声。读若墨。

《汉书·窦婴传》"默默不得志。"推其正字应作"黑"。

猥训曲者借为"隈"。训鄙者由曲义引申。

《犬部》狠，犬吠声。从犬，畏声。

《文选·六代论》"狠用晁错之计。"《出师表》"狠自枉屈。"《报孙会宗书》"狠随俗之毁誉也。"狠皆训曲，亦作"隈"。《阜部》隈，水曲隩也。"《广韵·十四贿》狠，鄙也。"训鄙者由曲义引申。

獿同嗥

《犬部》獿，犬獿獿咳吠也。从犬，獿声。

《口部》嗥，咆也。从口，皋声。獋，谭长说嗥从犬。

獿嗥音同义近。钱坫说"《方言》獿，猪也。《吴都赋》儸㒨譶獿。《玉篇》咳同豥。

犷 《尔雅》有"獑"。

《犬部》犷，犬吠声。从犬，斤声。

《尔雅·释畜》"犬生三猣。二师。一獑。"案獑即犷字。

狧即𢸷字，咶字

《犬部》狧，犬食也。从犬，从舌。读若比目鱼鲽之鲽。他合切

《汉书·吴王濞传》"狧糠及米。"师古注：'狧，古𢸷字。'

嚃羹。《管子》十口之家，十人咶盬。"喋""咶"皆狧之后出字。

倏《广韵》作"倏"

《犬部》倏，走也。从犬，攸声。读若叔。《广韵》作"倏"。又"倏忽，犬走疾也。"从攸声者可读叔《庄子·大宗师》作"翛"云"翛然而往"。徐邈音叔。

戾同"盭"，又同"剌"。

《犬部》戾，曲也。从犬出户下。戾者身曲戾也。郎计切

《弦部》盭，弼戾也。从弦省，从盭。读若戾。

《束部》剌，戾也。从束从刀。刀者剌之也。戾以曲为本义，引申为"了戾""乖戾"义。《广韵·霁韵》，了戾双声。《淮南·原道训注》"抮轸，了戾也。"《方言》"軫，戾也。"注，谓相了戾也。王冰注《素问》段成式《酉阳杂俎》皆用"了戾"。了戾与乖戾通。或说盭为乖戾之字，其义与戾通。史汉多作盭。剌亦作乖剌。

獵獠二字同。又同"钞""挚""捷"

《犬部》獵，放獵逐禽也。从犬，巤声。良涉切

獠，獵也。从犬，尞声。力昭切

《金部》鈔，叉取也。从金，少声。楚交切

《手部》摲，暫也。从手，斩声。昨甘切 捷，獵也。军獲得也。从手，疌声。春秋传曰，齐人来献戎捷。

段《管子·四稱篇》"獠獵畢弋"。郭注"今江东亦呼獠为獵。"是獵乃字耳。段曰獵引申为凌獵，为捷獵。"鈔为叉取，言獵獠之手，摲捷言獠獵之速，皆与獵义通。

臭同殠

《犬部》臭，禽走臭而知其迹者犬也。从犬从自。尺救切

《歺部》殠，腐气也。从歺，臭声。尺救切

凡气息芳殠皆谓之臭。《礼记·大学》"如恶恶臭"。则指殠而言。

獘同敝。獘字误作弊。借为"敝"

《㡀部》㡀，败衣也。从巾，衣败之形。

獻同犧。

《犬部》獻，宗庙犬名羹献。犬肥者以献之。从犬，鬳声。

《牛部》犧，宗庙之牲也。从牛，羲声。贾侍中

说见诗经辑御[illegible]

説此非古字

《周礼、司尊彝》"献尊"《释文》"献或作戲"，注作"犧"。

類同類

《犬部》种類相似，惟犬为甚。从犬，類声。

《頁部》類，難曉也。从頁、米。一曰鮮白皃。从粉省。

章太炎先生曰，"類当为類之古文。"黄季刚先生曰，"類即种類相似之字。類为后出字。"

㲉与㲉为同根词

《犬部》㲉，犬属膂已上黄，已下黑。食母猴从犬，㲉声。读若構。或曰，㲉似牂羊，出蜀北嚣山中，犬首而马尾。

黄季刚先生曰"按《尔雅》㲉，天螻。《本草》螻蛄。陶注云'㲉'。自腰以前甚涩，自腰以后甚利。此与㲉腰上下異色同。故同从㲉声。以知凡同声者其義类形色亦往往相同。"案《尔雅、释虫》"㲉，天螻。"郭注，"螻蛄也。《夏小正》曰㲉则鸣。"

狱同史""事""吏"

《㹜部》獄，司空也。从㹜，臣声。復說，獄司空。

钱坫说："汉有县道官狱司空，以此为司空。復疑当作'律'字误。此又俗例字也。"

獄又与"史""事""吏"同。

⿰鼠番同蟠

《鼠部》⿰鼠番，鼠也。从鼠，番声。读若樊。或曰鼠妇。附袁切

《虫部》蟠，鼠妇也。从虫，番声。附袁切

《玉篇》"⿰鼠番，白鼠。"王念孙《广雅疏证》"⿰鼠番之言皤也。"⿰鼠番与蟠同，犹鼢重文作蚡。

鼸同⿰鼠今

《鼠部》"鼸，⿰鼠今也。从鼠，兼声。""⿰鼠今，鼠属。从鼠，今声。读若含。"

《墨子·非儒》"鼸鼠藏而羝羊视。"《释名·释形体》"颊或曰鼸车。鼸鼠之食积于颊，人食似之，故名也。"是鼸鼠以嗛得名。⿰鼠今读含，《广雅》作⿰鼠含。

⿰鼠勺，张揖、郭璞又别同⿰鼠走。

《鼠部》⿰鼠勺，胡地风鼠。从鼠，勺声。读若⿰鼠走

20×20＝400

五技鼠也。能飞不能过屋，能缘不能穷木。能游不能渡谷，能穴不能掩身，能走不能先人。从鼠，石声。

《尔雅·释兽》"鼫鼠"郭注，"形大如鼠，头似兔，尾有毛，青黄色，好在田中食粟豆。关西呼为鼩鼩鼠。"《广雅·释兽》"鼩鼠，鼫鼠。"与景纯皆合。是以"鼩鼠""鼫鼠"为一物。

又案鼩即今之松鼠。段氏引郭璞说，亦名鼨鼩松鼠，松本作"鼨"。

火同"𤈦""燬""㷄""爟"。又《玉篇》以"燬""𤈦"同字。

《火部》"火，燬也。南方之行，炎而上。象形。"

"𤈦，火也。诗曰王室如𤈦。从火尾声。""燬，火也。从火，毁声。春秋传曰，卫侯燬。""㷄，火也。从火，豩声。""爟，取火于日，官名曰爟。周礼曰司爟掌行火之政令。从火，雚声。烜，或从亘。"

《玉篇》𤈦下有燬字并云"同上"。章太炎先生曰"火变易为𤈦为燬。对转谆又变易为㷄（旧稣典切，朱翱'呼位反'，呼位与火同呼）。次对转寒变易为爟，亦或作烜，《秋官·司烜氏》注曰，烜，火也。讀如衛侯燬之燬。此则燬烜亦同讀矣。

尞同祀。因"燎""槱"

《火部》"尞，柴祭天也。从火，从昚。昚古文慎字。祭天所以祀慎也。""燎，放火也。从火尞声。"

《示部》"祀，祭无已也。从示巳声。禩，祀或从異。"

《木部》"槱，積火燎之也。从木，从火，酉声。詩曰：薪之槱之。周礼：以槱燎祠司中、司命。禉，柴祭天神，或从示。"

古人以烧柴祭天，所谓歆神。《大宗伯》郑注，"積柴而升煙，所以报陽也。"又"周人尚臭，其祭以煙。"引申为凡烧柴之称，汉书礼乐志师古曰，"尞古燎字。"是燎即尞之后出。槱与尞同韵，而槱亦引申为烧柴。案鬯下云"以秬釀鬱艸，芬芳攸服，以降神也。攸正当作槱"。

然同爇。又即烧。

《火部》"然，烧也。从火，肰声。𦶇，或从艸難。""爇，烧也。从火，蓺声。春秋传曰：爇僖負羈。"如劣切然或体難当作"𤏛"。《集韵》"然古作𤏛"。《广韵》𤏛下引陆佐公石门铭："刑酷𤏛炭"。《淮南说林训》"槁竹有火，弗钻不𤏛"。《汉书·地理志》"上郡高奴有洧水可𤏛。"颜注云"𤏛，古然字。"爇与然双声义同。爇即焫字。《郊特牲》"焫萧"《国策·秦策》"秦且烧焫君之国"。《素问》"宜灸焫"注"火艾烧灼谓之灸焫。"然爇焫对转义双声义近。焫乃爇之后出。

熚𤑔皆同炥

《火部》熚，熚，熚𤑔，火皃。从火，畢声。"

"𤑔，熚𤑔也。从火，䰞声。䰞，籀文悖字。"

"炥，火皃。从火，弗声。"

案熚𤑔炥三字音义同。

烝同熾义同熷

《火部》烝，火气上行也。从火，丞声。"熾，盛也。从火，戠声。𢦔，古文熾。"熷，置鱼筩中炙也。从火，曾声。

此三字皆言古代烹饪之法。《特牲馈食礼》"烝枣择栗。"或作蒸。《内则》"鲂鱮蒸。"《列子注》"温蒸同乎炎火。"唐九成宫《醴泉铭》"郁蒸之气"

《尔雅、释天》"冬祭曰烝。"熾者《礼记、月令》"湛熾必潔"。《周礼、天官、酒人》注月令作"饎"（案《食部》"饎，酒食也"）《月令注》"熾，炊也。"盖古代凡用酒炊食叫做"熾"。又《火部》有𤎖字，训炙或用酒炙肉也。置鱼筩中炙之叫㷓。《广韵》"熶，蜀人取生肉於竹中炙。"㷓亦𤎖也。爨熾㷓皆蒸之，不是𤎖蒸。而三字皆叠对转。三者皆蒸食须盛火，故郭璞亦云"气出盛"，又炎曰"炊之气。"皆谓火气上行，用为炊爨。《诗大雅、生民》"烝之浮浮"。毛传"浮浮，气也。"《释文》浮《尔雅》《说文》皆作"烰"，云"烝也。"

焛同粦

《火部》火皃。从火，𨳿省声。读若粦。

《炎部》粦，兵死及牛马之血为粦。粦，鬼火也。从炎、舛声（锴本有声字）。

焛读粦与粦同。章太炎先生曰诗传曰，"燿燿，粦也。粦萤火也。然则光炎闪尸睒往而见，故以粦为名，其字从舛，谓舛行、即交文之义。《剧秦美新》言炳炳麟麟，麟即粦，斯为本义。"《广雅》作"𤇯"

燑、后出字作"㕲"

《火部》煦，烝也。一曰赤皃。一曰温润也。从火，昫声。《方言》煦，热也。《乐记注》"以气曰煦"。段曰"皆一义足兼之。"后出字作"咻"。案《考工记·弓人》"休于气。"注"休读为昫"。休昫同音故煦后作"咻"。

㷳即赝鼎字

《火部》㷳，火色也。从火，雁声。读若鴈。《韩非子·说林下》"齐伐鲁，索谗鼎。鲁以其鴈往。齐人曰鴈也。鲁人言真也。"鴈即赝也。赝训假货者，盖今俗读之若雁，以为火上光也。王筠说，"火色者，火自具之色，非火所烧之色也。"

熲同"炯""炫"

《火部》熲，火光也。从火，頃声。"炯，光也。从火，同声。"炫，燿燿也。从火，玄声。"《诗·小雅·无将大车》"不出于熲。"传曰"熲，光也。"笺云"不得出于光明之道。"熲与炯同部，与炫同声。三字音义同。

爚 爚乱臭乱亦作龥。

《火部》爚，火飞也。从火，龠声。一曰燅也。

疑爚为火药正字。《西都赋》"震震爚爚，雷轰电去"。以震震写雷轰之声，以爚爚状电去之状。至于爚乱字正作"龠乚"，已見《見部》。

爂同票。熛俗字。符票字即符之转，又近暴。

《火部》熛，火飞也。从火，票声。读若摽。"

"㶾（票）火飞也。从火𡕥。与䙴同意。"

既有票又出熛，熛、票之俗字也。符票即符字之借以符票捕人，以传人盖始于宋。故又近"暴"。暴者疾有所趣也。

烄同敫

《火部》烄，交木然也。从火，交声。"敫，交灼木也。从火，敫省声。读若狡。"

《玉篇》以"烄""敫"为同字。

炱 古说解云灰炱煤也。煤即黴之后出字。

《黑部》黴，中久雨青黑。从黑，微省声。

《韵会》引徐锴本作"物中久雨青黑。"《通俗文》物伤湿曰黴"今俗作"霉"实即古"煤"字。地下石所以成煤者以其久浸于水也。我国已用煤为燃料。并发掘汉代煤饼。汉以前已有"墨"（見《说文·土部》）始即煤墨，继而用为燃料。何此、山东烘墨读煤。

㶶，今俗煨肉字

《火部》㶶，炮肉。以微火温肉也。从火衣声。乌痕切

此今俗煨肉字，《火部》有"煨"训"盆中火"。《玉篇》"煨，盆中爊火也。"《广雅·释诂四》"煨，煴也。"《国语》"踊煨炭"。则《说文》㶶与煨异义。

熄即消息正字

《火部》熄，畜火也。从火，息声。亦曰灭火也。

所谓畜火者今俗之封火，使火不灭。熄取滋息之义。消则使水不涨，亦有不乾涸之义。此所谓熄之本义。段曰"灭与畜义似相反而相成。"孟子"王者之迹熄而诗亡，诗亡然后春秋作。"（见离娄下）

𤐤 此即今之焙之。

《火部》"𤐤，以火乾肉也。从火，䕯声。爆，籀文不省。"

錢坫说："《繫传》乾作焙。《周礼·笾人注》鲍者于室糗乾之，即𤐤字。当读如糒。"

燋同焦

《火部》燋，所以然持火也。从火，焦声。周礼曰，以明爇燋也。𤓯，火所伤也。从火，雔声。焦，或省。

段曰持火者人所持之火也。《少仪》"执烛抱燋"。凡爇之曰烛，未爇曰燋。燋即烛也。"《士丧礼》"宵为燎于中庭。"注，"今本作燎大燋。"《校勘记》云"徐监本释文集释"俱作大"按大字是。段玉裁士丧礼注曰燎大燋即大烛也。大烛树於地，烛则人所持之火，以燋然之。燋者以苣为之。卜之用燋，其一端也。《士丧礼》楚焞置於燋，在龟东。注云，楚荆也。荆焞所以钻灼龟者，燋所以然火者也。《周礼垂氏》凡卜以明火爇燋，遂吹其焌契，授卜师杜子春云明火以阳燧取火於日也。按以苣爇契，契即楚焞，以楚焞灼龟，而作其兆。是卜之次第也。"又焦或作𤓯。《诗大雅、云汉》笺云，草木焦枯如見焚燎，《韩诗外传》抱而抖毛而入熟火，人则燋也。"是古书燋焦音同义近，故通用。

燀同爨

《火部》燀，炊也。从火，單声。春秋传曰燀之以薪。充善切

《爨部》爨，齊谓之炊爨。臼象持甑，冂为竈口，廾推林内火。[illegible] 籀文爨省。

燀爨音义同。

熅即"緼隆"字

《火部》熅，鬱烟也。从火，昷声。於云切

《诗大雅·云汉》"旱既大甚，蕴隆蟲蟲"传曰"蕴蕴而暑，隆隆而雷，蟲蟲而熱。"《释文》"蕴纡粉反。本又作熅。纡云反。韩诗作鬱，同。"钱坫说"《東都赋》降烟熅，调元气。诗蕴隆字当作此。"

焞即燉字。亦即诗餤字。

《火部》焞，明也。从火，𦎫声。春秋传曰焞燿天地。

《周礼·華氏疏》引《士丧礼》楚焞作楚燉。《释文》亦作"燉"。《诗小雅·巧言》"亂是用餤。"燉餤皆焞。

照古宜但作"昭"

《火部》照，明也。从火，昭声。之少切

北京市电车公司印刷厂出品 八三·五

《日部》昭，日明也。从日，召声。止遥切

照为昭之俗体。

燿俗字作耀

《火部》燿，光也。从光，翟声。

《左传·庄二十二年》《荀子·致仕篇》耀字皆后人所改。

辉俗字作輝

《火部》煇，光也。从火，军声。况韦切

段曰"俗作輝"。

熹同熙　燥

《火部》熹，炙也。从火，喜声。许其切"熙，燥也。从火，巸声。许其切燥，乾也。从火，喿声"

段曰"熹，抗火炙肉也。引申为热。《左传·襄三十年》或叫于宋太庙曰，譆譆出出。杜曰譆譆，热也。此同音假借也。"熙亦熹字。《汉书》陈熙字公熙。《易·乾卦》"火就燥"《说卦》："燥万物莫熯乎火。"晋灼注《汉书》大官常以十月作沸汤燖羊胃以末薑粉之讫暴使燥则谓之脯。

爆同"灼"又同"暴"。

《火部》爆，灼也。从火，暴声。蒲木切"灼，

炙也。从火，勺声。"⿰火隺，灼也。从火，隺声。胡沃切

《日部》暴，晞也。从日，从出，从𠬞，从米。

⿱庶日，从日，庶声。常恕切

段曰"各本作炙误。应作灸。"本书灸训灼，与互训也。~~西本切~~《素问·五常政大论》"其用燔灼"注"灼，烧也"。《诗·国风·桃夭》"灼灼其华。"传曰"灼灼，华之盛也。"则灼有明义。故段谓焯之借字。黄侃以焯为"昭""照"之同根词。非借字。《广韵》"北激切。火裂也。"⿰火隺与暴同部，义亦相近。

灸同⿱龟灬

《火部》灸，灼也。从火，久声。"⿱龟灬，灼龟不兆也。从火，从龟。春秋传曰龟⿱龟灬不兆。读若焦

卜为说解曰灼剥龟也。象灸龟之形。引申之以以火艾灼病也。又《左传·定九年》"卜过之龟焦。"又《哀二年》"卜战龟焦。"灸训火伤，⿱龟灬亦在灸时为火所伤。

煉同鍊

《火部》炼，铄冶金也。从火，柬声。郎电切

《金部》錬，冶金也。从金，柬声。郎甸切

二字音义同。

烛同熜同主

《火部》烛，庭燎火烛也。从火，蜀声。之欲切

熜，然麻蒸也。从火，悤声。作孔切

《丶部》主，镫中火主也。从𡗗，象形。从丶，丶亦声。之庾切

段改火烛为大烛。又曰"未爇曰燋，执之曰烛，在地曰燎。广设之则曰大烛，曰庭燎。大烛与庭燎无二也。《周礼》经言'坟烛'、'庭燎'。《周礼》故书作'黄烛'。先郑曰'黄烛，麻烛也'。玉裁案古烛盖以薪蒸为之。麻蒸亦其一端，麻蒸其易然者。"又烛与熜屋东对转。《艸部》菆，麻蒸也。菆，麻莛（即麻稭），王逸《楚辞注》"麻骭曰菆"。段曰"麻蒸，析麻中干也。"《士丧礼》"烛用蒸。"蒸即麻干也。章太炎先生曰，徐锴曰'主即脂烛也。古初以人执烛，后易之以镫。'并齐明烛华镫，今人作炷。斯论甚精。主烛同在侯部，古音相同，故主变易为烛。《说文》庭燎大烛。然烛不止庭

灰燼矣。燭本舌音，后變作齿音时转为熄、灺，此凋谢字，亦新陈代谢字。

《火部》灺，烛𤍼也。从火，也声。徐也切

𤍼后出字作"燼"。《左传·成二年》"请收合餘燼，背城借一。"段曰灺即《曲礼》所谓餘𤍼。《弟子职》所谓燭堅者，跋者谓近手所餘者；堅者烧过之燼。烧木亦如此。此燭之凋谢也。

票同"漂"同"熢"

《火部》爂，火飞也。从火𡪢。𡪢与䙴同意。方昭切

"熢，燧候表也。边有警则举火。从火逢声。"

《水部》漂，浮也。从水票声。

三字皆上升义。火爂与水漂同皆从票声。熢训举火与爂双声义近。

爝当即焦燋潐字。或说即"爵"字。与烖亦通。

《火部》爝，苣火祓也。从火，爵声。吕不韦曰，汤得伊尹，爝以爟火，衅以牺猳。子肖切"燋，焦也。从火，𤍽声。"烖，天火曰烖。从火𢦏声。灾，或从宀火。𤆎，古文从才。災，籀文从巛。

《庄子·逍遥游》"日月出矣，而爝火不息。"《释文》

北京市电车公司印刷厂出品 八三·五

引字林云"爝，炬火也。"《吕氏春秋·举难篇》
桓公郊迎客夜开门，爝火甚盛。"以束苇为苣，
即今之火炬。《吕氏春秋·本味篇》"汤得伊尹，
祓之於庙，爝以爟火，衅以牺猳。"《后汉书·
周纡传》"爝火虽微，卒能燎野。"仓颉篇曰"烧木
馀也。"《字林》"⿰火曹，烧木焦也。"段曰今俗谓坏
曰⿰火曹。"义与烖通。火烖亦火所烧也。
或说爝火之字亦作"皭"。《说文》无皭，《广雅·释
训》"皭，白也。"此则爝火甚盛，明如白天。若
以烧去垢，故《史记·屈原列传》"皭然泥而不滓
者也。"则皭正当作爝。

煙　煙煴与壹壺同义

《火部》"煙，火气也。从火垔声。烟或从
因。𡇴古文。𪸴籀文从宀。乌前切"煴，
郁煙也。从火，昷声。於云切

《壺部》"壺，壹壺也。从凶，从壺。不得泄
凶也。易曰天地壹壺。於云切

《壹部》壹，专壹也。从壺，吉声。於悉切

煙煴双声联词，壹壺双声联词，两词音义同。

燂同"[illegible]"。义同"[illegible]"

北京市电车公司印刷厂出品 八三·五

钱坫说："《通俗文》'以汤去毛曰燅。'（又《通俗文》有燅作'燂''燖'二形，《礼记·内则》作'燂'）《有司彻》乃燅尸俎。注，古文燅作寻。記作燖。春秋传曰若可燖也，亦可寒也。是《左传》寻盟当作此（案《左传》寻盟屡見。如《隐三年》"冬，齐郑盟于石门，寻盧之盟也"。贾逵曰，寻，温也。编次传例，好则言修，盟则言寻。是修寻之别。盖補阙曰修，故用诸好，温冷曰寻。故用诸盟也。）又《礼器》"三献爓"注，沉肉于湯也。盖借爓为寻。"

《火部》燂，火熱也。从火，覃声。大甘切又徐鹽切"

"炎，小熱也。从火，干声。詩曰憂心炎炎。直廉切"

《炎部》㷋，於湯中爚肉。从炎，从熱省。

𤎅，或从炙。徐鹽切

《广雅·释詁二》"燂，煗也。"《礼记·内则》五日燂湯請浴。《释文》燂，温也。《考工記弓人》撟角欲孰于火而无燂。鄭注"燂，炙爛也。"炎訓小熱。引詩段謂当作如炎。今《小雅·節南山》作憂心如惔。黄季剛先生曰，《大集日藏分经音义》引《通俗文》以湯去毛曰㷋。案吾乡謂禽獸已納之沸湯去毛，曰㷋毛。或书作'撏'，吾田草亦曰㷋。或书作[illegible]。音正同《广韵》，而于《說文》本訓稍有不合。北京謂薄切鳥獸肉（或专切羊肉），以箸寘沸湯中，略动撈取可食，曰涮鍋子。读所晏切。此㷋字之音变一也。四川川東謂縷切魚鳥獸禽肉，以勺藥（即佐料二字之正字）和之，俟湯滑傾入，俄頃盛出，曰參湯。读倉含切。此㷋字之音变二也。吾乡又謂納肉水中，以火煨之，久而后熟，曰燂湯。读徒亘切。燂《說文》

云"火熱也。与燅蕈的略同义。《唐韵》火甘又徐盐切。《广韵》又昨盐切（参阅之韵鄂昨盐而读洪音者，方音清浊每相淆）。（《蕲春语》）

燿同"曜"同"敫"

《火部》燿，照也。从火，翟声。弋笑切

《日部》曜，光也。从日，从翟。

《放部》敫，光景流也。从白，从放。读若龠。二字音义同。

炯同"熲""熒""炫"。又同"烓"

《火部》炯，光也。从火，冋声。"炫，燿燿也。从火，玄声。""熲，火光也。从火顷声。""烓，行灶也。从火，圭声。读若冋。"

《焱部》熒，屋下灯烛之光。从焱冂。

《诗大雅·云汉》"蕴隆虫虫"按《韩诗》作"蕴隆炯炯"疑虫即融，是融与炯通，其光亦色皆是。《天台山赋》"皦日炯晃于绮疏。"《史记·田单列传》"牛尾炬火光明炫燿。"颖《玉篇》同"耿"。钱坫说"《方言》烓，明也。《尔雅》[illegible]，明也。同。"《诗小雅·白华》"卬烘于煁"。毛传："煁，烓灶也。"朱骏声说"按三隅灶（见《尔雅注》）如今火爓，非炊食之爨。"《诗小雅、无将大车》"不出于颎"。传曰"颎，光也。"熒為燭光。此類古韵同属青韵。

爓同"炎""焱""燄""炶""[炎舌]""爚""爗""燿""昱""煜""熠"

《火部》爓，火门也。从火閻声。"焅，~~旱气也。从火，告声~~。"爗，盛也。从火曅声。诗曰爗爗震电。"爚，火飞也。从火龠声。一曰爇也。"煜，燿也。从火昱声。熠，盛光也。从火，習声。诗曰熠熠宵行。"燿，照也。从火，翟声。"

《炎部》炎，火光上也。从重火。"燄，火行微燄燄也。"[炎舌]，火光也。从炎，舌声。"炶，火行也。从火，占声。

《焱部》焱，火华也。从三火。

《日部》昱，明日也。从日，立声。"曅，光也。从日，从𠦒。"

段曰"爓，火门也。門乃焰之壞耳今正。"今从段改。又昱，明日也。段改為"明日也"亦谛。章太炎先生曰焱有二音，一在喉音如焱，一在

北京市电车公司印刷厂出品 八三·五
(1458) 20×20=400

在舌音如谈。炎变易为焱，为燄（《尚书》"無若火始燄燄"，谓火始行其光尚微）为焰（即燄字）为煔（《楚辞》"煔鹑陈只"注，"煔，爚也"。）为[炎舌]（此古人光燄万丈字）对转宵为爚，近转盍为曅为爗。叶转宵为燿。旁转缉为昱为煜为熠。

光同"晃""曠""景"

《火部》光，明也。从火在人上，光明意也。𤐫古文。炗古文。

《日部》"晃，明也。从日，光声。""曠，明也。从日，廣声。""景，光也。从日，京声。"

章太炎先生曰光、晃、曠此三同字。为景，光也。又为暀，美光也。

熱同"煗"，同"㬉"。又同"渜""煖""洝"

《火部》熱，温也。从火，埶声。如列切"煗，温也。从火，耎声。乃管切""煖，温也。从火，爰声。况袁切"

《日部》㬉，安㬉，温也。从日，難声。奴案切

《水部》洏，洝也。一曰煑孰也。从水，而声。如之切

"洝，渜水也。从水，安声。乌旰切""渜，湯也。从水，耎声。乃管切"

北京市电车公司印刷厂出品 八三·五

《诗大雅云汉传》"今本蕴蕴而暑，䖵䖵而热。"《易稽览图》"夏至之后三十日极温。"煖，俗作"暖"。《楚辞、天问》"何所冬暖。"煖又作烜。《说卦传》曰"日以烜之。"《释文》烜又作晅。《广雅》作"暄"。今人用为寒暄字。按燠𤍐韵文同，《日部》𤍐下云"安𤍐，温也。"即按燠之用为联语。

炕同"涸""垎""漮"。

《火部》炕，乾也。从火，亢声。苦浪切

《水部》涸，渴也。从水，固声。读若狐貈之貈。𣹍，涸或从水卤舟。下各切 漮，水虚也。从水，康声。苦冈切

（土部）垎，水干也。一曰坚也。从土，各声。

段曰"炕谓以火乾之也。《汉书、五行志》'君炕阳而暴虐'。师古曰'凡言炕阳者谓无惠泽于下也。'与炕同韵者有"漮"训"水虚"《尔雅释诂》"漮，虚也"《释文》曰："《说文》作'水之空也'。"师古《急就章注》引《尔雅》"漮，空也"。与炕漮对转者有"涸"，与《尔雅释诂》同。"本作'竭'"，《释文》渴一本作"竭"。与涸相为平入有"垎"。王逸《九思》"冰冻兮垎泽。"自注云"垎，竭也。寒而水泽竭而成冰。"训坚者则乾之引申。《礼记、学记》"发然后

禁则扞格而不入。"郑注"格读如冻垎之垎。坚不可入之貌。孔疏曰'言格是坚强，譬如地之冻则坚强难入。故云如冻垎之垎。今人谓地坚为垎也。"

烕同滅

《火部》烕，滅也。从火、戌。火死于戌。阳气至戌而尽。诗曰赫赫，褒似烕之。许劣切

《水部》滅，尽也。从水，烕声。亡列切

案朱骏声说"戌字从戊，即戊字，从一，象戈所伤。"故烕当从火戌声，声有义。《说文》以为会意字，非也。烕滅同韵，烕即古滅字。

黝同"黯""黤""黭""黶""黬""點""黲""黮"又同"儵"

《黑部》"黝，微青黑色。从黑，幼声。尔雅曰，地谓之黝。""黯，深黑也。从黑，音声。""黤，青黑也。从黑，奄声。""黭，果实黭黯黑也。从黑，弇声。""黶，中黑也。从黑，厭声。""黬，虽皙而黑也。从黑，箴声。古人名黬字皙。""點，小黑也。从黑，占声。""黲，浅青黑也。从黑，参声。""黮，

见三楼

桑葚之黑也。从黑，甚声。"䵒，青黑缯缝白色。

黝，幽之后出。《诗·小雅·隰桑》"隰桑有阿，其叶有幽。"传曰："幽，黑色也。"《周礼·牧人》阴祀用黝牲。毛云："幽读为黝。"黑也。《守祧》"其祧则守祧黝垩之。"郑众云："黝读为幽。幽，黑也。"《穀梁庄二十三年传》"礼，天子诸侯黝垩。"注："黝垩，黑色。"《玉藻》"幽衡。"郑玄注"幽读为黝。"尔雅地谓之黝，释宫文。郭云黑饰地。《史记·孔子世家》"黯然而黑。"《仓颉篇》"黯黮，深黑不明。"唐写本作"果实之黮也"。黯黮为连语。《诗·鲁颂》"无食桑葚""食我桑黮"并用，亦一字也。《声类》"黮，深黑也。"黡，中黑也。《一切经音义》引《说文》作"面中黑子也。"《广韵》"黡，面有黑子。"吴楚之间谓之[illegible]。又叫痣子。黡与黯通，黡黯字如此。《说》"老人面如点也。"《汉书·司马迁传》"适足以发笑而点耳"，颜注"点，污也。"《通俗文》曰，色暗曰黪。"《玉篇》"今谓物将败时颜色黪黪也。"王粲《登楼赋》"天惨惨而无色。"亦用此。《仓颉篇》"黯黮深黑不

北京市电车公司印刷厂出品 八三·五
(1458) 20×20=400

明也。又案騜下云"黄马发白色"。此经[illegible]青黑[illegible]发白色两发字同义。以上诸字多属章[illegible]文与[illegible]对转故音义同。

黲 即周礼巾车黲總字

《黑部》黲，小黑子。从黑，歰声。乌感切

钱坫说"《巾车》'黲總'。注'黲總者青黑色'。即此字。

黪 此暗惨字，亦即兑寝字。

说见上。

黗即沌字

《黑部》黗，黄浊黑（锴本作"黄浊黩"）从黑屯声

此即今"浑沌""沌沌"字

黨知字借为睹即傥朗字

《黑部》黨，不鲜也。从黑，尚声。

按《方言》"黨，知也。楚谓之黨"。此为睹之借字。郭璞曰，"黨朗解寤皃"亦同。

黷即清渎字

《黑部》黷，握持垢也。从黑，賣声。

此即清浊之渎字。

黴后出作煤，煤始于汉

《黑部》黴 中久雨青黑。从黑，微省声。《通俗文》物伤湿曰黴。《淮南·说山训》"舜黴黑"。俗有霉字即此。煤炭字亦此字。

⿰黑敢 后出字作"憨"

《黑部》⿰黑敢 者忘而息也。从黑，敢声

段曰，"《方言》《广雅》皆曰"⿰黑敢，忘也。"苏轼《发广州诗》"三杯软饱后，一枕黑甜余。"注，"黑甜谓卧睡也。"是⿰黑敢即宋人之黑甜，即⿰黑敢之语，今亦作"憨"。（疑黑甜为⿰黑敢之缓音）

⿰黑殿 同"澱""垽"

《黑部》⿰黑殿谓之垽。垽，滓也。从黑殿省声。

《水部》澱，滓滋也。从水，殿声。

《土部》垽，澱也。从土，斤声。鱼仅切

此《尔雅、释器》文。今《尔雅》作澱谓之垽。郭璞曰"滓，澱也。今江东呼为垽，《淮南子、俶真训》以涅染缁则黑于涅。"《说文》"涅，黑土在水中也。"

第十卷下

囱同"𨔍"又同"窻""窔""闟""櫳""櫺""竂"。

《囱部》在墙曰牖，在屋曰囱。象形。𡆸，古文。窗，或从穴。

《疋部》𨔍，门户青疏窻也。从疋，疋亦声。囱象𨔍形。读若疏。所葅切

《穴部》窻，通孔也。从穴，悤声。"窔，深也。一曰竈突。从穴，从火，从求省。""竂，穿也。从穴，尞声。论语有公冶竂。"

《门部》闟，楼上户也。从门，翕声。

《木部》櫳，房室之疏也。从木，龍声。"櫺，楯间子也。从木，霝声。"

章太炎先生曰："囱变易为窻，通孔也。旁（对）转侵又变易为窔，竈突也。《广雅·释宫》窐谓之竈，其窻谓之堗。今皆曰烟囱、烟窻。窻字转闟，楼上户也。户牖窻同类。窻在东又变易为櫳，房室之疏（𨔍）也。櫳字阳声如狼（双声）而偏转清则为櫺，楯间子也（后出字或作"舲"，船之有窗也）此犹龍转为靇矣。櫳次转宵则为竂，穿也（双声）然则囱出音所取，则有舌音"来""宅"

北京市电车公司印刷厂出品 八三·五

(1458) 20×20=400

（窦字即穜与窗皆空也）之细，古本音言。窦训通孔，则音如囱也。后乃孤作窗音矣。凡通孔谓之囱，深邃之囱（家深也。深木水名正作窦。古深入之，深求之谓之囱。”

又囱与𢕌文近，𢕌本防御盗贼之射孔。后以为君门之饰。所谓“青琐门”（琐即𢕌之借字）亦源于通孔文。

燊同孴

《焱部》燊，盛皃。从焱在木上。读若诗曰莘莘征夫。一曰役也。所臻切

《孨部》孴，盛皃。从孨，从曰。读若薿薿。一曰若存。𡥈，籀文孴。从二子。一曰古文奇字晋。

案燊字说解一曰役也上有“莘古文伸，一曰𡴇”七字。燊与孴同皆训盛。今《诗·小雅·皇皇者华》作“駪駪征夫”。《说苑·奉使》“莘莘征夫”《国语·晋语》並作“莘莘征夫”韦注，“莘莘，众多也。”与盛皃文近。《说文》无“莘”字。

𤓯《广韵》作“燎”

《炙部》𤓯，火炙之也。从炙，尞声。读若燎

燎。

《后汉书》"光武于道上燎衣"应作此。是燎字已普遍通用。

赤同"赭""赫"。赭又同"黑"。

《赤部》"赤，南方色也。从大，从火。烾，古文赤从炎土。""赭，赤土也。从赤，者声。""赫，火赤皃。从二赤。"

《黑部》"黑，火所熏之色也。从炎上出四。四，古窗字。"

《释名》"赤，赫也。太阳之色也。"赤色至明，故赫色。《生民传》"赫显也。"《广雅释训》"赫赫，明也。"毛《[illegible]传》"赫，炙也。"赭训赤土，非纯赤。《荀子、正论》"杂赭衣而不纯"注云，以赤土染衣，故曰赭衣。《子虚赋》"其土则丹青赭垩"。则赭亦有黑色。

赨同"絑""绌"

《赤部》赨，赤色也。从赤，蟲省声。

《糸部》"絑，纯赤也。虞书丹朱如此。从糸，朱声。""绌，绛也。从糸，出声。"

章太炎先生曰，赨从蟲省声，古音舌头音，同蟲

北京市电车公司印刷厂出品 八三·五
(1458) 20×20=400

䖘𧉧皆借为彤，则融亦读如彤。《说文》後有赨字，云，赤色也。彤赨盖本一字。《大雅》蕴隆䖘䖘。传曰，䖘䖘而热。《释训》云，爞爞熏也。韩诗作炯。爞炯并赨之或字。赨为赤色，又为旱气歊热与融为炊气上出同意，则彤赨融声义得相引申。亦若朙明，觸之必热，热必上出，故解融为朙，假赨谊也。昧爽初明，精色最白之際，精色顯白，日之既出，赫若渥赭。融训为朙，不若直训为赤。”案《管子·地员篇》“其种大苗细，赨茎黑秀箭长。”尹注，“赨，赤也。”赨与絑束多对转。亦训赤色。又与绌双声。训绛，绛亦赤色。

赧同戁

《赤部》赧，面惭赤也。从赤，𠬝声。周失天下於赧王。女版切

《心部》戁，媿也。从心，難声。昨甘切

《方言二》“凡媿而見上谓之赧”（赧，媿也。秦晋之间）《广雅·释诂一》“赧，戁也。”《孟子》“观其色赧赧然。”赵注“面赤心不正之兒也。”案赧戁音近义通

奄同“弇”“盦”

北京市电车公司印刷厂出品 八三·五
(1458) 20×20＝400

《大部》奄，覆也。大有餘也。又欠也。从大从申。申，展也。依檢切

《廾部》弇，蓋也。从廾，从合。[古文] 古文弇。古南切 又一儉切

《血部》盇，覆也。从血大。胡臘切

三字音义同。《释言》"荒，奄也。弇，同也。"古奄弇盇皆同为覆盖义。

奄同俺

《大部》⿱大介，大也。从大，介声。读若盖。古拜切

《人部》俺，大也。从人，奄声。於業切

按奄训覆，凡覆者必大於所覆者，故奄训覆而俺训大。又《方言一》"⿱大介，大也。东齐海岱之间曰⿱大介。"经传多借"介"为之。

⿱大比同瞋

《大部》⿱大比，瞋也。从大，比声。火戒切

《目部》瞋，张目也。从目，真声。䀼 秘书瞋从戌。

⿱大比瞋声之韵转，作䀼者从戌声，又为双声。钱坫说，"此亦瞋异字。《庄子》圣人之所以骇天下。"

奔同[illegible]

《大部》𡘋，大也。从大，弗声。读若予違汝弼。

《亣部》奰，壮大也。从三大，三目。二目为䀠。三目为奰，益大也。一曰迫也。读若虙羲氏。诗曰，不醉而怒谓之奰。

《诗·周颂·执竞》"佛时仔肩。"毛传："佛，大也。"应作此（钱坫说）。𡘋奰双声。同义近

契同券

《大部》契，大约也。从大，㓞声。易曰后世圣人易之以书契。

《刀部》券，契也。从刀，𢍏声。券别之书以刀判契其旁，故曰契券。

二字曷寒对转义同

奄即敦大字。

《大部》奄，大也。从大，屯声。读若鹑。常伦切

段曰"此敦字之大。"钱坫说："古惇大字如此"

夷训平者借为侇

《大部》夷，平也。从大，从弓。东方之人也。

《说文》夷训平，与形体不相应。段说又不能说明二义的关联。案夷训平当为"侇"之借字。

"𢓊，行平易也。从彳，夷声。"（朱骏声说）

亦同胠"胳""腋"

《亦部》亦，人之臂亦也。从大，象两亦之形。

《肉部》胳，亦下也。从肉，各声。"胠，亦下也。从肉，去声。"

《手部》掖，以手持人臂投地也。从手，夜声。一曰，臂下也。

《玉篇·亦部》"亦今作掖。"手部掖一曰臂下也。徐铉曰，"亦今别作'腋'《广韵》二十二昔》肘腋作此字。《肉部》有"胳""胠"与亦同义。黄季刚先生曰："注云象两亦之形。两亦故引申有两义。以为重複之词。"

夾同盗"佻""叏""媮"

《亦部》"夾，盗窃褱物也。从亦有所持。俗所谓蔽人俾夾是也。宏農陝字从此。失冉切

《次部》盗，私利物也。从次欲皿者。徒到切

《人部》佻，愉也。从人兆声。诗曰视民不佻。土雕切

《叏部》叏，滑也。诗曰，叏兮达兮。一曰取

取也。土刀切

《女部》婾，巧黠也。从女，俞声。

章太炎先生曰，夾，今音失冉切，古音当在舌头。《孟子》以言銛之，以不言銛之：章昀曰銛，取也。即此夾字。对转寒为盗利物也。变易为佻，愉也。愉当作婾，即今偷字。春秋国语曰佻天之功以为己力。韦解，佻，偷也。亦变易为叏，一曰取也。佻旁转侯，又变易为婾，巧黠也。"其愉训薄也。言薄行也。与婾词义全同。

奊同"奊""頵"又同"𠤤""傾""頃""⿰阝頃""[illegible]"。

《夨部》奊，头衺也。从夨，吉声。读若子。古屑切

"奊，头衺骫奊態也。从夨，圭声。胡结切

《页部》頵，头頵頵大也。从页，君声。於伦切

《匕部》𠤤，頃也。从匕，支声。匕，头倾也。诗曰，𠤤彼织女。去智切"頃，头不正也。从匕，从頁。去营切"

《人部》傾，仄也。从人，从頃，頃亦声。去营切

《阜部》⿰阝頃，仄也。从阜，从頃，頃亦声。去营切

~~《尸部》屑，动作切切也。从尸，肖声。私列切~~

《骨部》"骫，骨耑骫奊也。从骨，丸声。（於诡切）

北京市电车公司印刷厂出品 八三·五

谓委曲本作骫。《汉书·淮南厉王传》："皇帝骫天下正法。"注："骫，古委字。"《广雅·释诂》："骫，曲也。"言委曲也。《汉书·枚乘传》："其文骫骳，曲随其事。"师古曰："骫骳，犹言屈曲也。"此言头夷骫骳[illegible][illegible]屈曲之状。委曲不能直，引为倾邪。《左传·襄二十八年》齐有庆夷，即庆绳。盖以头夷为名，以绳直为字，名字义相应。夷夷喉音双声。又与吱同韵，与"吱""陂""倾"对转，声亦皆通。

古尢同"亞""跛""𨁏"

《尢部》："尢，㝿也。曲胫也。从大，象偏曲之形。尪，古文从㞷。"

《亞部》："亞，醜也。象人局背之形。贾侍中说，以为次第也。"

《足部》："𨁏，曲胫也。从足，方声。读与彭同。"

案《礼记·檀弓》："童汪踦"，汪亦作"尢"，尢与亞同。（尪[illegible]文作）又曰："吾欲暴尪而奚若。"郑注云："尪者面乡天。"此与亞同。亞象局背。章太炎先生曰："今验短小局背者，其面亦突，其面乡天。"身有残疾，每连尪亞相兼。尢亞对转，

北京市电车公司印刷厂出品 八三·五

其义互通。於獸，馬曲脛亦曰"尪"。《周易·大有》"匪其彭"，虞氏易作"尪"，明"尪""尫"声本同原。又尢31甲亦为废疾之通称。郑玄、服虔、高诱、杜预皆说脊病短仰为"尢"。又作"尪"。

夭即今妖字

唐人诗夭读乌乖切。今山东方言"恶着身"念"夭着身"，沃之读盖犹为iau之念uai，方言与异言互换。属于音变之规律。后出字作"殀"

喬后出有"嶠""蕎"

《夭部》喬，高而曲也。从夭，高省声（宋本有声字）诗曰，南有喬木。

《尔雅·释诂》"乔，高也。"《释木》"上句曰乔"又"上句曰乔"又"句如羽，乔。"又"如木楸曰乔，如竹箭曰苞。"郭云"楸树性上竦"。黄季刚先生曰，"木楸之文犹言竹箭、螽蝗也。大名在上，小名在下。王引之说，当作木如，误矣。竹箭连類而及。"後出有"嶠""簥"

交即骹之古文

《交部》交，交胫也。从大象交形。古爻

《骨部》骹，胫也。从骨，交声。口交

《考工记·弓人》注云："齐人名手足掔为骹。"黄季刚先生曰：交即骹之古文。

𡯁同"蹩"，又同"瘺""蹁""㾫""蹇""痿"，又同跛

《尢部》𡯁，蹇也。从尢，皮声。布火切

《足部》蹩，踶也。从足，敝声。一曰跛也。蒲结切

"蹁，足不正也。从足，扁声。一曰拖后足马。读若苹。或曰徧。部田切""跛，行不正也。从足，皮声。一曰足排之。读若彼。布火切"

"蹇，跛也。从足，寒省声。"

《疒部》瘺，半枯也。从疒，扁声。匹连切"㾫，足气不至也。从疒，畢声。毗至切""痿，痹也。从疒，委声。儒隹切"

此八字或同韵或双声，或音相对转。其义或相关连或相同相袭，皆同根词。

𡯂《尢部》𡯂，𡯂𡯂，行不正也。则箇切

案《左传》昭四年"不亦左乎"，杜预解："左，不便也。"其字应作"𡯂"。

尥同"了""缭"。

《尢部》尥，行胫相交也。从尢，勺声。牛

~~脚行~~　脚相交为尥。（力吊切）

《了部》了，尦也。从子无臂。象形。（卢鸟切）

《糸部》缭，缠也。从糸，尞声。（卢鸟切）

了尥（缭尥）亦作联词，本相交缠绕义。唐人诗作"了鸟"，李义山诗曰"锁门金了鸟"，即屈戌（俗作……）铺~~之物~~。屈戌亦作屈膝，必用了鸟扣住，然后加锁。又了字非无左右臂之子，乃在襁褓中之幼儿，在襁褓中缠绕故不见左右臂而已。了缭同音义也。又~~相反之义~~有潦倒一词，谓一身无所系着，无依无靠，穷愁交加。潦倒亦与"了尥""缭尥"同音，义则引申而相反相成。

懿筐字当作"渊"

《壹部》懿，专久而美也。从壹，从恣省声。《诗·豳风·七月》"女执懿筐"传曰，懿，深也。懿筐之懿当为渊之借字。懿渊对转。

㚔同盗

《㚔部》㚔，所以惊人也。从大，从羊。一曰大声也。一曰读若瓠。一曰，俗以盗不止为㚔。㚔读若籋。

㚔与盗同。

北京市电车公司印刷厂出品 八三·五
（1458）20×20＝400

執同"摯""持""儔"。

《幸部》執，捕罪人也。从丮从幸，幸亦声。

《手部》"摯，握持也。从手从執。""持，握也。从手，寺声。"

《檀弓》"肆诸市朝而妻妾執。"郑注"執，拘也。"段曰"握持者拘持也。"鸟有鷙鸟即善于握拘。持亦训握。

盩同"⿰尤夊""扰"

《幸部》引擊也。从幸攴，見血也。扶风有盩厔县。

《夊部》⿰尤夊，下去上也。从夊，尤声。

《手部》扰，突出也。从手，尤声。读若告言不正曰扰。

盩与⿰尤夊、扰。皆今之丢字。

皋训告借为号

《夲部》皋，气皋白之進也。从夲，从白。礼祝曰皋，登歌曰奏。故皋奏皆从夲。周礼曰詔来鼓皋舞。皋告之也。"黄季刚先生曰，皋门，皋某復。皆借为号，皋比者虎皮也。借为虢。鐘鼎有虢字。孙诒让以

《僖二十三年左传》"古者橐鞬"注"橐以受箭，鞬以受弓也。"《左氏会笺》吾缮有注："橐鞬长房弓袋"，橐古刀反。

北京市电车公司印刷厂出品 八三·五

为从糸省。按糸即系之古文。系国大直于本连故似作系耳。从虎，夲声。鼓为皋比。及《礼记·乐记》建橐之橐之本字。其说甚谛。"

《庄十年左传》："蒙皋比而先犯之。"《宋史·张载传》："坐拥皋比"，因坐虎皮而名之。

𡙁　忽然之本字

《夲部》𡙁，疾也。从夲，卉声。拜从此。呼骨切

钱坫说"此急疾字"《辵部》"𨓈，疾也。"倏忽当作"𨓈忽"。

暴　暴弃字亦作"僄弃"当作"𠬪"后出字作"摽""[月暴]"

章太炎先生曰𠬪即今抛字。诗之摽有梅、孟子言自暴自弃。荀子之怠慢僄弃，皆今抛弃字。《说文》无抛字。古有抛石车，后转用弹药，其字作砲，说文亦未全录。又后出字作"摽"作"[月暴]"。

奏　奏后出字"楱"。"金奏""金奏"字当作"[辶立]"

《夲部》奏，进也（依段改）。从夲，从廾，从屮，屮上进之义。[illegible]古文。[illegible]亦古文。

《周礼·鼓人》"以晋鼓鼓金奏"。堂上击编钟。《诗·小雅》"乐具入奏"疑即金奏。奏当为"[辶立]"之借字。

~~夰丙~~敖　奡即"儼"同敖

《夰部》奡，嫚也。从百，从夰，夰亦声。《虞书》曰："若丹朱奡。"《论语》："奡荡舟。"五到切。

《人部》儼，昂首也。从人，嚴声。一曰：好皃。鱼俭切。

"傲，倨也。从人，敖声。"五到切。

段曰："嫚者侮易也。傲者倨也。音义皆同。"又时特添与"儼"同。

臭同"澤"，亦"皞"古文。即"九皋"正字

《夰部》臭，大白澤也。从大从白。古文以为澤字。古老切。

《水部》澤，光润也。从水，睪声。丈伯切。

《页部》顥，白皃。从頁，从景。楚词曰：天白顥顥。南山四顥，白首人也。胡老切。

《夲部》皋，气皋白之进也。从夲，从白。礼，祝曰皋，登謌曰奏。皆从夲。周礼曰：诏来鼓，皋舞。皋，告之也。

经典臭与皋互通。《左传·襄十七年》"澤门之皙"，孔疏引作"皋门"。《诗·小雅·鹤鸣》"鹤鸣于九皋。"薛君《韩诗章句》以皋为九折之澤。毛传，皋，澤也。古文以臭为澤，可证臭即澤字，古文一字数用之例。顥字则取白义。臭之引申。

奚奴借为㜎

《女部》㜎，女隸也。从女，奚声。胡雞切

《大部》奚，大腹也。从大，𦣻省声。𦣻，籀文系字。

《周礼·天官·序官》"奚三百人"。注云"古者从坐男女没入县官为奴。其少才知以为奚。今之侍史官婢。"奚训大腹。《豕部》"豯，生三月豚，腹豯豯貌也。"豯为奚之后出，㜎为女婢之正字。

耎今作"輭""軟"

《大部》耎，稍前大也。从大，而声。读若畏偄。

钱坫说"柔曰耎。稍選溜之選耎。"《考工记·辀人》"马不契需。郑众曰需读如畏需之需。"需即耎字。

奰同捲

《大部》奰，大兒。从大，𠍤声。或曰拳勇字。一曰读若傿。平祕切

章太炎先生曰："《说文》捲，气势也。《小雅》'无拳无勇'，《齐语》有拳勇股肱之力。皆借为捲。[illegible][illegible]字作權，云勇壮也。"奰训大兒与勇壮义

北京市电车公司印刷厂出品 八三·五

(1458) 20×20=400

近，故或曰比拳勇言

奰同"奔"又同"孛"

《大部》奰，壮大也。从三大三目。二目为䀠，三目为奰，益大也。一曰迫也。读若《易》虙羲氏。诗曰：不醉而怒谓之奰。平秘切

《大部》奔，大也。从大，弗声。读若"予违汝弼"。房密切

《𣎵部》孛，𣎵也。从𣎵，人色也，从子。论语曰：色孛如也。蒲妹切

《诗·大雅·荡》"内奰于中国。"毛传："奰，怒也。不醉而怒曰奰。"张衡《西京赋》"巨灵赑屃"，左思《吴都赋》"巨鳌赑屃"，赑即奰之讹（以横四变直目，大讹为八）。薛注《西京赋》"赑屃，作力之貌"。刘注《吴都赋》"赑屃，用力壮貌。"《淮南·坠形训》"食木者多力而奰。"高注"怒奰之貌。"壮大与繁盛义通。故奰与孛同，亦与奔同。三字皆双声。

规 规戒字正诂

《夫部》规，有法度也。从夫从见（锴本作见声）。

规训法度，则语同于"圭"。《周礼》"以土圭土其地"。

土其也盖后封疆得定。《周语》"规方千里"至於规戒之规则当作"詭"《言部》"詭，责也"。《诗沔水序曰"沔水，规宣王也。"此规应作詭。

扶侣正字作扶旅，又与"并""併""竝"同。

《夫部》扶，並行也。从二夫。輦字从此。

讀

《䲷部》"麗，旅行也"鹿牝牡同行故曰旅行。是应为侶旅字。

立即古位字。同"位"又同"𥪕"同"列"

《立部》立，住也。（从段改）从大立一之上。力入切

"𥪕，臨也。从立，隶声。力至切"

《人部》位，列中庭之左右谓之位。从人立。于備切

《刀部》列，分解也。从刀，𡿪声。良薛切

章太炎先生曰"《春官、小宗伯》掌建国之神位。故书位为立。（郑众曰"立读为位。古者立位同字。）古文春秋以公即立为公即位。位本作立。列中庭之左右谓之位（此指群臣），音入隊部，古音犹在来细如𥪕。（经典作"涖"，或作"莅"《周礼、地官、乡师》"以涖匠师"注云"故书涖作立。"郑众云"立读为涖，谓临视也。"《老子》"以道莅天下"释

北京市电车公司印刷厂出品 八三·五
(1458) 20×20=400

文》"古无莅字。说文作𨽻"。)𨽻，临也。或引申为

为面之义。《公羊解诂》律文，立子奸母，见乃

得杀之。正义曰犹言对子奸母。此本言临子奸

母，盖汉世亦谓以立为临也。"列本行列、列位之

义。

竘别义同"工""𡝔""巧"

《立部》竘，健也。从立，句声。读若龋。逸周书有竘匠。

《工部》工，巧饰也。象人有规矩也。与巫同意。𢒄古文工从彡。"巧，技也。从工丂声。

《女部》𡝔，巧也。一曰女子笑貌。诗曰桃之𡝔𡝔。从女，芺声。於乔切

《方言七》"竘，貌治也。"郭注"谓治作也。竘恪垢反。"《方言》又曰"吴越饰貌为竘。或谓之巧。"郭注"语楚声转耳。"高诱音口。

竵与蜗同意

《立部》竵，不正也。从立，𥙒声。火佳切

《虫部》蜗，蜗蠃也(依段改)。从虫，咼声

王筠说"《广韵》竵，物不正也。案与《口部》咼音义同。"又蜗字训蠃，《尔雅·释鱼》蚹蠃、螔蝓。

北京市电车公司印刷厂出品 八三·五
(1458) 20×20=400

郭注"即蜗牛也。"又《释鱼》曰蠃小者，蜬。"段玉裁说"蠃者今人所用螺字。"《周礼》《仪礼》有"蠃醢"《内则》作"蜗醢"是蠃蜗音义同。亦即旋涡字。又郑注《周礼·醢人》蠃，螔蝓。"盖螔蝓与"蝘蜓""蜒蚰"皆声转，皆状其行，蠃蜗皆状其形。螺亦状其形。二字音义同。

竦 左氏传作"觫" 公羊传作"[illegible]"
竦引申训惧，《广雅·释诂》竦，惧也。《孟子·梁惠王》作"觳觫"。《公羊传》作"[illegible]"。

䇓 为须臾之长言

《立部》䇓，立而待也（依段改）。从立，須声。从立，須声。䇓或从芻。

案须臾为䇓之长言。

竢 即"偓佺""偓促"，故在蠃后。

《立部》竢，偓竢也。从立，矣声。国语曰：有司已事而竢。

桂馥说，"本书佺，偓佺仙人也。偓佺即偓竢。后人加仙人字。"竢退当作"逡"。混偓竢即"偓佺""偓促"，故在蠃娄之次。

[illegible]即"犪"字。《尔雅》有犪牛近此。

北京市电车公司印刷厂出品 八三·五

《立部》竧，短人立竧竧皃。从立，卑声。傍下切

钱坫说，"《典同》及《司弓矢》注云'人罢短'，即谓此。"黄季刚先生曰《尔雅·释畜》"犤牛"郭注"犤牛庳小。今之犤牛也。又呼果下牛。出广州高凉郡"。犤犹竧也。《说文》竧，短人立竧竧皃。犹罢也。《周礼·司弓矢》"庳矢"郑司农曰庳读为人罢短之罢。字亦作矲。《方言》矲，短也。犹庳也。郭注云，庳小貌也。小牛曰犤犹短狗曰猈矣（见《说文》）。

竲与橧巢字

《立部》竲，北地高楼无屋者。从立曾声。七耕切

《礼运》"先王未有宫室，夏则居橧巢。"《晏子春秋》"古者尝有处橧巢窟穴而不恶。"此橧巢之正字。

䇝同隤

《竝部》䇝，废一偏下也。从竝，白声。䇝或从曰。替，或从兟从曰。他计切

《阜部》隤，下队也。从阜，贵声。杜回切

二字音义同。废下云"屋顿也。"与下隊义近。是替之替，当作"遞"。

[illegible]同"[illegible]"又同"[illegible]"、"[illegible]"

《囟部》巤，毛巤巤也。象发在囟上及毛发巤巤之形。

~~《礼记》"豕曰刚鬣。"《明堂位》夏后氏骆马黑~~

《髟部》鬣，发鬣鬣也。从髟，巤声。擸，
鬣或从手。𧰽或从豕。"鬑，鬑长也。
从髟，监声。读若春秋黑肱以滥来奔。"鲁甘切
"鬑，鬋也。一曰长皃。从髟，兼声。读
若慊。"力盐切

《曲礼》"豕曰刚鬣。"《明堂位》夏后氏骆马黑鬣"
是巤与鬣毕同。其"鬑""鬑"与巤鬣音义亦相近。

妣训辅者借为比

《诗·小雅·节南山》"天子是毗。"郑笺"毗，辅也。"

思有形象义

《囟部》思，容也。从心，从囟。

思训容，容即颂字。容借为颂，相承不改。《说文》中说解常用借字，颂本训皃。引申为形颂、形容。思之为容犹言图象。在脑中的形象谓之思。亦所谓想像也。

志 大徐增加字，而见於《周礼·故书》，即识之古文，本训旗志，引申为志识。

《周礼·保章氏》掌天星以志星辰日月之变动

北京市电车公司印刷厂出品 八三·五

注引郑玄云："志古文识。识，记也。"案：志本训旗帜。《礼记·檀弓》"孔子之丧，公西赤为志。"又《史记·叔孙通传》"张旗志"，徐广曰："一作帜。"《汉书·高惠高后文功臣表》"汾阴侯周昌初以职志击秦。"如淳曰："职志，主旗帜。"引申训识。汉石经《论语》"贤者志其大者，不贤者志其小者。"今本则两皆作"识"。《汉书·沟洫志》"举多闻而志之。"《左传·昭四传》"且日志之。"《十三年传》"岁聘以志业。"杜解："志，识也。"《释诂》："职，常也。"常即旗常之常。常即徽识，故引申为志识。

㥦同懕　懕后出字作"愔"

《心部》"㥦，快心。从心，匧声。"懕，安也。从心，厭声。诗曰："懕懕夜饮。"於盐切。

㥦《字林》作"愜"，云"快也"。陆机《文赋》"㥦心者贵当"。《汉书·文帝纪》"天下人民未有㥦志。"颜师古曰："㥦，快也。"《尔雅·释训》"懕懕，安也。"钱坫说，今诗作"厌厌"，《韩诗》作"愔愔"。《左传·昭十二年》"祈招之愔愔。"本书无愔字，即此是也。案：愔即懕之后出字。

㥦俗作"惬"。

《心部》意，志也。从心察言而知意也。从心，从音。（错本作音声）

段曰"志即识，心所识也。意之训为测度，为记。训测度者，如《论语·子罕》"毋意毋必"，"不逆诈，不億不信"，《先进》"億则屡中"，其字俗作億。训记者，今人言记憶是也。"

應部今應字

《心部》應，当也。从心雁声

段曰"凡言语相对即用此"，俗作"应"

𢡗诗作藐。《广韵》作"𢡗"

《心部》𢡗，美也。从心，貌声。莫角切

此妙之正字。章太炎先生曰，"妙有二谊，一为美。《广雅》妙，好也。一为微《老子》常无欲以观其妙。注，妙者微之極也。神者，无妙必致精。正义说为微妙之性。训好者字本作𢡗。诗作藐（诗小雅、瞻卬》"藐藐昊天"，笺云藐藐美也。《大雅·崧高》既成藐藐。传曰藐藐，美貌也）。《周颂》於穆清庙。传曰"穆，美也。"穆亦𢡗之借。《释训》穆穆，美也。穆亦𢡗之借。通言为𢡗，别言为媌目裹好也。俗乃作妙矣。

北京市电车公司印刷厂出品 八三·五

（1458）20×20＝400

训微者字本作𡩟。《说文》𡩟，细文也。通言曰𡩟，别言为緢。《说文》緢，旄丝也。《贾谊书·容经》般旋之容，旄如濯丝。以旄为之。凡杪秒眇篎诸字皆有小义。汉世多言微眇，亦失矣。

宪章之字当作"契"

《心部》宪，敏也。从心，从目，害省声。许建切。

《周礼》有布宪之职。《逸周书》言赋宪，言宪命。《春秋传》言君之宪令。《诗·小雅》言百辟为宪。~~亭大安若当为~~宪得声于丰。宪章字当为契。契令犹法也。《诗·国风·击鼓》"死生契阔"。韩诗说曰"契阔，约束也。"汉世法制旧主所定著为律，新主所施行为令，故曰契。

戁或即艱難字，诗作"熯"

《心部》戁，敬也。从心難声。女版切。

《诗·商颂·长发》"不戁不竦"。传曰，"戁，恐；竦，惧也。"恐惧敬之引申义。《释诂》作熯，敬也。《诗·小雅·楚茨》"我恐熯矣"。传云"熯，敬也。"

憧 此迟重字

《心部》憧，迟也。从心，重声。直陇切。

钱坫说，"此重厚之者。《史记》重迟外宽"。《荀子》"卑湿重迟贪利"。

又穩重当作惲憧

《心部》惲，重厚也。从心，軍声。

憧惲今云"穩重"说文作惲憧。钱坫说，"当作慐重。"

愊同備

《心部》愊，诚志也。从心，畐声

《人部》備，慎也。从人葡声。𠈍古文備。

《汉书·楚元王传》"发愤悃愊"师古注"悃愊，至诚也。"《后汉书·章帝纪》"安静之吏悃愊无華。"注引本书"悃愊，至诚也。"慎训谨亦诚意，亦悃愊义。愊之与備犹福之训備，同音为训。

慧又同"儇""譞""惠"

《心部》慧，儇也。从心，彗声。胡桂切

《叀部》惠，仁也。从叀从心。𢡊古文惠从芔。胡桂切

《人部》儇，慧也。从人瞏声。许缘切

《言部》譞，譞慧也。从言，瞏声。许缘切

慧字《鲁论语》作"惠"。《汉书·昌邑王传》"清狂不惠。"《后汉书·孔融传》"将不早惠乎？"惠皆与慧同。

北京市电车公司印刷厂出品 八三·五

恔同憭　憭后出字作瞭

《心部》恔，憭也。从心，交声。古了切"憭，慧也。从心，尞声。力小切"

《方言三》知，通语也。或谓之慧，或谓之憭。"又曰，"恔，快也。東齐海岱之間曰恔。自关而西曰快。"《周礼·眡瞭》瞭者目明者。"《孟子》"则眸子瞭焉"注，"明也。"瞭即憭之后出字。又借为了。《后汉书·孔融传》小时聪了，大未必奇。"

瘱同㝞　又瘱即忥字

《心部》瘱，静也。从心，㾞声。於計切"忥，痴皃。从心，气声。許既切

《宀部》㝞，静也。从宀，契声。於計切

錢坫说，"《尔雅》忥，静也。（释诂）当作此。《汉书·外戚传》为人婉瘱有節操。（师古注"瘱，静也。"）

愻同顺

《心部》愻，顺也。从心，孫声。唐书曰五品不愻。蘇困切

《頁部》顺，理也。从頁从川。

以驯从川声可证愻顺同字。

恕 庶几之庶，以恕为本字，此实字变为虚字

《心部》恕，仁也。从心，如声。𢖻 古文恕

《论语·雍也》能近取譬，可谓仁也已。《孟子·尽心》"强恕而行，求仁莫近焉。"是恕有近义。又《离骚》羌内恕己以量人兮。注云"以心揆心为恕"。《贾谊书》"以己量人谓之恕。"《中庸》"忠恕违道不远。"疏曰"恕，忖也。"《论语皇侃疏》"恕谓忖度我以度人也"。是恕有近义与忖度义，故虚词引为"庶几"。

懘即沾滞字

《心部》懘，高也。一曰抑也。一曰困劣也。从心，带声。特计切

按曰《礼记·乐记》"则无沾懘之音"。注云，"沾滞，敝败不和之貌。"滞即懘之讹，俗用滞字。《广韵》"极困"。此别义困劣也。

慭即猌字

《心部》慭，问也。谨敬也。从心，猌声。一曰说也。一曰甘也。春秋传曰昊天不慭。又曰两君之士皆未慭。

案此注必为后人所改。憖即慭之本字。以国语注为是。《尔雅》"慭庶册释言。"《楚辞》"慭胄之子兮"，韦解皆云"慭，愿也。"

[illegible] 《广韵》作"[illegible]"，[illegible]与邃同

段曰：[illegible]与邃音义皆同。从穴者为室之深，从心者为意思之深。

意同億

《心部》意，满也。从心，啻声。一曰十万曰意。[illegible]，籀文意。

《人部》億，满也。从人，意声。

意億音义同，十万曰意，满数也。

悹同"患""慁"

《心部》悹，忧也。从心，官声。"患，忧也。从心上贯吅，吅亦声。[illegible]，古文从関省。""慁，忧也。从心，圂声。一曰扰也。"

《广韵》引诗传"悹悹无所依"。此即《诗·大雅·板》"靡圣管管"之辞读。管应作悹。《左传·昭公元年》"主不慁宾"之[illegible]。《史记·陆贾传》[illegible]《索隐》："慁犹溷乱之意。""串""[illegible]"皆毌之古文。悹与"慁""患"音义

北京市电车公司印刷厂出品 八三·五

同。

悟同憬

《心部》悟，覺也。从心，吾聲。𢙁，古文悟。五故切

憬，覺悟也。从心，景聲。詩曰："憬彼淮夷。"俱永切

江淹詩"寥寥心永悟。"李善注引《聲類》"悟，心解也。"憬字引詩見《魯頌·泮水》。毛詩作"憬"。《泮水釋文》"憬，說文作'懬'"但《心部》懬訓闊，訓廣，訓大，不訓覺。此或本三家詩。悟憬對轉音又同。

㥠同諝

《心部》㥠，知也。从心，胥聲。

《言部》諝，知也。从言，胥聲。

~~二字音义同~~。錢坫說"《通俗文》多意謂之㥠。《廣雅》㥠，知也。字又與諝同，知與智古今字。"

𢣿同𢡳

《心部》𢣿，謹也。从心，㲋聲。讀若毳。此芮切

"𢡳，精戇也。从心，毳聲。千短切

謹與為懂。懂，勇也。《列子·說符篇》與从

慔於天下。"读若莫，则与慕同音。慕训精慔即慔字。即慔之缓读。故音于矩切。

怞 即陶之正字。忧怞当作"妯"

《心部》怞，朗也。从心，由声。诗曰忧心且妯

怞

案怞本陶之正字，所谓喜也。《礼记·檀弓》"人喜则斯陶，陶斯咏，咏斯犹。"郑注"陶，郁陶也。"谢灵运诗"纵存郁陶"。江淹《杂体诗》"解缆候前侣，还望方郁陶。"此郁陶作忧思解。

忧陶之怞正字作"妯"《说文·女部》"妯，动也。"妯即忧恐不安的意思。《方言》"人不静曰妯。"

忞 《尔雅》作"暋"

《心部》忞，强也。从心，文声。周书曰，在受德忞。读若旻。

《释诂》"暋没，勔也。" [illegible] "[illegible]暋勉也。"韩诗作"密勿"。阮氏《揅经室集》引刘台拱云 ~~[illegible]~~ 《论语》"文莫吾犹人也"文莫即"忞慔"。《说文》"慔，勉也。"（黾勉吾犹人也。）

愐 《尔雅》作"勔"

《心部》愐，勉也。从心，面声。

《释诂》"暋没、勔，勉也。"勔《说文》作"愐"。

愧字与愧状

《心部》忕，习也。从心，曳声。余制切

臧庸说，"陆德明、孔颖达引《说文》忕，习也。今《说文》作愧，无忕字。《尔雅·释诂》贯，习也。郭注，贯贯忕也。今俗语皆然。《释文》忕音逝，又时设反。《释言》狃復也。郭注狃忕復为《释文》引郭狃忕復为也。忕，石世反。《邢疏》引孙炎曰前事復为也。《诗大雅·荡》释文曰忕，市制反，又时设反。《说文》云，习也。《左传·桓十三年》莫敖狃于蒲骚之役，将自用也。杜解，狃，忕也。《释文》狃忕皆贯习之义。《僖十五年》，公曰一夫不可狃，况国乎。杜注狃，忕也。言今秦则便忕来。又今我不去秦，必相忕而轻我也。《史记·汉兴以来诸侯年表》诸侯或骄奢，忕邪臣计谋为淫乱。索隐曰，忕音誓。忕训习。言习于邪臣之谋计。故《尔雅》云忕犹狃也。狃亦训习。《后汉书·冯异传》忕忕小利。李贤注引忕犹贯习也。谓贯习而复为之也。忕音逝。此皆《说文》有忕之证。而《犬部》狃下云犬性忕也，尤为有忕之明据。

北京市电车公司印刷厂出品 八二·五
(1458) 20×20=400

玄应《一切经音义十二·生经第一卷》慣贯也，反《字林》慣，习也。《苍颉篇》"慣，明也。"据玄应书知"忕""慣"同字音亦相近。

慣同毌字，又作忕，同"肄""姽""頠""歁"。与"遦""摜"亦同

《毌部》穿物持之也。从一，横贯象宝货之形。读若冠

《聿部》肄，习也。从聿，𣜩声。𦘺，籀文肄。肄，篆文肄。

《页部》頠，头闲习也。从页，危声。

《女部》姽，闲体行姽姽也。从女，危声。一曰

《手部》摜，习也。从手，贯声。春秋传曰摜甲执兵。

《辵部》遦，习也。从辵，贯声。

毌本贯之古文，故训穿。亦训串（串即毌之异体）贯可以持，训持。《尔雅·释诂》贯，习也。贯本出一线，又训数，训复。故有屡次、反复、熟习之义，引申为习惯，犹常事也。

又有 之义

㥍同悔

《心部》㥍，㥍抚也。从心，某声。读若侮

《心部》憮，愛也。韓鄭曰憮。一曰不動。从心，無声。文甫切

《方言一》憮亡甫、㤅音淹、憐、牟，愛也。韓鄭曰憮。晉衛曰㤅。汝潁之間曰憐。宋魯之間曰牟，或曰憐。憐其通語也。《爾雅·釋言》"煤，撫也。"又《玉篇》《广韵》《類篇》引作"憮也"，当亦作憮。煤憮双声义同。

忞同"勉""勱""愐""懋""勖""敄""務""慔"。

《力部》勱，勉力也。周书曰，用勱相我邦家。读若萬。从力萬声。莫話切 勉，彊也。从力，免声。亡辨切 勖，勉也。周书曰勖哉夫子。许玉切 務，趣也。从力敄声。亡遇切

《心部》懋，勉也。从心，楙声。虞书曰时惟懋哉。忞，或省。

《攴部》敄，彊也。从攴，矛声。

（余字已见前）

以上九字皆双声义通，勖从冒声亦可叠韵。惟此字难字。

《心部》[illegible]，肆也。从心隶声。他骨切

《广雅·释诂二》"肆，劳也。"《表记》安肆日偷。"

王褒《洞箫赋》"時恬淡以绥肆。"绥安同义。

惥　后出字作"譽"𢡱又同⿺走與

《心部》"惥，趣步惥惥也。从心，與声。"《走部》"⿺走與，安行也。从走，與声。"段曰，"趣，疾也。"《马部》"䮞"下云"马行徐而疾"相数。"韩愈诗"惥譽江南子。"或以與为之。《论语·乡党》"與與如也。"集注引马融曰，"與與中适之貌。"《左传·昭二年》"季氏有嘉树，韩宣子誉之。"服虔注"誉，游也。宣子游其下，夏谚曰一游一誉，为诸侯度也。"别体作"懙"《汉书·叙传》"長倩懙懙。"苏林曰，"懙懙，行步安舒也。"

慆训疑，作謟者乃假之变。

《心部》"說(悦)也。从心，舀声。"《尚书大传》"师乃慆。""慆，喜也。"然《左传·昭十七年》"天命不慆，久矣。"杜解，"慆，疑也。"又《昭廿六年传》"天命不謟，不貳其命。"《广韵》"謟，疑也。"此皆假之变。

懕　后出作愔

钱坫说，《小雅》文。今诗作厭，传同。韩诗作愔。《左传·昭十二年》"祈招之愔愔。"本书无愔字，即此是也。"

北京市电车公司印刷厂出品　八三·五

恤同䘏

《心部》恤，憂也；收也。从心，血声。辛聿切

《血部》䘏，憂也。从血，卩声。一曰鲜少也。辛聿切

《尔雅·释诂》恤，憂也。桂馥说"收当作救。《玉篇》'恤，救也。'"

惄别文同"𣢟""愵"

《心部》惄，飢餓也。一曰憂也。从心，叔声。詩曰，惄如朝飢。奴歷切 "愵，憂皃。从心，弱声。

《欠部》𣢟，惄然也。从欠，尗声。孟子曰：曾西𣢟然。才六切

《方言一》惄，憂也。自关而西，秦晋之间或曰惄。自关而西，秦晋之间凡志而不得，欲而不獲，高而有墜，得而中亡谓之溼（溼者失意潜沮之名。沮一作阻。）或谓之惄。《诗周南·汝墳》作"惄如朝饥"毛传"輖，朝也。"李焘本作"輖"韩诗作"朝"。郭璞《尔雅注》引诗作"调"《释文》调又作"輖"。

忄御同御

《心部》忄御，劳也。从心，御声。其虐切

《人部》御，徼御，受屈也。从人，御声。其虐切
段曰《子虚赋》"徼𠊲受诎"郭璞曰，𠊲，疲极也。司马彪云徼，遮也。𠊲倦也。谓遮其倦者。《方言》𠊲，倦也。𠊲同御。傍同倦。《心部》㤥，劳也。与𠊲音义同。"

㦗同𢡦 憸即险詖字。

《心部》憸詖也。憸利于上佞人也。从心佥声。息廉切"𢡦，疾利口也。从心，从册（错本册声）诗曰，相时𢡦民。息廉切

憸𢡦音义同《尚书、立政》"憸人"《释文》憸本亦作"𢡦"。诗当此诗。《集韵》引商书，今《盘庚》亦作"憸"。钱坫说"此云𢡦疾者，今书作憸，马融注，憸利小小见事之人也。"

愒《广韵》作"憩"

《心部》愒，息也。从心，曷声。去例切

此休息之息。~~《释诂》~~诗大雅民劳》"汔可小愒"《菀柳》"不尚愒焉"传并云"愒，息也。俗作憩（《诗召南、甘棠》"召伯所憩"。传云"憩息也。"《释文》本又作愒。

或借𣪧字为之。《诗小雅、微罪》"民之所𣪧"传

传曰"辩，急也。"

辩即"褊急"、"卞急"字。亦即"忭"字

《左传·定三年》"邾庄公卞(弁)急而好洁。"杜注"卞，躁急也。"卞即弁之讹体，正作辩。钱坫说，"此褊急之褊。《尔雅》褊，急也。"又作惼。《庄子·山木篇》有虚船来触舟，虽有惼心之人不怒。"
《集韵》有忭字训心急。与辩双声同也。

恁此色厉而内荏字

《心部》恁，下赍也。从心，任声。

《论语·阳货》"色厉而内荏"案荏当作恁。训下赍者，赍即资货之资。郑玄《周礼注》"赍资同耳。其字以齐次为声，从贝变易。古文亦多或。"赍即资字，引申为资货文。

㣞同忒
~~慝同慝~~

《心部》㣞，~~精慝~~失常也。从心，代声。他得切"忒，更也。从心，弋声。他得切

《释言》"爽，差也。爽，忒也。"《左部》"差，忒也。"凡人有过失改常谓之忒。又《释文》"忒或作㣞"此或体字。

怚同姐

《心部》怚，骄也。从心，且声。子去切

北京市电车公司印刷厂出品 八三·五
(1458) 20×20=400

《女部》嫭，娇也。从女，虘声。将预切

《广韵》怚与嫭同也。《淮南子》"矜怚生于不足"嵇康诗"恃爱肆骄怚。"

悒通作邑。尔雅作"唈"。诗作"邑"。

《心部》悒，不安也。从心，邑声。於汲切

段曰："《大戴礼（曾子立事篇）》君子守此悒悒。卢注：忧念也。其字古通作邑。"案宋玉《风赋》"憞溷郁邑。"《史记·商君列传》"安能邑邑待数十百年。"《尔雅·释言》"僾，唈也。"唈诸作邑，犹呜诸作乌也。

像同"念""惕"亦同"想""像"

《心部》像，放也。从心，象声。徒朗切"念，忘也。嘾也。从心，余声。周书曰有疾不念。念，喜也。羊茹切""惕，放也。从心易声。"才走切"想，冀思也。从心相声。息两切"

《人部》像，象也。从人，从象，象亦声。读若养。

案"像""惕"皆放荡字。念或作"悇"《淮南·精神训》"终不惮悇痿心而悦其色矣。"高注："惮悇，贪欲也。"庄校曰"钱别驾云据楚辞及冯衍赋应作惮悇。形之讹耳。"王念孙《读书杂志》载淮南子宋本误者，各条第十九卷六宗本惮未误惮。觉

北京市电车公司印刷厂出品 八三·五

谊《新书·劝学篇》"孰能无悇憛养心而兼一视之。"嵇康《琴赋》"怡养悦悆。"与"想""像"音义亦通。黄季刚先生曰"憛即惝怳字。"

㥒同𧺆"猜"

《心部》㥒，妄也。从心，采声。仓宰切

《犬部》猜，恨贼也。从犬，青声。

《走部》𧺆，疑之，等𧺆而去也。从走，才声。仓才切

《集韵》㥒与猜同。《玉篇》《广韵》皆说"㥒，恨也。"玄应《一切经音义》"古文猜今作㥒。"此㥒即猜字之讹。段曰："疑读为[illegible]，等才叠韵字。濡滞之皃。疑之故等𧺆而去。"

惰同"伿""𦣞"

《心部》惰，不敬也。从心，隋声（锴本）

春秋传曰：执玉惰。㥻 惰或省𨸏。媠，古文。

《人部》伿，惰也。从人，只声。以豉切

《臥部》𦣞，楚谓小儿嬾食。从臥、食。尼见切

《汉书·韦玄成传》戒子孙诗曰"供事靡惰"，又"无媠尔仪"。《汉书·张敞传》"被轻媠之名。"《左传·僖十一年》"天王使召武公内史过赐晋侯，命受

北京市电车公司印刷厂出品 八三·五

受瑞玉。惰。过归告王曰晋侯其无后乎。王锡之命而惰於受瑞，先自弃也。已而何继之有。礼，国之干也。敬，礼之舆也。不敬则礼不行，礼不行，则上下昏，何以长世。"侭训惰，即不敬也。侭与惰古双声。又赕古音亦双声。《玉篇》作"楚谓小嬾曰赕。"

忽即勿之后出

《勿部》"勿，州里所建旗。象其柄，有三游。杂帛幅半异，所以趣民。故遽称勿勿。㫚，勿或从㫃。"

忽即遽称勿勿之勿即忽之古字。钱坫说，此忽悦字。《墨子》忘名忽焉。《淮南子》忽悦而后得之。忽悦皆忽忘也。"

懑又训懑兜即蔑兜。今言懵懂。

《心部》"懑，忘也。懑兜也。从心，㒼声。"母官切

懑兜亦作"蔑兜"。《目部》"蔑，目眵也。从目，蔑省声。"兜正作"𧡧"。《见部》"𧡧，目蔽垢也。从见，𩠐声。读若兜。"今作懵懂，皆谓视不明而愚昧。

懂 似松字亦即此。

《心部》憧，意不定也。从心，童声。

《玉篇》"憧，行意。往来不定兒。"案"憧"字缓读为"怔忪"。《潜夫论》"军书交驰，羽檄狎至，乃复怔忪如前。"或作"征伀"《方言十》"征伀，遑遽也。江湘之间，凡窘猝怖遽谓之潮，或谓之征伀。"《广雅·释训》"屏营，怔忪也。"又作"征彸"《文选·王褒四子讲德论》"百姓征彸无所措其手足。"注五臣作"怔忪"。怔忪、征伀、征彸，皆憧之缓读。

恣同"奞""婎"。

《心部》恣，纵也。从心，次声。资四切

《奞部》奞，鸟张羽毛自奋也。从大，从隹。读若睢。息遗切

《女部》婎，恣婎也。从女，隹声。一曰丑也。许维切

《玉篇》"纵恣也。"《七发》"纵恣于曲房隐间之中。"《淮南子》"所以禁民使不得自恣也。"《荀子·解蔽》"无正而恣睢。"注"矜夸也。"睢训仰目，义亦相似。奞训张毛羽亦致翅纵飞也。婎婎即恣睢。《集韵》《类篇》皆云，"恣婎，自纵也"。引申为纵恣之义。

北京市电车公司印刷厂出品 八三·五
(1458) 20×20=400

悝同"謔""娭""毐"　悝即恢字。

《心部》悝，啁也。从心，里声。春秋传有孔悝。一曰病也。

《言部》謔，戲也。从言，虐声。詩曰善戲謔兮。虐約切

《女部》娭，戲也。从女，矣声。一曰卑賤名也。遏在切

《毋部》毐，人无行也。从士，从毋。賈侍中说，秦始皇母与嫪毐淫，坐诛。故世骂淫曰嫪毐。读若娭。遏在切

段曰"《口部》啁，嘐也。啁即今嘲字。悝即今詼字。"《汉书·東方朔传》"[illegible]後詼諧。"文云，"朔与枚皋、郭舍人俱在左右，詼啁而已。"《三国志·蜀志·马忠传》"詼啁大笑。"

文钱坫说"此詼諧字。《东京赋》悝繆公于宫室。《尔雅·释诂》㾖，病也。即此字。"

娭与毐则谓戲也。与悝謔有别。然皆为同根。

𢙾与誑同

《心部》𢙾，误也。从心，狂声。

案《玉篇》𢙾，诈也。则与誑同。《言部》誑，欺

决也。"

恑同懏

《心部》"恑，变也。从心危声。过委切""懏，有二心也。从心巂声。户圭切"

《玉篇》"恑，异也。"《后汉书·班固传》"殊形诡制"，李贤注"诡，异也。"诡即恑字。钱坫说，"此恑懏字。《庄子（齐物论）》'恢恑懏怪。'"又曰"懏，此攜贰字。"《左传·桓八年》"众乃攜矣。"《僖七年》"招攜以礼。"杜注"攜，離也。"《僖十三年》"重施而不报，其民必攜。"杜注"攜，離也。"《僖廿八年》"不如私许复曹卫以攜之。"注亦云"攜，離也。"《国语·晋语》"惧有口攜民。"《楚语》"民之精爽不攜贰者。"皆作攜，懏正字，攜假借。

忨即顽字

《心部》"忨，贪也。从心元声。春秋传曰忨时而渴日。"

段曰"贪者欲物也。忨与玩、翫皆略同。"《左传·昭二十六年》"玩於无度"，服虔云"玩，贪也。"贪与翫义通。"

慊同嫌

《心部》慊，疑也。从心，兼声。

《女部》嫌，不平於心也。一曰疑也。从女，兼声。

慊钱坫说"慊，此嫌疑字《礼记、坊记》'使民无慊。'注，'诗慊或作嫌。疑也。'"

懟同憝

《心部》憝，怨也。从心，敦声。《周书》曰，凡民罔不憝。徒对切"懟，怨也。从心对声。丈淚切"本书憝，怨也。《玉篇》引《字林》懟，恶也《诗言、亦懿篇》"焚懟率葶而自反其少"词之懟恶也"。《方言七》諄憎所疾也。宋鲁凡相恶谓之諄憎，若秦晋言可恶矣。《释言》懟，怨也。《穀梁莊三十一年传》"财尽则怨，力尽则懟。"注云"懟，恚恨也。"

怋即昏乱字，亦即痻。

《心部》怋，怓也。从心，民声。呼昆切

《心部》怓，乱也。《广韵》怋，乱也。《诗大雅、民劳》"以谨惛怓。"传曰，"惛怓，大乱也。"（《释文》说文十六怋云"怋，不憭也。此昏迷字"）或作"痻"

惛古书以"痻"

悁后出作"㥏"

《心部》悁，忿也。从心，肙声。一曰忧也。

𢘍　籀文

钱坫说"《一切经音义》引作恚也。《史记》忿悁之节。"

忍同豙

《心部》忍，怒也。从心，刀声。读若顡。[鱼既切]

《豕部》豙，豕怒也。一曰残艾也。从豕辛。[鱼既切]

钱坫说"忍读若顡同豙字。"

愤同"懑""闷"。又同"忿"

《心部》愤，懑也。从心，贲声。"闷，懑也。从心，门声。""懑，烦也。从心，满声。""忿，悁也。从心，分声。"

玄应《一切经音义》引同。又云愤，怒气盈盛也。《方言》皆顡，懑也。郭璞谓"愤懑也。"闷《孟子》作"悯"（孟子云"阨穷而不悯"）~~《广雅·释诂三》~~"悯，懑也。"悯即闷之後出字。

惆　诗作切

《心部》惆，失意也。从心，周声。

黄季刚先生曰"《诗·齐风·甫田》毋思远人，劳心切切。"毛传："切切，忧劳也。"笺云："言无德而求诸侯，徒劳其心切切耳。"案切即惆之借字。

怅音近"周章""侜章"。

《心部》"怅，望恨也。从心，长声。"丑亮切

《玉篇》"惆怅失志也。"《荀子·礼论》"惆然不嗛"注："惆然，怅然也。"案《颜氏家训·文章》"扬雄著《剧秦美新》，妄投于阁，周章怖慴。"又《风操篇》"蓬头垢面，周章道路。"《家语·五仪》"缅然长思，出于四门，周章远望，睹亡国之墟。"《抱朴子·疾谬》"什伍寒帏，周章道路。"周与侜同音，故亦作"侜张"。《文选》刘琨《答卢谌书》"自顷辀张（即侜张），困于逆乱。国破家亡，亲友凋残。"

怆同惕

《心部》"怆，伤也。从心，仓声。""惕，忧也。从心，殇省声。"

怆当训伤。《祭义》"必有悽怆之心。"怆训伤犹创训伤。

慜同闵

《心部》"慜，痛也。从心，敃声。"

《门部》"闵，吊者在门也。从门，文声。"[illegible]

北京市电车公司印刷厂出品 八三·五
（1458）20×20=400

古文。

《秦策》"天下莫不伤。"高注"伤，慇也。"《字诂》"古文慇，今作闵。"《诗载驰序》"闵卫之亡"。《释文》闵，一本作慇。"鲁闵公《史记》《汉书》并作闵慇，或作慜。(此古文闵字)。

慇同哀同偯

《心部》慇，痛也。从心，殷声。於斤切 "偯，痛声也。从心，依声。孝经曰哭不偯。"於岂切

《口部》哀，闵也。从口，衣声。

言恻隐者"慇"之声借。对转为偯(白虎通之哀训隐。同声为训)偯训痛声，今作"偯"。郑玄云，气竭而息，声不委曲。"《礼记间传》"大功之哭，三曲而偯。"郑玄云，"~~三曲而偯~~一举声而三折也，偯馀声从容。"偯训曲折亦训痛声。偯从哀声与哀亦通。

慅同骚。慅是慅动字

《心部》慅，动也。从心，蚤声。一曰起也。

《马部》骚，扰也。一曰摩马。从马，蚤声。

《隋书、李德林传》"军中慅慅，人情大异。"经典用"骚"字。《诗商颂、常武》"徐方绎骚"传曰"骚

北京市电车公司印刷厂出品 八三·五
(1458) 20×20=400

动也。"《汉书·王莽传》"天下骚动"皆应作懆。然骚与懆音义亦近。

惏同"慽""惄""悄""懆""愵""忡"又同"椒"也有

《心部》惏，憂也。从心，林声（字要作慽）。

"愵，憂也。从心，弱声。读与惄同。奴歷切"

"悄，憂也。从心，肖声。从心，中声。诗曰憂心悄悄。亲小切"

"慽，憂也。从心，戚声。仓歷切"

"懆，愁不安也。从心，喿声。诗曰念子懆懆。"

忡，憂也。从心，中声。诗曰憂心忡忡。"

"惄，飢餓也。一曰憂也。从心，叔声。诗曰惄如朝飢。"

《诗·周风·汝坟》"惄如调饥"韩诗作"愵"。《方言》愵，憂也。自关而西秦晋之间或曰惄。"又《小明》"政事愈蹙"传曰"蹙，迫也。"《后汉书·王商传》"[illegible]悒哀慽。"又"自诒伊戚"传云"戚，憂也。"案戚蹙皆慽字。慽或以"造"（"慥"）字代之。作造然。《大戴礼记·保傅》"灵公造然失容。"作慥慥尔。《礼记·中庸》"君子胡不慥慥尔？"皆应作"慽"。

悠同惪

《心部》悠，憂也。从心，攸声。以周切"惪，愁也。从心頁。惪心形于颜面，故从頁。《释训》"悠悠，思也。"《诗小雅、十月之交》"悠悠我里。"传曰"悠悠我里"。传曰"悠悠，忧也。"

段曰"许於夊部曰憂和之行也。从夊，惪声。又引诗布政憂憂。（商颂长发。今诗'布'作'敷'）於此知许所据诗惟此作'憂'，其他训愁者皆作'惪'。"

慹同悝

《心部》慹，楚颍之间谓憂曰慹。从心，埶声。

"悝，啁也。一曰病也（今见前）

《释诂》楚颍之间谓憂曰悝。郭引诗悠悠我悝。《方言》慹伤也。楚颍之间谓之慹。今诗作"悠悠我里。"《释文》本或作"悝"《释诂》"悝憂也。"黄季刚先生曰"案嫠妇即此字。犹言霜妇，霜，丧也。"

慁同"患""悹"

《心部》慁，憂也。从心，圂声。一曰擾也。

"患，憂也。从心，上貫吅，吅亦声。𢝋古文从關省。𢟉亦古文患。"悹，憂也。从心，官声。

北京市电车公司印刷厂出品 八三·五
(1458) 20×20=400

《广雅》"慁，忧也。"左传·昭六年》"主不慁宾。"杜解："慁，患也。"《史记·范雎传》"天以寡人慁先生。"徐广曰"乱先生也。"《玉篇》《广韵》皆曰"慁慁，忧无告也。"钱坫说"《诗》'维忧管管'"无所依也。应作此。

㦗　公羊传作"怗"

《心部》㦗，失气也。从心聶声。一曰服也。《公羊僖四年传》"卒怗荆，以为王者之事也。"怗即㦗字。

悑　今字为"怕"之正字。

《心部》悑，惶也。从心甫声。怖或从布声。今语曰怕。《说文》"怕，无为也。"非惶惧义。

悼　今有惊心弔胆之语。弔当作悼。

《心部》悼，惧也。陈楚谓惧曰悼。从心卓声。

怵　《集韵》以为同"[illegible]"

《心部》怵，恐也。从心术声。

㤥即刻苦字

《心部》㤥，苦也。从心亥声。

《韩非子·存韩》若人之有心腹之病矣，虚处则㤥然若居湿地。"

北京市电车公司印刷厂出品　八三·五
(1458) 20×20=400

[毄/心] 今语称疲惫曰吃力。吃本作"[毄/心]"

《心部》[毄/心]，悑也。从心，毄声。苦计切

今北京读亻毄化也。

[忄葡] 今语称疲惫。又称乏。乏应作惫。

《心部》[忄葡]，[毄/心]也。

[忄于]同"恙"同"吁"

《心部》[忄于]，忧也。从心，于声。读若吁。"恙忧也。从心，羊声。

《口部》吁，惊也。从口于声。

《尔雅·释诂》作"盱"郭引诗"云何盱矣"今《诗周南·卷耳》作"吁"《尔雅释文》"盱或作[忄于]。"《释诂》恙训忧。郭注"今人云无恙谓无忧也。"恙与[忄于]对转。吁训惊；惊与忧义近。

懾同"慹""慴""[亻聶]"同"讋"。

《心部》懾，失气也。从心，聶声。一曰服也。

"慴，惧也。从心，習声。读若疊。之涉切"慹，悑也。从心，執声。

《人部》[亻聶]，心服也。从人聶声。齿涉切

《言部》讋，失气言也。一曰不止也。从言龖省声。傅毅读若慴。[龖/言]籀讋不省。之涉切

北京市电车公司印刷厂出品 八三·五

(1458) 20×20=400

《史记·卫青列传》"慑慴者弗取。"《曲礼》"贫贱而知好礼，则志不慑。"郑注，"慑犹怯惑"《乐记》"柔气不慑。"注"慑犹恐惧也。"训服训与慑同。《诗·周颂·时迈》"莫不震叠。"传曰"叠，惧也。"此知慴读若叠之例。《盐铁论》引诗作"莫不震慴"。《庄子·齐物论》"哀乐虑叹变慹。"《释文》引司马彪云"慹，不动皃。"又《田子方》"慹然似非人"《释文》引说文"慹，怖也。"《汉书·叙传》"震慑慹服"此数字古文皆通。

怵《集韵》以为同⿸疒术

《心部》怵，恐也。从心，术声。

《疒部》⿸疒术，狂走也。从疒，术声。读若欻

此二字音同义近。

惕同夤

《心部》惕，敬也。从心，易声。悐，或从狄

《夕部》夤，敬惕也。从夕，寅声。《易》曰"夕惕若夤"。𡖟，籀文夤。

惕夤对转义同。

悑同寎

《心部》悑，惶也。从心甫声。怖，或从布声。

《㝱部》寎，卧惊病也。从㝱省，丙声。

北京市电车公司印刷厂出品 八三·五
（1458） 20×20＝400

㥿即今怕字，痡病，小篆痡亦害怕之痡。对转义近。

惎同忌

《心部》惎，毒也。从心，其声。周书曰来就惎惎。渠记切"忌，憎恶也。从心，己声。渠记切

《左传·宣四年》"管蔡啟商，惎閒王室"《哀元年》"惎澆能戒之"。《哀二十七年》"赵襄子惎智伯。"杜注并训毒。《尚书释文》惎音忌。惎与忌音同义通。

恥同"辱"、"恧"

《心部》恥，辱也。从心，耳声。"恧，辱也。从心，而声。

《辰部》辱，恥也。从寸在辰下。失耕时，於封疆上戮之也。辰者，农之时也。故房星为辰，田候也。

~~案恧右旁字作"忸"。~~

㥲同忝

《心部》㥲，青徐谓慙曰㥲。从心，典声。"恧，慙也。从心，而声。

《方言》㥲、恧，慙也。荆扬青徐之间曰㥲，若梁益秦晋之间，言内心慙矣。山之東西自愧曰恧。

恧今作忸。《五子之歌》"颜厚有忸怩。"《孟子》"郁陶思君有忸怩。"《国语·晋语》"君忸怩颜。"皆恧之后出字。

⿰忄弭训止者皆此字

《心部》⿰忄弭，厲也。一曰止也。从心，弭声。读若沔。弥兖切

钱坫说，"此弭亦弭譌字"又曰"云厲者今勉厲字也。《吕氏春秋》臣乃今将为君勉之。高注"勉，勵也。厲勵同。"

憬同悟

《心部》憬，觉寤也。从心，景声。诗曰憬彼淮夷。俱永切"悟，觉也。从心，吾声。𢘫古文悟。

钱坫说，"憬字非古乃后人所加。古憬即用獷，而囧读为獷，憬即囧字耳。又《释文》引作慮。若唐時果有憬字，则元朗必不以本书为慮矣。要之此等處正多，是在于眼者辨之耳。"

第十一卷上

江河为专名

《水部》河，水出焞煌塞外昆仑山发源注海。从水，可声。"江，水出蜀湔氐徼外崏山入海。从水，工声。

黄季刚先生曰："河为黄河之专名，江为扬子江之专名。其他诸水，古祇曰某水，不曰某江也。"

温水名温籍当作"薀""醞"。

《艸部》薀，积也。从艸温声。春秋传曰薀利生孽。於粉切

《酉部》醞，酿也。从酉，昷声。於问切

温煖字当作"昷""[火衣]"。

《皿部》昷，仁也。从皿。以食囚也官溥说

《火部》[火衣]，炮肉。以微火温肉也 从衣声。

案昷与𥁕同。囚皿皆象壶皿之塞，饎之使保温也。温煖故引申训仁，《庄子天下》"薰然慈仁"，薰即熏字。火熏则煖，煴为鬱煙，故与薀醞亦汇通。

沮水名。沮止当作"[厂且]阻"。今谓作"乍"

北京市电车公司印刷厂出品 八三·五
(1458) 20×20=400

《广部》庴，人相依庴也。从广，且声。

《阜部》阻，险也。从阜，且声。

《亡部》乍，止也。一曰亡也。从亡，从一。

案乍应训止亡。止亡者，遮遏其逃亡也。此阻止正字。庴则有支柱依据义，之于艰难险阻义，于《春秋传》。故《尔雅·释诂》"阻，难也。"而许君以险训难。

涂 水名，道涂字当作"逹""除"。涂塈字当作"𢼸""澤"。俗字作"塗"。

《辵部》達，行不相遇也。从辵，羍声。《诗》曰："佻兮达兮。"达，達或从大。或曰迭。

《阜部》除，殿陛也。从阜，余声。

达本训通行，行亦训道路。达与除古双声。《尔雅·释宫》"堂途谓之陈"，途正当作除。引申为道路。《广雅·释宫》"除，道也。"

《攴部》𢼸，闭也。读若杜。剫或从刀。

《水部》泽，光润也。从水，睪声。

凡涂泥必填其孔空，使其平整，涂泽之义使其光润。故涂塈字当作"𢼸""泽"。古同模韵。至于澤有斁澤为泥涂其正字应作"庴"。章太炎先生曰："东方谓之庴，西方谓之卤，而书之广庴，亦或作"潟"作"澤"。而藪澤字亦即"㡿"也。"

淹水名而文献中常言"淹博"。淹正当作"滃"

或"渰"。淹渍字当作"掩"。淹滞字当作"邕"

《水部》"滃，云气起也。从水，翁声。""渰，雲雨皃。从水，弇声。"

扬雄《解难》"泰山之高不嶕峣，则不能浡滃雲而散歊烝。"钱大昕说"《汉书·食货志》引诗'有渰淒淒，興云祈祈'，~~云云文~~案《韩诗外传》盖引诗亦作兴云。《汉无极山碑》亦有兴云祈祈之文，盖汉世经师传授皆然。"故淹博以兴雲状其博大广深。

《手部》"掩，敛也。小上曰掩。从手，奄声。"

《川部》"邕，四方有水自邕城池者。从川，从邑。𡿺籀文邕。"

《广韵》"淹，渍也。"《通俗文》"水浸曰渍。"《考工记·㡛氏》"以涚水沤其丝"注"沤，渍也。"《诗·楚茨笺》"淹渍以为菹。"是淹渍可用以沤丝，可用淹菜。《尔雅·释器》"圜弇上谓之鼒。"或鼒即古[illegible][illegible]之器，所谓小上曰掩也。邕城用水自邕亦有敛义。

洗汰洮米当作滌

《水部》"滌，洒也。"

洒今之洗字。《皿部》盪，涤器也。《曲礼》曰："水曰清涤。"洮米字今作"淘"。

潦，旱涝字当作潦

《水部》潦，雨水大皃。从水，尞声。曹摅《思友人诗》"霖潦淹庭除。"李善注，引伸雨水。《左传·隐三年》"潢汙行潦之水"服虔注"行潦，道路之水。"《滕王阁序》"潦水尽而寒潭清。"雨水过多则生穀涝。潦即涝之正字

灌注字当作"盥""祼"

《皿部》盥，澡手也。从臼水临皿。《春秋传》曰："奉匜沃盥。"

《示部》祼，灌祭也。从示，果声

渐 稍渐字当作𧻓。

《走部》𧻓，进也。从走，斩声。

簰 簰筏字当作"橃"或"泭"

《木部》橃，海中大船。从木，發声。房越切

《水部》泭，编木以渡也。从水，付声。芳无切

《广韵》"泭，小木筏也。"筏下云"大曰筏，小曰柎。乘之渡水也。《方言十》泭谓之篺（音敷）篺谓之筏（音伐）秦晋之通语也。江淮家居篺中谓之

謂之膺（方斜）。"

油　油然字当作"逌"。今脊油字当作"臕"、"腴"

《肉部》臕，牛脅后髀前合革肉也。从肉，票声。讀若"繇"。腴，腹下肥也。从肉，臾声。

泄漏字本作"渫"。

《水部》渫，除去也。从水，枼声。私列切

段曰《井九三》曰，"井渫不食。"荀爽曰，"渫去秽濁，清潔之意也。按凡言泄漏者即此意之引申。史其字為泄耳。"案孔疏云渫，治去秽污之名。

泡　泡沫字当作"瀑"

《水部》瀑，疾雨也。一曰沫也。一曰瀑，瀑资也。诗曰，终风且瀑。

段曰"一曰沫也。一作沫，误。马融《长笛赋》"山水猥至瀑踧沫。'喷沫水跳沫也。"案《三蒼解詁》水濆起曰瀑也。"

洋　即羊水字.

《水部》洋水，出齊臨朐高山東北入鉅定。从水，羊声。似羊切

北京市电车公司印刷厂出品 八三·五
（1458）20×20＝400

黄季刚先生曰即姜水字。

渎 清渎字当作黩

《黑部》黩，握持垢也。从黑，賣声。易曰再三黩。

郑玄注《士昏礼》"以白造缁曰辱。"案辱与黩为同根词。故黩训握持垢。

治 治字当作"寺"

《寸部》寺，廷也。有法度者也。从寸，㞢声。

段谓今字训理。盖由借治为理。案段说未洽，《一部》"吏，治人者也。"治字亦训法制，故治。理虽有治玉义，与法治义当有别。故治训理应以"寺"为本义。但与理为同根词，故《孟子》有"皋陶为理"之语，亦其本字亦应作寺。

濅 浸灌字正作"侵"

《人部》侵，渐进也。从人，又持帚若埽之进。又，手也。

经隶作"浸"。~~《周礼·职方氏》"其浸五湖"~~《诗经·下泉》"浸彼苞稂。"《庄子》"天池一日侵百畦"，~~郭象~~司马彪注云"浸，灌也。"

渚 别文同"州""沚""坻"

北京市电车公司印刷厂出品 八三·五

（全书本作一曰小洲曰渚）

《水部》渚，尔雅曰小洲曰渚。从水，者声。

《川部》州，水中可居曰州，周遶其旁。从重川。昔尧遭洪水，民居水中高土。或曰九州。诗曰在河之州。一曰，州畴也，各畴其土而生之。𠕁 古文州。

《水部》沚，小渚曰沚。从水，止声。

《土部》坻，小渚也。诗曰宛在水中坻。从土，氐声。汷 从水夂。渚 坻或从水从耆。

此数字皆双声。《逸周书·王会解》白州比闾注"水中可居曰州。"《诗·江有渚》毛传"渚，小洲也。"此洲字后人加水旁。《释名》"小洲曰渚。"（《尔雅·释水》"小洲曰陼。"）高诱《淮南注》及诸经传注俱言"水中可居者曰渚。"本作"陼"。《尔雅释文》"陼字本又作渚。"《阜部》陼，如渚者陼丘，水中高者也。此"渚""陼"音义亦同。

《释水》又曰"潬，沙出。"郭注"今江东呼水中沙堆为潬。音但。""潬"与"坻"对转。与"州""渚""沚"亦双声。小异者，此专就沙言耳。俞樾曰："即《说文》灘字重文，俗体作灘。即今人所谓沙灘。"《一切经音义卷十》潬下引有"洛阳北河中有憚是也。　　　云。又十九引作謂杖中央地也。

濟　濟渡字乃"歬"之借

《止部》歬，不行而進謂之歬。从止在舟上。（舟止舟亦謂渡。[illegible]古）

《刀部》"劑，齊斷也。"《釋言》"劑、翦，齊也。"《說文》又曰"劑，齊也。"（《士喪禮》"馬不齊髦"鄭注齊翦也。）可證歬與齊同音。

濡　濡染擩漬字當作"擩"

《手部》擩染也。从手，需声。周礼曰六曰擩祭。（而泉切）

段曰"各本篆作擩，解作需声。引周礼擩祭。今正。"案段擩為換校誤。在形声体系中需与耎皆从而声。《犬部》"獳讀若耨，"音奴豆切又乃侯切且"臑""儒""檽""獳"等皆泥纽，与"濡""擩"古皆属泥纽。擩训染又训遍則擩为濡渍之正字。

泥　泥土之泥，广雅作"埿"后出字。泥之正当作"𦼮"。

《说文》无埿字。尼与爾声同。如䰯下云讀若𨡝母为䰯。"而𨡝母字《米部》作"𥺊"。是泥正字作"𦼮"。《尔雅、释丘》水潦所止，泥丘。"郭注"顶上污下者。"黄季刚先生曰"此与孙炎说宛丘谓中央汙也名異义同。《诗行苇》"维叶泥泥"传曰，"初生泥泥貌。"字亦作苨、《释文》引张揖曰苨，艸盛也。"是薾为泥汙引申为草盛。

洦，即厚薄字。案厚薄字当作"[illegible]"

《水部》洦，浅水也。从水，百声。

段说"洦隶作泊。《犬部》狛字下云读若浅泊。泊浅作薄，故泊亦为厚薄字。"今案段说非。《木部》有"[illegible]"字。云"木叶陊也。从木，[illegible]声。读若薄。"此以读若明通借之例。

洍此姓水字。又通"汜"。

《水部》洍，水也。从水，臣声。诗曰，江有洍。"汜，水别复入也。一曰汜，穷渎也。从水，巳声。诗曰江有汜。

今诗作"汜"。此两引诗，一作洍，一作汜。证此二字通。

溥此单音词复为联词之[illegible]。溥同誧"博""旉"

《水部》溥，大也。从水，尃声。滂古切

《寸部》尃，溥也

《言部》誧，大也。一曰人相助也。从言，甫声。读若逋。博孤切

《十部》博，大通也。从十，从尃。尃，布也。

洪同洚

《水部》洪，洚水也。从水，共声。"洚，水不遵道也。一曰，下也。从水，夅声。"户工切又下江切

《广韵》"洚，水流不遵道。"《尚书·尧典》"汤汤洪水方割。荡荡怀山襄陵。浩浩滔天。"

淖　~~水朝宗于~~即今涛字。

《水部》水淖朝宗于海。从水，朝省声（锴本）

~~段注~~《论衡·书虚篇》辩子胥如水以涛事曰，"天地之性上古有之，经曰江汉朝宗，唐虞之前也。"又曰"涛之起也，随月盛衰大小满损不齐同。"虞翻注《易·习坎·有孚》曰"水行往来，朝宗于海，不失其时，如月行天。"注"行险而不失其信"曰，"水性有常，消息与月相应。"皆与许说合。"又谓："按《说文》无涛篆，盖涛即淖之异体。"

衍同演

《水部》衍，水朝宗于海皃也（锴本）。从水从行。"演，长流也。一曰水名。从水寅声

段说"海淖之来，旁推曲暢，两厓渚涘之中不

辨牛马，故曰衍。引申为凡有余之义，假衍字为之。"《释名》"演，延也。言蔓延而广也。《海赋》"東演析木。"

滔同流。引申训疑通作"慆""謟"、"慆，说也。"（未详）

《沝部》滔，水漫漫大皃。从水，舀声。

《沝部》㳅，水行也。从沝㐬。㐬，突忽也。

流，篆文从水。

锴本滔，水漫天皃。

混同沄

《水部》混，豐流也。从水，昆声。（胡本切）沄，转流也。从水云声。读若混。

段说："盛满之流也。《孟子·离娄下》"源泉混混"混古音读如衮。俗字作滚。"杜甫诗"无边落木萧萧下，不尽长江滚滚来。"滚滚即《说文》之混混。以萧萧对滚滚不仅音律协调，且下与来相对亦极神妙。沄以读若混，溯其同根，训之以转流更加重滚滚的形象。

泌 此今分泌字

《水部》泌，侠流也。从水，必声。（兵媚切）

《玉篇》作"狭流也"《说文》无狭字，当作"陕"

《阜部》"陕，隘也。"《魏都赋》李注引作"泌，陕流也。"《释言》"泆，徹也。"《江赋》"長波泆渫"注云"泆泄，水旁溏也。"《诗陈风·衡门》"泌之洋洋"。《孔疏》"泌者泉水涓流不已，乃至广大也。"或借"毖"字为之。《诗邶风·泉水》"毖彼泉水。"毛传，"泉水始出毖然流也。"但《目部》䀣篆下云"读若诗云泌彼泉水"。又《上林赋》"偪侧泌㴔"。司马彪注，"偪侧，相近也。泌㴔，相楔也。"此以泌㴔状其流。

活同巜

《水部》活，水流声也。从水，𠯑声。𣸣或从聒。

《巜部》巜，水流浍浍也。方百里为巜。广二寻，深二仞。

《诗卫风·硕人》"河水洋洋，北流活活"传曰"活活，流也。"后以状人之生存。《孟子》"民非水火不生活。"巜与活同音，义亦相通。

湝同"浍"又同"巜"又同滑。

《水部》湝，水流湝湝也。从水，皆声。一曰，湝湝，寒也。诗曰，风雨湝湝。古谐切 浍，

北京市电车公司印刷厂出品 八三·五

(1458) 20×20=400

湝流也。从水，玄声。上党有泫氏县。"涓，小流也。从水肙声。《尔雅》汝为涓。"

《く部》く，水小流也。𤰝古文く从田从川。

畎篆文く从田犬声。六畎为一亩。

案"湝""泫""く""涓"皆训小水。声义皆相通。《文选》谢灵运《从斤竹涧越岭溪行诗》曰"花上露犹泫"。此以泫形容露水。《檀弓》"孔子泫然流涕"，此以泫形容涕泪。（《鲁语下》"无洵涕"。韦注，"无声而涕出为洵涕"。段谓洵即泫之假借字也）又く与涓皆训小流。く虽为田中小渠，亦水流湝湝也。

淢同𡿧

《水部》淢，疾流也。从水或声。于逼切

《川部》𡿧，水流也。从川或声。于逼切

《淮南子·本经训》"抑淢怒濑。"注，"怒水也。"司马相如《宜春赋》"汩淢靸以永逝。"𡿧或书作淢《江赋》"溭淢浕涢。"此淢宜作𡿧。李善注，"参差相次也。""淢即𡿧字。

汪同"汙""潢"。

《水部》汪，深广也。从水㞷声。一曰汪池

北京市电车公司印刷厂出品 八三·五

也。"汙，薉也。一曰小池为汙。一曰涂也。从水，于声。"潢，積水也。从水黃声。"《后汉书·郭太传》"叔度汪汪若千顷波。"《世说新语·德行第一》作"陂"。《左传·桓十五年》"祭仲杀雍纠，尸诸周氏之汪。"杜注："汪，池也。"《一切经音义》引《通俗文》"水停曰汪。"今俗语尚存。

《左传·隐三年》"潢汙行潦之水"疏引服虔曰："畜小水谓之潢，水不流谓之汙，行潦，道路之水。"《广韵》引《释名》"潢，染书也。"唐有妆潢匠。《唐六典》卷八曰"宏文馆装潢匠八人。"卷十曰"秘书省装潢潢匠十人。"音乎曠切。锴本涂作"塗"。《孟子·滕文公下》"壞宫室以为汙池。"

漻同"廫""⿰谷翏"

《水部》漻，清深也。从水，翏声。

《广部》廫，空虚也。从广，膠声。洛蕭切

《谷部》⿰谷翏，空谷也。从谷，翏声。

漻下锴本有误字。《诗郑风溱洧》"浏其清矣。"《韩诗外传》作"漻其清矣。"《上林赋》"寂漻无声。"段曰廫，今之寥字。《诗大雅·桑柔》"大风有隧，有空大谷。"

泚同"清""湜""瀞""淳"。

《水部》"泚（澂水之皃），清也。从水，此声。"清，朖也。从水，青声。"湜，水清底见。从水，是声。诗曰，湜湜其沚。"瀞，无垢薉也。从水，静声。"淳，新也。从水，𦎫声。

谢朓《始出尚书省诗》"寒流自清泚。"李善注引《说文》泚，清也。《广韵》"泚，清也。"《后汉书·张衡传》"澂澳湛而为清。"《玉篇》清，澄也。《考工记·㡛氏》湅布清其灰而盝之。注云，清，澄也。於灰澄而出盝晞之，晞而去其蠡。"澂澄字同。盖以水澄去其粗滓，其细灰仍着布不去，故后復振之也。盖《说文·水部》作"漉"云漉浚也。重文作渌。"字亦作"盝"《方言》盝，涸也。"高诱《国策注》"撣，振也。"因其乾更撣去蠡灰。故清训朖又有澄清之义。清有澂而去垢薉，故"清""瀞"为同根词。亦与"湜""淳"同语。又清有寒义。《庄子·人间世》"爨无欲清之人。"《释文》清，凉也。"《吕氏春秋·有度篇》"清有餘也。"高注"清，寒也。"《素问·五常政大论》"其候清切"。王冰注："清，大寒也。"淳训新

北京市电车公司印刷厂出品 八三·五
（1458）20×20＝400

亦有寒义。辛与宰双声。《疒部》有"⿸疒辛"字。云，"寒病也。"唐韵读"所臻切"。

冲同"滕""汹""涌""澹"

《水部》冲，涌摇也。从水，中声。读若动。"滕，水超涌也。从水，朕声。""汹，涌也。从水，匈声。""涌，滕也。一曰，涌水在楚国。""澹，水摇也。从水，詹声。"

章太炎先生曰："古无舌上音，故说文读若动。冲冲即童童。《蜀志·先主传》舍东南角篱（俗作籬）上有桑树生，遥望见如小车。盖童童者，盛饰貌。在器为童容。《诗·卫风·氓》帷裳童容也。《考工记·巾车》郑司农说，容谓幨襜（俗作幨）車，或曰潼容車。《释名·释床帐》幢容，幢童重也。施之车盖，盖童童然以隐蔽形容也。然则帐幄車，车帷皆稍童容，直象其垂。若《召南》被之僮僮传乃云僮僮，竦敬也，则与垂相反。此亦义训相存之例，其义固为垂其本字乃为翳及幬。说文翳，华盖也。（翳，华盖也。）幬，襌帐也。以比况之则为俦及焘。说文俦，翳也。焘，溥覆照也。翳之转为旄幢，说文不録；幬之转为橦。

《说文》"橦，帐极也。"傅熹之转为童童冲冲，此亦未製别字（冲读若动。故凿冰冲冲，象其声。"段曰"涌，上涌也。摇，动摇也。垂饰即涌摇义。"章说递为幢之借。《海赋》"沖融沆瀁。"故沖融与童融同涌腾亦互训。《玉篇》诗曰百沸腾。水上涌也。《史记》司马相如《上林赋》"汹涌滂濞"汉书作"汹涌彭湃"。皆上涌也。澹为水摇皃。《汉书司马相如传》"沉滛汜滥，随风澹淡。"澹淡与水波摇荡义同。

波同潘

《水部》"波，水涌流也。从水皮声。""潘，大波也。从水，番声。

元结引東泉诗"此流又高慰，潘潘在长空。"钱坫说"即翻字。许慎《淮南子注》"楚人名水暴溢曰潘"即此。"

浩浩当作昦昦

《夰部》"昦，春为昦天，元气昦昦。从日夰，夰亦声。

浮一大白浮当作"罰"

《水部》"浮，氾也。从水，孚声。

北京市电车公司印刷厂出品 八三·五
(1458) 20×20＝400

《礼记、投壶》"若是者浮。"《淮南子、道应训》"应请浮君"《小尔雅、广言》"浮，罚也。"浮白者自恍如罚酒一样也。或因溢美而罚酒也。

润 今言润达当作"迵"。润穴当作"窦"

《辵部》迵，迵迭也。从辵，同声。

《穴部》窦，空也。

《辵部》迭一曰，达也。

润浼借字。

《水部》润，水流浼浼皃。从水闵声。眉殒切

《广韵》润同浼字。案浼下云"汙也。从水，免声。诗曰河水浼浼"《孟子曰汝安能浼我。"武罪切《广韵》"润同浼字。"《邶风》之浼浼即润润之借字。《毛传》"浼浼，平地也。"即润润之义也。

濔 "濔满""濔缟"即此字

《水部》濔，满也。从水，爾声。奴礼切

~~《水部》小波为沦。诗曰河水清且沦漪。~~

漂声转为洴

此即《庄子逍遥游》之"洴澼絖"。絖为细丝絮。洴即漂之音转，双声转音。

浮亦曰漂

《水部》漂，浮也。从水，票声。
《诗郑风、萚兮》"风其漂女。"毛曰"漂犹吹也"。段曰上章言吹，因吹而浮，故曰犹。"又《庄子逍遥游》"世世以洴澼絖为事。"此漂谓水中击絮也。

滥同氾

《水部》滥，氾也。从水监声。一曰濡上及下也。诗曰觱沸滥泉（铉作槛）。一曰清也。"氾，滥也。从水巳声（锴本有一曰淹）。
《楚辞、九辩》"何氾滥之浮云兮"《尔雅·释水》"滥泉正出，正出涌出也。"郭云《公羊传曰直出，直犹正也。"黄季刚先生曰"滥之言临也。以说文知之。"又曰"据公羊是滥泉与溃泉同。诗，觱沸滥泉。沸与溃一声之转。下文云瀵，大出尾下。瀵与溃声同。文亦相近。"（案《汉书、叙传》"怀氿滥而测深乎！"应劭曰"侧出曰氿泉。正出曰滥。）王筠说"《易》濡其尾。谓沾濡也。所以溃者，则先濡其上而深及其下也。"

湋同[illegible]湀

《水部》湋，回也。从水韋声。湀，湀辟，深水处也。从水，癸声。"（锴本作流水处也）

北京市电车公司印刷厂出品 八三·五
（1458）20×20＝400

钱坫说字借有一曰水名四字。沟洫志，关中有漳渠。"~~又曰"《尔雅》作溪阔流川。"~~黄季刚先生曰《释水》溪阔流川。郭注'通流'。溪之言蹊也。与直波为径之径声转。"又曰"過辨回川。《释文》過本或作涡。同。又作洄。案過涡以蜗本字。说文又有蝸字。云，不正也。不正即回衺之义。"又曰"今旋涡字作水旁蝸字。案《景福殿赋》蝸绕增错。李善注云，蝸或为蝸，言合众板，上为井栏，而形文错，若蝸之绕。案蝸从今言螺旋，蜗蠃形旋，故以此状旋。"

激同"汋"，别义同徼

《水部》"激，水碍衺疾波也。从水，敫声。一曰半遮也。""汋，激水声也。从水，勺声。一曰，（缺）井一有水一无水为瀱汋。"

《众经音义》卷四引作"水疾急曰激。"卷十一引作"水文碍邪疾急曰激也。"卷二十一引作"邪流急者也"卷二十二引作"水流碍邪急激也。"《孟子·告子上》"激而行之，可使在山。"《史记·贾谊传》"水激则旱兮，矢激则远。"别义同徼。《史记·司马相如传》"徼郄受诎。"索隐曰司马彪云徼，

北京市电车公司印刷厂出品 八三·五

遮也。"則潡之别文同"徼"。

潣 浼借字

《水部》潣，水流浼浼皃。从水，閔声。眉殞切
浼，汙也。从水，免声。詩曰河水浼浼。
孟子曰，汝安能浼我。"武辠切

案《詩邶风·新臺》"河水浼浼"毛傳，浼浼，平地也。"《广韵》"潣与浼同。"段曰"邶风之浼浼即潣潣之假借。

淵同"潿""淈""溷"

《水部》淵，回水也。从水。㴊象形。左右岸也。中象水皃。㴊 淵或省水。囦 古文从囗水。"潿，不流濁也。从水，圍声。"溷，亂也。一曰水濁皃。从水，圂声。"淈，濁也。从水，屈声。一曰滒泥。一曰水出皃。"湋，回也。从水，韋声。"

章太炎先生曰，淵本之声义来受諸回。变为湋。湋与淵为次对转。及周时颜回字子淵，声义已别文矣。《管子·地度》曰水出地而不流命曰淵水。次对转亦为潿，不流濁也。潿对转为淈，濁也。对转諄則为淈，濁也。对转諄为諄則为溷，濁

也。"

瀰"彌满""彌纶"皆此字

《水部》瀰，满也。从水爾声。铉本奴礼切 锴本面移切

《诗·邶风·匏有苦叶》"有瀰济盈"；《新台》"河水瀰瀰"。《释文》引说文云瀰，水满也。《玉篇》"泮亦瀰字。"卢文弨曰"汉地理志引诗云泮泮。"钱坫说"此瀰满字"。《汉书·律历志》

涧同湅瀧，又有涧渫义。

《水部》"湅水，出鸠山入于河。从水柬声。"瀧，雨瀧瀧皃。从水龍声

《方言七》"瀧涿谓之霑渍。"郭注"瀧涿谓之霑渍。"郭注"瀧涿犹瀬滞也，音籠。"《广韵一东》湅大瀧下并云瀧湅，沾渍。《尔雅·释天》暴雨谓之湅。"黄季刚先生曰依《说文》当为霰之引申。明堂月令曰霰雨。"《荀子·议兵》"东籠而退。"~~杨倞注东籠而退。~~"杨倞注"东籠即瀧湅"。是瀧湅如暴雨之渫水，即涧渫义。可见瀧湅、東籠均由涧来。

《新序（杂事）三》孙卿子曰圜居而方止，若磐石然，触之者陇种而退耳。"

濤俗作"灑"亦同酱。

《水部》濇，不滑也。从水嗇声。

《止部》歰，不滑也。从四止。

玄应《一切经音义七》濇，古文歰。今作"澀"，俗体也。"嗇"与濇同（见前）。

澤即塗澤字。斁澤字本作庠

《广部》"润，润滓也。"《考工记·弓人》"瘠牛之角无澤。"注云，"少润气。"《少仪》"澤剑首"注云"金器弄之易以汗澤。"《左传·襄二十八年》"献车于季武子美澤可以鑑"。又澤与塗同韵，故或以塗澤為联语。斁澤為水草交错正当作"庠"。

瀸同涔

《水部》瀸，渍也。尔雅曰泉一見一否為瀸。从水，韱声"涔，渍也。一曰涔陽渚在郢中。从水，岑声。

段说"公羊传庄十七年，齐人瀸于遂。瀸者何，瀸，積也。众杀戍者也。释文云積本又作漬。"何注積死非一之辞。按传文与说文皆当作積。涔字段下曰"《淮南子·俶真训》"牛蹏之涔"高注"涔，潦水也。"谓水潦于牛跡中者也。《览冥训》"旱云煙火。涔云波水。"《说林训》

空池潦则溢，旱则涸。”《》皆以涝旱时释。

泆同盈、益、溢。

《水部》“泆，水所荡泆也。从水，失声。夷质切”

“溢，器满也。从水，益声。”

《皿部》“益，饶也。从水皿，皿，益之意也。”

“盈，满器也。从皿、夃。”

段曰：“荡泆者，动荡奔突而出。”《汉书·地理志》“荥波既豬”，师古注：“荥，沇水泆出所为也。”《水经注·济水篇》《晋地道志》曰：“济自大伾入河，与河水斗，南泆为荥泽。”《禹贡》“溢为荥。”郑本“溢”作“泆”。案：“泆”“溢”“盈”皆双声义近。

溃同决

《水部》“溃，漏也。从水，贵声。”“決，行流也。从水，从夬。古穴切。庐江有決水，出于大别山。”

锴本说解有“一曰决”三字。《汉书·文帝纪》“大水溃出。”师古云：“旁决曰溃。”玄应《一切经音义》引作“下流也”。《管子·君臣下篇》“决之则流，塞之则止。”《孟子》“决诸东方则东流。

決之西方則西流。

淺同俴

《水部》淺，不深也。从水戔声

《人部》俴，淺也。从人戔声

或說淺即濺之正字，误。案濺之正字当作"灒"（见十文）

渻同媘

《水部》渻，少减也。一曰水门。又水出丘前谓之渻丘。

《女部》媘，减也。从女省声。

段曰："今减省字，当作渻。女部又曰，媘，减也。媘渻音义皆同。"引申训少。《左传、僖二十一年》"贬食省用。"《史记集解序》"殊恨省略。"《汉书、李广传》"莫府省文书"注云"省，少也。"

淖同淊

《水部》淖，泥也。从水卓声。奴教切"淊，泥水淊淊也。一曰缫丝汤也。从水臽声。胡感切

《左传、成十六年》"有淖于前，乃皆左右相违於淖。"《广韵篇》"淖，深泥也。"古书字作"埿"。《玉篇》"淊淊，泥也。"《广韵》"淊，水和泥。"《集韵》

洺洺水涯。”

漆即“濡濕”字。漆之漆当作“緈”

《水部》濡，水名。濡湿字正作擩（见前）

《糸部》緈，黎采色也。从糸，桼声。

黎緈引伸有黑义。

涅同“屔”“濘”

《水部》涅，黑土在水中也。从水土，日声。濘，滎濘也。从水，寧声。

《丘部》屔，反顶受水丘。从丘，泥省声。

《玉篇》涅，水中黑土。論語孔注，“涅可以染皂”。案《广雅·释诂三》濘，泥也。《释言》亦云濘泥也。是濘与“屔”“涅”同。《左传·僖十五年》晋戎马旋濘而止。《尔雅·释丘》“水潦所止，泥丘。”郭云“顶上污下者。”此与《说》说屔丘谓中央污也，名异义同。

洼即“瀛”字。

章太炎先生《文始》曰《史记·孟子荀卿列传》於是有大瀛海环之。说文无瀛字。盖即洼字。海为天池故曰大洼海。蕲州黄侃曰，《楚辞·招魂》倚沼畦瀛兮遥望博。刘逵《蜀都赋》注引贾

北京市电车公司印刷厂出品 八三·五

楚辞"倚沼畦瀛"。王逸云，瀛，泽中也。班固以为畦。是楚辞本作"倚沼瀛"。而刘坚解之为畦，録者并书畦瀛，遂至文不比类。此则瀛与畦本叶佳，故可与畦通借。说文烓读若冋，方言训䁞为好，即借为娃，皆支清对转之例。"

滋同"增"。

《水部》滋，益也。从水，兹声。一曰滋水出牛饮山白陉谷东入呼沱。

《土部》增，益也。从土，曾声。

滋本咍部字，篆当作"漕"故与增对转。义亦相近。

浥同"湆""洽""瀀"

《水部》"浥，湿也。从水，邑声。""湆，雨湿也。从水，音声（去急切）。""洽，霑也。从水，合声。""瀀，泽多也。从水，憂声。诗曰，既瀀既渥。"

《诗·召南·行露》"厌浥行露。"《汉书·司马相如传》"踰波趋浥。"郭璞曰浥，陷也。《玉篇·水部》"湆，煮肉汁。"《广韵·廿六缉》湆，羹汁。然本无湆字，肉之精液如出湿生水也。《广雅·释器》臐膮之脕肞皆字之或体也。《大禹谟》"汝子生之德洽於民心。"《東京賦》"仁洽道豐。"注"洽，霑也。"今《诗经》作優。《诗小雅·信南山》"既優既渥。"

瀨同"粼""𡿧""灓"

《水部》瀨，水流沙上也。从水，賴声。洛帶切"灓，漏流也。从水䜌声

《巛部》粼水生厓石間粼粼也。从巛，粦声。

《川部》𡿧，水流岁岁也。从川，列省声。《华嚴经音义四》引作"淺水流沙上也。"《九歌·湘君》"石瀨兮淺淺。"《汉书·武帝纪》"元鼎五年甲为下瀨将軍。"臣瓚注"伍子胥书有下瀨船。"《史記·南越传》"为弋船下厲将軍。"徐广曰"厲一作瀨。"应劭曰"瀨，水流沙上也。"谢靈運《過七里瀨詩》"石淺水潺湲。"

灓训漏流《魏策》"昔王季歷葬于楚山之尾，灓水齧其墓。"姚伯声云，《説文》灓，漏流也。一曰渍也。墓为漏流所渍，故曰灓水齧其墓。粼与𡿧皆山厓石缝间流水。瀨灓𡿧粼皆双声。而瀨𡿧与粼对转。

浮《尔雅》陵夹水澞即此字。

《水部》浒，水厓也。从水，午声

《尔雅·释山》"山夹水，涧。陵夹水，澞。"郭云别山陵有水之名。澞即浒字。《大雅·緜》率西水浒。"传曰，浒，水崖也。"《尔雅·释水》"浒，水厓。黄季刚先生曰，序，东西墙也。与浒声义近。伐木许许或作浒，或作所。知浒有序音。浒与厳亦声转。"

濆同"坟"又同"濒"。又同"浦"

《水部》濆，水厓也。从水，贲声。诗曰敦彼淮濆。"浦，濒也。从水，甫声。

《濒部》濒，水厓。人所宾附。频蹙不前而止从頁从涉。

《土部》坟，墓也。从土，贲声。

《诗大雅·常武》"铺敦淮濆"传曰"濆，厓也。"笺释为"大防。"水崖即防止水之陵，其高於水位尤。故"濆""濒""浦"皆以高土名当之。段曰墓训坟，浑言之也。析言之，则墓为平处，坟为高处。故《檀弓》孔子曰，'古者墓而不坟。'郑玄礼记注，墓谓兆域，今之封茔也。《方言》冢，秦晋之间谓之坟。或谓之培。或谓之堬。

或谓之枼。或谓之㠀。"方言又曰"凡葬而无坟谓之墓。墓谓之墲。"郭注"墲谓规度墓地也。《汉书》曰初陵之墲是也。"

派同𠂢

《水部》派，别水也。从水，从𠂢，𠂢亦声。

《𠂢部》𠂢，水之衺流别也。从反永。读若稗县。

派即𠂢之后出。引申之血理分衺体中者也谓之"𠂢血"。𠂢血又派之孳乳也

渎同㱩

《水部》渎，沟也。从水，𧶠声。一曰邑中沟。

《𨸏部》㱩，通沟也。从𨸏，𧶠声。读若渎。

𧮐 古文㱩从谷。

段曰按渎之言窦也。凡水所行之孔曰渎。《释水》注论曰渎"黄季刚先生曰"渎与四渎同名。义亦相因。物之大小同名者多矣。

渓引申为沃土要作"沃"

《水部》渓，溉灌也。从水，芺声。

《左传·僖二十三年》"奉匜沃盥。"《国语》"犹有原隰衍沃也。"盖用水溉灌，故衍沃。又《诗·氓》"其叶沃若"言其叶肥润

瀅同窊

《水部》瀅，清水也。一曰窊也。从水，窐声。

《穴部》窊，汙衺下也。从穴，瓜声。乌瓜切

瀅别义与窊古义同。

湼即揑造字

说文无揑字。揑造之揑古止作湼，言变乱黑白也

渼同“漼”“澆”

《水部》渼，漼也。从水芙声“澆，渼也从水，堯声。”漼，灌也。从水，雚声。渜又此沅切

段曰“自上澆下曰沃。故下文云澆，沃也。《周礼·小臣·沃盥》《左传》皆言沃盥是也。水沃则土肥，故云沃土。水沃则有光泽。故毛传云沃沃，壮佼也。（见《隰有苌楚》）又云沃，柔也。（见《隰桑》）”又《玉篇》“漼，露也。”澆也。

淦一曰泥也。今茶淦“麻淦”字

《水部》淦，水入船中也。一曰泥也。从水金声

古暗切，今读堿（鄂化）

汓即敎游字

《水部》汓，浮行水上也。从水子。古文或以汓为没字。泅 汓或从囚声。

案汓即今游泳字。《尚书·君奭》若游大川。正文曰游者入水浮渡之名。（《说文·㫃部》游，旌旗之流也。汓为游泳字）

湊 此奔奏之字

《水部》水上所会也。从水，奏声。

《诗·大雅·绵》予曰有疏附，予曰有先后，予曰有奔奏。予曰有禦侮。毛传"疏附率下亲上曰疏附。相道前后曰先后。喻德宣誉曰奔奏。武臣折冲曰禦侮。"湊者聚集之义。《广雅》"湊，聚也。"《逸周书·作雒解》"以为天下大湊。"注，湊，会也。"《汉书·沟洫志》水行地下湊润上彻。"谢灵运《山居赋》众流所湊。

渠同永"巠""羕"。

《水部》渠，水所居。从水，榘省声。

《永部》永，长也。象水巠之长。诗曰江之永矣。"羕，水长也。从永，羊声。诗曰江之羕矣。"余亮切

《巛部》巠，水脈也。从川在一下，一地也。壬省声。一曰水冥巠也。坙古文巠不省。

永象巠理之长永。案𠂢为血理分衺行体中。巠为水脈，亦分衺於地下。对转鱼为渠，水所居也。即渠道。人之血脈短而地下之水脈长，故与"永"同。亦同"羕"。又泳训潜行水中，潜行者知水理。

澳同隩

《水部》澳，隈厓也。其内曰澳，其外曰隈。

《𨸏部》隩，水隈崖也。从𨸏，门

《尔雅、释丘》"厓内为隩，外为隈。"隩说文作澳。《释文》隩，本或作澳。"黄季刚先生曰"澳言奥也。"郑注"奥，内也。"隈《释文》作鞫者鞠之别字。经传通用鞠，作鞫者氿之假借。水厓枯也。案隈鞫殊文，其实则一。故广雅云"坈，隈也。"隈鞫亦古双声。钱坫谓鞫隈相转合。其说是也。《释文》所据，郭注本与邢疏所据本不同。故经字互歧异。如邢本此条作外为隈，《释文》则作鞫（居究）故於出隈字后复出鞫字，为之作音。即邢疏亦云，隈当为鞫，传写误也。

北京市电车公司印刷厂出品 八三·七
（1458）20×20＝400

近儒或因郭注不解鞫字，谓《释文》所据非郭本。又知郭之为注，不举经字者甚多，不得以郭不作鞫之证。又云《释文》所举注文，亦与邢所据不同。《释诂篇》痡也条下出经字瘏字，后又出瘽字，而云今经注无此字。《释训篇》剌素食也条下出经字琄字，后又出注字，鞙鞻二字，而云今无此二字，是知郭注至宋时已有脱落。又《释文》中有後人校语。亦可以於此明白剖出矣。汉志右扶风汧下引诗芮阮。颜注阮读与鞫同。大雅·公刘"芮鞫之即"。郑诗作芮阮。颜注皆当作阮。徐养原说，阮与隈音相近，古盖通用。然阮无缘读与鞫同。今本汉书及徐说皆非也。

云滃又作"塕"。

《水部》滃，云气起也。从水，翁声。乌孔切

扬雄《解难》曰"泰山之高不嶕峣，则不能浡滃云而散歊烝。"《文选·宋玉赋》作"塕"其文曰"塕然庶人之风，塕然起于穷巷之间。"一言云起，一言尘起。

瀑即泡沫字。亦即爆沸字。

《水部》瀑，疾雨也。从水暴声。诗曰终风且瀑。一曰沫也。一曰瀑，霣也。

《尔雅·释天》"暴雨谓之涷。"《淮南·览冥训》"降疾風，雜涷雨。"高注"涷雨，暴雨也。"沫若《一切经音义》卷頭解诂，"水横起曰瀑。"段曰"马融《长笛赋》山水猥至，澋瀑喷沫。喷沫，水跳沫也。澋瀑，喷沫皃。"别义训实是自上而下的瀑布。

滃同"泱""渰"。

《水部》滃，云气起也。从水翁声。"泱，滃也。从水央声。"渰，云雨皃。诗曰，有渰凄凄。(据锴本)

"御览"引作"雨云皃"。《颜氏家训·书证篇》定本毛传云"渰渰阴云皃。"李商隐诗《蜀中离席诗》曰"江上晴云杂雨云。"渰《汉书》作"黤"。见诗大田《释文》段曰"按有渰萋萋谓黑云如鬆，凄风怒生。此山雨欲来风满楼之象也。"泱训滃，《射雉赋》"天泱泱以垂云。"《诗·白华》英英白云，毛曰英英，白云皃。"英即泱字。韩诗作"泱"。

涷同"霝""零""滴""瀝"。

《水部》涑，小雨零皃。从水，束声。所责切 "滴，水注也。从水，啻声。""瀝，浚也。从水，歷声。一曰水下滴瀝。"

《雨部》霝，雨零也。从雨，吅象零形。《诗》曰："霝雨其濛。""零，徐雨也。从雨，令声。"

霝与零音之转也。时转霝韵为滴。滴瀝同音，犹滴歷犹適歷也。霝韵有涑字同音义，以形声体系观之，瀝亦从束得声也。

又零为徐雨，故有奇零之义。闰月为剩余分之月，则谓之于零。《广雅·释诂》："闰，余也。"

潜同"湛""汓"

《水部》潜，涉水也。一曰藏也。一曰汉水为潜。从水，朁声。"湛，没也。从水，甚声。一曰湛水，豫章浸。㴬，古文。宅减切"汓，浮行水上也。古或以汓为没。泅，汓或从囚声。

此三字皆有深入深求之义。《尔雅·释言》："潜，深也。""潜，深测也。"郭注：测亦水深之别名。《考工记·梓人》郑注："深犹藏也。"故《说文》潜一曰藏也。《方言》："潜，沈也。"沈深之通。古书湛沈字多作湛，《汉书》且以潜湛。汓古或以为没，则湛汓与没皆有深义。潜深同韵

北京市电车公司印刷厂出品 八三·七

深汙对转。

浞 即霑足字

《水部》浞，濡也。从水，足声。

钱坫说"系传一本作水濡皃也。一本水作小。

此诗既霑既足字。(《诗·小雅·信南山》"上天同云，雨雪雰雰。益之以霡霂(小雨)。既优既渥，既霑既足，生我百谷。")

溓即廉薄字

《水部》溓，薄水也。一曰中绝小水。从水兼声。力盐切

此廉薄字。见以道之唐本《樊川文集》卷十六，《答赵郎中崇嘉书》有溓字。

砅同濿

《水部》砅，履石渡水也。从水，从石。诗曰深则砅。濿 砅或从厉。力制切(见《尔雅·释水》)

章太炎先生曰正绝流曰乱。砅训履石渡水，砅对转寒变易为乱。(濿训履又厉之孳乳)

没同"𠬛""頞"。又同"渨""揾"

《水部》没，沈也。从水𠬛声。"渨，没也。从水，畏声。

《又部》𠬛，入水有所取也。从又在回下。
回，古文回。回，渊水也。

《手部》揾，没也。从手，昷声。乌困切
《诗·小雅·渐渐之石》"曷其没矣"传曰，"没尽也。《论语·乡党》集解引孔安国云"没尽也。"此没引申义。此可证没本全入于水故训尽。其𠬛则入水有所取也。对转痕则同𠬛则同"揾"。旁对转文则同"溷"。

溟同霢

《水部》溟，小雨溟溟也。从水，冥声。

《雨部》霢，霢沐小雨也。从雨，脈声。
《诗·小雅·信南山》益之以霢霂。毛传"小雨曰霢霂。"笺云成王之时阴阳和，风雨时。冬有积雪，春而益之以小雨，润泽则饶洽。《太玄经》一女上九密雨溟濛（沐）。《玉篇·水部》"溟濛，小雨。"《庄子·消摇游》作"南冥"《释文》亦作冥云本亦作溟。其字本作"冥"。

濛同霂

《水部》濛，微雨也。从水，蒙声。

《雨部》霂，霢霂也。从雨，沐声。
见上文。

北京市电车公司印刷厂出品 八三·七

淊同淖

《水部》淊，泥水淊淊也。一曰缫丝汤也。

从水，臽声。"淖，泥也。从水，卓声。奴教切

淖古韵在沃部。章太炎先生曰"淖还读又转变易为淊，泥水淊淊也。今作喉音。"

泐同阞。又同"𠗊""溓""磏""厲"。

《水部》泐，水石之理也。从水，从阞。周礼曰，石有时而泐。盧则切"溓，薄冰也。一曰中绝小水。

《仌部》𠗊，冰出也。从仌，朕声。诗曰纳于𠗊阴。凌𠗊或从夌

《阜部》阞，地理也。从阜，力声。

《石部》磏，厲石也。一曰赤色。从石，兼声。读若镰。

《厂部》厲，旱石也。从厂，蠆省声。蠆，或不省。

章太炎先生曰力象人筋人筋有理，故凡有脉理者皆言力。阞与泐同字。理为治玉。对转蒸变易为𠗊仌出也。次对转读为溓，薄冰也。此水理也。次对转读变易为磏，厲石也。双声转泰

北京市电车公司印刷厂出品 八三·七
(1458) 20×20=400

为厲，旱石也。此石理也。”

汔即既字

《水部》汔，水涸也。或曰，泣下也。从水，气声。诗曰，汔可小康。许讫切

《广韵》汔，水尽涸也。《广雅》汔，尽也。《周易·未济》小狐汔济濡其尾，无攸利。”干宝曰说文曰汔，涸也。小狐力弱，汔乃可济。水既涸而乃济之，故尾濡而无所利也。”是汔为水尽，引申之凡尽曰汔。即今既字。如《左传·隐元年》“既，而悔之。”此即訓尽。而后悔之。

涸同“渴”“垎”“炕”“漮”。

《水部》涸，渴也。从水，固声。读若狐貈之貈。𣶶，涸或从卤舟。漮，水虚也。从水康声。

《土部》垎，水乾也。一曰坚也。从土各声。胡格切

《火部》炕，乾也。从火，亢声。

涸读貈，锴本作“貉”。《释诂》今本渴作“竭”。《释文》作“渴”云“本或作竭”。“𣶶”锴本无。

章太炎先生曰“涸垎盖一字。水乾然后得盬，故涸垎語出于盬。诗传曰“盬，不坚固也”。则以未湅治引伸成不坚固义。今所为未湅治正同。

涸塔对转陽则为炕为漉。"

澌同盡

《水部》澌，水索也。从水，斯声。

《皿部》盡，器中空也。从皿，㶳声。

《方言三》澌，盡也。澌尽双声。

消同"殲""潐"

《水部》消，盡也。从水肖声，'潐，盡也。从水，焦声。"

《歺部》殲，微盡也。从歺，韱声。"

已見前

滜同"新"。

《水部》滜，新也。从水，辠声

此新鲜之新《詩邶风、新臺》"新臺有洒，河水浼浼。"~~洒即~~《释文》洒，七罪反。韩诗作漼。音同。滜即"洒"字，亦即"漼"字。新之正字亦应作"洒"。陆放翁记东坡诗"翠欲流"，谓蜀语鲜翠犹言鲜明也。案此即"滜"字。翠与滜同音

濊即摩娑字　濊又同掝。

《水部》濊，拭灭也。从水，𢦏声。莫达切

案《左传·昭十四年》"三数叔鱼之恶，不为濊

滅。"杜解"末，薄也。滅，轻也。"《释文》引服虔滅读为威，下属为句。不为末者不为末杀也，隐蔽之也。威曰義也，谓人皆曰叙向是文字也。"此《春秋传》之古读。末即𢃿之借字，《方言》有𢃿布。曰"净巾谓之𢃿布。"《释名》摩娑犹末杀也。《巾部》"𢃿读若末殺之殺。"今俗作"抹"。

《手部》𢯱，批也。从手，咸声。

《玉篇六十六手部》皆云"𢯱者摩也。"然则𢯱頰旁者，谓摩其頰旁，是养生家之一法。《莊子·外物》曰"静然（六子全书本）可以補病，眥𢯱可以休老。"眥𢯱即批𢯱。

二 同源

《水部》洏，湿也。一曰，煑孰也。从水而声。如之切

渜，湯也。乃管切

《礼记·内则》有"濡豚""濡雞""濡魚""濡鼈"。《内则濡豚注》凡濡谓烹之以汁和也。《玉篇》"洏，不熟则煮。"是濡即洏之借字。又《士丧礼》渜濯棄于坎。"注"沐浴餘潘水，渜作缘。今本从古士丧礼注古文渜作缘。《校勘记》云缘《释文》《集释》俱作"涿"，荆沔之间语。"郑，

“潘水既湅温煮名之溲。”

淅同“释”“溲”。溲《聘礼》作“醙”。

《水部》淅，汏米也。从水，析声。”溲，浸沃也。

《釆部》“釋，解也。从釆，取其分别物也。从睪声。

《诗大雅·生民传》“释淅米也。”《释训》溞溞，淅也。”案溞正字作滫。《释文》引诗淅之溞溞，与樊光同。《诗生民疏》引樊光引淅之溞溞。引孙炎云溞溞淅米声。”是诗释与淅连文。今《生民》作“释之溲溲若，师读不同。溲训浸沃，段改作“浸汏”钱坫改作“浸沃”《士虞礼》“明齐溲酒。”注“明齐，新水也。”谓以新水溲酿此酒也。故《聘礼》作醙。后出字。

浚同睿

《水部》浚，抒也。从水夋声。私闰切

《谷部》睿，深通川也。从谷，从歺。歺，残地，阬坎意也。虞书曰睿畎浍距川。濬，睿或从水。濬古文睿。私闰切

段说“抒者挹也。取诸水中也。《春秋传》浚洙

北京市电车公司印刷厂出品 八三·七
(1458) 20×20=400

（庄九年）《孟子》使浚井。（万章上）《左传·襄二十四年》浚我以生。"濬与浚古文同。

"莤"同"湑""醑""釃"

《水部》湑，莤酒也。一曰浚也。一曰露皃。从水，胥声。诗曰有酒湑我。又曰零露湑兮。

《酉部》釃，下酒也。一曰醇也。从酉，麗声

"醑，釃也。从酉，胥声

《酉部》莤，礼。祭。束茅。加于祼圭而灌鬯酒是为莤。象神歆之也。一曰莤，榼上塞也。从酉，从艸。春秋传曰，尔贡包茅不入

莤下说祼仪甚详。本《周礼·甸师》郑大夫注。案《周礼甸师》云，"祭祀共萧茅。"郑大夫云，萧或为莤，莤读为缩。束茅立之祭前，沃酒其上，酒渗下去，若神饮之，故谓之缩。缩，浚也。故齐桓公责楚不贡包茅，王祭不共，无以缩酒。"许用郑大夫说。又《诗小雅·伐木》"有酒湑我。"毛传，"湑，莤之也。"笺云"王有酒则泲莤之。则莤酒字本从艸从酉。据《说文》知《左

释名：釃，作也。（酉形）

中王设醑去之玄水（荀子）

《诗》釃酒以筐，言以筐也（郑注）。

北京市电车公司印刷厂出品 八三·七

传作'缩以茜酒'，据《向郎注》。如《周礼·夫官·甸师》作'祭祀共茜茅'。盖《毛诗》《周礼》《左传》皆古文，故与六书之旨合。今作"缩酒"，《司尊彝》作"数酌"，皆萧之声借。云茅茜者茅为茜酒之广　皆如字。若王献之《辞中令帖》云"蓬茜与兰蒐齋崇”盖谓茜即蕭字形误。郑大夫又据《士虞礼》“束茅立几东，所以藉祭。郑大夫此注，隐据《礼经》之苴为释。依《士虞礼》设馔享神，陰厭時祝取奠觶祭于苴”。即所谓沃酒其上。《左传·僖四年》杜注，“束茅而灌之以酒为缩酒。”《国语·晋语》“置茅蕝”。韦注云“蕝，束茅而立之，所以缩酒。”说並与大夫同。《论语·八佾》皇疏说灌法云，“於太祖室里龕前东向。束白茅置地上而持鬯酒灌白茅上，使酒味渗入渊泉，以求神也。”皇说与许略同。又按《毛传》“湑茜”连文。湑与茜音同通（双声）。湑与槽皆今之篩字。郑玄《甸师注》“缩酒，泲酒也。”泲与“醨”“釃”义同。《酉部》“釃，下酒也。一曰醇也。从酉，麗声。”“醨，酾也。从酉，鬲声。”凡酒湑者必釃、醨之而后可饮。《诗·小雅·伐木》“釃酒有藇”。又云“有酒湑我”。毛传云，“以筐曰釃。以藪曰湑。”孔疏云“筐，竹器也。藪，草也。漉酒者或用筐，或用草。用草者用茅也。如是则“茜”“湑”“釃”“醨”字音义皆相近。其特点皆篩酒滤以去其渣滓为事。酒也。

滫

~~𣲖~~ 后出有糔见《内则》

《水部》滫，久泔也。从水脩声。息流切，又思酒切

后出作"糔"。《礼记·内则》"为稻粉糔溲之。"注云"糔读与滫瀡之滫同。"

浆同截。

《水部》浆，酢浆也。从水，将省声。𤖱古文浆。即良切

《酉部》截，酢浆也。从酉，𢦏声。徒奈切

诸本作"提"。段说，"《周礼·酒正》四饮"《浆人》掌共王之六饮。皆有提。注云浆，今之截浆也。《内则》注云，提，酢截。"案截以𢦏声与提以双声同义。

浇 浇薄字当作"墽""硗"

《土部》墽，硗也。从土，敫声。口交切

《石部》硗，磬石也。从石，尧声。口交切

汁同瀋

《水部》汁，液也。从水，十声。瀋，汁也。从水，審声。春秋传曰犹拾瀋。

《字林》"液，汁也。"颜注《急就篇》汁，瀋也。《左传·哀三年》"无备而官办者犹拾瀋也。"谓水之馀潘不可拾也。《释名》"宋鲁谓汁为瀋。"

北京市电车公司印刷厂出品 八三·七
(1458) 20×20=400

溢後世作"鎰"

《水部》溢，器滿也。从水，益声。

溢同"益""泆"。《儀礼、既夕礼》"一溢米"注："二十兩曰溢。"謂滿於一斤十六兩之外也。后世字作"鎰"。《诗经》维天之命，"假我以溢"。《说文》引作"謚"。《左传》作"恤"。

滌同"濯""涑"

《水部》滌，洒也。从水，條声。"濯，滌也。从水翟声。直角切"涑，滌也。从水束声。河东有涑水。

《诗大雅、雲汉》"滌滌山川"当作"蔋"。《艸部》蔋，艸旱尽也。诗曰'蔋蔋山川。'

涑，嗽咳当作此。古通"欶"。

潠同"吮""歠""嗺"。又同"酌"

《水部》潠，飲歃也。一曰吮也。

《口部》吮，欶也。从口允声。"嗺，小歠也。从口崔声。读若叔。

《飲部》歠，飲也。从飲，叕声。吷，歠或从口从夬。

《酉部》酌，盛酒行觴也。从酉，勺声。

啜歠字古文同。

北京市电车公司印刷厂出品 八三·七

沬　書作"頮"《内則》作靧

《水部》沬，洒面也。从水，未声。湏古文沬从頁。音靧　荒内切

《尚書·顧命》"王乃洮頮水。"释文曰"頮说文作沬"云"古文作頮。马云頮，頮面也。《内則》"面垢，燂潘请靧。"是内则作靧。

汲　汲汲当作彶彶

《水部》汲，引水於井也。从水从及，及亦声。《汉书·楊雄传》"不汲汲于富贵。"此汲当为彶之声借。《彳部》"彶，急行也。"

淋别义"　作"㵉"

《水部》淋，以水沃也。从水，林声。一曰淋淋，山下水皃。

《文选·潘岳赋》"青蕃蔚乎翠㵉"㵉即淋之别体，音力冉切。亦音钦

汛同洒即新旧字

《水部》汛，灑也。从水，卂声。"灑，汛也。从水麗声。"洒下云滌也。古文以为灑埽字。

章太炎先生曰

新字说文训取木。汤之盤铭曰"苟日新，日

北京市电车公司印刷厂出品　八三·七

日新，又日新。"新亦借为汛洒。故无垢为新鲜之义。"

濯　孟子告子上"若比濯濯。"当作"微"。

微字見上

涑　澣涑字即此。

《水部》澣，濯衣垢也。从水，榦声。浣，澣或从完。"涑，澣也。从水束声。河东有涑水"

案《仪礼·士冠礼》"盥于洗西。"《乡射礼》"盥洗"注并云古文盥皆作浣。《公羊庄三十一年传》"临民之所漱浣。"漱浣即澣涑。

潎　即澼洸之重言字。重言即洴澼（《庄子·逍遥游》之"洴澼""漂澼"

《玉篇》潎，漂潎也。《庄子·逍遥游》世世以洴澼絖为事。《考工记·㡛人》郑司农云"剽读为湔漂絮之漂。

浝即蒙茸字

《水部》浝，涂也。从水，从土，尨声。读若陇

瀕　右出字作"蘋"

染 《詩經》以为荏染字

《水部》染，以缯染为色。从水，杂声

《诗·小雅·巧言》"荏染柔木。"亦作"栠姌"。

第十一卷下

邕同拱"擁"

《川部》邕，四方有水自邕成池者。从川从邑。𨚗，籀文邕。

《手部》拱，斂手也。从手，共声。擁，抱也。从手，雝声。

邕今字作"雍""壅"

巟同漠

《川部》巟，水广也。从川亡声。《易》曰：包巟，用冯河。

《水部》漠，北方流沙也。一曰清也。从水莫声。

《周易·泰卦》"九二，包巟，用冯河。"《释文》云："本亦作巟。"郑氏云："巟读为康。康，虚也。"《尔雅·释诂》："漮，虚也。"案《释器》："康瓠谓之甈。"《释文》："康，《埤苍》作'㼹'，《字林》作'㽂'。"此可为康荒声同之证。巟漮亦作巟唐，~~广大之引申空虚义~~《庄子·天下篇》"荒唐谓其广大无域畔也。"此荒亦应作巟。故巟与漠对文同。引申为空虚。故巟漮亦训虚而不实。《穀梁传》"穀不升谓之康。"《韩诗外传》作"荒"。《淮南子》"十二岁一荒。"

北京市电车公司印刷厂出品 八三·七

高诱注"本作康"。此康荒之用皆谓空虚。《诗·大雅·召旻》"瘨我饥馑，民卒流亡。我居圉卒荒。"笺云"荒，虚也。国中至边境，以此，故尽空虚。"

巛同"倗""𡨄"

《川部》巛，害也。从一雝川。春秋传曰川雝为泽。凶。

《土部》堋，遏遮也。从土朋声。

《𠬞部》𡨄，窒也。从𠬞从廾窒宀中。𠬞犹齐也。

段曰《周语上》"阳塞而在阴，川源必塞，源塞国必亡。以一塞川是为害川。"3)《春秋传》见宣十二年。章太炎先生曰"害之言遏也。要易为堋，遏遮也。为𡨄。"𡨄今作塞。《土部》塞，隔也。本用为边塞字。

州与周相通。

《川部》州，水中可居者曰州。水周绕其旁从重川。昔尧遭洪水，民居水中高土，故曰九州。诗曰在河之州。一曰州畴也各畴其土而生之。𡿪古文州。

案舟与"周""州"皆相应。舟与州皆水周其外，

北京市电车公司印刷厂出品 八三·七
(1458) 20×20=400

《说文、㫃部》旋下说解言"周旋"《舟部》般下说解作"周旋"。舟《周礼、司尊彝》彝下有舟"此训承槃亦周其外也。段谓古文㳄象前后左右皆有水。

永同"羕""巠""渠"

《永部》永，長也。象水巠理之长。诗曰江之永矣。"羕，水长也。从永，羊声。詩曰江之羕矣。"渠，水所居。从水，榘省声。

《川部》巠，水脈也。从川在一下。一，地也。壬省声。一曰水冥巠也。

鉉本无水字。《方言一》施于众长谓之永。永长也诗曰江之永矣。《文选、登楼赋》李善注引韩诗作"江之漾矣。"毛诗作永，韩诗作羕故两收。泳漾后人所加水旁。《尔雅、释诂》永、羕、长也。永羕古同音同训。《齐侯镈钟铭曰"子子孙孙羕保用享"。《蜀志》"彭羕字永年。"又《释诂》永，远也。"長遠义同。巠训水脈，人脈作"衇"衇血理分衺行体中者。水脈曰巠，巠则水脈血则巠水理分行地下者。故巠衇連文义相近（今俗作经脈。）永对转模为渠，渠道即水流之道。

𠂢同派

《𠂢部》𠂢，水之衺流别也。从反永。讀若稗縣。（錯本作蜀稗縣。按《汉书地理志》蜀郡有郫縣，無稗縣。）

《水部》派，别水也。从水，从𠂢，𠂢亦声。

𠂢水之别流。故派为水之别流与𠂢相同。水之正体为长流为永，其别支为𠂢故从反永。施于人体，经脉为巠，别支为衇。虽在皮肉之内，亦犹水在地下也。由此得证永𠂢即经派（巠𠂢）可以观词义的会通，并可以证词义概括之特点。

覛同"䀏""𥈠""䁣"

《𠂢部》"覛，衺視也。从𠂢从見。䚊，籀文。（錯本作䚊）

《目部》䀏，目财視也。从目，𠂢声。"𥈠，視也。从目，買声。

《䒑部》䁣，目不正也。从𠁥，从目。蔑从此。讀若末。（徒结切）

徐灝說，"覓蓋本作覔。（今譌从爪。）《广雅》覔，視也。尋覓者，相視之引申义也。"案《尔雅·释诂》文：歷、覛、胥，相也。黄季刚先生曰"相有辅相''相視''交相'三义。艾歷，辅相义也。

覛胥既训皆，又训相。是交相义也。但交相义亦由辅相义引申，辅相义亦由相视义引申。”相之字形反映与客观。木代表客体事物。目代表人的视觉用视察事物，故有相对相视之义。寻觅即相视之义。衺视表示左右寻觅。財有小义细小本同。財视任细觇求。䁝即训

容同“浚”与“睿”一字。谷古文作“容”盖与同字。

仌部

仌同雹

《仌部》仌，冻也。象水凝之形。

《雨部》雹，雨冰也。从雨，包声。䨔古文雹。《尔雅·释器》“冰，脂也。”郭璞曰“冰，《庄子》云肌肤若冰雪。冰雪，脂膏也。”《释文》“孙炎本作凝。”《仌部》“冰，水坚也。凝俗冰从疑。”（案《庄子·逍遥游》肌肤若冰雪，绰约若处子。冰雪与处子对文，以冰为凝可知。）与仌双声，则有雹，雨冰也。

凊同“瀙”“凔”“滄”“清”

《仌部》凊，寒也。从仌，青声。“瀙凔，寒

也。从仌，倉声。

《水部》瀙，冷寒也。从水，靚声。"滄，寒也。从水，倉声。"清，朖也。澂水之皃。从水，青声。

段说"《方言》澂，清也。澂今作澄。《礼運》澄酒在下。"凡清引申有寒义。《莊子、人间世》"爨无欲清之人。"《释文》"清，涼也。"故清与"清""瀙"同。清特唐别与"滄""凊"同。又同"瘁"寒病也。瘁音韵相变则为冷寒也。

冷同"㓖""瀨"。

《仌部》冷，寒也。从仌，令声。"㓖，寒皃。从仌，栗声。"瀨，寒也。从仌，赖声。

三字皆来纽义同。诗风、大東》孔疏引《说文》冽，寒皃。"是凛冽互同之證。今诗毛传作栗冽。又《诗下泉》孔疏

凛后出字作"懔"

《仌部》𠗨，寒也。从仌，廩声。

《尚书、五子之歌》懔乎若朽索之驭六马。"《泰誓》"百姓懍懍"此引申为敬畏之义。《文选、寡妇赋注》凛凛寒也。《文赋注》引"慄懔，寒

也。”懔即凛之后出字

靁同霣，雷同云。

《雨部》靁，阴阳薄动靁雨生物者也。从雨，畾象回转形。𩂩古文雷。𩆀古文雷。𩇓籀文雷，间有回，回，雷声也。”霣，雨也。齐人谓雷为霣，一曰云转起也。从雨，员声。𩃬古文霣。

章太炎先生曰“雷声义变受诸回故对转谆变易为霣。齐人谓雷为霣。古文亦已有𩃬字。且畾本古物形，故对转谆先孳乳为员，数物也。变易为紜，物数纷紜乱也。霣之语在员先，其霣字在员后，古但书雷，对转呼之则读霣矣。”

电即申之后出同霆。

《雨部》電，阴阳激耀也。从雨，从申。𩂣古文電。”霆，雷余声也铃铃，所以挺出万物。从雨廷声。

《虫部》虹，螮蝀也。状似虫。从虫工声。𧈢籀文虹从申。申，电也。

𧈢与契文铭文极相似。段说“《礼记·孔子闲居》地载神气，神气风霆，庶物露生。”案雷霆（定青）双声。雷电旁对转。

霄同霰

《雨部》雨霓为霄。从雨肖声。齐语也。霰稷雪也。从雨，散声。霓，或从見。

《尔雅、释天》"雨霓为霄雪。"郭注，"霓，雨雪杂下者故谓之消雪。"黄季刚先生曰，"霓与霰同。《说文》霰，稷雪也。霄与霰声转。霄之言小也。稷犹粟也。"又曰，"郭云霓，雪杂雨下者，《初学记二》引尔雅云，雪与雨杂下曰霰。盖皆误雨为风雨之雨，不误雨螽之雨也。其文本于释名》。(案《释名》"雨，羽也。如鸟羽动则散也。"又曰雨者辅也。言辅时生养也。")又《春秋繁露》曰"玉英鉄隧谓之雨。"《谷梁庄七传》"著于上見于下谓之雨。"

䨢同⿱雨僉

《雨部》䨢，微雨也。从雨，𢦏声。又读若芟。子廉切。⿱雨僉，小雨也。从雨，僉声

䨢后出字变作"⿱雨韱"。《集韵》"细雨谓之⿱雨韱。"䨢与⿱雨僉音义同。

漏同屚

《雨部》屚屋穿水下也。从雨在尸下。尸者屋

北京市电车公司印刷厂出品 八三·七

也。"霤，屋水流也。从雨，留声。"（力救切）

《释名·释宫室》"西北隅曰屋漏。礼，每有亲死者辄彻屋之漏西北隅薪，以爨灶煮沐，供诸丧用。时若值雨则漏，遂以名之也。"钱坫说，此屋漏字。今通用漏。"霤，漏室也。"又《释名》"中央曰中霤。"钱坫说"中霤字应作廇。韦昭注曰古者穴居故名室中为中霤也。承霤字应作霤。郑康成曰，承霤以木为之用行水。所以行水故从雨，在宫中故从广。"刘向《九叹》"刜谗贼于中廇兮"王注，"廇，堂中央也。"《尔雅·释宫》"宗廇谓之梁。"其后溜与廇无别。潘岳《悼亡诗》"晨霤承檐滴。"李善引屋承水也。《琴赋》"摅神渊而吐溜"。李注引溜水也。

䨚即旁魄字。亦即"曝"字。由暴来。又即泡盛字

《雨部》䨚，雨濡革也。从雨从革（锴本革声）读若膊。

段曰"雨濡革则虚起，今俗语读若朴。"章太炎先生曰"霈，沛也。""䨷，量物溢也。"凡彭亨及膨胀字皆旁䨷之借也。䨚濡革则彭亨也。"黄季

刚先生亦曰霏即穿晛正字。亦即曝字之古文。（《广韵》"曝，肉胅起也"。）误出于"暴"。又即泡威字。

霽同霋

《雨部》霽，雨止也。从雨，齊声。"霋，霽谓之霋。从雨，妻声。

此二字古义同。

霩同"昜""暘"

《雨部》霩，雨止雲罷皃。从雨，郭声

《勿部》昜，開也。从日一勿。一曰飛揚。一曰長也。一曰彊者眾皃

《日部》暘，日出也。从日，昜声。虞书曰，暘谷。

黄季刚先生曰"说文无廓字。廓清字本作霩。廓张字本作𩄩。"霩训雨止云罢，则日光昭耀。昜训开，所谓云雾散而日出，其字形一象日光所照。古代以旌旗为标帜，一象日光照耀於旂旗之上。暘为日出之所。"霩""昜""暘"皆表示日出云雾散日

需同𩂢

《雨部》"需，𩂢也。遇雨不進，止𩂢也。从雨，而声。易曰雲上於天，需。

《立部》䇓，待也。从立，须声。

案今语须需有别，古为一字。需从而声。以而为须也。《说文·而部》"而，须也。"以此知而须互通，且以"而为须也。"

霒同"暗""晻"又同"杳""𣅀"

《雲部》霒，云覆日也。从雲，今声。侌，古文或省。𠆶，亦古文霒。

《日部》暗，日无光也。从日音声。"晻，不明也。从日，奄声。""𣅀，望远合也。从日匕。匕，合也。

《木部》杳，冥也。从日在木下。

《尔雅·释天》"弇日为蔽云。"郭注"即暈气五采覆日也。"黄季刚先生曰"蔽云者能弇蔽之云也。《楚辞·九辩》王注，云霓之气，蔽其精。案此以云霓连言，尤霓可称云之证，又霓能弇日之证。"又曰"《汉书·五行志》引京房《易传》有蜺、蒙雾上下合也。"案合者则其形不见，其色不分也。

魚同[illegible]

《鱼部》魚，水虫也。象形。魚尾与燕尾相

相似。

《鱻部》鱻，三鱼也。阙。

鱼鱻同字如屮艸之例

鳎后出作"鰈"

《鱼部》鳎，虚鳎也。从鱼，𦐇声。

段说"《汉书、上林赋》'魼鳎'《史记》作'鰪魶'《史记集解》魶一作鳎。"案《说文、犬部》狧下云"读若比目鱼鰈"。说文无鰈字。《集韵》三十二洽，收鰈字盖鰈即鳎之后出字。北京名之"鳎目鱼"北人无入故鳎的讹言为鳎母。

鮦小者名蜕后出字也。

《鱼部》鮦，鱼名。从鱼，同声。一曰鱳也。读若绔襱。直陇切

《尔雅、释鱼》鲣大者鮦，小者蜕。说文无"鲣""蜕"皆后出字。郭璞说鳢鮦也。《释文》鳢或作"鱺"又作"蠡"。黄季刚先生曰"案鱺之言骊，《说文》'骊，马深黑色也。'训鱼同之鳢《说文》作'鱳'之鮦也。诗传云，鳢，鮦也。阮氏说，《正义》云编检诸本，或作鳢鲖，或作鳢鲩'又云，'或有鳢鲤者，实本鳢鮦，鮦与鲩音同。段《正义》

引今人及《释文》鲇下所说是传。此《尔雅》当解作鮦者乃依郭注而改，非传意。'案此说极谛。

鯈　尔雅作鮂

《鱼部》鯈，鱼名。从鱼，攸声。直由切

《释鱼》"鮂黑，鰦。"黄季刚先生曰"此文当读鮂黑（白）鰦白。鰦者兹也。亦即兹之后出字。春秋传曰'何故使吾水兹'。又《广雅》鲹，鯈也。鲹鮂一声之转，犹蓨[illegible]连言也。又《广韵》鮂、鮋，小鱼也。说文鮁，白鱼也。鮂鮁亦声转。"

⿰鱼果与鱯同

《鱼部》⿰鱼果，鱧也。从鱼，果声。胡瓦切"鱯，鱼名。从鱼，蒦声。读若鏦。（锴本）胡化切

钱坫说，《诗》"鲂鱧"传"鱧，鮦也。"孔颖达曰"本或作鱧⿰鱼果。"案许君以⿰鱼果为鱧，是许君所见之诗，诗传与颖达一本同也。许君之意鱧⿰鱼果与鱯同当分为二，不得合而同之。"案《尔雅》魾，大鱯，小者鮡"黄季刚先生曰，"鱯即鮷。《说文》'鮷，大鮎也。'《诗小雅·鱼丽》鱧，鮦也。疏本或作鱧⿰鱼果，则即此鱯也。与⿰鱼蠡鮦殊。

鮁后出作"鱐"

张志和《渔父》词"桃花流水鳜鱼肥。"今鳜鱼大口细鳞斑彩。《尔雅·释鱼》作"鱊"右出字也。《释鱼》曰"鱊鮬，鳜鯞"，鱊鮬说文无。即鳜婦之異字耳。鯞即婦人之右出字。婦亦兼帚声。《释文》音章酉反，未必非也。鮬，《字林》丘于反，則与鱊鳜为双声。

鮏 右出作"鯖"

《鱼部》鮏，鱼臭也。从鱼，生声。

《通俗文》鱼臭曰鮏，又作腥。《广雅·释器》鯖，臭也。

鮩同蠯

《鱼部》鮩，蚌也。从鱼丙声 兵永切

《虫部》蠯，蜌也。脩为蠯，圜为蠇。从虫庳声。

《广韵》鮩，蛤，鮩与蠯[illegible]同。《尔雅·释鱼》"蠯蜌"郭注"今江东呼蚌长而狭者为蠯。许无蜌字。黄季刚先生曰"蜌即比字，蚍蠯音近。"

鱓同鼍

《鱼部》鱓，鱼名。皮可为鼓。从鱼，单声。常演切

《黽部》鼉，水蟲，似蜥易，长丈所。皮可为

鼓。从黾，单声。徒何切

《马部》驒下云"文如鼍鱼。"案鼍是蛇之一种。《吕氏春秋·古乐》"颛顼令鱓先为乐倡。鱓乃偃寝，以其尾鼓其腹。"《诗经》"鼍鼓逢逢"。《史记》"树灵鼍之鼓。"案鱓鼍是一字之异体，而字音少变。

鱓同罩

《鱼部》鱓，烝然鱓鱓。从鱼，卓声。都教切

《网部》罩，捕鱼器也。从网，卓声。都教切

《诗·小雅·南有嘉鱼》"烝然罩罩"毛传，"罩，篧也。"《尔雅·释器》"篧谓之罩。"郭云，"捕鱼笼也。"黄季刚先生曰"《广雅》籗，篧，罩也。篧即罩也。籗与篧声转。《说文》䍜，覆鸟令不飞走也。亦与罩同意。篧之为言捉也。罩之为言到也。"又曰诗烝然罩罩。传，罩罩，篧也。笺云，言南方水中有善鱼，人将久如而俱罩之。是两言罩有俱义。故《广雅》淖淖，众也。《说文》烝然鱓鱓。罩为捕鱼器，罩罩即为鱼在罩中之状也，犹汕为捕鱼器，汕汕即为鱼在汕中之状也。罩声又与濯通。诗麀鹿濯濯。传濯濯娱

游也。”

鱍《广韵》作“䲅”

《鱼部》鳣鲔鲅鲅。从鱼，发声。北末切

今毛诗作“发发”，毛传“盛貌”，韩诗作“鲅鲅”。训“跃”。《广韵》作“䲅”，与韩诗同。

鱻即新旧字

《鱼部》新鱼精也。从三鱼，不变鱼。

钱坫说“今通鲜。惟《周官》鱻薨，用之。”《尔雅》有“廯”字

𩽹《周礼》作𩺰

《鱻部》𩽹，捕鱼也。从鱻水。漁，篆文𩽹。案《周礼》有“𩺰人”，华严经音义卷六云“渔古文作𩺰。”

燕同乙。又同鷰。古盖以燕人先，即陽邑也。故䴏从燕。“安”“匽”“晏”皆同声类。（详乙下）

龍与“角”“鹿”时转。

《龍部》龍，鳞虫之长……从肉，飞之形，童省声。

《角部》兽角也。象形。角与刀鱼相似。

《鹿部》鹿，兽也。象头角四足之形。鸟鹿

足相比故从比。

案龍与角鹿東屋对转，不相通用。

飞同"非""不"

《飛部》飛，鳥翥也。象形。

《非部》違也。从飛下翄取其相背

《不部》不，鳥飛上翔不下來也。从一，一猶天也。象形。

飛非不皆飞翔义。皆一声之转。

翼同"革""⿰革羽"

《飞部》翼，翅也。从飛異声。

《革部》象古文革之形，革象鳥羽

《羽部》⿰革羽，翅也。从羽，革声

《诗·小雅·斯干》"如鳥斯革"，韩诗作"如鳥斯⿰革羽"。革⿰革羽並与翼一声之转。

龍即鬐脊字。通作耆

《龍部》龍，鬐脊上龍龍也。从龍，幵声。耆错本作"鬐"。段说，《士丧礼》载鱼左首进鬐注曰鬐脊也，古文鬐为耆。"按此郑从今文而置古文於注也。许髟部無鬐，此字耆者从礼古文而不从礼今文也。耆者老也。老則脊隆，故凡脊谓耆。

北京市电车公司印刷厂出品 八三·七
(1458) 20×20=400

或作騫搽固如马之巃為書此字。单龙之上书如马巃然。《上林赋》揵鳍掉尾。郭云"鳍背上鬣也。"龖龖龍著皃。

𩇫同仳。毁与圮或𩐳为一字

《非部》𩇫，别也。从非己声。

《人部》仳，别也。从人，比声。诗曰有女仳离

案《土部》"圮，毁也。虞书曰方命圮族。从土，己声。𩐳圮或从手，从非，配省声。符鄙切《广韵》"圮，毁也。"又曰"圮，覆也。"

卂同鴥

《卂部》卂，疾飞也。从飞而羽不见。

《鸟部》鴥，鹯飞皃。诗曰鴥彼晨风。从鸟穴声。

《尔雅·释鸟》"鷣，负雀。"郭云"鷣，鹞也。江南呼之为鹞鷣。善捉雀，因名云。音淫。"黄季刚先生曰《广韵》鷣与鹞同训一名负雀。（三十五笑）然则鷣为鹞之别名。又鷣鹞声同，鹞本从徭声也。又鷣之言淫也。《坊记注》淫犹贪也。鷣之为鹞，犹淫之为媱也。鹞之言摇也。《方言》

摇，疾也。雉名。摇又名翚。与此同意。"又卂与鴥对转。故卂与鴥音义同。《诗传》"鴥，疾飞也。"卂又通迅。《辵部》迅，疾也。

第十二卷上

乞同燕。又同巂

《乞部》乞，玄鸟也。齐鲁谓之乞。取其名自呼。象形。（鍇本作燕燕玄鸟也。

《燕部》燕，玄鸟也。籋口、布翄、枝尾。象形。

《隹部》巂，周燕也。从隹，屮象其冠也。㕯声。一曰，蜀王望帝婬其相妻，慙，亡去，为子巂鸟。故蜀人闻子巂鸣皆起云望帝。户圭切

《释鸟》"燕燕，乞。"黄季刚先生曰："燕之为言䴏也。鸟白州，䴏。亦文燕白脰。又言安也。从女在门下。又言晏也，晏，安也。从女日。又言偃也，偃，僵也。燕之引申训亵。从其声者有𡡉，目相戏也。字通作嬿，所谓嬿婉之求也。《释训》燕燕粲粲，尼居息也。尼《说文》从后近之也。所以重言燕。"又曰"乾从乞。字孔从子乞，乳从孚乞，则乞之本义可知。从乞声者札，牒也。此由长义而孳乳。有空，空大也。此由中空义而孳乳。又有轧，辗也。此由其用而孳乳。乞

旁转为巂，对转则为燕。"《释鸟》"巂周"。巂从冏声。黄师曰"巂与矞声相通。矞，以锥有所穿也。故巂有锐义。觿，佩角锐端，可以解结。同声有锐，[illegible]。有鬹，三足釜，有柄喙。有圭，剡上曰圭。有刲，刺也。有畫，畺也。巂与规声相通。《曲礼》"立视五巂"。故巂有圜义。同声有鑴，瓽也。有规，正圜之器也。有[illegible]，[illegible]擾也。有窐，甑空也。有娃，圜深目皃。有闺，特立之户，上圜下方。如以巂周连名，言其首锐而圆也。周有钝义。故治玉谓之琱。琢文谓之彫。鱼骨端脆谓之鯛。"又曰"巂周为燕，犹白州曰驠。(周即白州之州，又即诸毛绕涿之涿)小车之辕居中一木曲而上者谓之辀，其名义亦放诸周州。"又曰"子巂一名鶗鴂。鶗鴂之鸣大抵在春。其异说者，服氏一也。立夏鸣者，汉书颜注二也。秋分鸣者，思玄赋旧注三也。春分鸣秋分亦鸣者，广韵四也。今从王逸。

孔同好

《乙部》孔，通也。从乙从子。乙，请子之候鸟也。乙至而得子，嘉美之也。古人名嘉字子孔。

北京市电车公司印刷厂出品 八三·七
(1458) 20×20=400

《女部》好，美也。从女子。

章太炎先生曰"孔字从乙训通。燕者请子之候，人造于是通也。故孔训空而从乙声。燕与引申训通训嘉美训好。与孔同意。凡言"燕好""燕昵"皆是也。"

乳同"壬""孕""妊""媰"

《壬部》壬，北方也。阴极阳生。故易曰龙战于野。战者接也。象人褢妊之形。承亥壬以子生之叙也。与巫同意。壬承辛象人胫，胫，任体也。

《女部》妊，孕也。从女从壬，壬亦声。"媰，妇人妊身也。从女芻声。周书曰至于媰妇。"

钱坫说《尸子》曰"胎生曰乳。"壬从工象人形故与巫同意——指事言肚内有胎儿。故与"妊""媰"妊与媰音对转。

~~来同"来""麦"~~

~~《来部》~~

至同"致""臸""臻""到""迄""届""就""竟"

又同"周"同"底"

《至部》鸟飞从高下至地也。从一，一犹地

地也。象形。不上去而至下来也。脂利切

"臸，到也。从二至。""臻，至也。从至，秦声。""到，至也。从至，刀声。"

《辵部》⿺辵市，至也。从辵，市声。

《止部》⿰止叔，至也。从止，叔声。

《見部》親，至也。从見，亲声。

《宀部》寴，至也。从宀，親声。

《口部》周，密也。从用口。𠁻古文从及。

《广部》底，山居也。一曰下也。从广，氐声。

"至"至"寴"八字皆训至而义有别。章君说至谓到下也。"此到字谓其颠倒而下，到即颠倒字。《墨子·墨经》"景到"是其证。又至与親质真对转。~~章太炎先生曰"《诗小雅~~親字自身接触谓之親。《礼记·文王世子注》親犹自也。《墨经》知，闻、说、親。"《经说》曰"身观焉，親也。"故親也后悉。《采部》"悉，详尽也。古文作'𢚩'，从目。此所谓身親焉。親又有親密义。《礼经》軒輖之字(《車部》輖，重也。《诗经》作"軒輊"，)故周字训密与至同音(質与蘽亦由声转)《说文》周训密，诗传言周至即今所谓"周到"，"周親"即至親也。章太炎定有卤县。东方谓之㡿，西方谓之卤。"

《盐部》盬，河东盐池。袤五十一里，广七（鹾，卤咸也。从卤，差省声。河内谓鹾。沛人言若虘（邑部作䣜））

里，周百十六里。从盐省，古声。"盐，

咸也。北方味也。从卤，监声。古者宿

沙初作煮海盐。

《广部》㡿，郤屋也。从广，屰声。

《尔雅·释言》"滷、矜、咸，苦也。"郭注："滷，苦地。苦即大咸。"《鱼部》䲭，藏鱼也。南方谓之䱧，北方谓之䲭。"是䱧即矜之正体字。䲭本训咸，藏鱼必以盐渍之，然后可藏。滷字说文无，《汉书·沟洫志》苏林注引作"卤"。则滷即卤之后出字。与卤同模字有"盬"。《尚书·禹贡》"海滨广斥"郑注"斥谓地咸卤"《汉书·刑法志》"除山川沈斥。"颜注"斥，咸卤之地。"《食货志》"京林淳卤之地。"晋灼云"舄卤之地不生五谷也。"卤盬皆盐也，不生草木五谷。《诗·小雅》"王事靡盬，"毛传："盬，不坚固也。"《周礼·盐人》"祭祀共其苦盬。"杜子春"读苦为盬。"郑司农云：散盐，湅治者。盬盐，出盐直用不湅治。贾疏："盬谓出於盐池，今之颗盐。"《水经·涑水注》说盬池云，"土人乡俗引裂沃麻，分灌川野畦水耗竭，土自成盐，即所谓盐鹾也。而味苦，號曰盐田。盬盐之名始资是矣。"《曲礼》云，"凡祭宗庙之礼，祭用鹹鹾。"注云"大鹹曰鹾"。然则祭礼之盐贵其大鹹。《淮南子·墬形训》"鍊生鹹，苦盐即大鹹也。~~《水经注》~~《宋史·食货志》引池而成者曰颗盐，周官所谓盬盐也。"盖以味言则曰苦，以形言则曰颗盐也。所谓散盐湅治者，《史记索隐》引伊说（伊即伊氏周礼注）"升~~池而成者~~散盐東海煮水为盐也。"玄应《一切经音义》引《说文》"天生曰卤。人生曰盐"（此盖注《说文》之词）。《管子·地数》"请君伐菹薪，煮沸水为盐。"所谓散盐也。盬味大鹹，为盐之最苦者。散盐则次於盬。散之言雜也。《肉部》"散杂肉也。"~~引申者~~诸言不坚固者，或曰盬，或曰苦，或曰楛。应以盬为正字，引申为不坚固，不精致之义。今河北省南部谓经商者买卖但闲，叫买卖盬了。此盬义之存于今日者。

同。"盬"，与"卤"亦同韵。卤下云"沛人言若虘"。《邑部》"𨟝，沛国县。从邑虘声。"虘即𨟝字。

又覃添部与模韵相转，从古声有"戡"字即"敢"之重文，邑部"扈"古文作"𡵨"。此例甚多，故黄季刚先生谓"盬卤"与"盬"为同字。又"鹹"，卤也亦同。《玉篇》云"滷，昌石切。苦地也。《书》曰海滨广滷。"滷即卤字卤音昌石切，则与斥音义毕同。故黄君定为同字。

卤簿字亦作橹、樐。

《木部》橹，大盾也。从木，鲁声。樐，或从卤。

《独断》"天子出，车驾次第，谓之卤簿。"《封氏闻见记》谓甲盾有先后部伍之次皆著之簿籍。"（朱骏声说）卤即樐字谓盾，簿籍名簿，二字有别。

户同椽

《户部》户，护也。半门曰户。象形。㦾，古文户从木。

《木部》椽，户也。从木，彖声。

北京市电车公司印刷厂出品 八三·七
(1458) 20×20=400

槺户韵通犹毄之与敌、扈之与屺，醫之与鹽也。依许君意"户"读出護。保護义引申为禁止义。《左传・宣十二年》王見右广，将从之乘。屈荡户之。"杜解："户，止也。"《小尔雅・广诂》"户，止也。"能止其出入亦谓之户。《汉书・王嘉传》"坐户殿门失阑，免。"《唐书・李绅传》"击大毬，户官道，车马不敢前。"又《左传・昭十七年》"九扈为九农正，扈民无淫者也。"杜注："扈，止也。"扈与户音同互借。《庄子・大宗师》"子桑户"，《楚辞・涉江》皆作"桑扈"。

戹同䧅"阸"

《户部》戹，隘也。从户，乙声。於革切

《𨸏部》䧅，陋也。从𨸏，𦍌声。𦍌，籀文嗌字。隘，籀文䧅从𨸏，益。"阸，

《𨸏部》阸，塞也。从𨸏，戹声。

案嗌本指人之食道，故引申为要塞。《史记・律书》"名且拥兵阻阸。"《汉书・诸侯王表》"至乎阸陋河洛之间。"应劭曰"阸若狭也。"是戹与阸通，经典皆作"阸"。训狭若义与"隘"同。隘若陋也，陋若陜也。是三字音义同。俗又作"阨"。《左传

《句读》："扂，故户从木"下说："疑是许说棁佚，古人兄其在户下遂命为户之故也。户而加木，亦成为古文。众经音义云：扂又作榐，同，户咸反。通俗文：小户曰扂。字书：扂，窗也。之推唐初人也，其书皆遵说文，岂有说文以为古户字而不引之之理，什𦎧则引之者，郭忠恕与二徐同时，所据本同也。广韵五十三豏：扂，苦减切，牖也，一曰小户，用之在所引两说。又按榐字与扂同音，亦足征徽扂之不读为户。然则玉篇以扂为户之古文，恐是宋人增也。

又《左传、定元年》彼徒我車，所遇又阨。"（此廢車战之始）。

扃冋関

《户部》扃，外闭之关也。从户，冋声。古荧切

《门部》關，以木横持门户也。从门，𢇛声。

段曰"《曲礼》"入户奉扃。"注曰奉扃，敬也。玉裁按谓下文言户开亦开，户阖亦阖。知户阖而入用两手推户为奉扃，~~若户开而入则两手不偏举矣，户扃~~盖以木横着於户为之机，令外可闭者。鼎関字正作鼏。礼古文假扃为之。"又《左传、宣十二年》楚人惎之脱扃。《释文》《正文》并引西京赋薛注云，"扃，所以止旗。"今《文选·西京赋》"旗不脱扃"。薛注，"扃，関也。車上有关制之，令不摇动曰扃。"

門冋丣

《门部》门，闻也。从二户。象形。

《丣部》卯，冒也。万物冒地而出，象开门之形。故二月为天门。丣 古文卯。

門训闻者声训，闻者知声也。即所谓闻声知義，以声言交流思想。是闻有通思想之义，门训闻实训通。门为通行之处，训闻者即训通。卯与

北京市电车公司印刷厂出品 八三·七

门双声同义，而也一为开门之象，一为闭门之象，其实皆象门形。从卯声有"贸"亦通有无也。古代贸易亦有门。《周礼·地官·司市》"凡市入则胥执鞭度而守门。"《说文》又有"阓"字训市外门。夫至曰闭阓，则商旅不行，故闭门则贸易矣。

阙同𨻵

《门部》阙，门观也。从门，欮声。

《𨸏部》𨻵，缺也。古者城阙其南方谓之𨻵。从𨸏，缺省。读若拔物为决引也。

阙训门观，𨻵训城阙，义虽有别然皆通行之道，故为同根词。《周礼·天官·太宰》谓门阙为"象魏"，郑司农注曰："象魏，阙也。"《广雅·释宫》"象魏，阙也。"《尔雅·释宫》"观谓之阙。"《礼运孔疏》引孙炎注"宫门双关者旧悬法象使民观之处，因谓之阙。"《释名·释宫室》"阙在门两旁，中央阙然为道也。"观即楼台，可登者也。《公羊昭二十五年传》"子家驹曰：设两观，天子之礼也。"何注："礼，天子诸侯台门，天子外阙两观，诸侯内阙一观。"《礼器》"天子诸侯台门。"又曰

"冢不臺门。"注云"阙者谓之臺"。正义曰"两边筑阙为基，基上起屋为臺门。"据此"象魏也""阙也""观也"以鲁制言之三者盖異名而同物。又《周礼·考工记·匠人》的"门阿"即臺门屋之阿也。天子臺门之两旁特为屋高出于门屋之上者谓之双阙，亦谓之两观。诸侯不得为两观，则即於门臺之上正中特为其屋出于它门臺之上，是谓一观。

缺下段曰阙之义同缺。何注《公羊定十二年传》"天子周城。诸侯轩城。轩者缺南面以受过也。按毛诗传《出其东门》闉，曲城也。闍，城臺也。城门上有臺谓之闍。《周官·匠人》《诗·静女》所谓城隅也。无臺谓之缺。《诗郑风子衿》所谓城阙也。"

闔同"丣""闇""閽"。

《门部》闔，门扇也。一曰闭也。从门，盍声。"闇，闭门也。从门，音声。"閽，常以昏闭门隶也。从门，从昏，昏亦声。"

《酉部》丣，古文酉。从卯，卯为春门，万物已出，酉为秋门，万物已入。一，闭门象也。

章太炎先生曰"丣酉虽同用为十二支之字，本非一文。丣当训为闭门。"~~[illegible]也~~丣有浅喉音，对转侵变易为闇。则亦应于闔，一曰闭也。旁转谈，亦应于閹，閹閽闭者也。~~寡以浅喉音对转侵变易为闇，闭门也。~~"

闑同梱

《门部》闑，门梱也。从门，臬声。

《木部》梱，~~梡木未析也~~门橛也。从木，困声。

《尔雅·释宫》"橛谓之闑"郭注"门阃。"又《释宫》"樴谓之杙"郭注"橜也。"黄季刚先生曰，"闑有横直两用。橛谓之闑，直用也。横者杙在地者谓之臬是也。《昭八年穀梁传》'以葛覆质以为槷，此则槷即橛矣。'"又曰"樴之言直也。弋之言厂也。故言衰数。通言则与樴无别。"又《释宫》曰"在地者谓之臬。"郭注"臬者即门橜也。"黄又曰"臬者闑之假借。《说文》闑，门梱也。闑、阃、橜皆有横直两用。直闑即下文'橛谓之闑'，横臬即'在地者谓之臬'亦即上文之

'柣'。郭注通谓门橛，犹《曲礼》郑注，臬谓梱为门限也，义不误。《穀梁》以葛覆质以为槷，即此臬也。"又曰橛与氒近。《说文·氏部》氒，木本也。与叕出近。《方言》叕出，短也。与蹶近。《方言》蹶叕出，短小貌也。又上文'橛谓之杙'郭注"橜也。此以橛代杙橛。通言不别尔。"又曰橛声转为机。《广雅》'机，杙也。'《吕览·本生篇注》'壁机，门内之位也。'《毛诗·谷风》'薄送我畿'传，畿，门内也。机畿字通。"又曰梱郑注《曲礼》云阃者门限也。横者曰门限，即前柣谓之阈也。植者亦曰门限，即此橛谓之闑也。横直不同，其为限则同。"

按凡从叕声，多有短小义。与"叕出"《方言》叕出，短也。"棳"《庄子·秋水注》"掇犹短也。""叕"《淮南子·人间训注》"叕，短也。"娺，《说文·女部》娺，短面也。""惙"玄应音义四引《声类》云"惙，短气貌。"等皆是。黄师又据《释宫》"其上楹谓之棁"。《释文》棁作棳，云，本或作棁。郭璞注"侏儒柱也。"黄师又云，棳、棁、朱儒一声之转。犹蜘

北京市电车公司印刷厂出品 八三·七
(1458) 20×20=400

蛛亦有'蝃'、'蝃蝥'、及'侏儒'之名矣。黄说极精，发挥同源词推源命名之由来，可依以为法范。《方言十一》："鼅鼄，鼄蝥也。自关而东，赵魏之郊，谓之鼅鼄，或谓之蠾蝓。蠾蝓，侏儒语之转也。"

阈同榍

《门部》阈，门榍也。从门，或声。《论语》曰：行不履阈。𨵦，古文阈从洫。

《木部》榍，限也。从木，屑声。

《释宫》："柣谓之阈。"《释文》："柣，千结反。古文作阈。"《仪礼·士冠礼》："主人布席于门中，闑西，阈外。"古文阈作"閾"。《聘礼》："宾若私献，奉献将命。宾若入，士礼请受。宾固辞。公答再公若各再拜，摈者立于阈外以相拜宾。宾辞。摈者摈宾夫于中庭。"注云：古文阈作"蹙"。"《士丧礼》"席于闑西西阈于阈外。"~~《韩诗外传》~~注并云古文阈作蹙。"《论语·乡党》行不履阈。阈，横于地者也。

闒　今俗作塌

《门部》闒，楼上户也。从门，𦐇声。

章太炎先生曰"闒为𦐇部之声，从其声类求之，则《说文》墊，下，塌，下入也，[illegible]屋倾下也，皆可读入声如闒。今俗字作塌者即此字也。《孟子》言"毋湮吾途"，直当为毋堙，犹以湮为堙矣。"

开同"闓""启"

《门部》开，张也。从门，从开。閞，古文"开"。

闓，开也。从门，豈声。

《口部》启，开也。从户，从口。

北京市电车公司印刷厂出品　八二·十
(1549) 20×20=400

冋 即進之古文

《冂部》冋，登也。从门二。二，古文下字。

讀若軍敶之敶。直刃切

钱坫說"此《詩》'來虞'、《左传》'來城'字。唐本从上。"

案《广韵·廿一震》"冋，良刃切"从二不从一。

嚴可均亦说，篆体当作冋。案钱说非是，冋即

進之古文。《辵部》"進，登也。从辵，閵省声。"

進从閵省声，閵从冋省声，是冋与進同一声系。

閃同覘

《门部》閃，闚头门中也。从人在门中。失冉切

《見部》覘，闚也。从見，占声。春秋传曰，

公使覘之，信。敕艳切

《应音十七》引作"窥头皃也。"又引字书作"眙"。

覘与閃同韵。《左传·成十七年》公使覘之，信。

杜解，"覘，視也。"《檀弓》"晉人之覘宋者"郑

云，"覘，窥視也。"《国语》"公使覘之。"韦云"覘，

微視也。"覘閃为同根词。

閔同慜

《门部》閔，弔者在门也。从门，文声。

古文閔。

北京市电车公司印刷厂出品 八二·十

《心部》愍，痛也。从心，敃声。

刘向《与子歆书》"董生有言：吊者在门，贺者在闾。"引申为悲痛之词。《诗·豳风·鸱鸮》"鬻子之闵斯。"传曰"闵，病也。"笺云"言哀闵之。"《左传·宣十二年》"寡君少遭闵凶。"杜预解"闵，忧也。"案古文愍，从民，声与愍同声系。愍训痛，即悲痛义，是闵愍音义同。

闖同"闯""[illegible]"

《门部》闖，马出门皃。从马在门中。读若郴。丑禁切 闯允上

《女部》[illegible]，不媚前却[illegible][illegible]也。从女，陕声。失冉切

引申为突兀惊人之辞。《公羊哀六年传》"開之，则闖然公子阳生也。"何注，闖，出头皃。韩愈诗"喁喁鱼闖萍"，皆出其不意突兀惊人。《后汉书·列女传》班昭《女诫》曰"动静轻脱，视听[illegible]输。"注云"[illegible]输不定皃。"

耴同"[illegible]""耽""[illegible]""聸"。又当同"耼""[illegible]""[illegible]""讘""[illegible]""[illegible]""詹"。

《耳部》耴，耳垂也。从耳下垂，象形。春秋传曰，秦公子辄者其耳下垂。故以为

名。"聑，小垂耳也。从耳，占声。丁兼切"耽，耳大垂也。从耳，冘声。诗曰士之耽兮。"聃，耳曼也。从耳，冉声。耼，聃或从甘。"聸，垂耳也。从耳，詹声。"聑，安也。从二耳。"聶，附耳私小语也。从三耳。

《品部》喦，多言也。从品相连。春秋传曰次于喦北。读与聶同。尼辄切

《言部》讘，多言也。从言，聶声。河东有狐讘县。之涉切"譋，諟也。从言，阑声。讕，譋或省。洛干切"詽，詽詽多语也。从言开声。乐浪有詽邯县。

《八部》詹，多言也。从言，从八，从厃。职廉切

在人体上的客体事物——耳朵，对语言来说，是主要器官。前了书里特别强调听觉是交流思想的武器。《说文》的耳部，虽然字数不多，但反映耳这个客观事物形象，另一方面表述听觉的功能，尤其是先秦最推尊的聖字，属于耳部，主要说明听觉最透彻的叫聖人。章太炎先生《文始》对耳部的系统分为两组，一组根据耳的形象找出一系列的同根词，其次根据耳朵对语言的功能

联许多同根词。今分述如下：

《文始》说，"《说文》耴，耳垂也。从耳垂象形。耴字从耴省声音而涉切。然则耴本由耳。其次对转以成音义皆近（双声）转读变易为'聸'垂耳也。为'[耳占]'小垂耳也。为'聃'，耳曼也。曼谓引长下垂也。旁转侵变易为'耽'耳大垂也。引申为'輒'車两輢也。所谓車耳，（两輢旁出形似人耳）其'聑'从二耳，恐亦耴之变易。尤与車輒义相近。車两耳所倚以为安也。"

又曰聶为附耳私小语，从三耳疑亦耴之变易（按此则说明耳与语言的关系）。聶又变易为'嗫'多言也。又变易为'讘'（多言也）为'謵'，嗑也。为'詽'詽詽多语也。为'詹'詹詹多言也。《庄子》曰小言詹詹。亦孳乳为'謵'詇也。

耿　耿黾本作"鼁"

《尔雅·释鱼》"鼁䵷，蟾诸。"郭注"似虾蟆，居陆地。淮南谓之去父。"又曰"在水者黾。"注，"耿黾也。似青蛙，大腹，一名土鸭。"

黄季刚先生曰，鼁䵷音近，蟾诸音近。鼁乃去之后出字，非鼁之讹字。或改此文为鼁黾，谬也

（臧镛堂、严元照改作鼃黽）。蟾诸连语犹厱诸连语也。《说文》厱诸治玉者也。字亦作礛𥕞。鼃黽连语犹磫𥗼连语也。《应音九》引《通俗文》细礪谓之磫𥗼。礛𥕞治玉，磫𥗼治金。案攻金治玉之器其形相属，故以此状鼃矣。（《尔雅方训》）至于郭注耿黽则应作"鼃黽"《黽部》鼃，蛼蟥也。从黽，圭声。"从烓读若同例之则鼃耿同音。

聯同連

《耳部》聯，连也。从耳，耳连于颊也。从丝。丝连不绝也

《辵部》連，负车也（依段改）从辵车。

連引申为连属字。《周礼·天官·太宰注》古书联作聯"又《太宰》"官联"以会官治"。郑注，联读为连。

聖同徹。或同聽。聽声与聖同。同聆。

《耳部》聖，通也。从耳，呈声。"聽，聆也。从耳、悳，壬声。"聆，聽也。从耳，令声。

《攴部》徹，通也。从彳从攴从育。𢕏，古文徹。

钱坫说"范叔曰聖者多所闻。论语以多闻为聖"《荀子·议兵》十里之国；则将有百里之聽。"

《仓颉篇》"耳聪曰聆。"《淮南子、齐俗训》"听居聆聆。"高注"聆聆，意晓解也。"郑云《论语注》彻，通也。为天下通法也。

聘同娉

《耳部》聘，访也。从耳，甹声。

《女部》娉，问也。从女，甹声。

清人李富孙说："按《仪礼、聘礼》小聘曰问。郑目录注云，大聘曰问。《穀梁传》聘，问也。许君训访。《玉篇》访，问也。《昏礼》"娶问曰聘。《女部》妾下引春秋云女为人妾，妾不娉也。今传、僖十七年传"女为人妾。"杜注，"不聘曰妾"。）《玉篇》'娉，娶也。'（广韵同）《系传贝部》引《史记注》谓男女娉财自质于妻家曰赘婿（按此注见《汉书贾谊传》字句略异）。是娉即《内则》聘则为妻字。《左传》声伯之母不聘。《释文》聘亦作娉。此即妾不娉之说。汉《樊敏碑》再奉朝娉。南朝石室墓名有娉文。此又以聘通作娉也。今俗以为娉婷字（唐李知之、杜甫诗皆用娉婷字）。段氏曰凡娉女及聘问之礼古皆用娉字。（富孙案聘问之礼亦作娉，说未确。）"

又《史记、春申君传》"李园持其女弟。春申君曰娉入乎？"《后汉书、循吏传》任延字九真，初设婕娉，始知姻娶。"《北史·高允传》先之以婕娉。《蠕蠕国传》"求通婚娉。"皆以娉娶字皆作娉。而聘访字作"聘"。

聋同"聳""⿰耳宰"

《耳部》聋，无闻也。从耳，龍声。聳，生而聋曰聳。从耳從省声。"⿰耳宰，益梁之州谓聋曰⿰耳宰。秦晋听而不闻，闻而不达谓之⿰耳宰。从耳，宰声。(作亥切)"

《广雅·释训》"聋聩，痴也。"《晋语》"聋聩不可使听。"注云，"耳不别五方之和曰聋。"《方言六》聳、⿰耳宰，聋也。半聋梁益之间谓之⿰耳宰(郭注，"言胎⿰耳宰烦愦也。音宰。")秦晋之间听而不聪，闻而不达谓之⿰耳宰。生而聋陈楚江淮之间谓之聳(郭注，言无所闻常聳耳也。)荆扬之间及山之东西双聋者谓之聳。聋之甚者秦晋之间谓之䎽(郭注，五刮反言聉无所闻知也。《国语》聋聩何火。音蒯聩)。段曰古多借为愯。《方言六》曰"聳欲也。荆吴之间曰聳。自关而西秦晋之间相劝曰聳。或曰中心不欲而由旁劝之勸亦曰聳。"案聋聳叠韵，聳⿰耳宰双声，其音义皆相通。

北京市电车公司印刷厂出品 八二·十

聩同"顡""𩕢"。

《耳部》聩，生聋也。从耳，贵声。𦗚，聩或从欳。

𦗚，或从豙作（锴本）。五怪切

《頁部》顡，頭蔽顡也。从頁，家声。五怪切 "𩕢，癡不聰明也。从頁豙声。五怪切

蔽顡同音字，盖古语联词，《集韵》"頭癡"。錢大昕说，"春秋战国人名有蒯聩者即顡聩。"又顡，癡。不聰明也。段曰"《广韵》'顡，痴恶也'此今义也。"王筠《说文释例》曰"聩有重文聲、𩕢。《頁部》顡下云'头蔽顡也'（《玉篇》作蔽，误。宋《说文》无"蔽"字，而从蔽声者有三篆）。𩕢下云癡（《玉篇》作癡顡），不聰明也。案聩顡𩕢三字皆五怪切。而声与聲皆从蔽声，聩与𩕢皆从豙声。训义又相似（达案聖与聪通，则癡者不能聽）。或者三字即一字也（同根词）；然则衛之蒯聩即是蔽顡，取义与癡𩕢也。"

𦖻即鏒字

《耳部》𦖻，乘輿金马耳也。从耳，麻声。读若渳水。一曰若月令靡草之靡。亡彼切

段改金马耳为"金耳"并云，乘輿若天子之耳也。

北京市电车公司印刷厂出品 八二·十
(1549) 20×20=400

金耳者金飾之耳也。《西京赋》"戴翠帽，倚金較。"薛注"金較，黄金以飾較也。"古今注曰，車耳重較也。《史记·礼书》"彌龍"徐广曰，乘輿車，金薄繆龍為輿倚較。繆者交錯之形。車耳刻交錯之龍；車耳刻交錯之龍，飾以金。惟乘輿為然。与文虎伏軾，龍首銜軛，連為三事。《史記》之彌即许君之𨰻（钱坫说同）。𨰻者本字，彌者同音假借字。又案《文選·張衡賦》"金錽鏤鍚"錽即𨰻之后出字。《說文》未錄。

𦣝同"顄""頜""頰"。

《𦣝部》𦣝，顄也。象形。頤，篆文𦣝。𩕳，籀文从首。

《頁部》顄，頤也。从頁，圅声。"頜，顄也。从頁，合声。"頰，面旁也。从頁，夾声。𩓨，籀文頰。

《周易·頤卦》曰"自求口实。"《集解》引鄭玄注"頤中（今雅雨堂本、汲古阁本、张惠言本"中"皆作"者"），口車輔之名也。震动於下，艮止於上，口車动而上，因輔嚼物以養人，故謂之頤。頤，養也。"郑意謂口下為車，口上為輔，合口輔車三者為頤。

《左传、僖五年》所谓"辅车相依"也。

章太炎先生曰《说文》𦣝，顄也。此时转读为頤：《方言》作頜）颐也。又为颔，頷也。（《公羊》宣六年传》"祁弥明逆而踆之，绝其颔。"《玉篇》引作"绝其頷。"遂使獒之颐不能噬也。）又同颊，面旁也。颊面者颔前也。颔前者两眉间以下至颊间也。《面部》𩈲颊也。易咸卦咸其辅颊舌，辅即𩈲。

手同肘

《手部》手，拳也。象形。𠂿

《肉部》肘，臂節也。从肉，从寸。寸，手寸口也。

章太炎先生曰"通言手足则兼臂，故作古文引孳乳为肘，臂節也。"黄师说"手同肘。"

章君又申述手之引申义曰，"手持之亦曰手。《逸周书·克殷解》乃手太白以麾诸侯。《周本纪》手作持。《礼·檀弓》子手弓而可。手谓持弓。《春秋公羊传》'手剑而叱之'，'手剑而从之'，皆持剑也。"持亦训守，故守手同语。章君又曰"凡坚持曰守，随之不去亦曰守。《墨经》曰'久弥异时也，守弥异所也。'此守犹言循行。《庄子·徐无鬼》曰故曰风之过河有损焉，日之过河有损焉，请只风与日相与守河，以为未始其撄也。故水之守土也审，影之守人也审，物之守物也审。'《外戚传》曰'上官安，数守大将军光，为丁外人求侯。'此皆谓追随之也。"

掌同爪

《手部》掌，手中也。从手，尚声。

北京市电车公司印刷厂出品 八三·四
(1458) 20×20=400

《爪部》爪，亦丮也。阙。（见前）

拇同胲

《手部》拇，将指也。从手，母声。

《肉部》胲，足大指毛也。从肉，亥声。

段曰“将指谓手中指也。《大射礼》右巨指钩弦。注云右巨指，右手大擘也。又设决朱极三。注云，三者，食指，将指，无名指。小指短不用。”《左传·定十四年》“阖庐伤将指”（姑浮以戈击阖庐），阖庐伤将指。杜注，足大指见斩。《楚辞》“有首锐股肱至于手拇毛脉。”（毛脉见内经指神精木精）韦注“拇大指也。”《易咸卦》“咸其拇”马郑薛皆云足大指

拇胲同韵训足大指毛，义得通。

仓公传奇胲术

毛脉见素问脉要精微论篇

孅同掔

《手部》孅，好手皃。诗曰孅孅女手。从手，韱声。”“掔，人臂皃。从手，削声。周礼曰，辐欲其掔。

今《诗魏风·葛屦》作掺掺。（《文选注》引）韩诗作“纤纤”。传曰，“掺掺犹纤纤也。”《戈部》韱下云读若诗云女手孅孅。又掔孅对转，《周礼·考工记·轮人》望其辐，欲其掔尔而纤也。”郑注，“掔纤杀小皃也。”

搯同"戡""插""肈"

《手部》搯，捾也。从手，舀声。周书曰："师乃搯。"搯者，拔兵刃以习击刺。诗曰："左旋右搯。"土刀切 "插，刺肉也。从手，从臿。"

《戈部》戡，刺也。从戈，甚声。竹甚、口含二切

《攴部》肈，擊也。从攴，肇省声。

钱坫说："《通俗文》捾出曰掏。即此字。"周书曰师乃搯。段曰尚书大誓文。汉大誓有今古文之别。许所偁"师乃搯"，此古文大誓也。今诗作抽（见《诗·郑风·清人》文）。传："抽矢，[illegible]刃。"搯兵与以刺击，故与搯同部相应而为肈。与"戡""插"对转亦相通。

推同"抵""摧""捼""捘"

《手部》推，排也。从手，隹声。"捘，推也。从手，夋声。传曰："捘卫侯之手。"子寸切 "抵，挤也。从手，氐声。""摧，挤也。从手，崔声。一曰挏也。一曰折也。""捼，推也。从手，委声。一曰两手相切摩也。"

此五字义互引申，并相为训。《左传·定八年》："将歃，涉佗捘卫侯之手及捥。"清程瀛谓"捘"疑读为"挼"。盖卫侯欲先歃，涉佗挼其手及腕，

林义光，《玉篇》同

故血流及屦。后代𣓉木为刑具，排𢶀妇人手指，音小变为zǎn。遍迫义亦用𢶀字。~~章太炎先生~~曰"摧犹抵耳，昔人谓至曰抵，《诗·大雅》'先祖于摧'。"释诂、毛传皆训摧为至，《手部》抵亦训挤，今人谓至曰抵，昔人谓至为摧，其语例同。凡相挤迫者必至其处，故摧抵同为至。

排同勃

《手部》排，挤也。从手，非声。

《力部》勃，排也。从力，孛声。

《广雅·释诂三》"排，推也。"《礼记·少仪》"排阖。"《注》"排，推门扇也。"《史记·樊哙传》"乃排闼直入。"段说"今俗语谓以力旋转曰勃。"《论语》"色勃如也"借为"艴"。排训列者借为比。

拉同拹

《手部》拉，摧也。从手，立声。"拹，摺也。从手，劦声。一曰拉也。"

段注

《公羊庄元年传》拹干而杀之。何注，拹，折声也。案拹亦作"拉"。《史记·齐世家》使力士彭生抱上鲁君车，因拉杀鲁桓公。"《玉篇》拉，折也。"《广雅·释言》"跋，蹴也。"蹴者，蹵之或体。蹵，椎也。拹，摺也，拉也。[illegible]亦[illegible]之义。

北京市电车公司印刷厂出品 八三·四

掎，敧踦字当作此

《手部》掎，排也。

《左传·昭十三年》小人老而无子，知擠于沟壑矣。~~钱坫说，此推抵字。《晏子》……~~《荀子·解蔽》不好辭让，不敬礼節而好相推擠。”案此即“敧踦”字。

㩃同“助”，又同“將”。

《手部》㩃，扶也。从手，爿声。七良切。

《力部》助，左也。从力，且声。

《寸部》將，帥也。从寸，醬省声。

古诗，“好事相扶將。”当作扶㩃。《玉篇》“㩃，扶也。古文將字。”《释名》“將，救護之也。”《方言》“扶，護也。”《诗经》无將大車 笺云，“將犹扶進也。又“將伯助予”皆应为㩃，㩃与助音义同。

挈同“縣”亦同“系”“係”。亦同“攜”。

《手部》挈，縣持也。从手，㓞声。於攜，提也。从手，巂声。

《系部》系，繫也。从糸，丿声。𣫍，系或从毄，从處。𦃇，籀文从爪絲。

《県部》縣，繫也。从系持県。

北京市电车公司印刷厂出品 八三·四
（1458）20×20＝400

《人部》傒，絜束也。从人，从系，系亦声。（见縣系条）

拑同“劫”，又同“鈙”“捦”“拈”“𢫬”。

《手部》拑，胁持也。从手，甘声。“捦，急持衣裣也。从手，金声。（襟，或从禁。）”“拈，𢫬也。从手，占声。”“𢫬，拈也。从手，耴声。”

《力部》劫，人欲去以力胁止曰劫。或曰以力止去曰劫。

《攴部》鈙，持也。从攴，金声。读若琴。《公羊宣十四传》“拑马而秣之。”《释文》“以木衔马口也。”钱坫说“《三仓》手捉物也。今擒字如此。”段说“胁犹迫也。俗作拹，古无其字，用胁而已。以力止人之曰劫，不专谓盗，而盗傑于国门之外亦劫也。太史公曰，劫人作奸。”用力解脱而逃亦曰劫。《六书故》俗作“捦”。桂馥引《青琐高议》“明皇时方献牡丹者，时贵妃匀面，白脂在手，印於花上。来岁，花开，瓣有指印名为一捻红。”《释名》拈，黏也，两指黏著不放也。段说“此与‘捦’义略同。”

擥后出作“纜”

北京市电车公司印刷厂出品 八三·四

《手部》擥，撮持也。从手，監声。

《诗经·都人士》"臺笠緇撮"。孔疏"小撮持其髻而已。制小故言撮。"《释名》作"攬"云"斂也。斂置手中也。"《弟子职》曰"飯必奉擥。"谓总撮而两持之也。後出字作"纜"。

撣 即嬋媛字 撣同提

《手部》撣，提持也。从手，單声。讀若行遲驒驒。（徒旱切）提，挈也。从手，是声。

钱坫说："今撣援即嬋媛也。今毘陵人谓行遲为驒驒，讀近波。"案《广雅·释诂》"撣，提也。"《释训》"撣援，牵引也。"《释名》提，地也。臂垂持近地也。《曲礼》"提者当带。"《正义》谓贄当带而提挈其物。

把 俗作"扒"

《手部》把，握也。从手，巴声。

《汉书·贡禹传》"农夫捽草把土"。注云，"把手掊之也。"《庄子·人间世》"其拱把而上者。"司马彪注"一手曰把。"似皆俗作"扒"

拏 即俗拿字

《手部》拏，牵引也。从手，奴声。

钱坫说，"繫传下有'一曰已也'四字，文选注引作'亂也'，已乃乱之讹。吴都赋'横杓拏摩李善引许君淮南子注"掔，扎也。"）《今韵篇》"掔也，引也。"即俗羞字。

掔同攎

《手部》攎，挐持也。从手，盧声。《集韵》"掺攎，收敛也。"又曰"蓡或作掺。蓡攎，收乱草。"今此语尚存。《释名》攎，叉也。五指俱往也。"案攎与挐音义同，铉本作"挐"讹误。又《方言》"㘓哰、謰謱，挐也。"郭注"言譇挐也。女加反。"又曰"挐，扬州会稽之语也。或谓之羞。或谓之謰。"

控 後出作"鞚"。控同"扣"。

《手部》控，引也。从手，空声。诗曰，控于大邦。匈奴名引弓控弦。"扣，牵马也。从手

段说，"引者，开弓也。引申之为凡引远使近之称。"《诗经·大叔于田》"抑磬控忌"传曰"止马曰控。"止马曰控者亦引之使近之意。控亦作"鞚"。《字林》"鞚，马勒也。"鞚即控之后出。《汉书·墨敦通传》"控弦四十万骑。"注云，皆引弓也。《史记》"控弦之士。"《左传·襄十八年》"太子与郭荣扣

掮《周礼》作"拍"

北京市电车公司印刷厂出品 八三·四

《手部》拍，拊也。从手，百声

《释名》拍，搏也。手搏其上也。《考工记》"搏埴之工。"注云，"搏之言拍也。"《玉篇》"拊，拍也"。经典多作拍从白。鼎彝亦作"拍"。

掊 ~~杷也（从~~ 后作"抔" 同"捊"

《手部》杷也。今盐官入水取盐曰掊。从手音声。又清"捊，引取也。从手孚声。"（诗曰原隰捊矣（今诗作裒）捊或从包）

《史记·封禅书》《汉书·郊祀志》"掊视得鼎"。师古曰"掊，手把土也。"《索隐》引《说文》掊，把也。~~（抱，捊之或体）~~《力部》掊杷也。《通俗文》手把曰掊。《释名》把掊也。所以掊除物也。

后出字作"抔"。《礼记·礼运》"污尊而抔饮。"郑注："手掬之也。"《汉书·张释之传》取长陵一抔土。"注，谓手掬之也。《诗大雅·绵》"捄之陾陾"。笺云"捄，捊也。度，犹投也。筑墙者捊聚壤土盛之以蔂，而投诸版中。"此引笺之文。《诗小雅·常棣》传曰裒聚也。《易谦卦象传》君子以捊多益寡。陆德明释文郑荀作捊。

扪 同揞

《手部》扪，抚持也。从手，门声。诗曰，莫扪朕舌。莫奔切 揞，[illegible]也。

钱坫谓《声类》扪，摸也。古揞即摸字。《诗大雅·抑》"莫扪朕舌，言不可抚也。"传曰"扪，持也"。《广韵》扪，以手抚持。《手部》"抚，揞也"。若至猛扪虱亦揞持之引申。

北京市电车公司印刷厂出品 八三·四

(1458) 20×20=400

揩亦应《一切经音义》"揩同拭"。又《巾部》幭下云"墣地以巾撋之。"撋亦揩之后出。

㨝　段改为挟非，当从二徐。

《手部》㨝，俾持也。胡颊切

㨝注云"俾持"即并持。案拼本亦云并持者也。谓兼二物而持之也。《释名》"挟，夹也。在旁也。"

~~撣同揰~~　拈同"𢫬"。即捻字

《手部》𢫬，拈也。从手，𡿭声。"拈，𢫬也。从手，占声。奴兼切

《六书故》"𢫬今作捻。"《通俗文》"手按曰捏。"《释名》拈，黏也。两指翕着之黏著不放也。

撩　今作"料"。此官僚正字。撩又同撥。

《手部》撩，理也。从手，尞声。"撥，理持也。从手，發声。"

《斗部》"料，量也。从米在斗中。"此料应训数。《国语》"料民於太原。"《韦解》"料，数也。"理事为料，应作"撩"。官撩者理事者也。料撩音义虽相汇通，而义亦有别。段说："撥，谓分理而持之也。"撩撥为官僚之正字，尤为明晰。

搹同搤。搤即扼之本字。

《手部》搹，把也。从手，从手，鬲声。扼，搹或从戹。"搤，捉也。从手，益声。"

章太炎先生曰："《木部》槅，大车轭也。《释名》槅，轭也，所以扼牛头也。然则槅，轭也（亦作扼）。搤，捉也。既有扼亢搏胡之义，亦与槅轭相傅。"《史记·韩非传》夫龙之为虫也，可扰狎而骑也。然其喉下有逆鳞径尺，人有婴之，（今本作婴，即撄字）则必杀人。"撄字不见于说文，应训触训捉。其正字则应作"搤"。撄即搤之对转音。

按同抑

《手部》按，下也。从手，安声。

《印部》𠨘，按也。从反印。抑，俗从手。

按抑双声亦旁对转。二字音义同。章太炎先生说："《诗齐风》抑若扬兮。此以色训抑，以扬说扬非在美也。《说文》色，颜气也。颜，眉目之间也。此今所谓'印堂'。印𠨘形体相反，声为去入。抑即印堂，故以色训之。鼻准为頞，頞之言按也。眉目间在下曰抑，颜在上曰扬，为人体所同。亦此按抑引申之义。

掾同揗

《手部》掾，缘也。从手，彖声。以绢切。"揗，摩也。从手，盾声。

《既夕礼注》"飾衣曰纯。谓~~揗读先系之先~~领与袂。"王筠说"训缘者亦循~~缓~~缘之义。"与揗揗同。揗即遁揗字。掾亦为官名，《汉书·萧何传》为沛主吏掾。注曰"正曰掾，副曰属。"汉旧注，东西曹掾比四百石，馀掾比三百石。属比二百石。此等皆翼辅其旁者。《史记·货殖列传》"陈掾其间"。陈掾谓经营也。（《考工记》作"陈篆必正"）

捋同"赖"。同"寽"。

《手部》捋，取易也。从手寽声。

《贝部》赖，赢也。从贝，剌声。

《受部》寽，五指持也。从受，一声。读若律。吕戌切（见前）

搢同"戡""扌

摵同"㵸"。即抹字。

《手部》摵，批也。从手，威声。亡列切

《水部》㵸，拭灭也。从水，蔑声。

《庄子·外物》"静然可以补病，眥摵可以休老"。"眥摵"即批摵。《释文》"本亦作揻摵。"《手部》"揻，摵也。"《广韵》《玉篇》皆曰"摵者摩也。"此道家休养之法。~~案濊即抹字~~。《水部》为"㵸泧”濊训拭灭皃。拭灭者拭灭其痕也。锴本作濊泧（泧读若椒榝之榝）今北京音读麻沙。《释名》摩娑犹末杀也。手上下之言也。”《巾部》幭下云：“读如末杀之杀。”《字林》作“抹杀”此即濊泧。徐锴曰，《左传》‘三数叔鱼之恶，不为濊减’，即承此而言。”《方言》净巾谓之濊布。此即今之抹布。

撮 后出作“嘬”。别义有小义，后出作蕞

《手部》撮，四圭也。从手最声。~~一曰~~两指撮也

段说：《汉律历志》“量多少者，不失圭撮。”孟康曰：六十四黍为圭。十圭为一合。孟子为孟康。经典释文序録云，孟子注老子二卷，或曰孟康。（按广韵，圭下云，孟子曰，六十四黍为一圭，）后出作“嘬”。一曰两指撮也。~~《孙子算经·上》~~后出作“蕞”。

𢪊同“撆”。即澼水字。

《手部》𢪊，撫也。从手，米声。莫礼切。“撆，别也。一曰击也。从手，敝声。芳灭切。

𢪊训撫，撫者拭也。《又部》“㕞，拭也。”古代祭祀必刷牲，扫除必刷地。故𢪊有拂拭之义。

撆与拔音同。亦应训刷。《文选·洞箫赋注》引《说文》"撆，拭也。"是古本作"撆，㕞也。"拭即㕞也。㕞古或作"刷"，传写讹为"别"。是"拔""撆"皆㕞拭之义。古代要论㕞拭任何品必先洒水洗滌，然后㕞拭。《管子·弟子职》说，古人打埽房间在堂上用盘泼水，在室内用手泼水，然后刷拭。其文曰"实水于盘，攘臂袂及肘，堂上则播灑，室中则握手。"然后拂拭使其清洁。又古礼祭祀前必"饰其牛牲"饰即拭之古字，古人饰物先洒水，然后以巾拭之。《仪礼·士冠礼》"沐巾一"郑玄注，"巾所以拭污垢。"拔与撆为拭刷的第一步。拔撆即洒水文涤字。然《史记·刺客列传》《孟子荀卿列传》言"蔽席"言"撇席"。皆以撆为拭。

揣同"娱""椯"

《手部》揣，量也。从手，耑声。度高曰揣。一曰捶之。

《女部》娱，量也。从女，朵声。

《木部》椯，箠也。一曰椯度也。从木，耑声。一曰剟也。兜果切

案娱与揣对转。娱揣同切。《左传·昭十三年》"揣高卑"。杜解，度高曰揣，度深曰仞。《国语》

北京市电车公司印刷厂出品 八三·四
(1458) 20×20=400

齐语》"缚本举末"。即《孟子·告子下》揣其本之揣。"揣"与"端"音义同。至于量其轻重"䅊"，䅊对转与揣端同。

掼同遦

《手部》掼，习也。从手，贯声。春秋传曰，

掼渎鬼神。

《辵部》遦，习也。从辵，贯声。

章太炎先生曰"毌亦作串。患字从之。毌训持，故孳乳为掼遦习也。"黄季刚先生曰，《尔雅·释诂》"串、贯，习也。"串贯同字并见。《集韵》串、倲、尔雅，习也。《说文》倲，黠也。黠习义亦近。但串为毌之变体，是串贯亦同文。皆当作"掼""遦"。又曰《尔雅·释诂》"宜、贯，事也。"或説宜为官，形误。官与贯文异训同。案宜贯训固同。宦亦亦通。（《礼记·学记》"宦学事师"是宦宦皆有习义。）宦训事，亦见《史记注》。《汉书武帝纪》九更复贯。颜注"贯，事也。"然不破字亦通。"以此知"掼""遦"训习亦有学习义。《诗小雅·六月·正义》引书大传曰"贯之何、习之也。"亦应作掼遦。

北京市电车公司印刷厂出品 八三·四
(1458) 20×20=400

搔（叉）自蚤之后出。后出字作瘙

《手部》搔，括也。从手，蚤声。

玄应《一切经音义》引作"刮也。"又云"搔亦抓也。《马部》骚下云"一曰摩马。"疒部"瘙，搔也。"

案《虫部》"蚤，啮人跳虫。从䖵，叉声。"叉，手足甲也。蚤下云"叉古爪字。"蚤或从虫。"搔其后出字作瘙。

摽同"勡""攴""撲"。同"剽"。又别字作"扑"（与撲）

《手部》摽，击也。从手，票声。一曰挈门壮也。"撲，挨也。从手，菐声。

《力部》勡，劫也。从力，票声。

《攴部》攴，小击也。从又，卜声。

《刀部》剽，砭刺也。从刀，票声。一曰剽劫人也。

《左传·哀十二年》"長木之斃，无不摽也。国狗之瘈，无不噬也。而况大国乎？"杜注"摽，击也。"（上文言国无道，必弃疾於人。言国无道，必投弃己毒患於人以自快，比以长木之斃，其摧折时必摽击於人。狗疯狂時，无不乱咬人。《释文》"瘈，犬狂也。"《说文》狾下引（左传）"狾犬入华臣之门。"此喻吴国将亡不择物而摽击，事指故樸謂出于"卜"《说文》卜，灼剥龟也。卜即剥之古字。剥，裂也。诗言爰契我龟。此剥之说灼（是以火灼龟）、爆裂。故卜亦古暴字。暴引申为暴客。故同"𢧐"。𢧐犹寇之从攴，攴训小击。又同"撲"撲训挨，挨者击背也。与"剽"亦同。一曰剽劫人也。其训从剥者古剥与击同也。

扴　今作"揩"。"揩擊""揩拭"字皆作此。

《手部》扴，刮也。从手，介声。

钱坫说"今作揩字也。"《礼记·明堂位》拊搏玉磬揩击。"郑注：揩击谓柷敔。《广雅·释诂三》揩，摩也。梅尧臣《送方進士游庐山诗》我方屡塔难摩揩。"是揩有击与摩两义。

挑　挑撓，同"擾"。

《手部》挑，撓也。从手，兆声。一曰摷也。国语曰郤至挑天。"撓，擾也。从手，堯声。一曰抹也。"擾（擾），煩也。从手，夒声。

案挑撓即擾之缓读。或挑撓为连语。如《莊子大宗师》"登天游雾，撓挑無极。"《女部》有"姚嬈"姚下曰"或为姚嬈也。史篇以为姚易也。"嬈下云"一曰嬈擾，戲弄也。"然则挑撓、姚嬈皆以摟为本义。黄季刚先生曰，中国语言音单词複，故往往变单字为双字。又曰由于音单词複，单名多变为双名，因之製成诗歌、骈文、联语等文体。他如有節奏之语言，亦皆由此形成也。"今依師說分析挑撓。挑撓本即摟字，挑撓亦可分别单用。如《史記、高帝紀》即汉王欲挑戰請多与战。"臣瓚曰"挑战擿撓敌求戰也。"《司马相如传》是時，卓王孙有女文君新寡，好音。故相如以琴心挑之。《索隐》張揖曰"挑，撓也。"挑亦训摟，皆谓撓动之。撓亦单用。《莊子、駢拇》"自虞氏招仁义以撓天下也"。《淮南子、說林训》使水濁者魚撓之。"撓亦摟也。亦有撓动之义。

摟同妯

《手部》摟，烦也。从手憂声。

《女部》妯，動也。从女，由声。徒歷切

《诗桧风、毛传》"烹魚烦則碎，治民烦則乱。"《左传、襄公4年》"德用不擾。"杜注，"德用不乱"又《诗小雅、鼓鐘》"憂心且妯"《释詁》《毛传》皆云"妯，动也。《释詁》妯也动也。"箋云，"妯之言悼也"。《方言六》"妯，擾也。"妯又通作"抽"。《楚辞、九章》有《抽思赋》

摟同[illegible]臾

《手部》摟，曳聚也。从手，婁声。

《申部》臾，束縛捽抴为臾。从申从乙。锴本作"曳也。聚也。"段从其说。《释诂》"摟，聚也。"郭注"摟犹今言拘摟，聚也。"后汉书·董卓传"剽虏资物谓之搜牢"。此与拘摟义近。《孟子》"五霸者摟诸侯以伐诸侯者也。"赵注"五霸强牵摟诸侯以伐诸侯。"又"踰东家墙而摟其处子。"赵注"摟，牵也。（此与《左传》所谓'牵率老夫以至於此'义皆相近）《玉篇·手部》引诗曰"弗曳弗摟"（今《诗经·山有枢》皆作"婁"）。摟与臾古韵同在侯韵。段说"凡史称瘐死狱中皆当作臾（如《漢书·宣帝纪》瘐死狱中。）。"案《尔雅·释训》"瘐瘐，病也。"此因束縛捽抴而至病死。故其正字作臾。瘐乃後出字。《史记》有作"庾死狱中"者，庾乃声借字。

㨖 今作"掣"。

《手部》㨖，引縱曰㨖。从手，瘛省声。锴本作"制声"。段说"《尔雅·释训》、《释文》作'引而縱之。引，開弓也。縱，缓也。一曰舍也。'

按引縱者謂宜远而引之使近，當近者而縱之使远，皆为牵掣也。不必如《释文》所据。《释訓》"粤、夆、掣，曳也。"钱坫說"今作掣字也。"

搣，直異切。此即相值字

《手部》搣，当也。从手，武声。

钱坫说"此相值之值。《玉篇》搣亦作值。然值措置字不与此同也。"章太炎先生曰，"《說文》搣，当也。今广雅训亦同。曹憲音植直二反。《唐韵》音直異切。古无舌上音，搣在舌头如抵。今犹存古音也。又今人以物質钱亦曰搣。同取相当之义，并为搣字。音义亦与質同。《說文》質，以物相贅。

披同僻

《手部》披，从旁持曰披。从手，皮声。"

《人部》僻，避也。从人，辟声。詩曰，宛然左僻。一曰，从旁牵也。

《周礼·夏官·司士》"作六軍之执披。"注云，"作謂使之也。披，柩车行所以披持棺者。有纽以结之謂之戴。鄭司农云披者扶持棺险者也。天子旁十二，諸侯旁八，大夫六，士四。玄謂结披必当棺束，於束系纽。天子诸侯载柩三束，大夫士二束。"~~丧大记曰，君纁披六，大夫披四。前纁后玄。士二披用纁。大君礼~~ 案此文言披最详。作训役使，《吕氏春秋·知化篇》高注云，"使，役也。"《檀弓注》"设披周也。"注云"披，柩行夹引棺者。"故《说文》从旁持曰披。贾公彦说"披柩两旁使人持之若四马六辔然故名持棺者为披也。"彼者扶持棺险，持披备倾戏。惟二郑谓执披人数不同。郑众以《丧大记》君纁披六，士二为据。一边言，左右并之，则六披有列十二披，二披者有四。然《大记》言君谓诸侯。郑众以意补"大披十二"，则左右二十四。郑玄谓君六，是两旁合数，若据一边言则三披。又《既夕礼》"设披"。注曰，披络柳棺上，贯结于戴。（戴两头皆结柳材，纽即戴。纽以帛中屈为之。其属，以为系棺。）俾与披双声，一曰从旁牵也。则与披音义同。

摇同"掉""榣""摵"

《手部》"摇，动也。从手，䍃声。""掉，摇也。从手，卓声。春秋传曰，尾大不掉。"

"搈，动搈也。从手，容声。"摵，摇也。从手，咸声。胡感切

《周礼·矢人》"以其夾而摇之，以眡其豐杀之節也。"

摇《周礼释文》本亦作揺。汉隶凡从䍃字或从𠱾。刘球《隶韵》载汉孔庙礼器碑、《刘宽碑》《朱龟碑》、李翕《西狭颂》繇作𠱾。《韩勑碑》《郑固碑》瑶並作瑶是其證也。此文言试羽之法，以眡其丰杀節。《矢人注》"節犹適也。"丰杀得其適则遅趮之病亦除矣。郑玄曰"今人以指夾儗衛是也。"《释名·释兵》曰"矢羽齊人曰衛。所以導衛矢也。"清程瑶田说"今人试矢以左手指偏而围之，臧矢其中，复以右手两指夾其比旋之令前行以觀其遅趮之宜。（羽丰则遅，羽杀则趮）"衛即羽也。《既夕记》"翭矢短衛，志矢亦短衛。"疏曰"羽所以防衛其矢，不使不调，故名羽为衛。"《月令》"以摇养之。"《左传·昭十一年》"郑京栎实杀曼伯（郑昭公），宋萧亳实杀子游，齐渠丘实杀无知，衛蒲实出献公。若由是观之，则害於国，末大必折，尾大不掉。"此言末大必折，以树木喻；尾大不掉，以畜兽喻，此皆以大足乱其国者。《楚辞》亦说其事云，"制芭若体性兮。有首领·

北京市电车公司印刷厂出品 八三·四

(1458) 20×20=400

股肱，至于手拇毛脉，大能掉小，故变而不勤。夫边境者国之尾也。譬之如牛马，处暑虻蟹之既多，而不能掉其尾，臣亦惧之。"此以尾兼指边疆。"又搈，动搈也。~~从手，容声。~~段说"动搈汉时语。"此说误。《韩非子》"动之搈之"。《楚辞·九章》"悲秋风之动容兮"动容即动搈，此与"摇荡"义近。撼训摇，今俗撼字如此。毛主席诗"蚍蜉撼大树"亦此义。

揂同揫

《手部》揂，聚也。从手，酋声。即由切 揫，束也从手，秋声。诗曰百禄是揫。即由切

案《韦部》"𩏄，收束也。从韦，糕声。读若酋。𩏄，或从要。揫，𩏄或从秋手。"此重见也。今《诗商颂·长发》"布政優優，百禄是遒"传云，"遒，聚也。"《说文》揂训聚。而引诗作"揫"《尔雅·释诂》"揫，聚也。"训束与聚义近。《后汉书·马融传》"揫敛九薮之动物"注"揫，聚也"。《释木》枹遒木。魁瘣。"郭注，"谓树木丛生，根枝節目盤结磈磊。"黄季刚先生曰此当作二句。木字句绝。魁瘣二字句，如黄蔼之数。魁

鬼部：鬼木也。魁瘣读若畏㚑。枪与柁霍首同名。

擧同舉同揚同翔

《手部》擧，对擧也。从手，輿声。"舉，对举也。从手，與声。"揚，飞举也。从手昜声。毁，改、

《羽部》翔，回飞也。

擧舉皆训对举，则训举者本有对义。揚与举唐模对转。举与揚皆有对义。故《大雅》"对揚王休"揚即对也。《周颂》言"对越在天"，越亦即揚，对越一义也。揚同翔，翔亦两翅对举。又《方言》"揚，双也。矑童之子或谓之揚。"双矑童有二故谓之揚。汉民族以相对为美，丽训两鹿旅行，引申训为丽两。揚亦同举。《檀弓》说"杜蒉揚觯谓之杜举。"

擩同"需""染""霑""䨣""湆"。即濡染字。

《手部》擩，染也。周礼曰六曰擩祭。

《水部》染，以缯染为色。从水杂声。"湆，海岱之间谓相汙曰湆。从水，啇声。

《雨部》需，𩂣也。遇雨不进止𩂣也。从雨而声。易曰云上於天需。"霑，雨霂也。从雨沾声。""䨣，雨濡也。从雨，染声。"

北京市电车公司印刷厂出品 八三·四
(1458) 20×20=400

《史记·司马相如传》"鲜於盐浦，割鲜染轮。"郭璞曰，鲜，生肉也。染，擩也。擩之於轮而食之。"又云"脟割轮淬"，淬《汉书》作"焠"，颜师古注"焠亦擩染之义耳。言脔割其肉擩轮盐而食之。引《周礼·春官·大祝》"六曰擩祭"郑众注"擩祭，以肝肺菹擩盐醢中以祭也。"《公食大夫礼》注云"擩犹染也。"案擩盐者肝肺也。擩醢者菹也（菹为久乾之菜。）以礼经双之，擩醢者又有脯，擩盐者又有燔。郑众不言略之耳。染与擩同（双声）。《左传·宣四年》"染指于鼎"，《特牲馈食礼》作"㨎"俗字也。㨎擩皆从而声。曰"左执觯，右取菹，㨎於觯，右取菹，㨎於醢。"注"㨎醢者，染於醢。"《雨部》有霑𩅿，即今沾染字。霑𩅿本同音。亦与濡同韵，相训亦霑染义也。故"濡濽"、"[illegible]"源于霑𩅿。

《文始》卷五·夕

揆同癸

《手部》揆，葵也。从手，癸声。《尔雅·释言》"葵，揆也。揆，度也。"葵揆，揆度相承义同。郭引诗"天子揆之"。今诗作"葵"。（见诗小雅·采菽）

損同抎

《手部》"損，減也。从手，員聲。""抎，有所失也。"《春秋傳》曰："抎子，辱矣。"从手，云聲。"

《水部》"減，損也。"《玉篇》："損，減少也。"《墨子·天志》"抎失社稷。"《齊策》"寡人愚陋，守齊國，惟恐失抎之。"引《春秋傳》見成二年。今本作"隕"。《阜部》"隕，从高下也"。文訓有別，而實相通。仲尼弟子閔損字子騫。名字相應，《馬部》"騫，馬腹縶也。"詩言"不騫不崩"，又騫崩連言，騫猶今言"倒塌"，即縶之俗字。則損抎从失言，隕礩从高墜下言。言訓詁宜辨其通與別。

失同"逸""遺"。

《手部》"失，縱也。从手，乙聲。"

《辵部》"遺，亡也。从辵，貴聲。"

《兔部》"逸，失也。从辵兔。兔謾訑善逃也。"

《玉篇》引作"縱逸也。"失與逸同屬部。逸下言"訑謾"，段說"謾訑"。《言部》作"訑謾"（訑謾雙聲對轉聯語）《方言》"秦謂謾。"郭云"言謾訑"。訑音大和反（俗所謂狡兔）。按《戰國策》"寡人不喜訑者言也。"《漢

北京市电车公司印刷厂出品 八三·四

宣帝诏》"欺谩"。《季布传》"面谩"。韦注："谩，相抵讕也。"

挩同失

《手部》挩，解挩。从手，兑声。他括切《老子》"善抱者不挩。"注："挩，一作脱。"今人多脱字。古或借为挺。《史记·陈涉世家》"尉剑挺"。挺即挩之声借，亦即失字。故徐广云挺，脱也。《汉书·刘屈氂传》"戾太子发兵入丞相府。刘屈氂挺身逃；亡其印绶。"挺身即失身，亦即挩身今言脱身。挩又同夺。夺失同义。《说文》"夺，手持隹失之也。"《谷永传》亦云"数离深宫之固，挺身晨夜与群小相随，"挺亦挩，亦同失。谓成帝微服逃而出也。

撥训芟除则由癹来同癹

《艸部》茇下云"春艸根枯引之而发谓之撥"此撥除义　撥由癹来。《左传·隐六年》"周任有言曰为国家者见恶如农夫之务去艸焉，芟（《说文》作癹）夷蕴崇之，绝其本根，勿使能殖，则善者信矣。"芟夷亦作"癹夷"，言癹夷则除其本根。本根即除，则无使能殖也。《癶部》癹，以足蹋芟艸。"《手部》"拷，治也。"本谓治田，治田先除艸，故拷训除。

撟即矯虔字

《手部》撟，举手也。从手，喬声。一曰撟擅也。

《尚书、吕刑》"夺攘撟虔"。《汉书·武帝纪》"矯虔吏因乘势以侵蒸庶邪。"颜注，"撟与矯同"。韦昭注，"称诈为撟，强取为虔。"

擩即濡渍字

今云耳濡目染，濡即擩字。（补前）

搫即跛危字

《手部》搫擭，不正也。"擭，搫擭也。一曰布擭也。一曰握也。

搫危即跛危字。亦即叛换字。

挹同"勺""舀""斟""酌"

《手部》挹，抒也。从手，邑声。

《勺部》勺，挹取也。象形。中有实，与包同意。

《臼部》舀，抒臼也。从爪臼。诗曰，或簸或舀。抭，舀或从手从冘。𦥷，舀或从臼冘。

《斗部》斟，勺也。从斗，甚声。

《酉部》酌，盛酒行觴也。从酉，勺声。

北京市电车公司印刷厂出品 八三·四

(1458) 20×20=400

《诗大雅、泂酌》之"酌彼行潦，挹彼注兹。"玄应《一切经音义》引"挹，酌也。"《华严音义、珠丛》"凡以器斟酌於水谓之挹。"章太炎先生曰："挹即勺。勺有二音，一如酌，在齿欲则入舌。~~次对转侵，变易为斟勺也~~。一如约，在喉。如勺者变易为酌，盛酒行觞也。次对转侵，变易为斟，勺也。旁转幽变易为舀，抒臼也。舀对转缉，变易为挹，抒也。"

抒同"予""斜""斞"。盖修除字。

《手部》抒，挹也。从手，予声。神与切

《斗部》斞，挹也。从斗，臾声。以主切 "斜，抒也。从斗，余声。读若荼。

《予部》予，推予也。象相予之形。

《通俗文》"汲出谓之抒。"《广雅》"抒，渫也。"《管子、禁藏》"抒井易水。"此盖古人修井，修井必抒出污水。故抒为修除义。引申为发渫，故用抒情义。《惜诵》"发愤以抒情。"斜读荼即除去义，斞训挹亦汲出义。予训推予即排除义。~~抒~~抒等字与挹彼注兹义相汇通。然一以饮酌为主，一以修除污水为主。

担同“⿰虘又”“拓”

《手部》担，挹也。从手，且声。读若樝梨之樝。（侧加切）拓，拾也。陈宋语。从手石声。摭，拓或从庶。

《又部》⿰虘又，叉取也。从又，虘声。

《方言十》担、樝，取也。南楚之间凡取物沟泥中谓之担。或谓之樝。郭注“摣（相）梨”（“樝梨”见《木部。侧加切）《仪礼、有司彻》“乃摭于鱼腊俎”《方言一》摭，取也。陈宋之间曰摭。”《汉书、刑法志》“萧何攈摭秦法。”《汉书、扬雄传》“拓迹开统。”应劭注，“拓，广也。”黄季刚先生曰担，今俗作抓。亦即搾字（压搾）。拓展拓字当即庶之声借。”⿰虘又依段注为叉取。叉取者用手自高取下也。若《手部》云簎者以铁物刺而取之也。今俗语⿰虘又读如渣。”

摍同“㨨”“擢”。同“缩”

《手部》摍，蹴引也。从手，宿声。（所六切）㨨，引也。从手，留声。抽，㨨或从由。擢，引也。从手，翟声。（直角切）

《糸部》缩，乱也。从糸，宿声。一曰蹴也。

北京市电车公司印刷厂出品 八三·四
（1458）20×20＝400

《诗·小雅·巷伯》毛传曰："昔者颜叔子独处于室，邻之嫠妇又独处于室。夜暴风雨至而室坏。妇人趋而至，颜叔子纳之，而使执烛。放乎旦而蒸尽，缩屋而继之，自以为辟嫌之不审矣。若其审者宜若鲁人然。鲁人有男子独处于室，邻嫠妇亦独处于室，夜暴风雨至而室坏，妇人趋而托之，男子闭户而不纳，妇人自牖与之言，曰，子何不纳我乎？男子曰，吾闻之也，男子不六十不闲居。今子幼，吾亦幼，不可纳子。妇人曰，子何不若柳下惠然，妪不逮门之女，国人不称其乱。男子曰柳下惠可，吾固不可，吾将以吾不可学柳下惠之可。孔子曰，欲学柳下惠者未有似于是也。"《释文》缩，所六反，又作樎（同）。樎乃摍之误。（阮元《诗释文校勘记》"樎字误，当作摍。"）孔疏"缩作摍，抽也。"段说证《梁祠堂碑》云"摍茅"。《左传·昭六年》所谓"不抽屋也。"抽亦同擢。擢与抽古韵相为平入也。缩为摍之后出字。

援同"爰""援"。

《手部》援，相援也。从手，虔声。"援，引也。从手，爰声。

北京市电车公司印刷厂出品 八三·四

《爰部》爰，引也。从受，从于。籀文以为

锴本作"援，相援也。"似非。"援""瑗""爰"三

字古义同。后出字作"褑"

櫂诗作籊

《诗·卫风·竹竿》"籊籊竹竿"毛传"楫所以櫂

舟也。"

捣同築

《手部》搗(捣)手椎也。一曰築也。从手，寿声。

《木部》築，捣也。从木，筑声。𥳑，古文。

段说"以手为椎而椎之。築者必用杵非徒手也。"

《史记·孙吴列传》"批亢捣虚"索隐曰，"擊也。

衝也。

攣同樊

《手部》攣，係也。从手，䜌声。

《𣥠部》樊，騺不行也。从𣥠，从棥，棥亦

声。

《周易·中孚》"有孚攣如"虞翻注"攣，引也。"

"正義曰相牵系不绝之名也。"《易林》曰，"一牛

九锁，更相牽攣。"樊见𣥠部说文前。

挺同"挻""𡈼"。

《手部》"挺，拔也。从手，廷声。""搴，拔取也。南楚语。从手，寒声。楚词曰朝搴阰之木兰。"

《壬部》"壬，善也。从人士。士，事也。一曰象物出地挺生也。"

章太炎先生曰壬为莛、茎之古字。虽铤为铜铁樸，亦谓才质初生而已。挺生者谓挺起而直也。《记·月令》"荔挺出"。《吕览》注训挺为生。旁转寒为搴，"拔取也。"搴今作"搴"。亦作"攓"《庄子·至乐》"攓蓬而取之。"司马注"攓，拔也。"《方言一》"攓，取也。南楚曰攓。"又《十》"攓，取也。楚谓之攓。"

探同撢~~"爰""㨨""接"~~

《手部》"探，远取之也。从手，罙声。""撢，探也。从手，覃声。"

《周易·系词》"探赜索隐。"《周礼·夏官·撢人》释文云"撢与探同。"《汉书·淮南王安传》"深探其狱"注云"穷其根源也"。钱坫说，"唐本掬也。《淮南子注》引也。案《周礼·撢人》掌诵王道国之政事。是撢亦读为道矣。"

掌同拺

《手部》"撆，別也。一曰擊也。从手，敝声。"

"挑，撓也。从手，兆声。(见前)

别本作"拭"。

摩同瀎

《手部》"摩，研也。从手，麻声。

《水部》"瀎，拭滅皃。从水，蔑声。

玄应《一切经音义》引《尔雅》"石谓之摩。"郭璞云"玉石被摩犹人自修饰也。"拭滅义亦同，摩瀎歌曷对转。

擺《左传》作"批"。擺同"拍""捭"。

《手部》"擺，反手擊也。从手，罷声。""拍，拊也。从手，百声。""捭，两手擊也。从手，卑声。

《左传·庄十二年》作"批而杀之。"杜注"手批之也。《玉篇》引《左传》作"擺"。馀见前。

攪同"丑""𦥑"

《手部》"攪，乱也。从手，覺声。诗曰，实攪我心。

《丑部》"丑，紐也。十二月万物动用事。象手之形。时加丑，亦举手时也。

《𦥑部》"𦥑，叉手也。从𠂣彐。

章太炎先生曰："丑，纽也。象手之形。或云丑即古文杽字，此但得其一偏耳。又而横距之，则为叉手。更易作臼。叉手也。从爪力。此则丑为初文（若直云从叉，则非初文矣）。臼为非初文。臼又变易为搅，乱也。叉者手指相错，错即乱。故知搅为臼之后出字。丑本古音得与臼搅相通者，犹杻与蹂也。"

括同絜"稛"

《手部》括，絜也。从手，昏声。

《糸部》絜，麻一耑也。从糸，㓞声。古屑切

《禾部》稛，絭束也。从禾，囷声。苦本切

段说："絜者，麻一耑也。引申为絜束之絜。凡物围度之曰絜。贾子'度长絜大'是也（过秦论上）。束之亦曰絜，凡经言括发者皆束发也。《髟部》'鬠者，絜发也。'（絜各本作潔，段改）"絜训麻一耑者，麻一束，束必係其耑。《人部》係下云"絜束也"，可证絜即束。稛训絭束，谓以绳束之。《国语》"垂橐而入，稛载而出"。《方言》："稛，就也。"郭璞曰："稛稛，成就皃。"盖农作物成熟后，而刈获之，然后束之以绳。括絜同训与稛对转，是三

北京市电车公司印刷厂出品 八三·四
(1458) 20×20=400

意义有微别，括髮，絮用於麻，捆繫于禾，而皆以束紮为义。

擘变为擗

《手部》擘，撝也。从手，辟声。

《礼记、少仪》"羞濡鱼者進尾。"注云"擗之由后鬐肉。"擗即擘之变体。

撝同麾

《手部》"撝，裂也。从手，为声。一曰手指撝也。（铉本作一曰手指也。）""摩，旌旗所以指麾也。从手，靡声。"

《周易》谦卦"六四撝谦。"《释文》"马曰撝犹离也。"玄应《一切经音义》卷十三"撝，裂也。谓手擗开也。"段说，"易撝谦注曰指撝皆谦。凡指撝当作此字。"俗摩作麾。撝下云读若指撝。

技同研

《手部》技，巧也。从手，支声。

《女部》妍，技也。一曰不省录事。一曰难侵也。一曰惠也。一曰安也。从女，幵声。读若研。

释名、释姿容》妍，研也。研精于事宜则无蚩缪也。蚩，痴也。"《方言一》"自关而西秦晋之故都曰妍，好其通语也。"郭云"秦旧都今扶风雍丘也。晋旧都太原晋阳县也。其俗呼好为妍。五千反。妍一作忏。"

摹同模

《手部》摹，规也。从手，莫声。

《木部》模，法也。从木，莫声。读若嫫母之嫫。《夫部》"规者有法度也。"又"畫，畍也。"本谓规画土地封疆。《春秋国语》言"规方千里以为甸服"此言画方千里也。《墨子·小取》"摹略萬物之然，論求羣言之比。"摹略即绘画也。绘事曰摹，谋略亦谓之模。摹绘其形亦谓模，因而亦谓规摹方策。《释诂》圖训谋，此犹绘事曰圖，曰画，曰摹。谋猷曰圖，曰画，曰模。从绘事曰摹，则所谓圖画写象也；从谋事曰模，则所谓规度方法也。规摹法则一也。

拙亦同钝

《手部》拙，不巧也。从手，出声。

《金部》钝，錭也。从金，屯声。

《广雅》"拙，钝也。"《释名》拙，屈也。使物屈不为用也。"又制者必锐，则圆者皆钝。圆亦屈也。钝与拙痕没对转。

摶同團

《手部》摶，圜也。从手，專声。

《囗部》團，圜也。从囗，專声。

北京市电车公司印刷厂出品 八三·四

(1458) 20×20=400

钱坫说："王逸《楚词注》抟，圜也。楚人名圜为抟。"案抟与团同，即团结字。《管子·霸言》"夫令不高不行，不抟不听。"《商子·农战》"抟民力以待外事。"此皆团结义。《左传·昭二十五年》"若琴瑟之专一。"董遇本作"抟"。

揟即今"篩"字

《手部》揟，取水沮也。从手，胥声。武威有揟次县。

段说："沮今之渣字。《集韵·九麻》"柞，滓也。亦作渣"。取水渣者必滚之、漉之，如酾酒然。今所谓滤水也。《周礼·秋官·士师》"以比追胥之事。"注云，胥读如宿偦之偦。偦谓司捕盗贼也。"案揟今俗作篩字。

搰同圣。掘亦同圣

《手部》搰，掘也。从手，骨声。户骨切 "掘，搰也。从手，屈声。

《土部》圣，汝颍之间谓致力于地曰圣。从土，从又。读若兔窟。苦骨切

《左传·哀廿六年》"掘褚师定子之墓。"《释文》"掘本作搰。"《吴语》狐埋之而狐搰之。是以无

成功。"韦云"揟，发也。"《列子、说符》"俄而扫其谷而得其鈇"。注云"扫，古掘字。"《玉篇》扫亦揟字。"《左传、哀廿六年》"掘褚师定子之墓。"《释文》掘本作揟。"案"扫""掘""揟"三字古韵皆属没韵，亦皆喉音。

~~撅同剌~~捲同"倦"。又同"獧"。今拳勇字正作"捲"。巨员切

《手部》捲，气势也。从手，卷声。国语曰有捲勇。一曰，捲，收也。

《诗小雅、巧言》"无拳无勇。"毛传："拳，力也。"《齐语》"桓公问曰，於子之乡有拳勇股肱之力秀出者："韦云，大勇为拳。"又《诗齐风、卢令》"權，勇壮也。"

撲别字作"扑"

《手部》撲，挨也。从手，菐声

~~今读~~此撲即鞭撲之撲，今经典俱作扑。如《尧典》扑作教刑。"《周礼、司市》"大刑扑罚。"《仪礼、乡射礼》"取扑搢之。"《月令》"司徒搢扑。"《左传、文十八年》"歜以扑抶。"之类。皆以撲为正字。

摼即鏗正字

《手部》摼，擣头也。从手，坚声。读若鏗尔舍

北京市电车公司印刷厂出品 八三·四
(1458) 20×20=400

瑟所作。

《说文》无铿字。《玉篇》"铿，撞也。"《楚辞》"铿钟摇鼓。"又《校猎赋》"掔象犀"注"掔古牵字。"

捭即擺字

《手部》捭，两手击也。从手，卑声

段说："谓左右两手横开旁击也。引申之为《鬼谷子》"捭阖"（鬼谷子有《捭阖篇》。）捭之者开也，阖之者闭也。"捭阖纵横之术，钱坫说"今擺字古作此也。"捭之与擺，犹犤牛训庳，《周礼司弓矢》罢矢，郑司农读为人罢短之罢。

抗同"禦"。又同"敔""歫"。

《手部》抗，扞也。从手，亢声。杭，或从木

《示部》禦，祀也。从示，御声。

《止部》歫，止也。从止，巨声。一曰搶也。一曰超也。

《攴部》敔，禁也。一曰乐器，椌楬也。形如木虎。从攴；吾声。

段说"《既夕礼注》抗，禦也。"字或作亢。《左传宣十三年传》"而亢大国之讨"杜注"亢，禦也。"

北京市电车公司印刷厂出品 八三·四
(1458) 20×20=400

《左传·僖廿八年》背惠食言，以亢其雠。杜注"亢犹当也。雠谓楚也。"案杜注误。亢与抗同。凡扞御人谓之抗，为人扞御亦谓之抗。为人抗御即蔽护、扞蔽之义。其雠，楚之雠即宋也。《昭元年》吉不能亢身，焉能亢宗。"《廿二年》"无亢不衷以奖乱人"皆蔽庇之义。《晋语》未报楚惠而亢宋"是其明证。字又作"杭"今人读胡朗切，作地名。《史记·秦始皇本纪》"三十七年，至钱唐临浙江水波恶，乃西百二十里从狭中渡。"集解引徐广曰"盖在余杭也。"顾夷曰"余杭者秦始皇至会稽经此，立为县。吴卓信《汉书地理志补注》云山谦之《吴兴记》秦始皇三十七年将上会稽，涂出此地，因立为县，舍舟航於此，仍以为名。"《西溪掇话》许志仁云，"秦始皇舍舟於余杭。"按说"抗杭非同字，杭乃航之讹。余杭者，乃秦政舟渡处也。"

章太炎先生曰"汉官执金吾，吾犹御也。"其正字当作"敔"禁也。与歫亦同义。禦敔歫古韵皆在模部与抗对转。

挂同画

黄季刚先生曰，挂店出字作罫。即方罫字。"《集韵》"絓，或从网。"《正字通》罫或作"絓""挂"。《集韵》罫，博局方目也。"（此即围棋方格）《文选》韦曜《博奕论》"所务不过方罫之间"李善注"桓谭新论曰俗有围棊成习，是兵法之类也。"又有"罫板"是罫版之模型板也。"罫纸"是有方格之纸。故挂与画同。

北京市电车公司印刷厂出品 八三·四
(1458) 20×20=400

《手部》挂，畫也。从手，圭声。

《畫部》畫，界也。象田四界；聿所以画之。

畫，古文畫省。劃，亦古文画。

《释名》畫，挂也。以五色挂物上也。"玉篇"作𦟀也。《六书故》云"唐本作𦟀。"《礼·特牲礼》"实於左袂，挂（挂）于季指卒角。"郑云："挂袂以小指者，便卒角也。"《易·系辞上》"易数用分而为二以象两，挂一以象三。"孔疏："挂其一于最小指间。"陆德明释文云：挂，别也。皆与畫义合。许训画为古义。以声韵（音）为训。又案画本形象。《释言》"画，形也。"挂语出于圭，圭起于土圭。《周礼·地官·大司徒》"以土圭土其地，而制其域。"郑注："土其地犹言度其地。"度其地者然后田制得定。画界封疆亦以度为法度。挂训画者，挂即圭之后出，此训画界，此挂之所以训画也。如是则训画者后出之义。黄季刚先生曰"挂即古畫字。"（见《集韵》）

拕同"厂""抴""曳"

《手部》拕，曳也。从手，它声。"抴，捈也。从手，世声。"

北京市电车公司印刷厂出品 八三·四

《厂部》厂，抴也。明也。象抴引之形。虒字从此。

《申部》曳，臾曳也。从申，厂声。

抴同曳音义同。《士相见礼》"举前曳踵"注云"古文曳作抴。"《檀弓》"负手曳杖"《释文》"曳作抴。"案臾下曰束缚捽曳之也。玄应《一切经音义》引"抴引也。"又云"谓牵引也。"《楚辞·九歌·湘君》"桂擢（櫂）兮兰抴。"王注，"擢，楫也。抴，船旁板也。"《诗卫风竹竿传》"楫所以擢舟也。"故因谓楫为櫂。船旁板曳於水中故因谓之抴。《荀子·非相》"君子之度己则以绳，接人则以抴。"杨注，"抴，牵引也。"对转歌部有"拕"，曳也。拕或作"褫"。《周易·讼卦》"上九，终朝三褫之。"郑荀本皆作"拕"（褫，夺衣也。）与抴曳音义皆近。《论语·乡党》今本拕作"拖"。阮氏校勘记云"唐石经拖作抴。释文出拕字云，本或作拖。《淮南子·人间训》"遏盗拖其衣。"高注"拖，夺也。"此皆拕之异体字。厂训抴又训明盖象晴云，故有抴明两义。

摼即铿正字

《手部》摼，捣头也。从手，坚声。读若铿

只舍恐而作。

钱坫说：“《校猎赋》‘𢮦象犀’注，古辇字。《楚词》‘𨰈锵揢策’注，𨰈，撞也。”说文无𨰈字，当以𢮦为正字（《车部》輴下亦云读若论语铿尔舍瑟而作）。

抌　周礼椹质字当作此

《手部》抌，深击也。从手，冘声。读若告言不正曰抌。

换　同𢭏

《手部》换，易也。从手，奂声。

《匕部》变也。从到人。

变换义同匕与换对转。二字音义同。

拲　字变作栱。借为杠𢮦

《手部》拲，两手共同械也。从手，共声，拲或从木。

周礼曰上皋梏而桎。“杠，横关共举也。从手，工声

《汉书·刑法志》凡囚，上罪梏拲而桎。颜注“两手共械曰拲”《狱令》死罪械加杻加拲手。

𦞙　平同“吕”同“脊”
背吕也，象胁肋也。

《吕部》吕脊骨也，象形。昔太岳为禹心吕

心吕之臣。故封吕侯。膂 篆文吕从旅从肉。

《集韵》脊，背吕也。从𠦬，从肉。

章太炎先生曰：𠦬与吕支通穷转，然各为初文。此亦见初文已有转注。舒作齿音则变易为脊。

北京市电车公司印刷厂出品 八三·四
(1458) 20×20=400

第十二卷下

姬，姬妾字如淳音怡。古作妭，今人作姨

《女部》妭，妇官也。从女，弋声。"黄帝居姬水以为姓。

《左传》"虽有姬姜，无弃蕉萃。"《汉书·文帝纪》母曰薄姬。如淳曰"姬音怡。"今人称妾为姨太太实即姬字。古作妭。妭即姬妾字。弋有衰义，妭妾亦穷侍人也。

娸如杜林说，则同"䫏""頦"。

《女部》娸，人姓也。从女，其声。杜林说"娸，醜也。

《頁部》䫏，醜也。从頁，其声。今逐疫有䫏头。"頦，醜也。从頁，亥声。

《汉书·枚皋传》"故其赋有诋娸东方朔"颜注，"娸，醜也。"又《叙传》"朱云作娸。"颜注"云欲斩张禹，是为醜恶之娸。"又"䫏"训醜，云今逐疫有䫏头。《周礼·方相氏》注云"冒熊皮者以惊殴疫疠之鬼，如今魌头也。"是汉世逐鬼有䫏头之事。頦与䫏同在咍韵，亦训醜。是杜林以"娸""䫏""頦"为同根词。

奼后出字作姹

《女部》奼，少女也。从女，乇声。《广韵》姹，娇姹也。《玉篇》姹，美女也。《牡丹亭·游园》"原来姹紫嫣红开遍。"

娶别作娵

《女部》娶，取妇也。从女从取，取亦声。《汉书·扬雄传》"娵娶之美人同娵。"《明令注》"日月会于娵訾。"

妊同"壬""孕""乳""媰"

《女部》妊，孕也。从女，从壬，壬亦声。

"媰，妇人妊身也。从女，刍声。周书曰：

~~至于媰妇。~~

妃同媲

《女部》妃，匹也。从女，己声。"媲，妃也。从女，𣬈声。

妃媲皆配偶义也。《酉部》配，酒色也。则配为绯色义，训配偶者皆为妃或媲。

婗同兒

《女部》婗，嫛婗也。从女，兒声。一曰妇人恶兒。五鸡切

北京市电车公司印刷厂出品 八三·四

(1458) 20×20=400

《儿部》兒，孺子也。从儿，象小兒头囟未合。

嫛婗即婴兒。《礼记、杂记中》"婴兒失其母焉。"郑注"婴犹鷖弥也。"有作"繄倪"者，孙奭《孟子—梁惠王音义》述赵注"倪谓繄倪，小兒也。"

嫗同"姁""媪""威"。引申为"煦嫗"，亦作"燠休"。

《女部》嫗，母也。从女，區声。"媪，女老偁也。从女，𥁕声。读若奥。"姁，妪也。从女，句声。况羽切"威，姑也。从女，从戌。汉律曰妇告威姑。"

《火部》燠，热在中也。从火，奥声。乌到切

嫗姁媪皆为母之称，引申为"煦妪"。《礼记、乐记》"煦嫗覆育万物。"郑注云"气以煦，体曰嫗。"《方言八》"北燕朝鲜洌水之间谓伏鸡曰抱。"郭云"房奥反江东呼'蓲'央富反。"蓲即嫗之别体。是嫗固有母义，故引申有生子义。媪读奥。《史记、高帝本纪》"高帝母曰刘媪。"《史记集解》文颖曰"幽州及汉中皆谓老妪为媪。"孟康曰"长老尊称也。"《史记索隐》"媪是妇人老者通号。"姁妪引申为煦，亦引申为"燠休"。《春秋左氏传》"民有痛疾而或燠休之。"燠休亦以体气覆育之。《正义》引

服虔曰"燠休痛其痛而念之。若今时小儿痛父母以口就之代其痛也。"此体煦之义。惠定宇《读说文记》礼说云"威读如君威姑君也。"案惠氏礼说绪言[illegible]》[illegible]下云，《说文》"莙，从艸，君声。读若威。"是威有君音，故汉律妇告威姑。威姑者君姑也。故威亦母之称，此数字皆一声之转。

妹同媦

《女部》"妹，女弟也。从女，未声。""媦，楚人谓女弟曰媦。从女，胃声。《公羊传》曰楚王之妻媦。"

《诗·卫风·硕人》"东宫之妹。"传曰"女子后生曰妹。"案榖梁传作"夫之女弟也"。《公羊桓二年》"若楚王之妻媦。"何休注"媦，妹也。"妹媦方言之异耳。

㜎与奚同音与侍同意

《女部》"㜎，女隶也。"

段说"周礼作奚。段借字也。《天官·酒人·序官》"奚三百人"郑注"古者从坐男女没入县官为奴。其少才智者（者字今增）以为奚。今之侍史官婢。"或曰"奚，宦女。"《春官·守祧·序官》"每庙二人，奚四人。"郑玄曰"奚，女奴也"

北京市电车公司印刷厂出品 八三·四

(1458) 20×20=400

婦　后出字作"鲚婦"通作帚

《女部》婦，服也。从女持帚灑埽也。

《尔雅·释鱼》"鱊鮬，鱖鯞。"郭注"小鱼也。似鲋子而黑，俗呼为鱼婢。江东呼为妾鱼。"黄季刚先生曰"鱊鮬说文无。即鱖婦之異字耳。鯞即婦人之后出字。婦亦兼帚声。《释文》音章酉反，未为非也。鮬《字林》巨于反。则与鱊鱖为雙声。

婢同嬖

《女部》婢，女之卑者也。从女，从卑。卑亦声。"嬖，便嬖，爱也。从女，辟声。

《𠂇部》"卑，贱也。"《檀弓》"使吾二婢子夹我。"注"卑子，妾也。"《左传·隐三年》"公子州吁，嬖人之子也。"《释文》"贱而得幸曰嬖。"《诗绿衣释文》谥法云"贱而得爱曰嬖。嬖，卑也。媟也。"嬖与婢音义同。

娓同媚"同"嬍"。又同"媄"。

《女部》娓，顺也。从女，尾声。读若媚。"媚，说也。从女，眉声。""嬍，媚也。从女，𡿪声。"

"媄，色好也。从女，从美，美亦声。

北京市电车公司印刷厂出品　八三·四
(1458)　20×20=400

《周礼、地官、師氏》"掌以媺詔王"。媺古美（媄）字。此字不見説文。古文微与尾通。《尧典》"孳尾"《史记》作"字微"。《論語》"微生畝"《汉书》作"微生敵"。《詩經》"誰侜予美"韓詩作"美"作"娓"。是媺即娓字。《通俗文》頰妍美曰媚嫵。徐锴曰"《上林賦》'嫵媚冉弱'。《埤倉》嫵媚，悦也。"《汉书、张敞传》長安中傳京兆媚憮。"憮即嫵字。媄色字如此。今通用美若美字也。

嫱同好

《女部》嫱，媚也。从女，啬声。"好，美也"。钱坫説，"《嫱子》'啬君'"字应作此。孟康曰，北方人謂媚好為詡畜（見《汉书、张敞传注》）

好同"孔"又同"姣"、同"嫱"

《女部》姣，好也。从女，交声。

《方言一》娥、嬿，好也。宋魏之间谓之嬿。秦晋之间谓之媌，或谓之姣。好其通語也。郭注"言姣洁也。姑姣由好…，犹嬌有隋美。言姣。"《爾雅、釋器》"肉倍好謂之璧，好倍肉謂之瑗。肉好若一謂之環。"郭璞曰"好，孔。"以謂肉好之好当作孔。（余見前）

嫛同嬰

《女部》嬹，說也。从女，興声。"㜸，說乐也。从女，巸声。许其切

经典嬹作"興"《礼记·学记》"不興其藝"《春官大司乐》"興道讽诵言语。"文选潘岳关中诗"如熙春陽。"李善注，引《尔雅》"熙，興也。"引《说文》"熙，悦也。""興"即"嬹"，"熙"即"㜸"。

嬽即"娇好"、"娇媆"字。入同话

《女部》嬽，好也。从女，䙵声。读若蜀郡布名。"㛪，面醜也（依段改）从女，㕣声。

案《女部》媆下云"好皃。"段说"此谓容貌之好也。"俗字媆变作嫩。《广雅·释诂一》媆，弱也。"

媌即妙字

《女部》媌，目裏好也。从女，苗声。

钱坫说"今俗描字也。"黄季刚先生曰"按描乃貌之后出字。唐人诗犹以貌为描。如貌得山僧及童子（杜甫）是也。

㚾同"姝"、"袾"。

《女部》㚾，好也。从女，殳声。诗曰静女其㚾。昌朱切"姝，好也。从女，朱声。"

北京市电车公司印刷厂出品 八三·四

(1458) 20×20=400

《衣部》袾，好佳也。从衣，朱声。诗曰

静女其袾。

《诗经·邶风·静女》静女其姝。毛传，"姝，美色也。今诗作"姝"。袾下亦引作"袾"㛌下亦引诗作"㛌"。

娧同靦

《女部》娧，好也。从女，兑声。

《面部》靦，面見也。从面見。見亦声。读、钱坫说、今悦字作此。宋公子説字好父。《方言》姚娧，好也。"《神女赋》"侻薄妆"。《诗经何人斯[illegible]》"有靦面目"毛传"靦，姡也。"~~引作面靦~~。《女部》姡，面靦也。"（见桂文~~斯~~[illegible]文引）。《国语·越语下》"余虽靦然面目哉"注"靦，面目之皃。"

婠同⿱䀠㔾

《女部》婠，体德好也。从女，官声。读若一楚郤宛。一完切

《䀠部》⿱䀠㔾，目围也。读若书卷之卷。古文以为醜字。（醜当依锴本作"靦"。）

《通俗文》"容美曰婠"《广雅》婠，好也。⿱䀠㔾亦有美义。

北京市电车公司印刷厂出品 八三·四

娙同佳"娃"

《女部》娙，長好也。从女，巠声。"娃，圜深目皃。或曰吴楚之间谓好曰娃。从女，圭声。於佳切

《人部》佳，善也。从人，圭声。

娙从廷声，廷从壬声。《说文》壬，象物出地挺生也。"挺生谓拔起而直也。其娙训长好者，章太炎先生曰以丑为吉恶字例之，曲者为醜故恶，挺直为美故善。对转支为佳，善也。"《方言二》娃，美也。吴楚衡淮之间曰娃。"此许氏所本。

妴同婉

《女部》妴，婉也。从女，夗声。婉，顺也。从女，宛声。春秋传曰太子痤婉。

《玉篇》"妴婉同"《左传·襄二十六年》"嬖生佐恶而婉，太子痤美而很。"

委，委彙字作"骫"

《丸部》鷙鳥食已吐其皮毛如丸。於诡切

妗为舅母之合音。嬸为叔母之合音

《女部》𡟲妗也。从女，今声。一曰善笑皃。

北京市电车公司印刷厂出品 八二·四
(1458) 20×20=400

妗嫦皆用几为韵尾，几即毋声母，亦即代毋字。

姌同“嫋”“冄”“弱”。

《女部》姌，弱长皃。从女，冄声。而琰切 “嫋，姌也。从女，弱声（锴本）

《冄部》冄，毛冄冄也。象形。而琰切

《彡部》弱，

已见前。补《文选·舞赋》李注，引《说文》“姌嫋长皃”《啸赋》注引作“冄弱”。

~~娆同“[illegible]”。又同“[illegible]”“遶”“[illegible]”。又同“[illegible]”~~

嬥同娆

《女部》嬥，直好皃。一曰娆也。从女翟声。徒了切

娆，苛也。一曰扰戏弄也。一曰嬥也。从女，尧声。奴鸟切

《广韵》嬥下云“嬥娆不仁”。《汉书·鼂错传》“除苛解娆”按娆以扰戏弄为本义。段说“玄应引《三仓》嬲，乃了切。弄也。”段说谬误。玄应《一切经音义》卷三、卷四、卷十四，卷十七、卷二十一，引《三仓》“娆，弄也。”字作娆，亦作嬲。玄应引诸经字体作嬲者，非谓三仓字作嬲也。玄应书四，嬲，乃了反，引三仓娆，弄也云云。诸经

北京市电车公司印刷厂出品 八三·四

有作嬲者，或作嫐字音同。卷七十嬲，作嫐。諸經作嬈同。奴了反。嬲，擾戲弄也。嬲，惱也，則乃了反，惱也一義皆係玄應而非之翕音義，此引牽混合一，非。又一切經音義卷四》孫星衍校語云"嬲即'嫋'字誤。寫草書嫋似從二男故也。"卷七孫星衍校語云"嬲即嫋字草書耳。"嵇康《與山巨源絕交書》作嬲乃嵇康草蹟。

齌此妖娄字

《女部》齌，材也。从女，齊声

《玉篇》引詩"有齌季女。"传"齌，敬也。"与此训不同

娭近"悝"，同"譆"。别义同"毐"

《女部》娭，戲也。从女，矣声。一曰卑賤名也。

《心部》悝，啁也。从心，里声。春秋传有孔悝。一曰，病也。

《言部》譆諆，戲也。从言，其声。詩曰善戲譆兮。

《毐部》人无行也。从士从毋。賈侍中说，秦始皇母与嫪毐淫，坐誅，故世罵淫曰嫪毐。读若娭。

娭训戲此淫戲也。故一曰卑賤之名。此与毐同字，毐读若娭，此以同音注音。《汉书·礼乐志》房中歌"神来宴娭。"《倉頡篇》亦云妇人賤

称。"娌训啁，啁嘐也。啁即今之嘲笑字。悝即今之詼諧字。《文选·東京赋》"悝嘐公於公堂"李善注"悝犹嘲也。"

姕同妓

《女部》"姕，妇人小物也。从女，此声。诗曰"屡舞姕姕。""妓，妇人小物也。从女支声。读若跂行。

钱坫说"小物读为少。《埤仓》以妓为美女。而《诗》傞傞僛僛，傳训舞不止，则又即妓巧之妓矣(今《诗小雅·宾筵》有屡舞僛僛"屡舞傞傞"《说文人部》傞长僛下亦引此雅。)。《周官·籥章》国祭腊则龡豳颂，击土鼓，以息老物。注，为其老而劳，乃祀而老息之。郊特牲送终丧杀。注，所谓老物也。老物为老寿之称，则小物当即幼小之义矣。"此老物指老年农民。《周礼·春官·籥章》"国祭腊"，若腊即臘字，在十二月举行臘祭。《郊特牲》曰"素服以送终也。蜡以息老物也。"故曰素服送终，与常礼服不同也。言黄衣黄冠而祭，息田夫之老物也，此息民之祭。老农谓之老物，姕妓谓之小物，亦妇女美称。郊特牲"野夫黄冠。

黄冠草服也。”此农民之服。

妓又同嫈

《女部》嫈，小心态也。从女，荧省声。

桂馥据《集韵》“嫈嫇，幼妇”又“嫈嫇，下俚妇人儿。”韩愈诗“彩伴飐嫈嫇”。然《女部》有婴嫇，钱坫说“庄子撄宁当即此。”

娽同如

《女部》娽，随从也。从女，录声。“如，从随也。从女从口。

《史记·平原君列传》“公等录录，因人成事。”《容斋三笔》史记毛遂曰公等录录，意谓以为娽娽。”《汉书赞曰》“录录未有奇节”。师古曰“录录犹鹿鹿，言在凡庶之中也。”案娽如系模写状。

姰 比均等字。

《女部》姰，钧适也。男女并也。从女旬声。

钱坫说“姰，~~钧适也~~系传下有读若旬三字。易‘虽旬无咎。’荀爽作均。刘昫作钧。《内则》‘旬而见’注，旬当作均。今或作旬。‘内则之旬即此姰也。’

婟 比姑息字

钱坫说“此姑惜字”玄应《一切经音义》引

類曰"嫪姻恋惜不能去也。"《尔雅释文》皆引《声类》"姻嫪，恋惜也。"~~桂馥~~说：盖两字一义故可单可合。

婴后出字作攖

按攖今字作搵（见前）

媄 即今笑字。省作笑。讹作关

《女部》媄，巧也。一曰女子笑皃。诗曰桃之媄媄。从女，芺声。

媄又同"工""竘""巧""冶""喜"等

（见五卷工下）

⿱殸女同妎

《女部》⿱殸女，难也。从女，殸声。苦賣切 妎，妒也。从女，介声。胡蓋切

《广韵》十五卦，"⿱殸女，苦賣切。又音契。意難也。"锴本作"妎，妬也。"《楚语》弭其百苛，殄其讒慝。"韦注曰"弭，止也。殄，覆也。"《尔雅·释言》"苛，妎也。"妎为妒妬义，通作疥。《广韵》"疥，搔也。"

⿰女虘同怚

《女部》⿰女虘，骄也。从女，虘声。将預切

北京市电车公司印刷厂出品 八三·四
（1458）20×20=400

《心部》怚，骄也。从心且声。子去切

媎怚音义皆同。

㛊同揣

《女部》㛊，量也。从女朵声。丁果切

《手部》揣，量也。度高曰揣。从手，耑声。一曰捶之。

《集韵》"揣或作挆"。易，"朵颐"。《释文》"朵本作揣"。

㛊即揣度之揣正字，揣其后出也。

媘同渻

《女部》媘，减也。从女，省声。

《水部》渻，少减也。从水，省声

《释名·释言语》"省，瘦也。臞瘦约少之言也。"

俞樾谓瘦损之省应作媘，减少之省应作渻。

妍同技

《女部》妍，技也。一曰不省录事。一曰难侵也。一曰慧也。一曰安也。从女幵声。读若研。

《手部》技，巧也。从手，支声。

《释名·释姿容》"妍，研也。研精于事宜则无所蚩谬也。"段说"此为今用妍媸字所本。《方

北京市电车公司印刷厂出品 八三·四
(1458) 20×20=400

言一》"娥、嬴，好也。自关而西，秦晋之故都謂好曰妍。"按妍对转亦双声。

婞即幸御字。

《女部》婞，很也。从女，幸声。楚词曰鲧婞直。

按婞读胡顶切其字从女。恐即幸御之正字。

娃同"娙""佳"

《女部》娃，圜深目皃。或曰吴楚之间谓好娃。从女，圭声。"娙，长好也。从女巠声

佳见前

《方言二》"娃，美也。吴楚衡淮之间曰娃。"吴有馆娃之宫。左思《吴都赋》"幸乎馆娃之宫"刘逵注"吴俗谓好女曰娃。"《史记·赵世家》吴广纳其女娃嬴。"

娀同䟕

《女部》娀，轻也。从女，戉声。

《足部》䟕，轻也。从足，戉声。

娀䟕音义同

妙同訬

《女部》㜷，訬疾也。

《言部》訬，訬擾也。一曰訬獪。从言，少声。讀若毚。

《文选·吴都赋》"轻訬之客。"注引"《汉书》江都轻訬"谓轻薄为訬也。《汉书·叙传下》述景十三王传》"轻訬"作"訬轻"。《穆天子传》"殡盛姬于穀丘之庙。叔㜷为主。"此㜷又从女字也。

娹同恣

《女部》娹，有守也。从女，弦声。

《心部》恣，縱也。从心，次声。

《广韵》娹，妇人守志。

嬬亦作濡

欠前

婪同惏

《女部》婪，贪也。从女，林声。杜林说，卜者党相诈验为婪。读若潭。

《心部》惏，河内之北谓贪曰惏。从心，林声。

钱坫说"婪"传读若谭。与惏同。

嬯亦作"儓"，今犹有此语，同"癡"。即戴臺字。亦即蚩蚩（《诗·卫风·氓》氓之蚩）字。俗作"媸"。

《女部》嬯，遲鈍也。从女，臺声。阘儓亦如之。

臺見《左传·昭七年》。臺之训黄，犹奴之有驽也。

⿱毁女即毁恶字

《女部》⿱毁女，恶也。一曰人皃。从女，毁声。

钱坫说“此亦毁恶字。”按《言部》“谤，毁也。”“诋，相毁也。”《论语》吾之于人也，谁毁谁誉。

姗同讪

《女部》姗，诽也。一曰翼便也。从女，删省声。

《言部》訕，謗也。从言，山声。

锴本诽也下有“一曰女奥也。”五字。翼上有“姗”字。《汉书·异姓诸侯王表》秦自任私智，姗笑三代。”又《佞幸传》显恐天下学士姗己。”颜注姗，古讪字。”~~钱坫说~~《汉书·外戚传》何姗姗其来遅”。注，行皃。黄季刚先生曰“即姗姗其来遅字。

媨同醜

《女部》媨，醜也。一曰老妪也。从女酋声。~~（锴本作酋声）~~读若蹴。

《鬼部》醜，可恶也。从鬼，酉声。

案《方言》作"㤠"㤠，恶也。钱坫说："《方言》㤠恶也。应作此。"黄季刚先生曰醜对转为鬼寑之寑。此即羞耻字正字。醜亦耻也。

嫫《广韵》作"嫫"

《女部》嫫，嫫母都醜也。从女，莫声。

锴本作"古帝妃都醜也。"

奸同姦

《女部》奸，犯淫也。从女干，干亦声。"姦，私也。从三女，悬，古文姦，从心旱声。

段说："奸谓犯婬之罪，引申为凡有所犯之称。如《左传》二君有治臣奸旗鼓（宣十四年）。《礼记·学记》"刑以防其姦。"《释名》"姦，奸也。言奸正法也。"

民同"萌""芒""氓"。同"氓""甿"

《民部》民，众萌也。从古文之象。古文民。"氓，民也。从民，亡声。读若盲。"

民是奴隶社会从事农业生产的奴隶。在殷商时代叫"畜民"（《书·般庚》）。古代的奴隶大部分是战争中的俘虏。古文即象被捆缚牵绁之形。强壮者使之从事农田生产，作为与牲畜相等的工具。为了防止其逃逸，故绁其双足。甲骨文

《田部》甿，田民也，从田，亡声。

作叏即由俘虏转为生产奴隶的形象。铭文作𢁼与《说文》古文极相似。从女（即奴字），《三体石经》民通作"㞢"实即奴字。又《三体石经》怒古作"忞"亦其佐证。民与泯吐双声。

厂同"曳""抴""拕""𤔡"

《丿部》厂，抴也。明也。象抴引之形。虒字从此。

《申部》曳，臾曳也。从申，厂声。

《手部》抴，捈也。从手，世声。"拕，曳也。从手，它声。

《𠬪部》𤔡，引也。从𠬪厂。

钱坫说："《仓颉篇》'𤔡，明也。'（见玄应《一切经音义》卷十引）即此字。"厂曳同音之明证。章太炎先生谓厂与曳同。曳，臾曳也。又曰：对转清作齿音变易为𤔡，引也。寒转泰变易为抴，捈（捈训卧引）也。又转歌变易为拕，曳也。《易》终朝三褫之。郑荀本褫皆作拕。"厂又训明，则以㖒为之（㖒从厂声）。《尔雅·释言》恺悌，发也。郝懿行云"恺悌者闿圛之假借。"案圛亦同厂。章太炎先生曰圛，回行也。商书曰圛。圛升云半有半无，自回行以得厂义。圛古文尚书作悌。

《史记》作涕。郑曰圛者色泽而光而光明也。又《诗·齐风·载驱》齐子岂弟。笺云，古文尚书以弟为圛。圛，明也。此弟转为圛，在同部也。弟转为圛支鱼旁转也。然尚书所‘霁’‘蒙’为一类之辞，圛盖如释典所谓‘光网云’（今俗叫晴云矣。”黄季刚先生曰《尔雅·释言》恺悌，发也。郭注“发，行也。诗曰齐子恺悌。恺通作圛。《广雅》亦训明，是恺悌又俱训明。恺与垲义近。《说文》垲，高燥也。又与暟义近，《方言》暟，照也。”以上‘圛与弟、涕、悌诸字通。弟从丿声，丿字自义言之则为行，自明之义言之则为明。与丿同声者则有[illegible]。仓颉篇，[illegible]明也。有弟有涕有悌皆明也。声转为圛。声转为圛。与圛同声者有‘曎’《方言》明也。有‘驿’《方言》见也。有‘斁’《小尔雅》明也。有‘燡’《鲁灵光殿赋注》燡燡，光明貌。有‘奕’《东京赋注》奕奕，光明也。有‘焲’《字林》焲，火光也。圛训明，故《说文》谓之升云。训行故《说文》训回行也。经传岂弟皆有圛明之义，惟《载驱》之义始兼行义耳。又曰明与行义相因故奕圛驿绎皆兼明行二义。

北京市电车公司印刷厂出品 八三·四

氐同"阺""阿""𢼸"

弋同樴

《丿部》弋，橜也。象析木衺銳著形。从丿，象物挂之也。

《木部》樴，弋也。从木，戠声。

《尔雅、释宫》"樴谓之杙"郭注，"橜也。"黄季刚先生曰"樴之言直也，植也。弋之言丿也。故言衺銳著。通言与樴亦無别。"

（锴本有堆字）

《氐部》氐，巴蜀山名岸脅之旁箸欲落墮者曰氐。氐崩聞數百里。象形。乀声。楊雄賦，響若氐隤。

《阜部》阺，秦谓陵阪曰阺。从阜，氐声。"

"阿，大陵也。一曰曲阜也。从阜，可声

《危部》𢼸，𢼸陒也。从危，支声。

徐锴曰"E，堆之形。乀音移。響若氐隤解嘲文"阪一曰山脅也。则氐阺同文甚明。章太炎先生曰，氐有旁箸之义，故蚳训箸，泜训箸止，墀训滞，皆得声义于氐。氐义本多可疑，独以氐阺同文，而氐训至，底训止居，义皆近氐。柢训木根，

北京市电车公司印刷厂出品 八三·四
（1458）20×20＝400

而氐为木本字。乃从氏，疑氐本即氏字。后转异字其形耳。然觶或作觗作𧣸，则氏辰声通也。蚳或作蝁，则氐辰声亦通也。若但以衹祇蚳蚔异义为言，此则沄澐洎濞其别在形，非无成例。亦不足以为难，终在存疑之域也。氏本从乁声则喉音，亦作阺则舌音，与辰相转则如唐韵，则如唐韵齿音，韵亦兼入歌支。”又曰“氏从喉音在歌，变易为阿。”《尔雅·释丘》“偏高，阿丘。”阿读为奇袤之奇，又倚也。《长发》传“阿，倚也。”又曲也。”《穀梁传》“曲陵曰阿”皆有袤义。阿之言倚，正与岸𡾰旁𡾰同义。深喉在支则有歧。章君又曰阿为偏高故栋亦曰阿。偏高则旁下，故檐亦曰阿。《考工记》“四阿重屋”注谓四注。《逸周书·作雒篇》“咸有四阿”注，谓宫庙四下曰阿。”

另外段玉裁谓姓氏之氏亦作是。极谬。古者姓与氏有别，姓是母系传下来族人。氏则学旁氏族，氏即氏之引申义。

氐同“夂”“致”。同“底”或氐即氐字

《氐部》氐，至也。从氏下箸一。一地也。

《夊部》夂，从后至也。象人两胫后有致之者。读若黹。

《夊部》致，送诣也。从夂，从至

《氐部》氐，至也。从氏，下箸一，一地也。

《氐部》氒，大於木读若厥。

《广部》底，止居也。从广，氐声

案夂夊皆此之变形。又古音如底氐即氐字。与氒亦同，致即至之使动词。氐为至其实一也。底为止居。邸为停国舍，舍亦止居，则应为底之后出。

氐邸係字见章太炎先生说。

戰同"丁""鐘"。亦同"鬥"。"戰栗""战慄"借为"顫"。

《戈部》戰，鬥也（错本）。从戈，單声。

《丁部》丁，夏时万物皆丁实。象形。

《金部》鐘，伐击也。从金，亶声。

《頁部》顫，头不正也。从頁，亶声。

鬥者两士相对兵杖在后。象鬥之形。丁有伐击之义，《诗·伐木》传曰"丁丁伐木声"。又《兔罝传》"丁丁，椓杙声也。"是丁为伐击义，字又作个。个上从丁为镝，则个有敵对义。故《释诂》丁亦训当，丁亦有敵义。敵，仇也。《乐记》總有战鬥。战鬥即对敌。与戰同音字有"鏜"音训伐击。
战则兼伐击与相当二义
氏氐同字见章太炎《文始》見上
战栗亦作"戰慄"，澶，寒也
肇即"其鎛斯趙"之趙字
《詩・周頌・良耜》"其鎛斯趙"
戛《明堂位》揩即此

《戈部》戛，戟也。从戈，从百。讀若棘。
《礼记・明堂位》曰，"拊搏、玉磬、揩擊、大琴、大瑟、中琴、小瑟，四代之乐也。"郑注，"拊搏，以韦为之，充之以糠，形如小鼓。揩擊谓柷敔，皆所以節乐也。四代：虞夏殷周也。"《尔雅・释诂》"戛，常也。"《皋陶謨》"戛击鸣球。"揚雄《长揚赋》"拮隔"。李周翰注谓小敔及楷揩皆在以介为正字（段"…"正作"戛"刮也）通作"楷""揩"。段说"广雅・释诂》"戛，戟也"。本说文。《東京赋》立戈迤戛。薛解云戈谓句孑戟，戛長矛也。与许不合（胡氏考異曰，陈云矛字衍。矛当作"孑"是也。各本皆误。《續汉书・輿服志》注引無矛字）。

戲，戲笑字当作訶

《戈部》戲：三軍之偏也。一曰兵也。从戈䖒声。

戲笑与傲慢义通，訶训大言而怒，正说明傲慢之形。《尔雅、释诂》敖戲同训謔，是其明证，戲敖同音皆属匣纽歌韵。

或同國。与戒同意

《戈部》或，邦也。从口，从戈。又从一，地也。

域，或又从土。

《囗部》國，邦也。从囗，从或。（声）

《邑部》邦，国也。"古代经略土地，分封诸侯，诸侯的土地叫"封略"。其名为"或"。亦称国。又诸侯首都也叫國。或从戈者，保衛国土之意。实则國或与戒同音。（古咍韵）戒下云，"戒，警也。从廾持戈以戒不虞。又毛诗传》曰"[illegible][illegible]，戒也。"[illegible]戒盖同字。或训疑者，疑亦定也。《诗传》曰疑，定也。《释言》疑，戾也（戾亦训止）。其训或者，相反为训。

截同劈

《戈部》截，断也。从戈，雀声。

《刀部》劈，断也。从刀，辟声。

戬与劈有声韵相转也。

𢧁同"咸"，又同"戡"

《戈部》𢧁，杀也。从戈，今声。商书曰，西伯既𢧁黎。"戡，刺也。从戈，甚声。"𢦦，绝也。一曰田器。古文以为咸。读若诗云攕攕女手。

按古人"𢧁""戡""咸"三字通用而词义有别。《尚书释文》引作西伯戡黎，通作戡。《周礼·夏官·司弓矢》曰"颁：王弓、弧弓以授甲革椹质者。"郑司农注"质，正也。"《射人》注"正，所射也。贾疏云，谓若宾射之正然。"惠士奇曰"二尺曰正，四尺曰质。《小尔雅》亦云'正方二尺，正方曰正；正中谓之槷。'槷古文臬，或作埻。所谓臬也。质者射之的。先儒皆分质正为二。先儒皆质为之，后郑一之故曰质，正也。"以椹为射臬，而谓之质。《荀子·劝学篇》云"质的张而弓矢至焉"《淮南子·原道训》"先者则后者之弓矢质的也。"《广韵》"的，射者之準埶也。"此椹当与彼字同，戡即《周礼》之椹。"刺"者以弓矢深射也。戡与抌同。《手部》

扰，深击也。犹媿又作妉、谌与訦，黮与黕同语也。戡念扰也。又咸字，《尚书》"咸刘厥敌"。《逸周书、世俘解》"咸刘商王纣。"此咸字皆应作"戌"。戌下云古文读若咸。

武同舞

《戈部》楚庄王曰夫武定功戢兵，故止戈为武。

《舛部》舞，乐也。用足相背。从舛，無声。

翌 古文舞。从羽亡。

許用楚莊王的话附会武字（见《左传宣十二年》）舞是实属承误。案止即足趾字，舞下云二止相背。跳舞者栩极重步伐。此武从止舞从舛之义实要之。从戈者持戈舞也。古文翌（舞）持羽舞也。如武则为武舞，翌则为文舞。其义同耳。古书舞武互用《周礼、地官、乡大夫》以乡射之礼五物询众庶，五曰兴舞。《论语、八佾》引作"兴武"。《诗序》维清奏象舞也。《独断》作"象武"《左传、庄十年经》"以蔡侯献舞归。"《穀梁传》作献武。《燕策》"秦武阳"《史记、刺客列传》作"秦舞阳"此皆舞武之用之證。其次，武引申为步武《国语 周语》曰"不过步武尺寸之

北京市电车公司印刷厂出品 八三·四
(1458) 20×20=400

间耳。”韦注：“贵君以半步为武。”步武皆从止。马训武若亦以基于步武为义，不可以训武勇。《释名·释语言》“武，舞也。”此亦可以音训证明武舞同字耳。

戮同鐂（劉）。同“剹”“摎”

《说文》“殺，戮也。”《广雅·释诂三》“戮，杀也。”《秋官·掌戮》注曰，“戮犹辱也。既斩之，又辱之。”《晋语》“杀其生者而戮其死者。”韦注，“陈尸为戮。”鐂即劉字，因讳因姓而改为𢧵鐂。西汉末有“卯金刀”之说，可证鐂本作劉。《方言三》“虔、劉，杀也。秦晋宋卫之间谓杀曰劉。晋之北鄙亦曰劉。”戮与“剹”“摎”同见前

戳同“插”“搗”“摮”。

𢧵同“殲”“鑯”“㦰”“孅”《方言》以为镰之椄
变广字

《戈部》𢧵，绝也。一曰田器。从从持戈。

古文读若咸。读若詩云攕攕女手。

《艸部》芟，刈艸也。从艸，从殳。所衔切

钱坫说，“与殲同。《幽通赋》‘柬叩虔而殲仁’，孤根碎，至於东叩大虔𢧵仁。云田器者《方言》以鎌也（《方言五》“刈钩自关而西，或谓之鎌。”）

黄季刚先生曰"𢦔与芟通。"𢦔谓绝也。施于田器，则为刈艸之芟"。又曰"咸刘"之咸本作𢦔。《左史》减庚宣多。'减本亦作𢦔。"

戔同残

《戈部》戔，贼也。从二戈。周书曰戔戔巧言

《歺部》残，贼也。从歺，戔声。

贼本训杀，残杀与残余义本相通。《周易·贲卦》"束帛戔戔"。子夏传作"残残"。引申残馀、残缺义。《歺部》亦作"歺+肉"字。说解云，"禽兽所食馀也。"或说此残余本字，实则残歺+肉本同根词，又以同韵阑字借之。阑本训门遮，亦借为残字。《史记·高祖本纪》"酒阑"。《文选·琴赋》"曲引向阑"，裴骃·李善皆云"半在半罢谓之阑。"亦残馀之引申也。

戚 左传作"鏚"。

《左传·昭十二年》"剥圭以为鏚柲"，又《十五年传》"鏚钺秬鬯"。章太炎先生曰"亲戚之字借为踧。《说文》踧，至也。亲，至也。亲戚同谓，今字乃为亲戚。

乙同隐

𠃊同隐

《𠃊部》𠃊，匿也。象迟曲隐蔽形。读若隐。

《𨸏部》隐，蔽也。从𨸏，㥯声。

章太炎先生曰𠃊变易为隐。上古先知蔽前，后知蔽后，其后有衣，上曰衣。下曰常。《说文》《释名》衣皆训依，《白虎通义》衣训隐。寻《释名》常训障云所以障蔽。衣不训隐者以上衣下常有异宗，然通言则常亦衣也。"依章说则𠃊为隐蔽下体之物以蔽前，其初或用草皮为之，所谓迟曲隐蔽之形。

亾同逋

《亾部》亾，逃也。从入，从𠃊。

《辵部》逋，亡也。从辵，甫声。⿺辶捕籀文逋从捕。

《尚书·牧誓》"乃惟四方之多罪逋逃，是崇是长，是信是使。"逋与亾音义毕同。

乍即"阻止"、"沮止"字。别义即诈字。乍始当作"作"。乍暂之义当作"迮"。

《亡部》乍，止也。一曰亡也。从亡，从一。

《诗·小雅·巧言》"乱庶遄沮"毛传，"沮，止也"。《传[illegible]》"沮，止也。"沮止今作阻止。故止亡训曰乍。

北京市电车公司印刷厂出品 八三·九
(1458) 20×20=400

遮其去也。乍即但止沮止字。一曰亡也。黄季刚先生谓当作"詐"。乍训始者当作"作"。《诗·采薇》"采薇采薇，薇亦作止"，传"作，始也。"又乍训暂。《孟子》"今人乍见孺子"。赵注"乍，暂也。"盖谓仓猝之义。《说文》"突"训暂。亦意想不到突然发生之事。其正字应作"迮"。《辵部》"迮，迮迮，起也。"

匽即~~方闌字~~疑与匽李一字。圉

《匸部》"匿，亡也。从匸，若声。读如羊騶箠。"女力切"㔷，側逃也。从匸，丙声。一曰箕屬。"《尔雅·释詁》"㔷，微也。"郭璞曰，"微谓逃藏也。"《左传·文十八年》"掩贼为藏"。杜注，"掩，匿也。《书·尧典》"明明扬側㔷"。谓隐藏不出也。《释言》"㔷，隐也。"钱坫说"㔷，漏網字也。"

匹同节。又同[illegible]。

《匸部》"匹，四丈也。从八匸。八揲一匹，八亦声。"

《竹部》"节，相当也。阙。读若宀。"母官切

《言部》"[illegible]，匹也。从言，[illegible]声。"[illegible]切

章太炎先生曰，节在竹部则从竹，谓左右角相

北京市电车公司印刷厂出品 八三·九
(1458) 20×20=400

当也。下作半行之形。《方言》"𨄅，双也。"郭璞曰，此本论双耦也。郭说之后出字。对转音则为匹。《释诂》匹，合也。诗传云匹，配也。夫妇之道《素问》所谓隐曲故从匸，引申乃训四丈。从两两卷之也。匹还真受易为声，匹也。"

匚即方圆字

《匚部》"匚，受物之器。象形。读若方。匚，籀文。"

匚即方圆字。方者亦名匚，以其可受，故诗传曰方有之也。谓受而有之也。

匧同"匣""匵""椷"

《匚部》"匧，臧也。从匚，夾声。篋，匧或从竹。"

"匣，匵也。从匚，甲声。匵，匣也。从匚，甲声。"

《木部》椷，篋也。从木，咸声。

错本作"椷，藏也"。此收藏之器。《庄子》"将为胠篋探囊发匮之盗"。《仪礼·士冠》注曰：隋方曰篋。《方言五》"椷，杯也。"是以匧为椷字。匧与匵匣椷皆双声。匧匣与椷形亦对转。

匬即《荀子》之瓯臾

《匚部》匬，甌器也。从匚，俞声。

[redacted] "《玉篇》匬，余主切。受十六斗。按《玉

篇》即《论语》与之庾之庾。如《仪礼》作十六斗曰为籔，今文籔作逾。”钱坫说“籔传作甌匬器也。《荀子·大略》流丸止于甌臾。”是此字。

~~匵文同“椟”~~

~~《木部》椟，柜也。从木，卖声。~~

~~《论语》“虎兕出于柙，龟玉毁于椟中。”~~

此条有误

匵同椟

《匚部》匵，匮也。从匚，賣声。徒谷切

《木部》椟，匮也。从木，賣声。一曰木名。一曰大梡也。徒谷切

段玉裁说“《木部》椟，匮也。是则匵与椟音义皆同，实一物也。《论语》韫匵而藏诸。又曰龟玉毁于椟中。其实一也。引申之亦为小棺。

曲引申为“薄曲”“乡曲”。

《曲部》曲，象器曲受物之形。或说，曲，蚕薄也。𠃊古文曲。

~~章太炎先生~~曲引申之蚕薄之义字作“苗”。《艸部》苗，蚕薄也。又引申为乡曲部曲之义。其字应作“局”。《口部》“局，薄所以行棊也。”棋局有方卦如矩有尺寸，《释言》“局，分也。《左传·成十 年》

北京市电车公司印刷厂出品 八三·九
(1458) 20×20=400

“曲局，曲也。”谓曲开軍隊陣伍是犯法的，此即部曲之义。一乡居民亦有定居故谓之乡曲。又委曲字应作“[illegible]”。凡此皆曲之引申也。《方言》《玉篇》作“笛”《方言》“䈄，篓也。”《玉篇》“笛，竹筐也。”说文训“古器”。

甾与“且”“俎”同。与“箕”同意

《甾部》甾，东楚名缶曰甾。象形。𠙹，古文。 侧词切

《宁部》𡦹下云“甾，缶也。”段说“太史公曰，‘自彭城以东东海吴广陵，此东楚也。’缶下曰瓦器，秦人鼓之以节歌。”章太炎先生曰“叶韵萧与甀甗文通，小变为䍃，全属。旁转侵变易为鬵，大釜也。”又《尔雅·释器》“圜弇上谓之鼒。”黄季刚先生曰“鼒与䍃对转，又声转为鬵。《说文》一曰，鼎大上小下若甑曰鬵。又转为岑。《吕览·审己》‘齐攻鲁，求岑鼎。’《韩非·说林》作谗。《释山》‘山小而高曰岑。’鼒有小义，鬵岑亦有小义也。”

疀同“𣂚”“銚”“銛”“鍫”“梠”。

《甾部》疀，𣂚也。古田器也。从甾，疌声。 楚洽切

《斗部》𣂚，斛旁有𣂚。从斗，庣声。一曰突

一曰突也。一曰利也。尔雅曰，斛谓之疀

古田器也

《金部》銚，温器也。一曰田器。从金兆声。"銛

鍤属。从金舌声。读若棪。桑钦读若鐮。"

"鍫，梠属也。从金，[illegible]省声。读若同。"

《木部》梠，臿也。从木，㠯声。一曰徙土

輂。齐人语也。梩，或从里。

《尔雅·释器》斛谓之疀。郭注"皆古锹锸字。"黄季刚先生曰："说文无

庣字。《汉书·律历志》'宇有庣焉。'郑氏曰'庣音

條桑庣之條。'师古曰'庣，不满之处也。音土彫

反。'《类篇》引此文作庣。金部引作斛。"又曰"《齐

策》'立则杖插。'是插与锸通。《新序·刺奢》'魏

王将起中天台，许绾负橾锸入。'是橾与斛亦

通。"又曰，"《有司徹注》'二匕皆有浅斗，状如

饭橾。'然则橾又为饭[illegible]之名。注又云'挑谓之

歃，有浅平状如饭橾。'此文郑本尔雅。盖此文本

有田器、挑匕二义，挑以插饭食，斛以插取土。

用殊而义同矣。"又曰，"《方言》五，燕之东北

朝鲜洌水之间谓之斛。赵魏之间谓之橾。《广

雅》橾，臿也。橾与斛亦声转。《方言注》又

北京市电车公司印刷厂出品 八三·九

云、"桑字亦作鍫。"鍫则桑亦古鍫字耳。"
案：銚有两训：一训温器，北京谚有沙銚子，是其遗语。一训田器，《诗传》曰"钱，銚也。"古代钱形象田器（作）贝形，此上农至通有无，以物易物之遗制。銚对转读为"锸"，盍属也。~~入声转合对为~~随其入声也。次对转东则为"钟"，盍属也。旁转咍则为栝，盍也。

畚　《昏义》有笲即此字

《甾部》畚，𠚊属。蒲器也。所以盛種。从甾，弁声。

段据周礼郑玄注改"所以盛糧"。案《周礼·挈壶氏》"挈畚以令糧"。郑众云"縣畚于所当稟之处，令軍望見（知）当稟假（于）其下。"《左传·宣十一年》称畚築。"注云"畚，盛土器。"《宣二年》杜注"畚以草索为之。"其器又盛土，又可盛糧。

甍同杗

《瓦部》甍，屋棟也。从瓦，夢省声。莫耕切

《木部》杗，棟也。从木，亡声。《尔雅》曰：杗廇谓之梁。

段曰，棟者极也，屋之高处也。《方言十三》甍谓

𤮊"《玉篇》作"甍谓之𤮊"甍一声之转，合韵之理（咍登对转）。栋自屋中言之故从木，甍自屋表言之故从瓦。《尔雅》《方言》谓之𤮊者，屋极为分水之脊，雨水各从高霤瓦而下也。《释名》"甍，蒙也。在上复蒙屋也。"

瓨同缸

《瓦部》瓨，似罂长颈，受十升。读若洪（锴本读若瓮）从瓦，工声。

《缶部》缸，瓦也。从缶，工声

《史记·货殖列传》"酤酱千瓨。"徐广曰"瓨，长颈罂。"缸训瓦实为瓦器。桂馥说：缸训瓨。王筠说，"字与缶部缸同。又案徐读瓮（今本作翁误）则瓨与瓮亦通。"

瓵《列女传》"校诸台"即此

《瓦部》瓵，瓯瓿谓之瓵。从瓦，台声。

郭璞曰"瓿甊，小罂。长沙谓之瓵。"黄季刚先生曰，瓯之为言區也。《广雅》"区，小也。"昭三《左传》"豆、区、釜、锺。"注"區，斗六升。"《管子·轻重甲》作锺區。小量曰區，小罂曰瓯，亦相近。"又曰，瓵与缶声转，瓵之言缶也。

《風俗通》云"部者阜之類也。今齊魯之間田中少高卬者名之為部。'然則瓿亦缶也。長言曰瓿甊。猶部長言之曰部婁矣（《左傳·襄二十四年》注，'部婁小阜也。'）。"又曰，"瓿之為言沚也。小渚曰沚。"

⿱夗瓦同盌

《瓦部》⿱夗瓦，小盂也。从瓦，夗声。

《皿部》盌，小盂也。从皿，夗声。

⿱夗瓦与盌音义同。《广韵》又作"椀"，俗字也。

甂 今谓扁平當用此字

《瓦部》甂，似小瓿大而卑。用食。从瓦，扁声。（锴本无"用食"二字。

颜师古卑作庳。钱坫说：《方言五》"自关而西谓之甂，今谓器稗者曰甂。"

⿰卒瓦同碎

《瓦部》⿰卒瓦，破也。从瓦卒声

《石部》碎，䃺也。从石，卒声

钱坫说，"《玉篇》亦作碎。此瓦碎字。"

弧同"弜""彊"

《弓部》弧，木弓也。从弓，瓜声。一曰往

北京市电车公司印刷厂出品 八三·九

体寡来体多曰弧。"彊，弓有力也。从弓畺声。

《弜部》弜，彊也。从二弓

段说："按木弓谓弓之不傅以角者也。弓有专用木不傅角者，后世圣人初造弓矢之遗法也。引申之为凡纡曲之称。《輈人注》"凡~~纡曲~~揉舟欲其孤而无弧深。"一曰引《考工记·弓人》文。《弓人》往体寡来体多谓之王弓之属。"宋王观国曰王弓弧弓合九而成规，往体寡而来体多，强弓也。弜训彊，弜彊同音义。与弧正模唐对转。

⿰弓雚与"卷""觠"略同。"⿰弓雚彄"即"權輿""灌渝"字。彄训耑由此也。

《弓部》⿰弓雚，弓曲也。从弓，雚声。"彄，弓弩端，弦所居也。"

《角部》觠，曲角也。从角，𢍏声。巨员切

《卩部》卷，厀曲也。从卩，𢍏声。居转切

黄季刚先生曰"《方言》'⿱大雚始也。'⿱大雚，化也。"⿱大雚与權同。《说文》作查。曰'畬查人。'由此知輿者，含也。皆本训大，引申训初。⿱大雚之转变犹讙之转为謹。權之名黄华也。"又曰荂，草木华也。亦与權輿声义兼通。權輿犹华荂也。權黄华也。

權華一声之转。皆花之始也。人之始为胎，艸木之始为華，此其比也。䔢，况于切。凡華䔢旁变。变为"蘿蕍""灌渝""蕾蕍""瓜瓞"。《尔雅》以權輿为始，犹《广雅》以華为始也。萼即茁之别出字。或曰權輿合声为古，然则灌渝之合声为句萌。灌渝犹言句萌耳。《释虫》又有蠸輿父守瓜，则又以黄得名。"又曰"《說文》弲，弓曲也。彄，弓弩端所居也。弲弦即'蘿蕍''權輿''權輿'字。弲即句萌之句。"又曰《释草》郭读'其萌蘿'为句。此知權輿亦可单言權。"

彏同彉

《弓部》彏，施弓弦也。从弓，矍声。"彉，弩满也。从弓，黄声。读若郭。苦郭切

《尸子》"鸿鹄在上，扞弓彏弩待之。"杨雄《河东赋》"彏天狼之威弧。"《玉篇》"彉，满弩也。"《孙子兵法·势篇》"势如彍弩，节如发机。"《北史·崔亮传》"不闲书计，唯可彍弩前驱。"《新唐书·兵志》有"彍骑"。彍即"彉"字。又与"彀"通。《弓部》彀，张弩也。与"彏""彉"皆一声之转。

弸同弘

《弓部》弸，弓强貌。从弓，朋声。"弘，弓声也。从弓，厶声。厶，古文肱字。

弸训强貌。今俗语所谓梆字。章太炎先生曰"强彊同义异音。《说文》弘，弓声也。弸，弓强貌。弘弸声音皆近。《论语》'执德不弘，信道不笃，焉能为有，焉能为亡。'弘即今强字。执德欲其执德欲其坚强。世多读宏与言执不相应。上言'士不可以不弘毅'，弘毅即今言强毅。惟坚，故可以肩重任，赴远道。若读为宏，文义亦不相应。"案章说极精确。黄季刚先生曰"强弱字当作弘，自转乃作彊。"又曰"彊梁字当作椽。"又曰"《考工记·轮人》'弦'字此弓之右出。"

𢐗同弛

《弓部》𢐗，弛弓也。从弓璽声。"弛，弓解也。从弓，也声。𢐅，弛或从虒。

𢐗与弛音义同。《礼记·杂记》"张而不弛，弛而不张。"又借与施。《孔子闲居》诗云"弛其文德。"郑注"弛，施也。"《周礼·地官·小司徒》"凡征役之施舍。"施皆可以训弛。

弼同棐

《弜部》弼，輔也。重也。从弜，西声。弻，古文弼如此。𢐀，亦古文弼。𢐁，並古文弼。

《木部》棐，辅也。从木，非声。

段曰，诗曰'交韔二弓，竹闭绲縢。'传曰，'交韔，交二弓于韔中也。闭，绁；绲，绳；縢，约也。'《小雅》'骍骍角弓，翩其反矣'传曰骍骍，调利皃。不善绁檠巧用，则翩然而反也。《士丧礼注》柲弓檠，弛则缚之於弓里，备损伤。以竹为之。诗所谓竹柲绲縢。《木部》'榜，所以辅弓弩。檠榜也'然则曰檠曰榜曰柲曰闭者，竹木为之。曰绁、曰縢者缚之於弛弓，以定其体也。弓必有輔而后正。《荀子·臣道篇》注"輔所以輔正弓弩者也。"《魏志》陳矯字子弼。

弜弼𢐀𢐁𢐂诸文当别立一弜部。

單系同"单"亦同"係""締""縣"。

《單部》單，大也。从吅甲，吅亦声。阙。

《系部》系，繫也。从糸丿声。𦃇，系或从毄处。𦅻，籀文系从爪絲。

《人部》係，絜束也。从人从系，系亦声。

《言部》諦，審也。从言，帝声。

《県部》縣，繫也。从系持県。

章太炎先生依据彝器單字或作[illegible]單字形说释：“诗传‘單相襲也’。襲为[illegible]字本义。今作禅嬗皆借也。《方言》蝉训续。子云自言有周氏之蝉嫣。《吴都赋》蝉联陵丘皆單字。《三代世表》作穷蝉，《世本》作穷係。亦明單係同训其字象蝉联相续，故作[illegible]，于六书为指事，转变为單單單。诗言三單犹《史记》言三嬗，谓更番徵调，前者退伍，后者承袭之也。言禅位者亦犹袭位。單次转变，字变为系，繫也。从系丿声，系亦丿声，则系音如弟，与單古音双声。亦变作係，絜束也。为諦，结不解也。其后，系係復方作胡计切，還寒又变为懸，繫也。”又曰“單训大者于今字当为繟哆之借，或儃为诞之借，据最初文，但为大之借。”

北京市电车公司印刷厂出品 八三·九
(1458) 20×20=400

第十三卷上

细同系

《系部》细，微也。从糸，囟声。糸，细丝也。象束丝之形。读若覛。𢆯古文糸。糸次转寒为细，糸细双声也。又同"緜"联微也。细、"緜"、"糸"本蚕丝。与茧亦同根词《说文》茧，蚕衣也。"字从节声。节读若宀，与糸亦双声。糸即蚕吐微丝，与茧同物。引茧为丝亦谓之緜。汉世所谓房子緜者

絓同繫

《糸部》絓，茧滓絓头也。一曰以囊絮练也。从糸，圭声。胡卦切 繫，繫褫也。一曰恶絮。从糸，毄声。古诣切 褫，繫褫也一曰维也。从糸，虒声。郎兮切

钱坫说："《释名》煮茧曰莫，莫，幕也。贫者着衣可幕络絮也。或谓之牵离。煮熟烂，牵引使离散如緜然也。又谓之絓。絓，挂也。挂于杖端振举之也。"江声曰，此所云茧滓絓头，似即煮茧曰莫也。此所云以囊絮练，似即以幕絮络也。《太平御览》引本有一曰牵离四字足补照之说。皆与

許君相合。”

段说“繫褫读如谿榖𬥓的字也。《广雅》‘䗍謂之柞’”王念孙《疏证》曰“《广韵》引《埤仓》云：帖褫，赤纸也。《汉书·外戚传》赫蹏书。应劭注云：赫蹏，薄小纸也。颜师古注云：今书本赫字或作擊字。《说文》之繫褫与帖褫、赫褫、擊蹏并同。”案繫褫训恶絮，今字作“纥繨”。繭成纥繨故名恶絮，赫蹏即粗糙之繭帋。用粗繭帋作信递重要消息，因名赫褫书。

緵丸者俗作縕。

~~綜同紝~~

綜同紝

《糸部》：綜，機縷也。从糸，宗声。”紝，機縷也。絍，紝或从任。

玄应《一切经音义》引《说文》：综，机缕也。谓机缕持丝交者也。”段曰：“下八字盖庾俨默注。”赵宧光说，“分经受纬，令丝成文，机法也。”杨慎说，“所以持经而施纬，使不失條理者也。”《三仓》：综，理经也。”段曰，线者缕也。《丧服》言缕若干升。《孟子》以麻缕丝絮并言，皆谓麻也。丝缕亦有麻言者机缕是也。《左传·成二年》“赂之以执斲、执鍼、织纴者百人”服注，“织纴，治缯帛者。”

緯同緷

《糸部》"緯，织横丝也。从糸，韋声。"緷，緯也。从糸，軍声。

案《木部》"杼，持緯者"《左传・昭廿四年》"嫠不恤其緯。"杜注，"织者常苦緯少。"《莊子・列禦寇》"江上有家贫者緯蕭而食。"《释文》"緯，织也。"钱坫說"大卜經運"注，運或为緷。此亦經緯字同。"緯緷双声对转。

經死者借为縊

《糸部》經，织從丝也。从糸，巠声。

《~~淮南子~~荀子・彊国》"救經而引其足"。《史記・田單列传》"經其頸於樹枝"注，經，繫也。

《詩・小雅・六月》"織文鳥章。"当作"識""職"~~今~~即今幟字。

《言部》識，常也。一曰，知也。从言，戠声。

《耳部》職，記微也。从耳，戠声。

《糸部》織，作布帛之总名也。从糸，戠声。

𢇍~~𢇍~~樂浪挈令織，从糸从式。

~~章太炎先生曰~~《釋詁》"職，常也"。《說文》"識，常也。"是職識同义通。此常为官常，实即章之借字。

章太炎先生曰"常即旗常之常。《周礼、春官、司常》偏掌九旗之徽识。"故常为大名。记徽者徽者《诗》'勿士行枚'传曰枚，微也。微即徽字。说文同之。诗言识文鸟章，以识为之，识、职皆即今之帜字。

纪同纲

《糸部》纪，丝别也。从糸己声。"纲，维纮绳也。从糸冈声。从糸，冈声。㭃古文纲。

《左传、僖廿四年》正义引《说文》"丝别也。"又云纪者别理丝缕。《玉篇》纪，绪也。纪，别也。《礼记、礼器》"纪散而众乱"注云"纪丝缕之数有纪。"《史记索隐》"纪，理也。"丝缕有纪。"《方言十》纪，绪也。南楚皆曰緤，或曰端，或曰纪，或曰末，皆楚转语也。"段曰，维训维纮绳。纮者冠维也。引申之为凡维系之称。孔颖达曰，纮者网之大绳。商书曰若网在纲，有条而不紊。诗曰纲纪四方。笺云以网罟喻之，张之为纲，理之为网。

纺《吕览、淫辞》以祎缁易纺缁。谓併丝也。别字由方来。纺槐（见《国语、晋语》）字借为榜。今俗绑字也。

此《吕览》说"纺"原于方，此用章太炎先生说。以纺槐为榜槐，《木部》榜，所以辅弓弩也。然则本纺训捆丝。《聘礼》束纺。注云，纺，纺丝为之。今之缚也。然《尔雅·释天》"素锦绸杠。"郭注"以白地锦韬旗之竿。"《广雅》绸，韬也。绸训缪与韬义亦近。《乡射礼》"以鸿脰韬上"，日字作韬，如是则绸训缚又训纺丝，犹纺训织丝亦训缚束。皆义之引申也。

綫即擨缓字

钱坫说："诗（小雅·杕杜）檀車幝幝。韓诗作綫綫。《广雅》"綫，缓也。"此言車輪偏壞，偏缓者一偏缓慢。《考工记》所谓一方缓，一方急也。正如一个人患瘫痪病虽可以行路，但也是偏缓的形象。

縱 縱横字本作從，后出作鬆。

《糸部》縱，缓也。一曰舍也。从糸，從声。

此從有直义，故縱横本作從横。《左传》宣言"師從之。"此亦直追义。從训缓又训舍本一义之引申。《手部》"失，縱也。"奪与失同义。《说文》"奪，手持隹失之也。"则手持不紧而使隹脱飞去。故训今训缓者鬆弛义。后出字作"鬆"。鬆与舍义亦汇通。

缵同"叕""缀""茜"

~~《诗国风、豳风》载~~

《糸部》缵，继也。从糸，赞声。（作管切）

《叕部》叕，缀联也。象形。"缀，合著也。从叕从糸。

《艸部》以艸补缺。从艸西声，读若陆，或以为缀。一曰约空也。（直例切）

《诗国风、豳风》"载缵武功"《中庸》武王缵大王、王季、文王之绪。"或作"纂"，《尔雅·释诂》"纂，继也。"《周诗》"纂修其绪"联续亦继，故"叕""缀"皆与缵对转同义。茜下云或以为"缀"。

繙同紊

《糸部》繙，冕也。从糸，番声。""紊，乱也。从糸，文声。从糸，繙声。商书曰有条而不紊。

徐锴《韵谱》刻本作"冕"。写本误作"冤"。段据《集韵》《类篇》皆曰繙纰，乱也。以繙纰为联语，不可分繙冤联语，凡联语皆可分。《庄子·天运》

北京市电车公司印刷厂出品 八三·九

"于是繙十二经以说老聃"司马注"繙，烦冤也。"
缩繙双声，义相近

缩，乱也，一曰蹴也。别义同"摍""绉"本义亦近之。今训直者，相反为文

《糸部》缩，乱也。从糸，宿声。一曰蹴也

"绉，絺之细也。诗曰，蒙彼绉絺。一曰蹴也。从糸，刍声。

《手部》摍，蹴引也。从手，宿声。

《释诂》"纵、缩，乱也。"郭注"纵放掣缩皆乱法也。"《通俗文》"物不申曰缩。"《少牢馈食礼》"缩执俎"注，"古文缩为蹙"。缩训蹴与"绉""摍"音义同。皆不直之义。《论语·乡党》"足蹜蹜如有循。"郑玄注"举前曳踵行。"皇侃疏"蹜蹜犹蹴蹴也。"循犹缘循，不敢广步速进，恒如有所缘循也。蹜即缩之后出。又《礼记·檀弓》"古者冠缩缝。今也衡。"疏云"缩，直也。殷以上质，冠吉凶皆直缝"。缩训直相反为文。

緫同束

《糸部》緫，聚束也。从糸，悤声。

《束部》束，缚也。从口木。书玉切

北京市电车公司印刷厂出品 八三·九

《释名》總，束髮也。总而束之也。《丧服传》"布總"注"總，束髮也。"段说《禹贡》之總，束木也。總束东侯对转义同。

约同裛

《糸部》约，缠束也。从糸，勺声。

《衣部》裛，书囊也。从衣，邑声。於业切

《诗小雅、斯干》"约之阁阁"传曰约，束也。"《玉篇》约，束也；缠也。"裛训书囊亦缠之束之。约裛对转，双声。

缭同绕

《糸部》缭，缠也。从糸，尞声。"~~缠，绕也。从糸，廛声~~。"绕，缠也。从糸，尧声。

缭绕音义同

繯同"羂""桊"

《糸部》繯，落也。从糸，睘声。

《网部》羂，网也。从网繯，繯亦声。一曰绾也。古眩切

《木部》桊，牛鼻中環也。从木，关声。居倦切

段曰落者今之络也。古借落不作络，谓包络也。《庄子》落马首。《汉书》"虎落。"《木部》"杝，落也"

北京市电车公司印刷厂出品 八三·九
(1458) 20×20=400

亦包络之义。《字林》“缳，络也。”凡有物缳绕皆作落今语“院落”“村落”皆络也。与缳同音义，此四绕也。与帣义亦近。三字同声韵。

𥾝即《方言》“鈲棍”字。

《糸部》“𥾝，散丝也。从糸，𠂢声。匹卦切”

（结同縎《糸部》结，缔也。从糸，吉声。”“縎，）结也。从糸，骨声。古忽切

钱坫说“《楚词》心结缙兮折摧（九思）。”《汉书·息夫传》作结愲云“心结愲兮伤肝。”

綝即禁止字。又同“𢽠”

《糸部》“綝，止也。从糸，林声。读若郴”

《攴部》“𢽠，止也。从攴，求声。”

綝救对转义近。綝为禁止字，救为救止之字。义亦相因。又《尔雅·释诂》“綝，善也。”黄季刚先生曰“凡训止者与善义近，故綝训止亦训善，徽训善亦训止，戾训止亦训善（《广雅》）休训戾《释言》亦训善《广雅》。綝或琳之借。”

终古文作𠔃同“絿”。即“求”之古文。

《糸部》“终，絿丝也。从糸，冬声。𠔃古文终。”

陆德明云“本多此字（古文终），后人所增”陆

说非也。一，孔宙碑终字作"𠔲"。二《黾部》有鼆字从𠔲。三《仌部》有冬字从𠔲。四《䖵部》有螽字从𠔲。

䌛训急，则终为缠丝急，古文𠔲正象缠丝急，急紧同义。缠丝即束丝。然则"束"即𠔲之古文。至於"终始""冬殁"字皆当作"冬"。

缯后出作驓

《糸部》缯，帛也。从糸，曾声。䋲，籀文缯，从宰省。杨雄以为汉律祠宗庙，丹书告。

杨雄《甘泉赋》"卜天之䋲"即䋲字。后出字有驓字，以色相似也

绩后出有䡜

《糸部》绩，赤缯也。以茜染，故谓之绩。从糸，青声。

绩同"茜"。茜者茅蒐也。后出为"䡜"。

縓后出有騵

《糸部》縓，帛赤黄色。一染谓之縓，再染谓之赪。三染谓之纁。从糸，原声。

后出有騵。驓騵䡜皆以色得名。

绹茜与纠同，

《糸部》诗云，素以为绚兮。从糸，旬声。”

“紃，圜采也。从糸

此逸诗见《论语、八佾》。马融注，“绚，文貌也。”郑注《仪礼》“采成文曰绚。”注《论语》“文成章曰绚。”案《仪礼注》绚，今文作“约”《杂记》“紃以五采”注“紃，施诸缝中，若今时绦也。”《内则》“织紝组紃。”

絑同“絀”同“赨”

《糸部》絑，纯赤也。虞书丹朱如此。从糸朱声。”“絀，绛也。”从糸，出声。

《赤部》赨，赤色也。从赤，蟲省声。徒冬切

絑语源于“朱”，絑与絀双声相转。绛亦赤也。絑与絀犹錭与拙、硃与黜。章太炎先生曰絑对转东变易为赨，赤色也。東又与赨同。从日在木中，木非必榑桑，以東杲杳三字例莫，莫为日在茻中，若東从日为榑桑，莫从茻复是何艸邪。日初出光在树颠，渐在树左，日中体在树上，光亦在上。日落则体在树下矣。故東字日在木中，杲字日在木上，杳字日在木下也。春秋传曰明而未融即明而未赨。言昧爽未见日赤色也。”

又曰，説易者曰諸侯赤市象日出，天子朱市象日中。然則日象色以赤為象。

綪同"缙"。同"縓"

《糸部》缙，帛赤色也。春秋传，缙云氏。礼有缙缘。从糸，晋声。"綪，赤缯也。以茜染之故谓之綪。从糸，青声。"縓，帛赤黄色。一染谓之縓，再染谓之赬。三染谓之纁。从糸，原声。

古代颜色字皆假象于客体事物。《日部》"晋，进也。日出万物进。从日，从臸。易曰明出地上晋。"晋字象征虹。对转晋同隮。《诗·国风·蝃蝀》"朝隮于西"传训升。《春官、視祲》九曰隮。注"隮，虹也"。"日出""明出地上"指虹也。日出色出。虹色青赤，因而帛色有"缙"有"綪"，故虹色谓之缙。缙帛赤色也。赤云亦谓之缙云。《春秋传》(昭十七年。服虔曰夏官为缙云氏。夏火令，赤色故曰缙云。"虹亦見于夏令，则缙云亦可指虹。綪训赤缯，章太炎先生曰"青东方色也。青从丹者，艸木初萌，本作绀色，青赤相搏，舒叶乃纯青耳"。是綪训赤缯，从青者有赤色义耳。缙与綪

北京市电车公司印刷厂出品 八三·九
(1458) 20×20=400

双声。黄季刚先生曰："《尔雅·释器》一染谓之縓。郭注今之红也。縓之言茜也。茜，茅蒐可以染草也。《说文》綪，赤缯也。以茜染故谓之綪。又缙，帛赤色也。礼有缙缘。缙綪即《既夕礼》之縓缘。是綪缙皆与缘通。《檀弓》周人尚赤，戎事乘騵。騵与縓声义亦近。原之言始也。縓一染，故从原声。"又曰："《檀弓》练衣黄里縓缘。注，縓纁之类。《说文》红，帛赤白色也。《释名》红，绛也。白色之似绛者也。然则红縓纁绛四者，散言有别，通言不殊。故或以红释縓，或以纁释縓。"

纔同缲

《糸部》纔，帛雀头色。一曰微黑色如绀。纔，浅也。读若谗。从糸，毚声。"士咸切"缲，帛如绀色。或曰深缯。从糸，喿声。读若喿。

《考工记》三入为纁，五入为緅，七入为缁。注云"染纁者三入而成，又再染以黑则为緅，今礼俗文作爵，言如爵头色也。又复再染以黑乃成缁矣。"《士冠礼》"爵弁服"。注"爵弁者，冕之次，其色赤而微黑，如爵头然。或谓之緅。"段曰依郭

北京市电车公司印刷厂出品 八三·九
(1458) 20×20=400

则爵緅纔之字一也。三字双声。《巾车》"雀饰"注，雀黑多赤少之色。"又钱坫说"缲彡即今《论语》绀緅字"。《说文》无緅字，钱彡即缲即緅字。二字双声，色如绀者绀色赤而微黑。缲纔同音也。(见前)今俗语用纔乃才之借字。

纂　纂辑字本作蕝。

《糸部》纂，似组而赤。从糸，算声。

《艸部》蕝，朝会束茅表位曰蕝。从艸，绝声。

春秋国语曰致茅蕝表坐。

臣瓒《汉书解》引许君曰"纂，赤组也。"此纂之本义，纂辑之纂礼以蕝为正字。纂蕝双声对转。

絙同緩

《糸部》絙，缓也。从糸，亘声。胡官切

《素部》緩，繛也。从素，爰声。缓，緩或省。

《释训》"绰绰、爰爰，缓也。"郭注"皆宽缓也。"悠悠、偁偁、丕丕、简简、存存、懋懋、庸庸、绰绰尽重语。黄季刚先生曰"郭云尽重语者，言单言亦得成义，~~实剣~~单言亦得成义。实则凡叠字皆然。即如明明察也，明明即明之重语，讲

北京市电车公司印刷厂出品 八三·九

中单字，传多释以重语，即是此意。《诗·皇皇者华》释言"皇，华也。"则重语之可作单言矣。

䋧同襮

《糸部》䋧，颈连也。从糸，暴声。

《衣部》襮，黼领也。从衣，暴声。诗曰素衣朱襮。

段说"颈当作领。《玉篇》䋧，领连也。是也。谓连领于衣也。《衣部》曰，襮，黼领也。毛传曰，襮，领也。"《晋书·舆服志》"皇太子五时朝服朱缯纱襮皂缘。"

缘同掾。后出字作"褖"。

《糸部》缘，纯也。从糸，彖声。

《手部》掾，缘也。从手，彖声。

钱坫说，"礼皆以纯为缘（《说文》纯，丝也）。此训俗，乃后人所改。"《广雅·释诂二》纯，缘也。"《周礼·春官·司几筵》"纷纯"是也。故缘以纯释之。《尔雅·释器》"缘谓之纯"。段说，"缘其本字，纯其假借字也。缘者沿其边而饰之也。"缘后出字作"褖"。《周礼·内司服》"缘衣"注云此缘衣者实作褖。"

紟后出字衿

《糸部》紟，衣系也。从糸，今声。䘳，籀文从金

段曰联合衣襟之带也。《内则》作"衿"。云，"衿缨"

黄季刚先生曰"衿有四：一衣衽，二交领，三小带，四佩带。"又《尔雅·释器》"衿谓之袸"

黄季刚先生曰，袸之言孱也。孱，小也。亦言缵也。缵，继也，继系也。小带谓之袸，犹小桮谓之盏，小钟谓之栈耳。然则此字亦当作帴也。《说文》帴，一曰帗也。故引申为衣小带。又"佩衿谓之褑。"郭朴注"佩玉之带上属。"黄师说："褑即援之后出字。援，引也。"江藩说，以兔爰传"爰爰，缓意。"佩玉宜缓行，此说亦可从。

纕训援臂。援即俗揎之正字

《糸部》纕，援臂也。从糸襄声

《糸部》"絭，攘臂绳也。"攘即纕字。钱坫说"任御收衣袖絭也。《广雅》絭谓之纕。此亦与絭为一义。"黄季刚先生曰"援即俗揎字之正字。"揎援古音相转。

绔同襗"褰"

北京市电车公司印刷厂出品 八三·九

(1458) 20×20=400

《糸部》绔，胫衣也。从糸，夸声。苦故切

《衣部》襗，绔也。从衣，睪声。徒各切 "褰，绔也。从衣，寒省声。春秋传曰徵褰与襦。去虔切

三字音义同。绔（俗作裤）与襗同语。褰则与牛对转（歌寒）

纗同"维""縜""⿸广兑"

《糸部》纗，维纲中绳。从糸，巂声。读若画。或读若维。户圭切 "维，车盖维也。从糸，隹声。" "縜，持纲纽也。从糸，員声。周礼曰縜寸。"

《广部》⿸广兑，屋牝瓦下。一曰维纲也。从广，閲省声。读若环。户关切

钱坫说，《太玄》拂其繫，绝其纗。《思玄赋》纗幽兰之秋华。坫案今维繫字，古之纗也。《文选注》引聲幃曰纗。"段说，"縜者结而可解也。大曰系，小曰纽。纲之系网也，必以小绳毋大绳而结於网。是曰縜。"《考工记·梓人》"梓人为侯，上纲与下纲出舌縜寸焉。"注云"纲所以繫侯於植者也。上下皆出一寻者，亦人张手之节也。郑司农云纲，连侯绳也。縜，笼纲者。縜读为竹中皮之縜。（大昕案《礼疏》"如竹箭之有筠"

《说文》无䋫字。当从《周礼注》作缋。）古维持废者。钱坫说，“《淮南子》‘纮宇宙’注：‘纮若小车盖四维谓之纮，绳之类也。《广雅·释诂二》维，係也。废一曰维纲。四字双声义通。

组与袒相反为训

《衣部》袒，衣缝解也。从衣，旦声。

《糸部》组，补缝也

此二字同声系，相反为义，袒《古乐府》作“绽”。

纍省作“累”

《糸部》纍，缀得理也。一曰大索也。从糸，畾声。

段曰：缀者合箸也。合箸得其理，则有条理而不紊曰纍。《乐记》纍纍乎端如贯珠，此其证也。吴季刚先生曰“纍省作累，重累之累音转如羸。吾乡语重曰累，音力卧反。《月令》累牛。谓相累之牛。俚言今犹如此。”案累与羸通。《易》羝羊触藩羸其角。

缡为隔离字，又离别字

《糸部》缡，以丝介履也。从糸，离声。

《释言》“缡，介也。”《释文》介音界。李巡、孙炎、舍人本並云“缡，罗也。介，别也。《周礼》屦人注》舄屦有有绚有缦有纯者饰也。又曰赤缇黄缇。注云，黄之丝为下缘。"

繄《周礼》作"鹥"

《糸部》繄，戟衣也。从糸，殹声。一曰赤黑色缯。

钱坫说：

《周礼·巾车》鹥总。注，青黑色，以缯为之。"

绳训戒者当作"憴"

《糸部》绳，索也。从糸，蝇省声。

《尔雅·释训》"憴憴，戒也。"憴即绳之后出。训戒者当作"憴"。

纣 后出字作"绹""縚"

《糸部》纣，马緧也。

《方言九》车纣。自关而东周洛韩郑汝颍而东谓之緻。或谓之曲绹。自关而西谓之纣。《释言》绹，绞也。黄季刚先生曰"《说文》笅，竹索也。《广雅》笅，索也。《汉书·沟洫志》搴长茭兮沈美玉。臣瓒注，竹苇絙谓之茭。《墨子·辞过》古之民未知为衣服时，衣皮带茭。笅茭并与绞同。"又曰，"绹当作裯。《说文》绸，绸缪也。引中训绞，训索。绹又与縚通。《小尔雅》縚，

北京市电车公司印刷厂出品 八三·九
(1458) 20×20=400

缩，索也。索为绚，犹编丝绳为絛。绚之言絛也。绚纠声亦相近。《说文》枸读若牛。此其比也。《说文》无绚字。当借调，绸缪也。又与紂近。马緧也。又与鞧近。《说文》纷，马尾韬也。韬即马紂，《小尔雅》之缩，即韬之别字。又案绚即紂之后出字。

紂又同緧。《糸部》"緧，马紂也。从糸，酋声。"《考工记·辀人》"必緧其牛"注，"故书緧作鰌。郑司农云'鰌读为緧。关东谓紂为緧。'"

紩同"希""黹""⿰衤黹"。又同"纫"。

《糸部》紩，缝也。从糸，失声。直质切"纫，繟绳也。从糸，刃声。

《黹部》黹，箴缕所紩衣。从㡀，丵省。象刺文也。

《衣部》⿰衤黹，紩衣也。从衣，黹声。

章太炎先生曰《春官·司服》"希冕"注，引书"絺绣"云，"或作黹，字之误也。"希当为黹之古文。从巾，爻象刺文，此合体象形字也。希变作黹，已近会意。又变作"⿰衤黹"，寻转变为紩。紩对转真变为紩，则皆形声矣。

缮同组

《糸部》缮，补也。

缮与组同一训补缝，一训补，义相通。《诗·叔于田》"缮甲治兵"笺云，缮之言善也。《周礼·缮人注》同。又曰缮之言劲也。"《曲礼》"招摇在上，急缮其怒。"郑注云"急犹坚也。缮读曰劲。"许训补，补之者使之劲也。故"缮甲兵""修缮"皆补之使其坚劲。由補义与袒字义同。

䌰同亵

《糸部》䌰，论语曰，䌰衣长，短右袂。从糸舌声。私列切

《衣部》亵，私服。从衣埶声。诗曰是亵袢也。私列切

今《论语·乡党》作"亵裘"。诗疏引论语郑注曰亵衣袍襗也。《汉书·叙传》"短褐之亵"注，"亵，袍身衣也。"

纼，维经字当如此。

~~缰同缺~~

《糸部》纼，系也。从糸，引声。读若矧矤。直引切

此即"都城过百雉"之雉。亦雉经之雉。

细 仪礼既夕礼作"鞢"

《糸部》绁，系也。从糸，世声。春秋传曰臣负羁绁。緤或从枼。私列切

所以繫（制）牲皆叫绁。《释名》绁，制也。牵制之也。《既夕礼》作"靾"。此绁之后出

繘同䌞

《糸部》繘，绠也。从糸，矞声。䌞古文从丝。𦄻籀文。

案䌞下云，一曰大索也。与繘同部。

䋈同絮

~~絮同挐~~

《糸部》䋈，絜缊也。一曰敝絮。从糸，奴声。"絮，敝绵也。从糸，如声。

《礼记·玉藻》郑玄注："缊，谓今纩及旧絮也。"孔疏，"好者为绵，恶者为絮。"经典絮䋈通用。《周易·既济》"繻有衣袽"。《释文》引说文作䋈。《考工记·弓人》郑司农注"䋈读为襦有衣絮之絮。"《公羊·昭二十年》何休注，持棺絮。《释文》"音女居反。"

繫同经

《系部》系，繫也。从糸，丿声。繫，系或从毄、处。𦃇，籀文系从爪丝。

《糸部》经，织也。从糸，巠声。

北京市电车公司印刷厂出品 八三·九

段曰："繫当系之借字。系者垂统於上而承於下也。引申为总持之义。"《御览》引作"織縦（𫄨）丝也"凡织丝以纵为㓁以纬编之。垂统於上以纬织之。

络　"縣络""包络""脉络"字並当作"䩨"。引申为縣络。

《糸部》络，絮也。一曰，麻未漚也。从糸，各声。

《革部》生革可以为缕束也。从革，各声。

《楚辞·招魂》"秦篝齐缕，郑縣络些。"注："缚也。"《汉书·杨雄传》"縣络天地。"络皆有束缚义，其正字当作"䩨"。

縌同结缔

《糸部》缔，结不解也。从糸，帝声。

此繫縌义之引申

绩　俗作勣

《糸部》绩，缉也。从糸，责声。

《诗经·陈风·东门之枌》"不绩其麻。"《豳风》"八月载绩。"传曰，"载绩，丝事毕而麻事起矣。"《尔雅·释诂》"绩、武，继也。"黄季刚先生曰，绩踪同声。绩之训继犹武之训继矣。"案武亦训跡。
《左传、昭元年》"远绩禹功"《大雅》"维禹之绩"
传曰"绩，功也。"绩今俗作"勣"。

缩同"缩""摍"

《糸部》绉，絺之细也。诗曰蒙彼绉絺。一曰蹴也。从糸，刍声。侧救切 "缩，乱也。一曰蹴也。从糸，宿声。所六切"。

《手部》摍，蹴引也。从手，宿声。所六切

《诗鄘风、君子偕老》"蒙彼绉絺"。传曰"絺之靡者为绉"。笺云"絺之蹙蹙者。"如今縐什绕。"缩摍训蹴，蹴即蹙字。

绘葛同繐

《糸部》绘，细布也。从糸，全声。"繐，蜀细布也。从糸，彗声。

《汉书、景十三传》"繇王闽侯亦遗荃葛。"荃即绘字。服虔曰"音荪。细葛也。"苏林曰，"荃音全。[illegible]布属也。"绘与繐寒曷对转。
[illegible]伯切。即韑字。
[illegible]》絔，履也。一曰青丝头履也。读若[illegible]陌之陌。从糸，百声。

北京市电车公司印刷厂出品 八三·九
(1458) 20×20=400

《方言四》丝作之者谓之履。麻作之者谓之不借，粗者谓之屦。东北朝鲜洌水之间谓之䩛（音印）角。南楚江沔之间揔谓麤（沔水今在襄阳）。西南梁益之间或谓之屦（他回反）或谓之𪨊（下瓦反一音画）。屦其通语也。"《集韵》作"鞾"。《御览》引《释名》鞾本胡名也。赵武灵王始服之。"《隋书·礼仪志》"唯褶服以靴。靴胡履也。取便于事。施于戎服。"案鞾见《革部》新附字。训鞮属。音许戈切。《玉篇》靴，许戈切，鞮也。重文作鞾。"屦鞾二声皆在古模韵。

~~絜同"栝""稠"~~绸同纠

《糸部》绸，缪也。从糸，周声。

《丩部》纠，三合绳也。从糸丩（声）。

缪下云枲之十絜也。一曰绸缪。黄季刚先生曰，《庄子·庚桑楚》"内韄者不可缪。《释文》缪又音绸。"是绸缪可互言也。"案师说只指出叠[redacted]可以互言，更启示了联语皆单字蜕化而来，[redacted]重叠而后衍为联语。《广雅·释训》绸缪，[redacted]"《诗风·绸缪》"绸缪束薪。"《鸱鸮》绸缪牖户"[redacted]笺皆曰"绸缪，缠绵也。"则绸缪同语。

纠训之合绳纵皆缠綿文。又绸后出作“綢”。

缪字谥法之缪及缪误字皆当作“谬”。

缊后出作蕴。

《糸部》缊，绋也。

玄应《一切经音义》引《说文》缊，绋，乱麻也。《左传·隐四年》“犹治丝而棼之也。”杜注“治丝见棼缊，益所以乱。”王弼《周易注》作“[illegible]蕴”此缊之后出。

纰盖同絣。

《糸部》絣，氐人殊缕布。从糸，并声。”“纰，氐人罽也。读若禹贡玭珠。从糸，比声。”

段曰，汉武都郡。应劭曰故白马氐羌。《华阳国志》‘武都有氐傻。’殊缕者布，盖殊其缕色而相间织之。“《后汉书·西南夷传》其人能作旄毡斑罽之属。”絣纰双声。

彝同器

《糸部》彝，宗庙常器也。从糸。糸綦也。[illegible]廾持米，器中宝也。彑声。与爵相似。[illegible]周礼六彝：鸡彝、鸟彝，黄彝，虎彝，[illegible]彝，斝彝，以待祼将之礼。

《㗊部》器，皿也。象器之口，犬所以守之。

《释器》"彝、卣、罍，器也。"郭注"皆盛酒尊。彝其总名。"（师说卣，卤之变体，卣之假借。严元照说此字形声皆失传，徐养原卣当作卤。皆非。）说解曰此与爵相似。相似亦即同意同说。又彝引申训常。见《诗传》

缀，大徐所加盖本之后出篆乳。

䌕同機

《絲部》䌕，织绢以糸贯杼也（依桂改）从絲省卝声

《木部》"機，主发谓之機。从木，幾声。"

《玉篇》"䌕，织绢以丝贯杼也。"《广韵》"以丝贯杼为䌕"。《后汉书·乐羊子妻传》"此織生自蠶繭，成于機杼。一丝而累，以至于寸，累寸不已，遂成丈匹。"案機䌕双声是同根词。

虫同"虺""蚖"、"雖"

《虫部》虫，一名蝮。博三寸。首大如擘指。象其卧形。物之微细或行，或毛，或蠃，或介，或鳞，以虫为象。"虺，虺以注鸣诗曰胡为虺蜥。"蚖，荣蚖，蛇医。以注鸣者。从虫，元声。"雖，似蜥蜴而大。从虫，唯声。"

章太炎先生曰虫《释鱼》作虺郭璞以为非今蝮蛇，别虫蝮之虫宜象虺形。虺若四足蛇。今言生物若谓鸟兽及人皆自虫行之蠃转化。故万物各以虫为象矣。古者模质物相似即同名。说文言虺以注鸣。诗曰，胡为虺蜥。从虫兀声。蚖，蛇医，以注鸣者。从虫元声。据《释鱼》荣螈（蚖之俗字）即蜥易。（《释鱼》蝾螈，蜥蜴。蜥蜴

北京市电车公司印刷厂出品 八三·九

(1458) 20×20=400

蝘蜓。蝘蜓，守宫也。郭云'转相解，博异语，别四名也。'黄师说，"蝾螈在释鱼亦以有鳞，连类而及。《广雅》蜥蜴亦在《释鱼》，其下接以虺蝰。明《尔雅》以蜥蜴入《释鱼》不误也。守宫与守宫槐同名。"）例以元从兀声，则虺蚖亦一字。雖似蜥蜴而大，从虫唯声。古音如唯，亦皆虺字。虺蚖雖皆虫之变易字。"又以注鸣者，《考工记》"以注鸣者。"郑注，"注，咮也。"

螼同"蟺""螾"字变作"蚓"亦"蜸"

《虫部》螼，螾也。从虫，堇声。"螾，侧行者。从虫，寅声。蚓，螾或从引。"蟺，夗蟺也。"

《尔雅·释虫》"螼蚓，蜸蚕。"郭注"即蛩蟺也。"黄季刚先生曰蜸蚕即螼蚕声转。又螼蚓合声为蜸。蚕螾合声为蚕。《说文》螼螾连篆，螼螾可单言螾，不可单言螼。严元照说，'螼一名蚓。'又说'蜸蚕是衍文，否则别为一条，不可与螼蚓相连。'谬也。"《孟子》但言"蚓"。赵注则曰"蚯蚓"。《汉书·贾谊传注》"螾，今之螼蚓也。"

蜥同蝘与易

北京市电车公司印刷厂出品 八三·九
（1458）20×20=400

《虫部》蜥，蜥易也。从虫，析声。蝘，在壁曰蝘蜓。在艸曰蜥易。从虫，匽声。𧓌，蝘或从蚰。

《易部》蜥易，蝘蜓，守宫也。

玄应《一切经音义》二十引作守宫，在草曰蜥易，在壁曰蝘蜓。《方言八》守宫，秦晋西夏谓之守宫。或谓之蠦𧒂（卢缠两音）。或谓之蜤易（南阳人又呼蝘蜓）。其在泽中者谓之易蜴（音析）。南楚谓之蛇医，或谓之蝾螈（荣元两音）。东齐海岱谓之螔蝾（似蜥易而有鳞。今所在通言蛇医耳斯侯两音）。北燕谓之祝蜓（音延）。桂林之中守宫大者而能鸣，谓之蛤解（似蛇医而短身，有鳞采，江东人呼为蛤蚧音头颔。汝颍人直名为蛤解音解，误声也）。”

蠁闩禹

《虫部》蠁，知声虫也。从虫，鄉声。蚼，司马相如蠁从向。

《内部》禹，虫也。从内，象形。𠫤，古文禹。《尔雅·释虫》“国貉虫蠁。”郭云今呼蛹虫为蠁。广雅云土蛹蠁虫。”黄季刚先生曰国貉，即蠁亦

《说文》肸蠁，布也。《上林赋》肸蠁布写。亦作蛪。《盐铁论·散不足篇》毛果虫貉。貉即此盖蛾蠓蜂范之属。"又曰，"以郭注引《广雅》作蠁虫比知此文虫当在蠁下。"又禹为何虫未详。禹蠁模虚对转，或亦知声虫也。

蠸同蠲

《虫部》蠸，虫也。一曰大螫也。读若蜀都布名。从虫，雚声。"蠲，马蠲也。从虫、目，益声。了象形。明堂月令曰，腐草为蠲。古玄切

《释虫》"蠸舆父守瓜"郭注"今瓜中黄甲小虫，喜食瓜叶，故曰守瓜。"黄季刚先生曰"蠸之言權也。《释草》權黄华。《释木》權，黄英。"依师说蠸以黄色得名。案下文有"不蜩王蚥"师曰"蚥，《类篇》引作父（见十三中虫部）又一引作釜。《释文》无音，亦必作父。蠸舆父《释文》父音甫。下同。《广韵》釜蚥两字。釜下引《尔雅》蠸舆父。云，字或从虫。蚥下云蟾蜍别名。蚥与'蠸舆父''[illegible]父''玃父'之父同。鼁鼀又名去父，皆助语词也。"《释虫》"蛝，马蠲。"《说文》蠲训马蠲。师曰

《吕览》作"化为蚈"。高注"蚈，马蚿也"。《淮南子·兵略训》"故良将之用卒，若蚈之足"。高注"蚈，马蠸也。案蜋、蚈、蚿、蠸皆即蠲字。"又曰"《广雅》马蠘，蠽蛆也。蠽蛆与蝍蛆音转。"钱坫说）"《庄子》至惏蛇即此。"

蠸字变作"蚰""蠼"。（此条移前）

蛭字变作螲蛈（又蛛、蛭；又通）

《虫部》"蛭，蟣也。从虫，至声。""蝚，蛭蝚，至掌也。从虫，柔声。"《释鱼》"蛭、蟣。"郭注，"今江东呼水中蛭虫入人肉者为蟣。"师曰"蛭入人肉，故与跌蹉音同字通。其语由痓来。《广雅》痓，恶也。《方言注》痓怪，恶腹也。"《释鱼》"跌蹉"师曰"跌之言痓也。怪也。《广雅》痓，恶也。《方言注》痓怪，恶腹也。又通作蛭。《石门颂》恶虫蔽狩，蛇蛭毒蟃。恶即蝁，蛭即跌矣。又《水经注》蛭亦从入内矣。"《释虫》"蛭蝚，至掌"郭注云"未详"。师曰，至掌与跌蹋音同。蛈至皆与跌同义。至之言痓也。掌之言伤也。"

萬同蠆。与带相应

《虫部》"萬，毒虫也，象形。蠆，萬或从䖵。"丑芥切

《内部》"萬，虫也。从厹，象形。"

章太炎先生曰："萬蠆𧎥之或字。音转入寒，又为唇音。然萬声之属疠犹在泰舌音。引申为凡毒之称。"案《左传·僖二十二年》"蠭虿有毒。"孔疏云《说文》"蠭，飞虫，螫人者也。虿，毒虫也。《通俗文》云虿长尾谓之蠍。蠍毒伤人曰蛆，张列反。字或作蜇。"《左传·昭四年》"己为虿尾。"杜注，"虿谓子产重赋，毒害百姓。"此言郑子产初为政，郑人比于虿尾。黄季刚先生曰"虿亦读入来母，从萬声古若厲、犡皆是也。后出字作'蝲'。《集韵》入声十二曷引《广韵》"蝲，蠍也。"吾乡有虫生乌臼树上，遍体皆毛，着人身所过豆疮，採乌臼子者极畏之，曰杨蝲子（北京亦有此语）。人之为害於乡里，使人不敢触犯者亦称之曰蝲子。"

齋《广韵》作"蠐"

《尔雅·释虫》"蟦，蛴螬。"郭注"在粪土中。"蝤，蛴螬。"郭注"在木中今虽通名为蝎所在异。黄季刚先生曰"蟦衍之蟦读若肥。贲赫即肥赫是贲肥声通。而蟦与蜰音义同（《说文》"蜰，卢蜰也。"尔雅以为蜚，即负蠜。《尔雅·释虫》"蜚，蠦蜰。"郭注"蜰即负盘臭虫。"師说"蜚蜰音近。蘆蛇蠦蜰倒言与蒲盧同。注蟦当依《左传疏》引作蜚。此文郭读蜚绝之。惟单言蜚，长言蜚蠦，倒之为为蠦蜰是二读皆通。）。盖蟦即蜰之变。蟦蠐螬蝤字或偏上或偏下。《诗硕人疏》引《尔雅》释虫之蝤蛴，而云蟦也。蛴螬也，蝤蛴也，蛣蝠也，蝎也，桑蠹也。一虫而六名也。

蟓训復陶

《虫部》蟓，復陶也。刘歆说，蟓，蚍蜉子也。董仲舒说，蝗子也。从虫，象声。

黄季刚先生曰："復陶之为言覆帱也。《左传·襄三十年》使为君復陶。注，復陶主衣服之官。《昭十三年》秦復陶。《释文》雨衣也。此与虫名異而取义则同。又《论衡·论死篇》蝉之未蜕为復育，育古音与冑同通。则復陶復育亦声转义近也（復陶《尔雅》作蝮蜪。復育《广雅》作蝮蛸）。"

蜀受巳。蜀即巳之变。特中多一画。蜀国之名以蠶叢。蜀之为虫似人阴。故"屬""燭""斀""濁""髑""襡""觸""歜""獨""鐲""欘""斸"从之。蜀以头名。鼠以尾名。龍以肉

北京市电车公司印刷厂出品 八三·九

名。

《水部》涿，流下滴也。从水，豖声。上谷有涿县。[illegible]，奇字涿。

《虫部》蜀，葵中蚕也。从虫，上目象蜀头形，中象其身蜎蜎。诗曰蜎蜎者蜀。

《䖵部》蠶，任丝也。从䖵，朁声。

章太炎先生曰，蜀本古音如獨。而或舒作齿音，某氏书传曰蜀，叟也。《后汉书·刘焉传》遣叟兵五千助之。章怀注，汉世谓蜀为叟。其韵又旁转如聊矣。故时俗便制为蠶。扬子云《蜀王本纪》曰蜀之先称王者有蚕丛、柏濩、鱼凫、开明。从开明以上至蚕丛凡四千岁。然蜀之得名正蚕丛，蜀者蚕之转音，丛之同音也。以君号名其地，若蒲姑、孤竹之类。"依章说蜀即蠶字。蜀下云蜀从虫上目象蜀头形，中象其身蜎蜎，此正比则涿之奇字"[illegible]"正"罒"之形。黄师曰蜀受[illegible]。罒即[illegible]之变，特中多一画。蜀之为蠶似人除。"案《蜀志·周群传》初，先主与刘璋会涪时，张裕为璋从事，侍坐。其人饶须。先主嘲之曰，"昔吾居涿县时，特多毛姓。东西南北皆诸毛也。涿令称曰诸毛绕涿居乎？”裕即答曰：“昔有作上党潞长，迁为涿令。涿令者去官还家时，与人书‘欲署潞则失涿，欲署涿则失潞。’乃署曰潞涿居。先主无须，故裕以此及之。”涿即瓜之正篆，並训流下滴。其训人阴多毛。涿蜀音同，故去阴之刑为斀，犹去鼻曰劓，去耳言刵矣。

蛾即蚁字

、《虫部》蛾，罗也

《尔雅·释虫》“蛾，罗。”郭注“蚕蛾”。~~蛾即蛾字~~。蛾罗亦由果蠃语变。象蛾之形。《释鸟》有鴚鵝。《释草》有莪萝。与此盖以色同而名同。蛾之言讹也。讹者化也。罗之言蠃也。与彼名同声同而文异。又《释木》有檖罗。与此同名。次於蝗类中，据《说文》则此蛾罗，非蚕所为也。字当作蛾，不作蛾。郭则合之。”

案此蛾乃蚁也。《方言》蚍蜉，燕谓之蛾蛘。《学记》“蛾子时术之，注蛾，蚍蜉也。”《左传·僖十五年》“蛾析”《释文》本或作蚁。《鸟语》蝥蛾蠭蠆皆能害人。”宋庠云“蛾音蚁，通作蚁。”《史记·五帝本纪》“淳化鸟兽虫蛾”正义云，蛾，蚍蜉也。”《长杨赋》"扶服蛾伏"李善注"蛾古蚁字"。

蟷字变作"蝪"

《虫部》："蟷，蟷蠰，不过也。从虫，當声。"都郎切。蟷蠰即下文"堂蜋"，亦作"螗螂"。《尔雅·释虫》："不过，蟷蠰。"郭注："蟷蠰，螗蜋之别名。"又曰："（蜱蛸，一名子蚄，傅焦，蟷蠰子也。）"黄季刚先生曰：下文"莫貈蟷蜋蛑"。不过、莫貈皆双声。又与蜱亦双声。蜱蛸、螵蛸、冒焦（广雅）。倒言之与䳕鴂、焦冥同义，皆谓小也。故不过与上文不蜩二不字，又未可遽断为发声字也。又《□□□□》说，郑州以东谓之马敫，案马敫合声即蛑也。

蝍同蠓

《虫部》："渠蝍，一曰天社。从虫，卻声。""蠓，蠛蠓也。一曰浮游。朝生暮死者。从虫，冡声。"

段曰：渠蝍即结蛣。蛣结蛣双声之转。《玉篇》谓蛣蝍一字（见《虫部》四百一）是也。《释虫》："蛣蜣，蜣蜋。"黄季刚先生曰："蛣即蠓字，结蛣双声，蜣蜋叠韵。结又为蝉，《广雅》蛣，蝉也。《说文》䘿，苦结切。䘿蚼似蝉而小。《庄子》、庄

北京市电车公司印刷厂出品 八三·九

物论郭注》"蛣蜣之智在于转丸。"《广雅》"天社，蜣螂也。"

蠃同蜗

《虫部》蠃，蜾蠃也。从虫，𣎆声。一曰虒蝓。

"蜗，蜗蠃也。从虫，咼声。

《释虫》"果蠃，蒲卢。"郭注，"即细腰蜂。俗呼为蠮螉。"黄季刚先生曰，草有果蠃，与此同名。桑飞谓之果蠃，亦与果蠃声同义近。《说文》艸名则作果蓏。虫名则作"蜾蠃"（《虫部》蜾蠃，蒲卢。细腰土蜂也。天地之性细腰纯雄，无子。诗曰螟蛉有子，蜾蠃负之。从虫，𣎆声。蜾，或从果）《尔雅》不必与之同。蒲卢犹言榑櫨也。倒言则为蘆菔、蠦蜰。蒲卢又与蚹蠃音。《中山经》青要之山南望墠渚，是多仆累蒲卢。"蜗则蜗蠃。今之螺字。《内则》作蜗醢而苽食。《西山经》即時之水，其中多蠃母。"郭注"蟦螺也"。

《景福殿赋》"蜗徙从马"即今螺旋。

蚩　氓蚩字当作媸

《虫部》蚩，虫也。从虫之声。

《诗卫风·氓》氓之蚩蚩。"蚩为媸之借字

蟜同蹻

《虫部》蟠，鼠妇也。从虫，番声。

《鼠部》⿰鼠番，鼠也。从鼠，番声。读若樊。或曰鼠妇。

《释虫》"蟠，鼠负。"郭云"瓮器底虫。"又"伊威，委鼠。"郭云"旧说鼠妇别名，然所未详。"案蟠负音近。妇负同音义。《方言十二》"未陞天龙谓之蟠龙。"然则蟠者有般旋之义，亦即蟠曲义。段曰"按此湿生虫，今兖州人所谓螇底虫。"⿰鼠番或曰鼠妇。与蟠同。《虫部》"伊威，委黍。委黍谓鼠妇也。"

螇声通作"蟿"

《虫部》螇鹿，蛁蟟也。

《虫部》无蟟字。《方言十一》"蛥蚗（蛥音折。蚗，于列反。一音玦）齐谓之螇螰，楚谓之蟪蛄，秦谓之蛥蚗，自关而东谓之蛁蟧。或谓之蝭蟧。或谓之蜓蚞。西楚与秦通名也。"《释虫》"蜓蚞，螇螰。"郭注"即蝭蟧也。一名蟪蛄。齐人呼为螇螰。"黄季刚先生曰"螇又转为蟜。《方言十一》"蝉，海岱之间谓之蟜。"注，齐人呼为巨蚑。（音技。）蚑又转为蛣，蜇。《广雅》"蛣，蝉也。"《玉篇》"蛪蛁似蝉而小。"《释虫》又曰蟿螽，螇蚸。黄季刚先生曰蟿螇一字，蚸（不从言昔）斯一字，螇此同文并见之例。螇蜥与螇蝷异物同名。《释文》蜥或作蚸，亦蚸字误，当作蚸。以下无异音明之。从或本则与蜂虿蚨蚨同名”

蜡同胆。八腊当作索。

《虫部》蜡，蝇胆也。周礼蜡氏掌除骴。从虫昔声 锄驾切

《肉部》胆，蝇乳肉中也。从肉，且声。七余切

段曰“《周礼·秋官·蜡氏·序官注》郑曰，蜡，骨肉臭腐蝇虫所蜡也。即蝇乳肉中之说（胆蜡同）。乳者生子为蛆，蛆者俗字，胆者正字。生之曰胆曰蜡。《齐民要术》七十五作酒法，勿令蝇蛆。’其意同也。《尔雅·释虫》蠢醜，螸。”黄季刚先生曰《广韵》蠢。即蠢之若出字。蜡与蠢同部声近。”《礼记·郊特牲》“天子大腊八”。“息老物也。”又《周礼·春官·籥章》亦言息老物也。案八蜡字古作昔，或作䄍，或作索。黄师谓八腊字当作“索”。除恶藏之义。

·蝡同蠢

《虫部》蝡，动也。从虫，耎声。而沇切

《䖵部》蠢，虫动也。𢧵，古文蠢从𢦔。周书曰我有𢧵于西

此二字音义同。

蠉同蜎

《虫部》蠉，虫行也。从虫，瞏声。（朱注）"蜎，

蜎也。从虫，肙声。"狂沇切

《字林》"虫皃也。"《玉篇》蜎皃。案蜀下云"象其身蜎蜎。诗曰，蜎蜎者蜀。"《考工记》"刺兵欲无蜎。"郑众注"蜎，桡也。"蜎蠉音义同。《淮南子原道篇》作"蜎蠉"

蟺 今称蚯蚓为曲蟮。正作蟺

《虫部》蟺，夗蟺也。从虫，亶声。

《大人赋》"蚴蟉蜿蟺"即夗蟺也。

蜕 后出字作"毻"

《虫部》蜕，蛇蝉所解皮也。从虫，捝省声

（从锴本）

《淮南·精神训》"蝉蜕蛇解。"

蠚同螫

《虫部》蠚，螫也。从虫，若省声。"螫"（呼各切）螫

虫行毒也。

《字林》作"蠚"《汉书·刑法志》"百姓新免毒蠚

《王莽传》"毒蠚并作。"又玄应《一切经音义》卷三云蠚，式亦反。《字林》蠚，行毒也。关西行此音。又呼各反。山东行此音。此亦方言声韵互易之例。由此得证蠚螫同字也。

蛘 后出作"癢"。通"痒""养"

《虫部》蛘，搔蛘也。从虫，羊声。

案《手部》"搔，括也。"《内则释文》引《说文》"疥，瘙痒也。"《文选·登徒子好色赋》"又疥且痔"注，引《说文》"疥，瘙也。"《后汉书·鲜卑传》"手足之疥搔。"玄应《一切经音义》卷五，卷八引《礼记》"蛘不搔"多用"痒""癢""养"字。

蝕《广韵》作"蚀"。

《虫部》蝕，败创也。从虫人食，食亦声。

王筠说"言皮肉败坏而成疮痏也"。创古疮字。《广韵》省作"蚀"。《释名》曰"日月亏曰食。稍稍侵亏如虫食草木叶也。"

螭同离

《虫部》螭，若龙而黄北方谓之地蝼。从虫，离声。或云无角曰螭。丑知切

《禸部》离，山神兽也。从禽头，从禸，从屮

欧阳乔说，猛兽也。

《荀子·赋篇》"螭龙为蝘蜓。"杨注："地蝼。"吕氏春秋·举难篇》"螭食乎清而游乎浊。"注："螭，龙属。"螭与离皆古歌韵字，许谓离为山神，螭若龙而黄与诸家说异。

蝹字变作"蚕"。蝹同"螼蚓"。

皆见前

蝦同"鼃""䵷"

《虫部》蝦，蝦蟆也。从虫，叚声

《黽部》"鼃，蝦蟆也。从黽，圭声。"䵷，水虫也。薉貉之民食之。从黽，奚声。"

蝦蟆见《本草经》注云背有黑点，身小能跳。接百虫解作呷呷声。举动极急。蟾蜍身大背黑，无黑点，多痱磊，不能跳。不解作声，行动迟缓。"案蝦蟆与蟾蜍为二物（陈藏器说同汪），语与此大同小异。《释虫》曰"鼃蟆，"郭云"蛙类"。黄季刚先生曰鼃者耿之后出字，正当作耿，以蛙从圭声例之则此为鼃字。蛙黽通言不别，散言则为二物，尔雅此文之鼃及下在水黽，皆谓黽也。《说文》鼃训蝦蟇，《考工记》脰鸣，鼃鸣属。

北京市电车公司印刷厂出品 八三·九
(1458) 20×20=400

《蝈氏》掌去鼃黽。注，齊魯之間謂鼃為蝈。黽，耿黽也。蝈与耿黽尤怒鳴。《秋官·蝈氏》先鄭注：蝈讀為蜮。蜮，蝦蟇也。月令曰螻蝈鳴。故曰掌去鼃黽。鼃黽，蝦蟇屬。书或为掌去蝦蟇。玄謂蝈今御所食蛙也。字从虫，国声。蜮乃短狐欤。案《说文》蜮，短狐也。或从国作蝈。是说字与先后鄭皆有不同。"又《集韵》鼃黽，鼃黽，似蜘蛛。出遼东，土人食之。"桂馥曰"《寰宇記》所称蝦蟇皆是也。馥嘗食之。"

蚼同狗

《虫部》蚼，北方有蚼犬，食人。从犬，句声。段曰《海内北经》蜪犬如犬，青。食人从首始。郭注，蜪音陶，或作蚼。音钩。按作蚼是。此许所本也。"

虹　虹潰字本作"訌"

《言部》訌，讃也。从言，工声。詩曰，蟊賊
内訌。

《释言》"虹，潰也。"郭注，"謂潰敗。"黄季刚先生曰"潰兼潰敗、潰散二义。郭但举一偏。訌虹义与鬨义近。《说文》鬭也。《孟子赵注》鬨，鬭也。

《吕览·慎行》作閧。注，閧，鬭也。

第十三卷下

蟲同"内""嘼""獸""禽"

《蟲部》蟲，有足谓之蟲，无足谓之豸。从三虫。

《内部》内，兽足蹂地也。象形，九声。《尔雅》曰：狐貍貛貉醜，其足蹞，其跡内。蹂，篆文从足柔声。"禽，走兽总名。从内，象形，今声。禽、离、兕头相似。"

《嘼部》嘼，犍也。象耳头，足内地之形。古文嘼，下从内。"獸，守备者。从嘼从犬。"

今《尔雅·释兽》曰："貍、狐、貒、貈醜，其足蹯，其迹内。"章太炎先生曰："九声同於臼，柔声同於丑。《释兽》阙泄多狃。狃即内字。《释文》内《字林》作狃。郭云，说者云脚饶指。未详。（黄季刚先生曰，"《释木》云蹶泄苦枣。蹶或作蹷。然则阙泄与彼声同。《说文》趣，蹶也。躛，衛也。踶，躛，衛也。饶指之说由此。）然则内亦丑之变易。以古音作证之，则去其四足亦丑也。丑为初文，内则有声，为最初之形声字。又《说文》虽有嘼字，云犍也。象耳头足蹂地之形。别字本作嘼。盖初亦祇作内。

北京市电车公司印刷厂出品 八三·九
(1458) 20×20=400

厹有两读，依九声则深喉如九，依柔声则舌头如狃（柔狃古皆在泥纽）。在舌头则变易为禺。又变易为兽。在深喉则对转侵变易为禽。在舌头对转冬则得蟲，有足者谓之蟲，以有厹也之足也。萬、禹、禺皆蟲名而字从厹，则造蟲字在（生蟲内之）后也。”

蠱与瘕同字。与誑相转。

《蟲部》蠱，腹中蟲也。春秋传曰，皿蟲为蠱。晦淫所生也。枭磔死之鬼亦为蠱。从蟲从皿。皿，物之用也。

《疒部》瘕，女病也。从疒，叚声。乎加切

《尔雅·释器》“康谓之蠱。”郭云“米皮”。案康谓之蠱者，穀即化蟲，被徒留皮在，故糠亦谓之蠱矣。《释诂》“濂，虚也。”一作“康，虚也。”《释名》鼓，郭也。张皮以冒之，其中空也。”依《释名》说则鼓与蠱相通。章太炎先生曰“其训腹中蟲者，与瘕同字。《说文》训女病，亦腹中有蟲也。”若腹中有蟲，令人作疫作毒。《金匮要略》曰百合病者意欲食，復不能食，常默然欲卧，不能卧，饮食或有美时，或有不欲闻食臭时，如有神灵狐惑之为病状如伤寒，默默欲眠。目不得闭，卧起不安。蚀於喉为惑，蚀於阴为狐。不欲饮食恶闻食臭。其面目乍赤，乍黑，乍白。此皆所谓蜮也。”《左传、昭元年》晋侯（平公）有疾求医於秦（景公）。秦伯（景公）使医和视之，曰，“疾不可为也。是谓近女室，疾如蛊。非鬼非食，惑以丧志。赵孟曰，何谓蛊？对曰，淫溺惑乱之所生也。於文皿虫为蛊。谷之飞亦为蛊。周易女惑男，风落山谓之蛊，皆同物也。”又顾野王《舆地志》“江南数郡有畜蛊者主人行之以杀人，行饮食中，人不觉也。其家绝灭者则飞游妄走，中之则毙。”《周易、系辞上》“冶容诲淫。”刘瓛曰“冶，妖冶也。谓姿态之貌。杨慎曰“易冶容诲淫。”《太平广记》引作“蛊容诲淫。”

𩗗同“䬘”“䫻”。略同“䬍”。䬘又与喟声义同。

《风部》“𩗗，疾风也。从风，从忽，忽亦声”“䬘，大风也。从风，胃声。”“䫻，大风也。从风，日声。”“䬍，小风也。从风，术声。

《口部》喟，大息也。从口，胃声。嘳，喟或从贵。丘贵切

北京市电车公司印刷厂出品 八二·九
（1458） 20×20＝400

《思玄赋》"来飕飔兮驰虚岛"思即飔字。飔与"飔""[illegible]"音义同。飔训小风相反为义。（王念孙《疏证》飔与风飔同训为大风。）䬑为大思与[illegible]为同根词。风与气相应。

蠽《夏小正》作"札"

《䖵部》蠽，小蝉蜩也。从䖵，截声。子列切

黄季刚先生曰"蠽，尐也。《方言》尐，小也。蠽之为小蝉犹䳋之为小鸡。（见《玉篇》《孟子》正本作尐。）钱坫说"《夏小正》'鸣札'"即此字。

螜 尔雅有"螜"。胡葛切。

《䖵部》螜，蝼蛄也。从䖵，𣪊声。胡葛切

黄季刚先生曰《释虫》螜，天蝼。郭云，蝼蛄也。夏小正曰螜则鸣。《本草陶注》蝼蛄自腰以前甚涩。自腰以后甚利。案《说文》螜，犬属，腰已上黄，腰已下黑。食猴。是螜腰上腰下异色。与螜腰上腰下异性同，故同从𣪊声矣。蝼蛄亦单言蝼。《吕览·应同》黄帝之时天先见大蝼。注，蝼蛄也。又《慎小》巨防容蝼。注，蝼有孔穴，容蝼蛄也。

蠹 讹作蠹，借以为次橐字（《尔雅》稍作蠹。）

《䖵部》蠹，木中虫。从䖵，橐声。螙 蠹或

北京市电车公司印刷厂出品 八三·九

(1458) 20×20=400

象蟲在木中形。譚氏說。

《釋蟲》"蝎，桑蠹。"郭云"即蛣蝠。"陳藏器云"桑蠹去气，桃蠹辟鬼。"

以上三条应提前

⿰冉龜，即裧字

《龜部》⿰冉龜，龜甲边也。从龜，冉声。天子巨⿰冉龜尺有二寸，諸侯尺，大夫八寸，士六寸。汝阎切

《公羊传注》"千岁之龟有冉"即此字。朱骏声曰《礼记·杂记》其輤有裧。注，裧谓鼈甲边缘。字作裧。裧即⿰巾兼蟾。盖取声义於⿰冉龜也。"

它与离同

《它部》它，虫也。从虫而长。象冤曲垂尾形。上古艸居患它，故相问无它乎。蛇，它或从虫。

《厹部》离，山神兽也。从禽头，从厹，从屮。欧阳乔说，离，猛兽也。

服虔《左传注》、如淳《汉书注》皆以螭为山神兽形。《说文》螭，若龙而黄。盖离螭同字，皆蛇字，蛇离古歌韵古音，故螭亦蛇也。《考工记》曰天下之大兽五，亦有鳞者。注云，鳞，龙蛇

北京市电车公司印刷厂出品 八三·九

之属，以蟜蠆皆可称獸，獸固通名矣。

黽同蟆

《黽部》黽，鼃黽也。从它，象形。黽头与它头同。𪓕，籀文黽

《虫部》蟆，蝦蟆也。从虫，莫声。

《尔雅·释鱼》"鼃䵹，蟾诸。"郭云，似蝦蟆，居陆地。淮南谓之去父。"在水曰黽。"郭云"耿黽也。似青蛙，大腹。一名土鸭。"黄季刚先生曰，鼃䵹音近，蟾诸音近。鼃乃古之正字。非鼃之诸体。臧镛堂、严元照改作鼁䵹，谬甚。蟾诸联语，犹厲诸联语也。《说文》厲诸，治玉者也。字亦作礛磻。鼃䵹连语。《玄音九》引《通俗文》细礪谓之磋𥗊。礛磻治玉，磋𥗊治金。案攻金治玉之器其形相属，故以状此蟲矣。"

章太炎先生曰"寻鼃训蝦蟆，《秋官·蝈氏》掌去鼃黽。书或为掌去蝦蟆。然则黽蟆对转鱼变易为蟆，蟆即黽字也。"

鼃同䵷

《黽部》鼃，蝦蟇也。从黽，圭声。乌蜗切"䵷，水蟲也。薉貉之民食之。从黽，奚声。胡鸡切

《广韵十三佳》"鼃，蝦蟆属。"《汉书武帝纪元鼎五年》"鼃、蝦蟆鬭。"鼃与蝦蟆古书相类，其物本不鬬，故志其異。《本草》鼃一名长股，生水中。《图经》"似蝦蟆而背青绿色。俗谓之青蛙。亦有背黄文者，谓之金线鼃。"段曰："今南人谓之水鸡，亦谓之田鸡。"鼃与鼁韵近，皆喉音，故同根也。"今案鼃《尔雅》作"鼁"。《释虫》"鼁蟆"。鼁（若耿之右出字也，正当作耿，以耿从火圭声例之，则此即鼃字。）

蝇由孕来

《黽部》蠅，营营青蝇，蟲之大腹者。从黽从虫。

《子部》孕，裹子也。从子，从乃(声)。

营营青蝇见《诗小雅、青蝇》。《方言十一》"蝇，東齊谓之羊。陈楚之间谓之蝇。自关而西秦晋之间谓之羊。"郭注："此亦语转耳。今江东人呼羊声如蝇。(羊蝇双声)。"案蝇以多子得名，故语出孕(孕蝇双声同韵)。孕字亦作"⿰月黽"见《说文》。《玉篇》云"孕，古文作⿰月黽。"

亘同复

《二部》亘，求亘也。从二从回。回，古文回，象亘回形。上下所求物也。

《夏部》夐，营求也。从人在穴上。《商书》曰，高宗梦得説，使百工夐求得之傅巖，巖，穴也。

亘之形即旋字。旋，周旋也。训求则同夐，夐本寒韵，训营求。亘旋夐皆同古音。义亦汇通。

“地”“也”同，又同坤、地变。

《乀部》也，女阴也。象形。乀亦声。𠃟，秦刻石也字

《土部》地，元气初分，轻清阳为天，重浊阴为地。万物所陈列也。从土，也声。墬，籀文地从隊。坤，地也。易之卦也。从土从申。土位在申。

章太炎先生曰“也古文地当祇作也。犹天本训颠，即古文颠字。引申为苍苍之天。人体莫高于顶，莫下於阴，足虽在下，然四肢本可亭舒，故足不为最下，以阴为下。故题号乾坤，其右侪地而籀文作墬，从彖声，则歌寒对转也。如籀文亭转谆，乃在于坤。坤，地也。易之卦也。”案坤乃地之变。钱坫说“《国语》子犯曰‘有此其以戍中乎？’所以申土也戍土也，土位又在申。”此

北京市电车公司印刷厂出品 八三·九

命字命卦之义。"

垓同晐

《土部》垓，兼垓八極地也。国语曰天子居九垓之田。从土，亥声。古哀切

《日部》晐，兼晐也。从日，亥声。

今《国语·楚语》作天子之田九晐以食兆民。服虔曰垓，重也。"韦注"九晐，九州之内，有晐数也。食兆民，民耕而食其中也"垓又作"畡"。《释地》以四方为四正，加以四隅，故称八極。垓为最大，此之谓"兼晐"。其晐训兼晐，有训极有，亦为九有。《诗传》曰"九有，九州也。"宥训宽，《庄子》所谓"在宥"皆同根词。

坡同"陂""阪"

《土部》坡，阪也。从土，皮声。

《阜部》陂，阪也。一曰池也。从阜，皮声。阪，坡者曰阪。一曰，泽障。一曰山胁也。从阜，反声。

坡与陂阪歌寒对转，皆谓土山之偏衺者。然头偏若谓之颇。衺与坡陂阪文亦通。《尔雅·释地》"陂者曰阪"。郭注，"陂陀不平。"黄季刚先生曰，"陂坂声转。陂之言反侧也。《广雅》陂陀衺也。"《司马相如传》"罢池陂陀"。郭注，"言旁颓也。"

墧同"确""墽""硗""毃"。

北京市电车公司印刷厂出品 八三·九
(1458) 20×20=400

《土部》："塙，坚不可拔也。从土，高声。""墝，磽也。从土，尧声。"

《石部》："确，磬石也。从石，角声。㱿，或从㱿。""硗，磬石也。从石，尧声。"

《攴部》𢽳，𤕟田也。从攴，尧声。牵遥切。

案墼，坚也。故塙训坚不可拔，墝亦训磬石。塙字《周易》作"確"，《系辞》"確乎其不可拔"。《五音韵谱》作"搞"。確搞皆不见《说文》，皆塙之后出。与《石部》"确""硗"皆同训，又与𢽳同，此皆同根词也。

坴即《庄子·马蹄》"翘足而陆"之陆。

《土部》坴，土块坴坴也。从土，𡿨声。读若逐（锴本读若速）。一曰坴梁地（锴本）。

按《甘泉赋》"飞蒙茸而走陆梁。"西注："陆梁，乱走貌。"《始皇本纪》三十三年，"发诸尝逋亡人、赘婿、贾人略取陆梁地，为桂林象郡南海，以適遣戍。"《史记》作"陆梁"，《汉书》作"陸量"。《甘泉赋注》："兽猖曰陆梁而跳也。"薛综《西京赋注》："陆梁，东西倡佯也。"案陆梁即跳踉。其民无定居，以侵夺为事，故以陆梁名之。

北京市电车公司印刷厂出品 八三·九
(1458) 20×20=400

墣同"附""培"

《土部》墣，块也。从土，菐声。圤，或从卜。"培，培敦，土田山川也。从土，咅声。"

《阜部》附，附娄，小土山也。从阜，付声。《春秋传》曰附娄无松柏。

《吴语》"涓人畴枕，王以墣。"《淮南子·说林训》"土胜水者。"黄季刚先生曰"培注培敦。敦即畴。培敦亦即"倍敦""保祷"（吕览）《九章算术》作堢㙛。培植正作陪。《庄子》"培风"或说当作"冯"。《左传·襄二十四年》"子太叔曰部娄无松柏。"杜注，"部娄，小阜之类。服虔曰喻小国。"部即附字。《风俗通义》引《左传》释之曰"言其卑小"。

堫同"樹""穜"

《土部》堫，穜也。一曰内其中也。从土㚇声。

《木部》樹，生植之总名。从木尌声。尌，籀文。

《禾部》穜，埶也。从禾，童声。

穜者埶也。堫者以禾穜入土也。《广雅》《广韵》作"稯"《广韵》"不耕而穜也。"则生植，植者身立也。段曰"樹《丮部》埶，穜也。小篆埶为穜之用切，穜者先種后熟，直容切。而隸书互易之详张氏《五经文字》。"

坺又作"墢"见《国语》。

《土部》坺，治也。一曰臿土谓之坺。诗曰：武王载坺。一曰塵皃。从土，犮声。

治者治田也。应言引《考工记》"耜广五寸，二耜为耦。一耦之伐，广一尺，深一尺。"郑玄曰："两人并发之，其垄中曰甽，甽上曰墢。墢之言发也。"《国语·周语》"耕一墢。"韦注"一墢，一耜之墢也。王无耦，以一耜耕。"是《国语》坺作墢。《颜氏家训》"未尝目观起一墢土，耘一株苗。"《释名》锸，插也。插地起土也。"《广韵》"坺，一臿也。"

垣同"寏""𩏡"。《尔雅》有"峘"字，垣之后出

《土部》垣，墙也。从土，亘声。𩏡，籀文垣从𩫏。

《宀部》寏，周垣也。从宀，奂声。院，寏或从𨸏。

《韦部》韩，井垣也。从韦，取其帀也。倝声。

段曰此云垣者墙也，浑言之。墙下曰，垣蔽也。析言之垣蔽也。墙又为垣之蔽也。垣自大言之，

北京市电车公司印刷厂出品 八三·九

墙自高言之。"马融说"卑曰垣，高曰墙。"《尔雅·释山》作"峘"。其文曰"小山岌大山，峘。"郭注"岌谓高过"。黄季刚先生曰，岌正当作及。与圪声转。《说文》圪，墙高皃。《诗》曰"崇墉圪圪"。今《大雅·皇矣》作仡仡。岌亦重言岌岌。《离骚》"高余冠之岌岌兮"。岌岌又与巖巖声近。《说文》无峘字。峘之为言垣也。又言寰也（寰周垣也）。又言查也。查奢，查也。《广韵·十七登》亦有峘字，注皆引尔雅。读胡登切，为查之后出字。查竟也。"又《左传》"人之有墙，以蔽恶也。"《庄子·秋水》作"井幹"。司马彪云"井幹，井阑也。"崔譔云"井以四边为幹，犹筑有桢幹。"甚似曰井上四交之幹常为汲者契伤。此说幹为井之阑，阑与蔽音义。垣寰幹古同寒部。

堨门閒

《土部》堨，壁间隙也，从土曷声。读若谒。鱼列切

《门部》閒，隙也。从门，从月。

段曰：隙者壁际也。壁隙者壁之罅也。亦曰堨。此古义也。今义堨也，读同壅也。古人通用俗字。"桂曰，"堨隙声相近，通作郄。《史记·张释之传》虽锢南山犹有郄。《汉书》作'隙'。《庄子》

"批大部"。

堪　即《既夕礼》有"坅"字

《土部》堪，地突也。从土，甚声

钱坫说"《仪礼·既夕礼》築坅堪。注，穿坎之名。即此字。"

垷同"墐""墍"。

《土部》垷，涂也。从土，見声。胡典切"墐，涂也。从土堇声。渠吝切"墍，仰涂也。从土，既声。其冀切

段曰涂字，涂泥引申之义也。涂泥可以附物者也。故引申用以附物亦曰涂。《诗·小雅·角弓》曰"如涂涂附"传曰"涂，泥也。附，著也。"上涂谓下涂附连读谓著。郑笺则谓以涂木桴。《广雅·释室》"挸，拭也。"《释诂》"挸，拭也。"挸即垷之别体。《礼记·内则》"涂之以谨。"郑玄注谨当为墐，墐塗，塗有穗也。声之误也。《诗·豳风·七月》"塞向墐户"传云"墐，塗也。"案墐户祇用泥涂合缝。其字当作"堇"《堇部》"堇，黏土也。从土，从黄省。𡎸，𡋝，皆古文堇。"钱坫说"堇，诗塞向墐户字。"土之黏者其色必黄，土性然也。堇与墐有别，墐为

合末獿之泥，是此为黏土以涂广壁者。《汉书·扬雄传下》獿人亡则匠石辍斤而不敢妄斲。服注，"獿，古之善涂塈者也。施广领大袖以仰涂而领袖不污。《巾部》幔下段注谓幔即《庄子》郢人。

在 才声。与省从屮同意。引申义训察。

《土部》在，存也。从土，才声。

《眉部》省，视也。从眉省，屮声。𡕏，古文从少，从囧。

《子部》存，恤问也。从子，才声。《尔雅·释诂》徂、在，存也。《书·尧典》"在璿玑玉衡"传云，"在，察也。"此引申义，凡客体事物是存在的，人对客体事物的认，故存在有此察义。故与省义通。又《释诂》"在，终也。"此相反为义。黄季刚先生曰，在从才声，才训初而在训终，相反为义也。在声义通"哉"、"载"，《释诂》云"哉，始也。"载《释文》谨虞曰载法成物终更始。"

坐同侳

《土部》坐，止也。从土，从留省。土所止也。此与留同意。𡋯，古文坐。

《人部》侳，安也。从人，坐声。

段曰"止，下基也。引申为住止。"坐从土，土所止也。《地官·大司徒》"以土圭土其地而制其域。"郑注，土其地犹言度其地。"《考工记·玉人》土~~其地~~犹度也。"人类在土地上度居，故云土所止也。故侳训安。古人席地而坐，坐与处义近。凡止处皆曰坐，如"坐落""坐罪"又止处之引申。

坻同"泜""堤""滞"。

《土部》坻，箸也。从土，氐声。诸氏切"堤，滞也。从土，是声。"

《水部》泜，箸止也。从水，氐声。直尼切"滞，凝也。从水，带声。直例切

《左传·昭廿九年》"物乃坻伏，郁湮不育。"杜注"坻，止也。"（段曰"今开成石经讹作坻，其义迥异。楚金所见左传故未误。"）段曰"滞者凝也。此篆与坻篆音义皆同。《国语·晋语四》"戾久将底，底著滞淫。"《左传·昭元年》"勿使有所壅闭湫底。"杜注"底，止也。"左传坻伏或作泜伏。《周礼·廛人》"凡珍异之有滞者。"郑司农云"货物沉滞于廛中不决，归附滞于民用者。"故书滞为廛。杜子

云瘅当为滞。

坒 后出字作"阰"

《土部》坒，地相次比也。衛大夫貞子名坒。从土，比声。毗至切

见《离骚》。

填同"窒""寘"又同"垔"。

《土部》填，塞也。从土真声。陟鄰切，又待年切 垔，塞也。尚书曰，鯀垔洪水。从土西声。𡋯，古文垔。

《穴部》寘，塞也。从穴，真声。待年切 "窒，塞也。从穴，至声。

段曰填与寘音义同。塞之则坚固，其义引申为久。《诗大雅、桑柔》仓兄填兮。传曰，填，久也。《小雅、东山》烝在桑野。传曰烝，寘也。郑笺"古者填、寘、塵同也。"《尔雅、释诂》塵，久也。"黄季刚先生曰"塵之语由田来。田有陳义，故塵亦有久義。孙炎曰塵，居之久也。其说是矣。塵声转为塵，塵有宁积之义。"又《左传、襄廿五年》"当陳隧者井堙木刊"。服注杜注"堙，塞也。"《诗泮水疏》引服注《国语》"随高堙庳，韦注，堙，塞也"。堙即垔字。至声与真声在古韵是屑先对转。故"寘"与"窒"亦系同字。

封同坿”又同邦。

《土部》封，爵诸侯之土也。从之，从土，从寸，守其制度也。公侯百里，伯七十里，子男五十里。𡉚，古文封省。𡋨，籀文从𡉚丰。“坿，益也。从土付声。

《邑部》邦，国也。从邑，丰声。𡵨，古文。《周礼·地官·封人》“凡封国设其社稷之壝。封其四疆。”郑注，“封国建诸侯，立其国之疆。”凡封国建诸侯国亦立之社之稷，（之社稷者谓王有大社、大稷、王社、王稷及成社亦有稷也。皆有壝及壝外之遗，言遗不言壝举外以见内也）贾公彦疏曰，“案《禹贡》徐州贡五色土。孔注云王者封五色土为社，建诸侯，则各割其方色土与之，使立社。焘以黄土，苴以白茅。茅取其洁，黄取王覆四方，是诸侯立社之法也。’案贾引书孔传亦本《逸周书·作雒篇》说大社各五方色之土云，“将建诸侯，凿取其方一面之土，焘以黄土，苴以白茅，以为社之封。故曰受列土于周室。”《白虎通义·三王世家》又引《春秋文义》云“天子之社稷广五丈，诸侯半之。”此并邦国社稷之制。《王制》云封其四疆。"《夏官·叙官》云"疆，界也。此以诸侯之界为疆，别于王国之界曰畿。"通言之，王畿亦曰疆。《载师》云"以大都之田任疆地"是也。贾疏云"诸侯百里以上至五百里四边皆有封疆而树之。（本孙诒让说）《孟子·尽心》"附之以韩魏之家。"赵注，"附，益也。"此皆当作坿。~~封建诸侯为王室之坿益。~~诸侯之国称"邦"，邦即封字。~~㞷~~㞷为古文字，从出土。（李阳冰说㞷应从屮从一，一地也。其说不可信）与邦之古文作𡴀，从出从田同意。

今封当以~~为本~~培殖为本义。《吕览·季秋纪》"坿墙垣"，高注"坿犹培也。"《左传·昭二年》"观书，宴于季氏，有嘉树焉，宣子誉之。武子曰，'宿敢不封殖此树，以无忘角弓。'"封即培殖之培。《九年传》"后稷封殖天下"，与此封殖同。凡封殖必加土。《檀弓》以封为坟，《方言十三》冢，秦晋之间谓之坟，或谓之培。亦培土之义。《字林》"培，益也。"益即增土。《说文》"培敦，土田山川也。"此用《左传·定四年》祝鮀语，~~千文~~其文曰"分之土田培敦"《释文》"培"本亦作"陪"。又曰"命以伯禽封于少昊之墟。"注云"培，增也。"敦为墧之借字。培敦《说文》"墧，磽也。一曰高土也。"亦作"倍敦"，即《吕览》所谓"葆祷"《九章算术》今有

北京市电车公司印刷厂出品 八三·九

方保埒”。李淳风注：“埒以土拥木也。”盖古代分封诸侯，以聚土为埒堳，以表其国界封疆。是封字以培土为本义。其它“封墓”“封山”皆从封树义引申。今蒙古有“鄂博”表疆界犹存古法。坿字训益，亦增益土壤之义。受封者叫邦，古文当应从生省声也。

壐　诗“璲”即此字也。《尔雅》有“璲”是后出。

《土部》壐，王者之印也。所以主土。从土，爾声。璽，籀文壐从玉。

《诗·小雅·大东》~~黄季刚先生~~曰：“鞙鞙佩璲，不以其长。”传云：“鞙鞙，玉皃。璲，瑞也。”笺云：“佩璲者以瑞玉为佩。佩之鞙鞙然。居其官职，非其才之所长也。徒美其佩而无德。刺其素餐。”

墨　贪墨字当作“冒”“冐”

《土部》书墨也。从土从黑，黑亦声。

~~墨即石炭之煤。~~《左传·昭十四年》以贪败官为墨。其正字当作“冒”或“冐”。又古有“石墨”。竹简用漆，帛书用石墨。[欧阳……曰，今人谓石炭为墨。]按《水经注》冰井台，井深十五丈，藏冰及石墨焉。石墨可书又可燃之難尽。亦謂之炭。是知石炭石墨一物也，有精麤尔"由顾说攷之墨即煤也。河北省南部即讀墨为煤。可見冰臺井即煤矿，《說文》无煤字，墨即煤也。中国秦已前既产煤，西欧十六世纪始有煤，我国资源既富，又开採极早，無怪马可孛罗見民间以石为燃料，认为奇事也。

坎同"坷""陷""窞"。又《释言》"坎，銓也"当作科。

《土部》坎，陷也。从土，欠声。"坷，坎坷也。梁国宁陵有坷亭。从土，可声。"（陷窞已见前）

《周易、说卦传》坎，陷也。《释言》坎，銓也。坎声转为科。《孟子》"盈科而后進"，科即坎也。科，程也。程亦法也。又转为浣。《淮南齐俗》训执之手浣準。注，浣準，水平之準（本师说）。

墊同"㙉"

《土部》墊，下也。从土，執声。春秋传曰墊隘。"㙉，下入也。从土，㬎声。

《庄子、外物》"然则侧足而墊之致黄泉。"《释文》司马彪、崔譔皆曰墊，下也。《释名》下溼曰墊。隰，蟄也。蟄，溼意也。案蟄亦作墊。而案㙉即"隰"字。故释名说下㙉曰隰。墊㙉音义同。

训卜入之义即"塌"字。

垎同"涸""漮""炕"

《土部》垎，水乾也。一曰坚也。从土，各声。胡格切

《水部》涸，渴也。从水，固声。读若狐貉之貉。㵐，籀文从水、固、舟。"漮，水虚也。从水，康声。"

《火部》炕，乾也。从火，亢声。

钱坫说："《玉篇》垎土乾也。即涸字同。一曰坚者又埆同也。"段曰王逸《九思》"冰冻兮垎泽"（案《广韵》《集韵》十九铎，泽下并引《楚辞》"冬冰之垎泽"此宜据改。）。《齐民要术》曰湿耕坚垎数年不佳。（又曰"凡下田停水处，燥则乾垎，湿则污泥。"）案"垎""涸""漮""炕"五字模唐对转，皆喉音双声。垎又即扞格字。《学记》"发然后禁，则扞格而不胜。"注云，格读如冻垎之垎，扞格坚不可入之貌。

增同滋

《土部》增，益也。从土，曾声。

《水部》滋，益也。从水，兹声。一曰滋水，出牛饮山白陉谷，东入呼沱。

增滋音（咍登对转）义同。案會下说解曰"曾，益也。"是增曾音义又通。

炕从火訓乾訓燥。《易》所謂水流溼火就燥。溼引申訓溫仁，燥引申訓暴虐。《漢書·五行志》君炕陽而暴虐。”師古注“凡言炕陽者枯涸之意，謂無恩澤于下也。”

北京市电车公司印刷厂出品 八三·四
(1458) 20×20=400

垍同"堇""艱""黠""㪉"

《土部》垍，堅土也。从土，自声。讀若泉。其冀切

《堇部》堇，黏土也。从土，从黄省。𡒘𡓂皆古文堇。"艱，土難治也。从堇，艮声。囏籀文艱从喜

《黑部》黠，堅黑也。从黑，吉声。

《𠬪部》㪉，殁探坚意也。从𠬪，从貝。貝坚宝也。讀若概。

《周礼·地官·草人》"强㯺"~~一作壃墭~~《释文》"㯺本又作墭"。郑玄云"强坚者。"《管子·地员》"壏土之次曰五墭，五墭之状芬焉若糠。"此与郑異。堇训黏土，此即《诗·豳风·七月》"塞向墐户"之墐字。（钱坫说）《礼记·内则》"涂之以谨涂。"郑注"谨当为墐，声之误也。墐涂，涂有穰草也。"《通鉴》杨行密围广陵，城中无食，以堇泥为饼食之。"注"堇泥，黏土也。"王筠说，"燕子为巢用堇泥。"《周礼·地官·乡师》"賙万民之囏阨"。《遂人》"以恤民之囏阨"《释文》囏古艱字。黠训黑坚，此以石言之，硈亦从吉声而训石坚；或与黠同。石而坚者曰硈，黑而坚者曰黠，义有会通。

埱同俶

《土部》埱，气出土也。一曰始也。从土，叔声。

《人部》俶，善也。从人，叔声。诗曰令终有俶。一曰始也。

钱坫说"《尔雅》俶，始也是此。又《释诂》俶作也。"作与始义通。

埵通作"垛"。《周礼》作"壝"。

《土部》埵，坚土也。从土，垂声。读若朵。丁果切

应音六引《字林》"埵，聚土也。"钱坫说"坚字误。应作堅（堅；土積也。应音引《字林》'埵，積土也。'）。《通俗文》積土曰垛。《纂文》吴俗以積土为垛。垛，堅也（从钱改）。即埵字。"案古堵今曰垛，皆積土为之。《唐六典》有"射垛"。"武举有长垛马射之"《读史方舆纪要》"升陉射垛山，在縣東六十里。秦王翦伐赵尝射垛於此"《周礼》社之圍墻曰壝。与埵声通义近。

[土則]同"𡿧""窦"

《土部》[土則]，遏遮也。从土，則声。初力切

《川部》𡿧，害也。从一雝川。春秋传曰，川雝为泽，凶。

《㠭部》𡫳，窒也。从㠭，从廾，窒宀中。㠭犹齐也。

钱坫说，"《史记·天官书》'川塞垘'。徐广曰'土壅曰垘'即此字。"案塞垘古部皆在德部，故音义皆同。与㠭𡫳音义通。

垠同限

《土部》垠，地垠也。从土，艮声。一曰岸也。圻，垠或从斤。语斤切

《阜部》限，阻也。一曰门榍。从阜，艮声。

垠有边界义，段改说解为"垠鄂"今不从。王之边界曰畿，畿与圻音通。引申凡崖岸亦曰圻。谢灵运《入彭蠡湖口诗》曰"洲岛骤回合，圻岸屡崩奔。"限有限止义，故限训阻。别义与阻义相通。与垠亦相近。《木部》"榍，门限也"。限榍互训。

壘同"厽""垒"。

《土部》壘，军壁也。从土畾声

《厽部》厽，絫坺土为墙壁。象形。"垒，絫墼也。从厽土，厽亦声。

土部曰"一臿土谓之坺"。臿与锹同，以锹发田间

土塊，今方總不散，今礼俗云坺头是也。累之为墙。野外筑壁多如是。此与筑壁之墼同意也。墼者令適未烧者也。已烧者为令適，令適今叫砖。墼今俗所谓土坯。古代墙壁可用土方，可用墼，可用令適。皆用土与砖石相次重累而成也。皆引申为物体相重亦谓之垒，垒音小变为"埵"为"垛"。玄应引《通俗文》"垛，積土也。"《土部》埵，坚土也。读若朵。"玄应引《字林》"埵，丁果反。聚土也。"引《通俗文》"積土曰垛"。

圮𨣼与𩇕为一字

《土部》圮，毁也。虞书曰，方命圮族。从土己声。𨣼，或从手，从非，配省声。符鄙切

《非部》𩇕，别也。从非，己声。

《尔雅、释诂》"圮，毁也。"《释言》圮，覆也。案《广韵》"岸毁又覆也。"《释文》"岸毁也，一曰坏"是圮为倾覆毁败之义，故圮与𩇕同。

壙同野

《土部》壙，塹穴也。一曰大也。从土廣声。

《里部》野，郊外也。从里，予声。壄，古文野，从里省，从林。

《周礼·夏官·方相氏》："及墓，入圹，以戈击四隅。"郑玄注："圹，穿地中也。"案此训圹即今坑字。一曰大野者，《孟子·离娄上》："水之就下，兽之走圹。"《尔雅·释地》："邑外谓之郊，郊外谓之牧，牧外谓之野。"野圹对转，野与圹则义同。

毁同坏

《土部》："毁，缺也。从土，毇省声。𣪞，古文毁从壬。""𢿀，毁也（全书本）。从支，褱声。𡒞，古文𢿀省。𣀔，籀文坏。"

《仓颉篇》："毁，破也。"缺谓器破也。故毁亦训破。《左传·文二年》"毁庙之主。"杜注"谓亲高祖毁其主于太庙。坏大徐本训败。《走部》"退，𢿀也。"此谓自破也。（见《广韵》坏，自破也）毁坏音义同。

垑 《尔雅》作"恀"

《土部》垑，恃也。从土，多声。

《尔雅·释言》"恀，恃也。"《荀子·非十二子》"恀然"注云"恀然恃尊长之貌。"

塺即《庄子》埋马字

《土部》塺，塵也。从土，麻声。

《楚辞》刘向《九叹》"愈氛雾其如壓"王注，"壓，塵也。《通俗文》"塵土曰壓。"钱坫说"《庄子》野马当作此。"黄师曰："又读莫杯切，則即"煤"字"

⿱非土同坌

《土部》"⿱非土，塵也。从土，非声。房未切。"坋，塵也。一曰大防也。从土，分声。房吻切。

《玉篇》"⿱非土，塵也。"《通俗文》埲土曰坋。《尔雅·释丘》"墳，大防。"段曰，凡为细末糁物若被物者皆曰坋。如《左传·昭廿五年》介其鸡。贾逵曰捣其芥为末播其鸡羽可以坋郈氏鸡。又《五行志》弃灰于道者~~弃灰于道者~~黥。孟康云商鞅以道必坋人，坋人必鬥；故设黥刑以绝其源。《货殖传》胃脯。晋灼曰，"㸑羊胃以末椒薑坋之。"别义坋大防，《尔雅·释丘》"墳，大防。"郭注"谓堤。"案《诗周南传》"墳，大防。"黄季刚先生曰"郭不引《汝墳》释此，与毛異。《释水》水自河出为灉，濟为濋。汶为瀾。淮为滸。江为沱。汝为濆。"郭云遵彼汝濆，皆大水溢出别为小水之名"黄季刚先生曰郭说汝墳，既異毛郑，又殊於李巡。殆本於鲁诗欤；又注云皆大水溢别为小水

北京市电车公司印刷厂出品 八三·四
(1458) 20×20=400

之名。则当依《说文》所引作没为涓，涓，小流也。正与郭注所云别为小水义合。

坏同𣪘

《土部》坏，丘再成者也。一曰瓦未烧。从土，不声。芳杯切

《缶部》𣪘，未烧瓦器也。从缶，𣪊声。读若筩莩。

坏《尔雅》作"坯"。段曰："司马彪《律历志》以葭莩灰抑其端。注：葭莩出河内。莩音孚，则𣪘亦读孚。"玄应十五引《字林》瓦未烧者曰坯。《华严经音义》坯，瓦未烧者也。《后汉书·崔骃传》"坯冶一陶。"注，坯，土器之未烧者。"字或作垺。《考工记·旊人》"膊崇四尺。"注云"瓦器高此，则垺不相胜。"坏或作垺，𣪘读莩，皆一声之转。

坥又近土苴之苴

《土部》坥，益州部谓蚓场曰坥。从土，且声。

《艸部》苴，履中艸。从艸，且声。

《方言六》"坻、坥，场也。梁宋之间蚍蜉犁鼠之场谓之坻。蚓场谓之坥。"土苴盖如粪艸。《庄子·让王》"其土苴以治天下。"李注，"土苴，糟魄。不

北京市电车公司印刷厂出品 八三·四

(1458) 20×20=400

具▲物也。《释文》"土算，多心之皃。"

堋同窆

《土部》垗，畔也。为四畔界，祭其中。从土，兆声。周礼曰：垗五帝于四郊。

《穴部》窆，葬下棺也。从穴，乏声。周礼曰：及窆执斧。

《土部》堋，丧葬下土也。从土，朋声。春秋传曰：朝而堋。礼谓之封。周官谓之窆。虞书曰：堋淫于家。方邓切

《小尔雅》"下棺谓之窆，填窆谓之封。"谓葬时下棺于圹也，是名为堋。引春秋传文，《左传·昭十二年》"司墓之室有当道者毁之，则朝而堋。"注云，"堋，下棺。"（此葬郑简公事）礼谓之封者，此礼指《仪礼·既夕礼》其文云"乃窆，主人哭，踊无算"。注云"窆，下棺也。今文窆为封。"此许从今文仪礼。《礼记·檀弓上》"县棺而封"，郑玄云，"封当为窆。"《周易·系辞下》"不封不树"。《集解》引虞注云"穿土称封。封，古窆字也。"虞书堋淫于家，堋当作朋。朋淫聚酣饮之谓，见《皋陶谟》。《后汉书·孝明八王传》作"风淫于家"。《檀公下》"季康子之母死，公

北京市电车公司印刷厂出品 八三·四

(1458) 20×20=400

输若（郑公输般）匠師，歛，般请以機封。公肩假曰，不可！夫鲁有初，公室视丰碑，三家視桓楹。"郑玄曰，公输若匠师，言视若时僭天子也。丰碑斫大木为之。形如石碑，於椁前后四角树之。穿中於间为鹿盧。下棺以绋绕。天子六绋四碑，前后各重鹿盧也。周官谓之窆，《周礼、地官遂人》及窆，陈役。"郑司农云"窆谓下棺时，《礼记》谓之封，《春秋》谓之塴，皆葬下棺也。声相近。"（乡师注略同）三字皆声转。钱坫说，"《檀弓》经曰封读如窆。《春秋传》作塴。《小司徒注》《春秋传》曰日中而塴，礼记所谓封者，今书作朋。"

垗同畤

《土部》垗，畔也。为四時界，祭其中。周礼曰垗五帝於四郊。从土，兆声。治小切

《田部》畤，天地五帝所基止祭地也（锴本）从田寺声。右扶风有五畤：好畤、鄜畤，皆黄帝时祭。或曰秦文公立也。

案垗字《周礼、春官、小宗伯》作"兆"。彼云"兆五帝于四郊。四望四类亦如之。"郑玄注"兆为壇之营域。"贾疏云"案封人云社稷之壝谓壝土

北京市电车公司印刷厂出品 八三·四

為之。即此壇之營域一也。不言壇者，舉外營域，有壇可知。案《爾雅·釋言》"兆，域也。"郭注"謂塋界。"黃季剛先生曰，"詩'肇域'連言，故此以域釋兆。箋云"肇當作兆。"正據此經。詩'蘞蔓于域'傳域，營域也。是塋与營通。此塋引申凡營域，不止墓地也。"《說文·宮部》"營，帀居也。从宮，熒省聲。"《汉书·礼乐志》颜师古注云，"域，界也。"蓋封土為壇，於壇之外，四圍，周帀為界畔。即《說文》所謂"為畔界祭其中者是為營域。《周礼注》又云"兆墓營域"。蓋凡壇墓之營域通謂之兆。兆亦作肇。《詩大雅·生民》"以歸肇祀。"箋云"肇，郊之神位也。"《祭法》曰，"燔柴於泰壇，祭天也。瘞埋於泰折，祭地也。埋少牢於泰昭，祭時也。相近於坎壇，祭寒暑也。王宮祭日也。夜明，祭月也。幽宗，祭星也。雩宗，祭水旱也。四坎壇，祭四方也。"彼自泰壇以下鄭注並謂壇。《儀礼經傳通解續》引《尚书大傳》云，"壇，四奧。"注云奧，內也，安也。四方之內人所安居也。為壇祭之，謂祭四方之神也。"依鄭彼注亦即四方之壇。則对文壇各異者。

北京市电车公司印刷厂出品 八三·四
(1458) 20×20=400

散文则天地百神之兆，通谓之壇，亦通谓之兆矣。段曰，"以基止释畤，叠韵为训也。所基止祭地，谓祭天地五帝立其基止於此而祭之之地也。畤不见於经，秦人因周制兆五帝於四郊依附为之。遂制畤字耳。（畤兆双声）攷《史记·封禅书》秦襄公居西垂，作西畤，祠白帝。其后，文公都汧作鄜畤，郊祭白帝。其后德公居雍，作密畤，作密畤於渭南。祭青帝。灵公作吴阳上畤，祭黄帝。作下畤，祭炎帝。献公作畦畤栎阳，祀白帝。汉高祖立黑帝祠，命曰北畤。按密上下三畤及鄜畤及北畤谓之雍五畤（《汉书·地理志》右扶风雍有五畤），祭青黄赤白黑五帝之地也。先言天地者，秦谓五畤即天地。《封禅书》"故曰唯雍四畤，上帝为尊。"秦之郊见即祭畤也。"案"兆"与"畤"礼制相同。畤兆同声转，故秦汉之畤即周礼之兆也。

墳同濆

《土部》墳，墓也。从土，賁声。

《水部》濆，水涯也。从水，賁声。诗曰，敦彼淮濆。

《方言十三》冢，秦晋之间谓之墳。或谓之培。（咅部）

或谓之堬。或谓之采（古者卿大夫有采地，死葬之。因名也）。或谓之埌。或谓之垄，自关而东谓之丘，小者谓之塿，大者谓之丘。凡葬而无坟谓之墓。所以墓谓之墲。"郭云"坟取名于大防也。"《尔雅·释诂》"坟，大也。"《释丘》"坟，大防"。郭注，"谓隄"黄季刚先生曰郭不引汝坟释此是与毛诗异义。"《释水》水自河出为灉。濟为濋。汶为澜。淮为浒。江为沱。汝为坟。"郭云"诗曰遵彼汝坟，皆大水溢出，别为小水之名。"《说文》"涓，小流也。尔雅曰，汝为涓。"此正与郭注所云别为小水义合。《诗大雅·常武》"铺敦淮濆"。毛传，"濆，厓也。"《周礼·地官·大司徒》"丘陵坟衍原隰。"注云"水涯曰濆"。而《常武》郑笺亦释濆为大防"是濆坟音义同。《方言一》"坟，地大也。青幽之间凡土而高且大者谓之坟"郭注"即大陵也。"坟亦名陵。坟，声转变作"墦"。"《孟子》"卒之东郭墦间"。

場同暘

《土部》場，祭神道也。一曰田不耕。一曰治穀田也。从土，昜声

《田部》畼，不生也。从田，昜声。

畼隶变为畅。場的第二义同"畼"。章太炎先生谓場之第二义即第一义引申。

里同留

《里部》里，居也。从田，从土。一曰士声也。（铉补）

《田部》留，止也。从田，丣声。

按曰，《郑风·将仲子》无逾我里。传曰，里居也。二十五家为里。《周礼·地官·载师》"廛里"。郑云廛里者若今邑居矣。（案《校勘记》载师注今本作邑里居矣。岳本、嘉靖本作'邑里居'。当云若今邑居矣。里衍文。下文云'民之邑居在都城者'可证）《遂师》'郊里'。郑云，郊里，郊所居也。《遗人》'乡里'郑云，乡里乡所居也。《遂人》曰五家为邻，五邻为里。《宣十五年穀梁传》古者三百步为里。《诗·小雅·十月之交》"悠悠我里"亦借里为悝。"案《尔雅·释诂》"悝，忧也。"黄季刚先生曰"悝通作慈。"案蓄妇之蓄，正作悝、慈。"又"榴"下云"留止也"。《诗·王风》"彼留之子"是止人也。《离骚》"又何可以淹留"是自止也。

时同畦

《田部》町，田践处曰町。从田，丁声"畦，田五十亩曰畦

《庄子·人间世》彼且为无町畦，亦与之为无町畦。"李注，町畦，畔埒也。《左传·襄廿五年》"町原防。"町畦音声对转，为叠韵之称。故训田践处。

畦同畹

《田部》畹，田三十亩也。从田，宛声。

畦与畹又指所耕之地。《离骚》"畦留夷与揭车，"王逸章句，五十亩曰畦。《魏都赋》"下畹高堂"李善引班固曰"畹三十亩也。"皆指耕种面积。或说十二亩（见离骚注）其说虽不同皆指耕地面积。

⿰田亢同"畕""畺""陆""略"

《田部》⿰田亢，境也。一曰陌也。赵魏谓陌为⿰田亢。从田，亢声。《田部》"略，经略土地也从田，亢声。"

《畕部》畕，比田也。从二田。"畺，界也。从畕三其界画也。"

《阜部》阹，依山谷为牛马圈也。从阜，去声。章太炎先生曰"畕畺同字，声义受诸青部之冂。又变易为⿰田亢，竟也。对转鱼变易为阹，依山谷为

牛马圈也。春秋传曰天子经略（案《左传·昭七年》芋尹无宇曰"天子经略，诸侯正封。古之制也。"杜注，经营天下略有四海故曰经略。正封，封疆有正封分也。"）略从各声，经略亦双声，故与略双声。犹经界经画也。略亦为绘画。《赵世家》王父所以入秦者欲自略地形。是略即图画义。《墨子·小取篇》曰摹略万物之然，论求群言之比。摹略犹摹写矣。略古本如各。故诗有略其耜。以略为剟。"凡画、图引申谋，摹亦同谟。《说文·言部》"谟，议谋也"。故略引申同虑。《说文·心部》"虑，谋思也。"又有"无虑"。《周髀算经》"无虑后天十三度十九分度之七。"注"无虑者粗计也。"无虑或作"嫴榷""嫴姑""诂计"《扬子注》"诂犹略也。"《方言》"梗，略也。"梗即梗概也。又案《诗小雅》由庚，《尔雅释言》庚、莌皆略之借。

𤰝 今作畴。《易·否》九四，畴离祉。正应作俦。等类为俦。畴官之畴当作寿。言世业也。即《周官》设考之考。

㽝传作"𠃬"，象耕田沟诘屈也。《易·否》畴离"九四，畴离祉。"九家注"畴，类也。"《楚辞》"疾世展峥嵘兮斟畴"注，"畴匹也。"正当作俦。

北京市电车公司印刷厂出品 八三·四

《汉书·律历志》"畴人子弟分散。"注，"家业世世相传为畴。"畴官、畴人，正当作"𠷎"。故家业世世相传。《周礼·天官·冢人》"建其正立其贰，设其考，陈其殷，置其辅。"考即畴官畴人。考与𠷎同韵，故相通借。

畛同畷

《田部》畛，井田间陌也。从田，㐱声。"畷，两陌间道也。广六尺。从田，叕声。

段曰，陌者百夫洫上之涂也。两百夫之间而有洫，洫上有涂。两千夫之间而有浍，浍上有道，所谓阡也。洫横而浍纵，涂横而道纵，故道在中而左右各十涂皆横，是谓两陌间道，是之谓畷。《郊特牲》"飨农及邮表畷。"注云"邮表畷谓田畯所以督约百姓于田间之处。引诗为下国畷邮。"又云"。郑注《周官·地官·遂人》经容牛马，涂容大车。涂容乘车一轨，道容二轨，路容三轨。轨者彻也。《考工记·车人》彻广六尺。涂容一轨是陌容六尺。道容二轨是阡容丈二尺也。"桂馥说："畷畛皆道也。《释言释文》畛，田间道。"《周礼·遂人》十夫有沟，沟上有畛。注云"沟广深各四尺。

畛容大車。《左传·定四年》封畛略。杜注"畛謂涂所径也。"《庄子·齊物论》"为是而有畛也。"畛謂封域，畛，陌也。"《詩小雅·載芟》"徂隰徂芟"笺云"畛謂舊田有徑路者。"又《尔雅·释言》畛，殄也。黄季刚先生曰此诗传輈朝之义。然畛亦有竟义。《说文》畛，井田间陌也，竟绝义相通。

畜同"嘼"义同亍。李斋字当作"嫱"

《田部》畜，田畜也。淮南子曰玄田为畜。𤲃，鲁郊礼畜从田从兹。兹，益也。（玉篇许六切。又许又、丑六二切。）

《嘼部》嘼，㹌也。象耳、头、足厹地之形。古文嘼下从厹。

《彳部》亍，步止也。从反亍。读若畜。

今《淮南子》玄田为畜无此文，盖系为佚文。章太炎先生曰，详《释名》天又谓之玄。玄县也，言如县物在上也。玄孙，玄县也。上县於高祖最在下也。牵字亦从玄声，盖玄兼有县牵之义。或古与牵同文而引申之义有异，遂为二文乎？又曰世多疑玄田之文为谬，玄即牵也。《周礼》言牲牽言牽徬，皆謂牛牲为牽。汉孝景皇帝诏曰，郡国或硗陿，无所农桑𣪠畜。𣪠即今繫字（周易繫辭作𣪠）亦即牽之借，犹繫縻牽离一语也。然为犖为犢乃通名，畜为田畜，乃别名。畜从玄，即牲牽、牽徬、𣪠畜之谓，本无讹误。玄之形与古文糸作𢆯（糸下云"细丝也。象束丝之形。𢆯，古文糸）相似。亦古文𤰞玄、申同体。申亦引也。文中束也，则玄与牽同义。又有弦，弓弦也。从弓象丝轸之形。案弦实从古糸。亦得略言象丝轸。必云象丝轸者，古有'盭''紗''緺'三字皆从弦省也。然此三实从古文糸。《说文》当从入儿、百首之例，分古文𢆯字为一部，以此三字附之。"黄季刚先生曰'𤰞畜与亍。'案亍即古疇字，声转为嬦，《说文》'嬦者谨也'。象小步而耕田为谨。亍读若畜；亍与畜同。故[乃]亍为畜。亍畜亦引申为蹏，足也。畜皆有蹏者。

《礼记、祭统》孝者，畜也。顺于道不逆于伦是之为畜。"此当作"㜅"《女部》㜅，媚也。从女畜声。丑六切。

罗同閛

《男部》男，丈夫也。从田，从力。言男用力於田也。

《晨部》農，耕也。从晨，囟声。辳，籀文農从林。[illegible] 古文农。[illegible]，亦古文農。

力於田之说，契文男作[illegible]（铁一三十·二）[illegible]（京二一二二）諸形，皆象人耒耜一類的农具在田野上操作（契文力作[illegible]（甲二一一一）作[illegible]（京津一九〇二）諸形男下之力亦象一种农具。金文[illegible]（史农觶）亦象人持农具在田野上操作。农与男正冬覃对转双声，其为同根词尤可证之。辰应即蜃字，其形作'[illegible]'上古农业初兴，采拾蜃貝以为器皿工具之需，即以蜃为治田之工具《淮南子·氾论训》"古者剡耜而耕，摩蜃而耨。"高注，'蜃，大蛤。摩令利，用之耨。耨，除田秽也。'龙山文化遗址即有不少蚌制农具出土，可知蜃在原始农业中普遍使用。《说文·晶部》晨，房星。为民田时者。农业与天文星象密切相关。故辰为农具農为农時义亦会通。男义与南为同根词。《宋部》"南，艸木至南方有枝任也。"以任释南为声训。《白虎通义·爵篇》"男者任也"。此男南相通之证。《周

北京市电车公司印刷厂出品 八三·四

天官·太宰》"以九职任万民。一曰三农。生九穀。"郑玄注"任犹倳也。"倳即倳刃之倳。《史记·张耳陈馀列传》"然而慈父孝子莫倳刃公之腹中者畏秦法耳。"《集解》引李奇曰"东方人谓刃插地皆为倳。"字或作剚。《文选·丘迟与陈伯之书》"张绣剚刃於爱子"李善注亦引李奇说"东方之人以地插地中，皆为剚也。"农耕除秽艸必刺掘土壤然后下种。南字从羊得声。《说文》羊，撖也。读若饪。言稍甚也。"剚饪任同音，羊训刺，亦剚土下种也。故"农""男""任""南"皆同根词。

力　此当为"肋""脅""脟"之初文。作象人张臂形

《力部》力，筋也。象人筋之形。治功曰力。能圉大災。

《肉部》"肋，脅骨也。从肉力声""脟，脅肉也。从肉寽声。一曰脟，腸间肥也。一曰膫也。""脅，两膀也。从肉劦声。

《说文》说力象人筋之形非是。章太炎先生申许说谓"人筋有理故凡有腠理者皆言力"章说更牵强。黄季刚先生曰"象人张臂形"。极精确。实

勳字古文作勛，力旁作𠂇，正象人张臂形，此𠂇之笔意。正象人张臂形，变为𠂇，而后成力，则为笔势矣。力为古膂字，膂训两膀，膀与膂义同。《说文》膀，胁也。或体作髈。膀可垂可张。用力必张膀，故黄云力象人张臂形。肋者膂骨也。段曰膂者统言之，膀其肉也。肋其骨也。司马相如《子虚赋》"脟割轮淬"，脟割即脔割。力与脟双声，与膂叠韵。肋则从力得音。人体以两臂为强有力。至故《周礼》治功曰力，佐其国家曰功，此强之近故曰，故曰"能御大灾"。

勑同劳

《力部》"勑，劳也（锴本作"劳勑"）。从力来声。"洛代切

"劳，剧也。从力，荧省。荧火烧冂，用力者劳。𢝊，古文劳从悉。"

勑古书多作"来"《尔雅·释诂》"劳、来，勤也。"黄季刚先生曰"自勤、勤他皆谓之勤。王引之谓劳来相劳苦之勤义未晐，不晓亦有自勤之义也。《周本纪》武王曰夜劳来定我西土。《墨子·尚贤》垂其股肱之力而不相劳来。《孟子·滕文公》放勋曰劳之来之。如武王之言则自勤谓之劳来。

如墨子、孟子之言剑勤谓之劳来。勑声义与赉亦近。"

勠同僇劦"同"劳"。即努力字。努力即怒力。

《力部》勠，并力也。从力，翏声。"劳，剧也。

从力，从熒省。熒火烧冂，用力者劳。"

《劦部》劦，同力也。从三力。《山海经》曰："惟号

之山其风若劦。"

段曰《文选·文赋》"非余力之所任"李善注引贾逵《国语注》："戮，并力也。"并者相从也。"《国策·中山策》"勠力同忧"高注："勠力，勉力也。"《汉书·元帝纪》"方春农桑兴，百姓勠力自尽之时也。"或以戮字代之。《左传·成十三年传》"戮力同心"《释文》："戮，相承音六。嵇康音力幽反。"按对转合同"劦"，亦同"劳"。劳亦有同力之义，故僇屠同僇皆有戮力同心之义。勠力即努力。段曰，"古无努字，祇作'怒'。"故努力古作怒力。由此得证，《马部》"马，怒也"即努字。古者马车战用四马亦必努力壹心。

劳同勤

《力部》勤，劳也。从力，堇声。

北京市电车公司印刷厂出品 八三·四
(1458) 20×20=400

劳后出有捞，本为强取。方言"捞，取也。"说文无捞字，正应作略。《方言》"略，强也。"《春秋国语》"牺牲不略。"《管子·小匡》作"牺牲不略"。知劳为略之借。勤亦以兵力强取故亦训劳。

勉　训能之剋皆此字

《力部》勉，尤極也（~~依错本~~）从力，克声。~~段曰，勉之勫之尤者也。勤劳以力剋胜，故其事为尤劳。~~钱坫说"《五音韵谱》作尤極也。凡经训能之剋，皆应作此。"经典作"剋"乃力讹为刀。

勤同勤

《力部》勤，劳也。从力，堇声。"勤，劳也。从力，黄声。诗曰，莫知我勤。"

《尔雅·释诂》"勤，劳也。"黄季刚先生曰"勤声转为贤。《诗·北山》我从事独贤。传，贤劳也。《孟子》此莫非王事，我独贤劳也。"《释诂》勤，劳也。勤通作"肄"，《诗·国风·谷风》"既诒我肄"传曰，肄劳也。引诗见《小雅·雨无正》

~~劫去声同"拼"卷同"倦"。同"鬯"~~

《力部》劫，人欲去以力胁止曰劫。或曰以力止去。

《手部》拑，胁持也。从手，甘声。巨淹切

《汉书·高帝纪》"因以劫众"颜注"劫谓威胁之。"从力，从人之去曰劫，不限于盗。劫胁声通，胁迫也。故劫与拑为同根词。劫即拑之入声，拑亦训胁，拑胁乃同根词。

飭同敕

《力部》飭，致坚也。从人，从力，食声。读若敕。

《攴部》敕，诫也。臿地曰敕。从攴，束声。《考工记总序》"审曲面埶以飭五材。"又曰"飭力以长地材。"凡人与物皆得云飭。飭敕声同古书互用。段曰飭即记所谓飭五材辨民器，谓之百工不徒修饰其外而已。"敕者诫，诫亦训敕，相互为训。所谓臿地为敕者，敕者傅也。凡种植植物於地必臿植之。此李奇所云以刃插地中使其直生也。故以诫之训。飭读若敕证其音义相通。

勢即豪傑字

《力部》勢，健也。从力，敖声。读若豪。段曰健者伉也。此豪傑正字。"楚之先祖若敖、莫敖，敖亦勢之假所谓豪俊也。

協同"勰""协"並同"燮""諴""咸"。

《劦部》協，同心之和。从劦，从心。"勰，同思之和。"从劦，从思。"協，众之同和也。从劦从十。叶古文協从曰从十。叶，或从口。

《又部》燮，和也。从言从又炎从羊（羊音飪）讀若溼。

《言部》諴，和也。从言，咸声。周书曰不能諴于小民。

《口部》咸，皆也。悉也。从口从戌。戌悉也。

《尔雅·释诂》"協、勰，和也。"案協勰与恊同文并见。燮为调和五味之和。与上三文音同义近。諴训和如今所谓共同语言。諴即燮之平声。易有咸卦，皆言用口接觸，亦即今之接吻。咸文与諴同声也

北京市电车公司印刷厂出品 八三·四
(1458) 20×20=400

第十四卷上

锡同钊

《金部》锡，银铅之间也。从金，易声。"钊，锡也。从金，引声。

《周礼、地官、卝人》掌金玉锡石之地，而为之厉禁以守之。"郑玄注，锡，钊也。"《周礼、职方氏》"其利金锡竹箭。"注云"锡，镴也。"镴字不见说文。古有锡镴之名。今俗作锡拉。又钊锡齐先韵通。《尔雅、释器》锡谓之钊"郭云，"白镴"《中山经》"灌山多白锡"郭注，"今白镴也。"

铜同"丹""赨"

《金部》铜，赤金也。从金，同声。

《丹部》丹，巴越之赤石也。象采丹井，一象丹形。𠁿，古文丹。𢒈，亦古文丹。

《赤部》赨，赤色也。从赤，蟲省声。

胡渭曰"《说文》五色之金，黄为长，青为铅，赤曰铜，白曰银，黑曰铁。而锡则曰银铅之间，是锡别为五色之间矣"。按《中山经》又曰，婴侯之山多赤锡。"是锡非一色。孟康《食货志注》赤金，今丹阳铜也。按丹阳铜即《汉书、吴王

北京市电车公司印刷厂出品 八三·四
(1458) 20×20=400

濞传》"豫章郡铜山"（注云韦昭云，豫字误但当云"章郡"）。《史记·货殖列传》"章山之铜也。"铜多赤色，与丹双声此以色同为义。（从彤者有彤训丹铊亦与铜双声韵近）又有赨训赤色，与铜同音《左传》"明而未融"即明而未赨也。言昧爽未见赤色之日。"铜丹赨虽所指客体不同，此所谓同状异所者，而予之一名。是为同源。

鐵同鍇

《金部》"鐵，黑金也。从金，𢧜声。鐵，或省。銕，古文鐵从夷。"鍇，九江谓鐵曰鍇。从金，皆声。

《元和郡縣志》"邢州沙河县黑山，磬口山汉魏时旧铁官也。邛州临溪县孤石山在縣東十九里有鐵礦大如蒜子。烧合之，成流支鐵甚刚。因置鐵官。"《月令》"驾鐵驪。"注，"鐵驪色如鐵。"诗，"驷鐵孔阜。"传云"鐵驪也。"正义曰言其黑色如鐵。鐵或从夷声，与鍇同韵，此方音之变也。

鑠同銷鑄

《金部》"鑠，銷金也。从金，樂声。书药切""銷，鑠金也。从金，肖声。"鑄，銷金也。从金，寿声。

《玉篇》"铸，销金也。"颜注《急就篇》，凡金销冶而成者谓之铸。~~銷即鐵鑄字~~。凡金铁之模，皆须~~去銷~~冶炼谓之铸。《淮南·俶真训》"今夫冶工之铸器，金踊跃于炉中。"《考工记·桌氏》"欲新而无穷，敝尽而无恶。"郑众注"常如新无穷已。"谓郑玄注"谓刃也，背也。其金如一。虽至敝尽无瑕恶也。"《国语》"众口铄金。"《楚辞》"故众口之铄兮。"《汉书·天文志》"火与水合为淬。与金合为铄。"铸与销韵近；销与铄对转。又销即铁铸字。

鍊同漱。又近湅。同煉。

《金部》"鍊，冶金也。从金，柬声。"

《水部》"漱，盪口也。从水，欶声。""湅，澗也。从水，柬声。"

《火部》"煉，鑠冶也。从火，柬声。"

训冶者《仌部》"冶，消也。"徐锴曰"木玄虚《海赋》'阳仌不冶'"字从仌。本义当为仌销，引申为金销。铄为销金。故鍊训冶金。煉训铄冶。此二字同。凡言鍊者去其粗糙取其精华，则又与"湅""漱"义近。

録"歷録""[illegible]録""悤録"当作"录"。或"缕""捋"

《金部》録，金色也。从金，录声。

段曰録与綠同。金色在青黄之间也。”案《荀子·性恶》“桓公之葱，文王之録”注，“剑以色名”。古经典用为“麻録”（毛传）“擄録”（后汉书·叙传）领録（后汉书·和帝纪）拘録（晋书·温峤传）皆应作“录”“缕”“搂”。故录字契文作“[illegible]”“[illegible]”等形，其形象汲水辘轳，巛象剥水也。凡汲水之物必束以绳，以引水出於井。故录首先有束缚之义。《诗·秦风·小戎》曰“小戎俴收，五楘梁辀。”毛传曰“楘，麻録也。一辀五束，”束有麻录。”是麻録为录之本义，录为麻録本以双声为连语者犹离娄、丽廔也。亦可单用録字。《列子·杨朱篇》“拘此废虑之主録而不舍。”拘与録义近。《汉书·叙传》“留烦擄録盗贼”擄録即拘捕义。《晋书·温峤传》敦为大逆，拘録人士，自知不免祸路”。擄拘并为執持，録为束縛。録引申为总辖义，有领録。统辖国事。后汉已有録尚书事，初非官名，而以太傅太尉为之，以统录尚书，其范围仅限于尚书。其后録职位隆重。又所谓领録者以一官兼领之也，如桑弘羊为治粟都尉领大農

北京市电车公司印刷厂出品 八三·四

丞。孔僅为大农丞，领盐铁事。总之条木以绳缕缠绕为束。故与缕同。《革部》鞥下云"鞥，生革可以为缕束也。缕革是以革缕束。《手部》摟，曳聚也。从手，婁声。"亦捆束义。

鍾当同"𢀖"

《金部》酒器也。从金，重声"𨥤，酒器也从金𢀖象形。𢀖，𨥤，或省。

段曰"古者此器盖用以宁酒，故大其下，小其颈，自鍾倾之而入于尊，自尊勺之而入于觯，故量之大者亦曰鍾。"黄季刚先生曰鍾训聚当作聚，亦引申。古借为丛。"鍾𢀖对转。

錮今之箍字

《金部》錮，

《左传·成二年》子反请以重币锢之。"杜注"锢禁锢使不得仕宦。"正义曰"铸器穿穴者，铸铁以塞之，使不漏。禁人使不得仕宦者，其事亦似之，故谓之禁锢。今世犹然。《国策·韩策》公仲数不信于诸侯，诸侯锢之"《后汉书·党锢传注》谓塞其仕进之路。"案今俗作箍。盖从手，从竹，从俗匝字也。《说文》"固，四塞也。"与锢亦同。

北京市电车公司印刷厂出品 八三·四
(1458) 20×20=400

镶即瓜瓤之瓤

《金部》镶，作型中肠也。从金，襄声。徐锴曰"铸钟镛属，使内空者，于型范中更作土模，所以却流铜也。"钱坫云"今人云如镶金"按钱说误。镶金字即襄字。此镶乃瓜瓤之瓤耳。徐锴说是。郑玄《礼记注》"松柏心为黄肠"。今人谓之胎。又《禾部》有"穰"字，云"黍梨(?)已治者"。已治谓去其茎皮，茎外有皮犹竹外有箬也。穰去皮内如瓜瓤。说文无瓤字，即穰之后出。

鎬同"鏖""銚"。又同"熬"

《金部》鎬，温器也。从金，高声。武王所都在长安西，上林苑中。字亦如此。乎老切 銚，温器也。一曰田器。从金，兆声。(钱本有"读与") 鏖，温器也。一曰金器。从金麀声。於刀切

鎬銚鏖古韵皆豪韵，皆训温器，銚即北京语有温水的铫字，即此字。

鍪 兜鍪鍪盖作"冃"。

《金部》鍪，鍑属。从金，敄声。莫浮切

《淮南子、氾论》"古者有鍪"高注"鍪头著兜鍪帽，言未知冠制也。"《荀子、礼论》"薦器则冠有

鬈而好髮。"注，"冠卷如覺鬈也。"亦鬈兩甫形同。此則鬈出于冋也。

鐎即刀斗字

《金部》鐎，鐎斗也。

段曰即刀斗字。《史记·李将军传》集解引孟康曰以铜作鐎器，受一斗。昼炊饭食，夜击持行，名曰刁斗。索隐引荀悦曰刁斗，小铃也。如宫中传夜铃也。"苏林曰形如鋗，以铜作之，无缘，受一斗，故云刁斗。鐎即铃也。"《广韵》"温器，三足有柄。"

鍵别义亦同"鉉"

《金部》键，铉也。一曰车辖。从金建声。"

"铉，举鼎具（俗本）。易谓之铉，礼谓之鼏。从金，玄声。

键训铉谓鼎扃也。以木横贯鼎耳而举之。非是则既炊之鼎不可举也。是键有贯穿义。引申为户钥。《方言》户钥，自关之东陈楚之间谓之键，自关之西谓之钥。《周礼·司门》掌授管键。郑众注"管谓籥也。键谓牡。"亦引申同関。《门部》関，以木横持门户也"所之関亦犹鼎之铉也。一曰車轄也者，钱坫说"《墨子》'用三寸之鍵'，是車轄。鍵训举鼎具者。

段曰"《鼎部》扛关对举也。谓横关於鼎耳，露其端以两对举之，非是则難扛也。易谓之鉉，礼谓之鼏。（段改鼏为鼏，非）易鼎六五鼎黄耳金鉉，上九，鼎玉鉉是也。《士冠礼》设扃鼏。郑注'扃为鉉，鉉为古文。许引易礼以博異名，犹土部堋引周官谓之窆也。"案《周礼·考工记》"庙门容大扃七个，闱门容小扃三个。"注云，大扃，牛鼎之扃。長三尺。小扃膷鼎長二尺。

鑯同鐫

《金部》鑯，铁器也。一曰鐫也。从金，韱声。子廉切

"鐫，穿木鐫也。从金，雋声。一曰琢石也。读若瀸。子全切

段曰蓋锐利之器。郭注《尔雅》为今之尖字。鐫石鑯頰者。《公羊传定八年》"鋟其板"《释文》"本作鑯。"是鑯与鐫同。《方言七》鐫，琢也。晋赵谓之鐫。"郭注，"謂鏨鐫也。子旋反。"鑯鐫皆今俗尖字。

鍱今之铜鍱金鍱。

北京市电车公司印刷厂出品 八三·四

《金部》鍱，鏶也。从金，枼声。齐谓之鍱。《玄应音义》"鍱，薄金也。"卫公《兵法》"车弩以铁鍱为羽。"

鋌 朱锭、银锭皆当作鋌。（此条应移锺上）

《金部》铜铁朴也。从金，廷声。《玄应音义十一》铜铁之朴未成器用者也。"《南史·卢陵王传》"续子不慧，见内库金鋌，问左右，'此可食否？'"

鎩 训残者当作殺。

《金部》鎩，铍有鐔也。从金，殺声。鐔，剑鼻也。按《淮南子·俶真训》"飞鸟鎩羽"《文选蜀都赋》引许慎注"鎩，残也。"左思《蜀都赋》"鸟鎩翼"。此鎩字为殺之借字。古亦作"摋"。《公羊庄十二年传》"宋万臂摋仇牧，碎其首。"何注："侧手曰摋"。

錍 《考工记》作"椑"。

《金部》

钱坫说"《考工记注》齐人谓斧柯柄为椑。即此字。

鈍 《广雅》作"[illegible]"

《金部》鈂，臿屬也。从金，冘声。读若沈。《汉书・沟洫志》"举臿如云。"颜注，"臿锹也。"钱坫说"《广雅》𨥸，耜也。又𣓤，臿也。即此字。"

鑿同鍯

《金部》鑿，穿木也。从金，𣫞省声。"鍯，

鎗鍯也。一曰大鑿平木者，从金恖声。《考工记・轮人》"量其鑿深以为辐广。"《楚辞・九辩》"圜鑿而方枘兮"，补注"鑿音造。"《尸子》"利锥不如方鑿。"《易林》"鋊刀攻玉，无所错鑿。"《史记・孟荀列传》"持方枘欲内圜鑿，其能入乎？"《索隐》云"方枘是筍也。圜鑿是孔也。以方枘而内之圜孔，不可入也。"鎗鍯者，段曰"学记曰善待问者如撞钟，叩之以小者则小鸣，待其从容然后尽其声。"注，"從容谓重撞击也。從或为松。"别义《集韵》引曰大鑿，一曰平木剷。《玉篇》"大鑿平木器"《文选・长笛赋》"鍯硐隤墜"李善注引说文曰"鍯，大鑿中木也。"段据李善注改。并云"木通其中皆曰鍯。"~~今按中木~~《释名・释车》"輗言辐輗入毂中也。"輗即鍯之右出

鈂同"笨""爽"

《金部》⿰金危，臿金也。从金，危声。一曰莹铁也。读若毁行。（从小徐锴本）

《木部》𣏕，两刃臿也。从木，丫象形。宋魏曰𣏕也。釫或从金从于。“⿻木䀠，𣏕臿。从木，入，象形。䀠声。

章太炎先生曰𣏕为最初，次变作⿻木䀠，釫最后出。其字转变则变易为⿰金危。臿金也。读若毁行（从小徐）（臿金指末端。）今人谓楫曰𣏕曰𣏕篙。一切经音义》曰𣏕古文奇字作釫。《楚辞》欸舲船余上沅兮，齐吴榜以击汰。吴即𣏕之声借。今人正谓以𣏕引船曰𣏕。旧以吴榜为大棹也，失之。张载云吴榜越船，不能负水而浮。则以吴为国名，《方言》九‘伪谓之仡’郭注（连勃反，伪音讹）船动摇之貌也。诸本作吪，动也。俗本作𦨭，船行不安也。（见《八下、舟部》）此与仡为动。（见《十二上手部》）陧为危（见十四下阜部》）槷𡴝为不安（见《六卷上木部》）皆相似。𣏕读如吴，转歌转歌得吪，吪转刖。”

鉊同镰

《金部》鉊（止遥切），大镰也。从金，召声。镰谓之鉊，张彻说。“镰，鍥也。从金，兼声。”力盐切

北京市电车公司印刷厂出品 八三·四
（1458）20×20=400

《方言五》"刈钩，江淮陈楚之间谓之鉊，〃〃之鉊，自关而西或谓之钩，或谓之鎌，或谓之锲。"《玉篇》"鉊，鎌也。"《广韵》"鉊，淮南呼鎌。"《管子·轻重篇》"耜耒耨，懷鉊鉆。"《六韬》"芟草木大鎌，柄长五尺。"《释名》"鎌，廉也。体廉薄也。其所刈稍稍取之，又似廉者也。"案鉊鎌豪覃对转。

銸同籋

《金部》"銸，鉆也。从金耴声。""籋，箝也。从竹爾声。"

徐锴曰"銸犹籋也。"其说极确。案《竹部》"箝，籋也。""鉗，箝也。"皆音通义同。皆用铁有夹束以持之器。案《十一下·燕部》云："燕，玄鸟也。籋口，布翅，枝尾，象形。"燕口作廿极象箝籋。籋即今之镊子。《释名》"镊，摄也。取发也。"《齐书》"高祖令左右拔白发，隆王昱时五岁。帝曰：儿言我是谁？答曰：太翁也。帝曰：岂有为人曾祖拔白发乎？"即令人掷去镊。《云仙杂记》"王僧虔患白发，一日时客，左右进镊。僧虔曰'却老先生至矣！'"銸（说文无镊字，当作銸）、輒对转又通"矯"。《矢部》"矯，揉箭箝也。"矯与箝亦对转。《广韵》引晋律曰"鉗重二螯长一尺五寸。《荀子·劝学》"蟹有六跪二螯"，《说文》言"蟹有二螯八足。"螯即矫之音借，所谓"蟹钳"（俗称蟹夹子）。又郑国有公孙虿字子蟜。此《说文》训虿。虿即蝎子，蝎头部有双钳，则蟜即矫之声借，亦钳字之声借也。

锥同锐

《金部》"锥，锐也。从金，隹声。""锐，芒也。从金，兑声。㓹，籀文锐从厂剡。"

《左传·昭六年》"锥刀之末。"《史记·平原君传》"譬若锥之处于囊中其末立见。"《晋载记》"赫连勃勃，勃以叱干阿利领将作大匠，乃蒸土筑城，以锥刺之，入一寸即杀作者；不入即杀行锥者。"段曰"芒，草端也。草端必锐，故引申为锋锐字。"《释名》"锥利也。"《广雅》"锐，利也。"锥锐形近义同。

鏠　夆之后出

《金部》鏠，兵端也。从金，逢声。

《夂部》夆，牾也。从夂，丰声。读若缝。

兵如剑戈之端以刺杀人，所谓刺兵。夆为鏠之古字，经典俗作"锋"。夆训牾，牾者牾与忤字义近。以其端各

北京市电车公司印刷厂出品　八三·四

(1458)　20×20＝400

杀也。《左传·定十年》记载刺杀郈宰公若事。郈（鲁叔孙邑）邑叔孙成子欲立武叔，公若藐固谏曰，不可！成子立之而卒。武郈马正侯犯杀公若。弗能（忍）。其圉人曰，吾以剑过朝，公若必曰谁之剑也。吾称子（武叔）以告。（公若）必观之。吾伪固而授之，则可杀也。"注云"伪为固陋不知礼者，以剑锋末授，杀之也。"案礼授刀剑者以锋刃自向而授其把。《少仪》"以苍授人，刀却刃授颖，削授拊。凡有刺刃者以授人，则辟刃。"郑注"颖，镮，拊谓把。辟刃不以正向人也。"故夆午常联用，多作"蠭午"。蠭与锋同源，《䖵部》蠭，飞虫螫人者。从䖵，逢声。𧕎，古文。"此蠭尾端有刺与锋同源。《汉书·楚元王传》"蠭午并起"蠭午亦引申有横聚义。因蠭蟲聚飞小而繁多。

镘同槾

《金部》镘，铁杇也。从金，曼声。槾，或从木。

《木部》槾，杇也。从木，曼声。

《木部》杇，所以涂也。秦谓之杇。关东谓之槾。"《尔雅·释宫》"镘谓之杇"郭注，"泥镘。"《释文》

北京市电车公司印刷厂出品 八三·四

引李巡曰"泥鏝一名杇，涂工之作具。"《左传·襄十一年》"圬人以时塓馆宫室。"槾塓亦双声相转。今北京叫抹泥抹灰(去声)，其作具叫抹子(平声)。鐵木兼用。抹与槾即双声又对转。 三

錚同"鎗""鏜""鼞"

《金部》錚，金声也。从金，爭声。"鎗，鐘声也。从金，倉声。"鏜，鐘鼓之声。从金，堂声。诗曰擊鼓其鏜。

《鼓部》鼞，鼓声也。从鼓堂声。诗曰擊鼓其鼞。

《后汉书·刘盆子传》"卿所谓铁中錚錚，傭中佼佼者也。"注云"说文云錚錚，金也。鐵之錚錚言微有剛利也。"《说苑·杂言》干將鏌鋣拂鍾不錚。《玉篇》"錚同鎗"。潘岳《籍田赋》"衝牙錚鎗。"注，"玉声"。鎗训鐘声。《诗·小雅·采芑》"八鸞瑲瑲。"《释文》"本亦作鎗。"《韩奕》作"鏘鏘"。《释文》作"將"。《汉书·礼乐志》鍠鎗，《艺文志》作"鏗鎗"《尔雅》"鎗，金声。"《淮南子·说山训》范氏之败，有竊其鐘負而走者，鎗然有声。鏜与鼞同，蓋韓毛之異文。《诗地·击鼓传》云，鏜击鼓声。《周礼·大司马》注引《司马法》"鼓声不过阊。"

錞同"椎""槜""鐜"

《金部》錞，矛戟下铜鐏也。从金，辜声。詩曰"厹矛沃錞。""鐜，下垂也。一曰千斤椎。从金，敦声。

《木部》椎，击也。齐谓之终葵。从木，隹声。"槜，以木有所捣也。从木，隽声。春秋传曰越败吴于槜李。

《木部》"柲，欑也。""欑，积竹杖也。"矛戟之长柄或器。颜师古说"柲者总言矛戟之把也。"（见《急就篇注》）。《诗·秦风·小戎》"厹矛鋈錞"《金部》"鋈，白金也。"《广雅·释器》"白铜谓之鋈。"《金部》"錞，柲下铜也。"鐓錞首其柄以积竹为之，其下必以鐓錞圈其柄。錞或作"鐓"。《曲礼》曰，进戈者前其鐏，进矛戟者前其鐓。注云"平底曰鐓"《释文》鐓又作錞。案錞与鐓古书互用，錞与鐜亦系同根词，两字意义相通而有微别。鐜训下垂，一曰千斤椎。桂馥说，"《玉篇》'鐜，徒对切'。"今北方行此音。谓以重物系于丝绳使下垂也。通作锤。《太玄》"闳次以玉镮。"段曰"椎，所以击也。"《周礼·秋官·职金》注云，檜當椎搏（娄文作椁作椁者也（《周礼汉读考》）。"于金椎若今人掌以锻地皆是也。"《水经·渭水篇注》："秦始皇造铁墩重不胜，故刻作力士像以祭之，墩乃可移动。"《史记·魏公子无忌列传》："朱亥袖四十斤铁椎，椎杀晋鄙。"又《留侯世家》："张良为铁椎重百二十斤。"钱坫说："錾即鎚字，亦碰碰落也。今通用铁锤，"锤"其正字亦作"椎"也。椎对转痕与"槌"同。椎长言之则曰终葵。"引申有拙义。《汉书·周勃传》"其椎少文如此。"应劭曰："拙朴为椎。"椎无芒刃，故引申训钝训拙。

镝同丁

《金部》镝，矢锋也。从金，啇声。

《丁部》丁，物之壮丁实也。象形。

《矢部》曰："矢，象镝栝羽之形。"矢镝亦作丁。《释名》曰："镝，敌也，可以御敌也。"丁亦训当，镝敌皆有当义。

鈇同斧

《金部》鈇，斫莝刀也。从金，夫声。

《斤部》斧，斫也。从斤，父声。

《周礼·秋官·掌戮》注："斩以鈇钺，若今腰斩。杀以刀刃，若今弃市。"古书训鈇为椹质。《文选

北京市电车公司印刷厂出品 八三·四
(1458) 20×20=400

册魏公九锡文》注引仓颉篇"鈇，椹质也。"《公羊昭二十五年传》不忍加之以鈇锧。锧所质。何休注"斩腰之罪"。《后汉书·献帝纪》注引《说文》作"莝刃也"。又《乐府古题要解卷下》云古词"藁砧今何在"，藁砧，鈇也。问夫何处也。"盖古代斩莝之石谓之藁砧，以藁砧隐语为夫字。《尔雅·释宫》"椹谓之榩"《文选·捣衣诗》引作"砧谓之榩"。又《仓颉篇》"鈇，斧也。"二字音义同。《国策·秦策》"而出椹质，腰待斧钺。"

銴亦同笍

《金部》銴（锴本銴作鏊），羊箠耑有铁。从金，执声。读若至。脂利切

《竹部》笍，羊车驺箠也。箸箴其耑，长半分。从竹，内声。陟卫切

《淮南子·道应训》白公胜虑乱，罢朝而立，倒杖策，錣上贯颐，血流至地而不知也。高注："策，马捶。端有针以刺马谓之錣。倒杖策故錣贯颐也。"又《氾论训》注，"錣，揣箴。"段曰"錣即许之銴字。"钱坫曰"鐵应作鍼字之误也。《广雅》銴，锥也。"

銴同"挚""捷""[illegible]""[illegible]"

《金部》鈔，叉取也。从金，少声。

《手部》摲，暂也。从手，斩声。"擸"捷，猎也。军获得也。从手，疌声。春秋传曰齐人来献戎捷。"擸"。

《犬部》獵，放獵逐禽也。从犬，巤声。"獠，獵也。从犬，尞声。

章太炎先生曰综略之义，引申为钞略、略地：即为强取也。故《方言》曰略，强取也。对转阳为掠。《说文》不録。略转宵为撈（其实应为声转）《方言》"撈，取也。"《说文》亦不録。《春秋国语》牺牲不略。《管子·小匡》作劳，以劳为之。"案钞字即"擸"字。《玉篇》钞，强取也。《方言十二》钞，强也。郭注，"强取物也"。《广雅·释言》"钞，掠也。"《后汉书·公孙瓒传》"公孙瓒攻钞郡县。"字亦作"抄"。《通俗文》"遮取谓之抄掠，言强夺取物也。"钞撈同韵。亦即为强也。摲训暂，段改为斩取，极谬。汉世语以猝突为暂。一，《说文·穴部》"突，犬从穴中暂出也；猝，犬从艸中暴出逐人也"暴出逐人即暂逐人（见默下说说解）《史记·李将军列传》暂腾胡儿"即猝然义。《广雅·释诂》"𨌲，疾也。"二，𨌲与钞音同。《说文·言部》"訬，读若毚"。郑玄《礼记·曲礼注》"儳，犹暂也。"可证毚与覃韵相通，则𨌲钞同音之证。三，𨌲也有疾急略取义。《文选·吴都赋》"轻訬之客"《刘注》曰"轻訬冒没儳轻"案"轻訬"即"轻钞"，"儳轻"即"𨌲轻"是可证钞𨌲义相汇通，皆疾急掠略之义。獵训放獵逐禽。段谓放獵作"校獵"见《吴都赋》盖即《孟子》之獵较也。校獵二字连，以逐禽释之。《白虎通义》"四时之田总名为獵。"《尔雅·释天》"宵田为獠。"郭云"《管子》曰'獠獵毕弋'今江东亦呼獵为獠。音遼。或曰，即今夜獵载鑪照也。"黄季刚先生曰"如郭注或文则獠与燎通。"《说文》捷训獵。又训军所获。段曰"以獵训捷以叠韵为训。谓如逐禽而得之也。"又曰《蔡邕月令》"獵，捷也。"《左传·庄三十一年》"齐侯来献戎捷"《诗·小雅·采芑》"一月三捷。"传"捷，胜也。"古代战争就是略夺、掠掳，强取之事。又《大雅·烝民》"征夫捷捷"言乐事也。侵略而得物故以为乐事。此数字叠韵，并与钞对转，皆同源词。

鉻同而戢 鉻即烙字

《金部》鉻，鬄也。

錢坫说"今炮烙字。"《曲礼》"求鬄马"。注，"髦马不鬄落也。"

鏃同"鏉""族"

《金部》"鏃，利也。从金，族声。""鏉，利也。从金，敕声。"所右切

《㫃部》"族，矢锋也。束之族族也。从㫃从矢。"

《释名》"鏃，族也。"《玉篇》《广韵》以为鋑鏽字。案鏽当作"銷"。此即"鎪"字。《广雅·释器》"鏤，鎪也。"黄季刚先生曰"鎪之言廋疏也。《马融传》廋疏嵝领。注，犹搜索也。廋即搜字。《说文》一曰求也。《琴赋》鏤会裛厕。注谓鎪鏤其缝会也（然则鎪者细剔之名）。《周礼·廋人》注，廋之言数也。然则鏤亦数也。与鏤并数矣。与鏤一声之变。"

鎦转言"[illegible]"同"戮"

《金部》鎦，杀也。

《戈部》"戮，杀也。从戈，翏声。"

徐锴曰"《说文》无劉字，偏旁有之。此字又史传

北京市电车公司印刷厂出品 八三·四

所不見。疑此即劉字。"段曰：《盤庚》"重我民，无尽劉。《君奭》"咸劉厥敵。《左傳成十三年》"虔劉我边垂。《释詁》"劉，杀也。《书孔傳》《杜注》同。此篆二徐皆作'鐂'，别无'劉'篆。竹部有䉧，劉声。《水部》有瀏，劉声。又劉杙、劉向、劉歆，以许証此必作'劉'。若无劉字，劉声无本矣。龔氏《段注札記》曰："或疑卯金刀三字何来连讀，恐有所受之。非始于王莽符讖之说。按《王莽傳》莽以篆文為卯金刀，故正月剛卯金刀皆廢不行正尺。剛卯一物，金刀一物，不得以卯字下屬读下讀甚明。是三字未嘗本連也。莽信符讖而不认字，其廢金刀是也。廢及剛卯，是廢惡卯而意酉。可笑之尤甚者也。"又疑剛卯之字亦当作丣（酉之古文）丣之金，金刀剛卯碎卯，较剛卯為有说。王莽誠嘗不识劉字，雖其识从丣之劉字，故廢剛卯。今《汉书》本皆誤刻之字耳。蓋此論久，右得廣道園八分书汉玉剛卯文，上画正联。可為快证，惜终未見汉玉拓本何如？"按《汉书·王莽传》曰："夫劉之為字卯金刀也。"据此则当有劉字。許君因劉字训杀，而劉為國姓，因而有忌諱改篆為鐂矣。今審《方言》

虔、劉、惨、綝，杀也。秦晋宋衛之间谓杀曰劉。晋之北鄙亦曰劉。秦晋之北鄙、燕之北郊、翟县之郊谓贼为虔。晋魏河内之北谓綝曰残。劉转言綝，劉与綝声转同根，又同戮亦如声。《诗·大雅·桑柔》"捋采其劉"。当作"𠩺"《说文·支部》𠩺：坼也。从支从厂。厂之性坼，果孰有味亦坼之，故谓之𠩺。从未声。"荣按：从𠩺声读里之切，则𠩺与劉声转。《尔雅·释诂下》"毗刘"之刘亦同𠩺。戮与劉音义近。

鉅同刚"剀"

《金部》鉅，大刚也。从金巨声

《荀子·议兵篇》宛鉅铁釶，惨如蜂虿。"杨倞曰：鉅，大刚也。"刚剀详见《刀部》。鉅剀与刚模唐对转。

~~鉈同鍦~~

~~《金部》鉈，鋼也。~~

~~《手部》拕，~~

~~《汉书·贾谊传》"莫邪为钝兮，铅刀为銛。"~~

鉘盎同利

《金部》鉘，利也。从金弗声，读若齊。徂奚切

《刀部》利，銛也。从刀和然后利。从和省。《易》曰利者义之和也。𥝢，古文利。

《周易·旅卦》《巽卦》"丧其資斧"《释文》引子夏

北京市电车公司印刷厂出品 八三·四

(1458) 20×20=400

傳文眾家易並作"喪其齊斧"。應劭云："齊，利也。"張晏《易注》"齊斧，黃鉞斧也。"《漢書·王莽傳》"司徒王尋宿霸昌廄，亡其黃鉞。其士房揚哭曰：此所謂喪其齊斧也。"王弼《易注》"斧所以斫除荊棘，以安其舍者也。"鉌讀若齊，齊斧訓利斧正應作鉌。是齊斧所以供旅人析薪的用處。但《史記·敘傳》"盛威東南，終用齊斧。"《後漢書·杜喬傳》"陳齊斧而人靡畏。"是凡鋭利斧子皆叫"齊斧"，此兩用齊斧為鉌之證。至宋人程頤《易傳》始謂"資斧為資財器用"。案鉌與資齊声通，如《說文·走部》趀下云讀若資，非古义。利訓銛，正今言"犀利""銛利""鋭利"也。

勺同"斞""斜""与"同"酌""挹"。又同"酌""斟"。

《勺部》"勺，挹取也。象形，中有實。与包同意。"
"与，賜与也。一勺為与。此与與同。"

《斗部》"斞，挹也。从斗，臾声。""斜，抒也。从斗，余声。""斟，勺也。从斗，甚声。"

《酉部》"酌，盛酒行觴也。从酉，勺声。"

《臼部》"舀，抒臼也。从爪臼。詩曰：或簸或舀。抭，舀或从手，从宂。䑀，舀，或从臼宂。"

北京市电车公司印刷厂出品 八三·四

《手部》“挹，抒也。从手，邑声。”“抒，挹也。从手，予声。”

勺作声母（被谐字）可读喉音，如“约”声属喉，如“酌”声属舌。如“豹”声属唇。勺训挹取。然《周礼·考工记》梓人为饮器，勺一升。《礼记·中庸》“一勺水之多”。是勺为酒器而又小。故应方四》引《说文》“勺，枓也。”《木部》“枓，勺也”字又作杓。《汉书·息夫躬传》“掉行於杯杓”《广韵·入声》“杓，桮杓。市若切。”然《说文·木部》“杓，枓柄也。”《唐韵》“甫摇切。”又音抚招切。是勺有唇音之证。黄季刚先生曰“吾乡谓酒杯圆而小者曰勺。音近兜切。”或曰此即《周礼·春官·鬯人》“瓢赍”注云故书瓢作剽。郑司农曰‘读剽为瓢。杜子春读赍为粢，瓢谓瓠蠡也。粢，盛也。玄谓赍读为齐，取瓠割去柢，以齐为尊。”《广雅·释器》“瓠，蠡瓢也。”《方言》“㔶，陈楚宋魏之间或谓之箪。或谓之㰏。或谓之瓢。”郭注云瓠，瓢也。段玉裁说，“一瓠剖之为二瓢曰蠡。昏礼所谓卺也。说文卺训蠡也。张晏曰蠡，瓠瓢也。释训蠡柄也。《汉书》以蠡测海。张晏曰，蠡

北京市电车公司印刷厂出品 八三·四
(1458) 20×20=400

瓠瓢也。"蠡即《士昏礼》之卺。注云"合卺，破匏也。"凡瓠可中剖而为瓢，可全剖为尊。故《庄子·逍遥游》谓大瓠剖之以为瓢。又云"虑以为大尊"。故释为蠡。合卺以此成卺，皆是尊。凡用瓠者皆尚其质。故《郊特牲》"器用陶匏"。《诗·大雅·公刘》"酌之用匏"传曰"俭以质也。"笺云"酌酒以匏为爵，言忠信也。"今俗语或言为瓢子。与之所谓"一勺为与"，段曰"一者推而予之"，故训赐予。与本酌酒予人，引申凡推物与人亦称与。经典通用"與"字，《周礼·春官·大卜》"以邦事作龟之八命，三曰與。"注，"谓予人物也。"《曲礼》曰，"與人者，不问其所欲。"益斟酌而与之。同"斜"训抒。抒者挹也。亦同"挹"。与从勺本谓酌酒与人。《诗》所谓"不可以挹酒浆"。舀水亦曰挹。《大雅·泂酌》"泂酌彼行潦，挹彼注兹。"凡挹彼注兹亦曰"抒"。《水部》"浚，抒也。"可证抒即挹字。又斛字同挹。《诗·小雅·大东》"维北有斗，不可以挹酒浆。"毛传，"挹，斛也。"《释文》"斛，矩于反，广雅曰酌也。"斛又同"斜"，斜训抒。字亦作"捈"，《法言》"捈中心之所欲通。"捈即斜也。

勺亦训挹取，则同"舀"，抒臼也，亦抒之变、亦斟"酌"同酌为盛酒行觞，斟亦训勺。以上诸字皆同根词。

北京市电车公司印刷厂出品 八三·四
(1458) 20×20=400

凥同处

《几部》凥，处也。从尸，得几而止。孝经曰，仲尼凥。凥谓闲居如此。”处，止也。得几而止，从几从夂。”處，或从虍声。

凥今作居。《小戴记》《孔子闲居》。《论语》“仲尼燕居。”皆当作此。《广雅·释诂》處，凥也。二字皆在模韵，义同。

且同“几，”同戕”又同祖

且同“几”同“戕”。又同祖。

《且部》且，荐也。从几。足有二横。一其下地也。𠀃，古文以为且字，又以为几字（错本）。

《戈部》戕，枪也。他国臣来弑君曰戕。从戈，爿声。

《示部》祖，始庙也

繫传本有古文“𠀃”下云古文且以为且字。又以

《几部》几，踞几也。象形。周礼五几：玉几、雕几、彤几、髹几、素几。”處，处也。从尸得几而止。孝经曰，仲尼凥。凥谓闲居

~~如此。~~（~~也见下~~）

北京市电车公司印刷厂出品 八三·四

为几字”则且又为几字，是古文一字数用之例。章太炎先生曰：“案疒字象病者倚著形。所倚著则牀也。然则爿为牀之古文，亦爿之几字也。小篆作牀，犹云雲、㴊淵、昆晜之比。且字古文几字者，非竟读之如几，乃以为爿字耳。且爿鱼阳对转，盖亦一字异声。且象几在地，爿象牀之支蔑而爿纯象形。乃似先且而造。”又《尔雅·释言》“将，且也（据樊孙本）。”《墨子·经说》“自前曰且，自后曰已。”《礼记·檀弓上》曾子曰：“夫祖者且也。”郑注：“且，未定之辞。”皆由始义引申，故且、祖、将皆谓事前。章太炎先生曰：“将亦或言戕。张裴《晋律序》曰：‘将害未发谓之戕。’《春秋公羊传》曰：‘未戕成。君亲无将。将而诛焉。’将即张裴所谓戕。引申为他国人来弑君。犹弑本言试（见《白虎通义》）。寻《公羊传》言昭公将弑季氏，告子家驹曰：‘季氏为无道，僭于公室久矣。吾欲弑之，’终弑而败焉。’是则君子臣亦可言弑。其义犹今之谋杀。引申乃为自虐其君也。虽其字义皆由始来。祖，始庙也。《释诂》祖，始也。行道祭亦曰祖，旧训始。《汉书·景十三王传》‘临[illegible]王禜祖於江陵北门。”师古曰祖者送行之祭。”案道行者发轫之始。祖为送行亦犹转为将。《尔雅·释言》“将，送也。”又曰“将，资也。”资亦送也。《庄子·德充符》“不以翣资。”释文引李注，“资，送也。”将资也郭注“谓资装”。资有“资装”“资送”二义。《广雅》𧷟，装也。𧷟与赍同。《聘礼》“问几月之资。”注“资，行用也”。古文资为𧷟。装与将同，故此注谓资装。亦与送同义。诗传“将，行也。”资《考传郑注》行也。与送近。（《尔雅古训》）

且训为且者当借“措”。《广雅·释诂》且，借也

𧻚即姑且之姑字

《且部》𧻚，且往也。

段曰“且往，言姑且往也。匆遽之意。”姑𧻚同韵。《左传·成二年》“余姑灭此而朝食”，即匆遽之意。亦即姑且之意。

斤而之斤当作釿

《斤部》斤，斫木斧也。（锴本）象形。釿，剂断也。（锴本）从斤金

段曰，凡用斫物者皆谓之斧，斫木之斧则谓之斤。”案段说是《孟子》“斧斤以时入山林”左传

襄二十七年》"皆执利兵，无者执斤。"杜注"斤，工匠所执。"斤两之字应作"釿"。《汉书·律历志》"十六两为一斤。"《小尔雅》"衡二锾四两谓之斤。"皆应作釿。《释名》"釿，谨也。"实谨有剂义，《孝经》曰"节制谨度"。此则兼训谨之义。斤两引申为"伎俩"。《抱朴子》曰"我之涯畔无外，而彼之斤两有限。"斤两、伎俩是同根词非借字。气量小，引申为小巧而多诈。如鬼蜮伎俩是。《人物志·流业》"伎俩之材，司空之任也。"注云，"务在功成，故巧意生。"此言用不正当的手段取得高官厚禄。

斯同"新"。同"支析"。又同"薪"

《斤部》"斯，析也。从斤，其声。诗曰斧以斯之。"

"新，取木也。从斤，亲声"

《支部》支，去竹之枝也。从手，持半竹。

[illegible]，古文支

《木部》析，破木也。一曰折也。从木，从斤。

《艸部》薪，荛也。从艸新声。

《尔雅·释言》"斯，离也。"《广雅释诂一》"斯，分也"《释诂二》"斯，裂也"《诗陈风、墓门》斧以斯

北京市电车公司印刷厂出品 八三·四
(1458) 20×20=400

之。《释文》引孙炎曰"斯，析也。"《方言》"齐陈曰斯，斯离也。"是古语斯析无别，然《庄子》言斯而析之"当时斯析已分为两字，义有微别矣。

《汉书·左雄传》"职斯禄薄"，注云"斯，贱也。"斯训贱者字又作"厮"《公羊传》厮役扈养。""史记·苏秦列传》厮徒十万。"正义曰谓炊烹供养杂役。"《史记·张耳传》"厮养卒"。《汉书·严助传》"厮舆之卒"韦昭注"析薪曰厮，炊烹曰养。"《史记·河渠书》"乃厮二渠以引其河。《汉书·沟洫志》作"釃"。孟康曰"釃，分也。"斯又与[illegible]近。《集韵》引《字林》"[illegible]，声破也。"又与嘶近。《王莽传注》"嘶，声破也。"斯今字作"撕"。与斯析同的皆有"支"去竹之枝也。斯亦同"新"。新即古薪字。斯新双声，薪亦柴也。《礼记·月令》"收秩薪柴"郑玄注"大者可析谓之薪，小者合束谓之柴。"

断同戋

《斤部》"断，截也。从斤，从𢇍。𢇍，古文断。㫁，古文断从皀。皀古文叀字。《周书》曰㫁㫁猗无他技。㫁，亦古文。

《戈部》"戋，贼也。从二戈。《周书》曰戋戋巧言。

《戈部》截，断也。《释名》断，段也。分为異段也。"《易繫辞》其利断金。"正义曰能断截于金。戋即古残字。断则残。

所　所以当作足。处所亦同。

《斤部》所，伐木声。从斤，户声。诗曰伐木所所。

《足部》足，足也。上象腸下从止。弟子职曰问足何止。"案今本《弟子职》作"所"。语辞"所以"应是"足以"与汉语即"足以""正好"之有同意。处所"应作"足"，作此方讲

𣂪　今击物器曰𣂪头。滇若部。鸣根亦即此。今俗谓锤子击物叫榔头即𣂪字也。又以长木敲舷作響叫"鸣根"或作鸣榔。《西征赋》"鸣根厉響"。此渔人捕鱼时鸣根以驚鱼入网。又李白《送殷淑诗》曰，"惜别耐取醉，鸣榔且長歌。"此歌唱时以木击舷作節拍。

《斤部》𣂪，柯击也。从斤，良声。

斦　~~二斤也~~［同質］音日

《斦部》斦，二斤也。从二斤。阙。

章太炎先生曰"斦当音質。質从斦声。《九章算术

少广篇》刘徽注，"张衡谓立方为质，立圆为浑。衡言质之与中外之浑，六百七十五之面（开方除之不尽一，谓外质积二十六也，内浑二十五之面谓）积五尺也。"

案：平子汉人，言必有法。立圆为浑，即军为圆围之义。浑本当作军。立方为质，则斦字也。斤为斫木斧，今浙东斫柴所用，是其遗法，背刃两端作五面形。依《九章算术》裒解立方，得两堑堵，两堑堵颠倒相補，即成立方。今斫柴斤成五面者正中堑堵。立体难象，故祇以裒解平方象之，取其侧形。其字本当作▽，古鼎彝器稍变作厂，小篆多变作斤，皆笔势取姿耳。本形斤象裒解平方，实裒解立方也。颠倒相補即为立方矣。故二斤为質即立方之准。"（见《小学答问》

矛同戊

《矛部》矛，酋矛也。建於兵車。长二丈。象形。𢦏，古文矛从戈。

《戊部》戊，中宫也。象六甲五龙相拘绞也。戊承丁，象人胁。

案：戊即𢦏之省。戊本谓击刺也。故"戍"等字从之。

輅即輓輅字

《車部》輅，車軨前横木也。从車，各声。洛故切

北京市电车公司印刷厂出品 八三·四
(1458) 20×20=400

段曰，"《汉书·娄敬传》"脱輓輅"注，苏林曰"輅音凍洛之洛。一木横遮車前，二人輓之，一人推之。刘昭《舆服志上注》曰韵集云車軛前横木曰輅（路）。按軛前当依许作軨前。輓輅之車用人不用牛马，疑有轅無軛也。《礼经·既夕礼》宾奉幣，由马西前輅。注曰，輅，轅缚所以属引。疏曰以木缚車轅上以属引于上而輓之。是喪车亦有轅无軛。輅之见于经者此而已。"二劭《文选解嘲注》輅谓以木当胸以輓车。《广韵·二十陌》用之故其字作輅，形与义皆非。以木当胸乃今之縴板与輅各物。解嘲云，娄敬委輅脱輓，谓委車前横木。脱縴板与輅非胸前横木也。"按当依苏林、孟康、广韵音胡格反。"

若《左传·僖十五年》梁由靡輓射輅秦伯。《宣二年》'輅郑人'輅训迎者借为"迓"。

輒"專輒"当作挚

《車部》輒，两輢也。从車，耴声。陟葉切

段曰車两輢谓之輒，如人之有两耳，故从耴。耴，耳垂也。"古书用为专輒字。正当作"輒"。《庄子达生》輒然忘吾有四肢形体《释文》輒然，

北京市电车公司印刷厂出品 八三·四
(1458) 20×20=400

不动皃。成语有"动辄得咎"就动不动都得咎。其正字作"聑"《耳部》聑，安也。(丁帖切)

輖同⿱執車又同摯

《車部》輖，重也。从車，周声。职流切"⿱執車，抵也。从車，執声。陟利切

《手部》摯，握持也。从手，从執。(脂利切)

段曰"谓車重也。《诗·小雅·六月》戎車既安，如輊如軒。毛传，"輊，摯也。"《考工记·辀人》大車之轅摯。郑曰，摯，輖也。《既夕礼》軒輖中。郑云輖，摯也。摯⿱執車輊同字。輖从声。许书有輖摯而已。"

⿱執車训抵。锴曰"《潘岳赋》如⿱執車如軒。軒举也。"桂馥曰"是徐锴本作低。《仪礼释文》引字林曰"輖，⿱執車也。"《玉篇》⿱執車与輊同。前頓曰⿱執車，后頓曰軒。"《广韵》⿱執車与輊同。車前重也。"《通俗文》后轻曰軒。前重曰⿱執車。《诗小雅·六月》"~~戎车~~如輊如軒。"《说文》无輊字，应即⿱執車字。《淮南·人间训》道者，置之前而不⿱執車，错之后而不軒。"又摯与⿱執車通。《考工记》"軒摯之任"摯亦同⿱執車。

⿱殸車同⿰車真

《車部》⿱殸車，車堅也。从車殸声。口茎切"⿰車真，車

西三括

轃，鉉也（鍇本鉉下有声字）从車，真声。讀若論語"鏗尔，舍瑟而作"。一曰，讀若掔。

林義光云《广韵》䡅，車鞕。又車堅牢。鞕紧即堅两训义同。《应音四》引《说文》轃，坚也。《广雅》"轃轃然坚也。"又曰䡅即轃之或体。"今案䡅与轃为同根词。弘即强字。《玉篇》䡅，車坚也。䡅与轃音通。

軏《論語》作"軏"

《車部》軏，車轅端持衡者。从車，元声。

《論語·為政》"大車无輗，小車无軏。"衡者横木長六尺六寸以施軶駕马頸者也。持衡者曰軏，軏則衡与轅端相接之关键也。"戴東原《考工記圖·輈車》"大車鬲以驾牛，小車衡以驾马。轅端持鬲其关键名輗，輈端持衡，其关键名軏。輈轅所以引車，必施輗軏然后行。信之在人亦交接相持之关键，故孔子以輗軏喻信。"

軥牛字当作"狗"。别作㺃。

《車部》軥，軛下曲者。从車，句声。

案《汉书·游侠传》"乘不过軥牛"，晋灼曰"軥，牛，小牛也。"軥当为"狗"之借字。《釋畜》曰"犬未成豪，狗"，此谓小犬未長成乾毛之小狗，与

北京市电车公司印刷厂出品 八三·四
(1458) 20×20=400

獒相对獒称豪獒。豪獒声通（獒读若豪是其证）獒之命名盖以多毛。如《穆天子传》之尨狗。犬未生豪是初生之小狗也。狗之名有小义。《释兽》熊虎醜，其子狗。《晋律》"捕虎一，购钱五千，其狗半之。"则狗之名亦小熊小虎。狗字别作⿰牜句。案《尔雅、释兽》"其子犊。"郭璞注，今青州呼犊为⿰牜句。"然则来軥车者即今所来犊车，軥犊同韵方言之变也。

⿱丞車　此升车字

《車部》⿱丞車，轺车后登也。从車，丞声。读若易拯[抍]马之抍

钱坫说"此升车字。出《字林》。"案《周易、明夷》六二，"用拯马壮，吉"《释文》子夏本作"抍"。《手部》抍，上举也。从手，升声。易曰，"抍马壮吉。"本书两引易皆作抍。

輩　排比字本作輩。

《車部》輩，若军发车百两为一輩。从車，非声。

比有比次比叙义，於土田有"坒"地相次比也。於椽梠有"棍，"梠也。於人有輩，所谓排比次

次第也。辇为軍車亦有嚴格的比較。

輦同連

《車部》輦，輓車也。从車，从㚘，在車前引之。力展切

《辵部》連，負車也（依段改）从辵車。力延切

《周礼·地官·鄉师》大軍旅会同，正治其徒役与其輂輦。注云輂驾馬，輦人輓行，所以載任器也。止以为藩营。司马法曰夏后氏謂輦載曰余車，殷曰胡奴車，周曰輜輦。輦一斧一斤一鑿一梩一鋤。周輦加二版。又曰夏后氏二十人而輦，殷二十八人而輦，周十五人而輦。故书輦作連。鄭司农云連讀为輦。《說文》輂，大車驾馬也。《史記·河渠书集解》引徐广曰"輂，直轅車。"輂即䡅之俗体，盖小車曲輈驾馬。大車直轅驾牛，今輂虽驾马而依牛車有轅之制，以便任載，當如車人之大車，但以驾马为異。許鄭徐三說互相備。（江永說"从后推之曰輂，从前輓之曰輦。"沈彤說"輂謂輦實，当亦人輓行。"）又《释名·释車》"輅有輦車人所輦也。"《吕览·本生篇》高注云"人引車曰輦。"《巾車》王后五輅，有輦車，注亦云"为輇輪，人挽輓之以行。"《左传襄十年》

秦堇父辇重如役。"杜注，"步挽重车以从师。"此輂辇皆所谓重车，盖亦为辁輪。载任器者任用也。任器即辎重。《左传、昭十三年》乃藩为营。"杜注，"藩，篱也。"谓止舍时则以輂辇列为藩篱营垒。即輂舍所云设车宫辕门。《汉书、卫青传》青令武刚车自环为营"亦古之遗法。

惠士奇说《易、蹇卦》"往蹇来連。"虞翻注，連，辇也。《管子、立政》"刍連来车"《海王篇》服連轺辇"。则古皆作"連"。段四，《说文、辵部》連，负车也。《太宰注》"故书連作联"。然则联連为古今字，連辇为古今字假連为联，乃专用辇为連。此汉人以今字易古字之例也。"郑司农云"連今之辇字。"《巾车》辇车《释文》作"連车"云音辇，本亦作辇。"亦辇連相同之证。

軖同"匡""篗"。别义同"䡝"。

《车部》軖，纺车也。一曰一轮车。从车㞷声。

读若狂。䡝，车輮规也。一曰一轮车。从车，荧省声读若茕。

《竹部》笠，可以收绳也。从竹，象形。中象人手所推握也。互，笠或省。"

"篗，收缠丝器也。从敀，蒦声。一曰

段曰：纺者纺丝也。凡丝必纺之而后可织。纺车曰軠。《通俗文》曰：繀车曰軠。别是一物，繀与纺二事也（钱坫认为同物）《木部》柅者，络丝柎。《竹部》篗，~~所以~~收丝者。《糸部》曰繀，箸丝於筟车也。又在繅之后纺之前。俟再考。此非车也，其称车若何？其用同乎车也。其物有车名，故其字从车。一曰是别义。”蒦训为收绳，篗训可以收绳之器义同。与纺义相会通。至于《周礼·牛人》牛牲之互”。注，縣肉架则有交午义则与柍桱义。筟之别义与繀同。

斬同“戕”。又同“劉”。

《车部》斬，截也。从车，从斤。斬法车裂也。古有车裂之刑故从车。然《周礼·掌戮》“掌斩杀贼谍而膊之。”注，斬以斧钺若今腰斩，杀以刀刃若今弃市。”《尔雅·释诂》斬，杀也。劉训杀亦与斬对转。

轒《方言》作畚

《车部》淮阳名车穹隆为轒。从车，贲声。钱坫说，“《方言》车枸簍，西陇谓之畚。即此字。”

輐 孙子作轀

《車部》大車后壓也。从車，宛声。

錢坫说，"《墨子·修城门》有轒輐車。《孙子·谋攻篇》修櫓轒轀，《長楊賦》碎轒轀。又以轀为輐。"

輔同酺

《車部》人頰車也。从車，甫声。（鍇本前有春秋传曰輔车相依。

《面部》酺，頰也。从面，甫声。

二字音义同

轟 《广雅》作"軥"

《車部》轟，羣車声

錢坫说，"《广雅》作軥軥声也，即此字。"

𠂤同"𠂤""氐"。

《𠂤部》小阜也。象形。（[illegible]氐之前）

《氐部》山岸脅之堆旁箸欲落墒者曰氐（此鍇本作"堆"大徐删堆字甚謬。）氐崩聞數百里。象形，乀声。楊雄賦，響若氐隤。

案堆即𠂤之后出字。《国语·周语下》"夫高山而蕩以为魁陵糞土"，贾逵曰小阜曰魁。（見贾逵《國鈦注之文见《史记、赵世家、扁鹊传》正义曰"小阜曰魁"。此则以魁字借为自。《士冠礼注》"追犹堆也。"是追为自之借字。《说文》以堆释氐，自氐音义皆同之证。自上而下曰氐，自远而止曰氐。

岿近"岸""屵"。盖同

《自部》岿，危高也。从自，屮声。读若臬。

《屵部》屵，岸上見也。从厂从之省。

读若躍。

《屵部》岸，高也。从山厂，厂亦声。"岸，水厓而高者也。从屵，干声。

《玉篇》"屵，高危也。"《广韵》"嵲，嵲岸高皃"

段据《尔雅、释丘》改说解云"水厓洒而高者"案《释丘》曰"夷上洒下，不漘"郭注"厓上平坦而下水深者为漘，不，发声。"洒即"陖""峻"之借。洒之训深，犹浚之训深也。洒之训深犹浚之训深也。(洒之言浚也。浚之训深也。)《诗衛风、氓》"淇则有岸"《小雅》"高岸为谷"《大雅》"诞先登于岸。"传曰"岸，高位也。"岂屵岸音义皆同。

北京市电车公司印刷厂出品 八三·四
(1458) 20×20=400

第十四卷下

阜同丰

《阜部》𠂤，大陆山无石者。象形。𨸏，古文。

《生部》丰，艸盛丰丰也。从生上下达也。

《释地》"大陆曰阜，大阜曰陵，大陵曰阿。"丘阜陵京通言不别。故《定之方中》传曰京，大也。《皇矣传》京，大阜也。《考槃传》曲陵曰阿。《说文》"阿，曲阜也。"（黄季刚先生《尔雅音训》）《诗·小雅·天保疏》引李巡说"~~高平曰陆~~谓土地丰〔正〕。"《诗·〔郑风〕大叔于田传》阜，盛也。训~~盛《广雅》"隆高也。"~~《秦风·驷驖传》"阜，大也。"《国语·周语注》"阜，厚也。"是训丰、盛、厚、大者即"丰"之古文。

隅同岊

《阜部》隅，陬也。从阜，禺声。

《山部》陬隅，高山之節也。从山卪。读若隅（锴本有读若隅三字，今从之）。

《阜部》陬，阪隅也。隅，陬也。陬隅叠韵连语，岊即〔兼〕读陬隅二音。陬〔字〕李善《笙赋注》引〔说解〕"曲也"。郭璞注《山海经》"陬犹隅也。"《孟子·尽心》虎

北京市电车公司印刷厂出品 八二·十

负隅。《赵岐章句》："虎依陬而怒。"是亦即陬隅联语之证。

阻同"遮"又同"障""墇"

《阜部》阻，险也。从阜，且声。"障，隔也。从阜章声。

《辵部》遮，遏也。从辵，庶声。

《土部》墇，拥也。从土，章声。

段曰："《大射仪》'且左还毋周'。注云'古文且为阻'。《尧典》'黎民阻饥'。郑作'俎'读曰阻。"是阻亦作且俎也。阻训隔，对转唐同"障"。《仓颉篇》"障，小城也。"《通俗文》"蔽隔曰障"。又有"墇"训拥。与"遮"遏亦同。引申故在己则曰"遮"遮其去也。遮人言则嗻，谓其语也。阻止则曰阻，败其成也。皆遮遏之义。

陮同"山"又同"嵳""崖""崝"

《阜部》陮，陮隗，高也。从阜，隹声。

《山部》山，宣也。宣气散生万物有石而高象形。"嵳，山皃。从山，差声。""崝，嵘也。从山，青声。

段曰，陮隗犹崔嵬，亦犹"藂尊"叠韵字也。"《甘

北京市电车公司印刷厂出品 八二·十

泉賦》"崣嶵隗乎其相嬰。"隗即催隗字。又同"嵯峨""崝嶸""厜㕒""崔嵬"或疊韵或双声。《尔雅·釋山》"崒者厜㕒"崒厜又相转，转入此部之字不可悉数，其语原於"山"。

阢同"峻""𡸁"

《𨸏部》阢，高也。一曰石也。从𨸏，兀声。"陖，陗高也。从𨸏，夋声。

《山部》𡸁，从山，陖声。峻，或省。

俞樾《兒笘錄》陖、𡸁、峻皆阢之異体，蓋阢之變爲陖，犹𨸏之變爲崩耳。於是又合从𨸏从山者而爲一字。"又《玉篇》曰'陖亦作峻'是也。"又曰"一曰石也"四字當作"一曰磊也"。阢篆次以陬篆，其說解即曰磊也；蓋篆阢之又一文而次之。石乃磊之壞字。《石部》磊，众石也。亦有高义。

陗同磛

《𨸏部》陗，陖也。从𨸏，肖声。

《石部》磛，礹石也。从石，斬声。

段曰"《史记·李斯列传》'楼季也而難五丈之限，跛牂也而易百仞之高。陗塹之勢異也。'塹当为漸。陵陀者曰漸。斗直者曰陗。凡陗出者曰㡌陗。

斗俗作鬪。古书皆作斗。”案《广部》庯閒見也。閒读去声，谓突几忽見。《人部》俔下云“閒見”是也。六朝史书又作逋。見《魏书》八十五卷、《北史》八十二卷》温子昇尝云，诗曹梁客馆，不修容止。谓人曰“诗章易作，逋峭难为。”逋峭应作庯陗。《广韵》十二模引字林云“庯峭，好形貌。”又《尔雅·释地》“陂者曰阪。”郭注“陂陀不平。”《广雅》“陂陀，衺也。”《汉书·司马相如传》“罷池陂陀。”郭云“言旁穨也。”

隥即隥道字

《阜部》“隥，仰也。从阜，登声。”

段曰：“仰者举也。登陟之道曰隥。亦作墱。《西都赋》‘陵墱道而超西墉。’《西京赋》‘墱道邐倚以正東。’薛综注，墱道，阁道也。案阁道谓凌空如栈道者。”朱骏声说“《游天台山赋》跨穹隆之悬磴。注，石桥也。”

隗同阢

《阜部》“隗，隗隗也。从阜，鬼声。”“阢，石山戴土也。从阜，从兀，兀亦声。”

案兀训高而上平。阢训石山戴土则亦高而上平。《诗周南·卷耳》“陟彼崔嵬”毛传“崔嵬，土山之戴石者。"《尔雅·释山》"石戴土谓之崔嵬"则崔嵬即与阢同音义毕同。

陟同德

《𨸏部》陟，登也。从𨸏步。𨻞，古文陟。

《彳部》德，升也。从彳悳声。

《周礼·春官·大卜》"掌三梦之法，三曰咸陟"注曰，陟之言得也。读如王德翟人之德。（见《左传僖公二十四年》传文）案咸陟者言梦之皆得。陟得德古韵同部（咍部之入声）。训登训升亦通。故二字音义同。又案《公羊隐五年传》"公曷为远而观鱼？登来之也。"何休注"登读为得。得来之者齐人语，齐人谓求得为得来，亦作登来者（阮元校勘记曰"注'登言得来'，来字衍。"）言其大而急之也。唐人贯休诗曰千水千山得得来。得即德字。"案得登是咍登对转。

隤同"隊""硺""隕""磒"

《𨸏部》隤，下队也。从𨸏，贵声。"隊，从高隊也。""隕，从高下也。从𨸏，員声。易曰，有隕自天。

《石部》磒，落也。从石，員声。春秋传曰磒、石于宋五。”“⿰石豙，陊也。从阜，豙声。”《汉书·司马迁传》“隤其家声”师古曰“隤，坠也。”（墜即隊之俗体）《上林赋》“隤墙填壍”与隤同韵者则有隊。《考工记》辀人曰：“辀欲颀典而驰，不隊。”注：“隊，落也。”《左传襄十年》“主人縣布，堇父登之。及堞而绝之。隊，则又縣之，蘇而复上者三。”《荀子·礼论》“暴慢恣睢、輕俗以为高之屬入焉而隊。”杨注“隊古墜字，墮也。”今错本作“隊，从高墮也。”隤隊与隕对转。《尔雅·释诂》“隕、磒，落也。”又曰“隕，墜也。”隕磒声通同训，隊落义近。磒下引春秋经（见僖十六年）许君引此证从石之意。隊⿰石豙声通亦同义⿰石豙训陊，陊者落也。

陧同“槷⿰臬出”

《阜部》陧，危也。从阜，从毁省。徐巡以为陧凶也。贾侍中说，陧，法度也。班固说，不安也。周书曰邦之阢陧。读若虹蜺之蜺。

《出部》，槷⿰臬出，不安也。从出臬声。易曰槷⿰臬出。

北京市电车公司印刷厂出品 八二·十
(1549) 20×20=400

《秦誓》"邦之杌陧"，《易·困卦》之"臲卼"（上六），《出部》之"槷𣥠𡴀"，皆字异而音义同。《文选·长笛赋》"兀𡴀根跱之槷刖兮"。李善注"槷刖，危貌。槷刖"亦与"槷刖"同。案危有高义引申为不安义。（案《周易·困卦》王弼本作"劓刖"，荀爽、陆绩、王肃本皆作"臲𣦆"，云"不安也"。）贾侍中说陧为法度，非依形说义之情，陧训法度其字当作"臬"。非陧之本义。案徐巡说古文尚书，故以此释邦之杌陧。《后汉书·杜林传》曰："济南徐巡始师事卫宏，后更受林学，林于西州得漆书古文尚书一卷，以传卫宏、徐巡，于是古文遂行。"巡训陧为此，即解秦誓"邦之杌陧"之语。案班固有《白虎通义》，文有《太甲篇》，不知见于何书，为许所本。读若虹蜺之蜺者，说文无蜺字。《梁书·王筠传》沈约制《郊居赋》，要筠示其草。筠读至"雌霓连蜷"。约抚掌欣抃，曰："仆恐人呼为霓。"案《汉书·天文志》"抱珥宐蜺。"如淳曰"蜺读若啮。"

陁同"隓""陊"

《阜部》陁，小崩也。从阜，也声。"隓，败城阜曰隓。从阜，差声。𡐦，篆文。""陊，落也

北京市电车公司印刷厂出品 八二·十

(1549) 20×20=400

从阜，多声。

《方言》"怠、陁，坏。"郭注，"谓坏落也。"《国语·周语》"是故聚不陁崩"韦注，"大曰崩，小曰陁。"《汉书·楚元王传》"山陵崩陁"颜注，"陁，下颓也。"《说苑·说丛篇》"山以小陁而大崩"《山部》隓从左声。《肉部》"隋，裂肉也。从肉，隓省声。"是古有左字。俗写作"隳"为之。经传或作墮。《左传·定十二年》"叔孙州仇帅师墮郈。"杜注"墮，毁也。患其险固，故毁坏其城。"《荀子·议兵》"犹以刀锥墮泰山也。"此则墮非自落而训摧毁，案《山部》隓下云"读若相推落之墮。"陊字《玉篇》"陊，小崩也。"《诗召南·摽有梅·毛传》"盛极则墮落者梅也。"陁隓陊三字同韵互用。

隫同"沟""渎""窦"。亦同"洞"。

《阜部》隫，通沟也。以防水也。从阜，賣声。读若洞（从锴本）。𧮭，古文隫从谷。

《水部》"沟，水渎广四尺深四尺。从水冓声。"渎，沟也。从水，賣声。一曰，邑中沟。"洞，疾流也。从水，同声。

《穴部》"窦，空也。从穴，賣声。

北京市电车公司印刷厂出品 八三·九
(1458) 20×20=400

《广韵》引作"通沟，以防水。"与锴本同。《尔雅·释水》曰"注浍曰渎。"渎与四渎同名（《释水》"江河淮济为四渎者，发源注海者也。"）。义亦相因物之大小同名者多矣。是𬯎与渎同。並皆解为沟。《水部》沟训水渎。又引《考工记·匠人职》文。案匠人职曰"九夫为井。井间广四尺深四尺谓之沟。"渎亦沟，渎有二类，一为井间沟，一曰邑中沟。不必井间，亦不必广深皆四尺：通达水流之道皆曰渎曰沟。洞训疾流。洞又为洞渫之义。《周易·井卦》"井渫不食"，荀爽曰"渫去秽浊，清洁之意也。"按凡言渫者即此义之引申）又《穴部》窦字本训空，实即院内通外之沟，以状窦。因凡言洞者皆应作窦。以𬯎读若洞例之，其音义并明。

隄即池之正字

《阜部》隄，唐也。从阜，是声。

案说文无池字，段于《水部》补池字甚误。隄唐即池塘之正字。隄以障水，唐以蓄水。隄为塘之围堤。以障其外，唐在内以蓄水。故《淮南·说山训》"坏塘以取龟。"塘即唐之俗字。章太炎

北京市电车公司印刷厂出品 八三·九
（1458） 20×20=400

先生曰缘边周帀者亦曰池。《礼记》言“鱼跃拂池。”颜师古引左思诗曰衣被皆重池（见《匡谬正俗》）。唐时卧氈施缘者曰池氈。”推寻池之本义当为水唐，其本字应作“隄”。隄本防止水之溢出，故缘饰边幅者依以为名。隄唐不以大小異（音）钱唐江则大唐也。《左传、襄二十六年》“橐诸隄下”则防洪之大隄。后出俗字又转作“埭”。

附同“墣”“培”

《阜部》附婁，小土山也。从阜，付声。春秋传曰附婁无松柏。

《土部》墣，块也。从土，菐声。圤，墣或从卜。

“培，培敦，土田山川也。”

巳免前

阺同氐

《阜部》秦谓陵阪曰阺。从阜，氐声。

《汉书、扬雄解嘲》曰“响若坻隤”应劭云：“天水有大阪名曰陇坻，其山堆旁箸崩落，作声闻数百里，故曰坻隤（《文选解嘲》注引）韦昭言坻是坻之是（亦文选注引）如解嘲说则坻当作阺字。

隒同广

北京市电车公司印刷厂出品 八三·九
（1458）20×20＝400

《阜部》隒，崖也。从阜，兼声。读若儼。

《广部》广，因广为屋。象对刺高屋之形。读若儼然之儼。

《尔雅·释山》曰"重甗，隒。"黄季刚先生曰，甗与岸同声。故上文曰重厓，岸。与此甗同状。彼属水厓言水，此属山厓言山耳。"又曰"隒为崖（《说文》）故山崖谓之隒，水崖亦谓之溓。《诗葛藟传》溓，水隒也。堂厓亦谓之隒，《西京赋》刊層平堂，設切厓隒是也。亦通作廉。《乡饮酒礼》设席于堂廉。注，侧边曰廉。"广字段改因广为屋。《释山》孙炎注，"隒山基有重岸也。"《玉篇》引作"重巘"。广厓即山巅。隒与广音义皆同。

阸同"厄""⿲𨸏𦤎𨸏"

《阜部》阸，塞也。从阜，厄声。

《广部》厄，隘也。从广，乙声。

《𨺅部》⿲𨸏𦤎𨸏，陋也。从𨺅，𦤎声。𦤎，籀文嗌字。隘，籀文⿲𨸏𦤎𨸏，从阜益。

塞皆陋也。《战国策》"太子辭於齊王而歸。齊王隘之。"注云"隘读作阸。"《雨部》"䨜，塞也。读若春秋传曰埶阸。"《史记·汉兴以来诸侯年表》

北京市电车公司印刷厂出品 八三·九

与隘同

束其阬塞地利（阬或作抗）。亢、阬，皆要塞义。隘训陋。《阜部》陋，阬狭。案"阬""亢""隘"三字同源，皆出于嗌。嗌籀文作⿰月益，颈领之脉理。自其形状言之，嗌最隘狭而长，自其形势言之，则最为要害。故有狭窄之隧道曰隘。《礼器》，"君子以为隘矣。"注云"隘犹狭陋也。"陋而当衢亦与咽喉相似，故派生为亢阬。

⿰阝解同澥

《阜部》⿰阝解，水衡官谷也。从阜，解声。一曰小谿。

《水部》澥，郣澥，海之别也。一说，澥即澥谷也。从水，解声。

《汉书·律历志》"黄帝使泠纶之解谷。"孟康曰，"一说解谷昆仑之北谷也。"解即⿰阝解字。《广雅·释山》"嶰，谷也。"张衡《西京赋》"擿渗澥。"钱坫说，"⿰阝解，此澥谷字。"

隈同隩

《阜部》"隩，水隈崖也。从阜，奥声。"隈，水曲隩也。从阜，畏声。

《尔雅·释丘》厓内为隩，外为隈。郭注"别厓

北京市电车公司印刷厂出品 八三·九

(1458) 20×20=400

表裹之名。又注隩隈云"今江东呼为浦隩。淮南子曰漁者不争隈（覽冥训）。"隩同澳。澳之言奧也。《尧典》郑注"奥，内也。"黄季刚先生曰：隈《释文》作鞫。鞫《字林》作坑。鞫者鞫之别字，经传通用"鞫"。作鞫者，氿之叚借，水厓枯也。案隈鞫殊文，其实则一。故《广雅》云，坑，隈也。隈鞫亦古双声。钱坫谓鞫隈相转合。其说是也。《释文》所据郭注本往往与邢疏所据本不同。故经字颇多歧异。如邢本此条作外为隈，《释文》则作鞫（溝究），故於出隈后，復出鞫字为之作音。即邢疏亦云隈当为鞫，传写误也。近儒或用郭注不解鞫字谓《释文》非郭本。不知郭之为注，不举经字者甚多，不得以为郭不作鞫之证。又云《释文》所举注文，亦与邢所据不同。《释诂》瘉也条下出缡字瘉字，后又出瘢字，而云今经注无此字。《释训》刺素食也条下出经字瑂字后又出注字草虋二字而云今无此二字，是知郭注至宋時已有挩落。又《释文》中有后人校语，亦可於此明白剖出矣。《汉志》右扶风汧下引诗芮阸。颜注"阸与鞫同。《大雅·公刘》芮鞫之即，《韩

北京市电车公司印刷厂出品 八三·九
（1458） 20×20＝400

诗》作䓊阬。皆当作阬。徐养原说，阬与隩字相近，古盖通用。然阬当缘与隩同。今本汉书及徐说并非也。

陕　陕输字正作㛍

《阜部》陕，弘农陕也。古虢国。王季之子所封也。从阜，夾声。

《女部》㛍，不媚前却㛍㛍也。从女陕声。《后汉书·列女·曹世叔传》"动静清脱，视听陕输。"注，"㛍输，不定皃。"

⿰阝為　《九经字样》以为经典多作"鄬"

《阜部》⿰阝為，郑地阪。从阜，为声。春秋传曰将会郑伯于⿰阝為。许为切

《左传·襄七年经》"将会郑伯于鄬"。三传皆作"鄬"。

除　棄除、遷除皆当作捨

《阜部》除，殿陛也。从阜，余声。

《诗·蟋蟀》"日月其除。"传曰，"除，去也。"《小雅·小明》"日月方除。"传曰"除陈生新也。"《汉书·景帝纪》曰"初除之官"。颜注，"凡言除者除旧官就新官也。"案余从舍省声，故除捨省转，故以捨为除。加减乘除，除亦捨去义。

隙同𡭴

《阜部》隙，壁際孔也。从阜，𡭴，𡭴亦声。

《白部》𡭴，際见之白也。从白上下小见。李善注《沈约咏月诗》引作"壁際也。"段据改。際训壁会，壁会有隙。《左传、昭元年》"人之有墙以蔽恶也。墙之隙坏，谁之咎也。"《孟子》"钻穴隙以相窥。"凡壁会之处必有缝

𡭴训際见之日光。《淮南、说山训》"受光於隙照一隅。"此即𡭴字。故𡭴与隙音义同。

陪同畐

《阜部》陪，重土也。一曰满也。从阜，咅声。

《畐部》畐，满也。从高省，象高厚之形。读若伏。

由陪训重土言之，则陪为培之正字。从别义言之则同畐。又锴本有"一曰陪臣。陪，備也"七字。《曲礼》"列国之大夫入天子曰某士，自称陪臣某。"《左传、僖十二年》"陪臣敢辞"服注，"陪，重也。诸侯之於天子故曰陪臣。"

陴同俾

《阜部》陴，城上女墙俾倪也。从阜，卑声。

北京市电车公司印刷厂出品 八三・九
(1458) 20×20＝400

𩫮　籀文陴从𩫏。

《人部》俾，益也。从人，卑声。一曰，俾人侍人。

陴是城上增益的小墙，故曰女墙。又名堞，《土部》"堞，城上女垣也。"此与陴义同而音异。《广韵》徒叶切。与陴音义皆同义近者有"俾"，益也。有"埤"《土部》埤，增也。《释名》城上垣曰睥睨，言於其孔以窥睥睨非常也。亦曰陴，陴，裨也。言裨助城之高也。"《左传·成六年》"卫人登陴。"《宣十二年》"守陴者皆哭。"杜注，陴，城上俾倪。"孔疏，"陴，城上小墙。俾倪者看视之名。"案陴以女墙为本义。俾倪即陴之长言，城上有视则其用也。

陯即沦丧字

《阜部》陯，山阜陷也。从阜，侖声

《尚书·微子》"今殷其沦丧。"《玉篇》"陯亦作沦"。

~~厶同垒"垒"~~　絫同羸

《厽部》絫，增也。从厽，从糸。絫十为黍十黍之重也。

《貝部》羸，有余贾利也。从貝，𣎆声。

章太炎先生曰：“象增也。系对转清於商贾为嬴。贾有餘利也。本从嬴音，对转清如盈。嬴音本如盈，故嬴、嬴为一语之转。于水为盈：满器也。此亦本音如盈。后乃与嬴俱入淺喉，還之变易為盈，饒也。為溢，器满也。”又曰：“其伯益之后為嬴姓，犹周时以祖字为氏也。《春秋传》赵鞅卜救郑。史墨曰，盈，水名也。然则嬴姓本作盈。《说文》嬴训少皞氏之姓者，则后以言前耳。”又絫训增，乃積累之正字，亦作累字。俗作“累”。

亞同尢

《亞部》“亞，醜也。象人局背之形。賈侍中，以亞次之亞

《尢部》“尢，𨇨曲脛也。从大，象偏曲之形。

𡯁古文从㞷。

案工象人有規榘也，故亞象人局背。尢象人立之形，故尢象人曲脛。

章太炎先生曰“《礼记·檀弓》有童汪（汪即尢之借字）踦君云面鄉天。此即蘧篨戚施之有疾。今驗短小局背者其胸亦突出面乡天。錢坫說，《易》天下之至賾而不可亞。是此字也。”

𢍰閹。衣檢切

郭忠恕《汗简》𢍰，古文惡。云出碧落碑。

北京市电车公司印刷厂出品 八三·九

五　为交午之正字

《五部》五，五行也。从二，阴阳在天地间交午也。㐅，古文五省。

章太炎先生曰："古文作㐅，纯象交午。然五亦初文之变体。凡五八九十诸字，虽皆数字，亦各有义。八为分别，十为和叶（斟叶皆从十）。九为屈曲究尽。而五亦为交午，亦与铻逆，与十正相反，故为交午铻午。"经典多用午借㐅。《仪礼、大射仪》"度尺而午"注，"一纵一横曰午"《特牲馈食记》"午割之"凡皆应作㐅

六　古文六当用丣字

《六部》易之数，阴变於六，正於八。从入从八。

《酉部》丣，古文酉。丣为春门。万物已出，丣为秋门万物已入。一，闭门象也。

黄季刚先生曰，"古文六当用丣字。六当为坴之古文，象道高之形。与圥同意。

七　疑此与十同文

案《古籀补》有"十"形，故黄君疑与十同。十七古韵皆在屑韵。

北京市电车公司印刷厂出品　八三·九
（1458）20×20＝400

九同"究""竆""趜"

《九部》九，陽之变也。象其屈曲究尽之形。

《穴部》究，窮也。从穴，九声。

《宀部》竆，窮也。从宀，躳声。躳与躬同。竆或从穴。"宄，貧病也。从宀，久声。詩曰：煢煢在宄。

《走部》趜，窮也。从走，匊声。

章太炎先生曰：九，象其屈曲究尽之形。变易为'究'为'竆'为'趜'，对转冬为窮极也。"案又同"宄"。则引申为貧病，音義亦通。

厹同"丑"。即嘼之古文。又同"獸""禽""蟲"。

《厹部》厹，獸足蹂地也。象形，九声。尔雅曰：狐貍貛貉醜，其足蹞，其迹厹。蹂，篆文，从足柔声。"禽，走獸总名。从厹，象形，今声。（禽义与嘼兕相仿）

《丑部》丑，纽也。十二月万物用事。象手之形。時加丑亦举手時也。

《嘼部》㹌也。象耳、头、足厹地之形。古文嘼下从厹。"獸，守备者。从嘼，从犬。

《蟲部》有足谓之蟲，無足谓之豸。从三虫

北京市电车公司印刷厂出品 八三·九
（1458）20×20＝400

《尔雅·释兽》曰"貍狐貒貈醜，其足蹯，其跡厹。"厹象兽足，丑象人手。古文番作丑"丑去四注亦即丑字，则手与兽足多异，可证厹丑为同字。《释兽》曰"闕洩多狃"《释文》引《字林》均或作狃。郭璞注"说者云脚饶指。未详。"黄季刚先生曰，《释木》曰蹶洩苦枣。蹶或作闕。此则闕

北京市电车公司印刷厂出品 八三·九

（1458）20×20＝400

浅与彼声同。説文趣，踬也。𧗾，衔也。𨁉，衜也。饶（镜）炯之说由此。"案黄说，"𤔣浅"即"趣衜"之借。𤔣浅多用言兽足指比人之手指粗肥也。可证丑手一以象手指，一以象兽足，惟繁细不同。郭璞《尔雅》"其足蹯"曰"皆有掌蹯。""其其丸"曰"内指头处。"内即兽字以其内之特点得名。又内从九声亦即古禽字也。禽训走兽总名，兽亦即兽之通语。又与蝚蛷非同物，然《说文》明言有足者谓之虫。而"萬""禹"训虫皆从内。亦与兽同根

离同螭

《内部》离，山神兽也。从禽头从内从屮。

欧阳说，离，猛兽也。

《虫部》螭，若龙而黄。北方谓之地蝼。从虫，离声。或曰螭无角曰螭。

《左传·文十八年》以御螭魅~~罔两~~。《宣三年》螭魅罔两。"《周礼·春官·神仕疏》引服虔、贾逵注云"螭，山神兽形。"杜注及《释文》并同。是螭即离字也。《说文》螭训若龙而黄，其实一物也。皆係传说。

北京市电车公司印刷厂出品 八三·九

萬即蠆之或体。

《内部》萬，蟲也。从厹，象形。

《虫部》蠆，毒蟲也。象形。蠇，蠆或从䖵。萬蠆寒曷对转。厲重文作蠆，邁重文遰。疑蠆即萬字。并萬为蠆之或体。

千萬之萬字，钱坫谓当作"贎"字。《貝部》"贎，貨也。从貝，萬聲。"黄季刚先生曰"以意训满例之，（《心部》"意，满也。一曰十萬曰意。"）疑萬本字為㒼。钱坫所谓千萬字当是贎，贎之后出字。俗作万乃丏艸书形变。賈亦作販。"

乙即履之古文

《乙部》乙，象春艸木冤曲而出，阴气尚彊，其出乙乙也。与丨同意。

《履部》履，足所依也。从尸，从彳从夂，舟象履形。一曰尸声。𩑶，古文履从頁从足。

章太炎先生曰乙当为履之初文。湯自稱予小子履。《世本》言湯名天乙。乙履一也。故古文禮作礼。

乾同干

《乙部》乾，上出也。从乙，乙物之达也。

北京市电车公司印刷厂出品 八三·九
(1458) 20×20=400

𠦝人声
《干部》干，犯也。从反入，从一。
案《冂部》"隺，高至也。从隹上欲出冂。易曰，夫乾隺然。"此释乾卦有上出之意。乾训上出，故引申为乾燥义。

亂 依雅训则同"砅"。又同"𤔔""䜌"

《尔雅·释水》"正绝流曰亂。"
《水部》砅，履石渡水也。从水从石。诗曰深则砅。濿，砅或从厲。
《受部》𤔔，治也。幺子相亂，受治之也。读与亂同
《言部》䜌，亂也，一曰治也。一曰不绝也。从言，絲声。[illegible] 古文䜌。[illegible]切

亂有二义，一依雅训，郭璞云直横渡也。引书（禹贡）乱于河。与"砅"为同根词。一依说文，亂，治也。~~依说文~~则与"𤔔""䜌"为同根词。此一字数用之例。

尤当为郵之古文

《乙部》尤，異也。从乙，又声

《邑部》郵，境上行书舍。从邑垂，垂边也。

《释言》"郵，過也。"郭注"道路所经过。"黄季刚先生曰，"過兼过失、经过二义。郵亦然。郭注但举一偏耳。然过失义亦由经过引申。[illegible]以郭为非，是亦但晓一偏也"。又曰"郵者《说文》

云境上行者舍也。《广雅》驿也。《文选·长笛赋序》为督邮，注，邮过也。引申为过失之过。又曰尤异也。当为邮之古文，引申训过。如训异，则从乙无义。此即又復字。

丙即傍之古文。同髆"膀"

《丙部》丙，位南方，万物成炳然。阴气初起，阳气将亏。从一入冂。一者阳也。丙承乙，象人肩。

《骨部》髆，肩甲也。从骨，尃声。补各切

《肉部》膀，胁也。从肉，旁声。髈，或从骨。步光切

章太炎先生曰"匧匧下说解曰侧逃也。从匚丙（其作丙声者误字也）。然则丙有侧义，对转鱼变易为髆，肩甲也。《说文》牛字说解曰象角头三，封尾之形。封亦丙之声转，今俗犹云肩髆矣。阳部有膀字胁也。《士丧礼》作'胉'。胁与肩髆异物，亦以在侧声义相转。《山海经》东经恒山有穷鬼居之，各在一搏，搏即髆字而有侧义，亦可见矣。"又《人部》傍，附也。（徬，附行也）傍即旁边之旁的正字。是丙即傍之古文。

北京市电车公司印刷厂出品 八三·九

成即《广雅》之楟字

《戊部》成，就也。从戊，丁声。

《广雅·释诂》"楟，刺也。"案成亦击刺义，古击刺通言，成亦有刺击义。《吕览·長攻》"反斗而击之，一成，脑涂地"。注，"一成，一下也。"此击义。《论衡》云"独手举剑至而已矣。吴王壹成。"此说专诸刺王。成，刺也。《说文》有朾字。《木部》"朾，撞也。"此即今打字。

(7)同"跽""匔""躳"

《己，中宫也。象万物辟藏诎形也。己承戊象人腹。𢀒古文己。

《足部》跽，长跪也。从足，忌声。

《勹部》匔，曲脊也。从勹，䈞省声。

《吕部》躳，身也。从身，从吕。躬，躳或从弓

章太炎先生曰言中宫者盖傅合十幹，然义亦有因，宫犹躳也。凡辟曲有二：曲膝则为跽，曲身则为匔。（匔躳应为双声联语。《论语、乡党》"鞠躬如也。"即匔躬字。）己之同音有跽，長跪也。章太炎先生曰"己形象脊曲，两膝隐前，腔此于

北京市电车公司印刷厂出品 八三·九

(1458) 20×20=400

后。古文作王者书势有变尔。”自称曰己与躬身、称朕躬同。又自称曰“某”曰“蒙”。黄帥谓即“戊”字。案戊字无自称义。自称曰某者犹言枚也。《方言》“枚（今本讹作牧），凡也。”《左传·昭十二年》“南蒯枚筮之”注云“不指其事汎卜吉凶”。疏曰“或以为汎卜吉凶谓枚雷总占。”案枚雷犹言“模略”“朦胧”，由此言之，“某”者谦词，犹言“某人”，汎指之辞，蒙言朦胧，犹言朦胧之人。

巹同茍

《己部》巹，谨身有所承也。从己、丞。读若《诗》云赤舄己己。

《茍部》茍，自急敕也。从羊省，从包省，从口。口犹慎言也。从羊，与義善美同意。𦍌，古文羊不省。

钱坫说，“謹应作敬。避宋讳改之。己己今诗作几几。”案钱说是。《礼器义、释文》引《字林》作“巹身有所承也。”《六书故》引《字林》作“巹身有所奉也。”《玉篇》巹，敬身有所承也。”《集韵》“巹，敬也。身所承也。”章太炎先生说，所谓拳跽曲拳畏谨之至也。”茍字详见九上。

北京市电车公司印刷厂出品 八三·九
(1458) 20×20=400

曩同跽

《己部》曩，長踞也。从己，其声。读若杞。

（跽见上）

錢坫說“本作長跽误也。宋本跪当依改之”。则曩为跽之异体。

㪅（庚）从干从収。与兵古文俩同。亦兵字。

《収部》㪅，械也。从収持斤。并力之皃。

㑊古文兵，从人収干。㪅，籀文。

《庚部》庚，位西方，象秋时庚庚有实也。

庚承己，象人脐。

由古文兵从庚，是庚即兵也。說文但训械，引申其人其器因得通名。《管子、内業》善气迎人，親如兄弟，恶气迎人，害於戎兵。”《汉书、武帝纪》“元封二年遣将军郭昌发巴蜀兵平西南夷未服者。”此皆指人。亦犹甲与戎皆通名。又案庚与更音通。《尔雅、释训》行行，更更也。《汉书、文帝纪》卜之兆，大横。占曰大横庚庚。余为天王，夏启以光。”注服虔曰“庚庚横皃也。”宋祁曰“江南本注庚，更也。更更之出诸侯而即帝位。”庚与更同音古通用。章太炎先生曰“秦汉

北京市电车公司印刷厂出品 八三·九

（1458）20×20＝400

有卒更、践更、过更。卒曰更卒，免役者曰不更。"案更即庚字。

[illegible]

髡 ●《史记》作"[illegible]"

见《史记·滑稽列传》

巴 即蟒字。后出作蚆。

《巴部》巴，虫也。或曰食象蛇。象形。《山海经·海内南经》巴蛇食象，三岁而出其骨。"《说文》无蟒字。巴即"蟒"字，又后出作"蚆"。《尔雅·释鱼》"蟒，王蛇。"《诗斯干疏》蛇实是虫。以有鳞故在《释鱼》。案此连类及之。

俗有"巴结""巴附"语。当作"捕"取也。或作"把"握也。作"杷"收麦器。

爬 今巴掌字

《巴部》爬，搔击也。从巴帚。阙。章太炎先生曰"盖巴蛇搏象之形。"今人以手掌搏人其形象相似。

辛 应为古新字 与"辠""辥"同。

《辛部》辛，秋时万物成而熟。金刚味辛，辛痛即泣出。辛，辠也。辛承庚象人股。"辠，犯法也。从辛自。言辠人蹙鼻苦辛

北京市电车公司印刷厂出品 八二·九

之变。秦以辠似皇字改为罪。"辥，辠也。从辛，𡿰声。"

钱坫说"辠人以下抄韵"以为出《文字音义》非许说。案辛本义为以斧析木，即新之古文。《汉书·律历志》"悉新于辛"《月令注》曰"辛之言新也"。又《小戴记·月令》"收秩薪柴"注："大者可析薪。"然辛者析木也。铭文作"𢆉"契文作"[illegible]"作"[illegible]"正象以斧斯木之形。引申人犯死罪用斧腰斩亦谓之辛。辠亦[illegible]之刑。一古书辠辜常连文（同义词複用）《周礼》有副辜，案《曲礼》为天子削瓜者副之为国君者華之。注："華，中裂之不四析也。"则副以刻之又四析也。《周礼·大宗伯》"疈辜"故书疈为罷。郑司农曰"罷辜披磔牲以祭。"是辜则磔，《桀部》"磔，辜也。"古有車磔之刑，然则辠辜皆极刑可知。辜之古文作𣧼从死古。二、䇂下云从辛，又云"䇂，辠也。"䇂音与辠相通，犹新为滜也。案《水部》"滜，新也。从水，辠声。"滜新为声训。滜七辠切与新双声韵近。辠辥亦音义相通。章太炎先生谓五味之辛乃𢧵之借字。《𢧵部》"𢧵，列也。从[illegible]，史声。读若迅。"刘师烈字。即今辣字。读若迅者迅即辛也。盖以盬为苦，盬即盐也。酒味烈，故为辛辣字。

辭同"史""吏"

《辛部》辭，讼也。从𤔔辛，𤔔犹理辜也。𤔔，理也。𤔸，籀文，辭从司。

《又部》史，记事者也。从又持中。中正也。

《一部》吏，治人者也。从一，从史，史亦声。

《尚书·吕刑》"皇帝清问下民鳏寡，有辭于苗"马注，"清问，清讯也。"又曰，"两造具备，师听五辭，五辭简孚，正于五刑。"《诗小雅·采芑》"执讯获丑"。传云"讯，辭也。"《王制》"成狱辭，史以告成于正。正听之。"是史掌狱讼之辭。史亦兼法官，掌讼辭。史与理声通。故《左传》"史克"，亦作"里革"。古刑官亦作理，《孟子》"舜为天子，皋陶为理"又如"大理""李官""李法"是也。吏训治人者，亦理官也。

孕或作𦙶

《子部》孕，裹子也。从子，乃（声）

《玉篇》孕古文作"𦙶"。《汗简》古文尚书以𦙶为孚。《管子·五行》"䐁婦不銷棄。"注，"䐁，古孚字。"

㝅　㝅瞀字亦作"佝"同"愚"。

《子部》㝅，乳也。从子，𣪊声。一曰㝅瞀也。

《人部》佝，務也。从人，句声。

《心部》愚，戇也。从心从禺。禺，猴属，兽之愚者。

《左传·宣四年》"楚人谓乳㝅，谓虎於菟。"段曰"㝅瞀叠韵。《荀子·儒效篇》作'溝瞀'《汉书·五行志》作'傋霿'（五行志之上"霿若恒风"服注"霿，霿音人傋霿"）《楚词·九辩》作'佝愗'《广韵五十候》作'佝愗'，又作'㲃瞀'。其字皆上音寇下音茂，其义皆谓愚蒙也。《山海经·大荒东经注》㝅瞀。㝅亦㝅之讹也。"案《人部》佝，務也。佝務与㝅瞀同。此同根之联语应由愚来，皆属于古韵侯部。

孿《尔雅》作~~孪同"效"。又~~"健"《广韵》作"孿"

《子部》孿，一乳两子也。从子䜌声。

《方言三》陳楚之间，凡人兽乳而双产谓之釐孳，秦晋之间谓之健（郭音荤）。自关而东、赵魏之

之间謂之孿生（所官反）。女子謂之嫁子（言往适人也）

孺 侏儒字正当作竖孺

《子部》孺，乳子也。一曰输也。输尚小也。从子，需声。

《说文》竖，竖立也。凡人初能立谓之童竖。竖有短义，故《方言四》襜褕，江淮南楚谓之裎褣（堂以反）其短者裋褕（音竖）。"孺别义训输，输即褕也。褕即竖也。在人则曰侏儒。短人残小，童子蒙昏，故骂人昏愚无知谓之竖儒。《汉书、张良传》"竖儒几败乃公事。"竖儒即侏儒。古人凡言短小禀愚陋曰"竖儒"曰"侏儒"其正字应作"竖孺"。

孟借作蘉

《子部》孟，長也。从子皿声。𠈌古文孟。《尔雅、释诂》"孟，勉也。"孟声转为蘉。蘉当古㝱字之異体。从寢省，瞢省声。《周礼》则作㝱从宿省夢省声。《尚书、洛诰》汝乃是不蘉。"借为孟耳。

孼 辥孼字借"辥"

《子部》孽，庶子也。从子，辥声。

《公羊·襄二十七年传》"则是臣仆庶孽之事也。"何注云："庶孽众贱子，犹树之有孽生。"《辛部》辥，辠也。此辠辥正字。

孤 孤卿之义由孤寡不穀引申

《子部》孤，无父也。从子，瓜声。

《周礼·掌次》"孤卿有邦事。"注云："王之孤三人，副三公论道者。"

孑与巳同。古音巳或如里。如梠或作梩。

~~疑同"[illegible]""[illegible]"。文当同"[illegible]"~~。

《了部》了，尥也。从子无臂。象形。

《包部》包，象人裹妊。巳在中象子未成形。

章太炎先生曰："无臂而言尥者，谓子在腹中，手足拳曲相交，不见臂，故云无臂。了与巳反覆相似。古音或如里。（梠或作梩。《攷工记》里为式即巳为式。皆其例）与了之宵部转（双声）本一形而义相异。了变易为尥，行胫相交也。"了尥声韵引申为相交；相缭束之义。故了尥转为缭绕。俗语作了吊。唐人诗作"了鸟"，如李义山诗"锁门金了鸟"。屈戌作了鸟，盖以了鸟束于屈戌上然后加锁。又明了字当作"瞭"。

北京市电车公司印刷厂出品 八三·九

孑所孳乳与孑同

《了部》孑，无右臂也。从了乚象形。"孓，

无左臂也。丿象形。

章太炎先生曰孑引申为独。又曰孓所孳乳与孑

同。"《方言九》戟，楚谓之孑。"郭云，取名於钩

孑也。"又曰凡戟而无刃秦晋之间谓之孑。"章太

太炎先生曰此得于无臂。《说文》无钌字，止作

戛，戟也。此有刃无刃之通名。戛为孑之孳乳，钌

其或字也。"《左传、庄四年》荆尸授师孑焉。"

育，有生义。则由"由"来。肉者，古阳造字。此字即

幺之变易。同"後""后"。

《𠫓部》育，养子使作善也。从𠫓，肉声。

虞书曰教育子。毓，育或从每

《幺部》幺，小也。象子初生之形

《彳部》後，迟也。从彳幺夊者後也。遞，古

文後从辵。

《后部》后，继体君也。象人之形，施令以告

四方，故厂之。从一口发号者，君后也。

章太炎先生曰，由有生义。春秋传曰'岁在鹑火，

是以卒灭。今在析木之津，犹将复由。'《诗序》

北京市电车公司印刷厂出品 八三·九

曰由仪，万物之生各得宜也。”以生为由，则生系引申之义，为“育”。育古文从每，每者艸盛。宜与由同义《易》（渐卦）妇孕不育，《书》（盘庚）无遗育。《广雅·释诂》“育，生也。”又曰幺，小也。象子初生。然胤字从幺，已取斯义。其后字即由幺取声义。”（古皆双声）后为继体君则与“後”同。

疏同⿺疋交

《㐬部》疏，通也。从㐬，从疋，疋亦声。

《疋部》⿺疋交，通也。从交，从疋，疋亦声。

《礼记·乐记》“朱弦而疏越”《大戴记》作“通越”。《荀子注》引《史记》作“洞越”（今《史记》作“通越”）疏与⿺疋交音义同。

~~毋同臼“攪”~~ 寅亦申之变与要同疑即𦥑之变。

《寅部》寅，髕也。正月阳气动，去黄泉，阴尚强，象宀不达，髕寅於下也。[illegible]，古文寅。

《臼部》要，身中也。象人要自臼之形。[illegible]古文要。

王俅《集古录》薛尚功《钟鼎款识法帖》载屖尿钟有“[illegible]”字，与古文寅上体相同。又《集古录》南宫中鼎、阮氏款识《文姬匜》皆有“[illegible]”《伯中父敦》有"𩞃"未有不从𦥑者。契文作"𧴤"皆与《说文》"𩞃"字相似，故黄师疑即要之变。《易艮卦》"九三，裂其夤"虞翻云"夤，脊肉。"《释文》引马融云"夹脊肉也。"释文又云郑本作"膑"。案要之两旁即夹脊肉。

肚与祭同意。此丑即手下同。

《丑部》肚，食肉也。从丑从肉。

以手持肉而食是祭之本义。此读女久切音異而义同故曰同意

羞·羞耻字当作"𡟪"

《丑部》羞，进献也。从羊，羊所进献也。从丑，丑亦声。息流切

《女部》𡟪，醜也。一曰老妪也。从女，酉声读若蹴。七宿切

案醜亦耻也。

辰 依契文蜃之古文。或谓即辰之本字。即娠之古文。

《辰部》辰，震也。三月阳气动，雷电振，民农時也。物皆生。从乙匕厂声也。辰，房星。天时也。从二，二古文上字。

《尸部》辰，伏皃。从尸，辰声。一曰屋宇。

案：农字从辰。《说文》作"農""𨐬""𦦻""辳"四形。契文作𦥸（甲六九）𦥸（后一、七、一一）𦥸（乙二八二）下从辰象蓐形。与《说文》古文𦦻之下体极相似，由此可证辰为蜃之古文。《淮南·氾论训》"古者剡耜而耕，摩蜃而耨。"高注："蜃，大蛤，摩令利，耨，除田秽也。"今龙山文化遗址即有不少蚌制农具出，可见在原始农业中普遍使用。亦可证辰为蜃之古文。又蜃之形象女阴《礼记·内则》曰"妻将生子及月辰居侧室。"月辰即月信，今俗所谓"例假"。段玉裁、朱骏声都以为辰与身娠同。又"辰"训伏兑，实指男女交媾之事。《参同契·中论》所说"若男生而伏，女偃其躯，禀乎胞胎，受气元初，非徒生时，著而见之，及其死也，亦复效之。此非父母教令其然，本在交媾定制始先。"辰本为男女之事，故即辰之后出。

辱同"耻""恥""詬""诟"。辱字由"𦦻"或"冂"来。盖阴器也。辱与辰盖同字，以辱与辰盖同字。以辱有作辰。辰即"身""侗""娠""脣"。有垢辱义。

《辰部》辱，耻也。从寸在辰下，失耕時，於封畺上戮之也。辰者農之時也。故房星为辰，田候也。

《心部》耻，辱也。从心耳声。"恧，慙也。从心，而声。

《言部》詬，謑詬，耻也。从言后声。詢，詬或从句。

《玉篇》辱或作"蓐"。此辰辱相通之证。《蓐部》蓐籀文作"蓐"则偏旁亦辰辱互用。则辰与辱同。辰本象女阴，引[31]申为男女污渎之事，故谓出辱或肉。《汉书·食货志》曰"辟土殖谷曰农。"施之於人，亦有下种怀孕之义。《聊斋志异·林氏》有"佃人来矣，深耕钱镈不利；负此良田"之语，即以開土种殖隐喻男女交媾之事。古人以男女之事为辱为耻为诟。章太炎先生谓黷握持垢也。或以渎为之。诗曰载清载浊。又萃乱为垢。《詩》"征以中垢"毛传曰，言闇冥也。中冓之言韓诗传曰中冓，中夜也。謂淫僻之言也。"又曰詬，謑詬耻也。或作詢。春秋传曰余不忍其詢。人之懷孕又曰"身"，曰"傷"（段亦谓同辰）《玉篇》

傳，妊，身也。"《广雅、释诂》"孕、重、妊、娠，傳也。"笺云，重谓怀孕也。今北京话谓妇人怀孕叫"重身子"。

孚文与擩"染"同义

《手部》擩，染也。从手需声。周礼六曰擩祭。

《水部》染以缯染为色。从水，杂声

《仪礼、士昏礼注》曰"以肝擩盐曰孚。"然则孚擩同义。孚授出於吮也。孚文与擩染同义。而三字又双声也。

孚文与孺同音

《子部》孺，乳子也。一曰输也，输，尚小也。从子，需声。

宋《广韵》引作"一曰输孺，尚小也。"训乳子者，《尔雅》"孺，属也。"《方言十二》"儒输，愚也。"荀子、修身》"偷儒惮事。""儒输""偷儒"即"输儒"。愚亦蒙昧之义。孺者骨肉相亲属也。

巳同已。胎孕义同"了"、"子"

《巳部》巳，已也。又包字说解云"人裹妊巳在中象子未成形。"已，用也、从反巳。实

北京市电车公司印刷厂出品 八三·九

侍中说巳意巳食也。象形。

章太炎曰"巳㠯左右诎曲当为同字。其巳训已然者，既造甲子以后，日中加午，呼过去则曰巳，呼将来曰未。征如墨经说"自后曰巳"。其后遂为通语。古训用者之与东次对转双声相借，亦得言借为弃为试也。"又曰巳㠯相变，又裹易为胎，妇孕三月也。徐锴曰，李暹《文字注》胎如水中蝦蟆，然则巳㠯正象其形。胎得声于台。古音台亦读如胎，三字尤无异耳。又贾侍中说巳意巳实者，章又云巳台古音本如胎。《说文》芣苢令人宜子。盖芣苢得名于胚。纬书说，"禹母吞薏苢生禹，故姓姒氏，薏苢亦得名于胎。贾侍中说㠯为意㠯实，盖由此也。（今书㠯为"以"，乃佀之借，但秦篆变为㠯，㠯隶变为以。）《广雅·释言》子、巳，佀也。则巳㠯与子亦同。诗笺云似读如巳午之巳。则子有其义也。"

午即杵之古文。同"啎""屰"

《午部》午，啎也。五月阴气逆阳而出。此与午同意。"啎，逆也。从午，吾声。"

《干部》屰，不顺也。从干下屮。屰之也。

北京市电车公司印刷厂出品 八三·九

（1458） 20×20＝400

《木部》杵，舂杵也。从木，午声。

午即古杵字，~~舂作舂~~《臼部》"舂，捣粟也。从𠬞持杵临臼上。午，杵省也。古者雝父初作舂。"午即象杵形。午训牾，同音为训，《广雅》午有逆义，《礼记·哀公问》"午其众以伐有道。"注，"午其众，逆其族类也。"《汉书·楚元王传》"朝臣舛午膠戾乖剌。"亦与啎同。午杵牾啎古同模韵。

牾借为梧，仪礼作梧。《公食大夫礼》"从者讶受之。"郑注"讶，迎也。"今文曰梧受。"《释文》梧，五故反。"《聘礼》"宾进讶"，郑注"今文讶为梧"《释文》"梧，五故反。"是午又同"讶"相迎也。

申即古电字。申与寅同字。亦同"神"同"伸"。申之古文𤰱与玄古文[illegible]同。又同"伸""曼""[illegible]"。案《虫部》虹籀文作[illegible]云，"从申，申电也。"与金文[illegible]（克鼎）"[illegible]""[illegible]"（杜[illegible]）皆同。又《雨部》"電字从雨从申。"《礼记·孔子闲居》"地载神气，神气风霆，风霆流行，庶物露生。"《周易》曰，"万物出於震"。故申引申为神。《示部》神，天神引出万物者。夫亦万物之一，故又与伸同。《尔雅·释诂》"申、神，重也。"此申神同字显见。申既训[illegible]则同"伸"《人部》曰伸，屈伸也。又同𦥔。《又部》"𦥔，神也。"又同"敶"《攴部》敶，理也。

申又引申为"胂"夹脊肉也。故申又与寅同。[illegible]𦥑自持，胂亦从𦥑自持也。《易》"列其夤，"字亦作膑。然寅为申之变体，即胂之古文。

⿰柬申《广韵》作"朄"

《申部》⿰柬申，击小鼓引乐声也。从申柬声。

周礼曰以乐事鼓⿰柬申。读若引。羊晋切（锴本）

锴本周礼见《春官·小师》今本作"朄"。《周颂·有瞽》"应田县鼓。笺云，田当作朄。朄，小鼓。在大鼓旁，应鼙之属也。

臾同"曳"又同"捈""摟"。

《申部》臾，束缚捽抴也。从申，从乙。"曳，臾曳也。从申丿声。

《手部》捈，卧引也。从手，余声。"摟，曳聚也。

段曰束，缚也。缚，束也。捽，持头发也。抴，捈也。束缚而牵引之。凡史称瘐死狱中（《汉书·宣帝纪》）皆当作此字。"钱坫说"汉律瘐病病字。”与“拴”“搂”同音近义通。

臾通作“庾”“瘉”“愈”

《广部》庾，水槽仓也。从广，臾声。一曰仓无屋者

《疒部》瘉，病瘳也。从疒，俞声。

~~《心部》~~

黄季刚先生曰“《广雅·释诂》‘瘉，病也。’瘉本字当作臾。臾即瘐死本字。”案《诗·小雅·角弓》“不令兄弟，交相为瘉。”传“瘉，病也。”由束缚义则有庾，所谓仓无屋者，谓无上覆，周围则以席草束缚之。《诗·小雅·楚茨》传曰“露积曰庾。”《甫田》笺“庾，露积谷也。”《周语》“野有庾积”。韦注，“庾，露积谷也。”训漕运仓者舟行需臾，故亦从臾。

须臾合声为“䇓”。与犹豫同，为冘豫之变。

《立部》䇓，待也。从立，须声。𥐘，或从芻声。

《儿部》冘，淫淫行皃。从人出冂。

“冘豫”正作冘，联语为冘豫。《后汉书·来歙传》故久冘豫不决。注引《说文》冘冘，行皃。

北京市电车公司印刷厂出品 八三·九

言淫。"《卢植传论》"未有不冘豫夺常者也。"注："冘，行兒也。"《羽猎赋》"三军芒然，穷冘阏与。"孟曰"冘，行兒。"如淳曰"冘，懈怠也。"郭茂倩《乐府解题》卷八十六有《淫豫歌》二首。以此知犹豫本字应作"冘"或"冘豫"。其则冘是迟疑踟蹰之义。（巴蜀东灩滪堆作"犹豫"。《坤元録》作冘豫）。

又转为"從容""消摇""容与"。双有引义，须

臾之云犹言少延耳。今谓少曰些须。

案從容有两义：一为随行，有不慌不忙之意；一为迫胁，则由臾变来。《史记·衡山王列传》"日夜從容劝之。"《汉书》作"縱臾"。縱臾与從容同，则從容又强撺他谋反事。案此由臾变来。案《汉书·古今人表》鬼臾区。《艺文志》作"鬼容区"。臾与容声通互用。又臾字借为渝声。《水部》"渝变污也。从水，俞声。"《荀子·大略》"流丸止于瓯臾"注，臾洼下之地。此借臾为渝。

酉　章云酉非与丣为一字。乃酒之初文。又

同"酒""酎""醪"

《酉部》酉，就也。八月黍成可为酎酒。象

古文酉之形。丣，古文酉从丣。丣为春门

万物已出。酉为秋门，万物已入。一，闭门象也。

章太炎先生曰：案酉自为酒之初文。形象酒尊。非卯字。"酉同"酒""酎""醪""酋"案章说是。酉之古文作"丣"见酱下。与金文"酉"(师遽敦)酉(师酉敦)甲文"酉"(第三·景)，皆相同。

《酉部》酒，就也。所以就人性之善恶。从水，从酉，酉亦声。一曰，造也。吉凶所造也。古者仪狄作酒醪。禹尝之而美，遂疏仪狄。杜康作秫酒。"酎，三重醇酒也。从酉，肘省声(今写本)明堂月令曰，孟秋天子饮酎。""醪，汁滓酒也。从酉，翏声"

《酋部》酋，绎酒也。从酉，水半见於上。礼有大酋，掌酒官也。"

案：文三体石经酒字古文作"酉"与古文酉同形，则酉为酒之初文，无可疑议。段曰，绎之言昔也。昔，久也。多下云'从重夕。夕者相绎也。故重夕为多。'然则绎酒谓日久之酒，对莤为疾孰(酒)，醴、酤为一宿酒而言之。《周礼·酒正》三酒。注云，事酒，酌有事之酒，其酒则今之醳酒也。昔酒，今之酋久白酒。清酒，今中冬釀接夏而成。玉裁按：许云"釋酒"盖兼事酒而言之。"按：枝依郑玄说未确。孙诒让《周礼正义》引郑玄《郊特牲注》"以味厚腊毒"释"昔酒"之义，故贾亦引《国语》而以腊毒为昔毒，文小異。今本作厚味实腊。昔有《文选·七命》李注引贾逵《国语注》"腊，久也。"又《郑语》云"毒之酋腊者其杀也滋速。"依《说文》腊即昔之籀文。亦皆有久义。《说文·酋部》"酋，绎酒也。"《释名·释饮食》云："酒，酋也。酿之米曲，酋泽久而味美也。醳酒久酿，酋泽也。"醳、泽、绎字並同。《方言》"酋，熟也。自河以北赵魏之间火熟曰酋。"盖事酒酋而不必久，昔酒必酋绎之久而后成。故亦谓之酋。又曰，"凡醸酒並濁成速，清者成迟。故说文以醴一宿熟之酒。三酒之中事酒较浊，亦随时酿之，酋绎即熟。昔酒较清，则冬酿春熟，清酒尤清，则冬酿夏熟。"《月令》命大酋为在仲冬。注"古者获稻而渍米曲至春而为酒。"又引《王居明堂礼》云，"季冬命国为酒以合三族。"《诗·豳风·七月》"十月获稻，为此春酒。"酎酒以春酒重酿之。故训三重醇酒也。《魏都赋》曰"醇酎中山，沈湎千日。"

北京市电车公司印刷厂出品 八三·九
（1458）20×20＝400

刘渊林注："中山郡名。"又曰："中山出好酎酒，"《初学记·酒类》引晋张载《酃酒赋》"中山冬启，醇酎秋发。"醪即今之醪糟。《汉书·文帝纪》~~颜师古曰"汁滓~~酒为酒醪以糜谷者多矣。"《李广传》"持糒醪遗广。"颜注"醪，汁滓酒也。"

酿古音同鬯

《酉部》酿，醖也。作酒曰酿。从酉，襄声。

《鬯部》鬯，以秬酿郁艸，芬芳攸服，以降神也。从凵，凵，器也。中象米，匕所以扱之。易曰："不丧匕鬯。"

段改"攸服"为"条畅"，误。案《乃部》"逌（廼）气行皃。从乃，卤声。读若攸。"此攸服之正字。《禹贡》"阳鸟攸居""丰水攸同""九州攸居"。《汉书·地理志》皆作"逌"。段曰：窃谓郁者蕴积，鬯者条畅。凡物必先蕴积而后条畅，秬酿非不可郁，香艸未尝不可言鬯也。

郁古音同醖。

《酉部》醖，酿也。

《鬯部》郁，芳艸也。十叶为贯，百廿贯，筑以煮之为郁。从臼、缶、冖、鬯。彡，其饰也。

北京市电车公司印刷厂出品 八三·九
(1458) 20×20=400

一曰鬱鬯，百艸之華。远方鬱人所贡芳艸合酿之以降神。鬱今鬱林郡也。

鬱人见《周礼·天官·鬱人》。

醠　盎然字当作此

《酉部》"醠，浊酒也。从酉，盎声。"

《周礼·天官·酒正》辨五齐之名。三曰盎齐。郑注："盎犹翁也。成而翁翁然葱白色，如今酂白矣。"《释名·释饮食》盎齐，盎滃也，滃滃然浊色也。《说文》醠训浊酒。考《水部》"滃，云气起也。""泱，滃也。"盎翁即醠滃之借字。惠士奇说"酂读为醝。《广雅·释器》醝，酒也。《南史·王元谟传》宋孝武《四时诗》所谓'白醝解冬寒'也。"丁晏亦云："《玉篇》'醝，白酒也。'《玄应音义》引《通俗文》'白酒曰醝。'"案惠、丁说諦。惟《淮南子·说林训》"清醠之美"此指醠之清者。《北堂书钞·酒部》引孙统《下禊赋》亦云"九醖白醝。"按张华云宜城九醖醝，似出宜城。沛国之酂，南阳之酂，皆不出名酒，则酂白者应作醝。作酂者声借也。盎亦作"盎然"。苏轼《答李邦直诗》"诗词如醇酒，盎然熏四肢。"案《周礼》之盎齐，苏诗之盎，皆当作"醠"。

醲同䤊

《酉部》："醲，厚酒也。从酉，农声。""䤊，酒也。从酉，茸声。"

《尚书·洪范》"农用八政。"传曰农，厚也。疏引郑云曰"农读为醲。"李善注七发曰醲，厚酒也。凡厚者皆曰醲。钱坫说，"《玉篇》醲下酷上作䤊云重酿也。汝夫切。《广雅·释器》䤊，酘也。曹宪音汝丸切。《玉篇》是也。此似误。"案《集韵》䤊，如容切。说文，酒也。一曰酒，重酿也。又《去声》收䤊䤊二字，云仍吏切：酘，酒也。或作䤊。《字林》重酿也。或作䤊。醲䤊䤊三字双声。

酤　酷虐字应作"嚳"

《酉部》："酤，一宿酒也。一曰买酒也。从酉，古声。"

《告部》："嚳，急告之甚也。从告，學省声。"

《诗·小雅·伐木》"无酒酤我。"传曰，"酤，一宿酒也。"笺云"酤，买也。"孔疏"买酒为酤酒。"《论语》"沽酒市脯不食。"《汉书·食货志》引作"酤"。至于残酷、酷暴、酷虐，其酷应为嚳字。案告为

北京市电车公司印刷厂出品　八三·九

先为楷之古文，亦施之罪犯。急告之甚者，即施之最暴虐之刑具，故曰急告之甚者。

醰同"甘""曆""甛""覃"

《酉部》醰，酒味长也。（依段改）从酉，覃声。

《甘部》甘，美也。从口含一。一，道也。

"甛，美也。从甘从舌。舌知甘者。""曆，和也。从甘从麻。麻，调也。读若函。"

《𣆪部》覃，长味也。从𣆪，鹹省声。诗曰实覃实吁。"𠪚，古文覃从厂土。"

章太炎先生曰"甘，美也。从口含一。一，道也。道即覃之借。长味也。犹禫服作覃服。此便对转相借也。甘又变易为曆，和也。为甛。美也。旁转侵复易为覃，长味也。为醰。甛，长味也。案许书读若三年导服之导凡三见"㝱""棪""西"三字下。覃即味道之道。（班固《答宾戏》）"味道之腴"！

⿰酉宋同"孛""艴"

《酉部》⿰酉宋，酒色也。从酉，宋声。

《宋部》孛，𤶴也。从宋，人色也。故从子。论语曰色孛如也。

《色部》艴，色艴如也。从色，弗声。论语曰色艴如也。

段曰艴当作怒色也。《孟子》曾西艴然不悦。引《论语·乡党篇》今《论语》作"勃"《朮部》引《论语》作"孛"。盖必有古鲁齐之别在其间矣。或曰依论语则非怒色也。不知艴者盛气之称，不嫌同词。《孟子》王勃然变乎色，不与今乡党同词乎？又曰，艸木之色盛，如人色盛。"又《春秋·文十四年》"有星孛入北斗"。《穀梁传》"孛之为言茀也"。可证孛艴一语之转。人饮酒则色盛故与配同。黄~~配即绯字~~焯曰，人体血盛则面呈赤色。

配即绯字

《酉部》配，酒色也。从酉，己声。

《说文》无绯字。新附字有绯字，训帛赤色。黄季刚先生曰，"以妃或作[illegible]。小徐从非声。明配即绯字也。"黄焯曰绯字受义于孛。又绯从非声，古在灰部，孛在没部。灰没平入相转。郑珍曰绯字不见《广雅》当是魏晋以后字。"

醆即爵之变。即盏之后出

《酉部》醆，爵也。一曰酒浊而微清也。从酉，戋声

此字《说文》无。此为张次立所补。醆即爵之

北京市电车公司印刷厂出品 八二·九

(1458) 20×20=400

变。亦即殘之后出。

⿰酉朁同“饮”“歃”

《酉部》⿰酉朁，歃酒也。从酉，朁声。

《饮部》歠，歠也。从歙省，叕声。吷，歠或从口，从夬。

《欠部》歃，歠也。从欠，臿声。春秋传曰歃而忘。

徐锴曰“⿰酉朁，以唇少呷之。”段曰“歃谓小饮之。”歠亦谓小饮，歠不限饮酒。“食姜亦曰歠。或体吷《庄子》吷剑首者吷之而已矣。”凡盟者歃血，《左传·隐七年》“歃如忘。”服虔曰，如，而也。临歃而忘其盟载之辞，言不精也。”许作而者，与服注同。而与如通用。今珠算有“一如一”“一二如二”“二二如四”皆以如为而字。

歠亦即酳字。

歠见上

《仪礼·士虞礼》“酌酒酳尸”。《特牲馈食礼》“酌酳尸”注，“谓之酳者，尸既卒食，又欲颐养乐之。”《礼记·曲礼》“客不虚口”注云，虚口谓酳也。《释文》酳音胤。又士觐反。漱[redacted]。以酒曰酳，以水曰漱。"孔疏，"谓食竟以酒荡口。"《集韵》"小饮"

酌同"吮""沇""湒""啐""歠"

《酉部》酌，少少饮也。从酉，勺声。余刃切

《水部》沇，水出河东垣东王屋山东为沸。从水，允声。沿，古文沇。以转切 湒，饮歠也。一曰吮也。从水算声。

《口部》吮，軟也。从口允声。徂沇切 "啐，小饮也。从口，卒声。读若叙。

歠字前

说文无酳字《玉篇·酉部》云"酌，少饮也。酳同。"今酌字经传误为酌。《仪礼·士虞礼》酌酒酳尸"。郑注，"古文酳作酌。"《少牢馈食礼》乃酳尸。"郑注"古文酳作酌。"《特牲馈食礼》"酌酳尸"。郑注，"今文皆作酌"。凡此酌皆酌之误字。《汉书·贾谊传》"执爵而酳。"颜师古曰，"酳，少少饮酒也。谓食已而荡口也。"又郑玄《仪礼·士昏礼注》"酳，漱也。又曰酳之言演也"又曰酳之言衍也。又同吮，軟也。軟即漱也，吮与酌韵通。与吮对转有啐，韵虽对转声通。又与吮同韵有"湒"饮歠也。又《口部》有"㕣"字云，"山間陷泥地。从口，从

水败见。读若沇州之沇。九州之渥地也。故以沇名焉。𠙴，古文㕣。"案沇古文作"沿"。其为同字无疑。由此可证沇水得名之由来，皆润泽之义。

黄季刚先生在《字通》以酹为歠之后出。在《说文同文》中又以为酌之后出，音义虽皆近，不如以酹之后出，音义尤近。

釂同𣣔

《酉部》釂，饮酒尽也。从酉，焦声。子肖切

《欠部》𣣔，尽酒也。从欠，焦声。子肖切

《曲礼》长者举，未釂，少者不敢饮。注云，"尽爵曰釂。"《说苑》魏文侯与大夫饮酒，使公乘不仁为觞政。曰，'饮不釂者，浮以大白。'文侯饮而不尽爵。公乘不仁举浮君。"案浮为罚之借字，大白即佳酿。段曰"釂与𣣔音义同。"钱坫说"《欠部》𣣔即釂也。"

莤同"醑""釃""湑"。同"䍡"

《酉部》莤，礼、祭，束茅加于祼圭而灌鬯酒，是为莤。象神歆之也。一曰莤，榼上塞也。从酉，从艸。春秋传曰，尔贡包茅

不入，王祭不贡供，无以莤酒。'"醨，醑也。从酉，离声。"䴎，下酒也。一曰，醇也。从酉麗声。

《水部》"湑，莤酒也。一曰浚也。一曰露皃。从水，胥声。诗曰，有酒湑我。又曰，零露湑兮。"𣹜，莤酒也。一曰浚也。从网，从水，焦声。读若夫用劋绝。

段曰《周礼·天官·甸师》"祭祀共萧茅"注，郑大夫云"萧或为莤。读为缩。束茅立之，祭前沃酒其上，酒渗下去，若神饮之，故谓之缩。缩，浚也。故齐桓公责楚不贡苞茅，王祭不共，无以缩酒'。许说本郑大夫也。惟不言是祼代耳。"案《郊特牲》"缩酌用茅"注引春秋传曰"无以缩酒"。别义《木部》"楢，酒器也。"则莤即酒楢字。桂馥说"谓塞楢口以滤酒。段曰"以艸塞楢孔曰莤，此别一义。"湑与莤双声，《诗小雅·伐木》"有酒湑我。"传曰"湑，莤之也。"笺云，谓以茅泲之而去其糟也。"醨训醑 ~~《诗伐木》~~《广韵》"醨，下酒也。"段曰"谓滴沥而下也。"䴎亦训下酒。《诗伐木》"釃酒有藇。"毛传，以筐曰釃，以薮曰湑。《释文》"釃谓以筐漉酒。"孔疏，"竹

北京市电车公司印刷厂出品 八二·十

器，籔，草也。釃酒者或用筐或用草。於今犹然。”釃有逸出之音与灑亦声转。与醨亦声转。灑与醨音义同。

醨 此离散正字

《酉部》醨，薄酒也。从酉，离声。读若离。薄酒与醇酒相对，故酒味冲淡，故引申为离散。亦与离别义通。

醶同“䤋”“𩡸”“酢”“酸”。

《酉部》醶，酢浆也。从酉，佥声。”“䤋，酢也。从酉，韱声。”“𩡸，酢浆也。从酉，𢦏声。”“酢，醶也。从酉，乍声。”“酸，酢也。关东谓酢曰酸。𨡙，籀文酸从畯。

酢今作醋（《说文》以酢为醋，以醋为酢。如穜種之例）。《齐民要术》有作醋法。注云“酢今之醋也。”盖古时以败酒为之。醯醶也。惠士奇曰古有梅而无酢。酢五味调和须醯而成食，乃甘。始有酢浆为醶。《急就篇》所谓盐豉醯酢浆。《书伪孔传》亦云“盐咸梅酢，盖今之酢，古之梅也。”《隋书·酷吏传》“宁饮三升酢，不见崔弘度。”《齿部》“齭，齿伤酢也。读若楚。”此痛楚之本字。是酢引申

北京市电车公司印刷厂出品 八二·十
(1549) 20×20=400

酸痛义。宋玉《高唐赋》"寒心酸鼻"注，"酸鼻，泪欲出也。"酢与酸双声。故先秦谓醋为酸。~~义相引申。~~酢与酨亦双声，酨，酢也。《广雅》"酨，酢也。"郑玄以酨浆为酨饮，酨训酢浆，《水部》浆，酢浆也。浆与酢模对转义同也。又醶亦训酢浆，与酨语同。

醬同𧗉

《酉部》醬，醢也。从肉酉。酒以和醬也。爿声。𤖉，古文。𤖊，籀文。

《血部》𧗉，醢也。从血，菹声。𧗪，𧗉或从缶。

~~章太炎先生曰~~《周礼、天官、腊人》注云"腊之言夕也。"惠栋曰"《说文》昔训干肉也。从残肉，日以晞之。与俎同意。𦠆，籀文从肉。"昔夕古字通。《穀梁传》曰，日入至于星出谓之昔。《管子》旦昔从事。王逸《楚辞章句》引诗云'乐酒今昔'。是皆以昔为夕。昔之为物经夕乃干，故言夕。"然则从日亦通借之义。孙诒让曰，"腊夕声类相近，凡注例云言者，多依声以通其义。若前注'膳之言善'、'庖之言苞'是也。或本作久，义虽可通而非郑之旧。"章太炎先生曰，"《天官·醢人注》曰作醢及醬必先膊乾其肉。是𦼫字同于昔。《说文》以菹𦼫为同字。菹别训酢菜者，昔为久乾之肉，菹为久乾之菜，义相因也。𦼫对转阳变易为醬，醢也。"

戌同歲

《戌部》戌，滅也。九月阳气微，万物毕成。阳下入地也。五行生戊，盛于戌。从戊含一。

《刀部》劌，利伤也。从刀，歲声。

朱骏声说，"戌从戉，戉古文矛字。一，指事。识其杀伤处。与刃同意。"章太炎《文始》用其说并云"与劌义近。盖劌之古文。"案歲从戌声，古文相同

亥后出字作豥

《亥部》亥，荄也。十月微阳起，接盛阴。从二，二古文上字。一人男一人女也。从乙，象裹子咳咳之形。春秋传曰亥有二首六身。𠀅，古文亥为豕。与豕同。亥而生子复从一起。

案《尔雅·释兽》"四蹢皆白，豥。"黄季刚先生

曰"蹢之言蹏也。《广雅》云，"蹏、蹢，足也。"《说文无豥字。《释文》引说文作豥。今本脱。豥即亥之孳乳字。"

自一九八三年九月至一九八四年六月廿六日而批识毕矣

陸宗達

北京市电车公司印刷厂出品　八二·十
(1549)　20×20=400

附录：条目校改说明

第一卷上

013“昚”，手稿作古文字形，今改用楷书隶定字“昚”。

018“卩”，手稿作“卪”，今改用楷书通行字“卩”。

第一卷下

029“壬”，手稿原作小篆字形，今改用楷书隶定字。

041“之”，手稿原作小篆字形，今改用楷书隶定字。

042“‘资’与‘蓁’同。又‘蓁’同‘稹’‘菽’‘稠’同”条，“稠”手稿原作“稹”，今据考证内容以及《说文同文》，改为“稠”字。

046“菑同畴”条，“菑”手稿原作“”，今据下引之《说文》及《说文同文》改为“菑”。

053“‘葭’即芦蘆之‘蘆’字”条，“葭”字在手稿中似“蘧”，今据下引《说文》“葭”条改为“葭”。

第二卷上

107“‘赺’变作‘迄’借为‘訖’”条，原手稿“赺”“訖”作“赺”“訖”，今改用通行字“赺”“訖”。

109“‘趜’同‘九’‘究’‘窾’‘竆’‘宄’”条中，“宄”手稿原作“宂”，误，今据文中考证内容及《说文同文》改为“宄”。

113、114“趟同堂”“堂同趟”条中，“趟”手稿原作“趟”，今改为通行字“趟”。

第二卷下

138“迂，‘迂怪’字当作‘訏’”条。“訏”字原手稿似作“汙”，误，今据《字通》改为“訏”。

148“㢟同延”条，“㢟”在手稿中原为小篆字形，今改为楷书隶定字“㢟”。

第三卷上

203“昇同轝”條中，“轝”字原手稿作“轝”，据下文引用的《说文》及《说文同文》当改为从车的“轝”字。

第四卷下

328“䫉”，手稿原似作“毅”，今据《说文》“忍”之训释及《说文同文》“刀”条改。

第五卷上

376“簠”，手稿误作“簋”，据下文改。

第五卷下

388“粈”手稿作“杻”，据此条内容及《说文同文》“飷同粈”条改。

409“夂”原文似作“夊”，据下文引《说文》及《说文同文》《字通》改。

第六卷下

455之，手稿原作小篆隶定字，今改用通行字。

第七卷下

516奥，手稿作“奡”，今改用通行字。

517寍，手稿作“寧”，据下文引《说文》及《说文同文》改。

518宜，手稿原作“宐”，今改用通行字。

540疷，手稿作“胝”，据下引《说文》《说文同文》改。

545纚，手稿作“纀”，无“之”字，据《字通》改正。

第八卷上

608载衣之裼，据《诗经》补“之”字。

第八卷下

627臾曳，手稿作“須曳”，据《字通》《黄侃手批说文》(546)改。

631 虺隤，手稿作瘣隤，笔误。据《字通》改。

第九卷下

668“啚”即“鄙”：手稿小标题作“部”，下引“鄙”《说文》。《说文同文》亦作“鄙”

672 补字头。

688 朩，手稿及《说文同文》误作“禾”，《玉篇》作朩，据《手批说文》改。

第十卷上

696 手稿作“寤”，考证中最后一句作“晤”，《说文同文》作“晤”（未改）。

722“穛”，此即今之“焙之”，改“之”为“字”。

728 熷，手稿作“潧”，据下引《说文》《说文同文》改“熷”。

第十卷下

751“𡯂，《左传》“不亦左乎”即此。”原缺标题，据《字通》145、《手批说文》653 改。

753 壴，手稿作“豈”，据《手批说文》657 改。

754 傲，手稿作“敖”，据下引《说文》《说文同文》作“傲”。

786 侜張，手稿作“侜章”，据下文及《说文同文》改。

788 煍，改“愁”。

第十一卷上

844《孟子·告子上》“若彼濯濯”。手稿作“比”，据《孟子》改。

第十一卷下

850 睿，手稿无，据《说文同文》补。

857 鮵，手稿作“蜕”，据《字通》《尔雅》改。

第十二卷上

867“臸”，手稿衍“臸”字，删。

869 缺标题，据《说文同文》81 页补。

886 睟，手稿“脺”字从月，据文中引《说文》改。

893 肈，手稿作“肇”，据文中引《说文》改肈。

905 蚤，手稿漫漶，据《说文同文》《黄侃手批说文》(765) 补蚤字。

第十二卷下

952 蚩，手稿缺一字，据《诗经》补字。

960 肈，手稿作“肇”，据《说文》改“肈”。

961 甓，手稿作“劈”，据下文引《说文》《说文同文》改“甓”。

966 亡，手稿作“亾”，今改用楷书通行字“亡”。

976 彏，手稿从“瞿”，据《说文》改“彏”。

第十三卷上

983 禪，手稿作“禪”，据《吕览》改。

第十三卷下

1029 蠹，此条据《字通》改。